Keith Lowe

L'Europe barbare

1945-1950

Traduit de l'anglais
par Johan Frederik Hel Guedj

Ouvrage publié avec le concours
du Centre national du livre

LE GRAND LIVRE DU MOIS

Titre original :
Savage Continent
Europe in the Aftermath of World War II

ISBN Viking, Perguin Books, Londres : 978-0-670-91746-4
ISBN : 978-2-286-09747-9

à Vera

1. Changements territoriaux en Europe, 1945–1947
Acquisitions soviétiques
Acquisitions polonaises auprès de l'Allemagne
Autres changements
N
Mer du Nord
Petsamo
Murmansk
CARÉLIE
Golfe de Botnie
FINLANDE
SUÈDE
Lac Ladoga
NORVÈGE
Helsinki
Leningrad
Oslo
Stockholm
Tallinn
Mer Baltique
ESTONIE
Riga
LETTONIE
LITUANIE
DANEMARK
Copenhague
Memel
UNION SOVIÉTIQUE
Kaunas
Vilnius
Kaliningrad
PRUSSE-ORIENTALE
Minsk
Gdansk
BIÉLORUSSIE
VOLHYNIE
POMÉRANIE
Szczecin
Amsterdam
ALLEMAGNE DE L'EST
POLOGNE
HOLLANDE
Berlin
Varsovie
SILÉSIE
Kiev
Bruxelles
Wroclaw
BELGIQUE
Bonn
GALICIE
LUX.
Cracovie
Lvov
BUCOVINE DU NORD
UKRAINE
ALLEMAGNE DE L'OUEST
Prague
TCHÉCOSLOVAQUIE
BESSARABIE
Bratislava
Odessa
FRANCE
Vienne
RUTHENIE SUBCARPATHIQUE
Berne
Budapest
SUISSE
AUTRICHE
HONGRIE
ROUMANIE
Trieste
VÉNÉTIE JULIENNE (à la Yougoslavie)
Belgrade
Bucarest
Mer Noire
DOBROUDJA DU SUD (à la Bulgarie)
Zara (à la Yougoslavie)
YOUGOSLAVIE
Mer Adriatique
BULGARIE
ITALIE
Sofia
Istanbul
0 200 miles
0 200 km
Rome
ALBANIE
Tirana
TURQUIE

Introduction

Imaginez un monde sans institutions. Un monde où les frontières entre pays semblent s'être dissoutes, en ne laissant qu'un paysage unique, infini, où les individus déambulent à la recherche de communautés disparues. Il n'existe plus de gouvernements, ni à l'échelle nationale ni même à l'échelon local. Il n'y a plus d'écoles, plus d'universités, plus de bibliothèques et plus d'archives, plus d'accès à la moindre information. Il n'y a plus ni cinéma ni théâtre, et certainement pas de télévision. La radio fonctionne par intermittence, mais le signal est faible, et les émissions sont presque toujours en langue étrangère. Personne n'a plus vu un journal depuis des semaines. Il n'y a plus ni trains ni automobiles, ni téléphones ni télégrammes, plus de bureaux de poste, plus aucun mode de communication, excepté celui du bouche à oreille.

Il n'y a plus de banques, mais ce n'est pas une grosse perte, car l'argent a perdu toute signification. Il n'y a plus de magasins, parce qu'il n'y a plus rien à vendre. On ne fabrique plus rien : les grandes usines et les grandes entreprises qui existaient par le passé ont toutes été détruites ou démantelées, et la quasi-totalité des autres bâtiments ont subi le même sort. Il n'y a plus d'outils, hormis ceux que l'on exhume des ruines. Il n'y a plus rien à manger.

L'ordre public a quasiment cessé d'exister, parce qu'il n'y a plus ni forces de police ni système judiciaire. Dans certaines régions, on semble avoir perdu toute notion claire et distincte du bien et du mal. Les gens se servent, sans aucun respect de la propriété d'autrui – d'ailleurs, le sens de la propriété a lui-même quasiment disparu. Les biens appartiennent à ceux qui sont assez forts pour s'y accrocher et les préserver au péril de leur vie. Des hommes en armes écument les rues, s'accaparent ce qu'ils veulent, et menacent quiconque se met en travers de leur chemin. Des femmes de toutes classes sociales et de tous âges se prostituent pour se procurer nourriture et protection. Plus aucune pudeur, plus de moralité : il ne reste que la survie.

Pour les générations actuelles, il est difficile de se représenter l'existence d'un tel monde, si ce n'est à travers l'imagination de quelques scénaristes hollywoodiens. Et pourtant, des centaines de milliers d'individus, encore vivants de nos jours, ont connu exactement ces conditions d'existence – et ce non dans des contrées reculées du globe, mais au cœur de ce que l'on considère aujourd'hui comme l'une des régions les plus stables de la planète. En 1944 et 1945, de vastes portions du continent européen furent livrées au chaos, pendant des mois. La Deuxième Guerre mondiale – sans conteste le conflit le plus destructeur de l'histoire – n'avait pas seulement dévasté les infrastructures matérielles, mais aussi les institutions sur lesquelles reposait la cohésion de pays entiers. Le système politique s'était disloqué à un degré tel que des observateurs américains avertissaient de la possibilité d'une guerre civile en Europe[1]. Le morcellement de communautés de vie entières avait semé une méfiance irréversible entre voisins, et la famine omniprésente avait vidé de sa substance toute morale individuelle. « L'Europe, avançait le *New York Times* en mars 1945, se trouve dans un état qu'aucun Américain ne peut espérer comprendre. » C'était le « nouveau Continent noir[2] ».

Que l'Europe ait réussi à se hisser hors de ce bourbier, pour finalement devenir le continent de prospérité et de tolérance qu'elle est de nos jours, voilà qui relève pour ainsi dire du miracle. Quand on revient sur les prouesses de la reconstruction qui marquèrent cette période – la reconstruction des routes, des voies ferrées, des usines, et même de villes entières –, il est tentant d'y voir le signe du progrès, et rien d'autre. La renaissance politique de l'Europe occidentale n'est pas moins impressionnante, surtout la réhabilitation de l'Allemagne, qui, en l'espace de quelques années, de nation paria s'est transformée en membre responsable de la famille européenne. Un nouveau désir de coopération internationale, également né durant ces années d'après guerre, ne devait pas seulement apporter la prospérité, mais aussi la paix. Les décennies postérieures à 1945 furent saluées comme la plus longue période de paix entre les nations européennes depuis l'Empire romain.

Il n'est guère étonnant que ceux qui ont écrit sur l'après-guerre – historiens, hommes d'État, économistes – la présentent souvent comme un moment de renaissance de l'Europe, resurgissant tel un phénix des cendres de la destruction. De leur point de vue, la fin de la guerre n'a pas seulement marqué la fin de la répression et de la violence, mais aussi la renaissance spirituelle, morale et économique du continent dans son ensemble. Les Allemands appellent les mois de l'immédiat après-guerre *Stunde null* (« Heure zéro ») – désignant par là une période de table rase, où l'histoire a autorisé un nouveau départ.

Mais il ne faut pas beaucoup d'imagination pour s'apercevoir qu'il s'agit là d'une version franchement trop rose de cette histoire. Tout d'abord, la guerre ne s'est pas arrêtée avec la défaite de Hitler : un conflit de l'ampleur de la Deuxième Guerre mondiale, et tous les conflits de plus petite dimension qu'il englobait, ont mis des mois voire des années à toucher à leur terme, terme intervenu à des moments distincts en différentes régions d'Europe. En Sicile et dans le sud de l'Italie, par exemple, tout était pour ainsi dire terminé dès l'automne 1943. En France, pour la plus grande partie de la population civile, le conflit s'est achevé un an plus tard, à l'automne 1944. Dans certaines parties d'Europe de l'Est, en revanche, l'état de violence s'est prolongé longtemps après le jour de la victoire. Les troupes de Tito combattaient encore des unités allemandes en Yougoslavie au moins jusqu'au 15 mai 1945. Des guerres civiles d'abord déclenchées par l'intervention nazie ont continué de faire rage en Grèce, en Yougoslavie et en Pologne plusieurs années après la fin du conflit principal, et enfin, en Ukraine et dans les États baltes, des partisans nationalistes luttaient encore contre les troupes soviétiques très tard dans les années 1950.

Certains, en Pologne, affirment même qu'en réalité la Deuxième Guerre mondiale s'est achevée à une date encore plus récente : le conflit ayant officiellement débuté avec l'invasion de leur pays à la fois par les nazis et par les Soviétiques, selon eux, c'est le départ du dernier char soviétique de leur territoire qui y a vraiment mis fin en 1989. Les États baltes partagent peu ou prou ce sentiment : en 2005, les présidents d'Estonie et de Lituanie ont refusé de se rendre en visite à Moscou pour y célébrer le 60e anniversaire de la victoire sur les nazis, au motif que, pour leurs deux pays du moins, la libération n'était intervenue qu'au début des années 1990. Si l'on tient compte de la guerre froide, qui fut dans les faits un état de conflit perpétuel entre l'Europe de l'Ouest et l'Europe de l'Est, et de plusieurs soulèvements contre la domination soviétique, affirmer que les années d'après guerre auraient été une ère de paix ininterrompue relève d'un optimisme outrancier.

L'idée d'une *Stunde null* est tout aussi discutable. Il n'y a certes pas eu de *tabula rasa*, malgré les souhaits éventuels des dirigeants allemands. Dans le sillage de la guerre, des vagues de vengeance et de représailles ont balayé toutes les sphères de la société européenne. Des nations ont été dépouillées d'une partie de leurs territoires et de leurs actifs, des gouvernements et des institutions ont subi des purges et on a terrorisé des communautés entières en raison des actes qu'elles auraient commis pendant la guerre. Les pires gestes de vengeance ont pu viser certains individus. Partout en Europe, des civils allemands ont subi des passages à tabac, des arrestations, du travail forcé ou furent tout simplement assassinés. Des soldats et des policiers qui avaient collaboré avec les nazis ont été arrêtés et torturés. Des femmes qui avaient couché avec des Allemands ont eu la tête rasée et ont dû défiler dans les rues, dévêtues et recouvertes de goudron. Des millions d'Allemandes, de Hongroises et d'Autrichiennes ont été violées. Loin de permettre de faire table rase, les suites de la guerre n'ont fait qu'amplifier entre communautés et entre nations des griefs souvent encore vivaces de nos jours.

La fin de la guerre n'a pas non plus signifié l'avènement d'une nouvelle ère d'harmonie entre les différentes ethnies d'Europe ; dans certaines régions du continent, les tensions ethniques se sont même aggravées. Les juifs n'ont pas cessé d'être persécutés, comme ils l'avaient été durant le conflit. Partout, des minorités sont redevenues des cibles politiques et, dans certaines régions, cela conduisit à des atrocités non moins répugnantes que celles commises par les nazis. Les suites de la guerre ont aussi vu la conclusion logique de tous les efforts des nazis pour hiérarchiser et ségréguer les « races » : entre 1945 et 1947, des dizaines de millions d'hommes, de femmes et d'enfants ont été expulsés de leur pays, dans le cadre d'une des plus vastes entreprises de nettoyage ethnique que le monde ait jamais vues. Les admirateurs du « miracle européen » débattent rarement de ce sujet qu'ils sont encore plus rares à comprendre : même ceux qui sont au fait des expulsions d'Allemands s'avèrent peu informés sur les expulsions similaires d'autres minorités d'un bout à l'autre de l'Europe orientale. Ce n'est qu'après la fin des combats que la diversité culturelle, partie intégrante du paysage européen avant et même pendant le conflit, s'est vu assener un coup fatal.

La reconstruction de l'Europe a donc débuté au milieu de tous ces problèmes, ce qui rend le phénomène d'autant plus remarquable. Mais, de la même manière que la guerre s'était achevée lentement, la reconstruction fut longue à se mettre en œuvre. Les populations qui vivaient au milieu des décombres de villes européennes dévastées pensaient davantage aux détails de la survie quotidienne qu'à la restauration des piliers de la société. Ces gens avaient faim, les années de souffrance qu'on leur avait infligées ne leur inspiraient qu'affliction et amertume – avant de parvenir à se sentir motivés et de se lancer dans la reconstruction, il leur fallait du temps pour apaiser leur colère, mener à bien leur réflexion et entamer leur travail de deuil.

Les nouvelles institutions qui endossaient la responsabilité du pouvoir un peu partout en Europe avaient elles aussi besoin de temps pour s'imposer. Leur priorité n'était pas de déblayer les décombres, de réparer les voies ferrées ou de rouvrir les usines, mais plus prosaïquement de nommer des représentants et des assemblées dans chacune des régions de leur pays. Ces assemblées devaient ensuite gagner la confiance du peuple, qui, dans sa majorité, tout au long de six années d'atrocités organisées, avait appris à considérer ces institutions avec une extrême prudence. En pareilles circonstances, l'instauration d'une forme d'ordre public, et plus encore la mise en œuvre de la reconstruction matérielle, n'étaient guère qu'un projet chimérique. Seules des entités extérieures – les armées alliées, les Nations unies, la Croix-Rouge – détenaient l'autorité et les moyens nécessaires à l'accomplissement d'entreprises aussi herculéennes. En l'absence de telles entités, le chaos régnait.

L'histoire de l'Europe de l'immédiat après-guerre n'est donc pas avant tout celle de la reconstruction et de la réhabilitation – c'est d'abord l'histoire d'un continent qui sombre dans l'anarchie. Et cette histoire n'a jamais été véritablement écrite. Des dizaines d'excellents ouvrages décrivent ces événements dans certains pays pris séparément – surtout en Allemagne –, mais ils le font au détriment du tableau d'ensemble : or, ce sont les mêmes thématiques qui se répètent indéfiniment, d'un bout à l'autre du continent. Seules une ou deux chroniques historiques, comme l'ouvrage de Tony Judt *Après-guerre : Une histoire de l'Europe depuis 1945*, offrent une vision plus large du continent dans son ensemble – toutefois, ces ouvrages adoptent une échelle de temps bien plus vaste, et sont donc obligés de résumer les événements des années de l'immédiat après-guerre en quelques chapitres. À ma connaissance, il n'existe pas de livre, dans aucune langue, qui dresse un tableau détaillé du continent saisi dans sa totalité – d'est en ouest – durant cette période cruciale et tumultueuse.

Ce livre cherche en partie à combler ce manque. Il ne cherchera pas à expliquer, comme l'ont fait tant d'autres volumes, de quelle manière le continent européen a finalement resurgi de ses cendres et cherché à se reconstruire matériellement, économiquement et moralement. Il ne s'attardera pas sur les procès de Nuremberg, sur le Plan Marshall ou sur aucune des autres initiatives destinées à panser les plaies ouvertes par le conflit. Mais il se penche sur la période précédente, avant même que ces tentatives de réhabilitation aient été de l'ordre du possible, quand la quasi-totalité de l'Europe demeurait dans une situation d'extrême instabilité et quand la violence pouvait se réveiller à la moindre provocation. En un sens, c'est tenter l'impossible – en effet, cela revient à tenter de décrire le chaos. Ce livre s'y essaie en isolant différentes composantes de ce chaos, et en suggérant entre elles des liens thématiques communs.

Je commencerai par montrer précisément ce que ce conflit a pu détruire, au plan matériel et moral. C'est seulement en mesurant pleinement l'ampleur de la perte que nous pourrons comprendre les événements qui ont suivi. La deuxième partie évoque la vague d'actes de vengeance qui a balayé le continent et propose des lectures de la manipulation de ce phénomène à des fins politiques. La vengeance est un leitmotiv de ce livre et, si l'on veut comprendre l'atmosphère de l'Europe après guerre, il est essentiel de comprendre la logique de cette violence, et les objectifs qu'elle servait. Dans les troisième et quatrième parties, je montrerai ce qui s'est passé quand on a laissé cette vengeance, et d'autres formes de violence, échapper à tout contrôle : le nettoyage ethnique, la brutalité politique et la guerre civile qui en ont résulté furent des événements capitaux de l'histoire européenne. Je soutiendrai la thèse qu'il s'agissait là en réalité des derniers spasmes de la Deuxième Guerre mondiale – et, dans bien des cas, du trait d'union avec le début de la guerre froide. C'est pourquoi ce volume couvre *grosso modo* les années 1944-1949.

L'un des principaux objectifs de cette étude consiste à rompre avec une conception étroitement occidentale qui domine souvent l'essentiel des écrits sur la période. Pendant des décennies, les ouvrages traitant des séquelles de la guerre avaient tendance à se focaliser sur les événements survenus en Europe de l'Ouest, surtout parce que les informations sur la partie orientale du continent n'étaient pas aisément accessibles, même en Europe de l'Est. Depuis la désagrégation de l'Union soviétique et de ses États satellites, ces informations sont devenues plus accessibles, non sans conserver une part d'obscurité, et ne figurent généralement que dans des ouvrages et des revues universitaires, et bien souvent dans la langue source de leur auteur. Ainsi, comme la plupart des travaux précurseurs en la matière ont été menés par des auteurs polonais, tchèques ou hongrois, ils se sont limités à la langue polonaise, tchèque ou hongroise. Ils sont aussi restés pour l'essentiel entre les mains d'universitaires – ce qui m'amène à l'autre objet de cet ouvrage, qui consiste à faire revivre cette période pour un vaste public, et non pour les seuls chercheurs.

Ma dernière intention, et peut-être la plus importante, est de tracer clairement une voie dans le dédale de mythes qui se sont propagés sur les suites du conflit mondial. Après un examen plus attentif, nombre de « massacres » que j'ai pu découvrir se sont révélés bien moins tragiques qu'on ne veut le faire croire d'ordinaire. Dans le même ordre d'idées, certaines atrocités tout à fait abyssales ont pu être dissimulées ou simplement se noyer dans le flot d'autres événements historiques. S'il est au bout du compte impossible d'appréhender l'exacte vérité derrière certains de ces incidents, il est au moins possible d'en dissiper certaines contre-vérités.

Tout au long de ce travail, la pléthore de statistiques vagues et sans fondement présentées régulièrement dans les débats sur cette période a été l'une de mes bêtes noires. Les statistiques possèdent un poids réel, parce qu'elles sont souvent employées à des fins politiques : certaines nations ont pour habitude d'exagérer les crimes commis par leurs voisins, afin de distraire l'attention des leurs ou pour en invoquer les dangers, à l'appui de leur cause nationale ; des partis politiques de tous bords se plaisent à amplifier ceux de leurs rivaux, et à minimiser ceux de leurs alliés. Les historiens exagèrent parfois, eux aussi, ou montent simplement en épingle le chiffre le plus saisissant d'une série de données disponibles à seule fin d'apporter à leur texte un tour plus dramatique. Mais les récits de cette période sont déjà suffisamment phénoménaux pour ne nécessiter aucune exagération. C'est la raison pour laquelle j'ai essayé, dans la mesure du possible, de puiser toutes mes statistiques à des sources officielles, ou dans des études universitaires importantes chaque fois que les sources officielles étaient manquantes ou suspectes. Lorsque les statistiques sont contestées, je retiens le chiffre le plus fiable dans le corps du texte et mentionne les données alternatives en note.

Mais il serait vain d'imaginer que l'on ne pourrait aller encore plus loin dans l'exigence d'exactitude qui est la mienne. Et ce livre ne saurait non plus prétendre offrir un récit « définitif » ou « exhaustif » de la période de l'immédiat après-guerre en Europe : le sujet est bien trop vaste. En revanche, il est une tentative de jeter un éclairage sur toute une myriade d'événements surprenants, et quelquefois terrifiants, à l'intention de lecteurs qui, sans cela, auraient pu ne jamais les découvrir.

J'espère que ce travail permettra d'ouvrir le débat sur la manière dont ces événements ont affecté le continent durant l'une des phases les plus pénibles de sa renaissance – car il y a là, en effet, un immense champ de recherches inédites –, et peut-être cela inciterat-il d'autres auteurs à enquêter plus profondément. Si le passé est une terre étrangère, cette période de l'histoire européenne comporte encore de vastes régions signalées par cette seule formule : *Hic sunt dracones**.

* Dans la tradition médiévale, l'expression latine *Hic sunt dracones* (« Ici sont les dragons ») figurait sur les documents cartographiques signalant les régions mal ou peu connues. On y lisait aussi parfois la formule *Terra incognita* ou *Hic sunt leones* (« Ici sont les lions »), au lieu de la mention *Hic sunt dracones*, quand il s'agissait de désigner les confins de la connaissance géographique. (*N.d.T.*)

PREMIÈRE PARTIE

L'HÉRITAGE DE LA GUERRE

« Je pensais que vous seriez là, à m'attendre [...]. Au lieu de quoi, j'ai été accueilli par la puanteur tenace des cendres et les trous béants de notre maison en ruine. »

Samuel Puterman, à son retour à Varsovie, en 1945[1]

« Nous pouvions constater la destruction matérielle, mais les effets des perturbations économiques, politiques et sociales à grande échelle et des ravages psychologiques de cinq années de refonte de l'Europe en machine de guerre, sous la férule de Hitler, nous ont complètement échappé. »

Dean Acheson, sous-secrétaire d'État américain, 1947[2]

2. La mort de l'Europe, 1939-1945

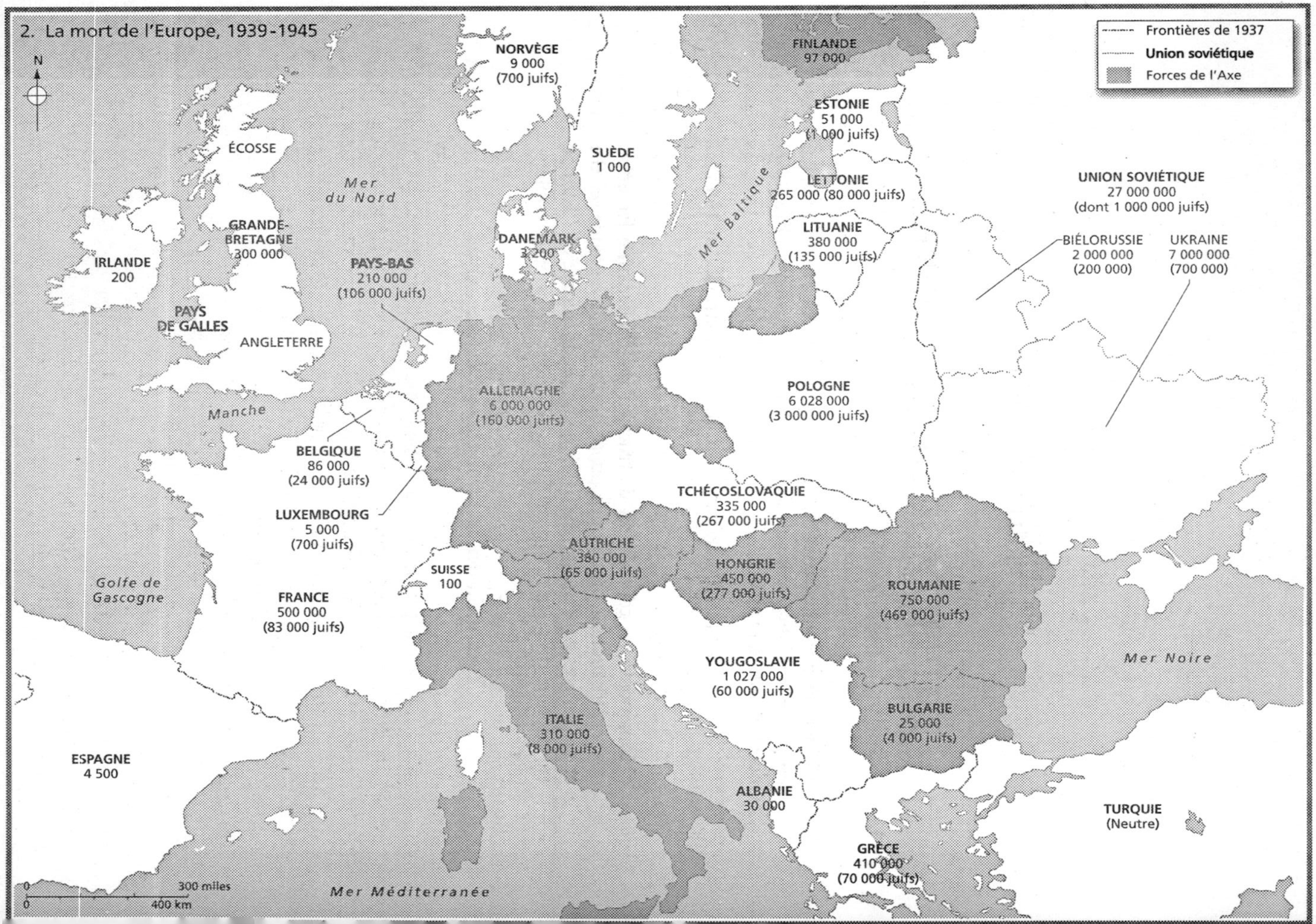

1

La destruction matérielle

En 1943, Karl Baedeker, l'éditeur de guides de voyage, publia un guide du Generalgouvernement – cette petite partie de la Pologne qui s'était vu accorder un semblant d'autonomie sous domination nazie. Comme pour toutes les publications de l'époque en Allemagne, ce volume visait autant à diffuser la propagande qu'à fournir des informations au lecteur. Le chapitre consacré à Varsovie offrait un cas d'école : le livre déployait une éloquence lyrique sur les origines allemandes de la ville, sur son caractère germanique et la manière dont elle était devenue l'une des plus grandes capitales du monde « principalement grâce aux efforts des Allemands ». Il invitait instamment les touristes à visiter le Château royal médiéval, la cathédrale du XIVe siècle et la magnifique église jésuite de la fin de la Renaissance – autant de produits de la culture et de l'influence allemandes. Il attachait un intérêt particulier à l'ensemble palatial de la fin du baroque qui entourait la place Piłsudski – « la plus belle place de Varsovie » – désormais rebaptisée place Adolf Hitler. Le palais « Saxon », construit par un Allemand, évidemment, avec ses superbes Jardins saxons, là encore conçus par des architectes allemands, en constituait le fleuron. Le guide admettait qu'un ou deux édifices avaient été malheureusement endommagés par la bataille de Varsovie, en 1939, mais rassurait aussitôt ses lecteurs : depuis lors, la capitale était « en cours de reconstruction, une fois de plus sous direction allemande[1] ».

Aucune mention n'était faite des périphéries de la ville du côté ouest, reconverties en ghettos réservés aux juifs. C'était sans doute aussi bien, car au moment de la parution du livre un soulèvement éclata dans ces quartiers, obligeant le Brigadeführer SS Jürgen Stroop à en incendier pratiquement toutes les maisons[2]. Furent alors détruits presque quatre kilomètres carrés de la ville.

L'année suivante, un second soulèvement éclata dans tout le reste de la capitale : cette fois, c'était une insurrection plus généralisée, à l'instigation de l'Armée polonaise de l'Intérieur. En août 1944, des groupes de Polonais, des hommes, des femmes et des adolescents, tendaient des embuscades à des soldats allemands et les dépouillaient de leurs armes et de leurs munitions. Les deux mois suivants, ils se barricadèrent dans la Vieille Ville et aux alentours et tinrent tête à plus de 17 000 soldats allemands, des troupes pourtant spécialisées dans la contre-insurrection[3]. Le soulèvement ne prit fin qu'en octobre, après quelques-uns des combats les plus sanglants de la guerre. À la suite de quoi, lassé de la désobéissance polonaise et sachant que les Russes finiraient par entrer dans la ville, Hitler ordonna qu'elle soit complètement rasée[4].

En conséquence, les troupes allemandes firent sauter le Château royal de l'époque médiévale qui avait tant impressionné Baedeker. Elles sapèrent les murs de la cathédrale du XIVe siècle et la firent également sauter. Pendant trois jours, tout de suite après Noël 1944, on fit méthodiquement exploser le palais Saxon, ainsi que l'ensemble des palais des périodes baroque et rococo. L'Hôtel européen, recommandé par Baedeker, fut d'abord incendié en octobre puis, par mesure de précaution, on le dynamita en janvier 1945. Des troupes du Reich allaient de maison en maison, de rue en rue, détruisant la ville entière : 93 % des habitations de Varsovie furent détruites ou endommagées, sans espoir de reconstruction. Pour parachever ces destructions, les soldats de Hitler réduisirent en cendres les Archives nationales, les Archives des Documents anciens, les Archives financières, les Archives municipales, les Archives des Documents récents et la Bibliothèque municipale[5].

Après la guerre, quand les Polonais songèrent à reconstruire leur capitale, le Musée national organisa une exposition montrant des fragments de bâtiments et d'œuvres d'art endommagés ou détruits sous l'occupation allemande. Ils l'accompagnèrent d'un guide qui, au contraire de celui de Baedeker, était entièrement rédigé au passé. L'intention était de rappeler très précisément au peuple de Varsovie, et au monde au sens large, ce qui avait été perdu. Le guide et l'exposition proprement dite témoignaient implicitement d'une prise de conscience : ceux qui avaient survécu à cette destruction de Varsovie n'étaient plus capables de mesurer l'immensité de ce qui était arrivé à leur ville. Pour eux, cela s'était produit progressivement, en commençant par les bombardements de 1939, en continuant avec le pillage allemand sous l'Occupation et en s'achevant avec la destruction du ghetto en 1943 et la dévastation finale à l'hiver 1944. À présent, quelques mois à peine après leur libération, ils s'étaient habitués à vivre dans des carcasses de maisons, entourés de toutes parts de montagnes de décombres[6].

À certains égards, l'échelle véritable de ces destructions n'était mesurable que pour ceux qui, n'en ayant pas été les témoins directs, n'en voyaient que les résultats. John Vachon était un jeune photographe venu à Varsovie dans le cadre d'une opération humanitaire conduite par les Nations unies après la guerre ; ses lettres à sa femme, Penny, en janvier 1946, témoignent de sa totale incompréhension devant l'ampleur des ravages :

> C'est vraiment une ville incroyable et je voudrais t'en donner une petite idée, mais je ne sais pas comment m'y prendre. Tu vois, c'est une grande ville. Plus d'un million d'habitants avant guerre. Grande comme Detroit. Et, maintenant, elle est détruite à 90 % [...]. Ici, chaque fois que tu sors marcher, tu vois des immeubles massifs se dresser sans toit ou quasiment sans murs extérieurs, mais avec des gens qui vivent à l'intérieur. Sauf dans le ghetto, qui n'est qu'une vaste plaine de briques, avec des lits tordus, des baignoires, des sofas, des photos encadrées, des malles, des millions d'objets qui dépassent au milieu des briques. Je n'arrive pas à comprendre comment on a pu en arriver là [...]. C'est trop brutal, je n'arrive pas à y croire[7].

La magnifique cité baroque décrite par Baedeker à peine deux années auparavant avait complètement disparu.

Il est difficile de donner en termes éloquents la mesure de l'anéantissement provoqué par la Deuxième Guerre mondiale. Varsovie n'était qu'un exemple de ville détruite parmi des dizaines d'autres rien qu'en Pologne ; dans l'Europe entière, des centaines de villes avaient été entièrement ou partiellement dévastées. Des photographies prises après la guerre peuvent donner une certaine idée de l'ampleur de la destruction dans chacune de ces cités au cas par cas mais, dès que l'on essaie de décompter ces multiples exemples de dévastation d'un bout à l'autre du continent, cela défie forcément l'entendement. Dans certains pays – surtout en Allemagne, en Pologne, en Yougoslavie et en Ukraine –, c'était un millénaire de culture et d'architecture que l'on avait broyé en l'espace de quelques années. Et plusieurs historiens n'hésitèrent pas à comparer à l'Apocalypse la violence ayant engendré une dévastation aussi totale[8].

Les individus qui ont assisté à l'anéantissement des villes d'Europe ont eu le plus grand mal à accepter les ravages qu'ils pouvaient constater au plan local ; ce n'était qu'au travers de leurs descriptions angoissées, et toujours assez loin du compte, que l'on réussissait à se représenter partiellement la teneur de ces destructions. Toutefois, avant d'aborder ces réactions humaines devant ce paysage de ruines et de désagrégation, il faut mentionner quelques statistiques – car, en dépit de leur caractère insaisissable, les statistiques conservent tout leur poids.

Seule nation à avoir défié Hitler avec succès durant toute la guerre, la Grande-Bretagne avait terriblement souffert : pendant le Blitz, la Luftwaffe avait largué 50 000 tonnes de bombes sur son territoire, détruisant 202 000 maisons et en endommageant 4,5 millions[9]. Le pilonnage des principales métropoles britanniques est un fait bien connu, mais c'est le sort réservé aux petites villes qui atteste véritablement de l'étendue des bombardements : l'attaque de Coventry a donné naissance à un nouveau verbe allemand, *coventrieren* – « coventryser », ou détruire en totalité ; Clydebank est une bourgade industrielle relativement modeste, à la périphérie de Glasgow, en Écosse : sur ses 12 000 habitations, seules 8 ont évité tout dégât[10].

De l'autre côté de la Manche, les dommages n'étaient pas tout à fait aussi généralisés, mais ils étaient bien plus concentrés. Caen, par exemple, fut quasiment rayée de la carte lors du débarquement de 1944 en Normandie : les bombes alliées avaient rasé les trois quarts de la ville[11]. Saint-Lô et Le Havre avaient souffert encore davantage – 77 % et 82 % de leurs bâtiments furent détruits[12]. Quand les Alliés débarquèrent dans le sud de la France, plus de 14 000 bâtiments de Marseille furent partiellement ou complètement détruits[13]. Selon les dossiers du gouvernement relatifs aux demandes de dédommagements et de prêts suite aux dommages de guerre en France au cours du conflit, 460 000 édifices furent détruits, et 1,9 million d'autres subirent des dégâts divers[14].

Après la guerre, plus on s'enfonçait à l'Est, plus les dévastations s'aggravaient. À Budapest, 84 % des bâtiments avaient subi des dommages, et 30 % d'entre eux avaient été si gravement atteints qu'ils en étaient devenus inhabitables[15]. La ville de Minsk, en Biélorussie, était à peu près détruite à 80 % : seules 19 de ses 332 usines les plus importantes en avaient réchappé, et seulement parce que les soldats du génie de l'Armée rouge avaient désamorcé juste à temps les mines posées par les Allemands avant leur repli[16]. La plupart des bâtiments publics de Kiev avaient été minés par les Soviétiques quand ils avaient battu en retraite en 1941 – le reste avait été détruit à leur retour en 1944. Dans la partie orientale de l'Ukraine, les deux adversaires s'étaient tellement battu pour la ville de Kharkov qu'il leur restait finalement fort peu de choses à se disputer. À Rostov et Voronej, selon un journaliste britannique, « le niveau de destruction était proche de 100 %[17] ». Et l'on peut prolonger la liste indéfiniment : en URSS, quelque 1 700 villes et bourgades avaient été dévastées, dont 714 pour la seule Ukraine[18].

Ceux qui ont sillonné ces paysages de ruines au lendemain de la guerre ont vu la destruction, ville après ville. Parmi ces témoins, très peu tentèrent de décrire la totalité de ce qu'ils avaient vu – au lieu de quoi ils s'efforçaient tant bien que mal de prendre la mesure des dommages plus localisés qu'ils découvraient dans chacune des villes qu'ils traversaient. Ainsi, Stalingrad n'était plus que « moignons de murs, bâtiments à moitié en ruine réduits à l'état de grandes caisses creuses et vides, monceaux de débris, cheminées solitaires[19] ». Sébastopol « était maintenant d'une indicible mélancolie », et « même dans les banlieues [...] il n'y avait plus guère de maisons debout[20] ». Le diplomate américain George F. Kennan, qui se trouvait dans la ville finlandaise de Vyborg en septembre 1945, admirait les « rayons du soleil en ce début de matinée [...] qui illuminaient les carcasses éventrées des immeubles d'habitation, et les inondaient d'un miroitement passager, pâle et froid ». Mis à part une chèvre sur le pas de porte d'un immeuble en ruine, que sa présence effraya, on eût dit que Kennan était le seul être vivant de la cité tout entière[21].

Au centre de toute cette destruction, c'était l'Allemagne dont les villes avaient sans aucun doute souffert des dommages les plus complets de la guerre. Les forces aériennes anglaises et américaines avaient détruit quelque 3,6 millions d'appartements – autrement dit à peu près le cinquième de tous les lieux d'habitation du pays[22]. En termes absolus, les dégâts causés à ces habitations étaient dix-huit fois plus élevés que ceux infligés à la Grande-Bretagne[23]. Certaines villes avaient souffert bien plus que la moyenne : selon les chiffres de l'Office des statistiques du Reich, Berlin avait perdu jusqu'à 50 % de ses espaces habitables, Hanovre 51,6 %, Hambourg 53,3 %, Duisbourg 64 %, Dortmund 66 % et Cologne 70 %[24].

Après la capitulation, à leur arrivée en Allemagne, la plupart des observateurs alliés s'attendaient à y découvrir des destructions de même ampleur que celles qu'ils avaient pu constater en Grande-Bretagne pendant le Blitz. Mais, même après la parution dans les journaux britanniques et américains des premiers clichés et des premiers reportages sur cette dévastation allemande, il était impossible de se préparer à la vision de cette réalité. Austin Robinson, par exemple, fut envoyé dans la partie occidentale du pays pour le compte du ministère de la Production britannique. Sa description de la ville de Mayence, où il séjournait, trahit ce sentiment d'horreur :

> Ce squelette de ville, avec ses pâtés de maisons rasés en totalité, ses usines presque complètement éventrées, c'était une image qui, je le savais, me resterait toute ma vie. On avait beau connaître la chose sur un plan intellectuel, on ne l'avait pas ressentie au plan émotionnel ou humain[25].

Le lieutenant anglais Philip Dark fut tout aussi atterré par la vision apocalyptique qui s'étalait devant lui à Hambourg à la fin de la guerre :

> [...] Nous avons obliqué vers le centre et pénétré dans une ville où la dévastation dépassait l'entendement. Cela dépassait les bornes de l'effroyable. À perte de vue, sur des kilomètres carrés, ce n'étaient que des carcasses béantes d'immeubles, avec leurs poutrelles tordues dressées vers le ciel comme autant d'épouvantails, les radiateurs d'un appartement qui saillaient d'un pan de mur resté debout, tel un squelette de ptérodactyle crucifié. Des silhouettes de cheminées horribles, hideuses, pointaient de l'encadrement d'un mur. L'ensemble baignait dans un silence intemporel. [...] Il est impossible de comprendre un spectacle pareil tant qu'on ne l'a pas eu devant les yeux[26].

Nombre de descriptions de l'Allemagne en 1945 révèlent une impression de désespoir total. Dresde, par exemple, avait cessé de ressembler à la « Florence de l'Elbe » pour évoquer davantage la « face de la Lune », et les responsables de l'urbanisme estimaient qu'« au moins soixante-dix ans » seraient nécessaires pour la reconstruire[27]. Munich avait subi de telles dévastations qu'« elle faisait vraiment presque aussitôt songer à l'imminence du Jugement dernier[28] ». Berlin était « complètement anéantie – réduite à des monceaux de décombres et à des carcasses de maisons[29] ». Cologne était une ville « couchée, privée de sa beauté, informe, au milieu des débris et de la désolation d'une décomposition matérielle totale[30] ».

La destruction des villes avait transformé de 18 à 20 millions d'Allemands en sans-abri – l'équivalent des populations des Pays-Bas, de la Belgique et du Luxembourg d'avant guerre[31]. En Ukraine, 10 millions d'habitants de plus étaient privés de toit, soit davantage que la population de la Hongrie d'avant le conflit[32]. Ils vivaient dans des caves, des ruines, des trous dans le sol – n'importe où, là où ils réussissaient à se mettre un minimum à l'abri. Ils étaient entièrement privés des services essentiels, l'eau, le gaz et l'électricité – comme des millions d'autres à travers l'Europe. Varsovie ne comptait que deux réverbères en état de fonctionner[33]. À Odessa, l'eau n'était accessible que dans les puits artésiens, de sorte que même les dignitaires en visite se voyaient remettre une seule bouteille d'eau par jour pour se laver[34]. Sans ces services élémentaires, selon la formule d'un chroniqueur américain, la population des villes d'Europe en était réduite à vivre « à la manière médiévale, entourée de toute la machinerie du XXe siècle désormais hors d'usage[35] ».

Si la dévastation des villes était la plus spectaculaire, bien souvent les campagnes n'avaient pas moins souffert. Sur tout le continent, on avait pillé, incendié, inondé des fermes que l'on avait parfois tout simplement laissées à l'abandon, à cause des combats. Les marais de l'Italie du Sud, drainés avec tant d'opiniâtreté sous Mussolini, avaient été de nouveau inondés par les Allemands lors de leur retraite, un acte délibéré qui entraîna une recrudescence de la malaria[36]. Aux Pays-Bas, les troupes allemandes ouvrirent volontairement les digues qui contenaient la mer, rendant ainsi impraticable 219 000 hectares de terres[37]. L'éloignement par rapport aux principaux théâtres d'opérations ne garantissait aucune protection contre de tels agissements : plus du tiers des logements de Laponie furent détruits par les Allemands quand ils reculèrent face aux troupes soviétiques[38]. Le but était de priver les forces finnoises, considérées comme renégates, du moindre refuge pendant l'hiver, mais cela eut aussi pour effet de transformer quelque 80 000 civils en réfugiés. D'un bout à l'autre de la Norvège et de la Finlande, des routes furent minées, des lignes téléphoniques abattues et des ponts sabotés, ce qui créa des perturbations encore perceptibles des années après la fin de la guerre.

Là encore, plus on s'enfonçait vers l'est, plus les destructions étaient terribles. Sous l'occupation allemande, la Grèce avait perdu le tiers de ses forêts, et plus de 1 000 villages, livrés aux flammes, avaient été désertés par leurs habitants[39]. En Yougoslavie, selon la Commission des Réparations, 24 % des vergers avaient été détruits, ainsi que 38 % des vignobles, et l'on avait abattu près de 60 % du bétail. Le pillage de millions de tonnes de blé, de lait et de laine avait parachevé la ruine de l'économie rurale yougoslave[40]. En URSS, c'était encore pire : l'invasion avait anéanti jusqu'à 70 000 villages, avec leurs communautés de vie et la totalité de leur infrastructure rurale[41]. De tels dégâts n'étaient pas seulement le résultat des combats et de pillages occasionnels – mais d'une destruction volontaire, systématique, des terres et des biens. Au moindre signe de résistance, des fermes et des villages avaient été livrés aux flammes. De vastes parcelles forestières, le long des routes, avaient été abattues à seule fin de diminuer les risques d'embuscade.

On a beaucoup écrit sur le caractère impitoyable des attaques auxquelles l'Allemagne et la Russie se sont livrées l'une contre l'autre, mais ces deux puissances ne se montrèrent pas moins impitoyables dans la défense de leur territoire. Quand le flot de la Wehrmacht se déversa en Union soviétique au début de l'été 1941, Staline, s'adressant à son peuple lors d'une allocution radiodiffusée, l'enjoignit de prendre avec lui dans sa fuite tout ce qu'il serait en mesure d'emporter :

> Tous les biens de valeur, notamment les métaux non ferreux, le maïs et le carburant, que vous ne pourrez pas transporter avec vous devront être détruits, sans exception. Dans les régions occupées par l'ennemi, des unités de partisans [...] devront mettre le feu aux forêts, aux entrepôts et aux moyens de transports[42].

Lorsque le cours de la guerre s'infléchit, à son tour Hitler ordonna de ne rien laisser pour le retour des Soviétiques : « Vous devrez incendier et raser chaque localité, sans tenir aucun compte de ses habitants, afin de priver l'ennemi de toute possibilité de se loger, stipulait l'un des ordres du Führer aux commandants de son armée en Ukraine, au mois de décembre 1941 ; les localités laissées intactes seront ensuite bombardées par les forces aériennes[43]. » Plus tard, quand la situation devint encore plus désespérée, Himmler ordonna aux chefs de la SS de tout détruire : « Pas un individu, pas une tête de bétail, pas un quintal de blé, pas une voie ferrée ne doivent rester intacts. [...] L'ennemi doit trouver un pays détruit, totalement rasé par le feu[44]. »

À la suite d'ordres tels que celui-ci, de vastes régions de terre agricole en Ukraine et en Biélorussie furent brûlées non pas une seule fois, mais à deux reprises, et avec elles d'innombrables fermes et villages qui auraient pu servir d'abri à l'ennemi. L'industrie offrait naturellement l'une des premières cibles. En Hongrie, par exemple, 500 grandes usines furent démantelées et transférées en Allemagne – plus de 90 % du reste furent délibérément endommagés ou détruits – et presque toutes les mines de charbon furent inondées ou leurs galeries comblées par des effondrements volontaires[45]. En URSS, on détruisit quelque 32 000 usines[46]. En Yougoslavie, d'après les estimations de la Commission des Réparations, l'industrie du pays avait perdu plus de 9,14 milliards de dollars en valeur, soit le tiers de sa richesse industrielle[47].

Les pires dommages furent peut-être ceux qui touchèrent les infrastructures de transport du continent européen. Les Pays-Bas avaient vu disparaître 60 % de leur réseau ferroviaire et routier et de leurs canaux. En Italie, presque le tiers du réseau routier fut rendu inutilisable, et 13 000 ponts avaient été endommagés ou détruits. La France et la Yougoslavie avaient perdu 77 % de leurs locomotives et un pourcentage comparable de wagons. La Pologne avait perdu le cinquième de ses routes, un tiers de ses voies ferrées et la totalité de son aviation civile. La Norvège n'avait préservé que la moitié de son tonnage de navires d'avant guerre, et la Grèce entre les deux tiers et les trois quarts de sa flotte marchande. À la fin de la guerre, le seul mode de transport un tant soit peu fiable en toutes circonstances était la marche à pied[48].

La dévastation matérielle de l'Europe allait au-delà de la simple perte de ses bâtiments et de ses infrastructures. Elle allait même au-delà de la destruction de siècles de culture et d'architecture. Le caractère véritablement troublant de ces ruines, c'était ce qu'elles symbolisaient. Selon la formule d'un soldat britannique, ces montagnes de décombres représentaient « un monument au pouvoir d'autodestruction de l'homme[49] ». Pour des centaines de millions d'individus, elles constituaient le rappel quotidien de la brutalité dont le continent avait été le théâtre, et qui pouvait refaire surface à tout moment.

Selon Primo Levi, qui avait survécu à Auschwitz, la manière dont les Allemands avaient presque tout détruit sur leur passage avait quelque chose de quasi surnaturel. Pour lui, les vestiges réduits en miettes d'une base militaire à Slutsk, près de Minsk, attestaient le « génie de la destruction, de l'anti-création, ici comme à Auschwitz ; c'était la mystique de la stérilité, au-delà de toutes les exigences de la guerre ou de tout désir de butin[50] ». La destruction semée par les Alliés fut presque aussi terrible : quand Primo Levi découvrit les ruines de Vienne, il se sentit submergé par la « sensation pesante, menaçante de l'irréparable et d'un mal définitif qui était présent partout, niché dans les entrailles de l'Europe et du monde, le germe des maux futurs[51] ».

C'est ce courant profond d'« anti-création » et de « mal définitif » qui rend l'image de la destruction des métropoles et des villes européennes si perturbante. L'aspect implicite de toutes les descriptions de cette époque, qui n'est jamais ouvertement formulé, c'est que derrière la destruction matérielle se profile autre chose de bien plus grave. Ces maisons réduites à des « carcasses » et ces tableaux dans leur cadre surgissant des décombres de Varsovie sont hautement symboliques : dissimulé sous les ruines, autant au sens littéral que métaphorique, gisait un autre désastre, humain et moral.

2

L'absence

Le bilan

Si la dévastation physique de l'Europe défie l'entendement, le coût humain de la guerre présente un défi encore plus grand ; toute description de ces réalités sera forcément inadéquate. Je songe ici au romancier Hans Erich Nossack lorsqu'il tenta de décrire les suites de l'orage de feu qui s'abattit sur Hambourg en 1943 : « Oh, je reviens en pensée à cette route qui me conduisit dans Hambourg, et j'éprouve un besoin impérieux de m'arrêter et de renoncer. Pourquoi continuer ? Je veux dire, pourquoi coucher tout cela par écrit ? Ne vaudrait-il pas mieux tout livrer à l'oubli, pour l'éternité[1] ? » Et pourtant, comme l'a compris Nossack lui-même, il est du devoir des témoins directs et des historiens de consigner ces événements, même si leurs tentatives de leur donner un sens sont nécessairement vouées à l'échec.

Quand il décrit des catastrophes d'une telle ampleur, l'historien est toujours confronté à des élans contradictoires. D'une part, il peut présenter les statistiques brutes et laisser le soin au lecteur d'imaginer ce que signifient de tels chiffres. Dans le sillage de la guerre, les gouvernements et les organismes humanitaires diffusèrent des chiffres concernant à peu près tous les aspects du conflit, du nombre de soldats et de civils tués jusqu'aux effets économiques des bombardements sur telles ou telles industries particulières. D'un bout à l'autre de l'Europe, on constate un besoin impérieux de mesurer, d'estimer, de quantifier – il s'agit peut-être de ce que Nossack appelait « une tentative de bannir les morts au moyen des chiffres[2] ».

D'autre part, on peut être tenté de complètement ignorer ces chiffres, et de simplement consigner les expériences des gens ordinaires, témoins de ces événements. Après l'orage de feu qui s'abattit sur Hambourg, par exemple, ce ne fut pas le chiffre de

40 000 morts qui bouleversa les Allemands, mais surtout la manière dont ils avaient trouvé la mort. Les récits de ce brasier infernal, de ces vents et de ces blizzards d'étincelles balayant tout avec la force d'un ouragan et incendiant les cheveux et les vêtements des victimes – ces images s'emparent des esprits avec bien plus d'efficacité que des chiffres bruts. En tout état de cause, les gens le comprenaient d'instinct, à l'époque déjà les statistiques n'étaient pas fiables : dans une ville où les corps étaient enfouis sous des montagnes de débris, où plusieurs d'entre eux avaient parfois fusionné sous l'effet de la chaleur intense tandis que d'autres se trouvaient réduits à l'état de cendres, il était impossible de quantifier le nombre de morts avec une quelconque précision. Quel que soit l'angle d'analyse adopté, il est impossible de transmettre autre chose qu'un simple aperçu de ce que peut signifier une telle catastrophe. L'histoire conventionnelle n'est tout simplement pas équipée pour décrire ce que Nossack appelait « autre chose [...] l'étrangeté même [...] ce qui n'est essentiellement pas possible[3] ».

À certains égards, on peut considérer le déluge de flammes de Hambourg comme un microcosme de ce qui est advenu en Europe durant la guerre. Comme dans le reste du continent, ce bombardement avait transformé le grand port hanséatique en un paysage de ruines – et pourtant il subsistait encore des poches de sérénité, des quartiers miraculeusement intacts. Comme dans quantité d'autres régions d'Europe, des banlieues entières avaient été évacuées à la suite de cette tempête de feu, et elles étaient ensuite restées pratiquement désertées pendant des années. Et, comme partout en Europe, les victimes appartenaient à toutes les nationalités, et à tous les milieux sociaux.

Mais on relève aussi de forts contrastes entre le destin de cette ville et celui du reste du continent. Si horrible qu'ait été le bombardement de Hambourg, il tua en réalité moins de 3 % de la population de la ville ; pour l'ensemble de l'Europe, le taux de mortalité était de plus du double. Le nombre de victimes directes de la Deuxième Guerre mondiale en Europe est proprement stupéfiant : entre 35 et 40 millions de personnes au total[4]. Pour fournir une équivalence, ce chiffre se situe entre la population de la Pologne (35 millions) et celle de la France (42 millions) avant la guerre[5]. Ou bien encore, pour le formuler autrement, c'était le nombre de morts que l'on aurait déplorés si l'orage de feu de Hambourg s'était répété un millier de nuits de suite.

Pourtant, ce total masque de gigantesques disparités d'un pays à un autre. Si horribles qu'elles aient été, les pertes de la Grande-Bretagne furent comparativement assez légères : approximativement 300 000 Britanniques ont perdu la vie au cours de la Deuxième

Guerre mondiale – à peu près le tiers des victimes du Royaume-Uni pendant la Première Guerre mondiale[6]. Alors que plus d'un demi-million de Français ont été tués, environ 210 000 Hollandais, 86 000 Belges et presque 310 000 Italiens[7]. En revanche, l'Allemagne a perdu presque 4,5 millions de soldats et 1,5 million de civils. À peu près autant de civils allemands ont péri sous les seules bombes alliées que de Britanniques, de Belges et de Hollandais réunis pendant toute la durée du conflit, quelle que soit la cause du décès[8].

Là encore, plus on se dirige vers l'est, plus les pertes s'alourdissent. La Grèce a déploré 410 000 morts – un total qui ne paraît pas nettement plus lourd que celui de certains pays déjà mentionnés plus haut, sauf si l'on rappelle que la Grèce ne comptait avant guerre que 7 millions d'habitants ; la conflagration a donc tué à peu près 6 % de la population hellène[9]. De même, les pertes de la Hongrie (450 000 morts) représentaient presque 5 % de sa population[10]. En Yougoslavie, un peu plus d'un million de victimes avaient péri, soit 6,3 % de la population[11]. En Estonie, en Lettonie et en Lituanie, les pertes se situaient entre 8 et 9 % de l'ensemble des habitants des pays baltes avant guerre[12]. Proportionnellement, c'était la Pologne qui avait le plus souffert : plus d'un Polonais sur six avait trouvé la mort – au total, plus de 6 millions d'individus[13].

Dans l'absolu, c'est l'Union soviétique qui enregistra le nombre de victimes le plus écrasant : approximativement 27 millions de morts[14]. Ce chiffre invraisemblable masque là aussi nécessairement d'énormes variations selon les régions. Il n'existe notamment pas de données fiables pour les différents territoires de Biélorussie et d'Ukraine, qui n'étaient à l'époque pas considérées comme des pays à part entière par la communauté internationale – mais la plupart des estimations des victimes ukrainiennes de la guerre situent ce chiffre entre 7 et 8 millions ; si ce nombre est exact, un Ukrainien sur cinq a péri pendant la guerre[15]. Concernant les Biélorusses, ce bilan est considéré comme le plus lourd de tous, avec la disparition d'un quart de la population[16].

Aujourd'hui comme en 1945, il est presque impossible d'appréhender ce que signifient véritablement ces statistiques, et toute tentative de rendre ces chiffres concrets reste vouée à l'échec. On pourrait souligner que le nombre total des victimes représente une moyenne d'un tué toutes les cinq secondes pendant presque six années – mais de telles réalités sont impossibles à imaginer. Même ceux qui ont vécu la guerre, qui ont été témoins des massacres, qui ont vu des champs pleins de cadavres et des fosses communes remplies de corps sont incapables de saisir la véritable ampleur de la tuerie qui s'est déroulée dans toute l'Europe d'un bout à l'autre de ce conflit.

Le seul moyen, peut-être, de parvenir à plus ou moins comprendre ce qui s'est passé serait de cesser d'imaginer l'Europe comme un lieu peuplé de morts, pour la penser plutôt comme un espace caractérisé par l'absence. Des villages, des bourgades et même des villes entières ont été rasés, et leurs populations avec eux. De vastes portions du continent qui étaient jadis le foyer de communautés prospères et pleines d'animation étaient à présent entièrement vidées de leurs habitants. Ce n'était pas la présence de la mort qui définissait l'atmosphère de l'Europe de l'après-guerre, mais plutôt l'absence de ceux qui avaient jadis occupé les salons, les boutiques, les rues et les marchés de ce continent.

Avec le recul du XXIe siècle, nous avons tendance à nous imaginer la fin de ce conflit comme un moment festif. Nous avons vu ces images de marins embrassant des jeunes filles à Times Square, à New York, et des troupes souriantes de toutes nationalités remontant les Champs-Élysées bras dessus bras dessous. Pourtant, malgré toutes les festivités qui ont eu lieu à la fin de la guerre, l'Europe était d'abord un lieu de deuil. Le sentiment de perte était à la fois personnel et collectif. Tout comme les villes et les métropoles avaient cédé la place à des champs de ruines, les familles et les communautés avaient cédé la place à des archipels de trous béants.

La disparition des juifs

Certaines absences étaient évidemment plus frappantes que d'autres. La plus évidente de toutes, en particulier en Europe de l'Est, c'était celle des juifs. Dans un entretien pour le projet d'histoire orale de l'Imperial War Museum de Londres, Edith Baneth, survivante juive originaire de Tchécoslovaquie, résumait le ressenti personnel de cette absence jusqu'à aujourd'hui :

> Quand il nous arrive de penser aux familles que nous avons perdues, rien ne peut compenser leur absence. Elles ne peuvent être remplacées – à la deuxième et à la troisième génération, cela se ressent encore. Quand nous célébrons un mariage ou une bar-mitsvah, d'un côté, certains invitent jusqu'à cinquante ou soixante membres de leur famille. Quand mon fils a fêté sa bar-mitsvah, et quand il a célébré son mariage, aucune famille n'était présente – c'est ainsi qu'à la deuxième et à la troisième génération l'Holocauste pèse, et leur famille leur manque. Mon fils n'a pas connu

> de vraie vie de famille – avoir des oncles, des tantes, des grands-mères, des grands-pères. Il n'y a que ce trou béant[17].

En 1945, alors que la majorité des gens comptaient les membres de leur famille et leurs amis perdus durant la guerre, les juifs survivants avaient tendance à compter ceux qui leur restaient ; quelquefois il ne restait personne. Dans le livre à la mémoire des juifs de Berlin, les morts de familles entières figurent en listes, les uns à côté des autres – depuis les enfants en bas âge jusqu'aux grands-parents : il y a six pages d'Abraham, onze pages de Hirsch, douze pages de Levy et treize pages de Wolff[18]. Des livres similaires ont pu être élaborés pour toutes les communautés juives qui existaient en Europe. Victor Breitburg perdit ainsi toute sa famille en Pologne en 1944 : « J'étais le seul survivant des 54 membres de ma famille. Je suis retourné à Łodz voir si je pourrais retrouver certains de mes parents, mais il n'y avait plus personne[19]. »

En additionnant toutes ces pertes, le « trou béant » dont parle Edith Baneth finit par engloutir non seulement des familles, mais des communautés entières. En Pologne et en Ukraine, avant guerre, les juifs composaient une part non négligeable de la population de dizaines de grandes villes. Wilno, devenue Vilnius, la capitale de la Lituanie, était le foyer de 60 000 à 70 000 juifs ; à l'été 1945, seuls peut-être un dixième de ces juifs avaient survécu[20]. Les juifs composaient aussi le tiers de la population de Varsovie – quelque 393 950 personnes au total – et pourtant, quand l'Armée rouge franchit enfin la Vistule à Varsovie en janvier 1945, elle n'y trouva que 200 juifs survivants. Même à la fin de cette année-là, quand des poignées de rescapés eurent regagné la capitale au compte-gouttes, ils n'étaient pas plus de 5 000[21].

Les communautés juives des zones rurales ne connurent pas un sort plus enviable. Dans de vastes portions de campagne autour de Minsk, en Biélorussie, la présence juive avait été ramenée d'environ 13 % de la population à tout juste 0,6 %[22]. À Volhynia, un coin de campagne tranquille dans la Pologne de l'avant-guerre, 98,5 % de la communauté juive furent mis à mort par les Allemands et leurs milices locales[23]. En tout, au moins 5 750 000 juifs ont été tués durant la Deuxième Guerre mondiale, ce qui en fait le pire génocide de l'histoire, et le plus systématique[24].

Là encore, ces statistiques sont difficiles à appréhender, jusqu'à ce que l'on commence à imaginer ce qu'elles peuvent signifier à une échelle plus humaine. Alicia Adams, survivante de Drobhobycz, en Pologne, évoque sans détour les événements dont elle a été le témoin :

> Non seulement mes parents, mes oncles, mes tantes et mon frère, mais aussi tous mes amis d'enfance et tous les gens que j'avais connus dans mon enfance – la totalité de la population de Drobhobycz a été anéantie, à peu près 30 000 personnes, ils ont tous été abattus. Ce n'est donc pas seulement ma famille proche qui a été tuée, j'ai vu tout le monde. J'ai vu tout le monde se faire tuer, tous les jours – cela faisait partie de mon enfance[25].

Pour les juifs qui avaient pu s'enfuir ou survivre, le retour dans des quartiers vides et abandonnés d'Europe orientale fut une expérience particulièrement déprimante. Le célèbre écrivain soviétique Vassili Grossman avait grandi en Ukraine, mais à l'époque de l'invasion allemande il vivait à Moscou. À son retour comme reporter de guerre, à la fin 1943, il découvrit que tous ses amis et la totalité de sa famille avaient été exterminés. Il fut l'un des premiers à écrire sur ce que l'on connaîtrait bientôt sous le nom d'Holocauste :

> En Ukraine, il n'y a plus de juifs. Nulle part – à Poltava, à Kharkov, à Kremenchug, à Borispol, à Yagotine – dans aucune ville, dans des centaines de bourgades ou des milliers de villages, vous ne verrez plus de fillettes aux yeux noirs emplis de larmes ; vous n'entendrez plus la voix peinée d'une vieille femme ; vous ne verrez plus le visage sombre d'un bébé affamé. Tout est silence. Tout est immobile. Un peuple entier a été assassiné avec la dernière brutalité[26].

La suppression effective d'une ethnie entière sur la quasi-totalité du continent allait de pair avec la perte d'une culture unique, édifiée au cours des siècles.

> C'était l'assassinat d'un grand et très ancien savoir-faire, transmis de génération en génération dans des milliers de familles d'artisans et de membres de l'intelligentsia. C'était l'assassinat de traditions quotidiennes que des grands-pères transmettaient à leurs petits-enfants, c'était l'assassinat de souvenirs, d'un chant mélancolique, d'une poésie populaire, d'une vie, heureuse ou amère, c'était la destruction d'âtres et de cimetières, c'était la mort de la nation qui avait vécu côte à côte avec les Ukrainiens durant des siècles[27]...

Les juifs furent l'un des rares groupes à avoir approché l'atrocité, la vérité de ce qui s'était passé en Europe pendant ce conflit planétaire. Avoir été stigmatisés et regroupés leur a aussi fourni un point de vue unique : ils ont pu constater que les meurtres de masse n'étaient pas une affaire purement locale, mais qu'ils se reproduisaient partout sur le continent. Même les enfants le comprenaient : en Ukraine, la petite Celina Lieberman, âgée de onze ans, s'efforça de préserver son identité juive alors qu'on l'avait confiée de force à un couple de catholiques en 1942 ; persuadée d'être la dernière juive en vie, elle avait pris l'habitude de s'excuser tous les soirs auprès de Dieu d'avoir accompagné ses nouveaux parents à l'église[28].

Et pourtant, au milieu de cette désolation, quelques petites semences d'espoir subsistaient encore : Celina Lieberman n'était pas la dernière juive vivante. Après la fin du conflit, des juifs commencèrent à sortir de leurs cachettes dans les endroits les plus invraisemblables. Des milliers d'entre eux avaient survécu dans les forêts et les marais de Lituanie, de Pologne et de Biélorussie ; des milliers d'autres avaient vécu les années de guerre cachés dans les sous-sols et les greniers de gentils compréhensifs. Même dans Varsovie ravagée, des poignées de juifs resurgirent des ruines, comme le Noé de la Bible posant le pied sur les rivages d'un monde transformé. Ils avaient réchappé de la lame de fond de l'Holocauste en se cachant dans des égouts, des tunnels et des abris construits à cet effet – comme autant d'arches improvisées. Le plus grand miracle, même s'il ne fut pas perçu comme tel, fut la survie des juifs dans les camps de concentration d'Europe : malgré tous les efforts des nazis pour les affamer et les tuer au travail forcé, quelque 300 000 juifs avaient survécu jusqu'à leur libération par les Alliés en 1945. En tout, 1,6 million de juifs européens réussirent à échapper à la mort[29].

La guerre avait aussi fourni de rares exemples d'États agissant de manière honorable envers les juifs, face aux pressions extrêmes des nazis. Ainsi, le Danemark n'adopta aucune loi antijuive, n'expropria aucun juif et n'en chassa aucun des postes gouvernementaux. Quand le peuple danois découvrit que les SS projetaient de rafler les 7 200 juifs du pays, il se ligua pour évacuer la quasi-totalité de leur communauté vers la Suède, en grand secret[30]. Le peuple italien résista lui aussi à toutes les tentatives de déporter des juifs non seulement en Italie même, mais dans les territoires que Rome avait conquis[31]. Quand les SS exigèrent la déportation des 49 000 juifs de Bulgarie, le roi, le Parlement, l'Église, les intellectuels et les fermiers s'opposèrent avec véhémence à ces mesures. En fait, les fermiers bulgares étaient prêts, disait-on, à se coucher sur les rails des voies ferrées pour empêcher la déportation. En conséquence, la Bulgarie fut le seul pays d'Europe dont la population juive augmenta pendant la guerre[32].

Enfin, on relève quelques cas étonnants d'individus disposés à risquer leur vie pour sauver des juifs. Certaines de ces individualités, comme l'industriel allemand Oskar Schindler, sont bien connues ;

mais, depuis 1953, plus de 21 700 autres « Justes » ont été reconnus par l'État d'Israël pour avoir sauvé des juifs[33]. Certains d'entre eux les protégèrent malgré les très vifs préjugés qu'ils nourrissaient à leur endroit : un prêtre hollandais admit ainsi éprouver une intense aversion envers le peuple hébreu, qu'il jugeait « insupportable [...] très différent de nous, d'une autre espèce, typiquement d'une autre race » ; et pourtant il n'hésita pas à se laisser arrêter et incarcérer dans un camp de concentration pour avoir aidé des juifs à échapper aux nazis. C'est à partir de ces sources si inattendues que naquit l'espoir, durant et après la guerre, non seulement pour les juifs mais pour le peuple européen dans son ensemble[34].

D'autres holocaustes

Tandis que l'extermination des juifs demeurait le génocide le plus visible à l'échelle du continent, d'autres « absences » furent tout aussi dévastatrices à l'échelle locale. En Croatie, 592 000 Serbes, musulmans et juifs furent mis à mort par le régime des Oustachis dans une tentative de nettoyage ethnique du pays[35]. En Volhynie, après l'extermination des juifs, des dizaines de milliers de Polonais furent tués par des nationalistes ukrainiens. Des Bulgares massacrèrent des communautés grecques dans les régions qu'ils envahirent le long de la côte nord de la mer Égée, et des Hongrois agirent de même envers les Serbes de la région de Voïvodine, en Yougoslavie.

Dans quantité de régions d'Europe, des groupes ethniques indésirables furent simplement chassés de leurs bourgs et de leurs villages. Ce fut le cas dans toute l'Europe centrale et orientale au début de la guerre, lorsque les vieux empires récupérèrent les territoires perdus dans le sillage de la Première Guerre mondiale. Mais l'exode le plus dramatique d'un groupe ethnique survint en 1945, quand plusieurs millions d'Allemands furent chassés de Prusse-Orientale, de Silésie et de Poméranie par l'avance de l'Armée rouge, laissant derrière eux un paysage de villes fantômes. Quand ces régions orientales de l'Allemagne furent remises à la Pologne après la capitulation, à leur arrivée sur place les Polonais décrivirent une sinistre absence de vie dans des rues qui, sans cela, paraissaient parfaitement normales. Dans certaines de ces maisons, il y avait encore des assiettes pleines de nourriture sur les tables, comme si elles avaient été abandonnées à la hâte. « Tout était vide, se souvient Zbigniew Ogrodzinski, l'un des premiers responsables polonais nommés dans la ville allemande de Stettin, au printemps 1945. Vous entriez dans des maisons, et tout était là – les livres sur les rayonnages, le mobilier, tout. Mais il n'y avait plus un Allemand[36]. »

Dans certaines régions rurales d'Allemagne orientale, l'absence de vie semblait totale ; à l'été 1945, un major britannique évoquait son voyage dans la province allemande du Mecklembourg, où il allait négocier un échange de denrées avec son homologue soviétique :

> Les premiers kilomètres, notre route traversait la forêt de Rabensteinfeld, puis de bonnes terres agricoles, jusqu'à notre arrivée à Crivitz. Ce voyage fut le plus lugubre que j'aie jamais fait. Les seuls êtres humains que j'ai croisés étaient des vieux soldats et de vieilles sentinelles de l'Armée rouge. Les fermes étaient désertes, les granges vides, les champs vidés de leur bétail et vidés de leurs chevaux, pas de gibier, en bref, une terre morte. Sur ces 18 kilomètres de trajet vers Crivitz, je ne me souviens pas d'avoir rien vu de vivant (mis à part quelques soldats de l'Armée rouge). Je n'ai jamais entendu un oiseau chanter, jamais vu la moindre créature sauvage[37].

En six années à peine, la démographie européenne avait irrémédiablement changé. La densité de la population polonaise avait chuté de 27 %, et certaines régions, dans l'est du pays, étaient désormais à peine peuplées[38]. Des pays jadis ethniquement mélangés avaient subi un tel « nettoyage » en profondeur qu'ils ne comprenaient maintenant pour ainsi dire plus qu'un seul groupe ethnique[39]. Outre l'absence d'êtres vivants, il y avait là une absence de communauté et de diversité : de vastes régions d'Europe étaient devenues homogènes. Et ce processus ne ferait que s'accélérer au cours des mois de l'après-guerre.

Si le massacre systématique de communautés entières donnait à ce paysage un aspect aussi sinistre aux yeux des étrangers, il était bien plus désorientant pour les rares autochtones qui vivaient encore au milieu de cette vacuité. Depuis tout ce temps, les survivants du massacre d'Oradour-sur-Glane, dans le Limousin, n'ont jamais véritablement accepté ce qui leur est arrivé. À l'été 1944, en représailles contre des activités de la Résistance locale, tous les hommes du bourg furent regroupés et abattus ; les femmes et les enfants furent conduits dans l'église, que les Allemands incendièrent. Au sein de la population locale, le choc fut si grand qu'après la guerre les habitants refusèrent de reconstruire le village, mais choisirent de le préserver pour toujours exactement tel qu'il était le jour du massacre. Il demeure à l'état de village fantôme[40].

Des massacres d'une brutalité comparable eurent lieu dans d'innombrables localités un peu partout en Europe. Le massacre le plus ignoble de tous fut sans doute celui perpétré à Lidice, en Tchécoslovaquie, où la totalité de la population masculine fut abattue à titre de représailles après l'assassinat de Reinhard Heydrich, le Reichsprotektor adjoint de Bohême et de Moravie. Les enfants du village furent ensuite conduits au camp de concentration de Chelmno, où ils furent gazés, et les femmes incarcérées à Ravensbrück, pour y servir de main-d'œuvre forcée. Le village proprement dit fut livré aux flammes et rasé au bulldozer, et les décombres évacués pour permettre à l'herbe de repousser là où les bâtiments se dressaient auparavant. Le but de ce massacre n'était pas seulement de punir la population locale d'avoir résisté à l'occupant, mais d'annihiler cette petite communauté, comme si elle n'avait jamais existé. Les nazis usèrent ensuite de la destruction systématique de ce village comme d'un avertissement à toutes les autres bourgades impliquées de près ou de loin dans des actes de résistance[41].

L'impact psychologique de l'effacement complet d'une communauté ne doit pas être négligé. En 1945, après la libération des camps de concentration, les femmes survivantes de Lidice regagnèrent leur village. Elles n'avaient pas conscience de ce qu'il était advenu de leur communauté, jusqu'à ce qu'elles rencontrent des soldats tchèques à la frontière. L'une de ces femmes, Miloslava Kalibová, décrivit plus tard leur réaction :

> Les soldats baissèrent la tête et plusieurs d'entre eux avaient les larmes aux yeux. Nous leur avons dit : « Oh non ! Ne nous dites pas que le pire est encore à venir... » L'un des soldats m'a parlé et j'ai appris que, trois ans plus tôt, tous les hommes avaient été abattus... Ils avaient tué tous nos petits garçons. Tué tous les hommes, comme ça... Et le pire, c'était le gazage des enfants. Ce fut un choc énorme[42].

À son arrivée au village, elle ne trouva « que des plaines arides ». Du village d'origine, il n'existait plus rien, hormis ses souvenirs et ceux de ses compagnes, les autres survivantes[43].

À leur échelon local, de telles expériences étaient tout aussi dévastatrices que l'Holocauste en soi. La destruction de bourgades et de villages était une perte non seulement pour les habitants de ces lieux qui avaient survécu, mais aussi pour toute la région environnante et, par extension, pour le continent dans son ensemble qui, selon les termes d'Antoine de Saint-Exupéry, était privé de sa « cargaison de souvenirs [...] un nœud de traditions[44] ». On a éteint Lidice, ainsi que des milliers d'autres villages, comme on éteint une lampe.

Veuves et orphelins

Si la tuerie creusa des « trous béants » dans la trame de la société européenne, il y eut aussi d'autres absences démographiques plus subtiles, comme si l'on avait arraché un seul et unique fil de la tapisserie. La plus frappante de ces absences, quasi omniprésente, était celle des hommes. Des photographies de la province anglaise le jour de la victoire montrent des rues en liesse pleines de femmes et d'enfants fêtant la fin du conflit – et sur presque tous ces clichés, hormis les vieux ou de temps à autre un soldat en permission, les hommes sont absents. Sur ces photographies, les gens sont souriants parce qu'ils savent que l'absence de leurs congénères de sexe masculin n'est que temporaire ; dans d'autres régions d'Europe, on n'avait pas de telles certitudes. Après la capitulation, la plupart des soldats allemands et ceux des autres puissances de l'Axe furent internés – nombre de ces hommes ne rentreraient pas avant des années. Et, à l'évidence, des millions d'autres de toutes nationalités ne rentreraient jamais. « Tout au long des milliers de miles que nous avons parcourus en Allemagne, écrivait un major britannique après le conflit, le fait le plus étonnant de tous, c'était l'absence totale d'hommes âgés de 17 à 40 ans. C'était un pays de femmes, d'enfants et de vieillards[45]. »

Dans beaucoup d'autres régions d'Europe, des générations de jeunes femmes étaient condamnées au célibat, pour la simple raison que la plupart des jeunes hommes alentour étaient morts. L'Union soviétique, par exemple, comptait à la fin du conflit au moins 13 millions de femmes de plus que d'hommes. Les campagnes, où 80 % des travailleurs des kolkhozes et des sovkhozes étaient des femmes, se ressentaient encore plus durement de la perte de ces hommes. Selon le recensement de 1959, le tiers des femmes soviétiques qui avaient atteint l'âge de vingt ans durant la décennie 1929-1938 n'étaient pas mariées[46].

Si l'Europe était devenue un continent de femmes, c'était aussi un continent d'enfants. Dans le chaos de l'après-guerre, nombre de ces enfants avaient été séparés de leur famille et vivaient regroupés en bandes, pour assurer leur sécurité. En 1946, il y avait encore 180 000 enfants vagabonds à Rome, Naples et Milan : ils étaient contraints de dormir sur des pas de porte et dans des ruelles, et survivaient de larcins, de mendicité et de prostitution. Le problème était si lourd que le pape en personne lança un appel au monde pour qu'il vienne en aide aux enfants italiens « errant sans but dans les villes et les villages, délaissés et exposés à tant de dangers[47] ». En France, les fermiers les découvraient souvent couchant dans des meules de foin. En Yougoslavie et dans l'est de la Slovaquie, des partisans tombèrent sur des groupes d'enfants à moitié morts de faim hantant les bois, les grottes et les ruines. À l'été 1945, rien qu'à Berlin, on dénombrait 53 000 de ces enfants perdus[48].

L'une de ces petits, une fillette, fut surprise par le lieutenant-colonel Byford-Jones, de l'armée britannique, dans une anfractuosité du monument à l'empereur Guillaume, à Berlin. Quand il lui demanda ce qu'elle faisait là, elle lui répondit qu'elle n'avait pas déniché d'endroit plus sûr pour y dormir : « Personne ne peut me trouver. Il fait chaud ici, personne ne vient. » Quand le Bureau allemand de protection sociale vint la chercher, plusieurs heures d'incitations patientes furent nécessaires pour la convaincre en douceur de sortir[49].

De telles histoires signalent une autre absence dévastatrice pour le tissu européen – l'absence des parents. Le problème était particulièrement aigu dans les régions les plus ravagées du continent. En Pologne, par exemple, on comptait plus d'un million d'« orphelins de guerre » – une formule qui, dans le jargon officiel britannique et américain, désignait les enfants ayant perdu au moins un parent[50]. En Allemagne, il y en avait probablement un million de plus : en zone britannique uniquement, on recensait 322 053 orphelins en 1947[51]. Le manque de pères, ou d'ailleurs de modèles masculins, était si courant qu'il était considéré comme tout à fait normal par les enfants eux-mêmes : « Je ne me souviens que d'un seul petit garçon qui avait un père, rapporte Andrzej C., un Polonais de Varsovie qui vécut dans une succession de camps de personnes déplacées immédiatement après la guerre. Les hommes étaient des créatures très singulières, parce qu'il n'y en avait quasiment pas[52]. » Selon l'Unesco, le tiers des enfants allemands avaient perdu leur père[53].

Ce manque de parents et d'autorité parentale pouvait parfois révéler des avantages inattendus : Andrzej C., par exemple, admet que son enfance fut semée d'épreuves, mais se souvient avec délice de certains des jeux auxquels il avait l'habitude de jouer, avec d'autres enfants, à l'intérieur des camps de personnes déplacées et aux alentours, dans le sud de l'Allemagne. Andrzej avait lui-même eu l'occasion de s'amuser avec des jouets dont la plupart des enfants d'aujourd'hui ne pourraient que rêver.

> Nous, les enfants, nous étions comme des chiens sauvages. La vie était très intéressante, à l'époque ! Toute peur avait disparu, le soleil brillait, et il y avait un tas de trouvailles intéressantes à faire. […] Un jour, nous avons dégotté un obus d'artillerie qui n'avait pas explosé.

> Nous n'ignorions pas que c'était dangereux, alors nous l'avons conservé dans un ruisseau pendant un bout de temps, car nous ne savions pas quoi en faire. [...] Par la suite, nous l'avons jeté dans un feu et nous avons détalé dans la direction opposée, pour voir ce qui se passerait. Il y a eu une énorme explosion. Nous n'avons jamais pensé que quelqu'un risquait éventuellement de passer par là au mauvais moment – nous étions complètement inconscients. Un autre jour, nous avons trouvé des munitions de mitrailleuse allemandes, tout un tas. Nous les avons fourrées dans un poêle en fonte que quelqu'un avait jeté dans la forêt, on y a mis du bois et on a allumé. C'était fantastique ! Les cartouches ont percé des trous dans la fonte, jusqu'à transformer le poêle en passoire !

En d'autres occasions, Andrzej et ses amis édifièrent des bûchers avec des jerrycans remplis de pétrole, se roussirent les sourcils en mettant le feu à de la poudre non fumigène, et ils exhumèrent même un Panzerfaust qu'ils mirent à feu : « Ça aussi, c'était pas mal ! » Sa plus grande peur, au milieu de tout cela, n'était pas d'être grièvement blessé, mais que sa mère découvre ce qu'il manigançait. Un jour, il traversa même un champ de mines pour aller ramasser des framboises sauvages qui poussaient le long de bunkers abandonnés par l'armée allemande.

> C'était quelques années après la guerre, et les mines étaient bien visibles. Donc nous avons décidé qu'on pouvait traverser – après tout, on les voyait, donc c'était sans risque. [...] Nous étions stupides, et nous avons eu de la chance. Quand on n'a pas de cervelle, il en faut, de la chance. Mais qu'elles étaient belles, ces framboises. [...][54].

De la chance, Andrzej C. en a eu, et plus d'une fois : non seulement il s'est épargné de graves blessures, mais il avait encore sa mère. Quelque temps après la capitulation allemande, son père refit aussi surface : il avait combattu avec le 2e corps d'armée polonais en Italie. C'était là un luxe refusé à quelque 13 millions d'autres enfants européens[55] : une proportion non négligeable d'entre eux avaient perdu leurs deux parents, et en septembre 1948 ils étaient un certain nombre – à peu près 20 000 au total – à encore attendre de voir si l'on ne retrouverait pas la trace de certains membres de leur famille[56].

Des études psychologiques menées auprès d'orphelins montrent qu'ils sont souvent bien plus vulnérables à l'anxiété et à la dépression que d'autres enfants, ce qui est compréhensible. Ils sont plus enclins à des comportements fantasques et antisociaux, risquent davantage d'envisager le suicide, présentent des taux plus élevés de consommation de drogue et d'abus d'alcool, ont une piètre opinion d'eux-mêmes et une santé dégradée[57]. Pour de jeunes enfants, les parents représentent la solidité du monde et de son mode de fonctionnement : quand leurs parents leur sont soudainement retirés, ils perdent les fondements sur lesquels s'est bâtie leur compréhension du monde. En plus du processus normal de deuil, ces enfants-là doivent affronter un univers devenu à leurs yeux un lieu foncièrement instable.

On a le sentiment que le même processus est survenu dans l'ensemble de l'Europe, pendant toute la guerre : l'atmosphère sombre de l'absence a modifié la psychologie du continent à un niveau fondamental. Non seulement des dizaines de millions d'individus ont subi la perte d'amis, de membres de leur famille et d'êtres aimés, mais nombre de régions ont été forcées d'affronter l'extermination de communautés entières, et toutes les nations ont été confrontées à la mort de vastes couches de leur population. Toute notion de stabilité était donc perdue – non seulement pour les individus, mais à tous les niveaux de la société.

Si des individus endeuillés sont sujets à des comportements imprévisibles, ce n'en est pas moins vrai de communautés et même de nations entières. Au cas où, dans les pages qui suivent, le lecteur finirait par s'étonner de ma motivation à détailler ce qui s'est perdu durant la guerre, il n'est pas inutile de garder cette idée à l'esprit. L'Europe avait souffert de nombreux bouleversements par le passé, mais la dimension même de la Deuxième Guerre mondiale a éclipsé tout ce qui avait pu s'y produire depuis des siècles. Cette guerre-là laissait l'Europe non seulement endeuillée, mais désorientée.

3

Déplacement

Si la Deuxième Guerre mondiale a tué plus d'Européens que toutes les autres guerres de l'histoire, elle fut aussi la cause de quelques-uns des plus grands mouvements de population auxquels le monde ait jamais assisté. Au printemps 1945, l'Allemagne était submergée de main-d'œuvre étrangère : à cette date, le pays comptait presque 8 millions de travailleurs forcés, amenés là de tous les coins d'Europe à seule fin de fournir des bras aux fermes et aux usines germaniques. Rien qu'en Allemagne de l'Ouest, l'UNRRA (United Nations Relief and Rehabilitation Administration, ou Administration des Nations unies pour l'Aide humanitaire et la Réhabilitation) prit en charge et rapatria plus 6,5 millions de personnes déplacées. La plupart d'entre elles venaient d'Union soviétique, de Pologne et de France, sans omettre un nombre non négligeable d'Italiens, de Belges, de Hollandais, de Yougoslaves et de Tchèques. Une forte proportion de ces personnes déplacées était composée de femmes et d'enfants. L'une des nombreuses raisons du caractère unique de la Deuxième Guerre mondiale fut ces grands nombres de civils capturés en même temps que les traditionnels prisonniers de guerre. Des femmes et des enfants, ainsi que des hommes, furent effectivement traités comme des prises de guerre ; ils furent réduits à une forme d'esclavage restée inédite en Europe depuis l'époque de l'Empire romain[1].

Pour compliquer encore davantage la situation sur le territoire de l'ancien Reich proprement dit, des millions d'Allemands furent aussi déplacés à l'intérieur de leur propre pays. Au début de 1945, on estimait le nombre de ces réfugiés de l'intérieur à 4,8 millions, surtout localisés dans le sud et l'est du pays, après avoir été évacués des villes bombardées ; à quoi il faut ajouter 4 millions d'Allemands déplacés que la crainte de l'Armée rouge avait poussés à fuir les régions frontalières de l'est du Reich[2]. Si nous y ajoutons près de

275 000 de prisonniers de guerre britanniques et américains, nous obtenons un total d'au moins 17 millions de personnes déplacées pour la seule Allemagne[3]. C'est là une estimation relativement modérée, d'autres historiens ayant défini un seuil plus élevé[4]. Selon une étude, dans l'ensemble de l'Europe, plus de 40 millions de personnes furent déplacées contre leur volonté, à diverses périodes de la guerre[5].

À l'approche de la fin des hostilités, toutes ces populations se déversèrent sur les routes en cohortes innombrables pour y entamer un long périple vers leur foyer. Derek Henry, un soldat du génie britannique appartenant au régiment des Royal Engineers, rencontra ces premiers groupes de réfugiés près de Minden, à la mi-avril 1945 :

> On nous avait prévenus de surveiller d'éventuelles poches de troupes allemandes prenant encore part à des combats, mais heureusement nous n'avons croisé que des milliers de personnes déplacées et de réfugiés de toutes nationalités, qui tous se dirigeaient vers nous, et vers l'ouest : des Bulgares, des Roumains, des Russes, des Grecs, des Yougoslaves et des Polonais – ils étaient là, appartenant à toutes les nations possibles et imaginables, quelquefois à deux ou trois, avec leur pitoyable ballot d'effets personnels entassé sur une bicyclette ou une charrette de ferme, d'autres formant des groupes plus importants, entassés dans des bus surchargés ou à l'arrière de camions, et ce défilé paraissait sans fin. Chaque fois que nous nous arrêtions, ils se précipitaient vers nous, dans l'espoir de récupérer un peu de nourriture[6].

Plus tard, selon un officier de renseignements américain, Saul Padover, « des milliers, des dizaines de milliers, et finalement des millions d'esclaves libérés sortirent des fermes, des usines et des mines et se déversèrent sur les routes[7] ». Les réactions face à ce flot immense de personnes déplacées étaient extrêmement variables en fonction des témoins. Pour Padover, officier assez mal disposé envers les Allemands, ce fut « peut-être la migration humaine la plus tragique de l'histoire », et une preuve supplémentaire de la culpabilité allemande. Pour la population locale, que l'arrivée de groupes si nombreux d'étrangers mécontents inquiétait fortement, et de manière assez compréhensible, ils représentaient une menace : « On aurait dit des créatures sauvages, écrivait une Allemande après la guerre, et il y avait de quoi avoir peur d'eux[8]. » Pour les responsables militaires et gouvernementaux dépassés par les événements qui avaient pour mission de reprendre le contrôle de ces réfugiés, ce n'était là qu'une « masse grouillante[9] ». Ils engorgeaient les routes, déjà trop endommagées pour recevoir de telles colonnes, et ne réussissaient à se nourrir qu'en pillant et en dévalisant des échoppes, des magasins et des fermes sur leur chemin. Dans un pays où les structures administratives s'étaient effondrées, où les forces de police locale avaient été décimées ou incarcérées, où les abris étaient inexistants et où l'on ne distribuait plus de denrées alimentaires, ils constituaient un insupportable fardeau et une menace insurmontable contre la règle de droit.

Mais il s'agit là d'un point de vue extérieur ; pour leur part, les personnes déplacées se considéraient comme de simples réfugiés s'efforçant de se frayer un chemin vers la sécurité. Les plus chanceux furent regroupés par des soldats français, britanniques ou américains, et transférés vers des centres de personnes déplacées à l'Ouest. Mais, dans un très grand nombre de cas, il n'y avait tout simplement pas assez de soldats alliés pour s'occuper d'eux ; ils furent en fait des centaines de milliers à se retrouver abandonnés, livrés à eux-mêmes. « Il n'y avait personne », se souvient Andrzej C., âgé de neuf ans à la fin de la guerre. Sa mère, sa sœur et lui avaient été réduits au travail forcé dans une ferme de Bohême. Au cours des dernières semaines de combat, on les avait regroupés et transférés à Carlsbad (l'actuelle Karlovy Vary), une ville des Sudètes, où leurs derniers gardiens allemands les avaient finalement laissés. « Là, nous avons trouvé le vide. Il n'y avait ni Russes, ni Américains, ni Britanniques. Un vide absolu[10]. » Sa mère décida de prendre la direction de l'Ouest, vers les lignes américaines, parce qu'elle pensait être plus en sécurité que si elle confiait leur sort aux troupes russes. Ils passèrent plusieurs semaines à marcher en territoire allemand, traversant les lignes américaines à plusieurs reprises alors que les GI's refluaient en direction de la zone d'occupation qui leur était assignée. Andrzej se souvient d'une période d'angoisse, bien plus oppressante que lorsqu'ils étaient prisonniers des Allemands :

> C'était véritablement une période de famine, car il n'y avait rien. Nous avons supplié, nous avons volé, nous avons fait tout ce qui était en notre pouvoir. On extrayait des patates de la terre dans les champs. [...] Souvent, je rêvais que je mangeais. De la purée garnie de bacon – ça, c'était le fin du fin. Je ne pouvais songer à rien de mieux. Une montagne de purée fumante et dorée !

Il effectua le trajet au milieu de tout un flot de réfugiés composé de groupes distincts qui, apparemment, ne se mélangeaient guère. Le sien comptait une vingtaine d'individus, presque tous des Polonais. Les habitants des régions qu'il traversait étaient loin de compatir à leur pénible situation. Quand Andrzej fut chargé d'aller faire paître un cheval que l'un des hommes de son groupe avait acquis, un fermier allemand lui hurla « Décampe ! ». D'autres fois, on leur avait refusé de l'eau, on avait lâché les chiens sur eux et on les accusait même, en tant que Polonais, d'avoir déclenché le conflit et d'avoir attiré tous ces malheurs sur l'Allemagne – une accusation qui devait paraître doublement ironique, au regard de la profonde disparité des situations respectives.

Les scènes dont Andrzej fut le témoin durant le mois de ce périple qui devait le mener en lieu sûr demeurèrent gravées dans sa mémoire. Il se souvient d'être passé devant un hôpital de campagne allemand, en pleine forêt, où il avait vu des hommes le bras cassé maintenu par une armature de grillage en guise d'attelle, certains d'entre eux bandés de la tête aux pieds, d'autres « puant épouvantablement, décomposés vivants » ; personne ne pouvait les secourir, car tout le personnel médical avait pris la fuite. Et aussi d'être arrivé dans un camp de prisonniers de guerre polonais d'où les détenus refusaient de sortir, alors que les portes étaient grandes ouvertes, car personne ne leur en avait donné l'ordre : « C'étaient des soldats et ils s'imaginaient que quelqu'un allait leur ordonner de marcher vers quelque part. Qui et où – ils n'en avaient aucune idée. Ils étaient absolument perdus. » Il vit des groupes de prisonniers en uniforme rayé de détenus, qui travaillaient encore dans les champs sous la surveillance de gardes civils allemands. Plus tard, il déboucha dans une vallée où des milliers et des milliers de soldats allemands étaient assis en silence, par petits groupes, autour d'un archipel de feux de camp gardés par une maigre poignée de MP américains.

Quand ils franchirent enfin les postes de contrôle américains de Hof, en Bavière, on les dirigea vers un bâtiment au-dessus duquel flottait un drapeau rouge. Cela leur causa quelques instants de peur panique, car sa mère crut qu'on les renvoyait dans un camp russe, jusqu'à ce qu'elle se rende compte qu'il s'agissait du drapeau de l'UNRRA – un drapeau rouge orné d'un lettrage blanc ; ils étaient enfin en sécurité.

Les dangers et les difficultés que durent surmonter des réfugiés comme Andrzej ne doivent pas être sous-estimés. Ils n'étaient peut-être pas visibles d'emblée pour un jeune garçon de neuf ans, mais n'étaient que trop évidents aux yeux de la génération précédente. Au moment de la capitulation allemande, M. et Mme Druhm, un couple de Berlinois, étaient âgés de presque soixante-dix ans. Après avoir vécu un bref laps de temps dans l'anarchie que l'Armée rouge générait autour d'elle, ils décidèrent de courir le risque de rejoindre la maison de leur fille, sur l'autre rive de l'Elbe, à un peu moins de 150 kilomètres de là. Ce n'était pas une décision prise de gaieté de cœur, et leur trajet fut très tôt semé d'embûches, surtout quand ils pénétrèrent dans la campagne berlinoise :

> Il y avait encore des combats sporadiques par endroits. Nous entendions tirer, ce qui souvent nous obligeait à nous arrêter jusqu'à ce que les choses se calment. Dans ces coins-là, situés loin de tout, les soldats ne savaient pas encore que la guerre était finie. Ensuite, il y avait souvent des ponts effondrés et des routes si endommagées que nous étions forcés de rebrousser chemin et d'emprunter un autre itinéraire. [...] Nous avons vécu quantité d'épisodes pénibles, comme toutes ces fois où nous étions obligés de nous traîner péniblement sur des kilomètres, sans vraiment progresser, avant d'être obligés de revenir sur nos pas. Un jour, nous marchions sur une grande route complètement déserte. Nous avons vu un grand panneau avec des inscriptions en russe, nous avons continué d'avancer, mais nous ne nous sentions pas très rassurés. Subitement, on nous a hurlé dessus. On ne voyait personne, mais aussitôt une balle m'a sifflé à l'oreille, me frôlant au ras du col de mon manteau. Nous avons compris que nous n'aurions pas dû nous trouver là, donc nous avons fait demi-tour et nous avons encore dû marcher des kilomètres pour arriver là où nous voulions arriver.

Les scènes de dévastation qu'ils croisèrent sur leur route témoignaient de violences récentes, qu'elles soient directement dues à la guerre ou commises par les troupes d'occupation russes :

> Dans les bois, on avait jeté des sofas, de la literie de plumes, des matelas et des oreillers souvent éventrés ou tailladés, avec des monceaux de duvet éparpillés dans tous les sens, jusque sur les arbres. Il y avait aussi des langes de bébé, des bocaux de fruits en conserve et même des motos, des machines à écrire, des voitures, des chariots, des pains de savon, une pile de canifs et des chaussures neuves qui provenaient d'une boutique. [...] Nous avons aussi vu des chevaux morts, et certaines de ces bêtes étaient horribles à voir et dégageaient une odeur épouvantable. [...]

Enfin se trouvaient aussi sur ces routes d'autres personnes déplacées qui faisaient planer sur ce couple âgé autant de menaces potentielles que les soldats russes :

> Il y avait là quantité de gens de toutes nationalités qui se rendaient dans la direction opposée, essentiellement des travailleurs forcés qui rentraient chez eux. Nombre de ces gens avaient des bébés et ils volaient à peu près tout ce qu'il leur fallait pour subvenir à leurs besoins, des chevaux et des charrettes dérobés à des fermiers, avec

> parfois une vache attachée à l'arrière, ou des ustensiles de cuisine. Ils avaient l'air de créatures à l'état sauvage [...][11].

Les Druhm avaient au moins l'avantage de pouvoir frapper à la porte des fermiers pour demander de l'aide à leurs compatriotes ; avec la population locale, la plupart de ces « créatures à l'état sauvage » n'avaient, elles, pas d'autre choix que le vol. Ces rescapés n'étaient pas les bienvenus et, en tout cas, après des années de brutalités infligées par leurs gardes nazis, ils n'étaient guère tentés de faire confiance aux Allemands.

Une jeune Polonaise de vingt ans, Marilka Ossowska, faisait partie de ces survivants. En avril 1945, elle avait déjà survécu à deux années de détention à Auschwitz, Ravensbrück et Buchenwald, avant de finalement échapper à une marche forcée vers la Tchécoslovaquie, et à la mort. Après avoir assisté aux brutalités des libérateurs soviétiques, avec son groupe d'ex-prisonnières elle en conclut qu'elles seraient sans doute plus en sécurité en se dirigeant vers les lignes américaines. Elle fut aussi frappée par le spectacle de ces masses de gens jetés sur les routes :

> L'Allemagne en 1945 n'était qu'une gigantesque fourmilière. Tout le monde était en déplacement. C'était à cela que ressemblaient les territoires de l'est de l'Allemagne. Il y avait des Allemands qui fuyaient les Russes. Il y avait tous ces prisonniers de guerre. Et puis il y avait un certain nombre de gens comme nous – pas tant que ça, mais tout de même. [...] C'était vraiment incroyable, ça débordait de monde en mouvement[12].

Deux de ses amies polonaises et elle lièrent leur destin à trois ouvriers français, deux prisonniers de guerre britanniques et un soldat noir américain. Ensemble, ils poursuivirent leur chemin vers la Mulde, la rivière qui, à cette époque, marquait la ligne de partage entre les armées russe et américaine. Dans leur progression, ils mendiaient auprès des fermiers locaux ou les intimidaient pour qu'ils leur donnent un peu de nourriture. À cet égard, la présence d'un homme noir les aidait certainement : l'Américain, d'ordinaire très réservé en la présence de Marilka, jouait délibérément des préjugés raciaux des Allemands en se déshabillant, en se plaçant un couteau entre les dents et en dansant devant eux comme un sauvage. Voyant cela, les ménagères terrifiées s'empressaient de leur tendre des paniers de victuailles afin d'être débarrassées de lui. Ensuite, il renfilait ses vêtements et continuait son périple comme si de rien n'était.

Dans la ville saxonne de Riesa, à peu près à mi-chemin entre Dresde et Leipzig, Marilka et ses deux amies réussirent enfin à soustraire habilement un moyen de transport à des soldats russes. Elles tombèrent sur deux sentinelles qui, l'air de s'ennuyer ferme, gardaient un entrepôt rempli de bicyclettes provenant de divers pillages, et leur firent immédiatement un numéro de charme : « Oh, ce que vous devez vous sentir seuls ! compatirent-elles. On pourrait venir vous tenir compagnie. Et, en plus, on sait où il y a du schnaps ! » Enchantés, les gardes leur prêtèrent trois bicyclettes pour qu'elles puissent aller leur chercher ce schnaps de leur invention, et ils ne les revirent jamais.

Après six jours à vélo, le trio atteignit enfin Leipzig, en zone américaine, où les jeunes femmes furent embarquées à bord de camions et conduites dans un camp, à Bordheim, non loin de Hanovre. De là, Marilka gagna l'Italie en auto-stop et fut finalement acheminée vers la Grande-Bretagne à la fin 1946. Elle ne retourna pas en Pologne avant une quinzaine d'années.

Pour obtenir un instantané du chaos régnant sur les routes d'Europe au printemps 1945, il faut multiplier ces quelques récits par des centaines de milliers de cas. Des nuées de réfugiés, parlant vingt langues différentes, devaient emprunter un réseau de transport qui avait été bombardé, miné, négligé pendant six années de guerre. Ils se rassemblaient dans des villes totalement détruites par les raids des bombardiers alliés, des villes déjà incapables d'abriter ne fût-ce que la population locale, donc *a fortiori* cet afflux massif de nouveaux venus. Que les divers gouvernements militaires et autres organismes d'aide humanitaire aient été capables de rassembler la majorité de ces réfugiés puis d'en rapatrier la plupart en l'espace de six mois, cela tient du miracle.

Pourtant, ce processus de rapatriement rapide ne pouvait effacer les dommages infligés. Les déplacements de population du temps de guerre avaient profondément marqué la psychologie de l'Europe. Chez les individus, ce n'était pas seulement traumatisant pour les personnes déplacées, mais aussi pour ceux qui restaient et qui avaient souvent vécu sept années à se demander ce qui était arrivé aux êtres aimés qu'on leur avait arrachés. Pour les groupes, ce n'était pas moins dévastateur : la conscription forcée de tous les jeunes avait privé des communautés entières de leurs principaux soutiens de famille, et les avait exposées à la famine. Mais c'est sur le plan collectif que les déplacements du temps de guerre furent peut-être les plus lourds de sens. En banalisant le déracinement de segments entiers de population, ils fournirent le modèle d'autres mouvements de population plus étendus, ceux de l'après-guerre. Le programme paneuropéen d'expulsions ethniques qui aurait lieu après le conflit ne fut possible que parce que la notion de communautés stables, demeurant inchangées sur des générations, avait définitivement été réduite à néant. La population de l'Europe n'était plus une constante fixe ; elle était désormais instable, volatile – transitoire.

4

Famine

Pendant toute la durée du conflit, l'omniprésence de la faim fut l'un des rares éléments unificateurs de l'Europe. Le niveau normal des importations et exportations de denrées alimentaires avait chuté presque dès son éclatement, et, lorsque les divers blocus militaires commencèrent à se cristalliser sur tout le continent, elles avaient totalement cessé. Les premières denrées à disparaître furent les fruits ; en Grande-Bretagne, la population essayait d'accepter cette situation avec humour : des pancartes firent leur apparition aux vitrines des maraîchers, annonçant « Yes, we have no bananas » (inspiré du titre d'une chanson populaire de l'époque) ; et un film de 1943, *Ceux de chez nous*[*], débutait par un placard proposant une définition ironique de l'orange, censée rappeler à ceux qui l'auraient oublié à quoi ressemblait cet agrume. Sur le continent européen, l'une des premières pénuries immédiatement perceptibles fut celle du café : la fève noire devint si rare que les populations étaient contraintes de boire toute une variété de substituts fabriqués à partir de chicorée, de racines de pissenlit ou de glands.

D'autres manques plus criants se succédèrent. Le sucre fut l'un des premiers produits à se raréfier, ainsi que les denrées périssables comme le lait, la crème, les œufs et les viandes. En réaction à de telles pénuries, le rationnement fut instauré en Grande-Bretagne, dans la plus grande partie de l'Europe continentale et même aux États-Unis. Les pays neutres n'étaient pas non plus immunisés contre ces privations : en Espagne, par exemple, la plupart des den-

---

[*] *Ceux de chez nous (Millions Like Us)* : ce film de propagande de 1943 se déroule notamment dans une usine d'aviation du sud de l'Angleterre, et campe l'amour tragique d'un jeune aviateur écossais et d'une jeune fille qui décide de venir travailler dans cette usine ; le jeune homme disparaît lors d'un raid au-dessus de l'Allemagne. (*N.d.T.*)

rées de base comme les pommes de terre et l'huile d'olive étaient strictement rationnées, et la chute brutale des importations força la population de la Suisse, en 1944, à réduire sa consommation de calories de 28 % par rapport à son niveau d'avant guerre[1]. Au cours des cinq années qui suivirent, les œufs furent presque toujours transformés en poudre, à des fins de conservation, le beurre était remplacé par de la margarine, le lait était réservé aux jeunes enfants, et les viandes traditionnelles comme l'agneau, le porc ou le bœuf se raréfièrent tant que les gens commencèrent à élever des lapins dans leur jardin et leurs lotissements. La lutte contre la famine n'était pas moins importante que la lutte militaire, et menée avec le même sérieux.

La Grèce fut le premier pays à basculer : à l'hiver 1941-1942, tout juste six mois après l'invasion par les troupes de l'Axe, plus de 100 000 personnes y moururent de faim. L'arrivée de la guerre avait précipité le pays dans une désorganisation administrative qui, combinée à des restrictions sur les déplacements des personnes, entraîna l'effondrement des réseaux de distribution alimentaire. Beaucoup de fermiers commencèrent à stocker leurs produits, l'inflation échappa à tout contrôle et le chômage augmenta en flèche. On assista aussi à un délitement presque total de l'ordre public. Nombre d'historiens ont accusé les troupes d'occupation allemandes d'avoir provoqué la famine en réquisitionnant les magasins de nourriture, mais dans la réalité ces magasins étaient souvent pillés par les populations locales, les partisans ou des soldats isolés[2].

Quelles qu'aient été les causes de cette famine, les résultats furent catastrophiques. À Athènes et Salonique, le taux de mortalité fut multiplié par trois. Dans certaines îles, comme à Mykonos, ce taux de mortalité était jusqu'à neuf fois plus élevé que son niveau normal[3]. Sur les 410 000 décès de Grecs qui survinrent durant la guerre, 250 000 furent sans doute dus à la famine et à des problèmes liés à la faim[4]. La situation devint si alarmante qu'à l'automne 1942 les Britanniques entreprirent une démarche sans précédent en levant leur blocus pour autoriser des navires à livrer de la nourriture à la Grèce. En application d'un accord entre les Allemands et les Britanniques, une aide alimentaire fut acheminée vers les ports hellènes durant tout le reste de la guerre et continua de l'être pendant la quasi-totalité de la période chaotique qui suivit la Libération, à la fin 1944.

Si l'effet de la guerre sur la distribution alimentaire en Grèce fut assez instantané, en Europe de l'Ouest les répercussions de la disette furent bien plus lentes à se manifester. La Hollande, par exemple, ne sombra pas dans la famine avant l'hiver 1944-1945. À l'opposé du cas grec, ce ne fut pas le désordre administratif qui entraîna l'« Hiver de la faim » que connurent les Pays-Bas, mais la politique pratiquée de longue date par les nazis consistant à priver le royaume de ce dont il avait besoin pour survivre. Dès leur arrivée ou presque, en mai 1940, les Allemands avaient commencé de réquisitionner un peu tout : métaux, vêtements, textiles, bicyclettes, aliments et bétail ; des usines entières furent démantelées et expédiées en Allemagne. La Hollande avait toujours compté sur les importations alimentaires et de fourrage pour son bétail, mais celles-ci cessèrent dès 1940, laissant le pays subsister tant bien que mal avec ce qui restait après les réquisitions allemandes. Du début à la fin de l'occupation nazie, les pommes de terre et le pain furent sévèrement rationnés, et la population forcée de compléter ses rations alimentaires avec des betteraves à sucre et même des bulbes de tulipe[5].

En mai 1944, la situation était désespérée : à moins d'une libération très prochaine, des rapports émanant de l'intérieur du pays avertissaient d'un désastre imminent. Une fois encore, les Britanniques levèrent leur blocus afin de permettre l'acheminement de l'aide alimentaire, mais celle-ci devait rester très limitée en volume : Churchill craignait que des approvisionnements plus réguliers ne finissent tout simplement entre les mains des Allemands, et les chefs d'état-major britanniques redoutaient que la Kriegsmarine ne suive les navires transportant ces cargaisons pour qu'ils la guident à travers les champs de mines de la côte néerlandaise. Le peuple hollandais fut donc forcé d'attendre sa libération en mourant de faim[6].

Lorsque les Alliés entrèrent enfin aux Pays-Bas en mai 1945, entre 100 000 et 150 000 Hollandais souffraient d'œdèmes provoqués par la malnutrition[7]. Si le pays se vit épargner une catastrophe comparable à celle de la famine grecque, ce fut uniquement parce que les combats cessèrent et que d'énormes quantités d'aide alimentaire purent alors pénétrer sur son territoire. Mais, pour des milliers de Néerlandais, il était déjà trop tard : à leur arrivée dans Amsterdam, des journalistes décrivirent la ville comme « un vaste camp de concentration » où s'étalaient des « visions d'horreur comparables à celles de Bergen-Belsen et de Buchenwald[8] ». Dans la seule capitale, plus de 5 000 personnes étaient mortes de faim ou de maladies liées à la famine ; pour l'ensemble du territoire, le bilan se situait entre 16 000 et 20 000 morts[9].

Les nazis n'avaient pas affamé la Hollande par pure volonté de nuire ; à la différence de leur attitude envers d'autres nationalités, ils étaient en réalité bien disposés envers les Hollandais, les considérant comme un peuple fondamentalement « germain » qu'il convenait de conduire à une « réintégration au sein de cette communauté germanique[10] ». Mais l'Allemagne se souciait de ses propres difficultés alimentaires : avant l'éclatement du conflit, le pouvoir nazi estimait déjà que la production alimentaire du Reich était en crise[11]. Début 1942, les stocks de blé étaient à peu près épuisés, le cheptel porcin avait diminué de 25 % faute d'aliments pour animaux en quantité suffisante, et l'on avait dû réduire les rations de pain et de viande[12]. Même la moisson exceptionnelle de 1943 ne suffit pas à enrayer la crise et, après une hausse temporaire des rations, celles-ci reprirent la voie de la baisse.

Pour donner une petite idée de l'équation à laquelle l'Allemagne était confrontée, il faut tenir compte des besoins en calories de la population : pour se maintenir en bonne santé, l'adulte moyen a besoin d'environ 2 500 calories par jour, et davantage s'il doit accomplir des travaux intensifs ; et surtout, si le sujet veut éviter des affections liées à la malnutrition, comme les œdèmes, ce volume de calories ne peut se composer uniquement de glucides – il doit aussi contenir des vitamines fournies par les légumes frais, des protéines et des graisses. Au début de la guerre, les civils allemands consommaient une moyenne assez substantielle de 2 750 calories journalières ; ce chiffre descendit à 2 445 l'année suivante, à 2 078 en 1943 et à 1 412 à la fin du conflit[13]. « La faim frappe à toutes les portes, écrivait une ménagère allemande en février 1945. Les nouvelles cartes de rationnement doivent durer cinq semaines au lieu de quatre, et personne ne sait si elles seront même émises. Nous comptons nos pommes de terre tous les jours, cinq petites patates chacun, et le pain se fait encore plus rare. Nous n'arrêtons pas de maigrir, nous avons de plus en plus froid et nous sommes de plus en plus affamés[14]. »

Afin d'éviter à leur peuple de mourir de faim, les nazis pillaient les territoires occupés ; dès 1941, ils réduisirent la ration officielle pour « consommateurs normaux » en Norvège et en Tchécoslovaquie à environ 1 600 calories journalières, et à 1 300 seulement en Belgique et en France[15]. Seul le recours au marché noir évita aux populations locales de ces pays de mourir lentement de faim. En Hollande, la situation ne différait pas notablement de celle de la Belgique ou de la France : mais le pays ne serait libéré que neuf mois après elles. Il y eut famine parce qu'à cette période même le marché noir était à bout de souffle, et la stratégie de la terre brûlée pratiquée par la Wehrmacht avait détruit plus de 20 % des terres arables du royaume après inondation volontaire. À la fin de la guerre, dans les Pays-Bas occupés, la ration alimentaire officielle avait chuté à 400 calories seulement – autrement dit la moitié de ce que l'on distribuait aux détenus du camp de concentration de Bergen-Belsen. À Rotterdam, on était totalement à court de nourriture[16].

Comme pour tous les autres aspects du conflit, le Reich infligea à ses possessions territoriales à l'Est un traitement incomparablement plus rude qu'à ses territoires occupés à l'Ouest. Quand un jeune Américain vivant à Athènes interrogea des soldats allemands sur la situation alimentaire désastreuse en Grèce, il reçut cette réponse : « Oh, vous n'avez encore rien vu ; en Pologne, tous les jours, 600 personnes meurent de faim[17]. » Si les pénuries de nourriture en Hollande et en Grèce n'étaient qu'un symptôme pur et simple de la guerre, en l'Europe de l'Est elles constituaient l'une des armes principales de Berlin : les nazis n'avaient aucune intention de nourrir la population slave d'Europe ; d'emblée, ils avaient eu le dessein de la laisser mourir de faim.

Tout l'enjeu de l'invasion de la Pologne et de l'URSS consistait à libérer un espace vital pour les colons allemands et à distribuer des terres agricoles pour approvisionner le Reich, et l'Allemagne en particulier. Selon le plan initial des nazis pour les territoires de l'Est, le *Generalplan Ost*, plus de 80 % de la population polonaise devaient être expulsés de leurs terres, suivis par 64 % des Ukrainiens et 75 % des Biélorusses. Mais, à la fin 1942, certains réclamaient instamment l'« annihilation physique » de la population entière – pas seulement des juifs, mais aussi des Polonais et des Ukrainiens[18]. L'arme principale de ce génocide annoncé, dont l'ampleur et l'ambition éclipsaient l'Holocauste, c'était la famine.

La famine organisée de l'Europe de l'Est débuta en Pologne. Dès le début de l'année 1940, la ration dévolue aux principales villes polonaises fut fixée à tout juste un peu plus de 600 calories, mais elle augmenta par la suite dans le cours de la guerre, quand les nazis comprirent qu'ils avaient besoin de la main-d'œuvre polonaise[19]. Le conflit gagnant vers l'Est, parmi les civils la sous-alimentation s'aggrava encore. Après l'invasion de l'Union soviétique, les planificateurs nazis insistèrent pour que l'armée s'approvisionne en réquisitionnant toutes les denrées alimentaires à l'échelon local, et en coupant tout ravitaillement aux villes ukrainiennes. La totalité des surplus alimentaires prélevés de la sorte devait être acheminée vers l'Allemagne – pendant ce temps, Kiev, Kharkov et Dniepropetrovsk seraient réduites à la disette. En élaborant ce plan, les responsables de l'armée évoquèrent ouvertement de 20 à 30 millions de morts probables, victimes de cette famine organisée[20]. Acculée, la population entière fut contrainte de recourir au marché noir pour s'alimenter, et elle devait souvent parcourir des centaines de kilomètres à pied pour se procurer de quoi se nourrir[21]. Dans les campagnes, on s'en sortait généralement mieux que dans les villes ; par exemple, rien qu'à Kharkov, on estime le nombre des victimes de la faim entre 70 000 et 80 000[22].

En fin de compte, le plan nazi visant à affamer les territoires de l'Est fut suspendu, ou tout au moins ralenti, parce que cela n'avait aucun sens, au plan économique, de laisser mourir tant de travailleurs valides alors que le Reich était à court de main-d'œuvre. Et, en tout état de cause, ce plan était impossible à appliquer : on ne pouvait tout simplement pas couper les vivres aux villes ukrainiennes, on ne pouvait empêcher les citadins de s'enfuir vers les campagnes, et le marché noir – qui maintint littéralement en vie des dizaines de millions d'individus d'un bout à l'autre du continent européen – était impossible à régenter. Toutefois, pour ceux qui étaient incapables d'effectuer le trajet jusqu'aux endroits où l'on trouvait encore de quoi manger, la faim était tragiquement inévitable. À l'hiver 1941, l'armée allemande réussit à faire mourir de faim entre 1,3 et 1,65 million de prisonniers de guerre soviétiques[23]. Dans les ghettos, des dizaines de milliers de juifs connurent le même sort, avant même que la tuerie de masse ne commence. Durant les neuf cents jours du siège de Leningrad, environ 641 000 habitants de la ville perdirent la vie sous l'effet de la faim et de maladies liées à la malnutrition. Dans cette seule métropole, deux fois plus de gens sont morts affamés que pendant toute la durée de la famine grecque[24].

Après la fin des hostilités, on aurait pu s'attendre à ce que cette situation alimentaire s'améliore, mais dans bien des régions, au contraire, elle empira. Au cours des mois immédiatement postérieurs à la proclamation de la paix, les Alliés se démenèrent avec l'énergie du désespoir pour nourrir des millions d'Européens affamés, en vain. Comme je l'ai indiqué plus haut, à la fin du conflit, la ration journalière normale en Allemagne était tombée à un peu plus de 1 400 calories ; en septembre 1945, elle avait encore diminué à 1 224 calories dans la zone britannique et, en mars de l'année suivante, elle n'était plus que de 1 014 calories. En zone française, à l'hiver 1945, la ration officielle crevait le plancher des 1 000 calories, et demeura à ce niveau pendant les six mois suivants[25].

Dans le reste de l'Europe, les conditions de vie n'étaient pas meilleures, et, dans bien des cas, elles s'étaient encore dégradées. Un an après la libération du sud de l'Italie, et malgré l'apport de 100 millions de dollars d'aide, des ménagères provoquaient des émeutes à cause des prix alimentaires pratiqués à Rome, et une « marche de la faim » eut lieu en décembre 1944 pour protester contre les pénuries[26]. Selon un rapport de l'UNRRA, après le retour à la paix ces émeutes de la faim continuèrent dans tout le pays[27]. À Vienne, pendant presque toute l'année 1945, la ration officielle s'établissait autour de 800 calories journalières[28]. Dans l'ancienne Prusse-Orientale, les gens en étaient réduits à se nourrir des cadavres de chiens qu'ils trouvaient le long des routes[29]. À Berlin, on vit des enfants ramasser de l'herbe dans les parcs et, à Naples, on vola tous les poissons tropicaux de l'aquarium pour s'en nourrir[30]. Conséquence de cette malnutrition profonde et répandue, des épidémies éclatèrent aux quatre coins du continent : la malaria opéra son retour en Europe du Sud, et la tuberculose un peu partout ; en Roumanie, les cas de pellagre*, une autre maladie associée à la privation de nourriture, augmentèrent de 250 %[31].

Le problème n'était pas seulement celui d'une pénurie alimentaire mondiale, il provenait aussi de l'incapacité de distribuer convenablement le peu de denrées existantes. Au bout de six années de conflit, les infrastructures de transport européennes étaient en ruine ; avant que l'on ne puisse circuler efficacement entre les villes, il fallait reconstruire le réseau ferroviaire, organiser tant bien que mal la réfection des routes, et rétablir le trafic maritime marchand. Et, facteur non moins essentiel, il fallait restaurer l'ordre public : dans certaines parties du continent, les cargaisons de denrées alimentaires étaient pillées presque dès leur livraison, interdisant aux organismes d'aide humanitaire d'acheminer des approvisionnements vitaux là où ils étaient le plus indispensables.

Nombre de soldats britanniques et américains furent atterrés de ce qu'ils virent à leur arrivée en Europe après la Libération ; ils s'étaient attendus à des destructions, et peut-être à une certaine désorganisation causée par le conflit, mais ils étaient rarement préparés à y découvrir de tels degrés de privation.

Ray Hunting était officier d'une unité de transmissions de l'armée britannique à son arrivée dans l'Italie libérée, à l'automne 1944. Il avait eu l'habitude de croiser des mendiants au Moyen-Orient, mais il fut totalement pris au dépourvu par les foules qui s'agglutinèrent autour du train à bord duquel il voyageait. À un embranchement, incapable de supporter davantage leurs gémissements, il vida le contenu de son sac pour jeter à cette masse implorante une partie de ses rations de réserve. Ce qui se produisit ensuite le pétrifia :

> C'est une erreur cuisante que de jeter inconsidérément de la nourriture au milieu de gens affamés. Ils se transforment instantanément

* Maladie de la malnutrition, la pellagre provoque des dermatites, des diarrhées et des crises de démence. (*N.d.T.*)

> en une masse de corps qui se battent et se débattent pour ramasser la manne qui leur tombe dessus. Des hommes, animés d'une détermination farouche, s'emparèrent de ces boîtes de conserve en échangeant des coups de poing et des coups de pied ; des femmes s'arrachèrent mutuellement la nourriture de la bouche pour la mettre entre les mains d'enfants qui, au milieu de tant de violence, risquaient de se faire piétiner.

Lorsque le train finit par redémarrer de cet embranchement, la foule se battait encore autour des quelques miettes qu'il lui avait jetées. L'officier Hunting continua de contempler la scène par la fenêtre ouverte, jusqu'à ce qu'un autre officier penché à la fenêtre du compartiment voisin l'arrache à ses pensées : « Quel gâchis de balancer comme ça toute cette bouffe, ironisa l'autre. Tu ne savais pas que tu aurais pu te taper la plus belle poulette du quartier contre deux de tes boîtes[32] ? »

La famine était l'un des problèmes les plus épineux et les plus colossaux de l'immédiat après-guerre ; les gouvernements alliés le comprirent dès 1943, et firent de la distribution de denrées alimentaires leur première priorité. Pourtant, même les politiques et les hauts fonctionnaires les plus éclairés avaient tendance à considérer l'alimentation comme un besoin purement matériel ; ce fut à ceux qui sillonnaient les premières lignes, qui avaient un contact direct avec des populations affamées, de constater que la nourriture comportait aussi une dimension spirituelle.

Kathryn Hulme, directrice adjointe d'un des nombreux camps de personnes déplacées de Bavière, le comprit. À la fin de 1945, ce fut avec une grande tristesse qu'elle décrivit la ruée sur les colis de la Croix-Rouge au camp de Wildflecken :

> Il est difficile de croire que quelques petites boîtes de conserve aux reflets métalliques, remplies de pâté de viande et de sardines, puissent quasiment provoquer une émeute dans le camp, que des sachets de thé Lipton, des boîtes de café Varrington House et des barres de chocolat vitaminé puissent rendre des hommes presque fous d'envie. Mais c'est ainsi. Cela fait autant partie de la destruction de l'Europe que les ruines squelettiques de Francfort. À ceci près qu'ici, c'est de la ruine de l'âme humaine qu'il s'agit. Et c'est mille fois plus pénible à contempler[33].

C'est cette ruine de l'âme humaine que nous aborderons dans le chapitre suivant.

5

Destruction morale

Début octobre 1943, peu après la libération de Naples, Norman Lewis, de la 91e Field Security Section britannique, arriva au volant de son véhicule sur une place dans la périphérie de la ville. Un grand bâtiment public à moitié détruit dominait cette place, et plusieurs camions de l'armée stationnaient devant. L'un de ces camions était apparemment chargé d'approvisionnements d'origine américaine, des boîtes de conserve et des rations, où se servaient une cohorte de soldats alliés. La file de soldats entrait ensuite dans ce bâtiment municipal, et chacun de ces hommes tenait ses boîtes serrées contre sa poitrine.

Curieux de découvrir ce qui se tramait, Lewis et ses camarades les suivirent à l'intérieur et remontèrent la file jusqu'à se retrouver aux premières loges. Et il nota dans son journal :

> Il y avait là une rangée de dames assises à environ un mètre d'intervalle les unes des autres, adossées au mur. Ces dames étaient habillées en tenue de ville, et elles avaient le visage propre et toiletté de mères de famille respectables de la classe ouvrière, occupées à faire leurs courses et à papoter. À côté de chacune de ces femmes était entassée une petite pile de gamelles, et il est vite devenu assez évident que ces hommes, dans ce lieu complètement public, pouvaient faire l'amour avec telle ou telle rien qu'en ajoutant sa gamelle à cette pile. Les dames demeuraient absolument immobiles, sans rien dire, le visage aussi inexpressif qu'une gravure. Elles auraient aussi bien pu vendre du poisson, sauf qu'il manquait à cet endroit toute l'animation d'un marché aux poissons. Il n'était pas question de racolage, de poses suggestives, d'incitation, pas même de chairs dénudées avec extrême discrétion, comme par mégarde. Les soldats les plus audacieux s'étaient avancés au premier rang, gamelle à la main, mais maintenant, face à ces femmes qui avaient charge de famille, poussées en ces lieux par leur garde-manger vide, ils avaient l'air de se dégonfler. Une fois encore,

la réalité avait trahi le rêve, et on sentait la tension retomber mollement. Il y eut des rires penauds, des plaisanteries qui tombèrent à plat, et on percevait manifestement que ces hommes allaient se dérober sans piper mot. À force d'être houspillé par ses camarades, un soldat un peu éméché finit par déposer sa gamelle de rations à côté d'une de ces dames, se déboutonna et se coucha sur elle. Un va-et-vient d'arrière-trains purement mécanique s'acheva aussi vite qu'il avait débuté. Un instant plus tard, le gaillard était de nouveau debout et se reboutonnait. Il avait fallu expédier la chose aussi vite que possible. En fait d'acte sexuel, on aurait aussi bien pu croire qu'on allait lui faire subir la peine du piquet.

On l'aura compris, Lewis n'était guère tenté de s'offrir pareille gâterie et, cinq minutes plus tard, il était reparti. « Mes compagnons de voyage jetaient leur gamelle aux passants qui se ruaient dessus comme des sauvages. Aucun des soldats circulant à bord de mon camion n'avait eu envie de prendre une part active à la fête[1]. »

L'intérêt de ce récit n'est pas tant la situation visiblement désespérée de ces mères de famille italiennes, mais la description que nous livre Lewis de la réaction des soldats. D'un côté, ces garçons n'en reviennent pas : avec ces femmes, ils peuvent agir comme bon leur semble et, grâce à ce camion chargé de provisions garé à l'extérieur, leur ascendant sur elles paraît illimité. D'un autre côté, la réalité de la situation met la plupart d'entre eux profondément mal à l'aise. Ils sentent que se livrer à ce genre de transaction aurait quelque chose de dégradant non seulement pour ces femmes, mais aussi pour eux et eu égard à l'acte sexuel en tant que tel. Autre aspect lourd de sens, à aucun moment ne s'exprime le moindre soupçon d'empathie envers ces mères de famille ; ce sont de purs objets, aussi inanimés que des « gravures ».

À en croire Norman Lewis, de tels comportements devinrent de plus en plus courants après la libération de l'Italie du Sud. Il se souvient d'avoir reçu la visite d'un prince italien qui voulait savoir si sa sœur pourrait être autorisée à travailler dans un bordel de l'armée ; quand Lewis lui expliqua que l'armée britannique n'entretenait pas de maisons closes officielles, le prince et sa sœur repartirent déçus. En une autre occasion, alors qu'il enquêtait sur l'agression sexuelle assortie de brutalités subie par une jeune adolescente, le père tenta de forcer sa fille traumatisée à consentir ses faveurs à Lewis ; tout ce qu'il espérait pour elle en échange, c'était un bon repas bien copieux[2].

Ce type de situation désespérée ne se limitait pas à Naples ou à l'Italie, loin s'en faut. En Allemagne, toute une génération de jeunes femmes avaient appris à penser qu'il était tout à fait normal de coucher avec un soldat allié contre une tablette de chocolat. Dans la ville hollandaise de Heerlen, le fusilier américain Roscoe Blunt raconte qu'il fut approché par une jeune fille : elle « me demanda carrément si j'avais envie de "*ficken*" (baiser) ou juste "*kuszen*" (embrasser). Mon cerveau a mis quelques instants à établir le lien et à comprendre ce qu'elle me voulait ». Quand il lui demanda l'âge qu'elle avait, elle lui répondit qu'elle avait douze ans[3]. En Hongrie, des jeunes filles de treize ans entraient à l'hôpital pour maladies vénériennes. En Grèce, on constatait l'apparition de ces affections chez des fillettes de dix ans[4].

Beaucoup plus que la dévastation matérielle dont Alan Moorehead avait pu être le témoin, c'était cet avilissement qui affectait le correspondant du quotidien londonien *Daily Express* : à son entrée dans Naples, tout de suite après la Libération, il écrivit son désespoir de voir des hommes, des femmes et des enfants se battre pour des poignées de friandises que leur jetaient les soldats à leur arrivée ; il avait vu des souteneurs et des profiteurs du marché noir offrir du faux cognac et des prostituées, des enfants âgées d'à peine dix ans, et des garçons de six ans vendre des cartes postales obscènes, voire les faveurs de leur grande sœur ou même les leurs.

> De toute la liste des vices humains les plus sordides, je crois qu'à Naples, durant ces premiers mois, on ne nous en aura épargné aucun. Nous étions en réalité les témoins de l'effondrement moral d'un peuple. Ces gens ne conservaient plus aucune fierté, plus aucune dignité. La lutte animale pour la survie primait tout. Avoir de quoi se nourrir, c'était la seule chose qui comptait. Trouver de quoi nourrir les enfants. De quoi se nourrir soi-même. De quoi se nourrir au prix de tous les avilissements et de toutes les dépravations. Et après, une fois qu'on s'était nourri, un peu de chaleur et un abri[5].

Ce qu'avait compris Moorehead, c'était que la nourriture n'était plus uniquement une affaire matérielle, mais aussi un enjeu moral : d'un bout à l'autre de l'Europe, des millions d'individus mourant de faim étaient prêts à sacrifier toutes leurs valeurs morales pour se procurer leur prochain repas. En réalité, des années de privation avaient changé la nature même de l'alimentation. Ce qui était considéré en Grande-Bretagne comme un droit de tous les jours était devenu, dans le reste de l'Europe, l'expression d'un pouvoir, de sorte qu'un soldat britannique fut en position de dire de la femme allemande qui couchait avec lui, s'occupait de ses courses et reprisait ses vêtements : « Elle était exactement comme mon esclave[6]. »

Lorsqu'on se penche sur de tels épisodes, deux aspects sautent immédiatement aux yeux. Premièrement, on s'aperçoit que le paysage moral de l'Europe était en tous points devenu aussi méconnaissable que son paysage physique. Ceux qui s'étaient habitués à vivre au milieu des ruines ne voyaient plus rien d'exceptionnel aux décombres qui les entouraient – de même, pour d'innombrables femmes d'Europe, après la guerre, il n'y avait plus rien d'inhabituel à devoir vendre son corps pour de la nourriture. Seuls ceux qui arrivaient de l'extérieur de l'Europe continentale avaient le recul nécessaire pour exprimer leur surprise face à la dévastation à laquelle ils assistaient.

Deuxièmement, à l'évidence, dès lors qu'il s'agissait de questions de survie, du moins pour une majorité, il n'y avait plus de place pour des considérations d'ordre moral. Chez certains, la simple perception d'une menace pesant sur leur existence semblait suffire à justifier un abandon des valeurs morales – mais, dans une atmosphère où cette menace était à la fois réelle et omniprésente, l'idée même de moralité semblait avoir perdu toute pertinence.

Pillage et vol

La quête de nourriture fut aussi l'un des facteurs déterminants d'un autre phénomène de la guerre et de l'après-guerre : l'énorme hausse de la criminalité, à travers le vol et le pillage. En 1941, beaucoup de Grecs pillaient les magasins et les boutiques de leur quartier parce qu'ils avaient faim – ils partaient du principe que, s'ils ne volaient pas de quoi manger, ces vivres seraient réquisitionnés par les troupes d'occupation[7]. En Biélorussie, pour survivre, des partisans réquisitionnèrent des vivres chez les paysans – et ceux qui rechignaient à les approvisionner étaient dévalisés[8]. Dans les derniers jours de la guerre, à Berlin, malgré les avertissements rappelant partout que le pillage était passible de mort, des mères de famille mirent à sac des magasins[9] ; de toute manière confrontées à la famine, elles n'avaient pas grand-chose à perdre.

Toutefois, la nécessité ne fut pas la seule cause de ces taux de pillage et de vol élevés pendant et après la guerre. L'un des facteurs les plus importants de ce phénomène, c'était que les combats offraient davantage d'occasions de voler, et de plus fortes tentations. Il était bien plus facile de pénétrer dans une propriété dont les portes et les fenêtres avaient été soufflées par les bombes que d'avoir à forcer ces portes ou ces fenêtres. Et, quand une habitation en zone de combat avait été abandonnée par ses propriétaires, il était plus simple de se convaincre qu'ils ne reviendraient jamais.

Le pillage des logements vacants commença donc bien avant que les hostilités n'aient engendré la pénurie. Dans les villages autour de Varsovie, les habitants pillèrent les maisons de leurs voisins presque dès l'éclatement du conflit. La famille d'Andrzej C., par exemple, avait fui les zones de belligérance en septembre 1939 ; à leur retour, quelques semaines plus tard, ils découvrirent que l'on avait même démantelé des éléments de charpente de leur maison – ses parents durent se rendre à plusieurs reprises chez leurs voisins pour récupérer les solives et d'autres morceaux de leur logement[10].

À mesure que les combats s'emparaient du continent, le vol et le pillage se propageaient avec eux, et pas seulement dans les pays directement affectés. Dans la Suède restée neutre, par exemple, l'année 1939 vit une soudaine hausse des condamnations, qui demeurèrent très élevées pendant toute la durée du conflit ; à Stockholm, les affaires de vol quadruplèrent presque entre 1939 et 1945[11]. Un chiffre peu flatteur par rapport à celui de la France, où elles triplèrent pendant cette période[12]. De la même manière, dans certaines régions de Suisse, comme le canton de Bâle, les chiffres de la délinquance juvénile doublèrent[13]. Longtemps, la hausse de la criminalité durant cette période dans des pays neutres a déconcerté les chercheurs en sciences sociales. La seule explication crédible semble résider dans le profond sentiment d'angoisse qui se répandit en Europe dès le déclenchement des hostilités : l'instabilité sociale semble avoir gagné tout le continent comme une infection.

Dans la plus grande partie de l'Europe occupée, le vol devint si commun qu'il cessa complètement d'être un crime. De fait, beaucoup de gendarmes, de policiers et d'autorités locales ayant été remplacés par des séides inféodés aux nazis, le vol et d'autres délits furent souvent élevés au rang d'actes de résistance. Des partisans dérobaient des biens aux paysans afin de poursuivre la lutte – tout en se réclamant de ces mêmes paysans. Des fermiers vendaient de la nourriture au marché noir afin de mieux la refuser à l'occupant. Des magasins étaient pillés à seule fin d'empêcher des soldats allemands de les piller eux-mêmes les premiers. Rien n'empêchait de justifier toutes sortes de vols et de pratiques de profiteurs, surtout a *posteriori*, car ces affirmations sonnaient souvent vrai. En vérité, c'était tout l'univers moral qui marchait sur la tête : des actes naguère frappés d'immoralité étaient maintenant élevés au rang d'un devoir moral.

À mesure que l'avance des Alliés libérait l'Europe, les occasions de vol et de pillage se multiplièrent. Beaucoup de membres des forces de l'ordre et de maires avaient pris la fuite. Ceux qui restaient étaient souvent démis de leurs fonctions dès l'arrivée des libérateurs ou presque, et remplacés par de maigres effectifs d'officiers inexpérimentés, peu au fait des questions locales. Dans le chaos qui s'ensuivit, tout semblant d'ordre public s'évanouit : la vague de crimes qui balaya l'Europe éclipsa celle qui avait eu lieu pendant la guerre, et elle reste d'une ampleur inégalée. Les vieilles provinces allemandes de Poméranie et de Silésie étaient la proie d'une telle anarchie qu'au sein de la nouvelle administration polonaise on les avait surnommées l'« Ouest sauvage ». Zbigniew Ogrodzinski, l'un des premiers responsables polonais nommés à Stettin (ou Szczecin, comme on la rebaptiserait plus tard), avait pris l'habitude de porter sur lui un pistolet afin de se protéger des agresseurs et des bandits, et il était régulièrement contraint de le dégainer. Selon un médecin-major britannique stationné dans la même ville, « le meurtre, le viol et le vol avec violences étaient si courants que personne n'y prêtait plus aucune attention[14] ».

Naples, qui devint brièvement le plus grand port d'approvisionnement du monde après la Libération, devint aussi l'un des foyers du vol organisé. « Les cigarettes et les chocolats de l'armée étaient dérobés par centaines de kilos et revendus à des prix faramineux, écrivait Alan Moorehead en 1945. Les véhicules étaient volés au rythme de soixante ou soixante-dix toutes les nuits (et pas toujours par des Italiens). Le pillage des marchandises particulièrement convoitées comme les pneus devint un commerce régulier[15]. » Dans toute la ville, sur des étalages de fortune, on vendait des articles volés provenant des stocks militaires, fournis par des fonctionnaires corrompus, des gangs mafieux, des bandits et des groupes de déserteurs de l'armée qui rivalisaient entre eux dans le pillage des trains de ravitaillement des Alliés[16]. Des bandes d'enfants sautaient à l'arrière des camions afin de chaparder tout ce qu'ils pouvaient arracher au passage – pour les en empêcher, des soldats allaient jusqu'à leur trancher la main à coups de baïonnette et, en conséquence, des cohortes de gamins venaient se faire soigner à cause de doigts sectionnés[17].

Le Berlin de l'après-guerre devint, selon un historien, la « capitale du crime mondial ». Après la capitulation, on y arrêtait 2 000 personnes par mois, une hausse de 800 % par rapport aux chiffres d'avant guerre. Début 1946, il se commettait quotidiennement 240 cambriolages en moyenne, et des dizaines de gangs organisés terrorisaient la ville nuit et jour[18]. Une femme de Berlin consigna dans son journal intime : « Toute idée de propriété a été réduite à néant. Tout le monde vole tout le monde, parce que tout le monde est volé[19]. » Ruth Andreas-Friedrich, une autre Berlinoise, qualifiait la vie dans la capitale de « partie de troc », où les objets passaient de main en main sans que personne ne sache qui en étaient les propriétaires[20]. Des sentiments identiques essaimaient dans toute l'Europe, comme le formulait une Hongroise en des termes clairs : « Parfois c'étaient les Russes qui nous volaient, parfois nous nous servions chez eux. Ou alors c'était l'inverse[21]... » La notion même de propriété privée avait perdu toute signification.

La nécessité jouait sans nul doute un rôle important dans cette vague de criminalité, mais d'autres facteurs ne pesaient pas moins lourd, au premier rang desquels le fait qu'une fois brisé le tabou du vol, il devenait bien plus facile de voler sans retenue. Chez certains individus, après six années de guerre, de tels comportements étaient devenus un mode de vie : ceux qui avaient réussi à survivre de larcins ou de tout un commerce illégal n'étaient pas disposés à y renoncer uniquement parce que la guerre était finie, en particulier lorsque les épreuves s'aggravèrent encore.

Pourtant, tout laisse à penser qu'après la fin des hostilités ces vols omniprésents répondaient chez beaucoup de leurs auteurs à un besoin plus profond. Quantité d'individus paraissaient éprouver un désir compulsif de voler, même quand il était inconcevable que les objets dérobés leur soient utiles à quoi que ce soit. Des personnes déportées racontent fréquemment des histoires de nappes de restaurant escamotées ou de larcins « aussi stupides qu'un gros pot de fleurs[22] ». Maria Bielicka, une Polonaise qui avait survécu à quatre années de prison et de camp de travail, admettait avoir éprouvé le besoin irrépressible de dérober des objets, comme une nécessité pressante, physique. Après la guerre, les Américains les avaient recueillies, sa sœur et elle, dans une villa en Allemagne, non loin de la fabrique de porcelaine où elle avait été forcée de travailler.

> J'étais assise là avec ma sœur, et Wanda me dit : « Tu sais quoi, ce tableau, là, au mur, je l'aime bien. Je crois que je vais l'emporter. Après tout ce que j'ai souffert, je crois que je mérite bien un tableau. » Et moi, je lui ai répondu : « Il y a de la porcelaine, là-bas. Elle me plaît beaucoup. Nous avons été des esclaves, toutes ces années-là, à fabriquer cette porcelaine, à l'usine. Je vais la prendre[23]. »

Le lendemain matin, les deux jeunes filles eurent honte et remirent leur butin en place.

Le marché noir

Après le conflit mondial, le délit le plus fréquent consistait à acheter et à vendre des marchandises au marché noir. Là encore, pendant la guerre, dans l'esprit des gens, le commerce illégal avait été promu au rang d'un acte de résistance : en effet, tous les biens vendus au marché noir, et en particulier les denrées alimentaires, étaient ainsi soustraits à l'occupant allemand. En France, par exemple, on livrait tous les ans aux abattoirs 350 000 bêtes de moins qu'il n'y en avait d'officiellement inscrites dans les registres : ces animaux aboutissaient sur les tables des Français au lieu de celles de l'occupant[24]. Les fermiers qui élevaient des vaches laitières étaient souvent contraints de se livrer au marché noir pour survivre : sur un continent où les réseaux de transport étaient à ce point endommagés, et ne pouvant compter sur des collectes quotidiennes de lait, ils étaient obligés de mettre en place des réseaux locaux officieux afin de s'assurer de vendre leurs produits. Dans toute l'Europe occidentale, ces réseaux devinrent presque aussi étendus que le marché officiel. En Europe orientale, où les nazis étaient déterminés à réquisitionner autant de nourriture que possible, il en allait de même. Plus que nulle part ailleurs, le marché noir y était essentiel à la survie, et devint presque un devoir moral pour les fermiers et les négociants : sans cela, des centaines de milliers de Polonais, d'Ukrainiens et de Baltes de plus seraient morts de faim.

Le problème du commerce illégal, c'est qu'il était foncièrement injuste. Alors que le rationnement était conçu pour fournir une alimentation équilibrée à tous, et un peu plus riche pour ceux qui se chargeaient de travaux physiques plus pénibles, le marché noir réservait ses produits à ceux qui en avaient les moyens. Juste avant la libération de la France, le prix du beurre au marché noir était cinq fois et demi supérieur à son prix officiel, et celui des œufs quatre fois plus élevé[25]. En conséquence, les œufs et le beurre, atteignant rarement les circuits de distribution des marchés officiels, demeuraient inabordables pour tout le monde, sauf les riches. Certains fermiers et négociants exploitèrent ce marché de façon implacable et s'enrichirent à l'extrême, au grand écœurement de leurs compatriotes. En Grèce, les spéculateurs accumulaient des vivres et ne les vendaient en quantité que lorsque des rumeurs d'amélioration de la situation entraînaient la chute des prix alimentaires. « Pendant que le monde entier s'inquiétait du destin du peuple grec, écrivait non sans amertume un observateur étranger, les Grecs se sont enrichis avec le sang de leurs frères[26]. » En Tchécoslovaquie, le gouvernement de l'après-guerre fut si scandalisé par un tel comportement que le crime d'enrichissement personnel aux dépens de l'État ou de ses citoyens durant le conflit fut frappé d'une sentence de cinq à dix ans d'emprisonnement[27].

En temps de guerre le commerce illégal était peut-être inévitable, et même parfois justifiable, mais passé la fin des hostilités il devint une mauvaise habitude avec laquelle il était difficile de rompre. En effet, avec le délitement des structures administratives et des réseaux de transport, ainsi que l'effondrement de l'ordre public, le problème s'était aggravé. À l'automne 1946, le marché noir était si répandu qu'il n'était même plus considéré comme un crime par la plupart des gens. « Il n'est pas exagéré de dire que tous les hommes, toutes les femmes et tous les enfants d'Europe occidentale se sont livrés, à un degré plus ou moins important, à une forme ou une autre de commerce illégal, affirmait à propos de l'Allemagne le chef de l'UNRRA dans une lettre au Foreign Office. De fait, dans de vastes régions d'Europe, il n'est guère envisageable de s'assurer une subsistance sans lui[28]. »

Il était impossible de maintenir le respect de la loi quand une population entière la bafouait quotidiennement, ce qui eut inévitablement des conséquences d'ordre moral. Même en Grande-Bretagne, on sentait que ces activités affaiblissaient les exigences morales. Selon Margaret Gore, une auxiliaire de l'Air Transport, en 1945, « en Grande-Bretagne, le marché noir a sapé l'honnêteté des gens, et selon moi, après tout cela, la société anglaise est devenue beaucoup moins honnête. [...] C'est à partir de là que ce phénomène de dégradation a commencé[29] ».

Violence

Si le vol et le commerce illégal constituaient un grave problème dans toute l'Europe, la violence omniprésente y créait une situation de crise. Comme je l'ai déjà évoqué, pour beaucoup d'individus, la violence extrême était une donnée quotidienne. À la fin de la guerre, le peuple d'Allemagne avait pris l'habitude d'être bombardé de jour comme de nuit : le spectacle des cadavres dans les décombres était tout à fait normal. Dans une moindre mesure, on pouvait en dire autant de la Grande-Bretagne, du nord de la France, de la Hollande, de la Belgique, de la Bohême et de la Moravie, de l'Autriche, de la Roumanie, de la Hongrie, de la Yougoslavie et de l'Italie. Plus à l'est, la population avait vu ses villes pulvérisées par l'artillerie, et des êtres humains réduits en miettes avec elles. Et c'était aussi le lot journalier de millions de soldats.

Loin des zones de combats, la violence ne se déchaînait pas moins, une violence illimitée, fût-ce à une échelle plus individuelle. Tous les jours, d'un bout à l'autre du continent, dans des milliers de camps de travail et de camps de concentration, des détenus étaient sauvagement battus. Et, dans toute l'Europe de l'Est, tous les jours aussi on pourchassait et on tuait des juifs. En Italie du Nord, dès que l'on abattait des collaborateurs, leur exécution préludait à un cycle de représailles et de contre-représailles qui finissait quelquefois par créer une atmosphère de vendetta[30]. Partout dans le Reich, on arrêtait les colporteurs de rumeurs et on les passait à tabac, on pendait les déserteurs, et tout individu dont l'opinion ou l'origine ethnique ne correspondaient pas à celles de la majorité de ses voisins pouvait s'attendre à être roué de coups, emprisonné et mis à mort. À la fin de la guerre, ces comportements relevaient de la pure routine. En conséquence, presque partout, les actes d'extrême violence, loin d'être choquants, finirent par s'apparenter à une forme de normalité.

Point n'est besoin de se livrer à un gros effort d'imagination pour comprendre que les victimes de cette violence désormais routinière étaient finalement bien plus susceptibles de commettre eux-mêmes des actes de violence, ce que démontrent d'innombrables études psychologiques. En 1946, le lieutenant général Sir Frederick Morgan, l'ancien directeur de l'UNRRA pour l'Allemagne de l'Ouest, exprimait ses craintes concernant certains chefs de file de la communauté hébraïque figurant parmi les juifs libérés des camps de concentration : « Ces dirigeants sont désespérés et ne reculeront devant rien. Ils ont déjà subi tout ce que peut subir un être humain ou presque et n'accordent aucune valeur à la vie humaine[31]. » Il en allait de même des travailleurs forcés en Allemagne : selon une étude de l'administration des Nations unies pour l'Aide humanitaire et la Réhabilitation sur les problèmes psychologiques des personnes déplacées, il était tout à fait normal que ces dernières fassent preuve d'une « agressivité confinant à l'anarchie », et connaissent quantité d'autres problèmes psychologiques, notamment un « sentiment d'indignité [...], de l'amertume et de la susceptibilité ». Une forte proportion de PD (personnes déplacées) montraient tous les signes d'un cynisme extrême : « Rien de ce que l'on essaie de leur apporter, même venant d'individus secourables, n'est considéré comme authentique ou sincère[32]. »

Si les victimes de la violence étaient partout, dans une certaine mesure les auteurs de cette violence l'étaient aussi. À la fin du conflit, des groupes de partisans engagés dans une lutte de plus en plus impitoyable contre les Allemands contrôlaient la quasi-totalité de la Grèce, la totalité de la Yougoslavie, la Slovaquie, presque tout le nord de l'Italie, une bonne partie des États baltes et de vastes territoires de Pologne et d'Ukraine. En France, à elle seule, la Résistance avait libéré au moins quinze départements et, avant même que les Alliés n'aient atteint Paris, elle contrôlait presque tout le sud et l'ouest du territoire[33]. Dans nombre de ces régions – en particulier en Yougoslavie, en Italie et en Grèce –, pour l'essentiel, la violence de la guerre n'était pas dirigée contre les Allemands, mais contre les fascistes et les collaborateurs au sein de la population ; et les responsables de l'organisation de cette violence se retrouvaient désormais au pouvoir.

Quant à ceux qui avaient commis des atrocités pour le compte des nazis et de leurs alliés, nombreux devinrent des prisonniers de guerre, mais beaucoup d'autres se firent passer pour des personnes déplacées ou revinrent simplement se fondre dans la vie civile. Ces individus se comptaient par dizaines de milliers et, à bien des égards, ils étaient tout aussi minés psychologiquement que leurs victimes. Rappelons que la plupart des soldats qui avaient commis ces atrocités n'étaient nullement des psychopathes, mais qu'ils s'étaient engagés dans cette guerre en tant que citoyens ordinaires. Selon une étude psychologique consacrée à ces individus, de prime abord la plupart auraient éprouvé une extrême répulsion face aux actes que l'on exigeait d'eux, et s'étaient sentis souvent incapables de continuer d'accomplir leur devoir très longtemps. Mais avec l'expérience, cette répugnance à ôter la vie s'estompait, laissant place à un plaisir pervers et même à une euphorie à l'idée de rompre avec le code moral qui avait été le leur[34].

Pour certains, tuer devint une addiction, et ils perpétrèrent ces atrocités avec une cruauté et une perversité croissantes. En Croatie, les Oustachis ne se contentèrent pas de tuer les Serbes, ils prirent aussi le temps de trancher les seins des femmes et de castrer les hommes[35]. Dans le Dráma, dans le nord-est de la Grèce, des soldats bulgares jouèrent au football avec les têtes de leurs victimes grecques[36]. Au camp de concentration de Chelmno, les gardes allemands tuaient les bébés qui avaient survécu au gazage en leur fracassant le crâne contre les arbres[37]. À Königsberg, des soldats soviétiques attachèrent les jambes de femmes allemandes à deux véhicules qui, démarrant ensuite dans des directions opposées, les écartelèrent[38]. Des partisans ukrainiens torturèrent à mort des Polonais de Volhynie en les découpant en morceaux à l'aide d'instruments aratoires[39] ; en réaction, des partisans polonais torturèrent à leur tour des Ukrainiens : « Je n'ai jamais vu l'un de nos hommes embrocher un bébé ou un petit enfant à la pointe de sa baïonnette et le balancer dans un feu, mais j'ai vu les corps carbonisés de bébés polonais que l'on avait tués de la sorte, raconta l'un de ces partisans. Aucun de nous n'a jamais rien fait de comparable, mais c'était bien la seule atrocité que nous n'ayons pas commise[40]. » Et ces gens-là faisaient désormais partie intégrante de la communauté des peuples d'Europe.

On notera au passage qu'Himmler lui-même reconnut que commettre des atrocités pouvait avoir des effets psychologiques indésirables sur ses hommes. Il adressa donc des instructions à ses commandants SS afin qu'ils veillent à ce que le stress de ces tueries permanentes ne transforme pas leurs subordonnés en « brutes[41] ». Qu'Himmler soit capable de considérer les hommes de la SS comme les « victimes » de leurs propres atrocités, sans même réserver une pensée aux êtres humains qu'ils massacraient, voilà qui suffit à donner la mesure de ce renversement des valeurs morales.

Viols

Il existe un lien entre plusieurs thèmes abordés jusqu'à présent, et en annonce aussi d'autres que j'explorerai plus loin dans ce volume : le viol en temps de guerre illustre l'abus de pouvoir militaire et le recours à une violence gratuite contre des civils sans défense. Pendant la Deuxième Guerre mondiale, ce phénomène atteignit des proportions inédites : il se commit davantage de viols au cours de ce conflit, en particulier à son stade final, que durant toutes les autres guerres de l'histoire. La première des motivations, surtout immédiatement après la capitulation, était la vengeance – mais, si le phénomène échappa à tout contrôle, ce fut en raison de la faillite des institutions chez les belligérants des deux camps. Les conséquences pour la santé morale et physique des populations, en particulier dans le centre et l'est de l'Europe, où le viol était le plus répandu, furent abyssales.

Le viol a toujours accompagné la guerre : en règle générale, plus le conflit se révèle brutal, plus le risque s'accroît pour les femmes sur le territoire de l'adversaire[42]. Aux stades ultimes de la Deuxième Guerre mondiale, les pires épisodes de viol survinrent sans doute dans les régions où les combats étaient les plus acharnés, et certaines anecdotes attestent que les femmes elles-mêmes avaient compris qu'elles risquaient d'être plus exposées à ce danger pendant et juste après les phases de combat les plus intenses[43]. Certains témoins de l'époque suggérèrent même que la férocité des batailles où ces soldats étaient plongés rendait les actes de viol inévitables : « Que faire ?, confia un officier russe. C'est la guerre ; les gens se transforment en brutes[44]. »

Les épisodes les plus graves eurent lieu en Europe orientale, dans les régions de Silésie et de Prusse-Orientale où des soldats soviétiques furent les premiers à poser le pied en terre germanique. Mais le viol ne se limita pas aux abords des zones de combat, loin s'en faut – en réalité, pendant la guerre, le viol était en hausse partout, même dans les régions où l'on ne combattait pas : en Grande-Bretagne et en Irlande du Nord, par exemple, les crimes sexuels, et notamment le viol, augmentèrent de presque 50 % entre 1939 et 1945 – ce qui n'alla pas sans susciter de grandes inquiétudes à l'époque[45].

Il n'existe pas d'explications simples à ces hausses considérables du nombre de viols en Europe aux derniers stades du conflit et après la capitulation allemande, mais on constate certaines tendances avérées, communes à tout le continent. Comme toujours, le problème était bien plus lourd sur le front de l'Est qu'à l'Ouest. S'il arrivait occasionnellement à des civils de sexe masculin de se rendre coupables de ce crime, c'était surtout un problème militaire : tandis que les armées alliées convergeaient de toutes parts vers l'Allemagne, leur progression s'accompagna d'une vague de violences sexuelles ainsi que d'autres exactions. Les pires épisodes de viol avaient tendance à se multiplier là où régnait le chaos, par exemple après des combats acharnés ou parmi des troupes peu disciplinées. Et, surtout, la situation était incomparablement plus grave dans les pays conquis que dans les pays libérés. Cela laisse supposer que la vengeance et le désir de domination étaient des facteurs importants – sans doute même le facteur principal – des viols de masse qui se perpétrèrent en 1945.

Selon certaines études, le viol en temps de guerre est particulièrement brutal et répandu là où le fossé culturel est le plus large entre les troupes d'occupation et la population civile, et les événements de la Deuxième Guerre mondiale confirment cette théorie[46]. Les troupes coloniales françaises en Bavière s'illustrèrent tout particulièrement à cet égard. Selon Christabel Bielenberg, une Anglaise qui vivait dans un village près de la Forêt-Noire, dès leur arrivée les troupes marocaines « se livrèrent à des viols partout dans la vallée ». Plus tard, elles furent remplacées par d'autres unités originaires du Sahara qui « sont venues, de nuit, encercler les maisons du village et violer toutes les femmes âgées de douze à quatre-vingts ans[47] ». À Tübingen, de très jeunes filles de douze ans et des femmes âgées de soixante-dix ans furent violées par des troupes marocaines[48]. L'allure étrange de ces hommes, surtout après des années de propagande raciale nazie, accrut encore la terreur des femmes visées par ces exactions[49].

Ce fossé culturel entra aussi en ligne de compte sur le front de l'Est : le mépris dans lequel beaucoup de soldats allemands tenaient les *Untermenschen* quand ils envahirent l'Union soviétique contribua certainement au traitement cruel qu'ils réservèrent aux femmes d'Ukraine et de Russie. Vassili Grossman interviewa une enseignante violée par un officier allemand qui menaçait de tuer d'une balle son bébé de six mois[50]. Une autre enseignante russe, Genia Demianova, raconta comment elle avait été victime d'un viol collectif perpétré par une dizaine de soldats allemands, après que l'un d'eux l'eut fouettée avec une cravache : « Ils m'ont mise en morceaux, écrivait-elle, [...] je ne suis plus qu'un cadavre[51]. »

Lorsque le vent tourna, avec l'avancée de l'Armée rouge en Europe centrale et sud-orientale, les soldats soviétiques étaient eux aussi sous l'emprise de motivations raciales et culturelles : au contraire de ses voisins, la Bulgarie, par exemple, n'eut quasiment pas à souffrir de ces actes de viol, notamment parce que l'armée russe y était bien plus disciplinée que certaines autres, mais aussi parce que ce pays partageait une proximité de culture et de langue avec la Russie ; et, depuis un siècle, les deux nations avaient entretenu des relations amicales[52]. Quand l'Armée rouge arriva sur place, elle fut accueillie à bras ouverts par une majorité de Bulgares. La Roumanie, en revanche, était de culture et de langue très différentes de l'Union soviétique et, jusqu'en 1944, elle s'était engagée dans une guerre d'une extrême sauvagerie contre elle ; en conséquence, les Roumaines souffrirent davantage que les Bulgares.

En Hongrie et en Autriche, ce que subirent les femmes fut pire et, dans certaines régions, leur sort fut véritablement atroce. Là encore, les différences culturelles entre les deux camps étaient considérables, mais ici l'hostilité des Soviétiques fut alimentée par un autre aspect : à l'arrivée de l'Armée rouge, et à l'inverse des Roumains, les Hongrois et les Autrichiens étaient encore en guerre contre l'URSS. Beaucoup de femmes de la région de Csákvár, à l'ouest de Budapest, furent violées avec une telle brutalité qu'elles en eurent la colonne vertébrale brisée. Alaine Polcz, une Hongroise de Transylvanie âgée de vingt ans, fut ainsi blessée à la colonne vertébrale, mais ses lésions, quoique douloureuses, n'étaient pas irréversibles. Violée à plusieurs reprises en l'espace de quelques semaines, elle n'avait même pas retenu combien d'hommes avaient pu l'agresser de la sorte au cours d'une même nuit. « Cela n'avait rien à voir avec des étreintes ou avec faire l'amour, écrivit-elle plus tard. Cela n'avait rien à voir avec rien. C'était simplement – je me rends compte seulement maintenant, au moment où j'écris ceci, que c'est le mot exact : une agression. Ce n'était rien d'autre » ; ce qui la rongeait, c'était aussi l'idée que « de tels actes se reproduisaient d'un bout à l'autre du pays[53] ».

Mais c'est en Allemagne que ces scènes de viol furent les plus répandues. En Prusse-Orientale, en Silésie et en Poméranie, des dizaines de milliers de femmes furent ainsi violées et tuées, dans une orgie de violence à la brutalité proprement médiévale. Marie Naumann, une jeune mère de Baerwalde, en Poméranie, fut violée puis pendue dans une grange à foin par une bande de soldats, avec son mari, pendant que, sous ses pieds, ces hommes étranglaient ses enfants avec des cordes. Des civils polonais vinrent la délivrer, tranchèrent ses liens et la descendirent de là, encore vivante. Mais, quand ils lui demandèrent qui lui avait fait cela et qu'elle leur répondit que c'étaient les Russes, ils la traitèrent de menteuse et la frappèrent. Incapable de supporter davantage ce qui lui était arrivé, elle tenta de se noyer dans un cours d'eau, non loin de là, mais ne put aller jusqu'au bout de son geste. Trempée jusqu'aux os, elle se rendit chez l'une de ses connaissances, qui habitait un appartement, et là elle tomba sur un autre officier russe qui la viola à nouveau. Il l'abandonna sur place et, peu après, quatre autres soldats soviétiques firent leur apparition et la violèrent « d'une manière contre nature ». Quand ils en eurent terminé avec elle, ils la rouèrent de coups de pied, et elle perdit connaissance. Elle revint à elle quand deux autres soldats entrèrent à leur tour dans la pièce, « mais ils me laissèrent en paix car j'étais plus morte que vive[54] ».

Des milliers d'histoires similaires ont été recueillies dans le cadre de travaux allemands d'histoire orale, dans les archives de l'Église et du gouvernement d'Allemagne fédérale. Des sources soviétiques viennent aussi étayer ces récits. Des Mémoires d'officiers russes comme Lev Kopelev et Alexandre Soljenitsyne décrivent des scènes de viol omniprésentes, ainsi que plusieurs rapports du NKVD relatant les excès soviétiques commis en 1945[55].

Ces viols continuèrent avec l'avancée de l'Armée rouge à travers la Silésie et la Poméranie, en direction de Berlin. Dans un très grand nombre de cas, les femmes furent l'objet de viols collectifs, souvent répétés plusieurs nuits de suite. Vassili Grossman s'entretint avec une femme de Schwerin qui avait « déjà été violée par dix hommes aujourd'hui[56] ». À Berlin, Hannelore Thiele fut violée par « sept hommes d'affilée. Comme des animaux[57] ». Une autre femme, à Berlin, fut surprise dans la cave de son immeuble alors qu'elle se cachait derrière un tas de charbon : « Vingt-trois soldats, l'un après l'autre, expliqua-t-elle ensuite. On a dû me recoudre, à l'hôpital. Je ne voulais plus jamais avoir aucune relation avec un homme après ça[58]. » Karl August Knorr, un officier allemand en Prusse-Orientale, affirme avoir sauvé quelques dizaines de femmes d'une villa où « elles étaient violées en moyenne 60 à 70 fois par jour[59] ». Et la liste continue ainsi, interminable.

Ce qui rend ces récits de viol véritablement révoltants, tout comme les comptes rendus d'autres atrocités commises durant le conflit, c'est qu'il ait pu s'en perpétrer autant. Les histoires documentées dans les Archives de l'Est, à Coblence, offrent la même lecture monotone que les descriptions des massacres de juifs lors des procès de Nuremberg – le plus insoutenable, c'est la répétition de l'horreur, à l'infini. Dans certaines régions d'Europe centrale, le viol ne constituait pas une série d'événements isolés, mais un phénomène de masse auquel était exposée la totalité de la population féminine. À Vienne, les cliniques et les médecins enregistrèrent des cas de viol touchant 87 000 femmes[60]. À Berlin, c'était encore pire, car on estime qu'environ 110 000 femmes y furent violées[61]. Dans l'est du pays, en particulier les zones proches des casernements soviétiques, la menace constante d'une agression se maintint jusqu'à la fin 1948[62]. Pour l'ensemble de l'Allemagne, on estime qu'après guerre presque 2 millions d'Allemandes ont été l'objet de viols[63].

Pour la Hongrie, les chiffres sont plus difficiles à cerner : si les viols d'Allemandes ou d'Autrichiennes furent méticuleusement documentés, en revanche, après la guerre, le phénomène n'y fut jamais admis par le pouvoir communiste. Il fallut attendre 1989 pour obtenir de véritables études, date à laquelle la plupart des sources étaient difficiles à consulter. Des estimations approximatives basées sur des dossiers hospitaliers suggèrent qu'entre 50 000 et 200 000 Hongroises furent violées par des soldats soviétiques[64]. Les chiffres pour l'Europe de l'Ouest, quoique inférieurs, demeurent conséquents : ainsi, l'armée de terre des États-Unis fut accusée de 17 000 viols de civiles en Afrique du Nord et en Europe de l'Ouest entre 1942 et 1945, un chiffre considérable[65].

Après la guerre, les conséquences de la violence et de l'exploitation sexuelles furent incommensurables. Malgré 2 millions d'avortements illégaux pratiqués chaque année en Allemagne, entre 150 000 et 200 000 « bébés étrangers » sont nés de mères allemandes, et un certain nombre d'entre eux étaient le produit d'un viol. Par la suite, un grand nombre de ces enfants durent subir la rancœur de leur mère pendant le reste de leur existence[66]. Sans compter leur fort taux de maladies vénériennes – plus de 60 % d'entre elles dans certaines régions. Généralement, ces maladies étaient incurables, car en août 1945 une simple piqûre d'antibiotiques coûtait l'équivalent d'un kilo de vrai café[67]. De tels problèmes physiques s'accompagnaient de conséquences émotionnelles et psychologiques – non seulement pour celles qui en avaient souffert directement, mais pour les femmes dans leur ensemble. Alors que tant d'entre elles en étaient réduites à un statut de prises de guerre, le message qui leur était adressé à toutes était qu'elles ne seraient jamais en sécurité, et qu'un monde dominé par les hommes ne leur accordait de valeur que pour une seule et unique chose.

Dans de vastes régions d'Europe, elles furent donc contraintes de vivre dans un état d'anxiété permanente[68].

N'oublions pas que les hommes étaient aussi affectés par ce phénomène de masse. Ils furent souvent obligés de regarder, d'assister au viol de leur épouse, de leur mère, de leurs sœurs et de leurs filles. Ceux qui tentaient d'intervenir étaient souvent abattus, mais en général les hommes allemands demeuraient passifs, avant d'être ensuite pris de remords, séquelle de leur incapacité à s'interposer. Ainsi, en Hongrie, en Autriche et surtout en Allemagne, cette épreuve du viol de masse ne fut pas seulement l'expérience d'une violence dégradante pour les femmes, mais aussi une forme d'émasculation pour les hommes. Même ceux qui, au moment de la Libération, étaient encore loin de leur foyer, furent profondément affectés, à leur retour chez eux, de découvrir leur épouse ou leur petite amie irréversiblement transformées par le supplice qu'elles avaient enduré. Ils furent aussi nombreux à ne pas supporter ce changement et à quitter leur épouse, ajoutant ainsi à la détresse de cette dernière. La peur de la réaction de leur mari conduisit bon nombre d'entre elles à garder leur épreuve secrète et très souvent elles cachèrent aussi qu'elles avaient contracté des maladies vénériennes ou même donné naissance à des « bébés russes[69] ». Conséquence de ces tensions diverses qui pesaient sur les relations conjugales, dans l'Allemagne de l'après-guerre le taux de divorce doubla par rapport à l'avant-guerre – comme dans le reste de l'Europe[70].

Enfin, il faut se rappeler l'effet de la banalisation du viol et de cette exploitation des femmes sur les soldats qui se laissaient aller à de tels comportements, surtout parce que la majorité d'entre eux demeuraient impunis. Le fait que ces viols continuèrent à se produire plusieurs années après la guerre laisse entendre qu'ils n'étaient pas seulement motivés par le désir de vengeance, comme beaucoup l'ont soutenu. Nous sommes ici plutôt confrontés à une hypothèse bien plus inquiétante, celle de quantité de soldats commettant ces viols uniquement par désœuvrement[71].

Les déclarations de ces soldats, à l'époque, trahissent leur conviction d'avoir en quelque sorte un droit au sexe, qu'ils feraient valoir par la force si nécessaire : « On vous a libérés, et tu me refuses une petite gâterie ? », « il me faut une femme ! j'ai versé mon sang pour ça ! », « les GI's et les Tommies ont des cigarettes et du chocolat à distribuer aux Fräulein, donc ils n'ont pas besoin de les violer. Les Russes n'ont ni l'un ni l'autre[72] ». Dans un environnement où les soldats jouissaient d'un pouvoir illimité sur les femmes, où la menace d'une sanction était faible et où tous leurs camarades cédaient à la violence sexuelle, le viol se normalisa. Ainsi, par exemple, quand l'un des collègues correspondants de guerre de Vassili Grossman viola une jeune fille russe qui avait frappé à la porte de leur logement pour échapper à des bandes de soldats ivres, ce n'était pas parce qu'il aurait été un monstre, mais simplement parce qu'il était incapable de « résister à la tentation[73] ».

Ces hommes qui font aujourd'hui partie de ce que les Américains appellent la « Grande Génération » n'étaient pas du tout les héros désintéressés que l'on a souvent dépeints : c'étaient aussi des voleurs, des pillards et des coureurs de jupons de la pire espèce. Des centaines de milliers de soldats alliés, en particulier ceux de l'Armée rouge, étaient des violeurs en série. C'est ce qu'avança Lev Kopelev à l'époque :

> Sans compter avec le déshonneur – que penser de ces soldats qui attendent leur tour par dizaines pour avoir une femme allemande, qui violent des fillettes et tuent des vieillardes ? Ils vont rentrer dans nos villes, retrouver nos femmes, nos filles. Des milliers et des milliers de criminels potentiels, et deux fois plus dangereux, car ils rentrent avec une réputation de héros[74].

Après leur service militaire, ces hommes revinrent se fondre dans la collectivité en Europe, mais regagnèrent aussi le Canada, les États-Unis, l'Australasie et d'autres régions du monde. Les conséquences éventuelles de leur attitude envers les femmes, à leur retour dans leur pays d'origine, offriraient un sujet d'étude véritablement digne d'intérêt.

La moralité et les enfants

Étant donné l'atmosphère qui prévalait après le conflit, il n'est guère surprenant que l'éducation des enfants d'Europe ait suscité une forte inquiétude. Non seulement ces enfants étaient constamment exposés au danger physique – les histoires de gamins jouant dans des décharges de munitions, traversant des champs de mines pour cueillir des framboises ou même tirant des Panzerfaust trouvés abandonnés au bord de la route sont monnaie courante –, mais les périls d'ordre moral n'étaient pas moins considérables. Leurs jeux reflétaient les dégâts psychologiques dont ils avaient souffert. Des mères étaient au désespoir de voir leurs enfants jouer aux « raids aériens » ou à « *Frau komm* » (la formule des soldats russes quand ils avaient repéré la femme allemande qu'ils désiraient violer)[75]. À Berlin, le lieutenant-colonel William Byford-Jones fut choqué de voir le dessin tout simple d'un homme pendu, reproduit une quinzaine de fois sur les trois façades d'un immeuble. Selon un employé d'un orphelinat de l'Armée du Salut, les fillettes allemandes dont il s'occupait habillaient toujours leurs poupées en uniforme, et, dès qu'un homme en uniforme s'approchait d'eux, la plupart des orphelins déplacés poussaient un cri[76].

Je l'ai déjà souligné, les enfants voyaient rarement un homme autrement qu'en tenue militaire – et d'ailleurs, dans certaines régions du continent, il était assez rare qu'ils voient des hommes tout court. Cette absence de modèles masculins allait de pair avec l'effacement relatif des figures de l'autorité adulte, et eut de graves effets sur leur comportement. En Grande-Bretagne, pendant la guerre, les chiffres de la délinquance juvénile augmentèrent de presque 40 % ; ces hausses concernaient surtout des effractions, des déprédations commises avec intention de nuire et des vols (qui firent plus que doubler)[77]. En Allemagne aussi, selon des données diffusées par Martin Bormann, la criminalité juvénile avait plus que doublé entre 1937 et 1942, et elle était encore en hausse en 1943. Entre 1939 et 1945, dans certaines villes comme Hambourg, la délinquance juvénile tripla[78]. À la mi-1945, des groupes d'« enfants gangsters », agressant et parfois tuant pour un peu de nourriture et d'argent, furent signalés en zone soviétique ; l'absence de surveillance parentale et, dans certains cas, l'absence même de parents les avaient transformés en véritables « petits sauvages[79] ».

Les enfants allemands suscitaient les plus vives inquiétudes ; certains les considéraient comme une menace en soi, simplement parce qu'ils étaient de sang germanique. En Norvège, il y eut des demandes massives d'expulsion de tous les enfants ayant des soldats allemands pour géniteurs, au motif qu'en grandissant ils risqueraient de former une Cinquième Colonne nazie. Les principes eugénistes destinés à faire croire aux nazis qu'ils formaient la race des seigneurs s'appliquaient maintenant aux enfants allemands, que l'on associait ainsi à une menace future[80].

En Allemagne proprement dite, les Alliés s'inquiétaient davantage des enfants plus âgés. Toute leur vie, ces adolescents de 1945 avaient été endoctrinés par l'idéologie nazie, au terme de leurs douze années de scolarité et à travers l'adhésion obligatoire à des groupements de jeunesse nazis comme la Ligue des Jeunes filles allemandes et les Jeunesses hitlériennes. Beaucoup craignaient que cette génération d'enfants ne soit irrécupérable. Des soldats britanniques qui combattirent en 1944 et 1945 relevèrent souvent que « plus l'Allemand est jeune, plus il se montre arrogant et "seigneurial" ». Dans un article singulier du *Daily Express* de Londres, le major R. Crisp soulignait que les soldats allemands ordinaires qu'il croisait d'habitude avaient laissé place à une armée de jeunes gens fanatisés de quinze et seize ans qui paraissaient incapables de rien d'autre que des comportements brutaux :

> On ne perçoit chez ces jeunes garçons aucun respect des convenances, aucune correction, aucune humilité. Tout chez eux n'est que bestialité, lascivité et cruauté. C'est une génération d'hommes délibérément entraînés à la barbarie, formés à exécuter les ordres effarants d'un fou. Pas une pensée honnête ne leur a jamais effleuré l'esprit. [...] Tous les Allemands nés depuis 1920 sont sous cette influence démoniaque. Plus ils sont jeunes, plus ils sont farouchement imprégnés de ce poison maléfique. Tout enfant né sous le régime de Hitler est un enfant perdu. Nous sommes face à une génération perdue.

Cet article suggérait ensuite que c'était une bénédiction que tant de ces enfants aient été tués dans les combats et, pour le bien du monde entier, il fallait réserver le même sort à ceux qui restaient : « Mais, qu'on les extermine ou qu'on les stérilise, tant que le dernier nazi restera en vie, le nazisme et tout ce qu'il a d'horrifiant ne sera pas éradiqué de la surface de la planète[81]. »

Les horreurs du régime nazi avaient fini par se refléter dans les pensées et les écrits des Alliés. Et voilà qu'un journal britannique de grande diffusion reprenait une proposition d'extermination comme une solution morale au mal que Hitler avait déchaîné sur l'Europe. Rien ne sépare ces idées des articles les plus fanatiques de Goebbels dans le *Völkischer Beobachter*. La différence – et elle est immense –, c'est qu'en Grande-Bretagne les défenseurs de telles notions ne tenaient pas les rênes du pouvoir, et de telles propositions ne furent donc jamais mises en œuvre. Mais le fait même que des réflexions pareilles puissent être librement exprimées dans les médias nationaux démontre à quel point, dans des pays qui n'avaient pas subi d'occupation pendant la guerre, l'exigence morale était compromise.

6

Espoir

Malgré toutes les destructions infligées aux existences des individus et à leur environnement matériel, la fin de la guerre fut aussi porteuse d'un fort élan d'optimisme. En mai 1945, les peuples d'Europe découvrirent autour d'eux d'amples motifs de fierté. Tous les changements qui leur avaient été imposés n'étaient pas négatifs : le renversement des dictatures avait rendu le continent plus libre, plus sûr et plus juste qu'il ne l'était avant la guerre ; on avait enfin pu rétablir des gouvernements démocratiques – et même, pour un temps, dans presque toute l'Europe orientale. Partout régnait le sentiment que l'avenir, quel qu'il soit, serait forcément plus radieux que la période qu'on venait de traverser.

Les années de l'après-guerre virent une explosion d'activité et d'idéalisme à tous les niveaux de la société. L'art, la musique et la littérature s'épanouirent à nouveau, et des centaines de journaux et de revues se créèrent d'un bout à l'autre du continent. Des philosophies naquirent, où la condition humaine supposait de se montrer « totalement engagé et totalement libre[1] ». Des dizaines de mouvements politiques et de partis virent le jour, dont certains finiraient par dominer la pensée politique du demi-siècle à venir[2].

Ces évolutions auraient été impossibles si la population de l'Europe avait été la proie exclusive de la démoralisation, de l'épuisement et de la corruption : l'espoir comptait au moins autant que les aspects plus sombres dans le climat de l'après-guerre. Ce fut l'espoir qui revitalisa le continent et lui permit de se redresser. Et ce fut lui qui atténua le cynisme inévitable avec lequel les peuples considéraient les nouveaux gouvernements et les institutions que l'on instaura à la place des anciens. Cet espoir constituait pour une bonne part une réaction naturelle et spontanée au renouveau des droits et des libertés qui accompagna la chute de Hitler. Mais ce fut aussi en partie le fruit des besoins, des désirs et même des préjugés de la société européenne.

Le culte de l'héroïsme

Après la fin des hostilités, l'Europe semble avoir connu une demande insatiable de récits du conflit, en partie parce que les peuples avaient besoin de comprendre le sens de ce qu'ils venaient de traverser – mais le genre de récits qui émergeaient ne venaient pas combler que ces besoins-là. Les histoires les plus appréciées étaient celles qui témoignaient d'un héroïsme extrême, et elles naquirent par milliers partout sur le continent. Dans presque tous les cas, les héros étaient des hommes et des femmes dont les actes de bravoure ou les sacrifices finirent, du moins dans l'imaginaire populaire, par représenter le véritable état d'esprit de leurs compatriotes. Parallèlement, les maux de la guerre s'incarnaient dans les « méchants » de l'histoire, presque toujours des étrangers et généralement des Allemands. Ce contraste entre un mal d'origine étrangère et la noblesse patriotique revêtit une importance immense dans la reconstruction des identités nationales après la guerre, et ce fut l'un des principaux expédients auxquels les nations meurtries d'Europe choisirent de recourir afin de cicatriser leurs blessures.

Cette attitude était particulièrement visible en Angleterre où, après la paix, la population avait le plus grand besoin de distractions qui aillent dans un sens positif. En 1945, la Grande-Bretagne était un pays prostré : non seulement les Britanniques étaient dans l'obligation de maintenir à flot leurs infrastructures gravement endommagées et leur économie au bord de la faillite, mais on attendait aussi d'eux qu'ils assument le fardeau du maintien de l'ordre sur le reste du territoire européen, ainsi que dans leur empire d'Afrique et d'Extrême-Orient qui s'effondrait. Leur seul atout pour compenser la décennie d'épreuves et de rationnement qui les attendait, c'était l'idée qu'ils avaient noblement agi face au mal, et restaient invaincus – bref, qu'ils formaient une nation de héros.

À titre d'antidote aux récits d'horreur venus de l'étranger et à ceux du malheur à domicile, les Britanniques générèrent ainsi un flot d'histoires imprégnées d'héroïsme : la fin des années 1940 et le début des années 1950 virent une véritable avalanche de fictions guerrières britanniques – *La Grande Évasion*, *Les Briseurs de barrages*, *La Mer cruelle*, *Ill Met by Moonlight*, *Les Indomptables de Colditz*, *Vainqueur du ciel*, pour ne citer qu'une poignée d'exemples parmi les plus fameux. En dépit des obstacles apparemment insurmontables qui se dressent devant eux, aucun des protagonistes de ces histoires n'exprime jamais le moindre doute quant à la justesse de leur cause, leurs aptitudes ou leur réussite. Il ne s'agissait pas là d'un banal recyclage de la propagande – dans ces années d'après guerre, c'était ainsi que les Britanniques avaient besoin de se percevoir. Le mythe de ces Anglais jamais gagnés par le désespoir, le doute ou la grogne – un mythe qu'une brève consultation des archives « *Mass Observation* » de la période comprise entre 1940 et 1945 contredit aisément – offrait un stéréotype réconfortant qui perdure à ce jour.

En Europe, après le conflit, ce besoin de formuler des histoires positives sur ses compatriotes était unanime. En un sens, pour les pays qui avaient été occupés par les nazis, de telles histoires revêtaient encore plus d'importance : non seulement elles servaient à distraire les citoyens des épreuves de la vie de l'après-guerre, comme ce fut le cas en Grande-Bretagne, mais elles détournaient aussi l'attention des réalités désagréables de la collaboration.

En Norvège, par exemple, les purges visant les collaborationnistes s'accompagnèrent d'une célébration tout à fait publique des héros de guerre de la nation – qui finit même par les éclipser. On y prononça des dizaines de discours vantant la bravoure de la Résistance, et on y tint des cérémonies de remise de médailles pour récompenser ceux dont le *curriculum* s'avérait le plus édifiant. Au milieu et à la fin des années 1940, une série de Mémoires de guerre furent publiés, détaillant par le menu les exploits de soldats, d'agents et de saboteurs norvégiens. *Tre Korn tilbake*, de Jens Müller, narrait l'aventure de la « grande évasion » du Stalag Luft III, un camp de prisonniers de guerre : Jens Müller était l'un des trois rescapés qui réussirent finalement à regagner leur pays. Dans ses Mémoires, Oluf Olsen racontait comment, après l'invasion nazie, il avait fait sauter le pont de Lysaker avant de fuir vers la Grande-Bretagne, et son parachutage au-dessus de la Norvège en 1943 en tant qu'agent du SOE (le Service Operations Executive) britannique. Knut Haukelid rapportait comment ses camarades et lui avaient détruit l'usine d'eau lourde des nazis à Rjukan – une opération immortalisée par le film britannique *Les Héros de Telemark*. La carrière extraordinaire de Max Manus fut émaillée d'une série d'évasions, d'intrigues et d'actions de sabotage à couper le souffle. Ses Mémoires furent publiés en Norvège en 1946, mais son histoire n'inspira d'œuvre à l'écran que sur le tard, en 2008. À l'heure où j'écris ces lignes, cette production reste le plus gros budget de toute l'histoire du cinéma norvégien ; c'est là un témoignage de l'engouement durable du pays pour ses héros combattants[3].

À force d'y insister de la sorte, on aurait aisément pu s'imaginer que la résistance avait été le lot quotidien de la majorité de la population du pays. Ces récits avaient aussi d'autres aspects positifs : en se référant constamment aux liens entre la Grande-Bretagne et la Norvège en temps de guerre, cette dernière confirmait sa place de protagoniste actif non seulement dans sa propre libération, mais dans celle de l'Europe entière.

Pour toutes ces raisons, dans tous les pays anciennement occupés par les nazis, ces récits de résistance devinrent la trame dominante des expériences vécues durant la période. La Hollande célébra la bravoure de personnages comme Bram van der Stok, encore un de ces « grands évadés » et le soldat hollandais le plus décoré de tous les temps. Le Danemark a compté en son sein des individualités comme Mogens Fog, le fondateur de *Frit Danmark*, le journal de la Résistance, qui échappa à la Gestapo le jour où, par chance, la RAF bombarda le quartier général de cette dernière à Copenhague. Les communistes tchèques eurent aussi leurs héros, comme Marie Kudeříková, une étudiante exécutée pour avoir protesté contre la domination nazie ; et les conservateurs tchèques célébraient Josef Mašin, espion et saboteur célèbre, dont les fils marcheraient plus tard dans les traces de leur père en résistant au régime communiste.

Il y eut des centaines, si ce n'est des milliers, d'histoires similaires dans tous les pays qui avaient participé à la Deuxième Guerre mondiale. Certaines d'entre elles étaient exagérées et d'autres idéalisées, mais, dans leur représentation sans détour d'individus ordinaires triomphant d'une adversité proprement écrasante, elles finirent par représenter la lutte de l'Europe dans son ensemble. Ces récits ne constituèrent pas seulement une source d'inspiration pour toute une génération qui n'avait pas toujours vécu à la hauteur de tels idéaux – ils rappelaient aussi aux gens que, en dépit de la rudesse des conditions d'existence en Europe après la guerre, cela valait encore infiniment mieux que de vivre sous la tyrannie qu'ils avaient renversée.

Fraternité et unité

L'héroïsme ne fut pas le seul aspect de la guerre à connaître une célébration universelle. Le 9 mai 1945, le maréchal Tito prononçait un discours de la Victoire où il s'adressait à la Yougoslavie en rendant hommage à l'« héroïsme » de ses partisans, dont les « exploits sans égal » allaient « inspirer les générations futures et leur apprendraient à aimer leur mère patrie ». Mais son discours ne mettait pas tant l'accent sur la célébration de l'héroïsme que sur un hommage à l'unité :

> Peuples de Yougoslavie !
> Serbes, Croates, Slovènes, Macédoniens, Monténégrins, Musulmans !
>
> Le jour tant attendu, auquel vous avez tant aspiré, est arrivé ! [...] Un pouvoir qui était déterminé à vous réduire en esclavage a été vaincu. Les fascistes allemands et italiens vous ont dressés les uns contre les autres afin de vous pousser à vous détruire dans des luttes intestines. Mais vos meilleurs fils et vos meilleures filles, inspirés par l'amour de leur pays et de ses nations, ont déjoué ces plans diaboliques de l'ennemi. Au lieu de céder à la discorde et à l'hostilité mutuelles, vous êtes aujourd'hui unis dans une Yougoslavie nouvelle et plus heureuse. [...]

Plus loin dans ce discours, Tito lançait non seulement un appel « à la fraternité et à l'unité » de ses compatriotes, mais aussi aux Balkans dans leur ensemble, aux Alliés et à leurs armées, et même à la totalité des Nations unies. Le jour de la victoire, disait-il, était un jour de « victoire commune » à tous, et il formait l'espoir que, « dans le sillage de ce grand triomphe sur le champ de bataille, la même unanimité et la même compréhension entre les nations unies continuent de prévaloir en temps de paix comme ce fut le cas en temps de guerre[4] ».

Les sentiments exprimés dans ce discours avaient été repris par presque tous les dirigeants européens, à divers stades du conflit. Churchill, par exemple, n'avait pas seulement promis que « le Commonwealth et l'Empire britanniques demeurent plus unis [...] qu'à aucun moment de leur longue histoire pleine de panache », mais insisté aussi à plusieurs reprises sur « l'unité, la camaraderie et la fraternité » qui existaient entre les Alliés ; la guerre a été gagnée, disait-il, parce que « la quasi-totalité du monde s'est associée contre les scélérats[5] ». Le premier dirigeant de la Roumanie après sa libération, Constantin Sănătescu, parla d'un « esprit d'union parfaite » dans « tout le pays[6] ». Même Staline évoqua l'« idéologie d'amitié entre les peuples [qui] est sortie pleinement victorieuse de l'idéologie hitlérienne de [...] la haine raciale[7] ».

L'« unité » s'affirmait comme l'un des maîtres mots de cette époque – à telle enseigne que Charles de Gaulle le retint en titre du volume le plus important de ses *Mémoires de guerre*. C'était un idéal auquel tout le monde aspirait, et que la guerre avait rendu possible. Dans toute l'Europe de l'Ouest, des groupes de partisans de tendances politiques extrêmement différentes avaient surmonté leurs divergences pour former des « Conseils nationaux de la Résistance ». En 1945, la quasi-totalité des nations européennes avait formé un « gouvernement d'unité nationale » dans lequel les partis politiques coopéraient. À la fin du conflit, inspirées par l'esprit d'unité qui régnait entre les Alliés, cinquante nations se réunirent pour rédiger la charte d'une toute nouvelle institution internationale, les Nations unies.

Pour beaucoup de simples citoyens, la coopération entre différentes nationalités, et entre des individus issus de classes différentes et de convictions politiques diverses, avait été l'un des aspects les plus féconds de la guerre. « Malgré toutes ces horreurs, écrivait Theodora FitzGibbon dans ses Mémoires, [la guerre] ne fut pas entièrement destructrice, car elle entraîna un changement très net dans l'attitude des Britanniques les uns envers les autres. La confrontation à un danger commun fit naître une amitié, presque un amour, entre de complets inconnus », par-delà les barrières traditionnelles de classe ou de sexe[8].

Pour Richard Mayne, un soldat britannique ayant combattu avec les Belges et les Norvégiens et partagé des hôpitaux militaires avec des Français, des Russes et des Polonais, la guerre avait représenté « une éducation européenne ». Il deviendrait ensuite un homme d'État de haute stature à l'échelle du continent, un collègue de Jean Monnet et Walter Hellstein, et l'un des défenseurs les plus enthousiastes de l'Union européenne. Comme il se le rappellerait au cours des années ultérieures :

> Toutes les « grandes espérances » de l'Europe ne seraient pas exaucées. Mais l'une d'elles constituait le fondement de toutes les autres : le sentiment de solidarité que tant d'individus avaient su percevoir pendant le conflit. Consciemment ou pas, ce sentiment exerçait son influence sur la quasi-totalité des efforts déployés par ces hommes pour édifier un monde meilleur, une Europe meilleure et une société meilleure – plus égalitaire, moins rigide, moins hiérarchisée et libérée des barrières artificielles que la Deuxième Guerre mondiale avait balayées[9].

Malheureusement, l'histoire l'a démontré, cette espérance de solidarité universelle fut éphémère : la guerre froide allait ouvrir entre la moitié occidentale et la moitié orientale de l'Europe un gouffre qui ne serait pas comblé avant plus de quarante ans. En Yougoslavie et dans d'autres régions du continent, la rhétorique « de la fraternité et de l'unité » était bien éloignée de la réalité, et la paix entre des groupes sociaux rivaux fut plus souvent contrainte que volontaire. Toutes les occasions de nouer une « amitié entre étrangers » iraient de pair avec d'autres, pleines de haine et de vengeance.

Et pourtant, même dans les périodes les plus sombres des années d'après guerre, on veillerait à entretenir ce noyau d'idéaux du temps de guerre ; ils formeraient ensuite le fondement d'une association plus officielle entre les nations européennes qui, à ce jour, n'a pas achevé d'étendre son influence[10].

Le Meilleur des Mondes

Il faut rappeler que les épreuves et la destruction des années de guerre n'affectèrent pas tout le monde d'égale manière. Après le conflit, certains peuples se retrouvèrent en bien meilleure posture que ce qu'ils auraient pu imaginer ; dans de nombreuses régions, le conflit remodela l'entièreté de la structure sociale, ouvrant la voie à de nouvelles structures et permettant l'instauration de nouveaux centres de pouvoir.

Les grands vainqueurs de cette mêlée générale de l'après-guerre furent sans aucun doute les différents partis communistes d'Europe, dont le nombre d'adhérents, dans tout le continent, augmenta de façon exponentielle. Pour cette raison, ils furent nombreux, à gauche, à considérer l'affrontement planétaire comme une bénédiction, en dépit de toutes les destructions qu'il avait provoquées. « Même pour la génération d'après guerre en Yougoslavie, écrit Slavenka Drakulić, une journaliste de Zagreb, ce conflit n'a pas représenté un bain de sang aussi vain qu'insensé, mais au contraire une expérience héroïque et pleine de sens, d'une valeur bien supérieure à son million de victimes[11]. »

Ce contrecoup révolutionnaire ne se fit pas seulement sentir dans les pays qui finiraient sous domination communiste, mais aussi à l'Ouest. L'une des premières nations à goûter le changement à venir fut le Royaume-Uni, et ce, dès les premiers stades du conflit : le système de rationnement instauré en Grande-Bretagne dès l'éclatement des hostilités revêtit des aspects aussi révolutionnaires que dans les rêves les plus audacieux des communistes. La quasi-totalité des denrées alimentaires de base furent rationnées, comme d'autres produits de première nécessité, les vêtements et les articles ménagers ; personne n'avait droit à davantage de nourriture au motif qu'il était riche ou plus haut placé que ses voisins dans l'échelle sociale – seuls avaient droit à des rations améliorées les membres des forces armées, ou ceux dont les fonctions requéraient un travail physique soutenu. En d'autres termes, les aliments étaient distribués sur la base des besoins plutôt qu'en fonction des privilèges sociaux ou économiques. En conséquence, pendant la période, la santé de la population s'améliora : à la fin des années 1940, le taux de mortalité infantile en Grande-Bretagne était en constant déclin, et les décès causés par toute une série de maladies avaient aussi connu une diminution non négligeable par rapport aux années d'avant guerre. Du point de vue de la santé publique, le conflit avait permis à la société anglaise d'accéder à plus d'équité[12].

Pendant les hostilités, la Grande-Bretagne fit face à d'autres changements aux effets comparables, comme l'extension de la conscription à toutes les classes sociales et aux deux sexes. « Les distinctions d'appartenance sociale et de sexe ont été balayées, écrivait Theodora FitzGibbon, et, après une mutation aussi tranchée, rien ne redevient jamais tout à fait comme avant[13]. » Edward R. Murrow, le correspondant de guerre américain qui assista aussi aux changements sociaux survenus en Grande-Bretagne, décrivit ce phénomène en des termes encore plus forts : « Cette guerre n'a aucun rapport avec la précédente, du moins au plan des symboles et des populations civiles. Il faut comprendre qu'un monde meurt, où de vieilles valeurs, de vieux préjugés et les anciens fondements du pouvoir et du prestige s'effacent[14]. »

En Europe continentale, durant les hostilités, des changements comparables eurent lieu, mais de manière assez différente. Là, en raison de pénuries plus lourdes et de la manière dont les nazis et leurs alliés gouvernaient le continent en l'exploitant de façon bien plus implacable, le système de rationnement ne fonctionnait pas. À défaut, les gens comptaient beaucoup plus sur le marché noir – autrement dit, les citadins effectuaient régulièrement des trajets pour se rendre à la campagne afin de troquer toutes sortes de biens contre de la nourriture ; les années de guerre virent une vaste redistribution de richesse des zones urbaines vers les campagnes, renversant ainsi une tendance multiséculaire. En Italie, par exemple, les classes moyennes urbaines furent abandonnées par leurs serviteurs qui préféraient rentrer dans leur village d'origine, où la nourriture était abondante. Les paysans et les boutiquiers, comme s'en plaignait une *signora* du nord de l'Italie, étaient devenus les « riches de notre époque[15] ». En Tchécoslovaquie, au sein de certaines communautés rurales, les changements étaient spectaculaires : « Par rapport à l'avant-guerre, la ferme avait doublé de dimensions, écrivait Heda Kovaly, un prisonnier politique qui rentra dans son pays après la capitulation allemande. Un réfrigérateur trônait dans la cuisine, une machine à laver dans le couloir. Le sol était recouvert de tapis d'Orient et les murs de tableaux qui étaient des originaux. » Même les fermiers tchèques admettaient volontiers ces changements : « Inutile de le nier – pendant la guerre, nous avons très bien vécu[16]. »

À ceux qui avaient été incapables de tirer profit des mutations sociales imposées par le conflit, la Libération fournit d'autres occasions. En Hongrie, où 40 % des paysans étaient totalement ou quasiment privés de terres, l'arrivée de l'Armée rouge ouvrit la voie d'une réforme agraire indispensable. Selon le théoricien politique hongrois István Bibo, en dépit de toute sa violence et de tous ses désagréments, l'année 1945 fut bel et bien une forme de libération, car elle sonnait le glas d'un système féodal archaïque : « Pour la première fois depuis 1514, un système social rigide commençait à bouger et à s'orienter vers une liberté accrue[17]. » Dans le même ordre d'idées, la Libération fut porteuse d'opportunités pour les travailleurs des zones industrielles d'Europe, notamment en France et en Italie du Nord. Comme les principaux capitaines d'industrie et les ténors de la finance s'étaient compromis avec les gouvernements d'occupation, les travailleurs tenaient là un prétexte idéal pour prendre le contrôle de leur outil de travail, d'une manière qui eût été impossible avant le conflit.

Parfois, les changements sociaux causés par la conflagration mondiale puisaient à de plus sombres causes. En Europe de l'Est, surtout, les vieilles élites de l'avant-guerre avaient été balayées par les nazis et, plus tard, les Soviétiques décapitèrent délibérément les sociétés dont ils s'emparèrent. L'anéantissement des juifs avait aussi ouvert la voie à l'ascension d'autres couches sociales, qui prirent leur place sociale et économique. En Hongrie, nombre de paysans furent pour la première fois de leur vie en mesure de posséder des vêtements et des souliers corrects, après s'être partagé les biens des juifs expulsés en 1944[18]. En Pologne, où ceux-ci avaient constitué une part non négligeable de la petite et moyenne bourgeoisie, une nouvelle classe moyenne polonaise en pleine ascension prit leur place[19].

Indépendamment de leur mode d'apparition, beaucoup de gens considéraient que de tels changements n'avaient déjà que trop tardé ; que l'on soit réformateur progressiste anglais, ouvrier d'usine français ou paysan hongrois, il était difficile de ne pas en arriver à la conclusion que la guerre et l'après-guerre avaient eu quelques aspects très positifs. Peut-être pas pour tout le monde, mais en tout cas pour quelques-uns.

Dans toutes les couches de la société, la période de l'après-guerre engendra une explosion d'activisme social et d'idéalisme. Nombre de ces espoirs et de ces idées furent éphémères, en particulier dans les régions d'Europe qui allaient bientôt subir l'instauration de nouvelles dictatures. Beaucoup d'autres seraient compromis par les marchandages politiques, les épreuves économiques ou l'étouffement bureaucratique. Mais le fait même de leur éclosion, dans le sillage du conflit le plus destructeur que le monde ait jamais connu, était un signal important. L'Europe était au seuil d'une renaissance économique et spirituelle que les générations à venir salueraient comme un « miracle ».

Si les peuples de cette période ne vécurent pas l'approche de ce « miracle » tout à fait comme nous nous l'imaginons aujourd'hui, il régnait du moins un sentiment de soulagement universel ; il suffisait de savoir que l' oppression de la plupart des dictatures du continent avait fini de s'exercer, que les bombes avaient cessé de tomber, que la guerre était enfin terminée.

7

Paysage de chaos

Ces dernières années, certains historiens et hommes politiques occidentaux ont eu tendance à dresser des lendemains de la Deuxième Guerre mondiale un tableau un peu trop rose. Au début du XXIe siècle, face au pénible constat de la lenteur de la reconstruction et de la réconciliation consécutives aux guerres d'Afghanistan et d'Irak, ils ont invoqué la réussite de projets similaires dans l'Europe des années 1940. Et ils ont insisté tout particulièrement sur le Plan Marshall, modèle exemplaire de la reconstruction économique de l'après-guerre.

Ces responsables politiques auraient été bien inspirés de se souvenir qu'en Europe le processus de reconstruction ne débuta pas tout de suite – le Plan Marshall proprement dit ne fut pas conçu avant 1947 – et que le continent tout entier demeura en situation d'instabilité économique, politique et morale bien au-delà de la fin de la décennie 1940. Comme plus récemment en Irak et en Afghanistan, les Nations unies ont reconnu la nécessité des dirigeants locaux de prendre le contrôle de leurs institutions. Mais, avant que de tels dirigeants sortent du lot, il faut du temps ; dans l'immédiat après-guerre, les seules personnalités susceptibles de détenir l'autorité morale nécessaire pour endosser ces responsabilités étaient celles qui pouvaient attester de leur engagement dans la Résistance. Mais des individus rodés dans l'art de la guérilla, du sabotage et de la violence, et qui ont pris l'habitude de mener toutes leurs affaires sous le sceau du secret le plus strict, ne sont pas nécessairement les plus aptes à diriger des gouvernements démocratiques.

C'est pourquoi, pendant une longue période, les seules autorités capables d'exercer ce pouvoir-là furent les Alliés eux-mêmes. Seuls les responsables alliés étaient unanimement reconnus comme vierges de tout lien avec les nazis. Seules les armées alliées possédaient la force ou la crédibilité indispensables pour imposer une forme d'ordre public. Et seule leur présence pouvait apporter la stabilité requise, condition préalable à un quelconque retour à la démocratie. Même s'ils donnèrent assez vite l'impression d'abuser de l'hospitalité des pays libérés, il n'y avait en réalité aucune alternative au maintien de cette énorme présence tutélaire d'un bout à l'autre du continent.

Malheureusement, les Alliés n'étaient absolument pas préparés aux défis omniprésents et complexes auxquels ils furent confrontés immédiatement après la fin du conflit. Leurs soldats et leurs responsables administratifs étaient submergés par des millions de personnes déplacées qu'ils avaient l'obligation de nourrir, de vêtir, de loger et de rapatrier, par un moyen ou un autre. On attendait d'eux qu'ils distribuent de la nourriture et des médicaments à des dizaines de millions de civils, pour une bonne part des sans-abri, affamés et traumatisés par les hostilités. Ils devaient créer et défendre des administrations civiles, dans bien des cas en partant de rien et en tenant compte des sensibilités d'une population dont la plupart des soldats alliés ne comprenaient ni la langue ni les coutumes. Ils étaient obligés d'agir comme une force de police sur un continent qui avait sombré dans le chaos et l'anarchie et où toutes sortes d'armes étaient librement accessibles. Et, d'une manière ou d'une autre, ils étaient censés motiver des populations démoralisées pour qu'elles déblayent des monceaux de décombres et rebâtissent leurs existences brisées.

Tout cela dut s'accomplir dans une atmosphère de ressentiment et de haine. Partout, les Allemands étaient détestés à cause d'un conflit qu'ils étaient les premiers à avoir provoqué, mais aussi en raison de la façon dont les nazis avaient conduit cette guerre. Les événements des six années écoulées avaient aussi suscité ou, dans certains cas, simplement ravivé d'autres haines nationales : celles des Grecs contre les Bulgares, des Serbes contre les Croates, des Roumains contre les Magyars, des Polonais contre les Ukrainiens. Des luttes fratricides commencèrent aussi à enflammer ces nations de l'intérieur, à partir de conceptions sociales et politiques divergentes concernant l'aspect que devrait revêtir la société d'après guerre. Partout en Europe, collaborateurs et résistants vivaient encore côte à côte au plan local. Les auteurs de toutes sortes d'atrocités se fondaient dans la population alors même que les victimes de Hitler rentraient de captivité. Communistes et fascistes se retrouvaient inextricablement mêlés au milieu de populations professant des opinions plus modérées ou qui avaient perdu toute foi dans la politique. Dans d'innombrables bourgades et villages, les auteurs de ces sévices vivaient aux côtés de ceux qu'ils avaient directement fait souffrir.

Au milieu de tout cela, la présence alliée suscitait souvent le ressentiment des autochtones, qui, pour nombre d'entre eux, avaient des priorités différentes de celles des forces militaires d'occupation. Après les combats, il semble que les Alliés aient peu à peu pris conscience qu'ils étaient assis sur une poudrière. La phrase qui revient sans cesse dans leurs rapports et leurs notes internes en 1945, c'est que l'on avait certes gagné la guerre, mais qu'il était encore possible de perdre la paix.

En décembre 1944, en visite en Grèce, le sous-secrétaire d'État Dean Acheson rédigea un bref mémorandum adressé à Harry Hopkins, l'assistant spécial du président Roosevelt, l'avertissant du possible bain de sang qui, faute d'une reconstruction rapide, guettait l'Europe. Les peuples libérés, écrivait-il, « sont le matériau le plus combustible du monde. Ce sont des peuples en lutte. Ils sont agités et violents. Ils ont connu des souffrances insoutenables ». Si les Alliés ne déployaient pas les plus grands efforts pour les nourrir, les réinsérer et les aider activement à restaurer les structures sociales et morales de leur pays, il ne s'ensuivrait que « de l'exaspération, de l'agitation et des troubles », et le « renversement des gouvernements ». Ce scénario se déroulait déjà en Yougoslavie et en Grèce ; Acheson redoutait que de tels troubles ne se multiplient d'un bout à l'autre du continent, et n'engendrent la guerre civile partout en Europe[1].

Quelques semaines après la victoire alliée, le pape Pie XII alertait aussi le monde sur la fragilité de la paix récemment restaurée. Dans une adresse au Sacré Collège des cardinaux, il affirmait que la tuerie avait laissé derrière elle « des foules d'hommes dépossédés, désillusionnés, désappointés et désespérés » tout disposés « à venir grossir les rangs de la révolution et du désordre à la solde d'une tyrannie pas moins despotique que celle au renversement de laquelle ces hommes avaient œuvré ». Sans qu'il nomme cette tyrannie despotique, l'allusion au régime soviétique de Staline, qui s'attelait déjà à la prise de pouvoir communiste dans plusieurs nations d'Europe centrale et orientale, était limpide. Le pape défendait le droit des petites nations à résister à l'imposition de nouveaux systèmes politiques ou culturels, mais reconnaissait que la progression vers une paix véritable et durable à l'intérieur des nations et entre elles prendrait du temps – « trop de temps au regard des aspirations rentrées d'une humanité assoiffée d'ordre et de calme[2] ».

Malheureusement, le temps était l'un des ingrédients dont les Alliés ne disposaient pas. Étant donné les tâches écrasantes qui les attendaient, ils étaient loin de pouvoir traiter les problèmes de l'Europe d'après guerre avec la célérité requise pour éviter d'autres effusions de sang. Leur réponse à la dévastation matérielle fut inadaptée – ce qui n'était guère surprenant, au vu de l'étendue des dégâts – et, au début, ils furent contraints de se limiter simplement à dégager les routes et à reconstruire des liaisons routières et ferroviaires, afin de rétablir les voies d'approvisionnement du continent. De même, leur réaction à la crise humanitaire fut lacunaire : durant les années qui suivirent, l'Europe resterait désespérément à court de nourriture et de fournitures médicales, et des personnes déplacées, en particulier les juifs et les Polonais « apatrides », languiraient dans des camps de baraquements préfabriqués jusque très tard dans les années 1950. Leur réponse à la crise morale fut encore plus inadéquate : il ne fut tout simplement pas possible de localiser tous les criminels de guerre et d'écarter des postes de pouvoir la totalité des dirigeants compromis, de les incarcérer, de réunir des preuves contre eux et de les traduire en justice – et tout cela à bref délai –, en particulier à cause de la situation chaotique de 1944 et 1945.

Dans l'atmosphère violente et désordonnée qui prévalait à la fin de la guerre, il n'est guère étonnant que les peuples aient décidé de se faire justice eux-mêmes ; ils ne pouvaient rien changer à la dévastation matérielle, rien non plus aux pertes humaines – mais ils croyaient au moins possible de remédier à certains déséquilibres moraux. Ainsi que je le montrerai dans la partie suivante, cette conviction n'était généralement rien d'autre qu'un fantasme : elle reposait sur la volonté de débusquer des boucs émissaires et de traiter des segments entiers de la population comme s'ils étaient collectivement coupables des crimes commis par quelques-uns. De la sorte, on ajouterait un nouveau crime au paysage de dégradation morale issu de la guerre – celui de la vengeance.

DEUXIÈME PARTIE

VENGEANCE

« Il ne nous reste que deux mots sacrés. Le premier, c'est le mot "amour" ; l'autre, c'est le mot "vengeance". »

Vassili Grossman, 15 octobre 1943[1]

8

La soif de sang

En octobre 1944, après plus de deux années de boucherie entre Allemands et Soviétiques, l'Armée rouge franchissait enfin la frontière pour pénétrer en terre germanique. Le petit village de Nemmersdorf eut ainsi le triste privilège d'être le premier endroit habité où elle fit irruption et, depuis ce jour, le nom de ce village est devenu synonyme d'atrocités. Dans un déchaînement de violence, les soldats de l'Armée rouge auraient assassiné tous ceux qu'ils y trouvèrent – hommes, femmes et enfants, sans distinction – avant de procéder à la mutilation de leurs corps. Un correspondant du quotidien suisse *Le Courrier*, qui affirma s'être rendu sur les lieux après le retrait provisoire des troupes soviétiques, fut si révolté de ce qu'il vit qu'il se sentit incapable de relater la scène : « Je vous épargnerai la description des mutilations et de l'état épouvantable des cadavres à terre, écrivait-il. Ce sont là des visions qui dépassent l'imagination la plus débridée[1]. »

Au fur et à mesure de l'avancée soviétique, de telles scènes se répétèrent dans toutes les provinces orientales de l'Allemagne. À Powayen, près de Königsberg, par exemple, des corps de femmes étaient disséminés un peu partout : elles avaient été violées, puis tuées avec sauvagerie, le corps percé par la lame des baïonnettes, le crâne fracassé à coups de crosse de fusil. Quatre femmes totalement nues avaient eu leurs vêtements arrachés, on les avait ligotées à l'arrière d'un char et traînées à terre pour les achever. À Gross Heydekrug, une femme fut crucifiée au-dessus de l'autel de l'église locale, entre deux soldats allemands pendus aux bras de la croix par une corde[2]. D'autres crucifixions eurent lieu dans d'autres villages, où des femmes furent violées puis clouées à des portes de grange[3]. À Metgethen, ce ne furent pas seulement des femmes, mais des enfants que l'on tua et mutila : selon le capitaine allemand qui examina les cadavres, « la plupart de ces enfants avaient été tués d'un coup porté à la tête au moyen d'un objet contondant », mais « certains présentaient de nombreuses blessures de baïonnettes partout sur leur petit corps[4] ».

Ces massacres de femmes et d'enfants ne visaient aucun objectif militaire – ils furent d'ailleurs désastreux pour la propagande de l'Armée rouge, et ne servirent qu'à raffermir la résistance allemande. La destruction purement gratuite de bourgades et de villages allemands fut aussi contre-productive. Comme le relevait Lev Kopelev, cet officier soviétique témoin de l'incendie des villages, il était bel et bon d'aller chercher vengeance, « mais où passerons-nous la nuit, après ça ? Où installerons-nous les blessés[5] ? ». Bien sûr, se borner à considérer de tels événements sous un angle purement pratique serait oublier l'essentiel : ce désir de vengeance était peut-être la réaction inévitable à quelques-unes des plus grandes injustices jamais perpétrées par l'homme. Les soldats qui commirent ces atrocités étaient mus par une amertume profonde, et souvent d'ordre personnel. « Je me suis vengé et je me vengerai encore », déclarait un soldat de l'Armée rouge, un dénommé Gofman, en 1944 – sa femme et ses deux enfants avaient été mis à mort par les nazis dans la ville biélorusse de Krasnopol'ye (la Krasnopol polonaise) :

> J'ai vu des champs semés de corps allemands, mais cela ne suffit pas. Combien faut-il qu'il en meure, pour chaque enfant assassiné ! Que je sois en forêt ou dans un bunker, la tragédie de Krasnopol'ye me reste devant les yeux. [...] Et, tant que ma main pourra tenir une arme, je me vengerai, je le jure[6].

D'autres soldats étaient porteurs de récits similaires, et d'une soif de sang comparable : « Ma vie est amputée », écrivait Salman Kiselev après la mort de son épouse et de ses six enfants[7]. « Ils ont tué ma petite Niusenka, s'exclamait le sous-lieutenant Kratsov, Héros de l'Union soviétique qui avait perdu sa femme et sa fille suite aux exactions des Einsatzgruppen en Ukraine. Pour moi, il ne me reste qu'un seul recours : la vengeance[8]. »

Dans l'immédiat après-guerre, la menace de vengeance, ou sa promesse, était omniprésente : elle formait la trame de presque tous les événements, de l'arrestation des nazis et de leurs soutiens collaborationnistes jusqu'à la formulation des traités de l'après-guerre qui façonnèrent l'Europe pour les décennies à venir. De Roosevelt à Tito, les dirigeants cédèrent volontiers aux fantasmes de vengeance de leurs subordonnés, et cherchèrent à exploiter le désir populaire de revanche pour étayer leur cause au niveau politique. Les commandants de toutes les armées alliées ont fermé les yeux sur les excès de leurs hommes ; et des civils ont profité du chaos pour obtenir réparation, après ces années d'impuissance et de victimisation qui leur avaient été infligées par des dictateurs et des apprentis dictateurs.

De l'ensemble des thèmes qui émergent des études sur l'immédiat après-guerre, celui de la vengeance est peut-être le plus universel. Et pourtant c'est un sujet qui est rarement analysé en profondeur : s'il existe de nombreux et excellents travaux consacrés à sa cousine légitime, la sanction – autrement dit, l'exercice licite et censément impartial de la justice –, il n'existe pas d'analyse générale du rôle que joua la vengeance après le conflit. Les évocations de celle-ci se limitent en général aux récits superficiels et partisans d'événements spécifiques. Dans certains cas, les historiens minimisent même son existence, ou la nient sans détour ; dans d'autres, ils en grossissent les proportions. Ces deux points de vue s'expliquent pour des raisons politiques et émotionnelles qu'il faut prendre en compte si l'on veut se forger une compréhension impartiale de ces événements.

Beaucoup d'historiens ont aussi pris ces récits de vengeance contemporains de la période pour argent comptant, sans s'interroger sur les motivations des auteurs de ces premiers comptes rendus. L'histoire de Nemmersdorf en fournit un parfait exemple. Pendant près de cinquante ans, alors que la guerre froide battait son plein, des historiens occidentaux avaient adhéré à la version des événements diffusée par la propagande nazie. En partie parce qu'elle leur convenait – les Soviétiques étaient alors les croque-mitaines de l'Europe – et en partie parce qu'ils n'étaient pas en mesure d'accéder aux archives russes, susceptibles d'alimenter une autre version. Mais des études plus récentes montrent que les nazis falsifièrent des photographies de Nemmersdorf, et exagérèrent à la fois la durée du massacre et le nombre de victimes. Après les hostilités, de telles déformations de la vérité étaient monnaie courante, les atrocités des deux camps étant exploitées sans vergogne, pour leur valeur de propagande. La véritable histoire de ce qui est arrivé à Nemmersdorf, qui n'est pas moins horrible que les récits transmis par la tradition, est ainsi en partie dissimulée sous les strates de ce que nous appellerions aujourd'hui de la manipulation[9].

Dans les pages qui suivent, je vais décrire certaines des formes les plus courantes de vengeance perpétrées tout de suite après les hostilités, à titre individuel autant que collectif. J'exposerai en quoi la *perception* de cette vengeance était, et demeure, tout aussi importante que cette vengeance elle-même. Je démontrerai comment une population animée par le désir de revanche fut parfois manipulée par ceux qui, poursuivant d'autres motivations, ne visaient qu'à renforcer leurs propres positions. Et je montrerai que les nouveaux pouvoirs en place en Europe furent incapables de s'affirmer avant d'avoir d'abord maîtrisé les forces de la vengeance.

La vengeance fut donc un élément fondamental du soubassement sur lequel se reconstruisit l'Europe de l'après-guerre. Tout ce qui s'est produit après le conflit, et tout ce que l'on décrira dans la suite de ce livre, en porte le sceau : à ce jour, les individus, les collectivités et même des nations entières vivent encore avec l'amertume née de cette vengeance.

9

La libération des camps

De tous les symboles de violence et de perversion qui pèsent sur l'histoire de la Deuxième Guerre mondiale, le plus puissant reste peut-être celui des camps de concentration et d'extermination. Ces camps, et tout ce qu'ils représentaient, servirent à justifier toutes sortes d'actes de vengeance après guerre, et il est donc important de comprendre à la fois le choc et la pure incrédulité qu'ils provoquèrent à l'époque. Il existait quantité de camps, mais ce furent les « camps de la mort » – ces sites où des prisonniers étaient affamés jusqu'à la mort, ou bien délibérément exterminés dans des chambres à gaz ou par des pelotons d'exécution – qui furent le plus souvent évoqués.

Découverte

Le premier camp de la mort nazi que l'on découvrit fut celui de Majdanek, dont l'Armée rouge s'empara à la fin du mois de juillet 1944. À ce stade du conflit, les Russes avaient connaissance des atrocités allemandes ; ils étaient informés de Babi Yar et d'innombrables autres massacres dans toute la Russie occidentale et l'Ukraine, mais, selon les termes d'un correspondant de presse de l'époque, « toutes ces tueries étaient dispersées sur des zones géographiques relativement vastes et, même si le total de leurs victimes dépassait largement le nombre de celles de Majdanek, elles n'avaient pas cet aspect monumental, "industriel" de l'invraisemblable Usine de la Mort située à trois kilomètres de Lublin[1] ».

Les Allemands s'étaient organisés au mieux pour évacuer Majdanek avant l'arrivée de l'Armée rouge, mais dans leur précipitation ils n'avaient pas réussi à dissimuler les preuves de ce qui s'y était déroulé. Quand les forces soviétiques pénétrèrent dans l'enceinte à bord de leurs véhicules, elles découvrirent un complexe de chambres à gaz, six grands fours avec les restes carbonisés de squelettes humains disséminés tout autour et, non loin de là, des monceaux de cendres blanches remplis de fragments d'ossements humains. Ces monceaux de cendres dominaient un vaste potager, et les Soviétiques en arrivèrent aussitôt à une conclusion évidente : les gestionnaires de Majdanek avaient utilisé ces restes humains comme engrais : « C'est la production alimentaire à l'allemande, écrivit un journaliste soviétique de l'époque. Tuer des gens pour fertiliser les choux[2]. »

L'échelle de la tuerie qui s'était déroulée à cet endroit et dans d'autres camps voisins n'apparut clairement que lorsque les Soviétiques ouvrirent quelques-uns des bâtiments situés entre les chambres à gaz et les crématoires. Dans une immense bâtisse qui ressemblait à un hangar, ils découvrirent des centaines de milliers de paires de bottes et de chaussures. Un autre bâtiment imposant était « comme un vaste grand magasin sur cinq étages » : là, ils trouvèrent des rayonnages entiers de blaireaux, de canifs, d'oursons, de puzzles d'enfants, et de longs couloirs où s'alignaient des rangées de manteaux et de robes de femmes[3]. Au rez-de-chaussée de cet édifice étaient installés les services de la comptabilité, que les nazis n'avaient pas eu le temps de détruire avant leur départ. Des officiers soviétiques récupérèrent certains des documents les plus accablants prouvant l'existence de ce que l'on appellerait plus tard l'Holocauste. Majdanek avait tenu lieu de dépôt de stockage centralisé pour tout un réseau de camps d'extermination : les effets des juifs mis à mort à Sobibor, à Treblinka et à Belzec y avaient été transférés pour être triés avant d'être réexpédiés vers le Reich, où on les distribuait aux familles allemandes évacuées ou chassées de leur maison par les bombardements ; rien qu'au cours des premiers mois de 1944, 18 wagons d'effets issus de cet entrepôt avaient été dirigés vers l'Allemagne[4]. Plus tard, après s'être entretenus avec des prisonniers de guerre soviétiques libérés qui avaient survécu au camp, des enquêteurs apprirent l'existence de massacres perpétrés à l'occasion d'une « Fête de la moisson » en novembre 1943. Ces survivants les avaient conduits à une série de fosses communes où 18 000 juifs étaient ensevelis[5].

L'effet de ces découvertes fut immédiat. Le propagandiste soviétique Konstantin Simonov fut envoyé à Majdanek pour écrire un reportage sur le camp, qui parut début août dans la *Pravda* et dans *Krasnaïa Zvezda*[6]. Des journalistes de la presse étrangère furent invités au camp, et on y achemina des groupes importants de soldats russes et polonais en visites guidées, afin qu'ils puissent diffuser dans toute l'Armée rouge la nouvelle de ce qu'ils avaient vu[7]. En apprenant que Majdanek avait été découvert pratiquement intact, Hitler serait entré dans une fureur noire. Himmler n'avait pas ménagé ses efforts pour camoufler l'Holocauste en démantelant et en rasant les principaux complexes du dispositif d'extermination – mais la découverte de Majdanek fournit la première preuve concrète de ce que les rapports terrifiants émanant de Pologne étaient tous véridiques[8].

Au cours des mois qui suivirent, le voile fut levé sur tout un réseau de camps de travail forcé, de camps de prisonniers de guerre et de camps d'extermination d'un bout à l'autre des territoires précédemment occupés par les nazis. Après Majdanek, ce fut Treblinka, que des rescapés et des gardes faits prisonniers décrivirent les uns et les autres comme un « enfer » où l'on avait mis à mort 900 000 juifs, avant de les brûler dans des fours « qui rappelaient de gigantesques volcans[9] ». Six mois plus tard, l'Armée rouge entrait dans Auschwitz où presque un million de juifs et plus de 100 000 Polonais, Tsiganes et prisonniers de guerre soviétiques furent gazés, abattus ou forcés de travailler jusqu'à ce que mort s'ensuive[10]. Même les Soviétiques, qui possédaient depuis longtemps leur propre réseau de camps de travail forcé, celui du goulag, demeurèrent interdits face à la rapidité, à l'efficacité et à l'étendue de ces meurtres de masse[11].

Au passage, notons que l'on a souvent prétendu que les Russes n'auraient jamais mentionné que la plupart des victimes de ces camps de la mort étaient juives[12]. Ce n'est pas tout à fait exact : en décembre 1944, Ilya Ehrenburg publiait dans la *Pravda* un article où il affirmait :

> Demandez à un captif allemand pourquoi ses compatriotes ont anéanti six millions d'innocents et il vous répondra : « Ce sont des juifs. Ce sont des noirs ou des roux. Ils ont un sang différent. » [...] Tout cela commença par des plaisanteries stupides, par des vociférations de gamins brandissant des pancartes dans les rues, et cela conduisit à Majdanek, à Babi Yar, Treblinka, à des fosses remplies de cadavres d'enfants[13].

Un autre article sur Auschwitz, publié par la *Pravda*, en mentionne aussi précisément les victimes juives[14]. Néanmoins, la grande majorité des articles parus dans les journaux russes, des discours et plus tard des monuments commémoratifs consacrés aux morts n'évoquaient les victimes de Hitler qu'en se référant à des « citoyens soviétiques ». Alors même que l'on découvrait les camps de la mort, le Kremlin était déterminé à dépeindre le génocide nazi non comme un crime contre la « race » juive, mais comme un crime contre l'État soviétique.

Alors que ces événements étaient immédiatement rendus publics par la presse soviétique, la réaction en Grande-Bretagne et en Amérique fut beaucoup plus tempérée. Les Britanniques apprirent dès le mois de décembre 1942 que des centaines de milliers de juifs « mouraient lentement d'épuisement dans des camps de travail » et qu'ils étaient « même l'objet de massacres sous la forme d'exécutions de masse ». Mais le gouvernement répugnait à diffuser la nouvelle à un trop vaste public, de crainte d'être obligé de sévir contre de telles exactions[15]. Le ministère britannique de l'Information travaillait encore sur la base d'instructions, émises au cours du conflit, stipulant que « ces informations épouvantables [...] devaient être reprises avec la plus grande retenue et toujours évoquer les traitements réservés à des individus à l'innocence indiscutable. Pas à des opposants, auteurs d'actes de violence. Et pas aux juifs[16] ». L'opinion publique britannique était donc loin d'être aussi bien informée des atrocités allemandes que l'étaient les Soviétiques.

Le gouvernement américain semblait aussi peu enclin à admettre que les juifs subissaient un sort un tant soit peu moins enviable que celui d'autres groupes visés par les persécutions. Malgré des rapports réguliers relatifs aux menaces qui pesaient sur les juifs d'Europe, dès 1940, et malgré l'annonce sans équivoque de Roosevelt, en mars 1944, dénonçant « l'un des crimes les plus sombres de toute l'histoire [...] le meurtre de masse, systématique, des juifs d'Europe », les Américains paraissaient réticents à croire à la réalité de l'Holocauste alors en cours[17]. Jusques et y compris au sein de l'administration Roosevelt, le scepticisme subsistait, et des personnalités de premier plan comme le secrétaire à la Guerre, Henry Stimson, et son adjoint, John McCloy, jugeaient suspecte toute « intercession particulière » en faveur des juifs. De telles attitudes ne provenaient pas seulement de l'antisémitisme : se souvenant que nombre d'atrocités de la Première Guerre mondiale s'étaient révélées fausses – comme la « découverte » d'une usine fabriquant du savon à base de graisse humaine –, ils ignoraient au juste dans quelle mesure ils pouvaient ajouter foi aux informations concernant les camps de la mort[18].

À propos de ces camps de la mort, un scepticisme relatif régnait également dans la presse. Alexander Werth, correspondant du *Sunday Times*, se rendit à Majdanek peu de temps après la libération du camp et vit de ses yeux les chambres à gaz, les fosses communes et les monceaux de restes humains ; et pourtant, quand il communiqua son article à la BBC, la radio refusa de le diffuser

« parce qu'ils pensaient avoir affaire à une mystification de la propagande soviétique[19] ». Le *New York Herald Tribune* était également réticent : « Même après tout ce que nous avons déjà pu apprendre sur la nature impitoyable de la folie nazie, un cas pareil nous semble inconcevable[20]. »

Les attitudes ne changèrent que lorsque les Alliés occidentaux commencèrent à leur tour à découvrir des camps de concentration identiques. Le premier à être ainsi révélé sur le front de l'Ouest fut celui du Natzweiler-Struthof, en Alsace, où l'armée française pénétra le 23 novembre 1944. Le Natzweiler-Struthof était l'un des éléments principaux du dispositif *Nacht und Nebel* – ces entités conçues à seule fin de faire disparaître les combattants de la Résistance dans « la nuit et le brouillard ». Là, les Français découvrirent une petite chambre à gaz, à l'intérieur de laquelle on pendait les prisonniers par les poignets à des crochets, tandis que l'on répandait du Zyklon-B dans la salle. Beaucoup de ces victimes étaient destinées aux tables d'autopsie de l'université de Strasbourg, où le docteur August Hirt avait amassé une collection de squelettes de détenus d'origine israélite dans le but, à travers l'étude de leur anatomie, de démontrer l'infériorité de la « race » juive. D'autres, surtout des Tsiganes transférés depuis Auschwitz, étaient soumis à des expériences médicales à l'intérieur même de l'enceinte[21].

Début décembre 1944, le correspondant du *New York Times*, Milton Bracker, visita le camp. Il remarqua que si beaucoup d'officiers américains avaient effectué un tour des lieux, ils ne parvenaient toujours pas à en saisir l'horreur dans toute son ampleur et tous ses détails. Nombre d'entre eux paraissaient douter des preuves qu'ils avaient sous les yeux, et ils avaient recours à ce que Bracker appela une « vision dédoublée » – un état où, simultanément, ils voyaient et ne voyaient pas le résultat des atrocités nazies. Selon d'autres reportages de la période, l'incrédulité des soldats américains suscitait la fureur de la population locale chaque fois que les libérateurs émettaient des doutes sur les récits des crimes nazis ou lorsqu'ils s'en moquaient ouvertement[22].

Cette « vision dédoublée » prit fin au mois d'avril 1945, quand les Américains libérèrent Ohrdruf, l'un des sous-camps de Buchenwald. Ohrdruf revêt une importance particulière car le général Dwight D. Eisenhower s'y rendit le 12 avril, une semaine tout juste après sa découverte. Il amenait avec lui les généraux Omar Bradley et George Patton, et insista pour en visiter les « moindres recoins [...], raconte-t-il, parce qu'à partir de ce moment j'estimais de mon devoir d'être en position de porter un témoignage direct sur ces événements, pour le cas où l'on verrait se répandre aux États-Unis la croyance ou la supposition que ces histoires de brutalité nazie n'étaient que de la propagande[23] ». Là-bas, ils purent examiner les instruments de torture, un billot de boucher qui servait à écraser les dents en or arrachées des bouches des morts, une salle où les cadavres s'empilaient jusqu'au plafond, et les restes de centaines de corps que l'on avait brûlés au fond d'une fosse immense, comme dans « un gigantesque barbecue organisé par des cannibales[24] ». Patton, un homme pourtant rompu aux horreurs du champ de bataille, jeta un œil vers le fond de la fosse, sur « ces bras et ces jambes, et ces morceaux de corps qui pointaient hors d'une eau verte », et dut s'éclipser derrière un appentis pour aller vomir[25].

Peu après la découverte d'Ohrdruf, ce fut celle de Nordhausen, où les corps de 3 000 travailleurs forcés qui avaient été employés dans les usines souterraines des V-1 et des V-2 furent retrouvés gisant là, entassés dans le désordre. Le même jour, 21 000 prisonniers agonisants furent découverts à Buchenwald, à quelques kilomètres au nord de Weimar. Nombre de ces hommes, de ces femmes et de ces enfants y avaient été acheminés à marche forcée pour ce que l'on appellerait l'une de ces « marches de la mort » depuis les camps de l'Est, et ils étaient désormais épuisés, amaigris, minés par la maladie. La Division de la guerre psychologique américaine estima que, pendant la guerre, ce furent environ 55 000 hommes, femmes et enfants qui périrent dans ce camp de travail[26].

À mesure que se répandait la nouvelle de ces découvertes, les troupes américaines éprouvaient envers les Allemands un sentiment croissant de révolte et de répugnance. Selon Fred Bohm, un soldat américain d'origine autrichienne qui contribua à la libération de Nordhausen, la plupart de ses camarades GI's « n'avaient aucune envie particulière de les combattre » et croyaient que beaucoup d'histoires qu'ils avaient entendues « étaient fausses ou du moins très exagérées » ; ce fut seulement à leur arrivée sur les lieux que la vérité sur les atrocités nazies commença véritablement de leur « apparaître[27] ». Ce fut précisément pour que la nouvelle touche l'Amérique tout entière qu'il fut ordonné que l'ensemble des unités déployées à proximité et qui n'étaient pas engagées sur le front viennent visiter ces camps d'Ohrdruf et Nordhausen. Même si le GI moyen ne savait pas tout à fait « pour quoi il se battait », au moins, maintenant, « il saurait contre quoi[28] ». On invita aussi des responsables des gouvernements britannique et américain à se rendre dans ces camps de concentration que l'on venait de libérer, ainsi que la presse mondiale. Les images d'actualités tournées à cette occasion, qui atteignirent finalement les écrans des salles de cinéma américaines le 1er mai, secouèrent les États-Unis dans leur tréfonds[29].

La colère suscitée par les découvertes de l'US Army atteignit son paroxysme le 29 avril, tout juste neuf jours avant la fin de la guerre en Europe, quand la 45e division dut combattre pour se frayer un chemin jusqu'à Dachau. Là, elle découvrit des scènes d'une horreur absolue, notamment des empilements de cadavres entassés dans des magasins comme du « bois cordé[30] ». Les soldats arrivèrent devant un train de prisonniers évacués de l'Est, parqué sur une voie de garage ; quand ils ouvrirent les 39 wagons, ils constatèrent que les 2 000 prisonniers qu'ils contenaient étaient tous morts[31].

Au contraire d'autres camps, Dachau fut libéré par des troupes déployées à proximité d'une bataille de première importance. Certains soldats américains, quoique psychologiquement préparés au combat, n'étaient pas disposés à accepter les atrocités dont ils furent les témoins et décidèrent de faire justice eux-mêmes. L'un des commandants de compagnie du 157e régiment, le lieutenant William P. Walsh, conduisit un groupe de quatre SS qui s'étaient rendus à lui dans l'un des wagons et les abattit de ses mains. L'un de ses hommes, le soldat de deuxième classe Albert C. Pruitt, grimpa ensuite dans le wagon et les acheva à coups de fusil. Avec un autre officier, le lieutenant Jack Bushyhead, Walsh supervisa ensuite le tri des prisonniers allemands, entre ceux qui appartenaient à la Wehrmacht et les membres de la SS. Les soldats SS furent alignés dans un dépôt de charbon voisin où les servants d'une mitrailleuse ouvrirent le feu sur eux, en fauchant au moins douze. Dans le rapport officiel rédigé à la suite de cet incident, Walsh, Bushyhead et Pruitt sont mentionnés nommément, tout comme leur commandant de bataillon, le lieutenant-colonel Felix L. Sparks. Le médecin militaire qui se présenta sur les lieux peu de temps après, le lieutenant Howard E. Buechner, fut aussi critiqué pour s'être abstenu de prodiguer les premiers soins à ces soldats de la SS, alors que certains d'entre eux étaient encore en vie[32].

Dans l'un des miradors d'enceinte, un groupe de 17 SS furent aussi abattus alors qu'ils avaient manifesté leur intention de se rendre. Ailleurs dans le camp, des détenus en colère en tuèrent entre 25 et 50 autres, souvent avec l'aide de soldats américains. Jack Hallett, l'un des GI's qui avaient assisté à ces tueries, se souvint plus tard du caractère épouvantable de ces actes de vengeance :

> Après le spectacle de ce que nous avions vu, nous avions perdu tout sang-froid, et les hommes tirèrent sans hésiter sur les gardes qui se

> rendaient à eux, avant de confier le reste aux prisonniers et de laisser ces derniers assouvir leur vengeance. Et, d'ailleurs, vous avez vu la photo où l'un des soldats tendait une baïonnette à un détenu et le regardait décapiter cet homme. C'était un vrai gâchis, plutôt sanglant. Beaucoup de gardes ont été fauchés d'une balle dans les jambes, comme ça ils ne pouvaient plus bouger et [...] c'est à peu près tout ce que je peux dire[33]...

Malgré le rapport commandé sur ces incidents, aucun soldat américain ne fut traduit en justice pour infraction à la convention de Genève sur les droits des prisonniers de guerre. Les Britanniques commençaient eux aussi à découvrir la signification des camps de concentration nazis. À leur arrivée à Bergen-Belsen, le 15 avril, ils n'étaient absolument pas préparés aux visions, aux histoires, aux défis qui les attendaient. Après la reddition du commandant, Josef Kramer, qui se déroula de manière assez civilisée, celui-ci se chargea du tour du propriétaire avec les officiers britanniques. Toutefois, les scènes auxquelles ils assistèrent dans cette enceinte se situaient très au-delà de ce que l'on appelle la civilisation : des kapos sautant sur des prisonniers pour les frapper avec de gros bâtons, des détenus semblables à des « squelettes vivants, au visage jaune et hagard », la « puanteur des chairs putréfiées » et des prisonniers déféquant devant tout le monde ou à même le sol de leur baraquement[34]. Le plus perturbant, là encore, ce fut le spectacle de cadavres innombrables, certains gisant seuls, à l'endroit où ils s'étaient effondrés, d'autres empilés dans des salles ou entassés çà et là. Derrick Sington, l'un des premiers officiers à pénétrer sur les lieux, affirme que tout cela ressemblait « au comptoir encombré d'une boucherie » : « Rien qu'en marchant au soleil, entre ces bouleaux, on aurait pu étudier tous les artifices que la rigidité cadavérique peut imposer au corps humain, toutes les postures monstrueuses que peut prendre un squelette jeté au hasard, étalé par terre[35]. »

Au cours des journées qui suivirent, l'une des choses qui atterrèrent le plus les Britanniques fut la nonchalance avec laquelle les prisonniers survivants vaquaient à leur existence au milieu des cadavres, comme si de telles visions étaient parfaitement normales. Un médecin militaire, horrifié, décrivit plusieurs de ces tableaux :

> Une femme trop faible pour se tenir debout s'appuyait contre un entassement de cadavres et elle était occupée à cuire sur un feu de bois des aliments que nous lui avions donnés ; des hommes et des femmes s'accroupissaient un peu n'importe où, devant tout le monde, pour se

> soulager de la dysenterie qui leur vidait les entrailles ; une femme debout, totalement nue, se servait d'un savon sorti de nos paquetages pour se laver avec l'eau d'un réservoir où flottaient les restes d'un enfant[36].

Il y avait là tant de cadavres à divers stades de décomposition qu'il était impossible de calculer le nombre de morts ; selon Wilhelm Emmerich, l'officier SS chargé de décompter les prisonniers, 16 000 personnes étaient décédées au cours des deux mois précédant l'entrée des Britanniques, mais d'autres estimations vont jusqu'à avancer le chiffre de 18 000 morts pour le seul mois de mars[37]. Le petit crématoire de Bergen-Belsen n'avait pas pu absorber de telles masses de cadavres, et le manque de combustible avait empêché de brûler quantité de corps restés entassés dans les fosses à ciel ouvert.

Quand les Britanniques interrogèrent les détenus, ils commencèrent à lever le voile sur une partie de l'horreur que ceux-ci avaient subie. Le typhus et la dysenterie sévissaient dans tout le camp. La faim et les privations atteignaient un seuil critique, au point que des dizaines de prisonniers avaient eu recours au cannibalisme pour tenter de survivre. Un prisonnier tchèque, Jan Belunek, expliqua aux officiers anglais qu'il avait vu des cadavres auxquels on avait découpé le cœur, et un autre détenu « assis à côté de ces corps, qui mangeait de la chair » ; « et j'étais persuadé que c'était de la chair humaine », ajouta-t-il. Cette histoire fut confirmée par deux autres détenus qui travaillaient à l'infirmerie, un médecin de Dresde, Fritz Leo, et l'un de ses confrères tchèques, Zdenek Wiesner. Les deux hommes rapportèrent des cas récurrents de foies volés, prélevés sur des cadavres, et le docteur Wiesner avait personnellement vu des gens en manger. Le docteur Leo, qui rapporta quelque 300 cas de cannibalisme dans le camp, vit souvent des gens absorber de la chair humaine et même des « organes sexuels bouillis[38] ».

Les prisonniers signalèrent aussi d'innombrables épisodes de brutalités, des meurtres, des expérimentations médicales et des exécutions de masse, à la fois à Bergen-Belsen et dans d'autres enceintes concentrationnaires d'un bout à l'autre du Reich. Un rapport préliminaire sur Bergen-Belsen, établi le 27 avril 1945, concluait que « la mission des camps consistait à détruire des couches entières de la population », et poursuivait en réitérant que « ce qui a eu lieu dans les camps de concentration n'était pas conçu comme une simple incarcération, mais comme un anéantissement, à effet immédiat ou différé » ; quant à Bergen-Belsen proprement dit, en dépit de son appellation de *Krankenlager* (« camp de malades »), il ne « s'agissait aucunement d'un hôpital de campagne, car on n'avait visiblement aucune intention d'y guérir les détenus[39] ».

À Bergen-Belsen, les soldats britanniques ne se vengèrent pas de leurs adversaires allemands avant autant de violence que les Américains à Dachau, mais les circonstances étaient très différentes. Au contraire de Dachau, les Britanniques n'y étaient pas entrés remontés à bloc avant de livrer bataille, et s'attendaient simplement à devoir y assurer des tâches médicales, administratives et de surveillance ; il n'y eut pas non plus de velléités de résistance de la part des Allemands – en réalité, ceux-ci réservèrent un bon accueil aux soldats de Sa Majesté, et leurs premiers contacts furent assez cordiaux. Mais, lorsqu'ils commencèrent à mesurer la dimension de l'horreur, les relations avec le personnel du camp de concentration ne tardèrent pas à se détériorer. Les tommies imposèrent aux SS d'enterrer les corps, les forçant à trimer sous un soleil de plomb, et en uniforme. Ils durent porter ces restes en décomposition à mains nues : quiconque essayait de se protéger les mains avec des chiffons ou des lambeaux de vêtements recevait aussitôt un coup de crosse. Beaucoup de détenus vinrent aussi les regarder travailler et se regroupèrent autour des fosses communes pour hurler des insultes à leurs anciens tortionnaires. « La seule chose que je vis qui me fit plaisir, ce furent les SS qu'on forçait de travailler », écrivit un membre du personnel médical britannique le 22 avril :

> Ils ramassent les morts et les vêtements infectés – ils poussent leurs charrettes à mains nues et jettent leur chargement dans d'immenses fosses communes (5 000 cadavres dans chaque). Pendant tout ce temps, nos troupes n'arrêtent pas de leur hurler dessus, de les frapper à coups de pied, de les menacer, sans jamais leur permettre de se reposer un seul instant. Quels horribles sales types – ces SS ! –, avec leurs têtes de criminels dignes d'Hollywood. On ne leur fait pas de quartier – ils savent quelle fin les attend quand ils auront achevé leur besogne[40].

Un autre soldat, le sergent-major artilleur Sanderson, de la Batterie 369, soutient que la vengeance côté britannique se révéla parfois plus impitoyable :

> Nous avons distribué au SS des rations de famine, et nous les avons mis au travail, en leur imposant les besognes les plus infectes, sans leur accorder aucune pause. Nos gars ne leur ont jamais témoigné de délicatesse particulière, et ils les ont frappés à coups de crosse ou leur ont piqué la couenne à coups de baïonnette pour les forcer à travailler deux fois plus. À un moment, un SS a été jeté vivant dans une fosse

commune, et il ne lui a pas fallu longtemps pour étouffer sous les cadavres. Il a essayé de s'en extraire, mais on lui a tiré dessus, et il a été touché. Ensuite, les hommes l'ont ramené au bord d'une fosse et lui ont réservé le traitement qu'il aurait lui-même infligé à n'importe quel détenu[41].

À presque soixante-dix années de distance, il est difficile de savoir si un tel épisode s'est réellement produit ou si ce n'était là qu'un vœu pieux des soldats britanniques. J'ai été incapable de trouver la moindre confirmation du récit d'un SS enterré vivant à Bergen-Belsen, mais le fait que de telles histoires aient circulé n'en est pas moins lourd de sens. Elles remplissaient un rôle psychologique important : les soldats britanniques avaient besoin de sentir que les pires atrocités commises par les SS se retournaient contre leurs auteurs.

Ce ne furent pas seulement les gardes que l'on traita avec brutalité à Bergen-Belsen, mais tous ceux qui avaient travaillé là, y compris les techniciens et les employés de bureau composant la majorité des SS capturés sur place. Des riverains, des civils de la petite ville de Celle et d'autres bourgades voisines furent aussi contraints de venir contempler de leurs propres yeux quels crimes avaient été commis au nom de l'Allemagne. Selon un sapeur anglais du génie chargé de regrouper les maires de ces communes, ses camarades de combat et lui ne furent pas admis à l'intérieur du camp en raison du risque de typhus, mais on n'eut pas autant de considération pour les Allemands dont ils avaient la responsabilité. À leur retour, les tommies leur montrèrent toute la « force de leur colère » en leur lâchant volontairement leur crosse de fusil sur les pieds, dans l'intention de leur fracturer les orteils. En découvrant ce qu'ils avaient devant les yeux, nombre de ces civils semblaient totalement sous le choc : « Certains en eurent le souffle coupé, d'autres pleuraient sans retenue, mais il y en avait aussi qui restaient le regard perdu dans le vide, avec une expression d'incrédulité[42]. »

Tout comme les Russes à Majdanek, les Britanniques comprirent que Bergen-Belsen leur offrait l'occasion d'une opération de propagande : des cameramen de l'armée de terre furent presque aussitôt envoyés sur place, et des journalistes et des photographes de presse furent également invités. Mais l'impact le plus fort vint de l'arrivée des British Movietone News, le 23 avril, huit jours après la découverte du camp : très vite, des images de charniers et de monceaux de cadavres furent projetées sur les écrans des cinémas de Grande-Bretagne, et ensuite dans d'autres pays.

La vision de ces images et d'autres bandes d'actualités obsédantes, montrant des enfants jouant sur des empilements de corps, des spectres filiformes incapables de se tenir debout et des bulldozers déversant des centaines de cadavres dans des charniers, scella à jamais l'opinion que le monde se forgea de l'Allemagne nazie. Là, au moins, on disposait de preuves visuelles des atrocités germaniques, qu'une simple manœuvre de propagande ne suffirait pas à écarter. Et surtout, à l'époque, ces actes semblaient impliquer la totalité de la nation. Selon les propos du colonel Spottiswoode, le commandant du gouvernement militaire qui prononça devant la caméra un discours destiné aux civils allemands visitant Bergen-Belsen, l'existence de camps comme celui-là était « une telle honte pour le peuple germanique que son nom devrait être effacé de la liste des nations civilisées » ; ce n'étaient pas seulement les auteurs de ces crimes qui méritaient d'être punis, mais la population entière : « Vous devez vous attendre à expier dans le labeur et la sueur ce que vos enfants ont commis et ce que vous avez été incapables d'empêcher[43]. »

La découverte des camps de concentration bouleversa à jamais le paysage moral : elle semblait justifier toutes les décisions des Alliés au cours de la guerre – le bombardement des villes du Reich, l'insistance sur une capitulation sans condition, le blocus économique qui avait réduit tant d'individus à la famine en Europe. Elle leur fournissait aussi une justification de l'essentiel de leurs décisions dans les mois à venir ; dorénavant, en dépit de tout ce qu'ils auraient à endurer, les Allemands ne seraient guère en position d'inspirer la sympathie : les injustices envers les soldats et les civils allemands seraient tenues pour quantité négligeable, comme elles l'avaient été à Dachau, et comme elles le furent lorsque l'Armée rouge s'empara de la partie orientale du Reich. À l'occasion, nous le verrons, la vengeance aveugle serait même encouragée par les autorités. Comme en a conclu un historien, la violence et la déchéance que l'on découvrit en des lieux comme Majdanek, Dachau et Bergen-Belsen « en un sens impliquaient tout le monde, y compris les libérateurs[44] ».

La revanche des prisonniers juifs

Si les soldats qui libérèrent les camps exprimèrent un désir de vengeance contre les nazis, les prisonniers qu'ils secoururent les imitèrent. « Parfois, a écrit Israel Gutman, survivant de Majdanek, Auschwitz et Gunskirchen, le désir et l'attente d'une vengeance » nourrissaient « l'espoir » qui maintenait les détenus du camp en vie « aux stades finaux de leur existence concentrationnaire, qui furent aussi les plus rudes[45] ».

La plupart des historiens ont tendance à écarter les actes de vengeance commis par les survivants, pour des raisons identiques à celles qui, à l'époque, poussaient les soldats alliés à fermer les yeux : ces actes n'étaient guère que des piqûres d'épingle par rapport à ce que ces prisonniers avaient eux-mêmes enduré. Ces historiens soulignent à juste titre que la vengeance des juifs fut insignifiante comparée à la dévastation provoquée par certaines autres nationalités, comme le gouverneur américain Lucius Clay l'admit lui-même en 1947 : « En dépit de leur haine naturelle du peuple allemand, [les personnes déplacées juives] ont fait preuve d'une remarquable retenue en évitant des incidents graves avec la population germanique. [...] La manière qu'ils ont eue de préserver l'ordre public reste dans mon esprit l'une des réussites les plus remarquables à laquelle il m'ait été donné d'assister durant les deux années et plus que j'ai passées en Allemagne[46]. »

Toutefois, s'il est vrai que seul un nombre très limité de juifs s'autorisèrent à s'engager dans cette voie, leurs actes de vengeance furent peut-être plus répandus qu'on ne veut l'admettre d'ordinaire : une majorité de survivants des camps auraient bel et bien assisté à des actes de vengeance, même s'ils n'y prenaient euxmêmes aucune part. Les premières cibles étaient les gardes et, quand ils ne pouvaient les débusquer – car la plupart de ces gardes choisirent de s'enfuir des camps avant l'arrivée des soldats alliés –, les détenus se retournaient contre ceux qui, parmi eux, avaient agi en suppôts des nazis, les « kapos ». Et, au cas où il leur était impossible de se venger de ceux qui avaient été directement responsables de leur malheur, tout à leur exaspération les détenus s'en prenaient à d'autres Allemands, en particulier des SS, des soldats ou des responsables nazis – ou même, à défaut, au premier Allemand venu.

La vengeance était le fait d'hommes, de femmes et même d'enfants. Ainsi, après la libération de Theresienstadt, en Tchécoslovaquie, Ben Helfgott vit deux jeunes filles juives sur la route de Leibniz agresser une Allemande qui poussait un landau. Il les pria de cesser, mais elles refusèrent d'obéir, et il dut s'interposer physiquement. Plus tard, à l'intérieur du camp, il vit la foule frapper à mort un SS : « J'ai regardé ça et j'en étais malade, raconta-t-il plusieurs dizaines d'années après. Je n'éprouve aucune haine, si ce n'est envers une foule animée par la haine. Quand les individus se transforment en populace haineuse, ils cessent d'être des humains[47]. »

Chaskiel Rosenblum, qui fut aussi libéré de Theresienstadt, n'a pas tué d'Allemands – pas au nom de scrupules moraux particuliers, mais simplement parce qu'il s'en sentait incapable. Toutefois, il connaissait un garçon de dix ans qui, ayant assisté à l'assassinat de ses parents, « tuait un nazi après l'autre[48] ». Pinkus Kurnedz assista à la mise à mort de l'un des anciens kapos de Theresienstadt par un groupe de ses amis déchaînés qui l'avaient débusqué dans un village voisin où il s'était réfugié : « Il se cachait dans une grange et nous l'avons tiré de là. Et il y avait deux chars russes stationnés sur cette petite place. Les Russes nous ont aidés, eux aussi. Et nous l'avons littéralement frappé à mort[49]. »

Pour des raisons évidentes, il est extrêmement difficile de trouver des témoignages de juifs admettant avoir commis des actes de vengeance, mais quelques âmes courageuses ont osé parler ouvertement de ce qu'elles avaient fait – soit parce qu'elles souhaitaient que la mémoire historique soit la plus précise possible, soit parce qu'elles estimaient que ces actes étaient justifiés, et qu'ils ne leur inspiraient aucune honte. En 1988, par exemple, un juif polonais du nom de Szmulek Gontarz réalisa un entretien enregistré pour l'Imperial War Museum, à Londres, dans lequel il admettait que ses amis et lui s'étaient vengés des Allemands à la Libération, et qu'ils avaient continué pendant une longue période de temps après cela :

> Nous y avons tous pris part. C'était bon. La seule chose que je regrette, c'est de ne pas être allé plus loin. Je ne sais pas, moi, n'importe quoi : les balancer des trains. Chaque fois que je pensais avoir une occasion d'en profiter en leur cognant dessus, on y allait. Il y a eu un moment bien particulier, en Autriche. Nous couchions dans des écuries, et il y avait un officier allemand qui se cachait là. Nous l'avons découvert, et nous lui avons réservé exactement le traitement qu'ils nous réservaient : nous l'avons ligoté à un arbre et nous l'avons abattu. Si vous me disiez, là, maintenant, de recommencer, pas question – mais à l'époque, c'était bon. Ça m'a plu. À l'époque, aucun de nous n'aurait pu avoir de plus grand motif de satisfaction. Et maintenant je vais vous dire : dans une situation semblable, n'importe qui d'autre y aurait pris du plaisir. [...] C'était peut-être la seule chose qui valait la peine qu'on survive à la guerre, d'être en position de se permettre ça. Et c'était un grand motif de satisfaction[50].

Alfred Knoller, un juif autrichien qui avait été libéré de Bergen-Belsen, se souvenait d'être allé marauder dans des fermes de la région pour y dérober de la nourriture, avec l'autorisation explicite des soldats britanniques. En une occasion, ses amis et lui avaient découvert une photo de Hitler cachée derrière des sacs, dans la cour attenante à une grange. À l'intérieur de cette grange, ils étaient tombés sur des fusils. Furibonds, ils avaient fracassé ce portrait du Führer et, malgré les protestations peu crédibles du fermier et de son épouse, qui se défendaient d'être des nazis, ils avaient abattu le couple.

> Je sais que nous nous sommes comportés là de façon très inhumaine. Mais, je regrette d'avoir à le dire, pour nous, dans notre subconscient, c'était peut-être un acte dont nous avions envie depuis longtemps. Nous avions envie de combattre les Allemands. Nous ne les avons pas combattus, mais en un sens, par défaut, c'était encore ce que nous pouvions nous offrir de mieux… Nous voulions nous venger. En permanence. C'était un geste de vengeance, absolument. Il fallait que ça sorte.

Loin d'éprouver de la culpabilité après leur geste, Knoller et ses amis puisèrent apparemment dans cet épisode une forme de soulagement émotionnel dont ils éprouvaient le plus grand besoin : « Nous l'évoquions en toute franchise. Nous en parlions à tout le monde. À notre retour au campement, nous avons éprouvé un sentiment de triomphe[51]. »

Dans les premiers temps, il se commit quantité d'agressions de ce genre sans que personne n'en tienne compte, et les soldats alliés les encourageaient même quelquefois. Les survivants des camps avaient en général le sentiment d'avoir reçu carte blanche pour agir à leur guise pendant un laps de temps limité, mais ensuite, par souci de l'ordre public, ces agressions contre des Allemands furent interdites. Arek Hersh, par exemple, confirme : « Les Russes nous ont accordé vingt-quatre heures pour infliger aux Allemands le traitement que nous voulions[52]. » Harry Spiro, un autre survivant libéré de Theresienstadt, se souvient des Russes lui annonçant qu'ils avaient vingt-quatre heures « pour agir comme bon leur semblait, et même pour tuer des Allemands[53] ». D'après Max Dessau, un juif polonais libéré de Bergen-Belsen, les Britanniques aussi « vous laissaient faire, pendant un certain temps, histoire que vous preniez votre revanche », mais « au bout d'un moment ils nous prévenaient que ça suffisait[54] ». Les Américains étaient également tout à fait disposés à laisser les prisonniers agir à leur guise. Kurt Kiev, un juif polonais libéré lors d'une marche forcée, se retrouva mis en présence d'un SS par un lieutenant américain qui avait déjà copieusement rossé l'individu : « *Grosso modo*, ce que m'a dit l'Américain, c'était "voici l'un de vos tortionnaires, vous avez le droit de vous venger"[55]. » Aucun de ces déportés libérés ne profita de l'occasion qui leur était offerte, mais beaucoup d'autres n'eurent pas la même retenue.

Avec le temps, naturellement, l'humeur de beaucoup de prisonniers se radoucit. Quand ils constataient le caractère pathétique de certains représentants supposés de cette « race des seigneurs » au nom de laquelle on les avait incarcérés, le désir de vengeance finissait souvent par refluer. Par exemple, Peter Frank pesait à peine plus de 26 kilos lorsqu'il fut libéré du camp de Nordhausen ; il n'avait qu'un seul souhait, celui d'exterminer la nation allemande tout entière, « pour que ce genre de choses ne puisse plus se reproduire ». Mais, quand on lui livra un prisonnier allemand pour qu'il puisse en user comme d'un « cheval » parce qu'il était trop faible pour se déplacer par ses propres moyens, sa colère semble s'être d'abord muée en mépris, et finalement en pitié : « Il m'a été assigné, et il était pour ainsi dire ma propriété. Il avait pris l'habitude de se plaindre devant moi de tout ce qu'il avait subi à cause de la guerre – mais assez vite il a pigé. Je veux dire, c'était un pauvre diable, et il était vain de se venger de lui… Une fois que vous entriez en relation avec ces individus, qui, à bien des égards, étaient des victimes eux aussi, vous renonciez[56]. » Alfred Huberman, un survivant de Buchenwald et de Rehmsdorf, se range lui aussi à cette idée : « Quand j'ai été libéré, j'estimais que l'on aurait dû complètement effacer l'Allemagne de la carte. Avec le temps, si je rencontrais un Allemand, j'ai fini par penser "que pourrais-je lui dire ?". Mis à part me sentir désolé pour lui, qu'il ait à vivre avec cela sur la conscience[57]. »

Mais la colère de certains ne s'apaisait pas aussi vite, ceux qui croyaient que les juifs ne pourraient jamais trouver le repos tant qu'un acte de vengeance d'une ampleur colossale ne viserait pas le peuple allemand. Ce groupe des « Vengeurs » avait été fondé par un ancien résistant juif, Abba Kovner ; il aurait organisé l'assassinat de plus de 100 suspects de crimes de guerre, ainsi que la pose d'une bombe à l'intérieur d'un camp de détention de SS dont l'explosion tua 80 prisonniers. Leur politique consistait en attaques indiscriminées contre un nombre important d'Allemands, et la nature impersonnelle de leur vengeance visait à refléter la manière impersonnelle dont les juifs avaient été décimés durant l'Holocauste. Ils avaient pour slogan cette formule : « Pour chaque Juif, un Allemand », et leur intention expresse, selon l'un des membres du groupe, Gabik Sedlis, était de « tuer six millions d'Allemands ». Afin d'atteindre cet objectif, ils fomentèrent un complot visant à empoisonner l'approvisionnement en eau de cinq villes allemandes, mais après l'arrestation de Kovner, alors qu'il tentait d'importer du poison clandestinement de Palestine en Europe, ce plan fut déjoué[58]. Un plan de rechange consistant à empoisonner le pain de 15 000 SS dans un camp d'internement proche de Nuremberg eut plus de succès : au moins 2 000 prisonniers allemands tombèrent bel et bien malades suite à un empoisonnement à l'arsenic, mais on ignore s'il provoqua des décès, et combien[59].

De tels projets misaient sur le chaos qui régnait durant la période de l'immédiat après-guerre : les mouvements massifs de réfugiés fournissaient une excellente couverture à ceux qui cherchaient à se venger (tout comme ils fournissaient une couverture aux criminels de guerre en fuite) et, de par l'absence de véritable puissance publique, ces meurtres n'étaient l'objet d'aucune dénonciation, d'aucune enquête et passaient le plus souvent inaperçus. Mais par la suite, le contexte changea, et les « Vengeurs » eux-mêmes renoncèrent à leurs rêves de représailles, choisissant plutôt de combattre pour l'avenir d'un État indépendant destiné aux juifs, en Palestine[60].

C'est là que se trouve peut-être l'indice susceptible d'expliquer pourquoi ces actes de vengeance ne furent pas plus répandus chez les juifs. Aussitôt après l'Holocauste, la plupart des survivants étaient trop malades ou trop faibles pour envisager la moindre entreprise punitive, sous quelque forme que ce soit – le fait d'avoir survécu représentait en soi un défi suffisant. Mais, surtout, la vengeance est un acte que commettent ceux qui ont intérêt à restaurer un certain équilibre moral ; or beaucoup de juifs, et peut-être la majorité d'entre eux, n'y prêtaient guère d'intérêt. Ils avaient décidé de tourner le dos à l'Europe et de s'échapper vers d'autres terres où cet équilibre moral n'était pas compromis : l'Amérique, la Grande-Bretagne et, d'abord et avant tout, la Palestine. En conséquence, ces sentiments vengeurs s'exprimèrent sur un mode symbolique, par un départ d'Europe en masse, comme l'expliquait un écrivain juif à la fin de 1945 :

> Nous avons cherché à nous venger de nos ennemis à travers le dénigrement, le rejet, le bannissement et la distance. [...] Ce n'est qu'en nous démarquant complètement de ces meurtriers [...] que nous serons en mesure d'assouvir notre désir de vengeance, ce qui, en substance, signifie : en finir avec l'exil européen et nous bâtir une patrie sur la Terre d'Israël[61].

La Palestine leur donna l'espoir d'un État juif où ils ne pourraient pas être persécutés, parce qu'ils y seraient les maîtres. En conséquence, ils firent ce qu'ils purent pour quitter discrètement l'Europe continentale et rejoindre leurs frères dans une tentative de fonder la nouvelle nation d'Israël. À long terme, il n'était pas de l'intérêt des juifs de chercher vengeance contre l'Allemagne, ou de créer des difficultés aux Alliés, qui, en fin de compte, les avaient sauvés d'une extinction totale. Dès lors, la vengeance fut souvent laissée à d'autres anciennes victimes concentrationnaires des nazis ; et ces groupes qui avaient eux aussi des griefs à faire valoir ne manquaient pas.

3. L'archipel des camps de concentration allemands

10

La vengeance contenue : les travailleurs forcés

Au vu de leur histoire particulièrement sombre, on comprend que les juifs tendent à occuper le devant de la scène dans la douloureuse tragédie de la libération des camps. Mais, comme l'ont souligné quantité d'historiens, l'« Holocauste » tel que nous le comprenons aujourd'hui est largement une reconstitution *a posteriori*[1] ; à l'époque, du moins parmi les Alliés, on appliquait bien moins de distinctions entre les groupes ethniques – en réalité, on choisit souvent de ne pas les différencier, en décidant au contraire de regrouper les victimes de Hitler par nationalités. De prime abord, confrontées à un vaste tableau d'histoires plus horribles les unes que les autres, des organisations humanitaires comme l'UNRRA ne reconnurent pas le sort des juifs comme formant un cas à part et, au contraire, réunirent les juifs polonais avec d'autres Polonais, les juifs hongrois avec d'autres Hongrois, et ainsi de suite. Ce ne fut qu'en septembre 1945 que les juifs obtinrent le droit d'être considérés séparément, et d'être placés sous la responsabilité d'organismes humanitaires spécifiquement juifs[2].

Pour beaucoup de soldats alliés et de représentants de ces organismes humanitaires, il n'apparut pas tout de suite clairement qu'ils avaient souffert davantage que de nombreux autres groupes humains auxquels les libérateurs avaient eu affaire. La souffrance était partout, et les camps de concentration ne formaient qu'une catégorie supplémentaire au sein d'un vaste réseau d'exploitation et d'extermination qui couvrait la totalité du Reich. Des camps de prisonniers de guerre, où l'on avait laissé des captifs soviétiques mourir de faim par millions, émaillaient toute l'Europe orientale. Des camps de travaux forcés étaient rattachés à presque toutes les grandes usines, les mines, les fermes et les chantiers de construction. (Par exemple, Dachau avait certes accédé aux gros titres des journaux britanniques, français et américains, mais ce n'était que l'épicentre d'un système qui avait fourni des prisonniers de toutes nationalités à 240 sous-camps dans tout le sud de la Bavière.) En outre, il existait des dizaines de camps de transit « seulement » censés accueillir des prisonniers transférés d'une région à l'autre, mais qui, à la fin des hostilités, étaient devenus de véritables décharges de détenus. Dans les faits, ceux-ci furent abandonnés derrière des clôtures en fil de fer barbelé, privés de nourriture et de soins. Il existait aussi des camps spéciaux pour orphelins et délinquants juvéniles, et des camps pénitentiaires pour les criminels de droit commun et les prisonniers politiques. Considérées comme un ensemble, ces milliers d'enceintes clôturées de fil de fer barbelé composaient ce qu'un historien a décrit comme un « paysage de terreur[3] ».

Il faut préciser que les traitements réservés aux individus dans ces camps variaient énormément. Alors que les prisonniers de guerre britanniques et américains recevaient souvent des paquets de la Croix-Rouge, qu'ils étaient nourris à peu près convenablement et autorisés à se livrer à des activités culturelles, les Italiens et les Soviétiques étaient régulièrement frappés, accablés de besognes pénibles et réduits à la famine. De même, alors que les travailleurs français du STO étaient payés à l'occasion, et correctement nourris, les *Ostarbeiter* polonais étaient souvent usés au travail, littéralement jusqu'à la moelle. Même à l'intérieur des camps de concentration, on constatait des degrés dans la sévérité des traitements, les prisonniers aryens étant bien moins régulièrement maltraités que ceux des « races » réputées inférieures comme les juifs et les Tsiganes.

Prétendre que les Allemands n'avaient pas conscience de la présence de tous ces étrangers parmi eux, et des conditions de vie qu'ils étaient forcés de subir, serait un non-sens – même si, dans l'immédiat après-guerre, beaucoup de monde en Allemagne essaya d'y croire et d'y faire croire. Au plus fort de la guerre, les travailleurs étrangers représentaient à peu près 20 % de la main-d'œuvre du Reich et, dans certains secteurs industriels comme les usines d'armement et d'aviation, souvent 40 % et davantage[4]. Les Allemands travaillaient aux côtés de ces gens et voyaient de quelle manière ils étaient traités – et, d'ailleurs, ils furent nombreux à leur faire parvenir de la nourriture, désireux qu'ils étaient de leur venir en aide ou de leur soutirer de l'argent.

À la fin du conflit, la majorité des citoyens du Reich étaient au courant du traitement infligé à des millions d'étrangers parmi eux, et une peur croissante du sort que ces derniers risquaient de leur réserver après avoir été libérés commença de se répandre. À Hambourg, fin 1944, des membres du Parti nazi formèrent une garde spéciale d'urgence afin de parer à d'éventuels soulèvements de travailleurs étrangers. À Augsbourg, on racontait que de nouveaux ouvriers étaient arrivés avec des armes dissimulées sur eux[5]. À Berlin, le bruit courait que les étrangers envoyaient des informations à l'ennemi, et agissaient comme un « cheval de Troie » à l'intérieur même du territoire[6]. Beaucoup de travailleurs étrangers entretenaient délibérément ces peurs : des prisonniers de guerre français expliquaient en plaisantant qu'ils étaient les « parachutistes avancés » de la force d'invasion, et des ouvriers polonais provoquaient leurs interlocuteurs avec une histoire de « listes » d'Allemands à tuer que l'on aurait dressées pour après la victoire[7]. Au vu de l'atmosphère de peur et de ressentiment qui régnait entre autochtones et travailleurs étrangers, d'ici à ce qu'éclatent de graves affrontements entre eux, ce n'était plus qu'une question de temps.

La vengeance des travailleurs forcés

Le retour de flamme débuta presque à l'entrée des Alliés en Allemagne. Dès les premiers temps de l'invasion, les troupes britanniques, françaises et américaines rapportèrent toutes des incidents de pillage et des troubles provoqués par ces étrangers que l'on venait de libérer, mais elles étaient souvent impuissantes à les empêcher. « Le pillage est endémique, annonçait le capitaine Reuben Seddon, de la Commission britannique des Affaires civiles, après avoir franchi le Rhin début avril 1945. Des Russes, des Polonais, des Français et des civils s'en donnent à cœur joie, mais il faut que cela cesse, et le plus tôt sera le mieux[8]. » Plus à l'est, la situation était encore pire : selon le nouveau gouverneur militaire de la ville de Schwerin, dans le Mecklembourg, « les PD rôdaient par milliers, commettant des meurtres, des viols, des pillages – bref, loin des voies de communication principales, la loi avait cessé d'exister[9] ». À Berlin, en mai, une bande d'une centaine de PD retint un train à la gare d'Anhalt, dans une scène digne d'un western[10].

On met souvent ce type de comportement sur le compte d'un mélange de liesse et de volonté d'exprimer une exaspération et une colère justifiées contre le régime nazi[11] ; mais il y avait dans les célébrations des travailleurs libérés une sauvagerie qui effrayait à la fois la population allemande et les Alliés eux-mêmes. Pendant des années, ils avaient été maltraités, interdits de toute relation avec le sexe opposé, privés de toute alimentation adaptée et d'alcool : nombre d'entre eux rattrapaient maintenant le temps perdu en se livrant à une bacchanale effrénée de nourriture, de boisson et de sexe. Les camps de travail qui avaient maintenu les hommes et les femmes dans une stricte ségrégation pendant des années ne tardèrent pas à devenir un « capharnaüm » où les gens « déféquaient n'importe où » et se mirent ouvertement à « forniquer dans les dortoirs[12] ». Derek Henry, ce soldat du génie que nous avons déjà évoqué en début de volume, décrivit plus tard les scènes dont il avait été le témoin quand il fut appelé au maintien de l'ordre dans l'ancien camp de travail situé près du village de Nordhemmern, non loin de Minden, le 11 avril :

> Il y avait là des détenus, des hommes et des femmes, et, quand nous sommes entrés dans les baraquements, ils se sont attroupés autour de nous. Pour la plupart, ils s'étaient saoulés à la vodka maison qu'ils nous fourrèrent sous le nez, certains copulaient sur leurs lits superposés sans se cacher, d'autres chantaient et dansaient. Ils essayaient de nous convaincre de nous joindre à eux, et heureusement que nous avions nos fusils avec nous... Les PD étaient crasseuses, leurs baraquements puaient mais nous devions goûter leur vodka artisanale qu'ils versaient sur la table avant d'y mettre le feu pour nous prouver combien elle était forte.

Plus tard, raconte Henry, un détenu polonais « me proposa sa compagne pour la nuit ; j'ai décliné l'offre[13] ».

L'alcool joua en particulier un rôle énorme dans les troubles qui survinrent après la libération. À Hanau, des centaines de Russes burent de l'alcool industriel qui tua au moins une vingtaine d'entre eux et en laissa plus de 200 à moitié paralysés[14]. À Wolfsburg, des centaines d'ouvriers qui travaillaient à l'usine Volkswagen entrèrent par effraction dans l'arsenal de la ville et la fabrique locale de vermouth. Un commandant de compagnie, un Américain que l'on avait appelé pour qu'il vienne désarmer ces gens, se souvient : « Certains d'entre eux étaient tellement saouls que, montés sur des remblais ou sur le toit des bâtiments, ils ont tiré des coups de fusil et le recul de leur arme les renversait en arrière, les quatre fers en l'air[15]. » Quand le journaliste Alan Moorehead entra au volant de son véhicule dans le village de Steyerberg, au fond de la vallée de la Weser, il croisa des villageois et des réfugiés occupés à piller une cave garnie « des vins les plus somptueux qu'[il ait] jamais vus ». La plupart d'entre eux étaient ivres ou avaient « à moitié perdu l'esprit », et ils pillèrent la cave ou fracassèrent les bouteilles jusqu'à ce qu'il n'en reste qu'un cloaque de verre brisé et une bouteille de Château-Lafitte 1891 qui gisait sur le sol, « à moitié immergée » dans une mare de nectar[16].

Les épisodes les plus insensés eurent lieu à Hanovre : aux heures chaotiques de la Libération, des dizaines de milliers d'anciens travailleurs forcés mirent la ville à sac en pillant des magasins de spiritueux et en incendiant des bâtiments. Lorsque les éléments qui subsistaient de la police allemande tentèrent d'intervenir, ils furent vite submergés, roués de coups et pendus aux réverbères[17]. Certains de ces anciens travailleurs forcés regroupèrent des civils allemands pour les obliger à se charger des travaux qu'ils auraient eux-mêmes été contraints d'exécuter quelques semaines auparavant – comme d'enterrer les corps de 200 officiers russes abattus par les SS – et « les frappèrent à coups de bâton ou de crosse » pendant qu'ils se mettaient à la tâche[18]. D'autres pourchassèrent les femmes de la ville et les violèrent à leur domicile, ou même en pleine rue. Selon le commandant d'une batterie d'artillerie britannique stationnée dans la ville, un groupe de Russes ivres « s'empara d'une pièce allemande de 88 mm laissée à l'abandon, la traîna dans le quartier et, avec un plaisir manifeste, ces soldats tirèrent des projectiles selon leur fantaisie, sur les bâtiments ou les maisons les plus dignes d'intérêt à leurs yeux[19] ».

En juin 1945, alors que Hanovre était sous tutelle alliée depuis dix semaines, Leonard Mosley, reporter de guerre britannique, arriva dans une capitale de Basse-Saxe presque livrée au chaos. Le nouveau gouvernement militaire avait réussi à rétablir la distribution d'électricité, d'eau et de gaz, à déblayer les rues de leurs décombres et à recruter un maire allemand et une police de fortune, mais n'avait pas encore pu imposer un semblant d'ordre public, loin s'en faut. « La difficulté était trop insurmontable. Aucune force de police de ce type, reconstituée à partir de rien, ne pouvait maintenir l'ordre parmi plus de 100 000 individus d'origine étrangère, réduits à l'esclavage, qui goûtaient à leurs premiers véritables moments de liberté depuis des années[20]. »

Mosley eut une vision plus claire de l'étendue du problème quand le gouverneur militaire le conduisit en voiture du Rathaus à sa résidence, à quelques kilomètres de là : sur le trajet, le véhicule dut s'arrêter à cinq reprises à cause de véritables bandes d'émeutiers qui barraient totalement la rue, et que le gouverneur militaire en personne, le major G.H. Lamb, dispersa en tirant plusieurs fois en l'air avec son pistolet. « C'est le genre de troubles qui éclatent par ici toute la journée, aurait-il expliqué à Mosley. Pillage, bagarres, viols, meurtres – quelle ville[21] ! »

Dans cette métropole du Nord, l'essentiel de ces pillages et de ces violences éclataient sans rime ni raison. Dans l'un des témoignages directs les plus éloquents de ce chaos de l'après-guerre, Mosley décrivit le pillage insensé d'entrepôts situés en périphérie de la ville :

> Quelqu'un m'a expliqué que lorsque la fièvre du pillage s'empare d'un homme, il tuera ou mutilera pour obtenir quelque chose, même si cette « chose » ne vaut pas la peine d'être volée, et ce qui s'est passé à Hanovre nous l'a confirmé. Pendant ce court trajet, nous avons vu une foule qui venait de s'introduire par effraction dans un entrepôt ; il y avait là des Allemands et des travailleurs étrangers, au milieu d'une masse grouillante de gens qui hurlaient ; ils se sont engouffrés par les portes et les fenêtres, et puis ils en sont ressortis, les bras chargés... de poignées de portes ! C'était un magasin de poignées de portes, et ce que ces gens pouvaient bien vouloir faire avec de tels accessoires, dans une ville où la moitié des portes n'existaient plus, cela me dépasse ; et, pourtant, ils ne sont pas contentés de piller ces poignées de portes, ils se sont battus, ils se les sont arrachées. Ils flanquaient des coups de pied, griffaient, frappaient à coups de barres de fer ceux qui en avaient récupéré plus qu'eux. J'ai vu un travailleur étranger faire trébucher une jeune fille, lui arracher les poignées qu'elle avait dans les bras et lui asséner plusieurs coups de pied au visage et sur le corps jusqu'à ce qu'elle soit en sang. Après quoi, il s'est enfui dans la rue. À mi-chemin, il a eu l'air de reprendre ses esprits ; il a contemplé cette brassée de poignées de portes qu'il tenait dans ses bras, et là, avec un geste visible de dégoût, il les a jetées loin de lui[22].

Aux premiers temps de la Libération, de telles scènes se répétaient un peu partout. Comme la majorité des responsables politiques allemands avaient pris la fuite ou avaient été démis de leurs fonctions, il ne restait plus à la population locale d'autre choix que de se tourner vers les soldats alliés et leur demander leur aide, mais ceux-ci n'étaient tout simplement pas assez nombreux. À Hanovre, le gouvernement militaire enrôla des prisonniers de guerre alliés au sein de forces de police temporaires, mais ces hommes, tous d'une inexpérience crasse en matière de missions de police, nourrissaient aussi leur part de griefs envers les Allemands[23]. Dans les principales cités allemandes, on recruta des policiers, mais ceux-ci manquaient aussi cruellement d'expérience. Pour des raisons évidentes, les Alliés ne les autorisaient pas à porter des armes – en conséquence, ils n'étaient pas franchement à la hauteur face à des personnes déplacées se livrant au pillage et à des bandes de plus en plus nombreuses de travailleurs étrangers armés[24].

Une histoire que rapporta un lieutenant britannique atteste de l'impuissance des soldats alliés à affronter l'atmosphère extrêmement électrique qui prévalait à cette période, ainsi que le fossé moral entre les attitudes de ceux qui se sentaient souillés au plus profond de leur être par la violence nazie, et ceux qui ne l'avaient pas subie. En mai 1945, Ray Hunting circulait sur une paisible route de campagne, non loin de la ville de Wesel, quand il fut témoin d'un événement qui ne cesserait plus de le hanter jusqu'à la fin de ses jours :

> J'ai aperçu deux hommes devant nous : un Russe qui marchait vers Wesel et un vieil Allemand muni d'une canne qui s'avançait d'un pas lent en direction de la gare. Alors que nous nous approchions, les deux hommes se sont arrêtés, le Russe lui demandant l'heure, apparemment, car le vieil homme a sorti de la poche de son gilet une montre gousset au bout d'une chaînette. D'un même mouvement, le soldat lui a arraché la montre et lui a plongé la longue lame d'un poignard dans la poitrine. Le vieil homme a titubé et il est tombé en arrière, dans le fossé. Quand nous nous sommes immobilisés à sa hauteur, il avait les pieds en l'air et les jambes de son pantalon lui glissèrent le long des mollets, dévoilant deux chevilles maigres et blanches.
>
> Le meurtrier avait extrait l'arme de la blessure et il essuyait calmement le sang de la lame sur le veston du vieil homme quand je lui ai pointé le canon de mon pistolet dans les côtes. Alors que le Russe restait immobile, debout sur la chaussée, les mains en l'air, j'ai tendu mon revolver à Patrick et j'ai sauté dans le fossé pour aller secourir la victime. Le vieil homme était mort. Le soldat, une brute analphabète, m'a regardé m'agenouiller près du corps, sans la moindre trace d'émotion ou de remords.
>
> J'ai pris possession du couteau et de la montre, puis je l'ai poussé à l'arrière du camion et je me suis assis en face de lui, armé de mon revolver. Nous nous sommes rendus au bureau du gouvernement militaire pour le confier au capitaine Grubb, mais celui-ci était sorti. Nous avons conduit le prisonnier à la *Kaserne*, afin que l'on puisse traiter son cas en application de la loi soviétique.
>
> J'ai jeté le prisonnier dans le bureau des commandants en l'empoignant par la peau du cou, et là je l'ai ouvertement accusé de meurtre, en exhibant le poignard et la montre. L'un des commandants, qui s'est présenté comme l'administrateur (le mot russe est le même qu'en anglais), s'est avancé.
>
> « Vous dites que cet homme a tué un Allemand ? » m'a-t-il demandé avec un sourire. Je lui ai montré l'arme du crime. Il s'est approché d'un collègue, lui a retiré l'étoile rouge de sa casquette, puis l'a épinglée sur la poitrine du meurtrier, qu'il a embrassé sur la joue ! L'assassin du vieillard est ressorti de la salle en arborant sa décoration et s'est volatilisé au milieu des centaines de prisonniers que contenaient ces baraquements. Je ne l'ai plus jamais revu[25].

Les PD sous contrôle militaire

Pour tenter de mettre un terme à cette anarchie, les gouvernements militaires alliés de chacune des zones d'Allemagne furent contraints d'appliquer des mesures drastiques. La première consista à regrouper le plus possible de ces prisonniers et de ces travailleurs étrangers libérés de fraîche date et de les placer à nouveau sous bonne garde – une décision qui suscita la colère et la consternation parmi tous ceux, et ils étaient nombreux, qui souhaitaient repartir chez eux, regagner leur pays d'origine. Un couvre-feu très strict fut décrété, fixé dans certaines régions dès 18 heures, et quiconque serait surpris à quitter son camp la nuit risquait de se faire arrêter ou même tirer dessus. La menace de la violence était souvent le seul moyen d'imposer l'ordre. Par exemple, quand le major A.G. Moon prit la tête du gouvernement militaire de Buxtehude, il informa immédiatement la population des centres locaux de regroupement de PD que quiconque serait surpris en train de se livrer au pillage serait abattu – en conséquence, dans cette région, les troubles furent très rares[26]. Plus tard, en août, le gouvernement militaire britannique pour l'Allemagne du Nord-Ouest adopta à son tour une politique officielle : le tir à vue sur les pillards[27]. Le gouvernement militaire américain de Hesse avertit aussi que quiconque serait mêlé à des émeutes à cause de pénuries de nourriture s'exposerait à une condamnation à mort[28]. Il y avait peu de différences entre ce type de communiqués et ceux qu'avaient diffusés les nazis eux-mêmes, et ce fut d'ailleurs peut-être ce semblant de continuité entre les deux appareils réglementaires qui rendit l'annonce si efficace[29].

Comme il était évident que les menaces pesant sur l'ordre public subsisteraient tant que les prisonniers d'origine étrangère demeureraient sur le sol allemand, les Alliés entreprirent de rapatrier ces PD aussi vite qu'ils le purent. Il y eut quantité de débats pour savoir auxquels d'entre eux il convenait d'accorder la priorité. Les prisonniers de guerre britanniques et américains et les militants d'organisations de la Résistance avaient un droit légitime à un traitement particulier. Il fallut mettre cette revendication en balance avec l'impatience des autorités soviétiques, désireuses d'organiser le retour de leurs ressortissants, surtout parce qu'il y avait encore des milliers de prisonniers de guerre alliés désormais libres mais qui restaient derrière les lignes russes. D'autres soutinrent qu'afin de restaurer l'ordre public il convenait de renvoyer chez eux les éléments les plus indisciplinés. Les difficultés logistiques relatives au transport de ces personnes sur les réseaux ferrés dévastés du continent européen étaient envenimées par le fait que nombre de PD ne voulaient pas être rapatriées. Beaucoup de juifs, de Polonais et de Baltes se considéraient désormais comme apatrides, et n'avaient donc nulle part où aller. D'autres groupes, en particulier des Russes, des Ukrainiens et des Yougoslaves, redoutaient le châtiment auquel ils risquaient d'être soumis dès leur retour. Nombre de ces individus avaient subi des épreuves inimaginables et, malgré la fin des hostilités, avaient apparemment peu d'espoir.

En attendant leur rapatriement, les PD furent transportées vers de grands centres de rassemblement et acheminées en même temps que leurs groupes nationaux respectifs vers des camps de personnes déplacées d'un bout à l'autre de l'Allemagne, de l'Autriche et de l'Italie. Ces camps étaient en général d'anciennes casernes de l'armée, des quartiers séparés du reste des villes ou des camps de baraquements. Certains d'entre eux furent spécialement construits pour abriter des PD, mais d'autres étaient d'anciens camps de travail ou même d'anciens camps de concentration. Dans un continent où l'on manquait cruellement d'abris, les Alliés furent contraints d'utiliser tous les bâtiments qu'ils pouvaient réquisitionner ; ce fut non sans désarroi que bon nombre d'anciens prisonniers de ces camps se retrouvèrent épouillés, rasés et relogés dans les enceintes mêmes d'où ils s'étaient récemment échappés[30].

À en croire les rapports officiels de l'époque, ainsi que les nombreux journaux personnels et Mémoires rédigés par de simples soldats, les autorités alliées se méfiaient de toute évidence bien plus des personnes déplacées que des Allemands. Au cours des mois qui suivirent, elles commencèrent à craindre le ressentiment et la désespérance de gens qui, loin d'être libérés, continuaient de vivre en exil, sous bonne garde et sous tutelle militaire. En août, les Britanniques décidèrent d'enrôler des policiers parmi les PD polonaises, afin que celles-ci maintiennent l'ordre chez leurs concitoyens, au motif qu'il n'y avait pas assez de soldats alliés pour s'en charger et que la police allemande ne serait pas respectée[31]. En novembre, les Britanniques et les Américains envisagèrent de réarmer la police allemande dans les zones « où les activités de personnes déplacées [avaie]nt constitué une menace[32] ». Un rapport d'une commission mixte du Sénat et de la Chambre des représentants sur les possibles dangers guettant les Alliés au cours de l'hiver à venir formulait ses craintes en ces termes : « Si un contexte hivernal plus rude affecte les conditions de vie des PD, elles risquent sans doute de créer davantage de difficultés que les Allemands car elles sont massées toutes ensemble dans des camps et peuvent, au contraire des Allemands, avoir accès à un certain volume d'armes[33]. »

Les rapports de cet acabit comportent peut-être une certaine dose d'alarmisme. Le directeur de l'administration des Nations unies pour l'Aide humanitaire et la Réhabilitation en Allemagne de l'Ouest croyait certainement que « les personnes déplacées sous l'égide de l'UNRRA [n'étaient pas] plus susceptibles de comportement séditieux que d'autres couches de la population[34] ». Il existe une masse imposante d'anecdotes attestant que les PD étaient fréquemment accusées de pillages en réalité perpétrés par les Allemands eux-mêmes[35], et des rapports officiels démontrent en effet que les taux de criminalité restèrent élevés longtemps après le renvoi de la majorité de ces PD chez elles[36]. Selon les termes d'un officier du gouvernement militaire, « les personnes déplacées étaient des parias. [...] Les moindres troubles étaient imputés aux PD[37] ». Maintenant que la guerre était terminée, elles risquaient de se retrouver stigmatisées comme le nouvel ennemi.

Le « complexe de libération »

Compte tenu de la situation qui leur fut réservée après leur libération, il n'est guère surprenant que l'euphorie initiale ait assez vite cédé la place à la désillusion. Marta Korwin, une assistante sociale polonaise qui suivit l'équipe du gouvernement militaire britannique dans Bocholt en avril 1945, fut l'une des premières à observer de vastes groupes de personnes déplacées en Allemagne. Selon des conversations et des évaluations qu'elle conduisit à l'époque, nombre de ces gens avaient survécu à la guerre en

> compensant la réalité, qui était toujours extrêmement dure, souvent sordide et horrible, par des rêves éveillés de leur vie passée, jusqu'à finalement avoir la quasi-certitude qu'au moment de leur libération ils se retrouveraient à nouveau dans le monde heureux et beau qu'ils avaient connu avant la guerre. Toutes leurs difficultés passées seraient oubliées, la liberté les ramènerait vers un monde où rien n'allait jamais mal [...] un paradis dans lequel les gens étaient bons [...] et toutes les maisons étaient belles.

Mais, au lieu de regagner ce « paradis », ils se retrouvèrent « rassemblés dans des camps où, dans bien des cas [...] ils vécurent dans des conditions plus pénibles qu'avant leur libération ». Pire encore, de longues périodes d'inactivité leur avaient donné l'occasion de réfléchir à une autre vérité – le paradis dont ils avaient rêvé n'existait plus : dans les ruines qui les entouraient, ils ne

4. Camps de personnes déplacées en Allemagne, en Autriche et dans le nord de l'Italie

voyaient qu'une chose, « leurs espoirs d'un avenir meilleur détruits[38] ».

Les observations de Marta Korwin furent étayées par d'autres études conduites à plus vaste échelle par des agences internationales. En juin 1945, sous la supervision de l'UNRRA, un Groupe interallié d'étude psychologique émit un rapport sur l'état d'esprit des personnes déplacées. Loin de se sentir heureuses d'être libres, notait le rapport, beaucoup de PD étaient surtout amères et sombres. Et la gratitude à laquelle s'attendaient les soldats alliés n'était pas moins absente : on constatait une « nervosité croissante », une « apathie complète », une « perte d'initiative » et une « grande suspicion, empreinte de morosité, [...] envers toutes les autorités ». En effet, nombre de PD étaient devenues tellement cyniques que « rien de ce que font des individus secourables n'[était] perçu [par elles] comme authentique ou sincère ». De telles attitudes correspondaient à ce que certains officiers alliés finirent par appeler le « complexe de libération[39] ».

Pour ce qui était de la formation de ce complexe, les armées alliées n'étaient pas précisément irréprochables. Malgré l'immense besogne accomplie par les personnels militaires britanniques et américains dans leur mission humanitaire au cours des deux années précédentes, la plupart des officiers de l'armée tendaient à considérer les personnes déplacées comme un problème logistique davantage qu'humanitaire. Ils y voyaient des masses d'individus à recenser, épouiller, habiller, nourrir, classer dans leurs diverses nationalités, affecter à des travaux utiles et ensuite rapatrier. Dès 1945, toutes les armées alliées se révélèrent extrêmement efficaces dans cette sorte de mission. Là où elles ne se montraient pas à la hauteur, en revanche, c'était dans ce que nous appellerions maintenant l'« écoute » : tout à leurs efforts pour insérer les PD dans le système, elles oubliaient souvent qu'elles avaient affaire à des êtres humains traumatisés.

Face à l'insensibilité que manifestaient les personnels militaires envers les personnes déplacées, les intervenants des organismes humanitaires restaient souvent désarmés. Le jour où un lieutenant américain ordonna que l'on déplace un groupe important de femmes et d'enfants sans le moindre préavis, une employée britannique de l'UNRRA perdit son calme : « Je déteste l'armée, ne put-elle s'empêcher de lui hurler. Pourquoi n'allez-vous pas vous battre ? Pourquoi vous mêlez-vous du sort des civils, d'êtres humains qui sont pacifiques ? Pour vous, ce ne sont que des pions – vous vous figurez que vous pouvez déplacer des mères, des bébés et des malades comme vous déplaciez des compagnies et des batteries d'artillerie en temps de guerre. Et si vous vous contentiez de toucher à ce que vous comprenez[40] ? »

Quand les personnes déplacées se montraient abattues et apathiques, les militaires retombaient invariablement dans un autoritarisme inflexible et maladroit, les harcelant et tâchant de les pousser à se prendre en main. Par exemple, en réaction à la situation répugnante qui régnait au camp de PD juives de Landsberg, un officier américain suggéra de renforcer les règles et les réglementations d'hygiène « au moyen d'une action coercitive ou disciplinaire[41] ». De tels officiers ne paraissaient pas comprendre que la discipline militaire, certes appropriée quand il s'agissait de pousser des recrues de l'armée à s'entraîner, n'était guère adaptée à des survivants de l'Holocauste, en pleine convalescence après des années de déshumanisation et d'abus.

De même, après une série d'inspections à l'improviste au camp de PD polonaises de Wildflecken en septembre 1945, des généraux américains ordonnèrent que les lieux soient soumis à la discipline militaire. Dorénavant, toute personne déplacée surprise à jeter des détritus dans les rues, à pendre son linge entre des branches d'arbres ou à dissimuler des ordures dans des recoins du sous-sol s'exposerait à un emprisonnement immédiat. Tout Polonais qui refuserait de travailler serait mis en état d'arrestation, et toutes les femmes du camp subiraient un examen de dépistage des maladies vénériennes. Le comité du camp polonais, démocratiquement élu, serait démantelé et le rapatriement des Polonais, au rythme de 1 500 tous les quinze jours – par la force si nécessaire –, devait débuter sans tarder[42].

Inutile de le préciser, de tels oukases furent accueillis avec beaucoup d'amertume : après des années d'un traitement similaire entre les mains des nazis, la dernière chose dont les PD avaient envie, c'était que l'on persévère dans cette voie. « On ne peut pas dire que le savoir-faire de l'Armée en matière d'action humanitaire ait été franchement de premier ordre[43] », remarqua non sans ironie l'un des directeurs du camp de Wildflecken.

Secours et réintégration

Les gouvernements alliés s'aperçurent très vite que les structures militaires n'étaient pas les mieux adaptées à cette sorte de mission. C'est pour cette raison que l'on retira aux militaires le traitement quotidien des personnes déplacées pour les confier à un nouvel organisme humanitaire international – l'administration des Nations unies pour l'Aide humanitaire et la Réhabilitation (UNRRA). Cet organisme avait été créé en 1943 pour coordonner la distribution de nourriture et d'aide médicale dans la quasi-totalité de l'Europe libérée. Dans un premier temps, ses interventions se limitèrent aux Balkans, mais dès le printemps 1945 elles s'élargirent à presque tout le reste du continent, en particulier vers l'est. L'une de ses responsabilités les plus importantes concernait la coordination de l'aide sociale auprès des réfugiés et des personnes déplacées d'un bout à l'autre de l'Europe.

Entre 1945 et 1947, l'UNRRA put ainsi pourvoir aux besoins de millions de PD dans des camps situés partout en Allemagne, en Autriche et en Italie. Ces besoins n'étaient pas seulement physiques, mais de nature spirituelle, sociale et émotionnelle. L'éthique de l'administration des Nations unies pour l'Aide humanitaire et la Réhabilitation se fondait sur une idée centrale selon laquelle il ne fallait pas uniquement se contenter de distribuer aux personnes déplacées de la nourriture, de leur fournir un abri et des soins médicaux, mais aussi développer des activités de conseil socio-psychologique, éducatives, récréatives et même politiques. Cela ne participait pas simplement d'un exercice de canalisation des énergies vers des objectifs pragmatiques : on espérait que de telles activités reconstruiraient ces personnes déplacées, leur restitueraient leur qualité d'individus en leur insufflant une confiance retrouvée.

Les équipes de l'UNRRA adhérèrent à ce programme consistant à « aider les autres pour s'aider soi-même » avec un enthousiasme sans mélange[44]. La première initiative ou presque à laquelle on s'attela dans les camps de personnes déplacées fut la création d'une école. Cet établissement scolaire n'apportait pas seulement aux enfants l'éducation dont ils avaient été privés, il leur donnait aussi un sentiment de structuration et de normalité, et ce, dans certains cas, pour la première fois depuis des années. Selon un rapport de l'armée américaine daté d'avril 1946, les taux de fréquentation des écoles de personnes déplacées atteignaient 90 %. Les patrouilles de scouts et les clubs de jeunesse étaient aussi extrêmement appréciés, car ils soustrayaient les enfants à l'atmosphère malsaine, empreinte d'agressivité et de déliquescence morale, qui régnait dans certains camps[45].

On encourageait les PD à installer leurs Églises et leurs groupes religieux comme un moyen d'atténuer les pires excès et d'offrir à des hommes et des femmes démoralisés un secours spirituel indispensable. Les responsables officiels déployèrent de gros efforts pour se procurer du papier afin que les personnes déplacées puissent imprimer leurs journaux, que l'UNRRA mettait un point d'honneur à ne pas censurer. Des activités culturelles comme des concerts et des pièces de théâtre n'étaient pas moins encouragées, tout comme la formation des adultes. Les PD créèrent leurs propres programmes d'apprentissage, et fondèrent même leur université à Munich[46].

D'emblée, le commandement militaire allié et l'UNRRA tentèrent d'encourager une forme d'autogouvernement des camps de personnes déplacées : dans la plupart d'entre eux, des élections furent organisées, et des PD instaurèrent aussi leurs tribunaux et leurs forces de police afin de sanctionner les sujets les plus indisciplinés. Dans l'enceinte des camps, de telles institutions n'étaient pas tout à fait dignes de confiance. S'agissant du camp polonais de Wildflecken, par exemple, le personnel de l'UNRRA perçut toute l'ironie qu'il y avait à voir des membres des assemblées des camps prononcer « des discours enflammés promettant la suppression du marché noir, des distilleries de schnaps, du vol de bétail et du chapardage dans les poulaillers » alors même qu'ils étaient installés autour de tables chargées de roastbeef, de poulets et de bouteilles de cognac[47]. À l'intérieur de certains camps, on constatait aussi une tendance inquiétante à la formation de groupes politiques extrémistes, et en particulier de tendance nationaliste. Malgré tout, les personnels d'encadrement étaient obligés de le constater, la maîtrise des comportements criminels et extrémistes se présentait toujours de façon presque certaine comme une bataille perdue d'avance. L'important était d'apporter aux personnes déplacées ce dont elles avaient manqué tout au long de leur supplice : le sentiment de suivre une voie, et une confiance en soi retrouvée.

Malheureusement, la générosité de l'UNRRA était aussi une porte ouverte aux abus : les personnes déplacées se servaient souvent des approvisionnements de l'organisme pour transformer leur camp en foyer actif du marché noir. Au camp de Wildflecken, toute la police polonaise avait dû être révoquée et remplacée pour délits de corruption – pas seulement une fois, mais à cinq reprises au cours des dix-huit premiers mois[48]. Le vol, l'extorsion de fonds, la distillation illégale d'alcool étaient si répandus qu'on se mit à plaisanter sur l'acronyme de l'UNRRA, décliné en « You Never Really Rehabilitate Anyone[*49] ».

Ce fut pour des raisons comme celles-là que l'agence finit par acquérir la réputation d'un organisme composé de bonnes âmes incompétentes. Des critiques fusèrent au plus haut niveau : le gouverneur militaire britannique en Allemagne, le Field Marshal

---

* « En Réalité On Ne Réintègre Jamais Personne. » L'acronyme anglais se prête à cette déclinaison euphonique des initiales, impossible à rendre en français. (*N.d.T.*)

Montgomery, estima d'entrée de jeu que l'UNRRA était « tout à fait incapable » d'endosser cette mission, et se laissa convaincre d'en confier la responsabilité uniquement aux PD parce que son gouvernement ne pouvait plus se permettre d'imputer le financement de l'intervention humanitaire à l'armée de Sa Majesté. Tolérant mal que Washington finance presque les trois quarts du budget de l'UNRRA, quelques hommes politiques américains étaient furieux du gâchis, de la mauvaise gestion financière et de la corruption qui prévalaient au sein de l'organisme. Certains l'accusèrent même de se transformer en « racket international », dont le principal objectif n'était pas le soutien humanitaire aux personnes déplacées mais la « subsistance d'armées ou de groupes politiques », et notamment des communistes[50].

Et pourtant, malgré toutes ses lacunes, aujourd'hui encore les PD elles-mêmes conservent envers l'administration des Nations unies pour l'Aide humanitaire et la Réhabilitation une estime sans faille. En général, les employés de l'organisation étaient les premiers étrangers qu'elles rencontraient, et qui plus est leurs premiers interlocuteurs non violents, qui leur apportaient ce dont nombre d'entre elles avaient un besoin profond : la compassion. L'UNRRA comprenait, ce dont les militaires étaient peut-être incapables, que la bonté et l'empathie offraient aussi parfois un moyen efficace d'empêcher d'anciens déportés, condamnés aux travaux forcés, de prendre leur revanche.

Ceux qui le comprenaient d'instinct, c'étaient sans doute les enfants, qui, pour bon nombre d'entre eux, dans les camps de PD de l'UNRRA, avaient droit à un avant-goût d'avenir meilleur. Sur un continent où beaucoup d'enfants avaient peur des hommes en uniforme, la réaction d'une petite Française à la vue de ceux de l'UNRRA est très éloquente : Yvette Rubin était une adolescente juive de treize ans, déportée en Allemagne en 1942 ; après avoir été le témoin de beaucoup d'horreurs, notamment le meurtre de sa mère perpétré avec la dernière brutalité, elle était rentrée à Paris trois ans plus tard ; de retour chez elle, elle raconta sa terrible histoire à sa famille, mais ce fut seulement lorsqu'elle remarqua subitement le vêtement que portait son oncle que son regard s'alluma :

> Tonton, tu n'es pas soldat. Tu es de l'UNRRA. Je les connais. Je suis restée avec eux pendant au moins deux semaines, quand on a été libérés par les armées anglaises. Ils sont formidables. Ils m'ont sauvée la vie. Ils m'ont sauvée du typhus, alors que j'étais encore malade. Ils m'ont donné de quoi manger, et ils m'ont donné cette robe, celle que je porte maintenant. [...] Je les aime tellement. C'étaient les premières personnes à être gentilles avec moi[51].

La question du pouvoir personnel

Il est difficile de bien définir le comportement des anciens travailleurs forcés en Allemagne après la guerre. À un certain niveau, leur conduite n'était qu'une forme extrême de cette anarchie qui balayait tout le continent. Toutefois, leurs motivations n'étaient pas purement d'ordre criminel. Après des années d'exaspération refoulée, ils considéraient la violence, l'ivrognerie et la licence sexuelle comme une forme légitime de libre expression de soi, trop longtemps attendue. Leurs actes comportaient aussi une forte composante de colère. Beaucoup croyaient que, dans une certaine mesure, le pillage et la violence se justifiaient, comme une sorte de réparation après ce qu'on leur avait infligé. Ils désiraient profondément ce qu'ils considéraient comme une forme de châtiment collectif, mais que l'on pourra plus précisément décrire comme une vengeance.

Toutes ces motivations venaient s'enchevêtrer en un chaos d'émotions contradictoires que les PD elles-mêmes ne comprenaient pas véritablement. Le génie des organisations humanitaires comme l'UNRRA fut de reconnaître qu'en somme tout cela se résumait à une question de pouvoir personnel. Soumis au supplice pendant la guerre, beaucoup de travailleurs forcés avaient été maltraités, déshumanisés : ils avaient vu leur existence réglementée sous toutes ses facettes avec brutalité, parfois plusieurs années de suite. À la Libération, après s'être vu dénier toute forme de pouvoir pendant si longtemps, ils avaient senti le balancier repartir dans l'autre sens : le temps d'une courte période, ils ne furent pas seulement libres, mais autorisés à agir en totale impunité. S'ils perdirent alors la maîtrise d'eux-mêmes, c'était simplement parce qu'ils en avaient la possibilité, et cette sensation inédite de pouvoir était enivrante. Selon les termes d'un rapport psychologique de l'administration des Nations unies pour l'Aide humanitaire et la Réhabilitation, « on avait alors levé toutes les entraves[52] ».

Tandis que certains organes militaires cherchaient à refréner cette énergie empreinte de violence en rétablissant des contraintes sévères, les responsables de l'administration des Nations unies pour l'Aide humanitaire et la Réhabilitation voulaient ramener ces individus à une forme d'équilibre. Leur politique consistant à octroyer aux PD une certaine maîtrise de leur existence participait sans nul doute d'une conception des plus éclairées ; s'ils avaient disposé d'un délai et d'un budget illimités, cette méthode aurait certainement eu plus de chances de réinsérer nombre de déplacés que celle de la pure discipline. Mais, dans la situation de désordre qui prévalait après la guerre, c'était aussi une position totalement idéaliste : les populations des camps étant en transit, elles ne pouvaient pas percevoir les bienfaits d'un tel programme. En outre, ces gens étaient trop traumatisés et le personnel de l'administration des Nations unies pour l'Aide humanitaire et la Réhabilitation trop sollicité. Trop souvent, en particulier dans les premiers temps de l'après-guerre, la volonté de rendre le pouvoir aux PD n'eut pas d'autre effet que de leur offrir de multiples occasions de se venger. En conséquence, le personnel de l'UNRRA fut obligé de suivre une voie très étroite, entre sa volonté d'accorder des responsabilités aux personnes déplacées et l'obligation de brider leurs emportements.

Si, après les tout premiers moments de la Libération, la vengeance d'anciens travailleurs forcés ne s'exerça pas à une plus vaste échelle, c'est surtout parce que les PD ne furent jamais en position d'exercer un véritable pouvoir ; si elles avaient eu la responsabilité de camps où des Allemands étaient à leur tour prisonniers – comme ce fut le cas ailleurs en Europe –, la situation aurait pu être différente.

En réalité, les seuls protagonistes ayant acquis une véritable position dominante en Allemagne – et dont, en certaines circonstances, on pouvait bel et bien qualifier le pouvoir d'*absolu* –, c'étaient les militaires. Après la capitulation nazie, les armées alliées disposèrent de bien plus amples occasions de revanche que les personnes déplacées n'en eurent jamais.

Depuis cette époque-là, la réaction des soldats alliés et de leurs chefs à ces occasions de revanche demeure un sujet de controverse.

11

Prisonniers de guerre allemands

En temps de guerre, les pires atrocités ne surviennent généralement pas sur le champ de bataille, mais après la fin des affrontements. Un soldat peut être en position de venger ses camarades tombés au combat en se battant avec une détermination farouche, mais il se trouva plus aisément en mesure d'assouvir cette pulsion une fois l'ennemi vaincu, désarmé et réduit à sa merci. C'est quand le soldat finit par être chargé de garder des prisonniers de guerre qu'il est le plus puissant, et que son ennemi l'est le moins.

C'est pour prévenir tout abus lié à ce déséquilibre des pouvoirs que la communauté internationale a adopté la troisième convention de Genève en 1929. Celle-ci n'interdit pas seulement les traitements violents ou humiliants visant des prisonniers de guerre, mais stipule les conditions dans lesquelles ils doivent être logés, nourris et gardés. Toutefois, pendant la Deuxième Guerre mondiale, ces règles furent bafouées avec une telle constance par toutes les parties belligérantes qu'elles furent vite réduites au rang de préceptes abstraits. L'armée allemande exécuta, avilit et affama ses prisonniers de guerre, en particulier sur le front de l'Est – et, quand le vent tourna, il n'est guère surprenant que certains aient eu l'envie de lui réserver à peu près le même traitement.

Dans son histoire du conflit en plusieurs volumes, Winston Churchill témoigne de l'attitude dominante envers les prisonniers de guerre à cette époque, avec une forte propension à la vengeance, même dans les plus hautes sphères. Il mentionne ainsi un épisode qui eut lieu lors de la toute première conférence des « Trois Grands » à Téhéran, fin 1943. Il dînait avec Staline et Roosevelt, le deuxième jour de la conférence, lorsque le premier proposa de porter un toast à la liquidation d'« au moins 50 000, et peut-être 100 000 officiers du commandement allemand ». Révolté par cette remarque, Churchill, qui n'ignorait rien de l'assassinat des officiers polonais à Katyn survenu au tout début du conflit, déclara froidement que le peuple britannique ne tolérerait jamais de telles exécutions de masse. Quand le maître du Kremlin s'appesantit encore, affirmant qu'il faudrait « en fusiller » au moins 50 000, c'était plus que le Premier ministre britannique ne pouvait en tolérer : « Je préférerais qu'on me conduise tout de suite dehors, dans ce jardin, et qu'on m'abatte, lâcha-t-il, plutôt que de souiller mon honneur et celui de mon pays par une telle infamie. » À cet instant, dans une tentative assez malvenue d'alléger l'atmosphère, Roosevelt intervint, suggérant que l'on s'entende sur un moyen terme, en s'arrêtant sur un chiffre plus modeste, par exemple ne fusiller que 49 000 de ces hommes. Il semblerait qu'il se soit agi là d'un bon mot, mais, étant donné ce que Roosevelt savait lui aussi du passé de Staline, la plaisanterie était de très mauvais goût. Churchill n'eut pas le temps de répliquer avant que le fils du président, Elliott, qui était aussi présent au dîner, n'ajoute son grain de sel : « Écoutez, lança-t-il au dictateur, quand nos armées vont commencer à débouler par l'Ouest, alors que vos armées continueront d'avancer par l'Est, nous résoudrons la question, non ? Les soldats russes, américains et britanniques scelleront le sort de la majorité de ces 50 000 officiers sur le champ de bataille, et j'espère que non seulement nous réglerons leur compte à ces 50 000 criminels de guerre, mais aussi à des centaines de milliers d'autres nazis. » Là-dessus, Staline se leva, serra le fils Roosevelt dans ses bras et trinqua avec lui. Churchill fut interloqué. « J'ai beau vous aimer, Elliott, fit-il, je ne peux vous pardonner une déclaration aussi ignoble. Comment osez-vous dire une chose pareille ! » Il se leva et sortit de la pièce en trombe, laissant Staline et son ministre des Affaires étrangères, Viacheslav Molotov, se précipiter derrière lui en lui affirmant qu'il prenait les choses trop au sérieux – ils n'avaient mentionné tout cela que par « jeu[1] ».

Cette anecdote, reprise par de nombreux historiens, a été diversement interprétée – preuve du caractère impitoyable de Staline, démonstration de naïveté de la part de Roosevelt, ou illustration de l'impuissance croissante de Churchill à l'ombre des deux premiers[2]. Ce sont assurément les propos du président démocrate qui restent les plus révélateurs, car ce sont aussi les plus inattendus : il semble qu'il ait été enchanté de cette idée d'exécuter 50 000 prisonniers allemands, car ce fut pratiquement le premier sujet qu'il évoqua lorsque les trois hommes se réunirent à nouveau lors de leur deuxième conférence, à Yalta, un peu plus d'un an après[3]. Si l'on prend les réflexions de Roosevelt pour argent comptant, et si l'on tient compte du préjugé antiallemand bien connu du chef de l'exécutif américain, il finit par nous paraître à peu près aussi impitoyable que Staline.

Le traitement réservé aux prisonniers de guerre allemands en 1945 a toujours été un sujet de controverse, car il remet en question les valeurs mêmes que les Alliés prétendaient défendre. Ce dont discutèrent Staline, Roosevelt et Churchill, c'était l'autre facette inévitable de la Libération : un processus au cours duquel des millions d'Européens ne seraient pas libérés, mais incarcérés ; et des milliers d'autres ne seraient pas sauvés, mais conduits à la mort. Churchill, qui ne perdait jamais de vue la postérité, comprenait que ce n'était pas un sujet à prendre à la légère. C'était une chose de voir des individus réduits à l'esclavage, enfin libérés, chercher vengeance, c'en était tout à fait une autre quand il s'agissait des dirigeants les plus puissants de la planète.

Au lendemain du conflit mondial, le sort des prisonniers allemands dépendait entièrement du bon vouloir de leurs geôliers. Que leur impuissance invite à la pitié, au mépris ou à la pure et simple indifférence, la question n'était pas fortuite – cela dépendrait des attitudes dominantes au sein des armées alliées, à tous les niveaux de commandement.

Les prisonniers de guerre détenus par les Américains

Au cours de cette guerre, plus de 11 millions de soldats allemands furent faits prisonniers par les Alliés. Au vu de l'ampleur des batailles qui se déroulèrent sur le front russe, on se serait attendu à ce que la majorité de ces prisonniers finissent aux mains des Russes, mais l'Armée rouge en captura en réalité moins du tiers – environ 3 155 000 hommes au total. Les Américains (quelque 3,8 millions) et les Britanniques (3,7 millions) en capturèrent davantage. Même les Français réussirent à s'emparer de presque 250 000 soldats du Reich, alors qu'à la tête d'une armée comparativement bien plus modeste ils eurent moins d'une année devant eux pour faire des prisonniers[4].

Cette disparité des chiffres nous renseigne moins sur la vaillance des Soviétiques que sur la peur qu'ils inspiraient aux Allemands. Au tout derniers jours des hostilités, des soldats de la Wehrmacht tentèrent par tous les moyens d'éviter de se constituer prisonniers de l'Armée rouge : de nombreuses unités continuèrent de combattre alors qu'il eût été depuis longtemps plus raisonnable de se rendre, tout simplement parce qu'elles redoutaient ce qui leur arriverait si elles tombaient entre les mains des Russes ; d'autres s'organisèrent de leur mieux pour se dépêtrer du front oriental afin d'être plutôt en position de se livrer aux Britanniques et aux Américains. À l'approche de la capitulation, cela devint une priorité à tous les échelons de l'armée allemande : lorsque le chef d'état-major, le général Alfred August Jodl, arriva au quartier général d'Eisenhower pour signer l'acte de reddition, il retarda volontairement la procédure de deux jours afin de laisser à ses troupes autant de temps que possible pour continuer de combattre et se frayer un chemin vers l'Ouest[5]. En Yougoslavie, les Allemands et les Croates défièrent les ordres de capitulation du 8 mai et continuèrent de se battre en direction de la frontière autrichienne pendant une semaine entière[6]. En conséquence, alors que l'on constatait à la toute fin des hostilités une explosion du nombre de soldats se rendant aux Alliés occidentaux – rien qu'en avril et mai 1945 les Américains capturèrent quelque 1,8 million d'hommes –, il n'y eut pas de hausse comparable sur le front de l'Est[7].

La masse de soldats allemands qui se rendirent aux Alliés occidentaux semble avoir pris de court les Britanniques et les Américains. À titre de mesure temporaire, ils regroupèrent ces prisonniers dans 16 vastes campements, juste à l'intérieur des frontières de la partie occidentale de l'Allemagne, sous le nom générique de *Rheinwiesenlager* (les « camps des prairies rhénanes »). La plupart de ces installations étaient capables de recevoir 100 000 hommes, mais au moment de la capitulation plusieurs de ces vastes campements de fortune furent contraints d'en accueillir sensiblement plus. À titre d'exemple, plus de 118 000 prisonniers s'entassaient dans l'enceinte de Sinzig, et le camp de Remagen en comptait déjà plus de 134 000. Certains de ces camps, plus petits, étaient encore plus surpeuplés. Ainsi, celui de Böhl possédait une capacité de 10 000 hommes, et pourtant il en abritait plus du triple[8]. Il devint vite évident que les Alliés avaient du mal à absorber le flot, et une vague de notes internes circula entre leurs commandants réclamant la fourniture urgente de ressources supplémentaires[9].

Pour avoir une idée des situations auxquelles étaient soumis ces prisonniers, il suffit de regarder certaines photographies prises à l'époque, ou de lire quelques-uns des nombreux rapports de témoins oculaires qui furent collationnés par des chercheurs et des agences gouvernementales allemandes après le conflit[10]. Ces enceintes n'étaient pas des « camps » au sens traditionnel, car elles contenaient peu ou pas de tentes ou de baraquements : c'étaient simplement des terrains situés en rase campagne clôturés par des rangées de fils de fer barbelés. Les prisonniers n'avaient nulle part où s'abriter, et ils étaient constamment exposés aux éléments. « En général, je couche à même le sol », écrivait l'un de ces prisonniers, qui, pendant toute la durée de sa détention dans la vaste enceinte du campement de Rheinberg, tint un journal écrit sur des rouleaux de papier toilette.

> Lors des périodes de chaleur, je rampe dans une cuvette de terrain. Je porte une vareuse et des bottes, mon calot enfoncé sur les oreilles ; mon paquetage, où je garde une cuiller et une fourchette, me sert d'oreiller. Pendant un orage, l'une des parois de mon trou s'est écroulée sur moi. Ma vareuse et mes chaussettes sont complètement trempées. [...] Combien de temps vais-je devoir rester là sans abri, sans couverture et sans tente ? Avant, tous les soldats allemands avaient de quoi s'abriter des intempéries. Même un chien a une niche où il peut ramper quand il pleut. Notre seul souhait, au bout de six semaines, c'est d'avoir enfin un toit au-dessus de nos têtes. Même un sauvage est mieux logé[11].

L'absence d'abri était aggravée par le manque de couvertures ou de vêtements adaptés : les prisonniers ne portaient que la tenue qu'ils avaient sur eux lors de leur capture et, dans la plupart des cas, ils avaient été délestés de leur équipement réglementaire de l'armée. Ce qu'ils conservaient était « souvent plus que rudimentaire. Pas de manteau, pas de couvre-chef, pas de veste, dans bien des cas uniquement des vêtements civils et des chaussures de ville ». À Heidesheim, des enfants de quatorze ans n'avaient rien d'autre à se mettre que leur pyjama. On les avait arrêtés lors d'une patrouille nocturne qui les avait considérés comme de possibles « Loups garous » – le terme employé pour désigner les résistants fanatiques de la dernière heure –, et directement conduits au camp dans leur tenue de nuit[12].

Si le manque de vêtements ou d'abri était terrible, il en était de même du manque d'hygiène : les prisonniers n'avaient nulle part où se laver, et un nombre très insuffisant de fosses creusées à même la terre en guise de toilettes. Selon ceux qui étaient emprisonnés à Rheinberg, le camp « n'était rien d'autre qu'un égout géant, où chaque homme chiait là où il se trouvait ». Certaines parties du camp de Bad Kreuznach formaient « littéralement une mer d'urine », où les soldats étaient contraints de dormir. Le papier toilette était si rare que les prisonniers se servaient souvent de billets de banque allemands, un geste qui suscitait rarement la consternation parmi eux car le bruit courait que de toute manière la monnaie allemande allait être retirée de la circulation[13].

La pénurie de nourriture restait l'un de leurs plus grands soucis. À l'ouverture du camp de Remagen, en raison de cette énorme concentration de prisonniers, il fallut imposer une division par deux des rations, à raison d'une seule miche de pain pour 25 hommes.

Plus tard, cette ration journalière fut augmentée à une miche pour 10, mais cela ne suffisait toujours pas à assurer leur subsistance. À Bad Kreuznach, pendant six semaines, il n'y eut plus de pain, de sorte que, lorsqu'il finit par arriver, cela provoqua un grand tumulte. Jusque-là, la ration journalière consistait en « trois cuillerées de légumes, une cuillerée de poisson, une ou deux prunes, une cuillerée de confiture et quatre à six biscuits ». À Bad Herschfeld, les prisonniers survécurent avec seulement 800 calories par jour, jusqu'à ce que le cinquième d'entre eux se transforment en « squelettes ». Pour entretenir leur maigre régime, des prisonniers étaient forcés de fouiller dans les herbes comestibles qui poussaient dans le camp, et les rapports signalaient souvent des prisonniers se préparant une soupe d'orties et de pissenlits sur de minuscules feux de camp. Il n'était pas rare qu'ils creusent la terre avec leur gamelle pour en extraire des navets, qu'ils mangeaient ensuite crus, ce qui provoqua une épidémie de dysenterie[14].

Le manque d'eau était encore plus difficile à supporter. « Pendant trois jours et demi, nous n'avons pas eu d'eau du tout », signala un mécanicien de char, George Weiss.

> Nous buvions notre urine. Le goût était épouvantable, mais que pouvions-nous faire ? Certains hommes se couchaient à plat ventre et léchaient la terre pour en retirer un peu d'humidité. J'étais si faible que je me traînais déjà à genoux, quand nous avons enfin eu un peu d'eau à boire. Sans cette eau, je crois que je serais mort. Mais le Rhin était juste derrière la clôture barbelée[15].

À Bad Kreuznach, il n'y avait qu'un seul robinet pour plus de 56 000 hommes, et l'eau devait être livrée par camion devant la clôture d'enceinte. À Büderich, les cinq robinets qui desservaient plus de 75 000 prisonniers n'étaient ouverts qu'une heure chaque soir. Quand on demanda au commandant américain du camp pourquoi les prisonniers devaient endurer des conditions de détention aussi inhumaines, il aurait répondu : « C'est pour que le plaisir qu'ils ont eu à jouer les soldats leur passe une fois pour toutes[16]. »

Il n'est guère surprenant que ces camps aient connu un fort taux de mortalité, surtout quand on sait que certains de ces hommes étaient déjà blessés et épuisés par les combats. Or, depuis cette époque, le taux exact de cette mortalité est demeuré un sujet de débat. Dans son livre controversé *Morts pour raisons diverses*, James Bacque avance le chiffre de 800 000 prisonniers allemands morts en captivité dans les camps américains – un chiffre qui placerait la vengeance de l'Amérique à égalité avec certaines des atrocités soviétiques et nazies les plus terribles de toute la guerre. Comme beaucoup d'autres affirmations de Bacque, ce chiffre absurde a depuis été fondamentalement mis en doute par des chercheurs de plusieurs pays[17]. Les statistiques officielles se situent à un niveau plus de 160 fois inférieur au sien : selon la commission gouvernementale allemande présidée par Erich Maschke, on estime que 4 357 de ces hommes seraient morts dans les *Rheinwiesenlager* – même si la commission concède que ce total pourrait être un peu supérieur[18]. D'autres chercheurs avancent l'hypothèse que le nombre réel de ces décès ait pu être sensiblement plus élevé, surtout quand on tient compte du chaos de la période, qui n'a jamais été propice à un comptage exact ; mais on s'accorde généralement à considérer que ce nombre n'a pu excéder 50 000 à 60 000 morts au maximum[19].

Cela ne signifie pas que des pertes similaires à celles suggérées par Bacque n'aient pas été à déplorer, seulement il se trompait de théâtre d'opérations : comme toujours, l'horreur véritable ne survint pas à l'Ouest, mais à l'Est.

Les prisonniers de guerre détenus par les Soviétiques

Si les conditions de vie des prisonniers des Alliés occidentaux étaient mauvaises, celles des prisonniers à l'Est furent atroces – si atroces, en réalité, que les unes et les autres ne méritent guère d'être comparées. Tout ce que les prisonniers de guerre subirent dans les *Rheinwiesenlager* se produisit aussi dans les camps soviétiques, mais à plus grande échelle et sur de plus longues périodes de temps. En outre, les prisonniers allemands étaient généralement acheminés vers leur lieu de captivité à marche forcée ; ces « marches de la mort » duraient souvent une semaine ou davantage, laps de temps pendant lequel on les privait régulièrement d'eau et de nourriture.

Sur les 3 millions d'hommes capturés par les Russes pendant la guerre, plus du tiers moururent en captivité. En Yougoslavie, la situation était proportionnellement encore plus grave : autour de 80 000 prisonniers de guerre furent exécutés, affamés, privés de soins médicaux ou poussés vers la mort à marche forcée – soit un homme sur cinq. De tels chiffres auraient été inconcevables à l'Ouest. Un bref coup d'œil au tableau 1 (voir p. 147) permet de confirmer que les soldats allemands avaient raison de craindre d'être capturés par l'Armée rouge ou les détachements de partisans qui lui étaient associés. Les prisonniers arrêtés à l'Est avaient 90 fois plus de probabilité de mourir que ceux que l'on capturait à l'Ouest.

Il y avait de nombreuses raisons à ce bilan si élevé à l'Est. Premièrement, les ressources étaient nettement plus réduites : pendant toute la guerre, les Soviétiques et leurs alliés avaient fortement misé sur l'Ouest pour qu'il leur procure de la nourriture et du matériel, et il était à prévoir qu'ils réservent leurs maigres approvisionnements à leur peuple, et en particulier à leur armée, avant de se résoudre à nourrir leurs prisonniers en leur distribuant les restes. Les moyens de transport et les infrastructures étaient bien plus endommagés à l'Est qu'à l'Ouest, et les distances à couvrir à pied nettement plus grandes : des dizaines de milliers de prisonniers de l'Axe périrent au cours de marches forcées à travers les vastes plaines d'Union soviétique et d'Europe de l'Est. Quand on songe à la rudesse éventuelle des hivers russes, il n'est guère surprenant que davantage de prisonniers soient morts d'avoir été soumis au régime des camps soviétiques qu'à celui des camps occidentaux. Mais tout cela n'est qu'une manière de contourner la question centrale : la raison principale pour laquelle tant de prisonniers allemands moururent en captivité en Union soviétique est que presque personne, parmi ceux qui avaient la charge de veiller sur eux, ne se souciait qu'ils vivent ou qu'ils meurent.

Pendant la guerre, dans la société soviétique, la haine absolue de l'Allemagne et des Allemands était devenue endémique. Jusqu'au printemps 1945, les soldats soviétiques avaient été soumis à une propagande de haine extrêmement virulente, propagande qui diabolisait les Allemands et l'Allemagne de toutes les façons possibles. Le journal de l'armée soviétique, *Krasnaïa Zvezda (L'Étoile rouge)*, publiait des poèmes d'Alexeï Surkov portant des titres tels que « Je hais », dont le dernier vers proclamait : « Je veux les étrangler tous[20]. » La *Pravda* fit paraître des poèmes de Konstantin Simonov comme « Tuez-le ! », publié le jour de la chute de Vorochilograd, où il exhortait les soldats russes

> à tuer un Allemand, à le tuer vite –
> Et chaque fois que tu en vois un, tue-le[21].

D'autres auteurs, comme Mikhaïl Sholokhov et Vassili Grossman, écrivirent des articles et des reportages au vitriol pour renforcer la haine soviétique de tout ce qui touchait à l'Allemagne. Mais ce fut Ilya Ehrenburg qui occupa une place toute particulière dans le cœur des soldats soviétiques : ses psaumes incendiaires, publiés dans *Krasnaïa Zvezda*, furent si souvent imprimés et répétés que la plupart des soldats les connaissaient par cœur.

> Les Allemands ne sont pas des êtres humains. À partir de maintenant, le mot « allemand » est pour nous la pire des malédictions imaginables. À partir de maintenant, le mot « allemand » nous blesse au plus vif. Nous ne nous laisserons pas enflammer. Nous tuerons. Si tu n'as pas tué au moins un Allemand par jour, tu as perdu ta journée. [...] Si tu ne peux abattre un Allemand d'une balle, tue-le à coups de baïonnette. Si le calme règne sur ta partie du front, ou si tu attends de monter au combat, pendant ce temps-là, tue donc un Allemand. [...] Et, si tu en tues un, tues-en donc un autre – il n'y a rien de plus plaisant qu'un monceau de cadavres allemands[22].

Cette déshumanisation de l'ennemi était un thème constant des écrits d'Ehrenburg. Au début de l'été 1942, il affirmait :

> On peut tout supporter : la peste, la faim et la mort. Mais on ne peut supporter les Allemands. [...] Tant que ces limaces vert-de-gris sont en vie, on ne peut pas vivre. Aujourd'hui, il n'y a plus de livres ; aujourd'hui, il n'y a plus d'étoiles dans le ciel ; aujourd'hui, il n'y a qu'une idée et une seule : tuer les Allemands. Les tuer tous et les enterrer[23].

En d'autres occasions, ces « limaces vert-de-gris » étaient présentées comme des scorpions, des rats porteurs de la peste, des chiens enragés et même des bactéries[24] ; tout comme la propagande nazie avait déshumanisé les Slaves, ces *Untermenschen*, la propagande soviétique réduisait l'ensemble des Allemands à de la vermine[25].

Le ton sanguinaire de tels écrits ne différait pas notablement de ceux de la propagande d'autres pays, comme l'exhortation de Philippe Viannay à tuer des Allemands, des collaborateurs et des policiers dans la France occupée[26]. Mais, au contraire de la majorité des Français, les Soviétiques avaient la capacité de traduire leurs paroles en actes, et ce, à une vaste échelle. On a souvent relevé qu'une telle propagande était l'une des causes majeures de cette « orgie d'extermination » à laquelle on assista dès que l'Armée rouge mit le pied en terre germanique[27] ; mais elle contribua aussi fortement au traitement qui fut réservé aux soldats du Reich capturés sur le champ de bataille. Ceux-ci ayant manifesté peu d'humanité envers leurs propres prisonniers, beaucoup de Russes estimaient avoir le droit de les payer de retour. Contre les ordres, d'innombrables prisonniers de la Wehrmacht furent abattus dès leur reddition ou peu après, et un nombre incalculable d'entre eux furent mis à mort par des soldats de l'Armée rouge ivres, qui considéraient que la vengeance faisait partie des célébrations de la victoire. À l'occasion, ces soldats soviétiques tiraient au hasard sur les colonnes de prisonniers, pour le plaisir – tout comme les Allemands avaient tiré sur des prisonniers soviétiques en 1941[28]. En Yougoslavie aussi, au moindre écart de comportement, des prisonniers allemands furent abattus, pour être dépouillés de leurs vêtements et de leur équipement, par désir de vengeance, ou « rien que pour le sport »[29].

Il faut se souvenir que les soldats allemands ne furent pas les seuls à en payer le prix, même si les prisonniers du Reich étaient certainement les plus nombreux : 70 000 Italiens furent aussi faits prisonniers par l'Armée rouge, et ils furent nombreux à ne jamais rentrer chez eux[30]. Plus de 309 000 soldats roumains furent portés disparus sur le front de l'Est, mais on ignore combien survécurent assez longtemps pour être faits prisonniers[31]. Tous ces captifs n'étaient pas non plus des combattants – en réalité, au vu des statistiques officielles, il est souvent impossible de séparer les civils des soldats. Dans le sillage de la capitulation, au moins 600 000 Hongrois, civils et soldats, furent raflés par l'Armée rouge sans aucune autre raison que leur appartenance à la mauvaise nationalité et envoyés dans des camps de travail d'un bout à l'autre de l'Union soviétique[32].

Les atrocités que subirent ces malheureux détenus furent tout aussi rudes que celles qu'avaient connues les travailleurs forcés en Allemagne nazie. Le premier traitement qu'ils subirent fut d'être dévalisés de leurs maigres possessions : les montres, les alliances et d'autres objets de valeur étaient les plus prisés par les soldats soviétiques, mais plusieurs groupes successifs de pillards les délestèrent aussi de leur paquetage militaire et même de leurs vêtements. « Malheur à ceux qui portaient des bottes de cheval, écrivit Zoltan Toth, un médecin hongrois capturé après la chute de Budapest en février 1945. Si les Russes repéraient un prisonnier qui portait des bottes un tant soit peu mettables, ils l'obligeaient à sortir du rang, lui logeaient une balle dans la tête et lui retiraient ses bottes[33]. »

Le pillage de leurs maigres effets marqua le début d'une période de privations qui entraînerait la mort du tiers de ces hommes. Qui plus est, cette privation était souvent volontaire : si les prisonniers des Américains ne recevaient pas de rations convenables, c'était en général à cause d'une simple interruption des approvisionnements ; en revanche, les prisonniers des Russes se voyaient souvent refuser eau et nourriture à dessein, par les troupes qui les capturaient, par les gardes qui les acheminaient et par le personnel des camps où ils finissaient. On en trouvera un exemple avec Hans Schuetz, un soldat capturé en Allemagne orientale par les Soviétiques à la toute fin de la guerre. Durant sa longue marche vers l'Est et la captivité, il vit souvent les habitants des régions qu'ils traversaient leur apporter des gamelles, des sandwiches ou des pichets de lait. « Toutefois, les gardes nous donnaient de strictes instructions de ne toucher à rien. Ils tiraient dans les pots, dans les boîtes de conserve et les piles de sandwiches. Le lait et l'eau imbibaient la terre, les sandwiches sautaient en l'air et roulaient dans la boue. Nous n'osions toucher à rien[34]. »

Si les prisonniers des Américains devaient faire la queue pour avoir leur eau, ceux des Soviétiques étaient parfois contraints de la voler ou, en hiver, de se résoudre à manger de la neige[35]. Alors que les Américains étaient incapables de fournir suffisamment de médicaments pour traiter l'éruption des maladies, les médecins soviétiques refusaient de distribuer à leurs prisonniers ceux dont ils disposaient, et s'en servaient comme d'instruments de marchandage pour leur extorquer encore d'autres biens[36]. Dans les camps américains, personne n'en était réduit à manger des chiens et des chats errants, comme dans les goulags soviétiques, ou à se servir de son pain comme d'un appât pour attraper des rats et s'en nourrir[37]. Le régime de famine des camps soviétiques était bien pire que tout ce que les prisonniers des Américains furent obligés d'endurer, et il ne dura pas quelques jours ou quelques semaines, mais des mois. Zoltan Toth, qui travaillait dans un centre médical de fortune du goulag en 1946, vit régulièrement à la morgue des corps que l'on avait ouverts pour en extraire les organes – sans doute pour les manger –, tout comme cela s'était vu à Bergen-Belsen ; quand il le signala au médecin-chef, ce dernier dissipa ses inquiétudes en ces termes : « Si vous aviez vu ce qui s'est passé ici il y a un an[38]... »

Certains prisonniers de guerre eurent la chance d'être renvoyés chez eux dès 1947, mais la plupart croupirent dans les goulags soviétiques jusqu'en 1950, quand Staline promulgua une « amnistie » pour ceux de ces Allemands qui avaient été de « bons travailleurs[39] ». En revanche, certains de ceux qui n'avaient pas réussi à s'éviter des ennuis avaient été requalifiés de prisonniers politiques et ne furent pas relâchés avant que Khrouchtchev n'accorde de nouvelles amnisties, après la mort du tyran soviétique en 1953. Les derniers ne rentrèrent en République fédérale qu'en 1957, douze ans après la capitulation. Après des années de travail dans les mines, les forêts, sur les voies ferrées, dans les tanneries, les fermes collectives et les usines au fin fond de l'Union soviétique, c'étaient souvent des hommes brisés. Le comte Heinrich von Einsiedel décrivit plus tard les hommes avec lesquels il regagna son pays à bord d'un des premiers convois : « Mais les chargements que transportaient ces trains ! Des squelettes affamés, aux yeux creusés ; des épaves humaines parcourues de convulsions, sous l'effet de la dysenterie provoquée par la malnutrition : des silhouettes émaciées aux membres tremblants, des visages gris, vides d'expression, et des yeux éteints qui ne s'illuminaient qu'à la vue d'un morceau de pain ou d'une cigarette. » Face à ce spectacle, Einsiedel, jadis un communiste fervent, se sentit véritablement ébranlé dans sa foi militante : chacun de ces prisonniers, dit-il, était « une accusation vivante de l'Union soviétique, une condamnation à mort du communisme[40] ».

Le prix de la mauvaise histoire

Le traitement infligé aux prisonniers de guerre allemands fut incommensurablement plus pénible côté soviétique qu'il ne le fut côté américain – une vérité confirmée non seulement par des chiffres internationalement connus, mais aussi par les témoignages de centaines d'anciens détenus. Toutefois, cela n'a pas dissuadé certains auteurs de prétendre le contraire : quand James Bacque publia *Morts pour raisons diverses* en 1995, il tenta de convaincre le monde que c'étaient les Américains et non les Russes qui avaient organisé la mort de centaines de milliers de prisonniers allemands. Il imputait la responsabilité de ces morts supposées au gouvernement américain, qu'il accusait d'avoir conduit une politique de vengeance délibérée avant de dissimuler la « vérité » sous des strates de décomptes manipulés. Les affirmations de Bacque ne remettaient pas seulement en cause la conviction fortement ancrée, chez les Américains, d'avoir livré une guerre morale, mais dans les faits elles revenaient à accuser les dirigeants des États-Unis de crimes contre l'humanité.

Il s'agissait là d'une théorie du complot classique, qui n'aurait guère mérité d'être mentionnée sans la controverse suscitée par le livre lors de sa parution. Des chercheurs du monde entier se sont mis sur les rangs pour dénoncer les méthodes d'analyse historique ineptes de Bacque, sa présentation déformée des documents, son rejet d'un vaste corpus de recherches méthodiques et surtout sa totale incompréhension des statistiques[41]. D'un autre côté, certains vétérans américains qui avaient été gardiens de prison après la guerre prirent sa défense : les conditions de vie dans ces camps étaient bel et bien épouvantables, soulignaient-ils, et une culture de la négligence, et même de la revanche passive, existait bien dans nombre d'entre eux. Même les détracteurs de Bacque furent obligés d'admettre que de telles observations étaient recevables.

Si un climat de controverse plane encore sur cette question, alors que, plusieurs dizaines d'années plus tard, l'épisode aurait dû se réduire à une notule en marge de l'histoire, c'est parce qu'il a toujours subsisté un soupçon de vérité dans les affirmations de cet historien. La critique principale qu'il faudrait lui adresser serait non pas d'avoir déformé les faits, mais peut-être surtout d'avoir détourné notre attention de la réalité de l'histoire. Cette histoire-là n'était peut-être pas aussi sensationnelle que celle qu'il avait eu envie de découvrir, mais elle n'en reste pas moins choquante.

Si l'on examine les chiffres officiels réunis par la commission Maschke, il apparaît que le gouvernement militaire américain, ainsi que celui des Français, aurait effectivement à répondre d'un fait. Le taux de pertes dans les camps américains, sans être élevé, fut tout de même quatre fois plus lourd que dans les camps de prisonniers de guerre dirigés par les Britanniques (voir tableau 1). Le pire, ce furent les camps des Français : alors que l'on n'y détenait qu'un tiers du nombre des prisonniers dont les Britanniques avaient la charge, ces camps enregistrèrent presque vingt fois plus de morts (24 178 au total). Et rappelons ici que ce sont là des chiffres minimaux : les historiens officiels eux-mêmes admettent que des milliers de décès ont probablement été passés sous silence.

Tableau 1 – Pertes parmi les prisonniers de guerre[42]

Pays de détention	Prisonniers de guerre	Pertes	%
Grande-Bretagne	3 635 000	1 254	–
États-Unis*	3 097 000	4 537	0,1
France*	937 000	24 178	2,6
URSS*	3 060 000	1 094 250	35,8
Yougoslavie	194 000	80 000	41,2
Pologne	70 000	5 400	7,7
Tchécoslovaquie	25 000	1 250	5,0
Belgique, Hollande, Luxembourg	***76 000***	***675***	***0,9***
Totaux	11 094 000	1 211 544	10,9

* Ces chiffres incluent les camps implantés en Europe continentale.

Les pertes élevées dans les camps français peuvent au moins s'expliquer par la crise alimentaire que subissait alors la France. À l'automne 1945, la situation des approvisionnements était si mauvaise que, faute d'une amélioration, le Comité international de la Croix-Rouge annonçait la possibilité de 200 000 décès parmi les prisonniers. En conséquence, une opération humanitaire fut lancée : des vivres d'origine américaine furent réacheminés vers les camps français afin d'augmenter les rations et qu'elles repassent au-dessus du seuil de famine. Ainsi, l'aggravation du désastre put être évitée[43].

L'écart entre les pertes britanniques et américaines est toutefois plus difficile à expliquer. Rien n'interdisait aux Américains d'approvisionner leurs prisonniers de guerre à l'exemple des Britanniques – en réalité, Washington disposait aisément de l'armée la mieux ravitaillée de toutes les forces alliées. Certains ont suggéré que ses forces avaient perdu davantage de prisonniers car elles étaient chargées des camps tristement célèbres dits *Rheinwiesenlager* – les camps de transit temporaires de la rive est du Rhin. Mais la raison pour laquelle ces camps auraient été sensiblement plus difficiles à approvisionner que les autres n'est pas claire et, quoi qu'il en soit, certains d'entre eux furent confiés au contrôle des Britanniques peu après la fin des hostilités[44]. Durant la période critique de l'immédiat après-guerre, les Américains eurent la responsabilité de plus de prisonniers que les Britanniques, mais la différence n'était pas si marquée : 2,59 millions contre 2,12 millions. Si l'on rapporte ces chiffres aux tailles relatives des armées britannique et américaine, proportionnellement les Britanniques avaient la responsabilité de plus de prisonniers[45].

La seule différence substantielle entre les chiffres britanniques et américains est la rapidité avec laquelle leurs prisonniers ont été libérés : alors que les Britanniques avaient libéré plus de 80 % de ceux dont ils avaient la charge à l'automne 1945, les Américains conservèrent la majorité des leurs durant l'hiver[46]. La raison en était que Roosevelt avait insisté pour que l'on traduise les soldats allemands en justice pour crimes de guerre, et ce, jusqu'aux grades inférieurs : les prisonniers détenus par les forces de Washington durent donc rester plus longtemps dans les camps afin d'y être passés au crible[47].

Nous possédons peut-être un indice de la raison pour laquelle les Américains enregistrèrent des pertes plus élevées parmi leurs prisonniers que les Britanniques. Comme je l'ai déjà évoqué, l'attitude officielle envers les Allemands fut toujours beaucoup plus sévère en Amérique qu'au Royaume-Uni. Lors de la conférence de Téhéran, alors que les Britanniques avaient défendu la partition de l'Allemagne vaincue en trois régions administratives, Roosevelt, lui, entendait morceler encore davantage le pays : « L'Allemagne, disait-il, était moins dangereuse pour la civilisation quand elle était fractionnée en 107 provinces[48]. » Durant la conférence anglo-américaine de Québec, en 1944, le secrétaire américain au Trésor, Henry Morgenthau, mit en avant un plan de démantèlement de l'entièreté de l'infrastructure industrielle de l'Allemagne, reléguant le pays à une sorte de passé moyenâgeux ; alors que Roosevelt approuva ce plan, les Britanniques ne s'y rangèrent que sous la contrainte[49]. Et, si les deux nations s'accordèrent pour employer des prisonniers en tant que travailleurs forcés longtemps après la cessation des hostilités – côté britannique, un peu plus longtemps que côté américain –, les Américains (et les Français) furent les seuls à proposer de les employer pour des opérations de nettoyage des champs de mines[50].

Naturellement, quand de tels choix se traduisirent en actes, ils devaient nécessairement entraîner une hausse du taux de la mortalité, mais, pour l'essentiel, les politiques britanniques et américaines à l'endroit des prisonniers furent très similaires. Or, les *politiques* officielles n'étaient pas les seules à se traduire en questions de vie et de mort, car les *attitudes* officielles avaient parfois le même effet. Un flot permanent de déclarations cinglantes venues d'en haut peuvent donner aux échelons inférieurs l'impression qu'un comportement de dureté envers les prisonniers sera non seulement toléré, mais encouragé. Si l'on autorise le développement d'un état d'esprit de franche hostilité, les prisonniers finiront pas être maltraités. Dans des circonstances extrêmes, cela risque de conduire à des atrocités ; mais, dans un contexte de plus grande modération, cela peut aussi aboutir à des épreuves inutiles pour des prisonniers déjà épuisés par la défaite.

Qu'il y ait une corrélation entre les attitudes américaines envers les prisonniers allemands et leur taux de mortalité, c'est là un point discutable qui requiert des recherches plus approfondies. Le même raisonnement s'applique aux attitudes des Français envers leurs prisonniers. Si, au lieu d'inventer des théories plus compliquées, James Bacque s'était limité à enquêter là-dessus, son livre aurait sans doute été un peu mieux reçu par la communauté des chercheurs. Mais, en attendant que soient menés de tels travaux de recherche, il demeure possible que, le soir où Roosevelt plaisanta au sujet des prisonniers de guerre, ses propos, en dépit de leur tonalité humoristique, aient fini par avoir un effet bien concret.

12

La vengeance sans retenue : l'Europe orientale

Si la vengeance est une composante du pouvoir, alors la vengeance véritable ne s'obtient que lorsque le rapport de pouvoir entre le criminel et la victime s'est complètement inversé. La victime doit devenir le criminel ; l'impuissant doit devenir tout-puissant ; et, dans une certaine mesure, le malheur qu'il inflige doit équivaloir à celui dont il a lui-même souffert.

En Allemagne, la présence des Alliés a empêché que ce phénomène se produise à une vaste échelle : les travailleurs forcés, enfin libérés, ne pouvaient officier à l'asservissement de leurs anciens maîtres ; les survivants des camps de concentration ne se retrouvèrent pas à la tête des camps où les Allemands étaient à leur tour devenus prisonniers. Mais, dans d'autres pays, de telles conditions furent bel et bien réunies, au niveau individuel autant que collectif.

En Pologne et en Tchécoslovaquie, en particulier, mais aussi en Hongrie, en Roumanie, en Yougoslavie, dans les États baltes et même en Russie, il existait de vastes populations d'expatriés germanophones établis de longue date, regroupés sous l'appellation collective de *Volksdeutsch.* Ces individus, qui avaient bénéficié de toutes sortes de privilèges pendant la guerre, se retrouvaient désormais les cibles de la fureur populaire. Ils étaient contraints de fuir leur domicile, on les privait de rations alimentaires, on les soumettait à des humiliations directement inspirées des mesures imposées par les nazis pendant la guerre. Des centaines de milliers d'entre eux furent enrôlés comme travailleurs forcés dans des usines, des mines de charbon et des fermes dans toute cette région, exactement comme leurs anciens voisins l'avaient été par les nazis. Le reste fut soit envoyé en prison, soit acheminé vers des camps de transit, en attendant leur expulsion vers l'Allemagne.

Ce chapitre s'intéresse au sort des millions de civils germanophones qui peuplèrent les camps de détention, de transit et de concentration d'Europe désormais vidés de leurs détenus du temps de guerre. Certains de ces sites ont pu être comparés aux camps nazis les plus tristement réputés. S'il importe d'indiquer clairement d'emblée que les atrocités auxquelles on s'y livra furent sans commune mesure avec l'ampleur des crimes de guerre nazis, il faut également reconnaître qu'elles eurent bien lieu, et qu'elles furent assez barbares.

Les actes d'extrême sadisme sont toujours difficilement soutenables, quelles qu'en soient les victimes, mais le fait que celles-ci, dans le cas qui nous occupe, aient été allemandes ajoute une dimension supplémentaire à notre malaise. Dans tous les pays d'Europe, et même dans le monde entier, les Allemands ont toujours été considérés comme les auteurs d'atrocités, et non comme leurs victimes. Le monde aime à croire que la vengeance envers eux, après la guerre, n'était que méritée et nous aimons croire qu'en tout état de cause cette vindicte qu'ils durent subir resta relativement modérée au regard des circonstances. L'idée qu'ils eurent aussi à endurer des formes de torture et d'avilissement assez horribles – visant non seulement des nazis, mais aussi des individus ordinaires, hommes, femmes et enfants – et la prise de conscience que des Américains furent capables de tels crimes, voilà des sujets que la culture dominante a toujours préféré esquiver.

Si l'on veut apprendre la vérité sur le passé, ou se forger une vision lucide du monde dans lequel nous vivons aujourd'hui, il faut se confronter à ces récits. Ces dernières décennies, les défenseurs de thèses extrémistes et les adeptes des théories de la conspiration ont su tirer profit du fait que nos sociétés ont continué de traiter ce sujet comme un secret honteux. De nouveaux mythes et de nouvelles exagérations ont commencé de prendre racine, et certains sont assez dangereux. Si gênante qu'elle soit, il est donc important de mettre en lumière cette vérité déplaisante et les mythologies qui s'en sont nourries.

Les Allemands de Tchécoslovaquie

Les régions d'Europe où s'est manifestée la plus forte hostilité envers les civils allemands furent aussi celles où ces mêmes Allemands et d'autres nationalités se côtoyaient de longue date. Prague, alors capitale de ce qui formait la Tchécoslovaquie, en fournit une parfaite illustration : la ville avait été le foyer d'Allemands et de

Tchèques depuis des siècles, et le ressentiment entre ces deux communautés remontait à l'époque de l'Empire austro-hongrois[1]. Si l'on excepte Vienne, Prague fut la première capitale étrangère prise par les nazis, et la dernière à être libérée – ses citoyens tchèques souffrirent donc de l'occupation plus longtemps que quiconque en Europe. Nombre d'entre eux considéraient leurs voisins allemands comme des traîtres qui avaient ouvert la voie à l'invasion allemande de 1938.

Il n'est donc pas surprenant que, lorsque la population de Prague se souleva contre les nazis au cours de la dernière semaine de la guerre, ces ressentiments anciens aient fini par engendrer la violence. Des soldats allemands furent capturés, roués de coups, arrosés d'essence et brûlés vifs[2]. Des dizaines d'entre eux furent pendus aux réverbères de la ville, des swastikas gravées dans leurs chairs. Des partisans firent irruption dans des caves où se cachaient des Allemands, hommes, femmes et enfants, les frappèrent, les violèrent et, à l'occasion, les massacrèrent[3]. Des milliers d'Allemands furent arrachés à leur domicile et internés dans des écoles, des cinémas et des baraquements, où bon nombre d'entre eux furent soumis à des interrogatoires brutaux, dans le seul but de leur faire avouer leur tendance politique[4].

Durant ces premières journées, une peur intense régnait sur la ville : certains Praguois parlèrent plus tard d'une panique contagieuse qui leur rappelait l'atmosphère des tranchées allemandes pendant la Première Guerre mondiale. Un fonctionnaire décrivit la capitale à cette période comme une succession « de barricades et d'individus transis de peur ». Alors qu'il essayait de rentrer chez lui, il tomba à plusieurs reprises sur des groupes d'hommes hors d'eux, des foules enragées qui braillaient des invectives, des femmes qui criaient, des soldats allemands qui se rendaient et, au milieu de tout cela, un jeune gars qui vendait des fanions et des insignes aux couleurs tchèques. « Aux fenêtres de toutes les maisons, on tire des coups de feu », écrivait-il :

> Des adolescents tchèques, souvent avec un revolver dans chaque main, exigent de voir nos papiers d'identité. Je me cache sous le porche d'une maison : j'entends des cris à vous dresser les cheveux sur la tête en provenance de l'étage, puis un coup de feu, et après le silence. Un jeune homme au visage d'oiseau de proie descend l'escalier, cache rapidement quelque chose dans la poche gauche de son pantalon. Une vieille femme, sa gardienne d'immeuble manifestement, hurle à son tour : « Tu lui as mis ce qu'elle mérite, à cette roulure d'Allemande ? C'est bien, c'est comme ça qu'il faut les crever ! »

Dans toute la ville, des Allemands se cachaient dans leurs caves, dans les maisons d'amis et de connaissances tchèques pour échapper à la colère de la foule déchaînée[5].

Au début du soulèvement du 5 mai 1945, Prague comptait environ 200 000 Allemands, des civils pour la plupart[6] ; selon des rapports tchèques, un petit millier d'entre eux périrent pendant ces troubles, dont des dizaines de femmes et au moins huit enfants. Ce chiffre est certainement sous-estimé, surtout si l'on considère l'ampleur et la nature des violences qui gagnèrent la ville et ses alentours, et ne tient pas compte des tentatives officielles de minimiser les actes de brutalité visant des civils. Ainsi, un charnier découvert plus tard dans un cimetière de la banlieue de Břevnov contenait les cadavres de 300 Allemands, « tués au combat alors qu'ils se repliaient vers l'Ouest ». La majorité des victimes étaient en tenue civile, et pourtant le rapport officiel tchèque, partant du principe que les trois quarts d'entre eux étaient des soldats, les inscrivit comme des morts militaires[7]. Avec des rapports aussi approximatifs, et si l'on tient compte d'un nombre indéterminé d'Allemands dont la mort ne fut jamais signalée, il est impossible de calculer le nombre véritable de civils d'origine germanique tués à Prague pendant le soulèvement.

Dans les journées qui suivirent la fin du conflit, des milliers d'autres furent enfermés, d'abord dans des centres de détention de fortune, puis dans de vastes centres de regroupement comme le stade d'athlétisme de Strahov, et finalement dans des camps d'internement disséminés en périphérie de la capitale. Selon des témoins oculaires, les détenus allemands de ces centres d'internement étaient régulièrement passés à tabac et parfois exécutés sans jugement. Un ingénieur civil, Kurt Schmidt, finit ainsi interné à Strahov après avoir été acheminé à marche forcée de Brno à Prague à la fin mai. « La faim et la mort régnaient dans ce camp », expliqua-t-il plus tard.

> Les exécutions qui avaient lieu en public, à l'intérieur de l'enceinte, nous rappelaient la présence de la mort avec encore plus de force. Tous les membres de la SS qu'ils démasquaient étaient ainsi exécutés devant tout le monde. Un jour, six jeunes gens furent roués de coups jusqu'à se retrouver par terre, immobiles, on leur versa de l'eau sur le corps (que des femmes allemandes durent aller chercher) et ensuite les coups reprirent, jusqu'à ce qu'ils ne donnent plus aucun signe de vie. Leurs cadavres horriblement mutilés furent exhibés plusieurs jours de suite à côté des latrines. Un garçon de quatorze ans fut abattu avec ses parents parce qu'il aurait tenté de poignarder un garde révolutionnaire avec une paire de ciseaux. Ce ne sont là que quelques exemples des

éliminations sommaires qui avaient lieu presque chaque jour, et surtout par balles[8].

Selon l'ingénieur Kurt Schmidt, les approvisionnements étaient irréguliers et toujours insuffisants, et de récentes recherches menées par les Tchèques viennent en effet étayer cette impression subjective[9]. Dans le meilleur des cas, les conditions d'hygiène étaient des plus rudimentaires, et les seaux dans lesquels il fallait aller chercher sa nourriture servaient à « différents usages » nocturnes. Une épidémie de dysenterie fit rage dans le camp et, associée au manque de nourriture, entraîna la mort du fils de l'ingénieur, âgé de quinze mois. L'absence de sanitaires et de rations suffisantes sont autant de sujets qui reviennent sans cesse dans les déclarations de tous ces internés de l'après-guerre.

Les femmes de Strahov vécurent là-bas un moment particulièrement difficile ; elles étaient constamment la cible des gestes avilissants des gardes tchèques et des soldats russes. Comme l'expliqua Schmidt, les autres détenus et lui étaient incapables de les protéger :

> Si un homme avait tenté de protéger sa compagne, il aurait risqué de se faire tuer. Les Russes, et les Tchèques, ne se donnaient souvent même pas la peine d'emmener les femmes à l'écart – ils se comportaient comme des animaux, au milieu des enfants et sous les yeux de tous les détenus du camp. La nuit, on entendait les gémissements et les geignements de ces pauvres femmes. Des coups de feu éclataient dans tous les coins et des balles sifflaient au-dessus de nos têtes. La présence de tous ces gens provoquait une espèce de vacarme permanent. L'obscurité était trouée par les faisceaux des projecteurs et les Russes n'arrêtaient pas de tirer des fusées éclairantes. Jour et nuit, nos nerfs n'étaient jamais en paix, c'était comme si nous avions pénétré en enfer[10].

Pour tenter d'échapper à cette situation, beaucoup d'Allemands se portaient volontaires pour travailler à l'extérieur, en particulier pour participer aux chantiers de réparation de la ville, notamment le démantèlement des barricades dressées par les insurgés lors du soulèvement. Mais, s'ils s'imaginaient qu'on les traiterait mieux à l'extérieur de leur prison, ils furent cruellement déçus : Schmidt raconte que la foule le frappait, lui crachait dessus et lui lançait des cailloux, toujours disponibles en quantité autour de ces chantiers. Sa description est confirmée par une femme d'un autre camp de prisonniers, enrôlée au sein du corps féminin des Transmissions de la Wehrmacht à Prague pendant la guerre :

> Dans les rues, la foule se comportait de manière encore pire [que les gardes]. C'étaient surtout les femmes âgées qui se surpassaient, car elles s'étaient armées de barres de fer, de matraques, de laisses de chiens, etc. Certaines d'entre nous furent rouées de coups avec une telle brutalité qu'elles s'effondrèrent et furent incapables de se relever. Le reste, y compris moi-même, dut dégager des barricades à l'entrée du pont. La police tchèque encercla l'endroit où nous travaillions, mais la foule enfonça les cordons de policiers et nous nous retrouvâmes à nouveau exposées à leurs mauvais traitements, sans aucune protection. Désespérées, certaines de mes compagnes d'infortune sautèrent dans la Moldau [où] on leur tira aussitôt dessus. [...] L'un de ces Tchèques avait en main une grosse paire de ciseaux et on nous coupa les cheveux à toutes, chacune à notre tour. Un autre Tchèque nous versa de la peinture rouge sur la tête. Pour ma part, j'eus quatre dents cassées. On nous arracha de force nos bagues de nos doigts gonflés. D'autres s'intéressaient à nos chaussures et à nos vêtements, si bien que nous avons fini par nous retrouver presque nues – on nous avait même plus ou moins arraché nos sous-vêtements. De jeunes gars et des hommes nous flanquaient des coups de pied à l'abdomen. Complètement acculée, j'ai aussi tenté de sauter dans la rivière. Mais on m'a agrippée et j'ai encore reçu une volée de coups[11].

Il n'est guère surprenant que certains Allemands aient préféré se suicider plutôt que d'endurer pareils traitements. À la prison de Pankrác, à Prague, par exemple, deux jeunes mères allemandes étranglèrent leurs enfants avant de tenter de se donner la mort ; quand on les ranima, elles déclarèrent avoir tenté de se supprimer parce que les gardes avaient menacé « d'arracher les yeux de leurs enfants, de les torturer et de les tuer, le même traitement qu'avaient infligé les Allemands aux enfants tchèques[12] ». Il n'existe pas de statistiques fiables pour ces suicides de l'immédiat après-guerre, mais les rapports tchèques de 1946 dressent la liste de 5 558 suicides parmi les citoyens d'origine allemande de Bohême et de Moravie ; une fois encore, les chiffres véritables devaient être plus élevés[13].

Le sort réservé à la population germanique de Prague est assez représentatif du reste du pays, même si, dans plusieurs régions, les pires excès n'eurent pas lieu avant l'été. Le massacre le plus célèbre toucha la petite ville d'Ústí nad Labem (l'ancienne Aussig germanique) où, fin juillet, plus d'une centaine d'Allemands furent mis à mort – quoique plus tard des témoins oculaires, encore sous le choc, aient exagéré ces chiffres en les multipliant par dix ou vingt[14]. Un autre massacre bien plus terrible, quoiqu'il demeure moins connu, fut celui de la ville de Postoloprty, dans le nord de la Bohême, où un détachement trop zélé de l'armée tchèque exécuta les ordres en « nettoyant » la région de tous ses Allemands. Selon des sources allemandes, 800 personnes y furent massacrées de sang-froid ; les sources tchèques s'accordent : deux ans après l'événement, les autorités de Prague exhumèrent 763 corps ensevelis dans des charniers autour de la ville[15]. À Taus (que les Tchèques appellent Domažlice), 120 personnes furent abattues derrière la gare et enterrées elles aussi dans des charniers[16]. À Horní Moštěnice, près de la ville morave de Přerov, un officier tchèque, Karol Pazúr, arrêta un train plein d'Allemands de Slovaquie, prétendument pour fouiller le convoi à la recherche d'anciens nazis. Cette nuit-là, ses soldats abattirent 71 hommes, 120 femmes et 74 enfants – le plus jeune étant un bébé de huit mois. Là encore, tous ces cadavres furent entassés dans des charniers. Pazúr justifia plus tard le meurtre des enfants en lançant : « Qu'est-ce que j'étais censé faire d'eux, moi, une fois que j'avais abattu leurs parents[17] ? »

Ce comportement ne fut en aucun cas approuvé par les nouvelles autorités tchèques, qui condamnèrent à plusieurs reprises de tels excès[18]. Toutefois, cela ne les exonère pas de toute responsabilité. À son retour en Tchécoslovaquie, le président Edvard Beneš promulgua une série de décrets soumettant les Allemands à certaines sanctions, notamment l'appropriation de leurs terres, la confiscation de leurs biens, la privation de la citoyenneté tchèque et la dissolution des établissements allemands d'enseignement supérieur. La rhétorique employée par le président et les membres du nouveau gouvernement n'était guère conçue pour apaiser les esprits. Par exemple, lors de son premier discours à Prague après son retour d'exil, Beneš n'imputa pas les crimes moraux de la guerre aux seuls nazis, mais à l'ensemble de la nation allemande, qui méritait le « mépris sans bornes de toute l'humanité[19] ». Son futur ministre de la Justice, Prokop Drtina, alla plus loin en déclarant sans ambages : « Il n'y a pas de bons Allemands, il n'y en a que de mauvais, ou pire encore » ; « [ils sont] un ulcère étranger dans notre corps » et « toute la nation allemande est responsable de Hitler, d'Himmler, d'Heinlein et Frank, et c'est toute cette nation qui doit supporter le châtiment des crimes qui ont été commis[20] ». En juillet 1945, Antonín Zápotocký, le futur président de la République tchèque, écrivit dans *Práce* un article dans lequel il avançait qu'en punissant des suspects de collaboration, les autorités ne devaient pas se donner la peine de respecter la loi, au motif que, « lorsque vous taillez du bois, les copeaux volent » (une expression tchèque à peu près équivalente à « on ne fait pas d'omelette sans casser d'œufs »)[21]. Des sentiments semblables furent exprimés par le Premier ministre Zdeněk Nejedlý, le vice-Premier ministre Josef

David, le ministre de la Justice Iaroslav Stránský et beaucoup d'autres[22].

Si de telles figures d'autorité se plaisaient à accabler de leurs invectives l'ensemble des Allemands, elles n'étaient pas moins promptes à pardonner leurs concitoyens pour tous les actes de vengeance dont ils s'étaient rendus coupables : à l'occasion du premier anniversaire de la fin des hostilités, un texte de loi fut rédigé qui excusait tous les actes de « justes représailles » contre les autorités nazies ou leurs « complices », alors qu'en temps normal de tels actes auraient été considérés comme autant de délits. Détail lourd de sens, cette amnistie s'appliquait non seulement aux représailles exercées durant la guerre, mais aussi à celles commises le 9 mai et le 28 octobre 1945[23].

Il est difficile de dire au juste combien d'Allemands périrent en Tchécoslovaquie suite aux événements chaotiques de l'après-guerre, mais ce chiffre s'élève certainement à plusieurs dizaines de milliers. Le sujet demeure controversé, et suscite une telle émotion de part et d'autre que toutes les statistiques relatives au nombre des morts font l'objet de contestations. Les sources allemandes mentionnent 18 889 personnes disparues, avant et pendant les expulsions du territoire tchécoslovaque, dont 5 596 victimes de mort violente – mais ces données ne tiennent pas compte des décès non signalés[24]. Les Allemands des Sudètes ont souvent affirmé que le nombre réel serait plus proche des 250 000, mais il s'agit là presque à coup sûr d'une grossière exagération[25]. Inversement, certains historiens tchèques avancent que toute violence postérieure aux hostilités relèverait d'une pure fiction échafaudée par les Allemands, qui, de nos jours encore, entendent obtenir réparation[26]. Les estimations les plus fiables et les plus impartiales ont été calculées par l'historien tchèque Tomáš Staněk, qui suggère prudemment qu'entre 24 000 et 40 000 Allemands périrent du fait des mauvais traitements subis au milieu du chaos de l'après-guerre en Tchécoslovaquie[27]. Ce calcul ne tient pas compte non plus de ceux qui sont morts prématurément au cours des années ultérieures, en raison de la dégradation de leur état de santé suite aux épreuves qu'ils avaient subies.

Staněk livre aussi des estimations relatives au nombre de ceux qui furent emprisonnés après la capitulation. Avant même que ne commencent les internements généralisés dans la période préliminaire aux expulsions officielles, les archives tchèques dressent la liste de 96 356 prisonniers allemands – or, Staněk soutient que le véritable total serait supérieur de 20 000 individus au moins. En fait, à la mi-août 1945, plus de 90 % des prisonniers détenus en Bohême et en Moravie étaient de nationalité germanique ; c'était soi-disant lié à la menace qu'ils représentaient, et pourtant, parmi eux, il y avait là au bas mot 10 000 enfants âgés de moins de quatorze ans[28].

Il ne fait aucun doute que certains de ces prisonniers étaient coupables des crimes dont on leur attribuait la responsabilité collective. Mais la principale raison de leur détention aussi prolongée dans des camps, après la cessation des hostilités – et il faut se rappeler que beaucoup d'entre eux ne furent relâchés qu'en 1948 –, c'était qu'ils fournissaient une main-d'œuvre gratuite fort utile, en particulier dans des secteurs aussi importants que l'agriculture et les mines.

En principe, ce recours à une main-d'œuvre allemande enrôlée de force n'était pas sensiblement différent de ce qui se passait dans le reste de l'Europe, y compris en Grande-Bretagne, où 110 000 prisonniers de guerre allemands travaillaient encore début 1948[29]. En fait, le recours à cette main-d'œuvre était avalisé par les accords internationaux conclus entre les Trois Grands à Yalta et Potsdam. Mais, alors qu'en Grande-Bretagne seuls les prisonniers militaires étaient employés comme main-d'œuvre forcée, en Tchécoslovaquie la plupart des enrôlés de force étaient des civils. On constatait aussi une énorme différence dans le traitement réservé à ces travailleurs : en Grande-Bretagne, selon le Comité international de la Croix-Rouge, les Allemands étaient nourris comme les Britanniques, et assujettis aux mêmes règles de sécurité ; dans les territoires tchèques, auxquels la Croix-Rouge n'avait souvent même pas la permission d'accéder, beaucoup de prisonniers recevaient l'équivalent de moins de 1 000 calories journalières – moitié moins que ce qui est nécessaire pour se maintenir en bonne santé – et ils étaient contraints à toutes sortes de travaux dangereux, notamment de déminage[30].

En Tchécoslovaquie, les travailleurs forcés subissaient aussi régulièrement des humiliations délibérées, censées reproduire le traitement infligé aux juifs par les nazis. Par conséquent, ils étaient obligés de porter des croix gammées cousues sur leurs vêtements, des brassards blancs ou des pièces de tissu peintes de la lettre « N » (pour *Němec*, qui signifie « Allemand »)[31]. Quand ils sortaient des camps d'internement pour se rendre sur leur lieu de travail, il n'était pas rare qu'on leur interdise d'utiliser les transports publics, d'entrer dans les boutiques, d'accéder aux parcs publics ou même d'emprunter les trottoirs[32]. Lorsqu'on les frappait ou les soumettait à d'autres « punitions », le spectre du national-socialisme était souvent invoqué, en particulier quand leurs gardes avaient eux-mêmes été victimes de la cruauté nazie. Par exemple, un fonctionnaire allemand se souvient de son persécuteur lui hurlant : « Je vous tiens enfin, bande de fils de putes ! Pendant quatre longues années, vous m'avez torturé dans un camp de concentration, maintenant c'est votre tour[33] ! »

Selon Günther Adler, un juif emprisonné à Theresienstadt, il y avait très peu de différences entre le traitement qu'on lui avait réservé et celui que l'on infligeait aux Allemands durant la période où ils étaient emprisonnés dans ce même camp, après la capitulation :

> Parmi eux, un bon nombre avaient sans nul doute agi de manière coupable pendant les années d'occupation, mais cela visait en majorité des enfants et des mineurs, que l'on avait enfermés uniquement parce qu'ils étaient allemands. « Uniquement parce qu'ils étaient allemands... » ? Cette phrase possède une résonance étrangement familière ; seule l'épithète « allemands » remplace ici le mot « juifs ». Les haillons dont on les avait habillés étaient affublés de croix gammées. Les gens étaient nourris et maltraités de façon abominable, et on ne leur réservait pas de meilleur sort qu'aux détenus des camps de concentration allemands. La seule différence, c'était que la vengeance qui était à l'œuvre ne reposait pas sur un système d'extermination à grande échelle conduite par les SS[34].

Sur le plan moral, le raisonnement d'Adler est irréfutable : les mauvais traitements infligés à des Allemands innocents sont tout aussi inacceptables que les persécutions de juifs innocents. Toutefois, il a tort de minimiser la différence d'échelle entre les deux événements. Il glisse aussi sur le fait que, si ces innocents ont souffert à cause de certains individus, les actes de torture et de mise à mort commis par ces derniers ne se sont jamais inscrits dans une politique gouvernementale officielle ; cet aspect constitue assurément une différence radicale.

Cependant, d'autres affirment que si l'extermination systématique des Allemands à Theresienstadt ne relevait pas d'une politique, tel était bien le cas en d'autres lieux. Quand des millions de réfugiés meurtris et sans ressources commencèrent à affluer en Allemagne à l'automne 1945, ils étaient porteurs d'histoires troublantes où il était question de « camps de l'enfer », de « camps de la mort » et de « camps d'extermination ». Dans ces endroits, disaient-ils, tous les jours des Allemands mouraient au travail ou de faim quand ils n'étaient pas exécutés en masse ; les méthodes sadiques auxquelles avaient recours les gardes étaient tout aussi cruelles, si ce n'est même davantage, que celles des SS à Auschwitz. Dans certains camps, estimait-on, « seuls 5 % à peu près des détenus réussissaient à survivre[35] ».

De telles allégations furent prises très au sérieux par le gouvernement allemand, et de vastes pans de la population qui préféraient se percevoir comme les victimes d'atrocités, et non comme leurs auteurs, y souscrivirent. Ces convictions auraient des conséquences politiques tout au long du XXe siècle et au-delà.

Comme les plus notoires de ces camps ne se situaient pas en Tchécoslovaquie mais en Pologne, c'est à ce pays qu'il convient de nous intéresser maintenant.

CITOYENS DE VINOHRADY !

Le præsidium du Comité national local pour Prague XII a décidé de résoudre la question des Allemands, des Hongrois et des traîtres comme suit :

1. Le terme « Allemand » dans toutes ses déclinaisons sera désormais écrit uniquement en lettres minuscules, comme le terme « Hongrois ».

2. Aux Allemands, aux Hongrois et aux traîtres les dispositions suivantes s'appliqueront à l'avenir :

a) toutes les personnes âgées de quatorze ans qui entrent dans ces catégories, Allemand, Hongrois, traître ou collaborateur, porteront au côté gauche, visibles sur fond de toile blanche, d'une taille de 10 x 10 cm, une croix gammée ainsi que le numéro sous lequel elles sont enregistrées. Aucune personne marquée d'une croix gammée ne recevra de cartes de rationnement normales. La même mesure s'applique aux personnes qui ont inscrit un « D » dans la colonne 6 (nationalité) de leur Certificat d'enregistrement ;

b) aucune personne marquée d'une croix gammée n'est autorisée à monter dans les voitures du tramway, sauf pour se rendre directement sur son lieu de travail, horaires auxquels elle n'empruntera que la voiture-remorque ; les places assises ne seront pas accessibles à ces personnes ;

c) aucune personne marquée d'une croix gammée n'est autorisée à utiliser le trottoir – ces personnes circuleront sur la chaussée ;

d) les personnes marquées d'une croix gammée ne sont pas autorisées à rester dans les jardins publics, les parcs ou les bois ou à les traverser, elles ne sont pas autorisées à se rendre en visite ou à payer les services des salons de coiffure, des restaurants, des lieux de divertissement de quelque sorte que ce soit, en particulier les théâtres, les cinémas, les conférences, etc. ; de la même manière, elles ne sont pas autorisées à utiliser les laveries, les magasins de nettoyage à sec et les échoppes de repassage. Pour ces personnes, les horaires d'accès aux magasins sont exclusivement fixés entre 11 heures et 13 heures et entre 15 heures et 16 heures. En cas de non-respect des horaires définis ci-dessus, l'acheteur et le vendeur seront passibles de la même sanction. Pour les démarches auprès des autorités administratives, l'accès exclusivement réservé à ces personnes est strictement fixé entre 7 h 30 et 8 h 30, pour tous les services ;

f) aucune personne marquée d'une croix gammée n'est autorisée à sortir de son domicile après 20 heures ;

g) toutes les personnes âgées de quatorze ans révolus et portant la mention « D » sur leur Certificat d'enregistrement doivent immédiatement se présenter, dans les deux jours, à la Commission de Contrôle et d'Enregistrement de la L.N.C. pour Prague XII, afin d'y recevoir leurs insignes et leur inscription. Les personnes qui ne se présenteraient pas dans le délai imparti, et qui seraient contrôlées sans l'insigne approprié, comme prescrit, seront sévèrement punies suivant la méthode adoptée par les autorités nazies dans des cas similaires. La même sanction s'appliquera également à ceux qui soutiennent ces personnes de quelque manière que ce soit ou qui s'associent avec elles dans quelque but que ce soit ;

h) toutes les personnes portant la mention « D » sur leur Certificat doivent se présenter sans délai devant la susnommée Commission d'enquête, qu'elles aient ou non éventuellement reçu un certificat provisoire relatif à leur liberté de mouvement, etc. En même temps, elles soumettront une liste en bonne et due forme de tous leurs biens et la remettront, avec tous leurs objets de valeur, à l'Administration de la Propriété nationale du N.C. XII, ainsi que les livrets et comptes d'épargne ou autres dépôts, s'il en existe ; elles doivent signaler si elles disposent d'intérêts en capitaux, et sous quelle forme, en communiquant les documents afférents ; en outre, elles restitueront tous les appareils de radio sans fil ainsi que leurs licences. Toutes les transactions financières sont interdites et nulles ; les Allemands ne sont pas autorisés dans les débits de tabac, et ils n'ont pas le droit de fumer en public ou au travail.

Citoyens, travailleurs et gens de labeur ! En accord avec les principes de notre Gouvernement, nous voulons mener une purge dans les règles et rétablir l'ordre, au moins dans notre district. C'est pourquoi vous devrez nous aider, vous aussi, pour restituer Vinohrady à la Nation, pour nous la réapproprier dès que possible.

Ces mesures sont uniquement temporaires, dans l'attente de la déportation de tous ces individus.

Rendu public à Prague, le 15 juin 1945
Comité local national pour Prague XII
Oldrch Hlas, Président

(Affiche placardée dans un district de Prague, juin 1945[36].)

Les nouveaux « camps d'extermination »

En février 1945, l'Armée rouge s'étant enfoncée en profondeur dans le territoire allemand, un camp de travail à l'abandon fut découvert à Zgoda, près de Swiętochłowice, une petite ville de province dans ce qui correspond aujourd'hui au sud-ouest de la Pologne. Très désireux d'infliger des sanctions aux vaincus, le

Service paramilitaire de la Sécurité publique polonaise (Urząęd Bezpieczeństwa Publicznego, ou UBP) décida de le rouvrir comme « camp pénitentiaire »[37] ; des milliers d'Allemands de la région furent arrêtés et envoyés là-bas pour y être soumis aux travaux forcés. On avait affirmé à la population locale que Zgoda était un camp réservé aux nazis les plus virulents et aux activistes germanistes, mais en réalité n'importe qui ou presque pouvait y finir et, à côté d'anciens prisonniers nazis, se trouvaient des gens que l'on avait appréhendés en raison de leur appartenance à des clubs de sport allemands, parce qu'ils n'avaient pas leurs papiers sur eux ou parfois sans aucun motif valable.

Dès leur arrivée sur place, ces forçats ont pu deviner ce qui les attendait. Le camp était entouré d'une clôture électrifiée à haute tension, arborant le pictogramme de la tête de mort et cet avertissement : « Danger de mort[38]. » Selon plusieurs témoins, le spectacle de cadavres qui pendaient à la clôture barbelée venait encore renforcer ces messages[39]. Les prisonniers étaient accueillis aux portes du camp par le directeur, Salomon Morel, les prévenant qu'il allait leur « montrer ce que signifiait Auschwitz[40] » ; ou bien il les narguait en leur annonçant : « Mes parents et mes frères et sœurs ont été gazés par les Allemands à Auschwitz, et tant que tous les Allemands n'auront pas reçu la punition qu'ils méritent, je n'aurai pas de repos[41]. » Pendant la guerre, Zgoda était un camp satellite d'Auschwitz : pour renforcer ce lien, quelqu'un avait griffonné l'inscription *« Arbeit macht frei »* au-dessus du portail[42].

La séance de torture commençait immédiatement, surtout pour quiconque était suspecté d'avoir été membre d'une organisation nazie : les membres des Jeunesses hitlériennes recevaient l'ordre de se coucher à plat ventre et les gardes leur marchaient dessus, ou bien étaient forcés de chanter le *Horst Wessel Lied* les bras levés, tandis qu'on les frappait à coups de matraque en caoutchouc[43]. Parfois, Morel jetait des prisonniers les uns sur les autres, jusqu'à ce que leurs corps entassés forment une gigantesque pyramide ; il les frappait à coups de tabouret, ou leur ordonnait de se taper dessus, pour le plus grand amusement des gardes[44]. À l'occasion, des prisonniers étaient envoyés en salle pénitentiaire, un bunker souterrain où on les contraignait à rester debout pendant des heures dans une eau glaciale qui leur montait jusqu'à la poitrine[45]. Les occasions particulières étaient marquées par des séances de coups supplémentaires : le jour de l'anniversaire de Hitler, par exemple, les gardes entrèrent dans le Bloc n° 7 – les baraquements réservés aux nazis – et se mirent à les frapper avec des pieds de chaise[46] ; le jour de la Victoire, Morel sortit un groupe de prisonniers du

Bloc n° 11 pour un autre passage à tabac, sa manière à lui de fêter l'événement[47].

Les conditions dans lesquelles ces prisonniers étaient contraints de vivre étaient délibérément inhumaines. Le camp était construit pour une capacité de 1 400 détenus, mais en juillet il en comptait déjà au moins trois fois et demi de plus. Au plus fort de son activité, 5 048 prisonniers y étaient enfermés, tous des Allemands ou des *Volksdeutsche* sauf 66 d'entre eux[48]. Ils s'entassaient dans sept baraquements en bois infestés de poux, où on leur refusait toute nourriture adaptée ou tout accès à des installations sanitaires dignes de ce nom. Les rations étaient régulièrement confisquées par le personnel du camp, toujours d'une extrême rapacité, et les colis de vivres envoyés par des parents inquiets leur étaient subtilisés[49]. Les deux tiers de ces hommes étaient envoyés quotidiennement dans les mines de charbon de la région où parfois on les tuait littéralement au travail[50]. Les prisonniers du Bloc n° 7, suspectés d'être des nazis, n'allaient pas travailler, mais étaient sous la surveillance constante des gardes de l'UBP à l'intérieur du camp. Quand une épidémie de typhus se déclara, les prisonniers malades ne furent pas isolés, mais forcés de rester confinés dans des baraquements surpeuplés ; en conséquence, le taux de mortalité augmenta rapidement – selon un prisonnier chargé d'enterrer les morts, il décédait jusqu'à vingt personnes chaque jour[51].

Quiconque essayait de s'échapper de cet enfer s'exposait à subir un traitement spécial. Gerhard Gruschka, un garçon allemand de quatorze ans emprisonné dans le camp, fut témoin du châtiment infligé à un évadé qui avait eu l'infortune d'être repris. Il s'appelait Eric van Calsteren. Après l'avoir ramené aux baraquements, un groupe de gardes l'avait jeté au sol, frappé à coups redoublés de leurs poings et de leurs gourdins, pendant que le reste des prisonniers contemplaient la scène. Selon Gruschka, ce fut l'un des passages à tabac les plus brutaux auxquels il ait assisté :

> Soudain, Eric [...] s'arracha aux miliciens et grimpa tant bien que mal sur l'un des châlits. Les quatre hommes se ruèrent derrière lui et le traînèrent au milieu de la salle. Ils étaient visiblement extrêmement irrités par une telle tentative de résistance. L'un d'eux attrapa une barre de fer dans le coin de la pièce où nous rangions le baquet qui nous servait à aller chercher notre nourriture. Une fois enfilée par les deux anses du baquet, cette barre facilitait le transport du récipient quand il était rempli. Là, en revanche, elle se transforma en instrument de torture. Les miliciens l'empoignèrent chacun leur tour pour frapper Eric aux jambes avec une fureur sans retenue. Chaque fois qu'il tombait au sol, ils le tabassaient à coups de pied, le relevaient à nouveau

> et le cognaient avec cette barre de fer. Dans son désespoir, Eric suppliait ses tortionnaires : « Abattez-moi, c'est tout, c'est tout, abattez-moi ! » Mais eux, ils le frappaient encore plus fort. Ce fut l'une des nuits les plus terribles à Zgoda. On a tous cru que notre camarade prisonnier allait mourir[52].

Par miracle, van Calsteren survécut à cette violente correction. Comme Gruschka, il n'avait que quatorze ans. Il était aussi citoyen néerlandais et, avant toute chose, n'aurait jamais dû être emprisonné en Pologne.

À Zgoda, ce genre d'événements se reproduisait tous les jours. Il n'est pas surprenant que l'on ait souvent établi certains parallèles entre ce camp et les camps de concentration nazis, surtout parce que le commandant lui-même semble avoir sciemment tenté d'y ressusciter l'atmosphère d'Auschwitz. De tels parallèles ont aussi été évoqués, à l'époque, par des observateurs extérieurs ; un prêtre local transmit des informations sur ce camp aux responsables britanniques, à Berlin, qui les communiquèrent à leur tour au Foreign Office, à Londres : « Les camps de concentration n'ont pas été abolis, mais repris par de nouveaux propriétaires, stipule le rapport britannique. À Schwientochlowitz, les prisonniers qui ne meurent pas de faim ou ne sont pas frappés à mort sont obligés de rester debout dans l'eau froide jusqu'au cou, et jusqu'à leur dernier souffle[53]. » Les prisonniers allemands libérés de Zgoda invoquèrent aussi la comparaison avec les camps nazis ; l'un d'eux, un dénommé Günther Wollny, avait eu le malheur de connaître successivement Auschwitz et Zgoda : « J'aurais préféré dix années dans un camp allemand à une journée dans un camp polonais », avança-t-il plus tard[54].

En dépit de tous les actes de torture auxquels on se livrait à Zgoda, le manque de nourriture et l'arrivée de la typhoïde se révélèrent les deux plus grands facteurs de mortalité. Pour les survivants, toutefois, l'épidémie deviendrait la seule planche de salut : les détails de la propagation de la maladie finirent par filtrer dans les journaux polonais, avant de remonter aux services du gouvernement en charge des prisons et des camps. Morel essuya un blâme officiel pour avoir laissé la situation se détériorer à ce point, et pour sa propension à employer des armes contre les prisonniers ; l'un des administrateurs du camp, Karol Zaks, fut révoqué pour avoir confisqué les rations des détenus[55]. Les autorités entreprirent ensuite de libérer les prisonniers ou de les transférer dans d'autres camps. En novembre 1945, à condition qu'ils ne parlent jamais de ce qu'ils avaient enduré, la majorité des prisonniers avaient été libérés et le camp fermé.

D'après les chiffres officiels, sur les 6 000 Allemands qui auraient transité par Zgoda, 1 855 seraient morts – un taux de mortalité de un sur trois ou presque. Certains historiens polonais, ainsi que quelques-uns de leurs collègues allemands, en ont conclu qu'en dépit de sa nature officielle de camp de travail Zgoda tenait aussi lieu de camp de la mort, où des prisonniers allemands se voyaient délibérément refuser toute nourriture et tous soins médicaux, comme un moyen de précipiter leur fin[56].

Il serait tentant de tenir l'épisode de Zgoda pour quantité négligeable en l'imputant à la volonté de vengeance d'un commandant, un individu brutal mais isolé, si des conditions similaires n'avaient pas régné dans beaucoup d'autres camps et centres de détention. À la prison de la Milice polonaise à Trzebica (Trebnitz en allemand), par exemple, les détenus allemands étaient régulièrement tabassés, et les gardes lâchaient souvent leurs chiens sur eux en guise de divertissement. Un prisonnier affirma avoir été forcé de s'accroupir et de sautiller dans sa cellule, sous les coups de canne à bout ferré que lui assenait son geôlier[57]. La prison de Gliwice (ou Gleiwitz) était dirigée par des survivants juifs de l'Holocauste qui soutiraient des aveux aux prisonniers allemands en les battant à coups de manche à balai ou de matraque télescopique à ressort[58]. Des survivants de la prison de Klodzko (Glatz en allemand) rapportent que des prisonniers reçurent « des coups de matraque en caoutchouc sur les yeux » et essuyèrent toutes sortes d'autres violences, allant parfois jusqu'au meurtre pur et simple[59].

Les femmes ne souffrirent pas moins que les hommes. Au camp de travail de Potulice, elles étaient régulièrement violées, frappées et sujettes au sadisme sexuel du personnel du camp. Pire encore peut-être, on les séparait de leurs enfants, et ceux-ci n'étaient autorisés à voir leur mère qu'une heure ou deux le dimanche. Un témoin prétend même que cela s'inscrivait dans une plus vaste politique consistant à priver les enfants de leurs parents afin de les poloniser, tout comme les nazis avaient tenté de germaniser les enfants polonais pendant la guerre – bien qu'il se fût agi là sans doute, de la part de cette femme, d'une réaction émotionnelle à sa douleur d'avoir été elle-même séparée de son enfant pendant un an et demi[60]. D'autres détenus de Potulice affirment avoir été contraints de se dévêtir alors qu'ils étaient en détachement de travail, immergés dans une fosse à purin, et qu'ils avaient même vu un garde capturer un crapaud et le fourrer dans la gorge d'un prisonnier allemand jusqu'à ce qu'il meure étouffé[61].

Le plus connu des camps polonais était sans doute celui de Łambinowice – ou Lamsdorf, comme l'appelaient ses détenus allemands. Cet ancien camp de prisonniers de guerre fut rouvert en juillet 1945 comme camp de travaux forcés destiné aux civils d'origine germanique, en attendant leur expulsion de la nouvelle Pologne. Il était dirigé par Czesław Gęborski, alors âgé de vingt ans, « Polonais aux airs dépravés, qui ne se faisait comprendre qu'à coups de botte[62] ».

Selon l'un des premiers prisonniers amenés sur les lieux, les atrocités commencèrent sans délai, dès le soir de leur arrivée. Avec une quarantaine d'autres détenus, on les réveilla, on les sortit *manu militari* de leurs baraquements pour les forcer à se coucher par terre, et les miliciens leur sautèrent sur le dos. Ensuite, ils durent effectuer des tours de la cour sous une pluie de coups de fouet et de coups de crosse. Celui qui s'écroulait au sol se faisait aussitôt violemment agresser par une nuée de miliciens. « Le lendemain matin, nous avons enterré quinze hommes, indique ce témoin. Après cela, pendant plusieurs jours, les moindres gestes étaient très douloureux, mon urine était imprégnée de sang, le battement de mon cœur était irrégulier. Et quinze hommes étaient en terre[63]. »

Deux jours plus tard, à l'arrivée du premier gros transport de prisonniers, les atrocités continuèrent. Ce ne fut pas seulement la Milice polonaise qui se livra à des passages à tabac, mais aussi ses hommes de paille allemands, en particulier le « senior du camp », lui-même prisonnier *volksdeutsch*, un sadique de Lubliniec (Lublinitz en allemand) nommé Johann Fuhrmann.

> Sous mes yeux, il a frappé un bébé mort dont la mère avait supplié qu'on donne à son petit un peu de la soupe que l'on réservait aux jeunes enfants à Lamsdorf. Ensuite, il pourchassa cette femme, serrant encore dans ses bras ce cadavre minuscule et ensanglanté, en la fouettant à travers la cour… puis il s'est retiré dans sa chambre avec ses "assistants" et il a sifflé le reste de la soupe destinée aux enfants en bas âge[64].

D'après le même témoin, les gardes du camp se montraient de plus en plus inventifs dans leurs actes de sadisme. Pour se divertir, le commandant força l'un des hommes à grimper à un arbre qui se dressait dans la cour et à beugler « je suis un grand singe », pendant que ses gardes et lui s'esclaffaient et lui tiraient dessus jusqu'à ce qu'il finisse par s'écraser au sol. L'épisode le plus révoltant évoqué par ce même témoin concerne sans doute ce qui est arrivé aux femmes du village voisin de Grüben (rebaptisé Grabin, désormais situé en Pologne) : on envoya ces femmes exhumer un charnier que l'on avait découvert à proximité du camp, dans lequel les nazis avaient enseveli les cadavres de centaines de soldats soviétiques morts à l'intérieur du camp de prisonniers de guerre où ils étaient détenus. Ces femmes ne reçurent pas de gants, aucun vêtement protecteur. C'était l'été, et les dépouilles, dans un état de décomposition avancé, dégageaient une puanteur insoutenable.

> Alors que les corps gisaient à ciel ouvert, les femmes et les jeunes filles étaient obligées de se coucher à plat ventre sur ces cadavres tout visqueux et dégoûtants. En appuyant dessus avec leur crosse de fusil, les miliciens polonais enfonçaient les visages de leurs victimes dans ce cloaque infernal. De sorte qu'elles se retrouvaient avec des restes humains leur obstruant à moitié la bouche et le nez. Soixante-quatre femmes et jeunes filles sont mortes à cause de l'acte d'« héroïsme » de ces Polonais[65].

La véracité de tels récits est impossible à vérifier, et il est tout à fait vraisemblable qu'à certains égards ils pâtissent de quelques exagérations ; toutefois, il existe encore aujourd'hui des photos de prisonniers exhumant ces tombes, et des historiens polonais admettent même qu'ils ont été contraints d'opérer sans gants et sans vêtements appropriés[66]. Quantité de détails sont également confirmés par d'autres survivants du camp : une détenue affirme que son fils Hugo fut aussi obligé d'exhumer des morts à mains nues, et que leur état de décomposition était si avancé que leurs entrailles visqueuses lui dégoulinaient sur les souliers[67].

Qu'il ait existé une culture du sadisme à Łambinowice, c'est indéniable. Plusieurs témoins ont affirmé avoir vu des personnes frappées à mort, ou abattues en représailles après des tentatives d'évasion[68]. On leur infligeait toutes sortes de punitions pour les fautes les plus vénielles, comme celles d'exprimer le désir de s'enfuir en zone américaine (ce qui aurait valu à un adolescent d'être battu à mort) ou d'adresser la parole à un membre du sexe opposé[69]. Une femme affirme qu'elle pleura de joie quand elle découvrit son mari en vie dans le camp, après quoi on les ligota tous les deux en plein soleil pendant trois jours à titre de punition[70].

Hormis cette culture de la violence, les prisonniers étaient forcés d'endurer les épreuves matérielles les plus effroyables. Comme dans d'autres camps, on leur distribuait très peu de nourriture – en général, quelques pommes de terre bouillies deux fois par jour, et un bouillon très liquide à l'heure du déjeuner. L'hygiène était inexistante, et même les draps que l'on utilisait pour envelopper les morts devaient être réemployés, tout comme les paillasses à l'hôpital[71]. D'après l'un des fossoyeurs du camp, les poux des cadavres qu'il enterrait mesuraient parfois jusqu'à « 2 centimètres[72] ». Dans ce camp comme dans d'autres, la maladie et la malnutrition, ces deux plaies jumelles, étaient les premières causes de mortalité, ce qui n'est guère surprenant ; selon des sources polonaises, 60 % des décès y étaient causés par le typhus, et beaucoup d'autres détenus mouraient de fièvre éruptive, de dysenterie, de la gale et d'autres pathologies[73].

Pour ceux qui survécurent à la détention, ce souvenir s'apparentait à une vision de l'enfer. Au moment où ils furent libérés et réacheminés vers l'Allemagne, ils avaient perdu leur foyer, tous leurs biens, la santé et parfois la moitié de leur poids – mais c'était le fardeau psychologique du deuil qui leur pesait le plus. Comme l'expliquait une femme deux ans après ce supplice :

> Dans le camp, j'ai perdu ma fille de dix ans, ma mère, ma sœur, mon frère, deux belles-sœurs et un beau-frère. Proche de la mort moi-même, j'ai réussi à rejoindre un convoi vers l'Allemagne de l'Ouest avec mon autre fille et mon fils. Nous avons vécu quatorze semaines dans ce camp. Plus de la moitié des habitants de mon village étaient morts. [...] Pleins d'attente et de vague à l'âme, nous avons attendu le retour de mon époux. En juillet 1946, la terrible nouvelle nous est parvenue : il avait été lui aussi victime de ce camp de l'enfer, comme tant d'autres après notre départ[74]...

De tels récits sont aujourd'hui devenus partie intégrante de la mémoire collective allemande ; des bibliothèques entières d'ouvrages ont été écrites sur la base de ce substrat – en conséquence, notre vision des camps de travail polonais est demeurée cantonnée dans cette forme d'impressionnisme. Comme j'espère le montrer par la suite, malgré tous les efforts du gouvernement allemand pour réunir des statistiques, les données solides et avérées sur le nombre exact d'individus qui y furent internés et le nombre de ceux qui y perdirent la vie restent extrêmement difficiles à cerner.

La politique des nombres

L'un des plus fameux incidents survenus à Lamsdorf fut l'incendie qui éclata dans l'un des baraquements en octobre 1945. Personne ne sait au juste comment le feu prit, mais les événements chaotiques qui s'ensuivirent sont bien documentés. Selon des témoins allemands, les gardes du camp se servirent de cet épisode comme prétexte pour se livrer à un massacre : ils ouvrirent le feu de manière indiscriminée, tuant nombre de prisonniers qui essayaient simplement d'éteindre le brasier, avant d'en jeter certains la tête la première dans les flammes. Après l'extinction de l'incendie, les détenus furent contraints de creuser des charniers. Les corps des patients que l'on avait récupérés à l'infirmerie furent aussi ensevelis à peu près au même moment : certains d'entre eux furent d'abord abattus, mais un bon nombre furent simplement roués de coups jusqu'à perdre connaissance, et on les enterra vivants[75].

Quand on confronta le gouvernement communiste polonais à la réalité de ces épisodes, en 1965, il opposa un démenti catégorique : selon sa version des événements, dès que l'incendie avait éclaté, les prisonniers avaient saisi l'occasion pour provoquer un soulèvement, que les gardes polonais avaient été obligés de réprimer par la force. Le gouvernement apporta son soutien sans faille au commandant du camp, Czesław Gęborski, et prétendit qu'il était innocent de toutes les charges portées contre lui. Qui plus est, le pouvoir soutint que de telles allégations n'étaient que pure propagande fomentée par un groupe de pression politique allemand dont le seul but était de discréditer la Pologne et d'obtenir par la force la restitution des terres qui avaient été accordées à Varsovie en application du traité de Potsdam en 1945[76].

La controverse sur le nombre de morts pendant et après le feu ne fut pas moins houleuse : l'estimation la plus basse en comptabilise tout juste neuf (d'après un homme qui enterra leurs corps ; un chiffre que même les autorités communistes polonaises de l'après-guerre finirent par admettre)[77] ; toutefois, certains témoins allemands affirment qu'il s'agit là d'une sous-estimation flagrante. Le médecin allemand du camp, Heinz Esser, déclara que Gęborski l'avait obligé à disperser les corps sur trois sites différents, afin d'empêcher tout comptage exact, et que des femmes et des enfants furent contraints de creuser d'autres charniers, à l'écart des groupes de fossoyeurs « officiels ». Esser tint secrètement une liste des victimes de l'incendie, réparties en différentes catégories : celles qui avaient péri dans le feu proprement dit, celles que l'on avait abattues autour du brasier, celles que l'on avait enterrées vivantes après coup, et celles qui étaient mortes de leurs blessures dans les jours qui suivirent. Il aboutit à un total final de 581 victimes. Malheureusement, ce chiffre contredit celui qu'aurait apparemment fourni le même Esser plusieurs années plus tard, lorsqu'il affirma que 132 personnes seulement y auraient perdu la vie[78]. Étant donné le peu de fiabilité de ces récits émanant de témoins directs, l'absence de documents idoines et l'atmosphère politiquement très chargée qui dominait après guerre, il est impossible d'établir avec précision combien de personnes sont réellement mortes à Lamsdorf ce jour-là ; entre neuf morts et plus de 500, la différence est immense. (Lors du procès de Czeslaw Gęborski, le commandant du camp, en 2000, on évalua à 48 le nombre de victimes qui auraient péri dans les flammes et aux abords du brasier[79].)

La même querelle éclata à propos du nombre total de morts pendant l'année où le camp resta en activité : d'après les chiffres de Heinz Esser, 6 488 prisonniers trouvèrent la mort en 1945 et 1946 ; l'administration communiste de Pologne rejeta aussi cette affirmation, en prétendant que seuls 4 000 prisonniers y avaient été internés et que les calculs d'Esser relevaient donc de l'impossible[80]. Selon les dernières recherches menées en Pologne, il semble vraisemblable que 6 000 prisonniers y aient été incarcérés, et qu'ils furent environ 1 500 à y laisser la vie. On connaît les noms de 1 462 d'entre eux[81].

Ces querelles de chiffres ne participent pas d'un simple désaccord entre universitaires – ici, d'intenses émotions sont à l'œuvre, personnelles et nationales. Neuf personnes tuées dans un incendie, cela reste un événement malheureux, mais des dizaines, voire des centaines volontairement brûlées et enterrées vivantes, cela devient une atrocité. Quelques centaines de morts du typhus, cela reste une tragédie inévitable mais circonscrite ; en revanche, des milliers de détenus que l'on affame et auxquels on refuse tous soins médicaux, cela se transforme en crime contre l'humanité. Les chiffres sont capitaux, car ils sont porteurs d'une histoire.

À l'échelle nationale, la disparité entre les chiffres allemands et polonais s'avère importante. Dans une étude du ministère des Expulsés, des Réfugiés et des Victimes de guerre qui fut présentée au Parlement allemand en 1974, on avança que 200 000 personnes avaient été emprisonnées dans les camps de travail polonais après la guerre, notamment à Lamsdorf, Zgoda, Mysłowice et à la prison du NKVD à Toszek. Le taux de mortalité total y fut estimé entre 20 et 50 % ; cela signifie qu'entre 40 000 et 100 000 personnes moururent dans ces camps, alors que le rapport soutenait que « plus de 60 000 personnes avaient certainement péri là-bas[82] ». En revanche, un rapport polonais du ministère de la Sécurité publique (Minsterstwo Bezpieczeństwa Publicznego) affirma que seuls 6 140 Allemands étaient morts dans des camps de travail – un chiffre dont les auteurs du rapport devaient certainement savoir, même à l'époque, qu'il se situait bien trop bas[83]. C'est pourquoi le chiffre allemand est presque dix fois supérieur à celui des Polonais.

Là encore, pour les deux parties en présence, les statistiques sont importantes. Du point de vue des Polonais, l'enjeu consistait à conserver l'ascendant moral. La Deuxième Guerre mondiale avait été le paroxysme de plus d'un siècle de tensions entre Berlin et Varsovie : après la dévastation et le démembrement de leur pays par les nazis (et plus tard par les Soviétiques), les Polonais étaient indignés (une indignation compréhensible) que l'on puisse attendre d'eux qu'ils acceptent d'endosser la moindre culpabilité pour cette courte période de désordres postérieure au conflit. Il était donc dans leur intérêt de maintenir ces chiffres gênants à leur plus bas niveau possible. Il existe quelques exemples flagrants de manipulation dans les documents officiels de l'époque, où les taux de mortalité s'inscrivent à un niveau invraisemblablement bas. En revanche, l'Allemagne avait tout intérêt à grossir ces chiffres. Non seulement ces récits de crimes polonais contre l'humanité alimentaient tous les préjugés raciaux auxquels certains citoyens du Reich adhéraient pendant la guerre, mais ils contribuaient aussi à alléger en partie le sentiment de culpabilité de la nation : de tels récits montraient que les Allemands n'avaient pas été seulement les auteurs d'atrocités, mais qu'ils en étaient aussi les victimes. Plus la tragédie que vivait l'Allemagne était écrasante, plus cela lui permettait de se retrancher de sa propre culpabilité – en un sens, les torts infligés aux Allemands d'Europe de l'Est « neutralisaient » ceux dont ils avaient eux-mêmes accablé les juifs et les Slaves. Bien que cela n'ait jamais été l'opinion dominante en République fédérale, il existe encore à ce jour des groupes politiques qui refusent de reconnaître l'Holocauste au motif que les Allemands d'Europe orientale auraient souffert « exactement de la même chose[84] ». C'est là une opinion extrêmement dangereuse : s'il est vrai que les camps de travail polonais offraient des cas particulièrement répugnants d'actes de sadisme très poussé sur la personne des Allemands, nous ne possédons absolument aucune preuve que ces actes s'inscrivaient dans le cadre d'une politique officielle d'extermination. En réalité, les autorités polonaises communiquèrent des ordres stricts à leurs commandants de camp, en soulignant le caractère illégal des passages à tabac ou d'autres mauvais traitements, et que quiconque se rendrait coupable de tels agissements serait puni[85]. Ceux qui furent convaincus de sévices envers des prisonniers furent sanctionnés (certes de peines légères) et mutés. Assimiler les atrocités de Lamsdorf ou Zgoda à l'Holocauste est un non-sens, tant sur la nature des faits que sur leur portée.

Cependant, rares sont les responsables de ces crimes commis dans les camps de prisonniers en temps de paix qui furent traduits en justice, et c'est l'une des principales raisons qui empêchent de classer le dossier. Czesław Gęborski, le commandant de Lamsdorf, a été jugé en 1956 par l'administration communiste, mais déclaré non coupable. Après la chute du communisme, en 1989, l'enquête sur les événements de Lamsdorf a été rouverte, et Gęborski devait de nouveau passer en jugement en 2001, à Opole. Mais le procès a été repoussé à plusieurs reprises en raison du mauvais état de santé de l'intéressé et des témoins à charge, et finalement annulé en 2005. Gęborski est décédé un an plus tard. Salomon Morel, le commandant de Zgoda/Swiętochłowice, a réussi lui aussi à s'éviter un procès. Après la chute du communisme, il est parti s'installer en Israël, où il vit depuis lors. Le ministère polonais de la Justice a lancé une procédure d'extradition contre lui, mais l'État hébreu a été obligé de refuser cette demande, car, en application de la loi en vigueur sur la prescription des faits, il s'est écoulé trop de temps depuis la date à laquelle ces crimes ont été commis[86].

Les deux hommes auraient dû être poursuivis dans les années 1940, avec des centaines d'autres, mais ils ne l'ont pas été, car les autorités avaient d'autres chats à fouetter. Comme toutes les nations ayant subi l'occupation nazie, les Polonais étaient plus soucieux de restaurer leur pouvoir que de veiller à garantir les droits des civils allemands. Cela peut nous paraître indigne, mais ne doit pas nous surprendre : dans le sillage de la guerre, la justice était à tout le moins une question subjective, et s'exerçait rarement à l'intérieur de ce que l'on considérerait de nos jours comme un cadre légal normal.

Aucun de ces événements n'était propre à la Pologne ou à l'Europe orientale. Comme nous allons le voir, les mêmes faits se manifestent d'un bout à l'autre du continent : la seule différence, c'est qu'ailleurs, on n'a pas puni les Allemands, mais plutôt ceux qui avaient collaboré avec eux.

13

L'ennemi de l'intérieur

Au plus fort du conflit, l'Allemagne tenait directement ou indirectement sous sa férule plus de douze pays d'Europe, et exerçait une influence écrasante sur une bonne demi-douzaine d'autres. Nonobstant leur indéniable puissance militaire, les nazis n'auraient pu y parvenir, à l'intérieur de chacun de ces pays, sans le soutien de quelques dizaines ou peut-être centaines de milliers de ceux que l'on appelait les « collaborateurs ». Aussitôt après la guerre, les gens haïssaient certes les Allemands, mais ils détestaient davantage encore ces « collabos » : les Allemands avaient au moins l'excuse d'appartenir à une culture étrangère, à un pouvoir extérieur ; les collaborationnistes, en revanche, étaient des traîtres à leur patrie et, dans l'atmosphère de patriotisme farouche qui régnait en Europe à la fin du conflit, c'était là un impardonnable péché.

La déshumanisation de ces soutiens du nazisme durant cette période est un phénomène que les générations actuelles ont du mal à comprendre ; dans la presse européenne, on les décrivait comme de la « vermine », des « chiens enragés » ou des éléments inférieurs dont il fallait « purger » la société[1]. Au Danemark et en Norvège, l'art populaire les présentait comme des rats ; selon des observateurs britanniques en Belgique, l'animosité collective à leur égard était comparable à « une ferveur religieuse[2] ». Dans une telle atmosphère, il n'était guère surprenant que certains se soient violemment retournés contre eux. Comme Peter Voute, un médecin qui avait œuvré avec la Résistance aux Pays-Bas, le remarquait après la guerre,

> la haine profonde des collaborateurs et le désir de vengeance étaient si répandus qu'une forme de châtiment était inévitable. Même si tout le monde n'avait que ça en tête, personne ne savait vraiment quelle

> forme revêtiraient ces représailles. Des rumeurs de « Journée des haches » circulaient, quand la foule se ferait justice elle-même[3].

Cette « Journée des haches », ou ce que les Français appelleraient une « épuration sauvage », eut lieu dans tous les pays, jusqu'à un certain point. La liste des individus qu'elle visait paraît sans fin : non seulement des dirigeants et des politiciens du temps de guerre, mais aussi des maires et des responsables administratifs locaux ; pas seulement des membres des milices d'extrême droite, mais aussi de simples policiers et des gendarmes qui avaient appliqué des lois répressives ; pas uniquement des industriels en vue qui avaient réalisé des profits grâce à des contrats passés avec les nazis, mais aussi des propriétaires de cafés et de boutiques qui avaient gagné de l'argent en servant des soldats allemands. Des journalistes, des gens de radio et des cinéastes furent attaqués pour avoir diffusé de la propagande nazie ; on fustigea des acteurs et des chanteurs qui avaient diverti les troupes du Reich, ainsi que des prêtres qui avaient prêté leur secours ou leurs encouragements à des fascistes, des prostituées qui avaient couché avec des soldats allemands et même des femmes et des jeunes filles ordinaires qui avaient eu le sourire un peu trop facile.

Toutes les formes de vengeance infligées aux individus d'origine germanique de Tchécoslovaquie et de Pologne s'étaient aussi abattues sur les collaborateurs et les fascistes partout en Europe. Durant la période chaotique de la Libération, des collaborateurs hollandais et belges furent sommairement exécutés, sans procès, et leurs maisons rasées par le feu « sous l'œil indifférent ou même approbateur de la police[4] ». En Italie, les cadavres des fascistes furent exhibés dans les rues, et les passants purent les frapper à coups de pied ou leur cracher dessus à leur gré – même le corps de Mussolini subit un traitement similaire, avant d'être pendu à l'auvent d'une station-service sur la Piazzale Loreto à Milan[5]. En Hongrie, des membres des Croix-Fléchées, le parti d'extrême droite, furent obligés, sous les bâtons et les pierres que leur lançaient les gens de la région, et par une température caniculaire, d'exhumer des cadavres de juifs entassés dans des charniers[6]. En France, des prisons clandestines furent installées, où les suspects de collaboration étaient soumis à diverses formes de sadisme, de mutilation, de viol, de prostitution forcée, et à toutes les sortes de tortures imaginables[7].

Les nouvelles autorités et les Alliés assistèrent à ces épisodes de violence avec horreur. Les résistants eux-mêmes jugeaient de tels incidents très pénibles. « Ce qui est grave », rapportait le journal *La Terre vivaroise* le 29 octobre 1944,

> c'est qu'on réédite certains des procédés les plus odieux de la Gestapo ; c'est qu'il semble que le nazisme ait infecté certaines âmes au point de les persuader que la violence est toujours légitime, que tout est permis contre ceux que l'on considère comme des adversaires, que chacun peut disposer de la vie d'autrui.
>
> À quoi donc servirait alors d'avoir triomphé des barbares si c'est pour les imiter et devenir comme eux[8] ?

Cet état de choses ne pouvait être toléré plus longtemps. Les Alliés ne pouvaient se permettre le moindre soupçon d'anarchie derrière leurs lignes, en particulier tant que les opérations militaires se poursuivaient. Et les nouveaux gouvernements ne devaient pas non plus permettre que des individus confisquent localement la loi à leur profit et se fassent justice eux-mêmes, car c'était là un défi lancé au pouvoir central. « L'ordre public est une question de vie ou de mort », proclama Charles de Gaulle à son retour à Paris en août 1944. Lors d'un discours radiodiffusé au peuple français, il souligna que le Gouvernement provisoire était désormais aux affaires, et exigea « que cessent absolument toutes improvisations d'autorité[9] ».

Les nouveaux gouvernements d'Europe occidentale s'attaquèrent à la question sous plusieurs angles à la fois. Premièrement, en reconnaissant qu'une partie du problème tenait à l'absence de confiance du peuple en la police, ils firent tout ce qu'ils purent pour étayer la position de cette même police, principal pilier de l'ordre public. Dans certaines régions, en Italie et en Grèce en particulier, ils comptèrent purement et simplement sur le soutien d'une présence alliée massive. Mais, dans d'autres régions, ils abordèrent le problème de front en expurgeant les forces de l'ordre de leurs officiers suspects. À titre d'exemple, moins d'un an après la libération de la France, un policier sur huit avait été suspendu, et un inspecteur français sur cinq avait perdu son poste[10]. D'autres pays imitèrent la politique française en la matière : la purge de la police en Norvège et au Danemark ne fut pas moins impressionnante, mais elle ne fut peut-être pas si fréquente dans le reste de l'Europe de l'Ouest. L'important était de restaurer la légitimité de la police, afin qu'elle soit en mesure de tenir tête aux groupes d'autodéfense qui avaient pris le contrôle de quantité de villes et de quartiers.

Deuxièmement, les nouvelles autorités s'employèrent à désarmer les groupes d'anciens résistants, auteurs de l'essentiel de ces violences. C'était souvent plus facile à dire qu'à faire. Ainsi, à Paris, la Milice patriotique continuait d'effectuer des patrouilles armées, défiant ouvertement les autorités. À Valenciennes, ces éléments récalcitrants dissimulèrent leurs armes dans des caches au contenu impressionnant (grenades, mitrailleuses antiaériennes et fusils antichars)[11]. À Bruxelles, où l'on accorda un délai de deux semaines aux membres de l'« Armée secrète » pour démanteler leur organisation, une manifestation de protestation dégénéra en émeute, certes d'ampleur limitée : la police ouvrit le feu, blessant 45 personnes[12]. En Italie et en Grèce, des milliers de partisans refusèrent de se séparer de leurs armes, au simple motif qu'ils ne se fiaient pas aux autorités qui, même après le bain de sang de la Libération, comptaient encore en leur sein d'innombrables individus entachés de liens avec l'ancien régime.

Dans une tentative d'inciter les anciens partisans à renouer avec la vie civile, beaucoup de pays annoncèrent des amnisties pour les crimes commis au nom de la Libération. En Belgique, par exemple, les autorités acceptèrent de fermer les yeux sur presque toutes les activités auxquelles s'était livrée la Résistance durant les quarante et un jours suivant l'expulsion des Allemands du pays. En Italie, l'amnistie des meurtres perpétrés par pure volonté de vengeance couvrit les douze premières semaines consécutives à la fin des hostilités et, en Tchécoslovaquie, elle se prolongea cinq mois et demi, un délai pour le moins surprenant[13]. Mais si les crimes de passion, perpétrés dans la fièvre de la Libération, furent considérés avec indulgence, ceux qui se commirent bien plus tard, quand l'État était censé avoir restauré ses pouvoirs, furent punis avec la dernière sévérité : en France, par exemple, une série d'arrestations d'anciens maquisards, à l'hiver 1944-1945, fut largement interprétée comme un avertissement à la Résistance pour qu'elle mette un terme à sa justice du lynchage[14].

Toutefois, de telles mesures n'étaient qu'un remède de fortune. Le véritable souci, la principale raison de la fréquence de ces bandes de lyncheurs, c'était que beaucoup de gens croyaient que la vengeance demeurait leur seul véritable recours pour obtenir justice. Selon les propos de l'ambassadeur de Grande-Bretagne à Paris Duff Cooper, qui rédigea plusieurs rapports sur ces lynchages : « Tant que le peuple croit que les coupables seront punis, il est disposé à les remettre à la justice, mais, quand il commence à douter qu'il en soit ainsi, il se fait justice lui-même[15]. » Après les hostilités, ces doutes étaient omniprésents. Le seul vrai moyen d'empêcher ces agressions vengeresses, c'était de convaincre le peuple que l'État était capable d'administrer ce que les journaux belges appelaient une « justice sévère et expéditive[16] ».

En conséquence, tous les nouveaux gouvernements d'Europe firent mine de réformer la justice et ses institutions : de nouveaux tribunaux furent institués, de nouveaux juges nommés et de nouvelles prisons, de nouveaux camps d'internement ouverts pour absorber le flot soudain de ces arrestations ; de nouvelles lois sanctionnant le crime de trahison furent promulguées en remplacement de textes obsolètes et inadaptés ; face à l'ampleur des faits de collaboration, il fallut inventer de nouveaux principes judiciaires et les appliquer rétroactivement. En Europe occidentale, la sanction inédite de l'« indignité nationale », introduite pour les délits mineurs, privait les « collabos » de tout un ensemble de droits civiques, notamment le droit de vote. Pour les crimes plus graves, la peine de mort, longtemps reléguée aux oubliettes au Danemark et en Norvège, fut rétablie[17].

Certaines régions d'Europe se laissèrent convaincre par cette façade plus facilement que d'autres. En Belgique, en Hollande, au Danemark et en Norvège, dans l'ensemble la Résistance accepta volontiers de livrer les collaborateurs aux autorités *ad hoc* afin qu'elles en disposent. En revanche, dans certaines parties de la France, ainsi que dans de vastes régions d'Italie, de Grèce et dans presque toute l'Europe orientale, la Résistance – ou, à cet égard, la population au sens large – était bien plus encline à se faire justice elle-même. Il y avait quantité de raisons à cela, souvent politiques, comme cela apparaîtra clairement par la suite. Mais la motivation la plus importante tenait à un manque de confiance dans les autorités en place : après des années de régime fasciste, les peuples d'Europe considéraient la « justice » officielle d'un œil très sombre.

Le meilleur exemple de cette méfiance nous est sans doute fourni par l'Italie. Ce pays constituait certainement un cas extrême : alors que le reste de l'Europe cherchait à se venger de quelques années de Collaboration, nombre d'Italiens avaient nourri leur ressentiment contre les fascistes pendant plus de vingt ans. Le processus de la libération y avait duré plus longtemps que partout ailleurs – presque deux ans – et, tout au long de cette période, le nord du pays s'était engagé dans une guerre civile féroce. Beaucoup d'événements qui agitaient d'autres régions d'Europe se produisirent aussi là-bas, mais sous une forme nettement amplifiée. En conséquence, la Péninsule nous offre la démonstration brute de quantité de problèmes à la racine du mécontentement populaire à l'œuvre d'un bout à l'autre du continent.

*L'*Epurazzione *italienne*

En 1945, l'Italie était une nation divisée. Pendant la quasi-totalité des deux dernières années de la guerre, cette fracture s'était incarnée physiquement : le Sud avait été occupé par les Britanniques et les Américains, le Nord par les Allemands. Mais cette ligne de fracture était aussi politique, surtout dans la partie septentrionale : d'un côté, il y avait les fascistes, dont les atrocités commises contre leur peuple n'avaient fait que s'aggraver après l'invasion allemande ; tandis que, de l'autre, les groupes de l'opposition, bon nombre étant communistes et d'autres ne l'étant pas, n'étaient unifiés que par leur haine commune de Mussolini et de ses soutiens.

Lorsque les fascistes furent enfin défaits, en avril 1945, les partisans se déchaînèrent, laissant libre cours à leur vengeance. Quiconque avait entretenu le moindre lien avec les fascistes était pris pour cible – non seulement les membres combattants des Brigades noires ou de Decima Mas, mais aussi ceux du Service des auxiliaires féminines, ou même des secrétaires et des permanents ordinaires du Parti fasciste républicain. Selon des sources italiennes, les régions les plus violentes étaient celles du Piémont, d'Émilie-Romagne et de Vénétie, avec des milliers de pelotons d'exécution opérant dans chacune d'elles[18]. Des sources britanniques affirmaient qu'à l'approche de la victoire quelque 500 personnes furent exécutées à Milan, et 1 000 autres à Turin, même si, comme des officiers de liaison le signalèrent à l'ambassadeur de Grande-Bretagne à Rome, « on n'avait abattu personne qui ne l'ait mérité ». En tout état de cause, ces chiffres s'avérèrent nettement sous-estimés[19].

À l'évidence, les Alliés se sentaient incapables d'intervenir dans ce bain de sang, du moins les premiers temps. À Turin, le président du Comité local de Libération, Franco Antonicelli, aurait reçu cet avertissement du chef de la mission alliée, le colonel John Stevens : « Écoutez, président, continuez votre nettoyage deux, trois jours, mais le troisième jour je ne veux plus voir de morts dans les rues[20]. » Nombre de simples partisans prétendaient aussi que les Alliés les avaient autorisés à administrer la justice à leur manière : « Les Américains nous ont permis d'y aller, déclara un ancien partisan, après la guerre, ils nous voyaient faire, ils nous laissaient les torturer un peu, et ensuite ils nous les retiraient[21]. »

En conséquence, la violence qui se répandit après les hostilités dans le nord de l'Italie fut bien plus virulente que partout ailleurs en Europe occidentale ; les statistiques sont éloquentes. Lors de la libération de la Belgique, on élimina de l'ordre de 265 collaborateurs, et seulement une centaine en Hollande[22]. En France, où la libération fut plus violente et plus prolongée, on supprima quelque 9 000 vichystes sur plusieurs mois, mais seuls quelques milliers juste après la Libération[23]. En Italie, le bilan final fut encore plus lourd : entre 12 000 et 20 000 tués, selon les chiffres auxquels on se réfère[24].

Ainsi, on n'assista en Hollande au meurtre par vengeance que d'un seul suspect de collaboration sur 100 000 habitants, alors que, sur cette base, on en comptabilisait 3 en Belgique, plus de 22 en France, et entre 26 et 44 en Italie.

L'un des aspects frappants de ces actes de vengeance constatés dans le nord de la Botte n'est pas tant l'ampleur des tueries que leur caractère précipité. Selon le ministère italien de l'Intérieur, en 1946 ce furent quelque 9 000 fascistes ou sympathisants que l'on supprima rien qu'en avril et mai 1945[25]. Certains historiens ont pu dresser le tableau d'une débauche de violence, de nature plus ou moins incontrôlée – mais, s'il y eut bien pléthore de crimes inspirés par la fureur, il y avait aussi dans tout cela un aspect fortement organisé, plus dépassionné, et plus méthodique. Des escouades d'inspiration militaire recherchèrent et exécutèrent des individus bien précis et, dans certains cas, les partisans organisèrent même des procès avant d'exécuter leurs prisonniers.

Au lieu d'attendre l'arrivée des Alliés et de confier leurs prisonniers au système judiciaire traditionnel – comme le firent la plupart des résistants des pays occidentaux –, ces partisans préférèrent se faire justice eux-mêmes. En effet, ils étaient peu nombreux à considérer que, si l'on s'en remettait aux tribunaux italiens, les fascistes écoperaient des condamnations qu'ils méritaient. Selon les termes de Robert Battaglia, un ancien commandant d'une division de partisans : « Nous devons procéder à cette purge tout de suite, parce que après la libération ce ne sera plus possible, car, tant que c'est la guerre, on tire, mais, dès que la guerre est finie, on ne peut plus[26]. »

Ce jugement cynique, très répandu, sur la qualité du système judiciaire italien n'était pas dénué de fondement. Les partisans de l'Italie du Nord avaient déjà constaté à quelle sorte de purges ils pouvaient s'attendre en observant ce qui s'était passé dans le sud de la Péninsule au cours des dix-huit mois précédents. Là, sous l'autorité douteuse de Pietro Badoglio, d'anciens fascistes continuaient de gouverner à tous les échelons de la société. Dans certaines provinces, les Alliés avaient insisté pour que l'on révoque les fascistes de leurs postes – mais, dès que l'on restitua le contrôle des régions libérées aux autorités italiennes, bon nombre de ces fascistes furent rétablis dans leurs fonctions. Les policiers continuaient de harceler les communistes, ou même quiconque affichait ouvertement des sympathies de gauche, et le chant d'hymnes fascistes en public demeurait une pratique assez courante. En 1944, on constata une forme de regain du fascisme dans certaines parties de la Calabre et même une courte vague de terrorisme et de sabotages d'inspiration fasciste. Plus d'un an après leur libération, quantité de collectivités locales d'Italie du Sud étaient encore dirigées par les mêmes maires, les mêmes chefs de la police et les mêmes propriétaires terriens, qui usaient des mesures brutales et répressives pour opprimer les populations comme ils l'avaient fait durant les années mussoliniennes[27].

Lors de la libération du nord du pays, l'absence de purges dans le Sud était un fait accompli. Le problème, c'était que le fascisme n'avait jamais été considéré comme un crime en soi – il ne pouvait l'être, puisqu'il avait été reconnu au plan international comme la forme légitime de gouvernement de l'Italie longtemps avant la guerre. Dans le Nord, en revanche, la situation se présentait sous un jour légèrement différent. Là, les fascistes, désormais retranchés à Salò, avaient imposé leur gouvernement au peuple, alors même qu'ils avaient été chassés du pouvoir depuis 1943. Surtout, ils avaient soutenu et facilité l'occupation allemande. En conséquence, quiconque avait exercé une fonction d'autorité dans la République de Salò s'exposait à des poursuites en tant que fasciste et collaborateur.

À première vue, les perspectives de purges en bonne et due forme paraissaient nettement plus prometteuses au Nord qu'au Sud. Pourtant, dans la pratique, on constata d'emblée l'absence de toute volonté politique d'engager pareille mutation. Dès l'arrivée des Alliés, beaucoup de responsables et de hauts fonctionnaires réussirent à convaincre les libérateurs de ne pas les révoquer de leurs postes : au milieu du chaos de la Libération, si l'on voulait reprendre la maîtrise des événements, leur expérience serait utile. Dans le même ordre d'idées, les policiers et les gendarmes furent maintenus à leur poste, car la perspective de confier les clefs du pouvoir aux partisans inquiétait les Alliés, non sans raison. Les entreprises qui avaient collaboré furent autorisées à poursuivre leur activité afin d'éviter d'autres suppressions d'emplois ; et leurs propriétaires et gestionnaires furent maintenus en place, par crainte de voir l'économie se détériorer encore davantage. En réalité, en dehors des régions où les partisans imposèrent le changement, la position par défaut consista à préserver les structures de pouvoir existantes.

La purge, quand elle eut lieu, fut confiée aux tribunaux – mais personne ne tenta réellement de réformer au préalable le système juridique. Malgré les appels à créer de nouvelles lois, de nouveaux tribunaux, à nommer de nouveaux juges et de nouveaux professionnels de la justice, l'atmosphère générale au sein de l'appareil judiciaire traduisait davantage une volonté de continuité que de changement. Certaines lois inédites furent promulguées, mais le Code pénal fasciste de 1930 ne fut pas abrogé – il est encore en vigueur de nos jours. De nouveaux tribunaux furent instaurés pour juger des affaires de collaboration – les cours d'assises extraordinaires –, mais ils étaient en général présidés par les mêmes juges et constitués des mêmes juristes que sous Mussolini. En conséquence, bon nombre de collaborationnistes traduits devant la justice italienne se retrouvèrent dans la situation absurde d'être jugés par des hommes au moins aussi coupables qu'eux ; quand ils n'étaient pas acquittés, les sentences étaient d'une clémence scandaleuse – les juges ne pouvaient tout bonnement pas appliquer de sanctions contre d'autres fonctionnaires sans remettre aussi en cause leur propre rôle[28].

En dépit de tous leurs défauts, les cours d'assises extraordinaires condamnèrent au moins les crimes violents, comme le meurtre ou la torture de civils, commis par les tristement célèbres Brigades noires. Mais ces sentences pouvaient aussi être annulées par les cours d'appel de la plus haute juridiction d'Italie, la Cour de cassation, qui siégeait à Rome. Les juges de cette cour avaient affiché une proximité honteuse avec le fascisme, et souhaitaient apparemment défendre les actions du régime précédent. En annulant régulièrement les sentences rendues par les cours d'assises, en octroyant des grâces, en ignorant et en couvrant quelques-unes des pires atrocités commises par les Brigades noires, la Cour de cassation sapa systématiquement toute velléité de traduire les criminels fascistes en justice[29].

Moins d'un an après la fin du conflit, la politique officielle de purges avait viré à la farce. Sur les 394 000 fonctionnaires soumis à une procédure d'enquête jusqu'en février 1946, seuls 1 580 d'entre eux furent révoqués, et la majorité de ceux-ci ne tarderaient pas à récupérer leur poste. Sur les 50 000 fascistes emprisonnés en Italie, seule une très faible minorité purgea une véritable peine de détention : à l'été 1946, toutes les sentences d'emprisonnement de moins de cinq ans furent annulées, et les prisonniers relâchés. Alors qu'ils avaient eu à juger de certaines des pires atrocités commises en Europe, les tribunaux italiens rendirent proportionnellement moins de sentences de mort que la totalité des autres pays d'Europe occidentale – guère plus de 92 sur une population d'après guerre de plus de 45 millions d'Italiens. C'est vingt fois moins que le nombre des exécutions rapporté à la population française[30]. Au contraire des nazis allemands, aucun Italien ne fut traduit en justice pour des crimes de guerre commis hors de la Péninsule.

Face à un déni de justice aussi flagrant, il n'est pas surprenant que l'exaspération populaire ait resurgi : sachant qu'aucune purge n'était possible si l'on s'en remettait aux autorités, il n'y avait plus qu'un pas pour que le peuple se décide à faire justice lui-même. Au cours des mois postérieurs à la fin de la guerre, une deuxième vague de violence populaire balaya plusieurs régions du pays : la population manifesta sa méfiance envers toute politique officielle de purges en s'introduisant par la force dans les prisons et en lynchant les détenus qui y étaient enfermés. Cela se produisit dans plusieurs villes d'Émilie-Romagne et de Vénétie, mais aussi dans les régions du Nord[31]. L'épisode le plus fameux eut lieu à Schio, dans la province de Vicence, où d'anciens partisans firent irruption dans la prison de la ville et massacrèrent 55 détenus. Les paroles proférées par certaines personnes présentes sur les lieux trahissent l'amertume que l'échec de toute purge suscitait chez les Italiens à cette période : « Si seulement ils avaient tenu deux ou trois procès, lança l'un d'eux, si seulement ils avaient essayé de faire quelque chose, cela aurait pu suffire à soulager la tension que tout le monde ressentait. » « J'ai toujours défendu cette action, déclarait un autre, interrogé plus de cinquante ans après, car, pour moi, les supprimer, cela relevait de la simple justice... Ils ont beau être morts, je n'ai aucune compassion envers ces gens[32]. »

L'échec des purges dans toute l'Europe

L'expérience italienne constituait le cas extrême d'une réalité qui se répéta dans toute l'Europe occidentale. Partout, les purges de l'après-guerre furent un échec partiel. En France, par exemple, une nation au sujet de laquelle les Alliés ne tarirent pourtant pas d'éloges, vantant le « caractère approfondi » et la « compétence méthodique » de ces purges, la désillusion vis-à-vis des tribunaux était très répandue[33]. Sur plus de 311 000 affaires, seules 95 000 aboutirent à une sanction – à peine 30 % du total. Moins de la moitié des accusés – soit seulement 45 000 individus – écopèrent d'une peine d'emprisonnement ou pire. La sanction la plus courante se limitait à la privation des droits civiques, comme le droit de vote ou d'occuper un poste au sein de la fonction publique. Toutefois, après l'amnistie de 1947, la plupart de ces sentences furent rapportées, et la majorité des individus emprisonnés élargis. Après une autre amnistie en 1951, seuls 1 500 criminels de guerre parmi les plus endurcis restèrent incarcérés. Sur les 11 000 fonctionnaires révoqués dès les premiers jours des purges, la plupart étaient de retour à leur poste dans les six ans[34].

La moitié des individus sanctionnés en Hollande n'eurent à subir que la privation du droit de vote et, si la quasi-totalité de l'autre moitié fut emprisonnée, les peines qu'ils eurent à purger étaient généralement courtes. En Belgique, les châtiments furent un peu plus sévères, avec 48 000 sentences d'emprisonnement, dont 2 340 à perpétuité. Mais cela ne représente tout de même qu'à peu près 12 % du nombre total des enquêtes diligentées. Les juges belges rendirent aussi 2 940 sentences de mort, mais seules 242 furent exécutées[35].

Beaucoup de gens sur le continent trouvaient ces sentences d'une clémence désespérante ; et ils ne manquèrent pas d'exprimer leur indignation. En mai 1945, dans toute la Belgique, lors d'une série de manifestations, des « collabos » furent lynchés, leurs familles humiliées et leurs maisons mises à sac[36]. Au Danemark, où le crime de collaboration n'existait quasiment pas, 10 000 personnes descendirent dans la rue, à Allborg, pour exiger que l'on réserve un traitement plus sévère aux collaborationnistes, et on lança un appel à une grève générale. Des manifestations plus limitées se déroulèrent aussi dans d'autres régions du pays[37]. En France, comme en Italie, la foule en furie tenta à de nombreuses reprises de s'introduire dans les prisons par la force et d'y lyncher les détenus[38].

La Norvège, où les procès se déroulèrent avec rapidité et efficacité et où l'on prononça des sentences plus dures, fut sans doute le seul pays d'Europe du Nord-Ouest où le peuple manifesta son contentement suite à ces purges. Sur une population de tout juste 3 millions d'habitants, 90 000 affaires firent l'objet d'enquêtes, et plus de la moitié des coupables écopèrent d'une peine sous une forme ou une autre. En d'autres termes, après la guerre, on y punit plus de 1,6 % de la population totale ; et cela n'inclut pas les sanctions infligées à titre officieux à des femmes et des enfants, sur lesquelles nous nous pencherons au chapitre suivant[39].

De fait, la notion de justice variait fortement d'un pays à l'autre. Celui où l'on risquait le plus d'être exposé à une enquête, il est inutile de le préciser, c'était l'Allemagne, où le processus de dénazification diabolisait nécessairement un peuple entier. En revanche, aspect plus surprenant, le pays où l'on risquait le plus l'emprisonnement, c'était la Belgique, suivie de près par la Norvège. Celui où l'on s'exposait le plus à une exécution, ce qui n'est pas moins surprenant, c'était la Bulgarie, où plus de 1 500 peines de mort furent exécutées. (Comme dans le reste de l'Europe orientale, nombre de ces exécutions étaient davantage liées à la prise du pouvoir par les communistes qu'à la punition de crimes véritables.)

La différence de traitement réservé aux collaborationnistes selon les pays trouve peut-être sa meilleure illustration dans ce qui se produisit en Europe centrale. Les purges en Autriche et en Tchécoslovaquie, nations certes voisines, connurent des résultats profondément différents. En Autriche, la collaboration fut traitée le plus souvent comme un délit mineur, passible d'amende ou de la privation des droits civiques. Plus d'un demi-million de personnes furent condamnées de la sorte. Toutefois, ces sanctions furent d'une durée limitée. En avril 1948, une amnistie rétablissait 487 000 anciens nazis dans leurs droits civiques, et le reste put rentrer dans le rang dès 1956. Quelque 70 000 fonctionnaires civils furent révoqués, mais, comme dans d'autres pays, leur départ se limita à un simple aller-retour[40]. En territoire tchèque, en revanche, la collaboration fut prise beaucoup plus au sérieux : les tribunaux prononcèrent 723 condamnations à mort pour des crimes commis pendant la guerre et, en raison de leur politique spécifique consistant à procéder aux exécutions dans un délai de trois jours après la sentence, le pourcentage des peines effectivement exécutées y fut plus élevé que partout ailleurs en Europe – presque 95 %, soit 686 au total. Alors que le nombre total des exécutions n'y paraît pas plus lourd que par exemple en France, il faut se rappeler que les territoires tchèques ne comptaient alors que le tiers de la population française – la proportion des exécutions s'y révéla donc quatre fois supérieure. Les Tchèques risquaient deux fois plus d'être exécutés pour faits de collaboration que les Belges, six fois plus que les Norvégiens, et huit fois plus que leurs cousins slovaques, dans la partie orientale du pays. Mais c'est la comparaison avec l'Autriche qui s'avère la plus éloquente de toutes : sur 43 peines de mort prononcées, seules 30 furent exécutées, faisant ainsi de ce pays le plus sûr d'Europe pour les collaborateurs. Les Tchèques risquaient seize fois plus d'être exécutés pour crimes de guerre que leurs voisins autrichiens.

Bien entendu, quantité de raisons culturelles, politiques et ethniques expliquent ces différences. Les Tchèques voulaient se venger du démembrement de leur pays et de leur marginalisation par la minorité allemande – une minorité qu'ils étaient en passe d'expulser, durant même le déroulement de ces procès. En revanche, une majorité d'Autrichiens avaient approuvé l'Anschluss de 1938, et ils éprouvaient une affinité naturelle avec leurs compatriotes germanophones – tout cela offrant à l'évidence un démenti cinglant de leur statut de « premières victimes » de Hitler. C'est précisément à cause du caractère universel de la collaboration autrichienne que les autorités s'estimaient incapables de la punir comme il convenait.

La question de savoir si cette différence de traitement des collaborateurs de ces deux nations était *juste* est d'un tout autre ordre ;

d'un point de vue international, il est impossible de simultanément justifier la sévérité de l'un et la clémence de l'autre.

Tableau 2 : Les condamnations judiciaires des collaborateurs en Europe occidentale[41]

	Norvège	Danemark	Belgique	Hollande	France	Italie	Tchécoslovaquie
Population en 1945 (en millions)	3,1	4	8,3	9,3	40	45,4	10,5
Exécutions*	1	0,7	3	0,4	3,8	0,2	6,5
Peines de prison *	573	33	582	553	110	110	208
Sanctions plus légères*	1 083	—	378	663	188	—	234
Total des condamnés*	1 565	33	963	1 216	309	—	449

Note : * Données pour 100 000 hab. Malgré la précision de certains des chiffres ci-dessus, il faut les considérer comme de simples estimations, car, dans l'absolu, beaucoup de données sont contestées. Toutefois, à des fins de comparaison entre pays, ils fournissent un tableau d'ensemble généralement fidèle.

Les variations de traitement entre les collaborationnistes de ces différents pays ne sont qu'une des nombreuses incohérences à avoir entravé le cours de la justice en Europe après le conflit. Partout, les tribunaux avaient tendance à se montrer plus sévères envers les pauvres et les jeunes, qui bénéficiaient de moins d'appuis, étaient moins habiles à s'exprimer et moins en mesure de s'offrir les services d'avocats toujours coûteux. (C'était vrai même en Europe orientale, au cours des mois précédant le détournement de ces purges par les communistes à des fins purement politiciennes.) Ils étaient aussi plus sévères envers ceux qui furent traduits en justice au début des purges, quand les passions étaient encore à vif : nombre de crimes passibles de la peine de mort en 1944 n'encouraient plus que des peines de prison après la fin des hostilités[42]. Différentes catégories de collaboration reçurent aussi des traitements différents. Ainsi, les militaires et les politiques collaborationnistes furent sévèrement punis partout, de même que les informateurs. Ceux qui travaillaient dans les médias reçurent sans doute les punitions les plus sévères de toutes, au regard de la nature relativement mineure de leurs crimes, car les preuves de leur culpabilité ne manquaient pas et il était facile de les punir pour l'exemple[43]. Au contraire, les acteurs de la collaboration économique ne furent guère inquiétés, du moins en Europe occidentale. Non seulement il était difficile de prouver quoi que ce soit contre la plupart des hommes d'affaires, mais ils étaient davantage susceptibles de s'offrir les services d'avocats capables d'obtenir le renvoi des procédures jusqu'à ce que l'obtention d'un acquittement soit plus vraisemblable. En outre, la volonté politique de poursuivre les chefs d'entreprise faisait défaut : en dépit de leur impopularité, la situation épouvantable de l'Europe de l'après-guerre les rendait indispensables.

On ne peut tenir les tribunaux pour entièrement responsables de cet état de choses. Si l'on met de côté les exigences du peuple, chargées de passions, ces cours de justice eurent à affronter des dilemmes véritablement déconcertants. Par exemple, les arguments juridiques relatifs à la définition exacte de la « collaboration » étaient impossibles à dénouer. Ainsi, quand le défendeur croyait avoir agi au mieux des intérêts de son pays, s'agissait-il réellement de trahison ? Beaucoup de politiques et de hauts fonctionnaires affirmèrent s'être entendus avec les nazis uniquement parce que cela valait mieux que la répression massive qu'aurait déclenchée leur résistance collective. Dans le même ordre d'idées, les tenants de la collaboration économique prétendaient souvent que, s'ils avaient interrompu la production dans leurs usines, les gens seraient morts de faim, et leurs ouvriers auraient été réquisitionnés en Allemagne au titre du travail forcé. En collaborant avec l'occupant, ils avaient évité que leur pays ne subisse un sort plus pénible. D'autres soulignaient que les nouvelles lois contre la collaboration étaient appliquées rétroactivement – en d'autres termes, comme leurs actes n'enfreignaient aucune loi de la période considérée, comment pouvaient-ils être jugés comme des crimes ? Ceux qui avaient « collaboré » sous la contrainte devaient-ils être tenus pour responsables de leurs actes ? Et comment les autorités de l'après-guerre s'arrogeaient-elles le droit de décréter que l'adhésion à des partis politiques d'extrême droite était illégale – là encore, de manière rétrospective – tout en adhérant au principe universel de la liberté d'association ?

En France, en Slovaquie, en Hongrie, en Roumanie et en Croatie, les procureurs eurent à démêler une complication supplémentaire : l'État lui-même avait collaboré avec le Reich. Alors que les chefs de ces États pouvaient sans conteste être accusés d'avoir travaillé avec les Allemands, la plupart des fonctionnaires et responsables administratifs ordinaires n'avaient entretenu aucun lien avec l'Allemagne ou les nazis ; comment pouvait-on être un traître si l'on s'était contenté de respecter les instructions d'un gouvernement possédant toutes les apparences de la légitimité[44] ?

Les subtilités de telles argumentations juridiques échappaient à la majorité de la population, qui se souciait moins de la pondération de la justice que de son désir impérieux, guidé par l'émotion, de voir ces individus punis. Inévitablement, de nombreux procès s'enlisèrent dans les détails. Loin d'être « sévère et expéditive », cette justice fut à la fois lente et d'une pénible iniquité. En Belgique, par exemple, six mois après la Libération, 180 000 procédures étaient ouvertes, mais 8 500 seulement aboutirent à un procès. Ainsi que le relevait un observateur allié, « si l'on maintenait une telle lenteur, il faudrait dix ans avant que la première affaire ne vienne devant les tribunaux[45] ».

Le seul moyen d'accélérer les procédures consistait à emprunter des raccourcis, ou à les annuler avant qu'elles n'atteignent la salle d'audience. Au bout du compte, ce fut exactement ce qui se produisit en Belgique : sur les 110 000 dossiers de collaboration économique qu'on y instruisit, seuls 2 % aboutirent devant les tribunaux[46]. Dans le reste de l'Europe aussi, la grande majorité des dossiers furent abandonnés avant le stade du procès.

La construction de mythes confortables

Si l'on se penche sur la véritable raison pour laquelle les purges en Europe s'achevèrent de façon si bénigne, on constate qu'au bout du compte il n'existait tout simplement pas de volonté politique d'un traitement plus sévère : un châtiment rigoureux n'était dans l'intérêt d'aucune nation. Le gouvernement en exil du général de Gaulle avait passé l'essentiel de la guerre à dresser le portrait des Français comme un peuple uni dans sa lutte contre les Allemands et les élites étriquées de Vichy. Quand de Gaulle accéda au pouvoir, à la Libération, l'abandon de ce mythe de l'unité n'aurait eu aucun sens, sachant surtout que, si les Français avaient pu s'unir, c'était justement derrière lui. En outre, si la France voulait avoir la force de se reconstruire, elle aurait besoin de se montrer unie. Après la guerre, les collaborateurs et les résistants étaient encore contraints de vivre ensemble au sein des mêmes communautés sociales ; promouvoir l'hostilité entre eux n'aurait pu qu'engendrer des difficultés pour l'avenir.

D'un bout à l'autre de l'Europe, d'autres gouvernements et groupements de la Résistance jouèrent exactement la même partie. Les gouvernements en exil de Norvège, des Pays-Bas, de Belgique et de Tchécoslovaquie voulaient eux aussi apaiser les tensions nationales en présentant leurs peuples respectifs comme s'ils étaient demeurés unis contre les nazis. Après le conflit, la Résistance se satisfaisait de voir ses exploits du temps de guerre répétés comme un mantra, même si cela donnait l'impression que son attitude avait été la norme, en lieu et place d'une médiocre collaboration au quotidien. Surtout, les communistes tenaient à agir comme si le peuple se dressait unifié derrière eux, car cela leur conférait un surcroît de légitimité pour s'emparer du pouvoir en Europe de l'Est. Pour tous les gouvernements de l'après-guerre, l'illusion de l'unité était bien plus importante que ne l'était la volonté de procéder à des purges. C'est pourquoi, en règle générale, celles-ci ne furent conduites avec un tant soit peu de vigueur qu'à seule fin d'écarter ceux qui menaçaient cette unité – et de justifier ainsi l'expulsion des groupes ethniques hostiles, ou d'éloigner les opposants politiques déclarés du pouvoir en Europe orientale.

Cette insistance sur l'unité du peuple fut la source d'un des mythes les plus puissants de la période postérieure au conflit – l'idée que la responsabilité de tous les maux de la guerre incombait exclusivement aux Allemands. Si l'on était seulement dans l'idée qu'« ils » avaient perpétré des atrocités contre « nous », alors le reste de l'Europe était dégagé de toute responsabilité dans les injustices qu'elle avait commises contre elle-même[47]. Mieux encore, le gros de l'Europe serait en mesure de partager la « victoire » sur l'Allemagne. Dès lors, au lendemain de la guerre, la détestation que tous les Européens vouaient à l'Allemagne et aux Allemands n'était qu'en partie une réaction aux actes dont le Reich s'était rendu coupable – en fait, c'était aussi un moyen pour chacun de ces pays de panser ses propres blessures.

En tant que nation vaincue, l'Allemagne n'avait guère d'autre choix que d'accuser le coup. Après tout, c'était elle qui avait provoqué la guerre, réduit des millions de travailleurs de toute l'Europe à l'esclavage et orchestré l'Holocauste. Et pourtant, même dans l'ancien Reich, il était possible de se dérober à tout sentiment de responsabilité dans ces crimes. L'image stéréotypée d'une Allemagne qui n'en finit plus de présenter ses excuses est essentiellement une création des années 1960 : avant cela, les Allemands pouvaient tout autant que d'autres nations nier leur responsabilité personnelle et collective dans les événements du conflit. La majorité d'entre eux se percevaient comme des victimes, pas comme des criminels – victimes du nazisme, de l'incapacité de leurs chefs à gagner la guerre, des bombardements, de la vengeance des Alliés, des pénuries de l'après-guerre, et ainsi de suite. Il était aisé d'imputer la responsabilité à d'autres.

En règle générale, les procès de dénazification produisirent les mêmes résultats qu'avaient eus les purges dans d'autres parties du continent, et avec les mêmes incohérences. Selon les zones occupées par les forces alliées, on poursuivit les nazis avec plus ou moins de vigueur ; certaines catégories de prisonniers furent traitées avec plus de sévérité ; et beaucoup de nazis éminents s'en tirèrent à bon compte alors que leurs « compagnons de route » étaient dûment châtiés[48].

Un seul procès éclipsa tous les autres, et ce fut celui des dirigeants nazis à Nuremberg en 1946. Le barrage médiatique qui l'accompagna fut conçu pour enseigner les horreurs du nazisme à la nation – mais il donnait aussi l'impression que ces hommes, et eux seuls, incarnaient la culpabilité de la nation. Une fois le procès clos, il était facile de s'imaginer que justice était faite.

Au cours des années suivantes, l'éradication continue des nazis, en particulier dans la zone américaine, fut partout très mal acceptée. Elle ne s'acheva qu'en 1949, avec l'instauration de la nouvelle République fédérale en Allemagne de l'Ouest. Comme ailleurs en Europe, en même temps que l'on mettait officiellement un terme aux purges, quantité de condamnations prononcées contre d'anciens nazis furent officiellement annulées ou cassées. Le 20 septembre de cette année-là, Konrad Adenauer annonça lors de son premier discours devant le Parlement de la République fédérale qu'il était temps de « mettre le passé derrière nous[49] ». Le cauchemar de la guerre serait délibérément oublié, au profit de nouveaux rêves d'avenir.

Il est tentant d'imaginer que ces mythes des lendemains de la guerre restaient relativement inoffensifs. Si le mythe de l'unité donnait naissance à une véritable forme d'unité, quel mal y avait-il à cela ? Et, si l'oubli des réalités de la culpabilité et de la collaboration du temps de guerre permettait à l'Europe d'aller de l'avant et de se forger un avenir meilleur, n'était-ce pas bénéfique ? Malheureusement, ce remède singulier aurait des effets secondaires non négligeables : les tentatives de réhabilitation de la droite en Europe de l'Ouest n'ont pas seulement abouti à blanchir les uns et les autres ; dans certains cas, elles ont permis à cette droite de se présenter comme la partie lésée.

Alors que le mythe d'une responsabilité incombant exclusivement à l'Allemagne s'enracinait petit à petit, le traitement sévère réservé aux collaborationnistes finit par s'apparenter moins à une justice sommaire qu'à un massacre des innocents. En France, dans les années 1950, des centaines d'histoires sordides se mirent à émerger dans la presse populaire, livrant quantité de détails très crus sur les actes de torture et les mauvais traitements perpétrés par les maquisards sur la personne des civils. Dans tous ces récits, on tenait l'innocence des victimes pour acquise, ou l'on insistait ouvertement sur ce point. Ils tournaient souvent autour du traitement réservé aux femmes, auxquelles on arrachait leurs vêtements, que l'on rasait, que l'on insultait, que l'on frappait à coups de barre de fer, auxquelles on infligeait des mutilations sexuelles et le viol. Ces exactions eurent bel et bien lieu après la guerre – mais ces articles de presse se fondaient souvent plus sur des rumeurs que sur des faits, et souffraient par conséquent de fortes exagérations[50].

Ces récits s'accompagnaient de statistiques faussées. Dans les années 1950, nombre d'auteurs prétendirent que, dans les mois qui suivirent la Libération, la Résistance exécuta quelque 105 000 collaborateurs. Ce chiffre se fondait sur une remarque désinvolte censément lâchée au passage en novembre 1944 par Adrien Tixier, alors ministre de l'Intérieur – mais Tixier lui-même mourut en 1946, et aucune preuve documentée n'est jamais venue étayer ce chiffre. Le nombre réel, confirmé à plusieurs reprises par les services gouvernementaux et des études universitaires indépendantes, se situerait à moins du dixième de ce total[51].

En Italie non plus la droite ne tarda guère à tenter de se présenter en victime. Dès les années 1950, elle dressa le tableau de l'immédiat après-guerre comme un bain de sang, où l'on aurait assassiné jusqu'à 300 000 victimes[52]. Assez fréquemment répétées, ces affirmations franchement absurdes finirent par revêtir un semblant d'authenticité. Plus important encore, elles éclipsent le nombre de partisans tués par les fascistes pendant la guerre – pas moins de 45 000 –, donnant ainsi l'impression que les pires scélérats étaient du côté de la Résistance[53]. En réalité, le nombre de personnes tuées par les partisans après les hostilités était bien loin de ces 300 000 victimes – au moins vingt fois inférieur[54].

Ce mythe de l'innocence fut tout aussi fort en Italie qu'en France. En réalité, ces dernières années, il a connu un regain : l'un des ouvrages les plus controversés que l'on ait publiés dans la Péninsule au début du XXIe siècle, *Il sangue dei vinti* de Giampaolo Pansa, s'attaque à l'idée de l'héroïsme de la Résistance italienne en décrivant par le menu les meurtres qu'elle aurait perpétrés pendant et après la Libération. Le livre de Pansa insiste lourdement sur l'innocence de nombre de ceux qui furent ainsi mis à mort, citant souvent pour preuve de leur innocence un verdict de « non-culpabilité » prononcé par les tribunaux. Le livre, qui ne possède pas la subtilité d'autres études susceptibles de prendre davantage en compte le contexte dans lequel ces meurtres ont eu lieu, la colère populaire contre le fascisme à cette période et l'absence fort compréhensible de confiance dans le jugement des tribunaux, souleva un scandale à gauche. Mais ce qui mit réellement la gauche en colère, ce fut l'accueil réservé à cet ouvrage, qui se vendit à plus de 350 000 exemplaires l'année de sa parution[55]. Pansa a su exploiter l'état d'esprit d'une droite italienne à la confiance retrouvée, qui s'est emparée de son raisonnement polémique bien argumenté – et d'œuvres d'historiens plus douteux – comme moyen de réhabiliter son passé.

Depuis la chute du communisme, au début des années 1990, et l'essor ultérieur des partis de droite, un processus comparable a vu le jour partout en Europe : des personnages historiques jadis universellement honnis resurgissent et font office de modèles au seul motif qu'ils se seraient opposés à de « plus grands maux », ceux du communisme et de l'Union soviétique. Dans l'imagination populaire, les crimes de dictateurs du temps de guerre comme Mussolini ou le Roumain Ion Antonescu ont été pardonnés ou même ignorés au bénéfice de leurs vertus supposées. En Hongrie, en Croatie, en Ukraine ou dans les États baltes, des ultranationalistes – des hommes qui tuèrent de manière indiscriminée des juifs, des communistes et des progressistes pendant et après la guerre – sont maintenant réhabilités comme des héros nationaux. Il ne s'agit pas là de mythes innocents, mais de dangereuses déformations de la vérité qui doivent être exposées comme telles[56].

Si nous pouvons comprendre l'étendue de la collaboration avec des régimes despotiques pendant la guerre, cela ne signifie pas que nous devons la cautionner. Lorsque la conduite de ces collaborationnistes franchit une limite morale, on ne saurait l'excuser uniquement parce que leur profil politique entrerait le cas échéant en résonance avec le nôtre. De la même manière, rien ne permet de cautionner les actes de vengeance brutale commis par les partisans après la cessation des hostilités. Mais nous ne pouvons pas non plus juger leurs actions sur la base de nos critères actuels. Des injustices ont certes eu lieu. Des innocents ont certes été tués. Mais c'était sans nul doute beaucoup demander aux peuples d'Europe, brutalisés par des années de répression et d'atrocités, que de les croire capables d'éviter de tels excès.

14

La vengeance contre les femmes et les enfants

Dans la plus grande partie de l'Europe de l'Ouest, la vengeance contre les collaborateurs demeura un phénomène assez limité ; d'ordinaire, elle fut perpétrée par des individus ou des petits groupes de partisans qui avaient des comptes particuliers à régler. En réalité, la vengeance de masse – c'est-à-dire la vengeance commise collectivement par des villes ou des villages entiers – demeura plutôt rare, et se limita généralement aux régions où le processus de libération avait été particulièrement violent. Dans l'ensemble, comme je l'ai montré, les communautés d'Europe de l'Ouest se bornaient plus ou moins à remettre leurs collaborationnistes entre les mains des autorités dont elles dépendaient. Dans les régions où elles ne se fiaient pas à ces autorités, et où elles essayaient de se faire justice elles-mêmes, la police ou les armées alliées s'interposaient assez vite pour rétablir l'ordre.

La seule exception majeure, constatée dans toute l'Europe de l'Ouest, fut le traitement réservé aux femmes qui avaient couché avec des soldats allemands. Ces femmes universellement considérées comme des traîtresses – des « collaboratrices horizontales », selon la formule usitée en France – n'avaient pas nécessairement commis de crimes passibles de poursuites judiciaires. Quand leurs communautés se retournèrent contre elles après la guerre, très peu de gens acceptèrent de prendre leur défense ; des policiers ou des soldats alliés, pourtant presque toujours présents, préférèrent s'effacer et permettre à la foule d'agir à sa guise : en fait, dans certaines villes, les autorités considéraient les mauvais traitements infligés à ces femmes comme un exutoire utile à la vindicte populaire, et les encouragèrent[1].

De tous les actes de vengeance perpétrés contre des collaborateurs en Europe de l'Ouest, ceux-ci furent très nettement les plus publics et les plus répandus. La stigmatisation de ces femmes tenait à de nombreuses raisons, parfois sans rapport avec les actes de trahison véritables qu'elles étaient censées avoir commis. Leur châtiment, et le traitement réservé à leurs enfants, mérite d'être examiné car il en dit long sur la perception que la société européenne finit par se forger d'elle-même après la guerre.

La tonte des femmes

À l'automne 1944, une jeune fille de Saint-Clément, dans le département de l'Yonne, fut arrêtée pour avoir entretenu des « relations intimes » avec un officier allemand. Interrogée par la police, elle admit cette liaison en toute franchise : « Je suis devenue sa maîtresse, dit-elle. Ce militaire est venu quelquefois à la maison donner des soins à mon père quand il était malade. Lorsqu'il est parti, il m'a laissé son numéro de Feldpost. Je lui ai écrit, et pour cela je faisais transmettre mes lettres par d'autres Allemands, car je ne pouvais pas me servir de la poste civile en France. Je lui ai écrit pendant deux ou trois mois, et n'ai plus son adresse[2]. »

En Europe, pendant la guerre, beaucoup de femmes s'engagèrent dans des relations semblables avec l'occupant ; elles justifièrent leurs actes en expliquant que des « relations basées sur l'amour » n'étaient « pas un crime », que « les affaires de cœur n'ont rien à voir avec la politique » ou que « l'amour est aveugle[3] ». Mais, aux yeux de leur milieu environnant, ce n'était pas une excuse : le sexe, si c'était avec un Allemand, devenait politique. Cela finissait par représenter la soumission du continent dans son ensemble : une France, un Danemark ou une Hollande féminins, enlevés par un mâle germanique. Et, autre aspect non moins important, comme je l'ai relevé au chapitre 4, cela finissait aussi par représenter l'émasculation des hommes européens : ces hommes, qui s'étaient déjà montrés impuissants contre la force militaire du Reich, se retrouvaient maintenant collectivement cocufiés par leurs propres compagnes.

Le nombre de relations sexuelles qui se nouèrent entre Européennes et Allemands pendant la guerre est tout à fait stupéfiant. En Norvège, ce furent jusqu'à 10 % des femmes âgées de quinze à trente ans qui eurent des compagnons allemands durant cette période[4]. Si l'on en croit les statistiques sur le nombre d'enfants nés de soldats allemands, la chose n'avait rien d'inhabituel : pour l'ensemble de l'Europe occidentale, les femmes qui couchèrent avec des Allemands se comptaient aisément par centaines de milliers[5].

Dans les pays occupés, les mouvements de résistance invoquèrent toutes sortes d'excuses au comportement de leurs épouses et de leurs compagnes. Ils présentèrent les femmes qui couchaient avec des occupants comme des ignorantes, des pauvresses ou des déficientes mentales. Ils prétendaient que ces femmes avaient été violées, ou qu'elles ne couchaient que sous l'empire de la nécessité. Si tel était bien le cas pour certaines d'entre elles, de récentes études montrent que les femmes qui avaient des relations sexuelles avec des soldats allemands provenaient de toutes les classes sociales et de tous les horizons. Dans l'ensemble, les Européennes couchaient avec des Allemands non parce qu'elles y étaient contraintes, parce que leur homme était absent ou parce qu'elles avaient besoin d'argent ou de nourriture – mais tout simplement parce qu'elles trouvaient l'image forte, « chevaleresque », des soldats allemands extrêmement attirante, surtout comparée à l'image dépréciée qu'elles avaient de leurs congénères masculins. Au Danemark, par exemple, lors d'enquêtes d'opinion réalisées pendant la guerre, les sondeurs furent stupéfaits de découvrir que 51 % des Danoises admettaient ouvertement qu'elles trouvaient les Allemands plus attirants que leurs compatriotes[6].

Ce besoin ne fut nulle part plus fort qu'en France : dans une nation où une présence masculine écrasante presque entièrement allemande n'avait d'égale que l'absence concomitante d'hommes français – 2 millions d'entre eux étaient prisonniers ou travailleurs du STO en Allemagne –, il n'était guère surprenant que l'Occupation ait souvent elle-même été perçue en termes sexuels. La France était devenue une « gueuse » qui se donnait à l'Allemagne, et le gouvernement de Vichy lui tenait lieu de maquereau[7]. Comme le notait Jean-Paul Sartre après la guerre, même la presse collaborationniste avait tendance à représenter la relation entre la France et l'Allemagne comme une union « où la France a toujours le rôle de la femme[8] ».

Même ceux qui se sentaient encore patriotes face à tout cela devaient forcément ressentir une forme d'humiliation sexuelle : en 1942, Antoine de Saint-Exupéry laissait entendre que tous les Français étaient souillés par un sentiment inévitable, celui d'être cocufiés par la guerre, mais qu'ils ne devaient pas laisser cette honte détruire leur sens inné du patriotisme :

> Un mari ne va pas de maison en maison instruire lui-même ses voisins de ce que sa femme est une gourgandine. Il ne sauvera pas ainsi son honneur. Car sa femme est de sa maison. Il ne peut s'ennoblir contre elle. C'est une fois rentré chez lui qu'il a le droit d'exprimer sa colère.

> Ainsi, je ne me désolidariserai pas d'une défaite qui, souvent, m'humiliera. Je suis de France. [...]
> Elle est de moi, comme je suis d'elle[9].

Les Français n'étaient pas les seuls à ressentir de telles émotions, que partageaient aussi d'autres hommes de toutes les nations occupées. Aviateur combattant au nom des Français libres, « Saint-Ex » tentait au moins de faire quelque chose pour libérer son pays ; pour ceux qui étaient coincés chez eux sans aucun moyen réel de riposter, la frustration était difficile à supporter.

La Libération fut l'occasion d'y remédier en partie. En prenant de nouveau les armes, et en participant aux débarquements successifs qui libérèrent leur pays, les Français avaient une chance de se racheter, tant aux yeux des femmes de leur pays qu'à ceux du monde. C'est peut-être l'une des raisons pour lesquelles Charles de Gaulle devint un symbole si fort pour les Français pendant la guerre : à l'opposé de l'attitude suppliante et efféminée de Vichy, de Gaulle n'avait jamais renoncé à son état d'esprit martial, et il avait obstinément refusé de se plier à la volonté de quiconque, y compris celle de ses alliés. Les discours qu'il prononçait sur les ondes de la BBC étaient semés de références masculines à la « France combattante », « le fier, le brave, le grand peuple français », les « moyens militaires dont la France dispose » et les « aptitudes guerrières de notre race[10] ». Dans un discours devant l'Assemblée consultative à Alger, durant les préparatifs du débarquement, il loua

> l'œuvre [de] nos magnifiques troupes, [...] les trésors d'ardeur que recèlent nos unités qui se préparent pour les grandes batailles, [...] les équipages de nos navires, [...] les sentiments et souvent les prouesses de nos vaillantes escadrilles, [les] héroïques garçons qui, dans le maquis, sans uniforme et presque sans armes, mais animés de la plus pure flamme militaire[11]...

Les généraux qui veulent faire appel à l'esprit guerrier de leurs troupes ont souvent recours à un tel langage ; mais, en l'occurrence, le choix des termes est significatif, en raison du contraste qu'ils offrent avec la tonalité défaitiste, « efféminée », dont usait Vichy pour dépeindre les espoirs militaires français.

Cette restauration de la virilité française commença pour de bon après le débarquement de juin 1944, quand de Gaulle et ses Français libres furent enfin de retour sur le territoire national. Au cours des mois qui suivirent, ils enchaînèrent une série de succès militaires sans précédent. Le premier fut la libération de Paris, exclusivement menée par les troupes françaises sous la conduite du général Philippe Leclerc de Hauteclocque (malgré les tentatives des Américains pour le freiner, le temps pour eux d'organiser un assaut plus coordonné avec leurs propres divisions). Le second fut l'arrivée des troupes françaises en Provence, le 15 août, qui combattirent pour s'ouvrir une route jusqu'en Alsace et finalement pénétrer en Allemagne pour aller s'emparer de Stuttgart ; sur leur route, elles libérèrent Lyon, la deuxième ville de France – là encore, sans l'aide américaine. Lentement, mais sûrement, les Français se rachetaient après la déconfiture de 1940.

Toutefois, la plus grande source de ce regain de fierté reposait sur un atout dont les Britanniques et les Américains ne disposaient pas – une armée indépendante en France même, qui se leva et combattit les Allemands de l'intérieur. Les Forces françaises de l'Intérieur (les FFI) – ou les *fifis*, comme on les appelait soit avec affection, soit avec mépris – formaient un amalgame de tous les groupes les plus importants de la Résistance, sous le commandement symbolique du général Pierre Kœnig. À l'été 1944, ils s'emparèrent des villes, les unes après les autres, souvent en combattant aux côtés des forces britanniques et américaines. Ils libérèrent presque tout le Sud-Ouest sans aucune aide extérieure, et nettoyèrent aussi la région de l'Est lyonnais pour ouvrir la voie aux troupes alliées motorisées qui arrivaient depuis Marseille.

Les exploits des FFI remontèrent immensément le moral de la France, et en particulier celui des jeunes Français, qui déferlèrent en masse pour se joindre à eux : entre juin et octobre 1944, les rangs des FFI grossirent de 100 000 à 400 000 hommes[12]. Alors que, par la force de l'habitude, des résistants chevronnés avaient tendance à rester assez discrets, ces nouvelles recrues mouraient d'envie d'étaler leur toute nouvelle virilité. Les soldats alliés racontèrent les avoir souvent vus avec « des bandes de munitions en travers de la poitrine » ou avec « des grenades pendues à l'épaule ou à la ceinture », et ils n'arrêtaient pas « de tirer en l'air[13] ». Selon Julius Naeve, un major du British Royal Armoured Corps, ils étaient peut-être plus néfastes que véritablement utiles : « Ils déboulaient en trombe dans des véhicules civils, se rentraient dedans et se battaient avec tout le monde, entre eux, avec nous et avec les Boches[14]. » Même les villageois les évoquaient comme « de jeunes gars [...] qui paradaient avec leurs amulettes de FFI et jouaient les héros[15] ». Mais, s'ils paraissaient un peu trop pressés de montrer de quoi ils étaient capables, c'était seulement parce que depuis des années, au contraire des Britanniques et des Américains, on leur avait refusé l'occasion de prendre les armes contre l'Allemagne. À présent, pour la première fois, on leur offrait cette chance de se battre pour de bon, en terrain découvert – comme des hommes.

Malheureusement, cet étalage inédit de virilité avait aussi son autre face, plus sombre : l'afflux soudain de jeunes gens dans les rangs de la Résistance eut pour effet d'évincer des femmes beaucoup plus expérimentées. Ainsi, à Saint-Marcel, Jeanne Bohec, une spécialiste des explosifs très respectée, se retrouva subitement supplantée : « On m'envoya gentiment promener : une femme n'est pas censée se battre quand tant d'hommes sont disponibles. Pourtant je connaissais sûrement mieux le maniement d'une mitraillette que beaucoup de FFI qui venaient de recevoir ces armes[16]. » Pendant le dernier hiver de l'Occupation, des femmes furent écartées de toute participation active au sein de la Résistance, et les FTP émirent des ordres afin de les en exclure totalement. Voilà qui entre en totale contradiction avec ce qui se passa dans des pays comme l'Italie et la Grèce, où un nombre non négligeable de femmes continuèrent à se battre pour les partisans, sur le front, jusqu'à la toute fin des hostilités[17].

Si des femmes « bien » furent écartées à la suite de cette soudaine réaffirmation de la masculinité française, les « mauvaises » femmes qui avaient « cocufié » la nation furent traitées beaucoup plus durement : immédiatement après la Libération, les FFI se retournèrent en masse contre ces « collaboratrices horizontales ». Dans la plupart des cas, le châtiment qui leur fut infligé se limitait à la tonte du crâne, souvent exécutée en public afin d'amplifier leur humiliation. Après la Libération, ces cérémonies de tonte se reproduisirent dans tous les départements de France.

Après le conflit, un officier d'artillerie britannique écrivit le récit de ses expériences dans le nord de la France, et notamment l'une de ces cérémonies :

> À Saint-André-d'Échauffeur, où les gens nous ont accueillis sous une pluie de fleurs à notre passage, où d'autres nous tendaient des bouteilles, une scène sinistre se déroula sur la place du village – la punition d'une collaboratrice dont on disait qu'elle était une mauvaise femme. Assise sur une chaise pendant qu'un coiffeur lui rasait la tête, elle attirait une foule de badauds, et, parmi eux, je l'appris plus tard, des gars du maquis et un officier des Français libres. La mère de cette femme était aussi présente et, pendant que le coiffeur tondait sa fille, elle trépignait, elle tempêtait et elle gesticulait frénétiquement derrière le cercle des spectateurs. Cette femme ne manquait pas de caractère. Car, une fois la tête complètement rasée, elle se releva d'un bond et s'écria « Vive les Allemands », sur quoi quelqu'un attrapa une brique et l'assomma[18].

Le lieutenant Richard Holborow, du régiment des Royal Engineers, fut témoin d'une scène similaire provoquée par la foule en furie d'une petite bourgade proche de Dieppe, « et manifestement, parmi ceux-là, ils étaient nombreux à avoir fêté leur libération toute la journée, surtout en levant le coude » : on força dix-huit femmes et jeunes filles à défiler sur une estrade de fortune, où on les obligea toutes à s'asseoir l'une après l'autre devant le coiffeur local.

> Tirant un rasoir de sa poche, il le déplia, tira la femme par les cheveux et, en quelques coups de lame adroits, tailla tout et jeta les mèches coupées dans la foule. Quand il entreprit de lui raser le crâne à sec, elle laissa échapper un cri, jusqu'à ce qu'elle soit devenue complètement chauve, puis on la fit se relever et on l'exhiba à la foule qui beuglait et lui lança des quolibets.

Ce ne fut pas la fin du supplice de cette femme ; deux jours plus tard, alors que l'unité de Holborow s'ébranlait pour quitter la bourgade, ce dernier assista à la seconde partie de son châtiment, quand il fut ralenti dans la rue principale par une cohue qui scandait des imprécations :

> L'air considérablement réjoui, ils regardaient un groupe de femmes rasées, toutes avec des pancartes autour du cou, qui s'activaient pour remplir des seaux de crottin de cheval à mains nues. Dès qu'un seau était rempli, on le renversait d'un coup de pied et on leur ordonnait de recommencer. À l'évidence, les femmes de la ville s'en prenaient de nouveau aux filles qui s'étaient mal conduites avec des soldats allemands[19].

Dans des dizaines de villes, des femmes furent forcées de subir leur supplice partiellement ou totalement nues. Selon un article de *La Marseillaise* de septembre 1944, un groupe de jeunes filles d'Endoume obligea une femme à « parcourir entièrement dévêtue les rues du quartier, sous les yeux effarés d'enfants innocents qui jouaient devant leur porte[20] ». De même, à Troyes, les FFI raflèrent des femmes, les déshabillèrent et les exhibèrent devant la foule alors qu'on leur rasait la tête. D'après un tract du Comité départemental de la Libération :

> Dans un appareil réduit, marquées de croix gammées et barbouillées d'un goudron tenace, elles iront, après avoir défilé sous les quolibets cinglants, subir une tonte en règle qui les fera ressembler à d'étranges bagnards. Commencée la veille, cette chasse sans merci se poursuivra toute la journée, à la grande joie de la population qui fera la haie dans les rues pour les voir passer coiffées de casques de la Wehrmacht[21].

D'après Fabrice Virgili, probablement l'expert le plus éminent en ce domaine, des femmes furent ainsi déshabillées dans au moins 50 villes grandes et moyennes, d'un bout à l'autre du pays[22].

De telles scènes n'étaient nullement propres à la France ; des événements similaires se produisirent partout en Europe. Au Danemark et en Hollande, conséquence d'un mélange de fierté nationale blessée et de jalousie sexuelle suscitée par le comportement de ces femmes, des milliers d'entre elles eurent la tête rasée[23]. Dans les îles Anglo-Normandes, le seul petit territoire des îles Britanniques que les Allemands aient réussi à envahir, il y eut plusieurs cas de femmes à la tête rasée parce qu'elles avaient couché avec des soldats allemands[24]. En Italie du Nord, on chantait même des chansons sur la tonte des femmes que l'on rasait parce qu'elles avaient couché avec des fascistes, comme celle-ci, chantée par des partisans de Vénétie :

E voi fanciulle belle
Che coi fascisti andate
Le vostre chiome belle
Presto saran tagliate[25*].

L'immense popularité de ces châtiments, et du rituel dont ils s'entouraient, semble indiquer chez les peuples libérés un besoin profond d'exprimer leur dégoût de la collaboration. L'historien Peter Novick, qui fut l'un des précurseurs de l'étude objective de cette période en France, avance que la tonte des femmes fournit aux sociétés locales un exutoire passionnel qui les aida à éviter un bain de sang généralisé touchant des collaborationnistes plus virulents, presque comme s'il s'était agi d'« offrandes sacrificielles[26] ». Souvent, durant les premières semaines de la Libération, la vue de ces femmes rasées sur la place du marché entraînait une baisse perceptible de la tension locale et une accalmie dans les menées sanglantes visant d'autres collaborateurs[27]. Bien que certains historiens aient remis en cause cette idée, il est indéniable que la tonte des femmes souda les sociétés locales – en tant que forme de violence à la fois relativement sûre et sans aucun caractère permanent, c'était l'acte de violence auquel tout le monde pouvait prendre part[28]. Cette pratique peut aujourd'hui nous sembler un épisode honteux de l'histoire européenne, mais à l'époque elle fut célébrée avec fierté. En 1944, des journaux de la Résistance

* « Et vous toutes, jolies demoiselles/ Qui fréquentiez les fascistes/ Vos belles tresses/ Seront bientôt rasées. »

décrivent une ambiance de carnaval lors de ces séances de tonte, où la foule entonnait spontanément une version adaptée de toutes sortes de chants patriotiques. Dans au moins une région de France, la population locale offrit des couteaux et des rasoirs à ceux qui s'étaient prêtés à cette cérémonie, en « souvenir » de leur journée de travail[29].

Rétrospectivement, il est évident que la vengeance patriotique ne constituait qu'une facette de l'histoire. La tonte des femmes n'était pas un phénomène nouveau – avant la guerre, déjà, c'était le châtiment traditionnel des femmes adultères –, mais à aucune autre époque de l'histoire européenne ce châtiment ne fut appliqué à une aussi vaste échelle. Il est donc significatif que la majorité de ces femmes punies pour avoir couché avec des Allemands n'aient pas été mariées : leur « adultère » ne visait pas un homme en particulier, mais la France proprement dite. En conséquence, de manière subtile, l'image de la nation passait de celle d'une entité efféminée, soumise, à une autre, masculine et vengeresse.

Ces rituels présentaient aussi une nature sexuelle visible. Au Danemark, lors de ces cérémonies de tonte, les femmes étaient fréquemment dépouillées de leurs vêtements, leurs seins et leurs fesses peinturlurés de symboles nazis[30]. Dans beaucoup de régions françaises, ces femmes reçurent aussi la fessée, et elles eurent les seins bariolés de croix gammées[31]. Le fait que ces rituels aient lieu sur la place du marché ou sur les marches de l'hôtel de ville envoyait un message clair à la collectivité tout entière : les FFI revendiquaient les corps de ces femmes comme propriété publique. Ils les revendiquaient aussi comme propriété masculine – les centaines de photographies prises durant ces séances de punition montrent qu'elles étaient conduites presque exclusivement par des hommes.

Certaines Françaises avaient bien conscience d'être ainsi utilisées de façon symbolique ; elles s'indignaient aussi de devoir être condamnées pour un acte privé qui, croyaient-elles, n'avait rien à voir avec la guerre. Quand Arletty fut emprisonnée en 1945 pour sa liaison en temps de guerre avec un officier allemand, elle se serait justifiée, dit-on, à son procès en répliquant : « Mon cœur appartient à la France, mais mon vagin est à moi[32]. » De telles protestations ne furent guère entendues, ce qui n'est pas surprenant ; selon une recherche récente, 20 000 Françaises eurent la tête rasée au titre de sanction pour collaboration, la plupart pour avoir couché avec des soldats allemands[33].

À quelque soixante-dix ans de distance, il est difficile de dire si ces femmes méritaient d'être punies ainsi, autrement, ou pas du tout. Les soldats et les responsables administratifs alliés ne s'estimaient certainement pas qualifiés pour juger : selon les termes d'Anthony Eden, le secrétaire au Foreign Office, ceux qui n'avaient pas vécu les « horreurs de l'occupation » n'avaient « pas le droit de se prononcer sur ce que décide un pays[34] ». Ce qui est indéniable, en revanche, c'est que ces femmes étaient des boucs émissaires : leur raser la tête était un moyen symbolique d'éradiquer leurs péchés, mais aussi ceux de toute la collectivité. L'ensemble de l'Europe de l'Ouest avait, selon le mot de Robert Brasillach, « couché avec l'Allemagne », à travers des milliers d'actes quotidiens qui avaient rendu l'occupation allemande possible ; mais, dans bien des communautés, seules les femmes qui avaient couché avec des Allemands en chair et en os furent punies pour cela[35].

La seule consolation, pour les femmes concernées, était l'idée que cela aurait pu être bien pire. En Europe de l'Est, comme je l'ai déjà montré, la réaffirmation du sentiment de masculinité nationale se traduisit en partie à travers le viol très répandu des femmes – surtout, mais pas exclusivement, celui d'Allemandes ; en Europe de l'Ouest, où n'existaient pas de vastes communautés de *Volksdeutsche*, la tonte des femmes représentait une forme de violence sexuelle moins définitive, pour atteindre le même but politique.

L'ostracisme envers les enfants

S'il fallait une preuve de l'étendue de la « collaboration horizontale » qui eut lieu dans toute l'Europe, on la trouve chez les enfants auxquels elle a donné naissance. Au Danemark, 5 579 bébés sont nés d'un père allemand déclaré – et sans nul doute beaucoup d'autres dont la paternité demeura cachée[36]. En Hollande, on estime le nombre d'enfants nés de père allemand entre 16 000 et 50 000[37]. En Norvège, trois fois moins peuplée que les Pays-Bas, il naquit entre 8 000 et 12 000 de ces enfants[38]. Et, en France, ce chiffre se situerait autour de 85 000 ou au-delà[39]. Le nombre total d'enfants engendrés par des pères allemands demeure inconnu, mais les estimations varient entre 1 et 2 millions[40]. On peut affirmer sans risque de se tromper que ces bébés ne furent pas les bienvenus au sein des communautés où ils naquirent. Une relation imprudente peut être ignorée, tue, oubliée, mais un enfant demeure le rappel permanent de la honte d'une femme – et, par extension, fait la honte de la communauté tout entière. Les tondues pouvaient se réconforter en songeant que leurs cheveux repousseraient bientôt ; en revanche, un enfant, lui, ne pouvait s'annuler.

Dans certains cas, les enfants nés en pays occupé de soldats de la Wehrmacht étaient considérés comme une telle source d'embarras que l'on jugeait préférable d'essayer aussitôt de s'en débarrasser. En Hollande, par exemple, certains témoins oculaires affirment avoir la certitude qu'en bien des circonstances des enfants furent mis à mort peu après leur naissance, généralement par les parents des jeunes filles qui avaient fauté. De tels actes visaient probablement à restaurer l'« honneur » de la famille – mais il s'agissait aussi quelquefois d'actes connotés politiquement, commis par des personnes extérieures à la famille afin de restaurer l'honneur d'une plus vaste communauté. Ainsi, d'après le témoignage de Petra Ruigrok, dans le nord de la Hollande un membre de la Résistance arracha un bébé à son berceau et le jeta par terre[41]. Heureusement, de tels incidents étaient rares, mais ils reflétaient un sentiment très fort au sein de la société européenne, selon lequel les enfants nés de pères allemands pendant le conflit constituaient un affront à la nation. Un éditorial du *Luftposten*, un quotidien norvégien, daté du 19 mai 1945 résume la force de ces réactions :

> Tous ces enfants allemands sont appelés à grandir et à former une minorité nombreuse d'enfants naturels au sein du peuple norvégien. De par leur origine, ils sont condamnés d'avance à adopter une attitude belliqueuse. Ils n'ont pas de nation, ils n'ont pas de père, ils n'ont que la haine, et c'est là leur seul héritage. Ils sont incapables de devenir norvégiens. Leurs pères étaient allemands, leurs mères étaient allemandes, en pensée et en actes. Leur permettre de rester dans ce pays équivaut à légaliser l'éducation d'une Cinquième Colonne. Ils constitueront pour toujours un élément d'irritation et d'agitation parmi la population purement norvégienne. Pour la Norvège comme pour ces enfants eux-mêmes, il vaut mieux qu'ils continuent de vivre sous les cieux auxquels ils appartiennent naturellement[42].

L'étude des comportements des Norvégiens envers les enfants de soldats allemands se révèle particulièrement riche, car, au contraire d'autres pays, ces attitudes y sont bien documentées. Une fois la paix rétablie, les autorités norvégiennes créèrent une commission spécifique pour réfléchir au sort qu'il convenait de réserver à ce qu'elles qualifièrent d'« enfants de la guerre ». Dès lors, dans ce pays, et pendant un bref laps de temps, le problème fut ouvertement débattu, comme il ne l'a jamais été ailleurs en Europe[43]. Et le sujet a de nouveau été examiné de très près tout récemment : en 2001, sous la pression politique de plusieurs groupes de ces enfants de la guerre, le gouvernement norvégien a financé un programme de recherche pour découvrir au juste quel traitement on leur avait réservé après le conflit, l'effet de ce traitement sur leurs existences, et ce qui pouvait être tenté pour réparer une éventuelle injustice. Les résultats de ce programme de recherche constituent à ce jour l'étude la plus complète jamais menée à l'échelle d'un pays sur ces enfants de la guerre[44].

Dans l'immédiat après-guerre, le comportement de certaines femmes et de certaines jeunes filles avait rendu les Norvégiens extrêmement amers : au début de l'été 1945, des milliers d'entre elles, accusées d'avoir couché avec des Allemands, furent raflées et enfermées dans des prisons et des camps de détention – un millier rien qu'à Oslo[45]. Comme nous l'avons déjà vu, à la Libération la plupart eurent la tête rasée, et certaines durent essuyer les humiliations publiques de la foule. L'autre aspect, plus inquiétant toutefois, fut les appels à la destitution de leur nationalité norvégienne et à leur déportation en Allemagne, lancés par des personnalités au pouvoir. Un tel acte aurait été extrêmement difficile à justifier, car coucher avec des soldats allemands n'était pas un crime au sens juridique du terme. Quoi qu'il en soit, l'instance étatique chargée de juger les criminels de guerre et les traîtres avait déjà statué : il ne convenait pas de punir les gens en les privant de leur citoyenneté[46] ; en conséquence, les appels à expulser les femmes qui avaient couché avec des Allemands finirent par rester lettre morte.

Les femmes qui étaient allées jusqu'à épouser des occupants offraient en revanche une cible plus commode et ne s'en sortirent pas si aisément : en août 1945, le gouvernement norvégien exhuma une loi vieille de vingt ans stipulant que les femmes qui épousaient des étrangers prenaient automatiquement la nationalité de leur mari. Afin de limiter la portée de ce texte, un amendement avait été adopté précisant qu'elle ne devait s'appliquer qu'à celles qui se mariaient avec un citoyen d'un État ennemi – en d'autres termes, l'Allemagne. Contre tous les principes de la justice norvégienne, cette loi fut appliquée rétroactivement : ainsi, presque du jour au lendemain, des centaines de femmes – peut-être même des milliers d'entre elles – qui avaient cru agir dans le cadre de la loi perdirent leur citoyenneté ; elles étaient désormais qualifiées d'« Allemandes » et, en tant que telles, confrontées à la possibilité d'une expulsion vers l'Allemagne, et leurs enfants avec elles[47].

Concernant les enfants de soldats allemands, la position des autorités était encore plus simple à arrêter : en application de la même loi, c'était leur paternité qui définissait la nationalité des enfants de la guerre. Même sans ce texte, ces enfants n'avaient pas ou peu de défenseurs, et un consensus s'établit dans le pays pour qu'on les considère comme des Allemands, sans équivoque ;

en conséquence, ils étaient aussi confrontés à la perspective d'une expulsion immédiate. Nombreux furent ceux qui, y compris parmi les détenteurs de l'autorité, estimèrent qu'il fallait procéder à ces expulsions, que les mères soient ou non autorisées à rester dans le pays.

Naturellement, cette proposition soulevait toutes sortes de problèmes d'ordre moral et politique. Certes, rares étaient ceux qui risquaient de s'opposer à l'expulsion d'orphelins « allemands » que l'on avait abandonnés dans des foyers de *Lebensborn* pendant la guerre ; en revanche, l'expulsion d'enfants de mères qui étaient encore en vie, et toujours de nationalité norvégienne, se révélerait beaucoup plus difficile. Pour trouver les moyens d'expulser ces enfants, et pour voir si une telle solution était envisageable, un Comité des Enfants de la guerre fut constitué début juillet 1945 ; il fut spécifiquement invité à proposer les amendements qu'il conviendrait d'introduire dans le texte de la loi afin d'expulser ces enfants et leurs mères. En cas d'impossibilité, ce comité devait envisager les autres mesures à adopter, tant pour protéger ces enfants contre une société pleine de ressentiment que pour garantir cette société contre un groupe d'enfants présentant un danger potentiel.

Le Comité des Enfants de la guerre étudia ces problèmes pendant presque cinq mois, jusqu'à la fin 1945 ; ses conclusions furent extrêmement controversées et, avec le recul, elles le restent. D'une part, elles suggéraient que le gouvernement devait lancer une campagne publique pour convaincre la société, au plan local, d'accepter ces enfants ; d'autre part, elles proposaient, si ces communautés le souhaitaient, que les enfants fussent retirés à leurs mères et envoyés dans d'autres régions ou à l'étranger. Le comité recommandait aussi que ni les enfants ni leurs mères ne soient expulsés de force ; et pourtant sa présidente, Inge Debes, aurait proposé la totalité des 9 000 enfants de la guerre à une délégation à l'Immigration australienne, sans apparemment s'interroger sur ce que les mères de ces enfants penseraient d'une telle initiative. (Cette offre fut ensuite refusée, pour des questions de logistique, mais aussi parce que les Australiens décidèrent en fin de compte qu'ils ne voulaient pas, eux non plus, d'enfants « allemands[48] ».)

Comme il semblait de moins en moins probable que le gouvernement parvienne à expulser ces enfants, le comité entreprit d'examiner les conséquences de leur installation définitive en Norvège. L'un des aspects qui inquiétaient le plus les Norvégiens, c'était la possibilité que les enfants soient mentalement attardés : comme dans d'autres pays, une conviction répandue voulait que toute femme qui s'était laissé séduire par des soldats allemands soit plus faible d'esprit que ses compatriotes ; on pensait également que des hommes allemands qui s'étaient satisfaits de ces sortes de filles mentalement déficientes étaient tout aussi faibles d'esprit. Il y avait donc de fortes probabilités pour que leur descendance souffre de déficiences identiques ; le comité nomma donc un éminent psychiatre, Ørnulf Ødegård, pour qu'il évalue l'état mental des enfants de la guerre. En se fondant sur un échantillon de quelques dizaines de patients, Ødegård suggéra que de 4 000 à 9 000 enfants de la guerre risquaient d'être mentalement attardés ou de pâtir d'une hérédité dévaluée ; sans souscrire pleinement à cette évaluation, le comité n'empêcha pas l'un de ses membres de publier dans un quotidien un article sur la probable déficience mentale des mères et de leurs enfants.

À la suite de ces évaluations, beaucoup d'enfants de la guerre furent automatiquement taxés d'imbécillité, sans qu'aucune preuve n'étaye ces accusations. Certains d'entre eux, en particulier ceux qui étaient élevés dans d'anciens orphelinats gérés par des Allemands, furent ainsi condamnés à passer le reste de leur vie dans des institutions. Selon l'un des médecins qui suivaient de tels patients dans les années 1980, s'ils avaient été traités de la même manière que d'autres orphelins « non allemands » durant la période, ils n'auraient sans doute jamais été considérés comme mentalement déficients et auraient mené des vies parfaitement normales[49]. Le Comité des Enfants de la guerre recommanda aussi qu'ils subissent tous une évaluation psychologique afin de déterminer leur état de santé mentale, mais cela ne fut pas suivi d'effets, car jugé beaucoup trop onéreux.

La stigmatisation d'enfants réputés faibles d'esprit en raison de leur origine, de leur environnement et même parfois de leurs instituteurs ne faisait qu'ajouter une dimension supplémentaire aux persécutions infligées à un groupe déjà vulnérable : certains d'entre eux racontèrent plus tard les brimades permanentes de leurs camarades de classe à l'école, la manière dont on leur interdisait de jouer avec des enfants norvégiens « purs », les croix gammées peintes sur leurs manuels scolaires et leurs sacoches. Ils étaient souvent rejetés par leur famille, qui les considérait comme une source de honte ; ensuite, quand leur mère se mariait, ils étaient aussi nombreux à subir des mauvais traitements verbaux, mentaux et physiques de la part de leur beau-père, qui leur en voulait d'être des « rejetons de l'ennemi[50] ».

Certains subirent même le rejet de leur propre mère, qui voyait en eux la source de sa souffrance. Ainsi, la jeune Tove Laila, âgée de six ans pendant la guerre, que l'organisation des *Lebensborn* nazis avait soustraite à sa mère, fut restituée à sa famille en Norvège en 1947, date à laquelle elle ne savait parler qu'une seule langue, l'allemand. En trois mois, sa mère et son beau-père réussirent à éradiquer cette connaissance de l'allemand en la frappant, et ne cessèrent plus ensuite de la maltraiter, de l'humilier et de la persécuter. En l'absence de services sociaux semblables à ceux que l'on considère désormais comme allant de soi dans un pays comme la Norvège, cette malheureuse fillette passa le reste de son enfance à se faire traiter de « sale cochonne allemande » par sa propre mère[51].

L'expérience la plus commune à tous les enfants de la guerre était le silence honteux sur leur origine paternelle ; ce silence s'imposait au niveau national autant que personnel. Après avoir initialement manifesté son intérêt pour le sort de ces enfants de la guerre, le gouvernement norvégien adopta une politique où il essaya d'effacer toutes les traces de leur héritage allemand. Il ne poursuivit pas leurs pères pour qu'ils subviennent à leurs besoins, et découragea activement tout contact avec eux. Quand un enfant portait un prénom à consonance allemande, le gouvernement revendiquait le droit de le remplacer par un autre, de tradition plus norvégienne[52]. Sur le plan personnel, un tel silence pouvait être encore plus néfaste. Les mères des enfants refusaient souvent de leur indiquer leurs origines paternelles, et leur interdisaient d'en parler ; certains n'apprirent la nationalité de leur père qu'en allant à l'école et en se retrouvant en butte à des brimades dans la cour de récréation. Il semble que ce silence sur le sujet les ait d'ailleurs rarement empêchés d'être également maltraités verbalement à l'extérieur du cercle familial[53].

Les effets dévastateurs d'un rejet aussi unanime n'ont été que récemment mis en lumière ; selon l'étude financée par le gouvernement norvégien en 2001, les enfants de la guerre souffrent d'un taux de mortalité et de divorce plus élevé, et d'une moins bonne santé que le reste de la population du pays. Ils sont généralement moins éduqués, et perçoivent des revenus plus faibles que les autres Norvégiens. Ils sont aussi nettement plus exposés au risque de suicide que leurs semblables. Les taux de mortalité les plus lourds furent constatés chez ceux nés en 1941 et 1942 – une tendance que les auteurs de l'étude attribuent en partie au fait qu'à la fin du conflit ces enfants étaient assez âgés pour comprendre ce qui leur arrivait. Les années de l'immédiat après-guerre furent la période où l'amertume envers eux atteignit son point culminant[54].

Durant les années suivantes, en Norvège, les enfants de la guerre resteraient des exclus. Sur certains points essentiels, ils seraient traités encore plus durement que leurs mères : en 1950, une nouvelle loi de la citoyenneté accordait aux femmes qui avaient épousé des Allemands le droit de reprendre la citoyenneté norvégienne ; en revanche, le texte refusait ce droit aux enfants de la guerre tant qu'ils n'avaient pas dix-huit ans. Tous les ans, jusqu'au début des années 1960, ces enfants et leurs tuteurs durent endurer l'humiliation d'avoir à se présenter une fois par an au poste de police de leur quartier, rien que pour recevoir l'autorisation de rester dans le pays.

De manière générale, les expériences de ces petits Norvégiens nés du conflit sont assez représentatives de celles que vécurent d'autres enfants d'un bout à l'autre de l'Europe : partout où ils étaient venus au monde, ces filles et ces fils de père allemand étaient menacés, malmenés et relégués. Ils étaient parfois physiquement maltraités, mais le plus souvent ces abus étaient verbaux – c'étaient des surnoms désobligeants, comme « bébés boches », *tyskerunger* ou *moeffenkinder.* Dans tous ces pays, les enfants de la guerre évoquent des persécutions de la part d'autres enfants, de leurs enseignants, de leurs voisins ou parfois de membres de leur propre famille. Souvent, ils étaient ignorés jusque dans leur salle de classe, et leur environnement immédiat les fuyait.

Comme en Norvège, où qu'ils aillent, une culture du silence honteux les poursuivait, dans leur vie privée et dans leurs rapports avec les instances officielles. Au Danemark, des enfants de la guerre affirmèrent « être nés dans une atmosphère de douleur, de honte et de mensonges[55] » : les jeunes Danois qui voulaient recueillir des informations sur leur père allemand en étaient souvent activement empêchés[56]. Partout en Europe, les gouvernements minimisèrent constamment le nombre de ces enfants « allemands » – en Pologne, leur nombre officiel est toujours égal à zéro : les estimations réalistes du phénomène ne cadrent guère avec les tout nouveaux mythes nationaux de la « résistance universelle » à l'occupation[57].

Certes, ce n'est pas la seule version de cette histoire – beaucoup d'enfants n'ont que peu ou pas souffert de discriminations en raison de l'origine de leur père : selon une étude de l'université de Bergen, presque la moitié des enfants de la guerre interrogés soutiennent n'avoir rencontré aucun problème lié à leurs origines. Cela signifie tout de même que la moitié d'entre eux eurent à en connaître[58].

Dans la grande majorité des cas, il n'y avait personne pour les défendre que leurs mères, elles-mêmes souvent objet de mépris ; on ne peut qu'applaudir la bravoure de cette mère française qui sut affronter une enseignante qui avait traité sa fille de « bâtarde de boche » : « Madame, ce n'est pas ma fille qui a couché avec un Allemand, mais moi. Quand vous voudrez offenser quelqu'un, gardez vos insultes pour moi, au lieu de vous en prendre à un enfant innocent[59]. »

15

Le but de la vengeance

La vengeance est un aspect des lendemains de conflit souvent condamné, mais rarement compris. Nous déplorons, de nos jours, la vengeance sous toutes ses formes, mais il faut bien comprendre qu'elle servait plusieurs desseins, dont tous n'étaient pas entièrement négatifs. Pour les vainqueurs, elle soulignait la défaite de l'Allemagne et des collaborationnistes, et affirmait sans aucun doute possible qui détenait à présent les rênes du pouvoir. Pour les victimes de Hitler, elle restaurait un sentiment de compensation morale, même si c'était au prix d'une renonciation partielle à toute supériorité morale. Et, pour la société européenne dans son ensemble, elle fournissait enfin un exutoire à la frustration accumulée tout au long des années de la répression nazie.

Ces actes de vengeance donnaient sans doute aux individus, ainsi qu'à certaines communautés, le sentiment de ne plus être les spectateurs passifs des événements ; à tort ou à raison, les foules qui lynchèrent des soldats allemands dans les rues de Prague ou des membres des Brigades noires dans les rues de Milan tirèrent une satisfaction collective de leurs actes : non seulement ils avaient porté un coup au fascisme, mais ils avaient repris le pouvoir. De la même manière, en Allemagne, des millions de travailleurs forcés libérés de captivité prirent généralement plaisir à voler de la nourriture et des objets de valeur dans les foyers allemands et, à l'occasion, maltraitèrent aussi les familles qu'ils trouvaient sur place ; après ces années où ils avaient connu la faim et les mauvais traitements, ils considéraient cela comme leur droit.

Dans certaines parties de l'Europe, où la population avait perdu toute confiance dans les institutions chargées de faire respecter l'ordre public, le recours à la vengeance donnait au moins le sentiment qu'une certaine forme de justice restait possible ; dans d'autres régions, des méthodes plus ou moins violentes étaient quelquefois considérées comme ayant des effets très positifs sur la société : à l'époque, en Europe de l'Ouest, on attribua à la plus courante – la tonte des femmes – le mérite d'avoir canalisé la violence et d'avoir insufflé aux villes et aux villages occupés un nouveau sentiment de fierté. Nous avons beau désormais juger de tels actes répréhensibles, il est indéniable qu'ils ont pu souder certaines communautés et leur donner au moins l'impression d'une réhabilitation. Reconnaître de tels faits ne signifie pas que nous devrions cautionner la vengeance – mais, si nous refusions de les admettre, nous ne comprendrions jamais les forces violentes qui furent à l'œuvre durant cette période chaotique.

Cette question de la vengeance a toujours été une facette très controversée de l'après-guerre, et elle continue d'être le prétexte de débats de politique politicienne. Son utilisation récurrente dans toutes sortes de statistiques erronées en est le signe le plus explicite ; des gens qui ont authentiquement souffert au lendemain de la guerre et certains groupes qui souhaitent capitaliser sur cette souffrance n'ont pas cessé de multiplier les affirmations à ce propos, des affirmations à la fois exagérées et passionnées. Par exemple, des auteurs français, classés à droite, ont prétendu pendant des décennies que plus de 100 000 suspects de collaboration avaient été exécutés par la Résistance pendant et après la Libération – un chiffre égal au nombre total de résistants tués pendant la guerre. Leur nombre véritable correspond probablement au dixième et, si l'on veut rester réaliste, seuls 1 000 à 2 000 décès peuvent être imputés à des actes de vengeance. En manipulant les chiffres, la droite française essayait en réalité de détourner l'attention de son propre rôle sous l'Occupation, et peut-être même de s'en exonérer.

Dans le même ordre d'idées, les Allemands qui furent expulsés de leur terre natale à la fin du conflit propagèrent toutes sortes d'exagérations sur les atrocités les plus retentissantes commises en Europe de l'Est : ils prétendirent que l'on avait tué 2 000 civils à Aussig, et 6 500 autres au camp de prisonniers de Lamsdorf (alors que les chiffres sont sans doute plus proches de 100 et 1 500 respectivement). On employa délibérément des termes comme « génocide » et « holocauste », manière de revendiquer pour l'Allemagne une victimisation ; et, pour enfoncer le clou, on répéta à l'envi les histoires les plus horribles, alors que certains de ces récits n'étaient guère plus que des rumeurs. De telles exagérations sont inutiles et contre-productives : les vrais chiffres, et les histoires vérifiables, sont en soi suffisamment terribles sans qu'il soit besoin de les maquiller.

Mettons à notre discrédit collectif le fait que les historiens ont parfois été incapables de remettre en question de telles affirmations, soit à cause d'un manque de matériaux sources, soit, dans certains cas, parce que ces exagérations allaient dans le sens de notre conception politique ; c'est un problème qui hante l'histoire des lendemains du conflit, comme il hante celle de la Deuxième Guerre mondiale proprement dite. (On citera également l'exemple actuel de la parution régulière de livres et d'articles où l'on prétend que des centaines de milliers d'habitants seraient morts pendant le bombardement de Dresde en 1945, alors que les sources les plus dignes de foi, ces dix ou quinze dernières années, notamment une commission officielle du gouvernement allemand en 2009, ont situé ce chiffre autour de 20 000 morts.) La question de telles exagérations chiffrées se présentera de nouveau aux chapitres suivants de ce livre.

Mais, si certains exagèrent parfois l'étendue de ces représailles de l'après-guerre, le contraire est aussi parfois vrai. Nombre de juifs s'empressent de relever que les actes de vengeance étaient en réalité assez peu fréquents : « Il nous était impossible de nous venger, sans quoi nous aurions été comme eux, soutient Berek Obuchowski, qui fut libéré de Theresienstadt. Parmi tous ceux qui ont survécu, je doute qu'il y en ait eu plus de 5 % qui se soient vengés des Allemands[1]. » Même à l'époque, les juifs soutenaient de telles affirmations : « Nous ne voulons pas de vengeance », déclara le docteur Zalman Grinberg lors d'un discours prononcé devant une assemblée de ses camarades juifs à Dachau, à la fin mai 1945 :

> Si nous nous vengeons, cela signifierait que nous tomberions dans les profondeurs éthiques et morales où la nation allemande s'est enfoncée ces dix dernières années. Nous ne sommes pas capables de massacrer des femmes et des enfants ! Nous ne sommes pas capables de brûler des millions de gens ! Nous ne sommes pas capables d'affamer des centaines de milliers d'êtres humains[2] !

La plupart des historiens s'accordent sur ce point : seule une minorité s'engagea dans la voie de la vindicte. Dans beaucoup de régions, partout en Europe, des soldats, des partisans et d'ex-prisonniers firent preuve d'une remarquable retenue, et la règle de droit fut plus ou moins préservée. En Norvège et au Danemark, par exemple, après la guerre il y eut très peu de violences ; pourtant, même dans ces deux pays, qui étaient loin d'avoir subi autant de dévastations morales et matérielles que d'autres régions situées plus au sud et plus à l'est, la vengeance eut bel et bien sa place, surtout contre les femmes qui avaient couché avec des soldats allemands. Le fait qu'il se soit agi d'actes d'une relative modération ne la rend pas moins présente.

Il est aussi vrai que les juifs furent probablement bien moins coupables d'actes de vengeance que tout autre groupe dans l'Europe de l'après-guerre ; toutefois, ceux qui choisirent le chemin des représailles y adhérèrent sans réserve, au point qu'ils acceptèrent volontiers de risquer leur vie et celles d'innocents. Le fait que le docteur Grinberg se soit exprimé avec tant de vigueur à ce sujet, dans son discours de Dachau, montre que le désir de vengeance était tout à fait vif chez les juifs présents sur place. Comme je l'ai montré, à Dachau ce désir fut suivi d'effets, tant de la part des détenus du camp que de celle des troupes américaines.

La question de savoir si les juifs se prêtèrent ou non à des actes de vengeance demeure en tout cas un sujet extrêmement sensible. À l'époque, la plupart d'entre eux furent prompts à écarter cette tentation, pour les raisons formulées dans le discours du docteur Grinberg – ils ne voulaient pas sombrer dans la même ornière morale que les nazis. Aujourd'hui, pourtant, certains juifs minimisent l'existence de cette vengeance pour des raisons légèrement différentes : ils s'inquiètent de la manière dont le monde pourrait percevoir leurs actes (angoisse de l'image que les fidèles d'autres confessions ne peuvent absolument pas comprendre). Ayant enduré des siècles d'injures et de théories de la conspiration antisémites, dont la campagne de haine des nazis entre 1933 et 1945 n'était que l'apogée, il est compréhensible qu'ils aient résolument préféré éviter toute forme de controverse inutile : selon plusieurs études, chaque fois que naît une controverse, comme sur la question de l'existence d'Israël, l'antisémitisme traditionnel refait immédiatement surface, ainsi que le confirment les vagues d'attentats visant des juifs après la guerre menée par Israël au Sud-Liban en 2006[3].

Il n'est donc guère surprenant que le livre du journaliste John Sack consacré à la vengeance des juifs ait suscité dans les années 1990 un tollé au sein de la communauté, en particulier aux États-Unis. Sack s'est entretenu avec plusieurs juifs qui avaient occupé des positions éminentes dans le réseau des camps de détention polonais après la guerre, et admis avoir torturé des prisonniers allemands. Son travail, au style certes sensationnel, est étayé par des sources très documentées, et tous ses entretiens ont été enregistrés et ouverts au public. Néanmoins, son agent littéraire refusa de représenter le livre, et, après avoir versé une avance à l'auteur, ses éditeurs américains décidèrent tardivement de le refuser. De même, un magazine qui avait acheté le droit d'en publier les bonnes feuilles retira son article deux jours avant la parution. Bien que juif lui-même, Sack fut accusé, dans la presse écrite et à la télévision, d'antisémitisme et de négationnisme. Son livre provoqua une controverse similaire en Europe, où l'éditeur polonais annula la publication par crainte de se créer là une mauvaise publicité, imité par son éditeur allemand, qui fit mettre au pilon 6 000 exemplaires déjà imprimés. Malgré cela, les informations qui ont servi de base à ce livre ont été confirmées à plusieurs reprises par d'autres historiens internationalement reconnus.

Pour tout historien, la reconnaissance de ces actes de représailles de l'après-guerre est une question très gênante, même quand elle n'est pas teintée de sensibilités nationales ou religieuses, et il est sans doute impossible d'en débattre sans empiéter sur le pré carré de tel ou tel. Premièrement, il y a la crainte qu'en qualifiant un acte d'action de représailles, l'historien ne le légitime en partie. Ainsi, par exemple, quand le viol des femmes allemandes par des soldats soviétiques est décrit comme un geste de vengeance, de tels viols deviennent plus compréhensibles, et peut-être dans une certaine mesure plus acceptables. Ces Allemandes, argumente-t-on, faisaient partie du régime nazi tout autant que les hommes allemands, et c'était donc elles qui avaient suscité cette pulsion de viol. C'était à l'époque le raisonnement de beaucoup de Russes. Inversement, le crime de vengeance peut être jugé si horrible qu'il éclipse le délit originel : ainsi, pour s'appuyer sur ce même exemple, les viols de masse en Allemagne étaient si révoltants que des lecteurs modernes en oublieront que nombre de femmes violées étaient elles aussi partie prenante d'un régime maléfique. Dans notre esprit, les atrocités commises au nom du nazisme – même des crimes aussi écrasants que l'Holocauste – seraient partiellement « neutralisées » par la souffrance qu'endura le peuple allemand après la fin du conflit. C'est certainement la crainte de beaucoup d'universitaires en Allemagne. Ainsi, quand un documentaire novateur et inédit sur ces viols de masse fut diffusé en 1992, il suscita une vague de colère dans la presse germanique : des commentateurs scandalisés estimèrent que ce témoignage n'aurait jamais dû être rendu public car, si les Allemands commençaient à se percevoir comme les victimes de ces atrocités, ils risquaient de perdre de vue qu'ils en avaient aussi été les auteurs[4].

Pour éviter de s'engager dans la voie étroite entre ces deux extrêmes, beaucoup d'historiens mentent par omission. La plupart des études historiques sur la Deuxième Guerre mondiale ne contiennent aucune mention de ces actes de vengeance qui se multiplièrent après le conflit ; de la même manière, la plupart des livres qui décrivent le viol et le meurtre des Allemands après la guerre ne pipent mot des atrocités commises en Europe orientale en temps de guerre, qui furent à l'origine de ce désir de vengeance apparemment insatiable. Le problème, si l'on dissocie la vengeance de son contexte, c'est que cela interdit de comprendre pourquoi les gens agissaient de la sorte au lendemain du conflit ; et, d'un point de vue politique moderne, cela crée aussi une forme de concurrence eu égard au statut des différentes victimes.

Tôt ou tard, les arguments tendent à se briser sur les frontières nationales ou politiques. Dès que les historiens se mettent à parler des souffrances des Allemands de souche, les Polonais et les Tchèques sont mécontents car ils furent eux-mêmes contraints de subir des années d'occupation brutale, organisée par quantité de ces Allemands-là. Les communistes français s'indignent quand la droite souligne leurs excès, car ce fut cette droite française qui prit part à la capture, la torture et l'exécution de dizaines de milliers de combattants communistes de la Résistance. Les Russes se défaussent de la colère qu'inspire le traitement qu'ils infligèrent aux civils roumains et hongrois en répliquant que la Roumanie et la Hongrie n'auraient jamais dû entrer en guerre contre l'Union soviétique. Et ainsi de suite.

La vérité, c'est que l'imbroglio moral qu'engendra la guerre n'épargna personne : toutes les nationalités et tous les bords politiques ont été simultanément victimes et auteurs de ces crimes – à des degrés très divers, naturellement. Si les historiens peinent encore à déchiffrer toutes les nuances de gris nécessaires à la compréhension de ces questions, il est dès lors inévitable que la plupart des gens de cette époque, touchés au cœur par les événements de la guerre, n'aient généralement su voir ces réalités qu'en noir et blanc. En 1945, la polarisation politique et nationale que nous constatons encore à l'occasion était à la fois intense et omniprésente.

Mais le fait que les débats sur la violence de l'après-guerre s'enlisent si souvent dans des questions de race ou de politique n'est pas fortuit et suffit à révéler certains des thèmes plus profonds qui se cachent derrière la guerre et ses lendemains immédiats. Indépendamment de la place éminente qu'occupait le désir de vengeance dans les pensées et les motivations des peuples d'Europe, cela n'offre pas en soi une explication suffisante de la violence qui éclata durant cette période : d'autres forces idéologiques étaient en jeu. Parfois, la violence ne s'inscrit pas en réaction aux changements radicaux introduits par la guerre, mais dans leur prolongement. D'autres fois, la vengeance n'est pas une fin en soi, mais simplement un outil pour atteindre d'autres buts plus radicaux.

La poursuite de ces objectifs-là, et le préjugé racial virulent qui se profilait derrière eux, sont le sujet de la troisième partie de ce livre.

TROISIÈME PARTIE

LE NETTOYAGE ETHNIQUE

« Il faut créer des conditions telles [...] qu'ils voudront s'échapper. »

Joseph Staline[1]

16

Les choix du temps de guerre

La Deuxième Guerre mondiale ne fut jamais un conflit purement territorial : ce fut aussi un affrontement racial et ethnique. Certains des événements déterminants de ce conflit n'avaient rien à voir avec la conquête ou la conservation d'un territoire physique, et tout avec la volonté d'imposer son empreinte ethnique sur un territoire déjà conquis. L'holocauste des juifs, le nettoyage ethnique de l'Ukraine occidentale, la tentative de génocide des Serbes de Croatie : ces entreprises furent conduites avec tout autant de vigueur et d'ardeur que les opérations militaires. Un grand nombre de gens – peut-être 10 millions ou davantage – furent délibérément exterminés sans aucune autre raison que leur appartenance au mauvais groupe racial ou ethnique.

Mais, pour ceux qui menaient cette guerre raciale, il n'était pas toujours facile de définir de quelle race ou ethnie était issu tel ou tel individu, en particulier en Europe orientale, où différentes communautés étaient souvent inextricablement mêlées. Les juifs qui se trouvaient être blonds aux yeux bleus réussissaient à se faufiler à travers les mailles du filet car ils ne correspondaient pas au stéréotype racial des nazis ; les Tsiganes pouvaient se faire passer pour membres d'autres groupes ethniques rien qu'en changeant de vêtements et de comportement, et ne s'en privaient pas – tout comme les Slovaques en Hongrie, les Bosniaques en Serbie, les Roumains en Ukraine, et ainsi de suite. Le moyen le plus courant d'identifier des amis ou des ennemis ethniques – la langue qu'ils parlaient – n'était pas toujours un critère exact non plus : ceux qui avaient grandi dans des communautés mélangées parlaient plusieurs langues et pouvaient basculer de l'une à l'autre selon leur interlocuteur – un talent qui sauverait tant de vies aux temps les plus noirs et aux lendemains de la guerre.

Dans un effort de catégorisation de la population européenne, les nazis insistèrent pour remettre à tout le monde des cartes d'identité de différentes couleurs selon le groupe ethnique ; ils créèrent d'imposantes administrations détentrices d'informations sur des populations entières, où on les classait selon leur appartenance « raciale ». En Pologne, par exemple, ils élaborèrent une hiérarchie entre les « races » qui plaçait les Allemands du Reich au sommet, les Allemands de souche un échelon plus bas, puis les minorités privilégiées comme les Ukrainiens, suivies des Polonais, des Tsiganes et enfin des juifs. Ces classifications ne s'arrêtèrent pas là ; ainsi, les Allemands de souche furent répartis en sous-catégories : ceux qui étaient purs au point de pouvoir adhérer au Parti nazi, ceux qui étaient assez purs pour être citoyens du Reich, ceux qui étaient souillés par le sang polonais ou des influences polonaises, et enfin les Polonais, considérés comme ethniquement allemands uniquement en raison de leur apparence physique et de leur mode de vie[1].

Ceux auxquels on n'imposait pas le choix de leur identité devaient prendre la décision eux-mêmes. Ce n'était pas toujours facile : beaucoup de gens possédaient des identités multiples, soit parce qu'ils avaient des parents ou des grands-parents d'ethnies différentes, soit parce qu'ils ne voyaient aucune contradiction à être, par exemple, simultanément Polonais de naissance, de nationalité lituanienne et d'ethnie allemande. Quand ils étaient contraints de choisir, ils prenaient souvent leur décision au hasard : certains choisirent de suivre l'exemple de l'un ou l'autre de leurs parents, de leur épouse, ou même de leurs amis. Ceux qui se montraient plus calculateurs choisissaient une identité en fonction des avantages qu'ils croyaient pouvoir en retirer. Ainsi, revendiquer une origine ethnique allemande pouvait vous épargner les rafles du travail forcé et vous rendre éligible à des rations spéciales ou à des exonérations fiscales ; d'un autre côté, cela risquait de vous exposer à la conscription : la décision se réduisait alors à mesurer lequel de ces deux risques on préférait prendre, entre le front russe ou un camp de travail.

L'ethnicité à laquelle les gens décidaient de se lier aurait des implications bien au-delà de la guerre : alors que le conflit territorial s'acheva en mai 1945, les conflits divers sur la race et l'ethnicité se prolongèrent pendant des mois, parfois des années, après la capitulation allemande. Quelquefois, ces conflits étaient farouchement localisés, et même d'ordre très personnel – des habitants de petites villes et de villages connaissaient l'origine ethnique de leurs voisins, et agissaient en conséquence. Toutefois, de plus en plus souvent, le conflit se répercuterait au plan régional ou même national : au lendemain de la guerre, des populations entières seraient expulsées de régions où elles avaient vécu pendant des siècles – simplement sur la base de ce qui était inscrit sur leur carte d'identité du temps de guerre.

L'obsession nazie de pureté raciale eut un énorme impact sur les attitudes européennes non seulement dans les régions occupées par l'Allemagne, mais aussi ailleurs. Elle rendait les individus conscients de leur appartenance « raciale » comme jamais ; elle les obligeait à prendre parti, qu'ils le veuillent ou non ; et, dans des communautés qui s'étaient mélangées plus ou moins pacifiquement depuis des siècles, elle transformait la « race » en problème à régler – pis, elle l'érigeait en problème par excellence.

Or, ainsi que la guerre l'avait enseigné aux individus, certaines solutions à ce problème pouvaient se révéler radicales, et finales.

17

La fuite des juifs

Début mai 1945, un juif polonais de dix-huit ans, Roman Halter, fut libéré par les Russes. Avec deux autres juifs, il s'était caché aux environs de Dresde auprès d'un couple allemand qui les avait recueillis après qu'ils eurent échappé à une marche de la mort. Ayant survécu à plusieurs camps de travail, y compris Auschwitz, il était faible et amaigri – mais il était en vie, et se savait extrêmement chanceux.

Le lendemain de sa libération, Halter dit au revoir au couple qui l'avait abrité. Il voulait à tout prix savoir si un autre membre de sa famille avait survécu à l'Holocauste ; il se procura donc une bicyclette, attacha au guidon quelques verrines de viande en conserve qu'il avait trouvées dans une ferme abandonnée, et se remit en route vers la Pologne. Il ne roulait pas depuis très longtemps quand il tomba sur l'un de ses libérateurs russes qui conduisait une moto. Halter était extrêmement reconnaissant envers les Russes qui l'avaient libéré ; il les considérait comme des amis des juifs, des libérateurs, des « gens bien » – il parlait même un peu leur langue, un souvenir de son enfance. Malheureusement, ainsi qu'il allait le découvrir, ses sentiments fraternels n'étaient guère partagés :

> J'étais content de le voir. [...] Je me souvenais encore des mots russes que j'avais appris de mes parents. *« Ruski, ja cie lublu ! »* dis-je (« Russe, je t'aime »), et j'ai ajouté *« Zdrastvuite tavarich »* (« Salut, camarade »). Il m'a regardé étrangement et s'est mis à me parler russe, avec un débit très rapide. Je lui ai souri et lui ai répondu en polonais que j'étais incapable de comprendre ce qu'il venait de me dire. Il m'a toisé de la tête aux pieds. Ensuite, il a observé mon vélo et m'a lancé : *« Dawaj czasy »* (« Donne montres »). Ça, j'ai compris. Il a relevé ses manches de chemise et m'a exhibé ses avant-bras remplis de montres, puis il m'a répété ces deux mots-là : *« Dawaj czasy. »*

J'ai croisé son regard, ses yeux étaient durs et froids. Je me suis mis à lui parler en polonais. Je lui ai répondu que je n'en avais pas et, à mon tour, je lui ai montré mes deux avant-bras tout maigres. Il m'a désigné la couverture renflée que j'avais fixée à mon guidon, et il a ajouté autre chose en russe. J'ai retiré un pot de sous ma couverture et je le lui ai tendu. « *Mieso*, ai-je dit. *Tavarich, mieso* » (« De la viande, camarade »). La viande était visible à travers le pot en verre. Il a posé les yeux dessus, puis il m'a regardé. « Camarade, prends-la, s'il te plaît, et profites-en. »

Il a soulevé le pot en verre, l'a tenu au-dessus de sa tête une seconde, puis il l'a lâché, et il s'est fracassé sur le sol. Le verre et la viande ont giclé dans toutes les directions. J'ai dévisagé ce soldat russe et la peur m'a envahi le cœur. Que pouvais-je lui répondre pour qu'il me laisse tranquille ? Le temps d'un instant, je suis resté hébété. « Baisse ton pantalon », m'a-t-il ordonné dans sa langue. Je suis resté là tremblant et je ne comprenais pas tout à fait ce qu'il voulait dire. Il m'a répété son ordre et, avec des gestes, m'a signifié ce qu'il attendait de moi.

[...] J'ai soigneusement couché mon vélo sur le sol, pour ne pas casser mes pots en verre enroulés dans ma couverture, et j'ai baissé mon pantalon. « Pourquoi me force-t-il à faire ça ? me suis-je demandé. Il croit peut-être que je porte autour de la taille une ceinture pleine de montres. Je dois lui signaler que je ne suis pas un Allemand qui parle le polonais. » Et donc, alors que je baissais mon pantalon, je lui ai précisé, lentement, en polonais, que j'étais juif. Je connaissais le mot : « *Ivrei.* » « *Ja Ivrei*, ai-je répété. *Ja Ivrei, ja tavarich* » (« Je suis juif, je suis un camarade »).

Je suis resté là devant lui, nu à partir de la taille, mais mon instinct m'a soufflé de ne pas retirer mes bonnes bottes à lacets, de peur qu'il ne me les prenne et ne me laisse pieds nus. Pieds nus, je ne pourrais pas rejoindre Chodecz. Alors j'ai laissé mon pantalon pendre sur mes chaussettes et mes bottes. J'ai de nouveau croisé son regard. Il a contemplé cette partie nue de mon corps avec une expression de mépris dans les yeux. J'ai vu, dans ces yeux-là, le regard vide du tueur.

Il a dégainé son révolver de son étui, me l'a braqué sur la tête et il a pressé sur la détente. Il y a eu un fort déclic. Sans un mot, d'une détente du talon, il a redémarré sa moto et il a décampé. Je suis resté planté là un moment, avec mon pantalon et mon caleçon baissés, et je l'ai regardé disparaître au loin[1].

Le souvenir de cette rencontre hanterait Halter jusqu'à la fin de ses jours : elle revêtait une signification plus que sinistre. Malgré leurs épreuves communes, ayant été tous les deux des victimes des Allemands, et malgré l'offre d'amitié spontanée de Halter, ce Russe anonyme l'avait traité exactement comme un officier SS aurait pu le faire : s'assurant d'abord qu'il était juif en vérifiant qu'il était circoncis, puis lui pointant son arme sur la tête. Halter eut-il la vie sauve grâce à un revolver enrayé, ou à cause d'un simple manque de munitions ? Il ne le saurait jamais.

Au cours des mois qui suivirent, de telles scènes se répétèrent d'un bout à l'autre de l'Europe. Des juifs de toutes nationalités découvrirent que la fin de la domination allemande ne signifiait pas la fin de la persécution. Loin de là. Malgré tout ce qu'ils avaient enduré, dans nombre de régions, après la guerre, l'antisémitisme allait en s'aggravant. La violence contre les juifs resurgissait partout – même dans des territoires qui n'avaient jamais été occupés, comme la Grande-Bretagne. Dans certaines régions d'Europe, cette violence serait finale et définitive : le nettoyage du continent de ses juifs, auquel les nazis eux-mêmes avaient échoué, ce serait aux populations locales de l'accomplir.

Le choix du retour

Au lendemain de la guerre, les juifs d'Europe commencèrent à réfléchir à ce qu'ils venaient de vivre et aux leçons qu'il fallait en retenir. Certains de leurs penseurs croyaient que l'Holocauste n'avait été possible que parce que les juifs s'étaient rendus trop visibles, avant et pendant la guerre ; ils estimaient que le seul moyen d'éviter la répétition d'une catastrophe similaire était de se rendre invisibles, en s'assimilant totalement dans les différents pays où ils avaient vécu. En revanche, les sionistes soutenaient que c'était là un non-sens : même bien assimilés, les juifs avaient été déracinés par les hommes de main de Hitler et mis à mort avec leurs autres victimes. Ils affirmaient que le seul moyen d'assurer leur sécurité serait de quitter complètement l'Europe et créer leur propre État. Un troisième groupe considérait que ces deux conceptions équivalaient en réalité à un aveu de défaite ; ils croyaient de leur devoir de retourner dans leur pays d'origine et de tenter de reconstruire leur communauté du mieux qu'ils le pourraient[2].

La grande majorité des juifs d'Europe survivants eurent initialement tendance à adhérer à cette dernière opinion – pas à cause d'une idéologie particulière, mais simplement parce qu'ils avaient passé leurs années d'exil et d'incarcération à rêver éveillés à la possibilité de rentrer chez eux. La plupart comprenaient, à un niveau intellectuel, si ce n'est émotionnel, que les communautés qu'ils avaient quittées n'existaient plus. Mais la majorité des juifs regagnèrent quand même leur ville ou leur village natals, en partie à cause d'un lien affectif et en partie mus par un désir de reconstruire la seule vie normale qu'ils aient connue. Qu'ils aient ou non continué de nourrir ces espoirs après leur retour, cela dépendait énormément de l'accueil qu'ils recevraient à leur arrivée.

Du point de vue des juifs, l'Europe après la guerre était un lieu de confusion. Beaucoup de choses avaient changé depuis la défaite de l'Allemagne, mais beaucoup d'autres étaient demeurées inchangées. D'un côté, les organisations dédiées à la persécution des juifs avaient cédé la place à des organisations vouées à les aider. Le Comité conjoint de distribution juif américain (American Jewish Joint Distribution Committee) apportait pour des millions de dollars de vivres, de médicaments et de vêtements, et il aidait à reconstruire des synagogues et des centres culturels juifs sur tout le continent. Des organismes humanitaires non juifs, comme l'UNRRA ou la Croix-Rouge, fournissaient aussi une aide ciblée, comme l'établissement de camps de PD exclusivement réservés aux juifs, et la recherche des amis et des membres de la famille. Les nouveaux gouvernements nationaux avaient eux-mêmes commencé à changer d'attitude, notamment en abrogeant toutes les législations antijuives. D'un autre côté, des années de propagande nazie ne pouvaient être effacées en l'espace de quelques mois, et l'antisémitisme déclaré continuait d'exister partout ; il s'exprimait parfois de manière tout à fait choquante. Des juifs qui retournèrent dans la ville de grecque de Salonique en 1945 furent parfois accueillis avec des réflexions plus que déplacées : « Ah, vous avez survécu ? » ou « Quel dommage qu'on ne vous ait pas transformé en savon[3] ». À Eindhoven, des rapatriés juifs furent reçus en ces termes par un fonctionnaire qui consignait leur identité : « Encore un juif ? Ils ont dû oublier de vous gazer[4]. » Dans les villes allemandes de Garmisch et de Memmingen, les bandes d'actualités cinématographiques qui mentionnaient la mort de 6 millions de juifs provoquèrent des hurlements : « Ils n'en ont pas tué assez ! », suivis d'applaudissements assourdissants[5].

La plus grande crainte des juifs, à leur retour, c'était qu'en dépit de toutes les mesures mises en place par les gouvernements et les organisations humanitaires, la vraie question d'un antisémitisme profondément enraciné ne disparaisse jamais. L'expérience leur avait appris que ni la démocratie, ni l'apparente égalité des droits, ni même leur propre patriotisme ne constituaient une garantie contre la persécution. Leur plus grand défi consistait à éviter de traiter le moindre petit incident comme le « signe d'une explosion future » ou la preuve qu'« un nouveau meurtre de masse se préparait[6] ». Pour réussir à surmonter cela, ils avaient besoin de l'aide des communautés qu'ils retrouvaient. C'est pourquoi, en rentrant chez eux, ce que les juifs attendaient plus que tout le reste, c'était qu'on les rassure. Pour leur permettre de reprendre le cours de leur existence, il fallait leur distribuer davantage que de la nourriture et leur prodiguer autre chose que de simples soins médicaux, qui leur étaient généralement fournis selon les mêmes critères qu'à d'autres individus qui auraient été de retour après une longue absence. Ce dont ils avaient besoin, c'était qu'on les accueille.

Certains juifs, comme Primo Levi, retrouvèrent à leur retour « des amis pleins de vie, la chaleur d'un repas assuré, la solidité d'un travail quotidien, la joie libératrice de pouvoir raconter [leur] histoire[7] ». Il existe beaucoup de récits de juifs qui, comme par miracle, retrouvèrent les êtres qu'ils aimaient, d'exemples de gestes de compassion de la part d'inconnus qui leur fournissaient spontanément de quoi se nourrir ou se loger, ou qui écoutaient leurs histoires. Malheureusement, ces histoires ne sont pas aussi répandues qu'elles auraient dû l'être, et la majorité d'entre eux vécurent des expériences quelque peu différentes.

Le retour : la Hollande

Sur les 110 000 juifs hollandais déportés dans les camps de concentration, seuls 5 000 en réchappèrent. Ils comptaient parmi les 71 564 hollandais déplacés de retour aux Pays-Bas en 1945, qui avaient presque toutes Amsterdam pour destination finale[8]. À leur arrivée à la gare centrale de la capitale, ils étaient interrogés, inscrits sur des listes et recevaient des cartes de rationnement et des coupons de vêtements. On les conseillait quelquefois sur l'endroit où séjourner, où trouver de l'aide, mais il arrivait aussi que les bureaux des différents organismes humanitaires soient déserts. L'accueil officiel était efficace, mais froid : ni fleurs ni drapeaux, pas de fanfares, juste une série de bureaux et de questions, avant qu'on ne les congédie en vitesse et qu'ils ne se retrouvent dans les rues du centre-ville[9].

Dès le début, on pratiqua de subtiles distinctions entre les rapatriés. Ce n'était toutefois pas les juifs que l'on discriminait, mais ceux de ces rapatriés qui étaient taxés de collaboration. Les gens qui étaient allés travailler en Allemagne comme volontaires *(vrijwilliger)* devaient faire tamponner leurs cartes de rapatriement d'une lettre « V » ; ensuite, on leur refusait un colis de vivres et des coupons de ravitaillement, et ils étaient éconduits par la quasi-totalité des institutions avec lesquelles ils entrèrent en contact par la suite. Parmi les autres, les *onvrijwillig*, les seules personnes à être accueillies avec un peu d'apparat, furent celles qui étaient censées avoir été membres de la Résistance ; les avantages réservés à ces résistants étaient immédiats. On les envoyait fréquemment dans des centres spéciaux de convalescence situés dans un cadre luxueux, notamment à l'intérieur d'une aile du palais de la reine Wilhelmine des Pays-Bas. Ils recevaient les louanges de la presse, du gouvernement, de la rue. « Si vous veniez de la Résistance, tout était possible !, affirma un ancien membre de cette Résistance, Karel de Vries. Vous pouviez demander de l'argent à n'importe qui, et vous l'obteniez. Tous les matériaux de construction, par exemple, étaient rares et difficiles à trouver, mais si vous disiez “c'est pour des combattants de la Résistance de retour des camps de concentration”, eh bien, c'était réglé, et sans délai[10] ! » Par la suite, on leur versa une pension spéciale en reconnaissance de leurs activités de résistants.

Pour les juifs qui étaient de retour, il devint vite évident que le seul distinguo auquel consentaient les Hollandais concernait la différence entre collaborateurs et résistants : toutes les autres catégories, y compris les juifs, étaient considérées comme formant un tout. Ce choix n'était nullement propre aux Pays-Bas. Quand les déportés italiens rentrèrent dans la Péninsule, ils furent eux aussi considérés en bloc comme des « prisonniers politiques », indépendamment du fait qu'ils soient juifs, travailleurs forcés ou prisonniers de guerre[11]. De même, les Français libérés des camps étaient aussi réunis au sein d'un même groupe – et, d'après les récits des témoins, ils le restent encore à ce jour[12]. Sans qu'il s'agisse de discrimination contre les juifs en tant que tels, c'était presque aussi grave : il s'agissait d'une tentative pour les ignorer. Comme le déclara un Hollandais survivant des camps : « Là où ils auraient dû avoir pitié de nous, je me suis heurté à la masse desséchée, difficile à approcher, repoussante, amorphe de ce qu'on appelle la bureaucratie[13]. »

Les autorités hollandaises avaient quantité de raisons de ne pas accorder aux juifs libérés des camps l'aide spécifique dont ils avaient besoin et qu'ils méritaient. Avant toute chose, elles s'inspiraient du modèle des Alliés, en particulier des Britanniques, dont la politique officielle consistait à ne pas traiter les juifs comme une catégorie à part : les juifs ne représentaient qu'une petite minorité des rapatriés des camps et, en conséquence, n'étaient pas considérés comme une priorité. Les autorités durent aussi se préparer à ce retour dans la précipitation, car la Hollande fut l'un des derniers pays d'Europe à être libérés.

Si elles avaient réfléchi plus attentivement à la situation, elles auraient constaté que les juifs, plus que tout autre groupe, avaient droit à un traitement spécial – tant pour des motifs moraux qu'humanitaires. Ils avaient sans nul doute enduré incomparablement plus de souffrances que n'importe quel autre groupe au sein de la société : sur les 210 000 victimes hollandaises de la Deuxième Guerre mondiale, la moitié étaient des juifs – et ce, alors qu'ils ne représentaient qu'un peu plus de 1,5 % de la population du pays avant guerre[14]. Dans la plupart des régions, la communauté juive avait été anéantie, et même à Amsterdam seule une petite partie d'entre eux avaient survécu. Alors que les autres rapatriés avaient une communauté pour les accueillir et sur laquelle s'appuyer, beaucoup de juifs n'avaient personne – pas même de famille.

La « bureaucratie » n'était pas la seule à ignorer de tels faits : les gens ordinaires avaient aussi tendance à se montrer d'une insensibilité tout à fait stupéfiante. L'historien Dienke Hondius a réuni toute une série d'exemples témoignant de l'attitude des Hollandais ordinaires face au retour des juifs. Par exemple, Rita Koopman fut accueillie par une ancienne connaissance avec ces mots : « Tu as de la chance de ne pas être restée ici. Nous avons tellement souffert de la faim ! » Quand Ab Caransa renoua avec son métier, son employeur lui refusa une avance au motif qu'il avait séjourné à Auschwitz : « Vous aviez un toit et vous étiez nourri pendant tout ce temps ! » La plupart des juifs n'essayèrent pas d'expliquer les horreurs qu'ils avaient endurées mais, comme Gerhard Durlacher, se bornèrent à tâcher d'« obtenir un accueil » favorable en écoutant les histoires des autres et en conservant un « silence discret » sur le supplice qu'ils avaient traversé. « Les gens ne comprenaient pas, explique un autre juif hollandais, ou alors ils ne vous croyaient pas[15]. »

Nombre des affronts qu'ils essuyaient découlaient d'une totale ignorance : au contraire de l'Europe de l'Est, où l'Holocauste avait eu lieu sous les yeux des habitants, à l'Ouest beaucoup de gens n'avaient aucune idée de ce qui leur était arrivé après leur déportation. Avant la diffusion des films sur les camps de concentration, les récits sur ce meurtre de masse industrialisé étaient souvent écartés comme autant d'exagérations ; pourtant, même après la vision de ces films dans les salles de cinéma, une totale incompréhension subsista quant à leur signification véritable pour ceux qui avaient survécu.

Autre aspect encore plus important que l'ignorance des populations : la sensation de gêne que de tels récits provoquaient inévitablement. Selon Frank Keizer, aux Pays-Bas les gens réagissaient à l'histoire de son incarcération à Theresienstadt en lui répondant : « Je n'ai pas envie de savoir. C'est fini tout ça, maintenant ; estimez-vous heureux d'avoir survécu[16]. » Les juifs qui rentraient dans d'autres pays évoquèrent des réactions similaires. En France aussi, selon Alexandre Kohn, un survivant d'Auschwitz, « c'était l'indifférence générale », et on invitait instamment les juifs à tirer un trait sur leurs épreuves[17]. En Hongrie, à leur retour, s'ils osaient suggérer qu'ils avaient souffert davantage que leurs voisins chrétiens, on les frappait[18]. Même aux États-Unis, les survivants juifs qui immigraient étaient souvent traités avec une impatience agacée : « La guerre est finie : "Ça suffit[19] !" »

Il faut se rappeler que les Européens ordinaires avaient aussi terriblement souffert, en particulier la dernière année du conflit – mais ils puisaient au moins un certain réconfort dans l'idée qu'ils avaient tous surmonté cette période. Après la Libération, la totalité du continent se mit à échafauder ses mythes de l'unité dans l'adversité. Ces mythes convenaient à presque tout le monde, des anciens collabos qui voulaient avoir une chance de rentrer dans le rang jusqu'à une opinion publique épuisée, impatiente de reléguer la guerre dans le passé, et aux politiciens désireux de refonder un sentiment de fierté nationale. Même à l'échelon international, l'idée que les différents peuples d'Europe avaient souffert ensemble sous le nazisme était un moyen commode de rebâtir une impression commune de fraternité entre des nations meurtries. Mais la présence des juifs suffisait à tourner de tels mythes en dérision ; non seulement ils avaient énormément souffert, plus que quiconque, mais aucun de ces autres groupes humains ne leur était venu en aide : l'idée confortable que les Européens auraient été « tous impliqués ensemble » était manifestement fausse.

C'est ici peut-être la clef d'explication de l'ignorance si courante du difficile retour des juifs au lendemain de la guerre non seulement en Hollande, mais dans toute l'Europe occidentale. Alors que les récits de résistance fournissaient aux gens l'occasion de se donner bonne conscience, et l'assurance qu'ils avaient aussi su générer en leur sein leur contingent de héros, les histoires des juifs avaient l'effet opposé : elles agissaient comme un rappel des manquements antérieurs à tous les niveaux de la société. Leur présence même suffisait à engendrer le malaise, comme s'ils avaient été susceptibles à tout moment de révéler un secret embarrassant. Il était dès lors bien plus facile de simplement faire comme si le sort qui leur avait été réservé était en réalité le même que celui de tout le monde. Loin d'être les bienvenus, ils étaient ignorés, relégués, réduits au silence.

La lutte pour les biens des juifs

Si les juifs n'étaient pas les bienvenus chez eux, cela tenait aussi parfois à de plus sombres motifs. Au lendemain de la guerre, une blague circulait en Hongrie, dont voici à peu près les termes : un juif qui a survécu aux camps est de retour à Budapest, où il tombe sur un ami chrétien : « Comment vas-tu ?, s'enquiert cet ami. – Ne m'en parle pas, lui répond le juif. Je rentre d'un camp, et maintenant, à part les vêtements que tu as sur le dos, il ne me reste plus rien[20]. »

On aurait pu répéter la même plaisanterie dans presque toutes les villes d'Europe de l'Est – et dans bon nombre de celles d'Europe de l'Ouest – et chacun en aurait compris le sens. Le pillage des biens des juifs pendant la guerre avait eu lieu dans tous les pays, et dans toutes les couches de la société. L'étendue de ce pillage était parfois proprement sidérante. Dans le vieux quartier juif d'Amsterdam, par exemple, les maisons furent vidées de tout leur contenu, jusqu'aux fenêtres en bois et aux chambranles des portes[21]. En Hongrie, en Slovaquie et en Roumanie, les terres et les biens des juifs furent souvent divisés entre les pauvres[22]. Parfois, les gens n'attendaient même pas leur départ. Il y a des exemples, en Pologne, pendant le conflit, de connaissances approchant des juifs en ces termes : « Puisque vous allez mourir de toute manière, pourquoi laisser vos bottes à quelqu'un d'autre ? Pourquoi ne pas me les donner à moi, comme ça je me souviendrai de vous[23] ? »

Quand une première poignée de juifs furent de retour après la guerre, leurs biens leur furent parfois restitués sans réticence – mais c'était plutôt l'exception que la règle : l'historiographie de cette période, en Europe, regorge d'histoires de juifs essayant de récupérer ce qui leur appartenait de plein droit, sans y parvenir[24]. Des voisins et des amis qui avaient promis de veiller sur des objets de valeur en leur absence refusaient de les leur rendre : avec les années, ils avaient fini par les considérer comme leur appartenant. Des villageois qui avaient cultivé les terres de juifs pendant le conflit ne voyaient pas pourquoi ceux-ci, une fois de retour, devraient bénéficier des fruits de leur travail. Des chrétiens auxquels les autorités du temps de guerre avaient attribué des appartements vides les considéraient comme leur propriété de plein droit, et détenaient les papiers qui le prouvaient. Tous ces gens tendaient à considérer les juifs avec un ressentiment plus ou moins prononcé, et maudissaient leur malchance puisque, de tous les juifs qui avaient « disparu » pendant la guerre, il fallait que ce soient les « leurs » qui rentrent.

Un bon exemple de la manière dont des biens juifs furent dispersés pendant cette période – et des conséquences effrayantes que cela pouvait avoir – se trouve en Hongrie, dans la petite ville de Kunmadaras. Au début du conflit, 250 juifs y vivaient, sur une population de 8 000 habitants. Ils avaient tous été déportés en avril 1944 – certains à Auschwitz, d'autres en Autriche – et seuls

73 de ces malheureux survécurent. En leur absence, leurs biens furent « confisqués » par les responsables locaux, qui s'en servirent d'abord pour s'enrichir, mais aussi pour les distribuer aux pauvres. Certains logements et certaines entreprises furent pillés de fond en comble par le voisinage, avec la bénédiction implicite des autorités. D'autres furent saisis au passage par les armées successives, et des meubles ou d'autres objets furent dispersés dans les quartiers avoisinants. À son arrivée, l'Armée rouge se livra à son tour au pillage des demeures de la moyenne et de la haute bourgeoisie, où la plupart de ces objets de valeur avaient abouti. Les soldats troquaient une partie des biens qu'ils s'étaient appropriés de la sorte contre de la nourriture, ou les abandonnaient simplement dans leur avancée, et ainsi – par tout un cheminement détourné – ces objets finissaient par tomber en possession des paysans de la région. Pour compléter cet écheveau inextricable, les communistes, en arrivant au pouvoir, réquisitionnèrent aussi des biens pour leur propre usage ou dans l'intérêt du parti, et ceux-ci furent également échangés localement[25]. En conséquence, à travers une combinaison de confiscations, de pillages, de vols et de reventes, les biens des juifs furent dispersés dans toute cette région. Dans les villes plus grandes, comme Budapest, la confusion qui régnait à leur retour leur interdisait souvent de retrouver la trace de leurs avoirs ; mais dans une petite ville comme Kunmadaras, retrouver ses biens n'était pas compliqué – le problème, c'était de les récupérer auprès de ses voisins. Certaines personnes refusèrent carrément de les leur restituer et, à partir de ce moment-là, considérèrent la présence des juifs à la fois comme un reproche et une menace potentielle. D'autres furent contraints de rendre ces objets à la police ; mais ceux qui les restituaient de leur propre chef n'acceptaient qu'à contrecœur, et en conservèrent du ressentiment. Les pauvres se sentaient particulièrement lésés, surtout s'ils avaient été forcés de rendre des biens à des juifs qui étaient déjà plus fortunés qu'eux. « Quand les juifs sont rentrés, ils n'avaient rien, expliquait une femme de Kunmadaras à un journal local venu l'interviewer, mais maintenant ils mangent du pain blanc alors que moi, les champs, je dois les labourer avec mon nez, car je n'ai toujours rien[26]. »

Tout au long de l'hiver et du printemps 1946, une atmosphère tendue, chargée d'antisémitisme, se forma à Kunmadaras. L'abcès éclata vers la fin mai, quand un groupe de femmes attaqua un marchand d'œufs, un juif du nom de Ferenc Kuti, sur le marché du bourg, et fracassa tous les œufs de son étalage. La femme à l'origine de cette agression, Eszter Tóth Judt, avait invoqué le prétexte du meurtre rituel pour justifier ses actes – c'est-à-dire le mythe ancien selon lequel les juifs sacrifiaient des enfants chrétiens.

Des rumeurs absurdes avaient circulé dans la région à propos de juifs enlevant et tuant des enfants avant de les revendre sous forme de « saucisses fabriquées à partir de chair humaine ». Quand elle frappa Ferenc Kuti avec son soulier en bois, cette femme se mit à vociférer : « L'enfant de ma sœur a été enlevé par les juifs. » Quelques autres commerçants, qui n'étaient pas juifs, vinrent au secours de leur collègue mais, quand ils essuyèrent à leur tour les assauts de ces femmes, ce dernier abandonna son étalage et s'enfuit se réfugier chez lui[27]. La maison du marchand d'œufs fut très vite encerclée par la foule en furie. Pendant un moment, ces gens se retinrent d'y pénétrer, car ils craignaient qu'il ne possède un fusil. Mais quand la police arriva et découvrit qu'il n'était pas armé – et commit l'erreur de l'annoncer à la cantonade –, la populace se rua à l'intérieur. Kuti aurait supplié ces intrus, en implorant leur pitié, mais il fut tué par un dénommé Balázs Kálmán, qui le frappa à mort avec une barre de fer en hurlant : « Je vais t'en donner, moi, des saucisses faites avec de la chair d'enfants hongrois[28] ! »

Cette agression contre Ferenc Kuti marqua le début d'un pogrom où au moins un juif fut mis à mort, et quinze autres grièvement blessés[29]. On força la porte de foyers juifs qui furent livrés au pillage, et des boutiques juives furent aussi saccagées. Pendant ce pogrom, les rumeurs de rapts d'enfants et de meurtres rituels furent inlassablement propagées, et on entendit les émeutiers hurler toute une série de slogans tels que : « Il faut les frapper, ces juifs, car ils nous voleront nos enfants ! » En réalité, ces émeutes semblent avoir été motivées par une volonté de revanche et de lucre. Quand la foule entra par effraction dans un magasin de vêtements, elle exigea la libération des enfants qui y étaient censément enfermés – mais, au lieu de chercher ces enfants, elle se mit aussitôt à se servir dans le stock de vêtements. Une juive, Mme Rosenberg, fut agressée par une certaine Sara Kerepesi qui lui vouait une rancune singulière après avoir été obligée par les tribunaux, après la guerre, de rendre à cette dame ce qui lui appartenait. Mme Rosenberg se souvenait encore de la furie lui hurlant, tout en la frappant : « Ça, c'est pour l'édredon[30] ! »

Ce qui se produisit à Kunmadaras est un exemple particulièrement violent d'un phénomène étendu à toute l'Europe au lendemain du conflit. Les juifs ne furent pas les seuls à difficilement récupérer leurs biens et à pouvoir les conserver – mais l'antisémitisme répandu d'un bout à l'autre du continent les rendait bien plus vulnérables que tout autre groupe humain. Dans d'autres régions de Hongrie, les tribunaux décidèrent que les chevaux et d'autres têtes de bétail dérobés dans les fermes juives devaient rester chez ceux qui les avaient « sauvés[31] ». En Italie, non seulement les autorités hésitèrent à restituer les commerces juifs à leurs propriétaires de droit, mais elles tentèrent ensuite de leur imputer des « frais de gestion » à titre de rémunération pour ceux qui avaient « veillé dessus » pendant la guerre[32]. En Pologne, toute propriété « abandonnée » anciennement détenue par des juifs était placée sous la responsabilité des autorités locales – en d'autres termes, ces mêmes autorités locales avaient tout intérêt à s'assurer que les juifs de retour après la guerre fussent à nouveau chassés[33]. De tels exemples se reproduisirent dans presque tous les pays d'Europe.

Pendant le conflit, les juifs avaient offert une cible facile, et leurs biens étaient considérés comme une ressource qu'à peu près tout le monde pouvait se partager. Il est tout à fait clair que beaucoup de gens, et certains gouvernements, les considéraient encore du même œil après la fin des hostilités.

Juifs capitalistes, juifs communistes

Le pogrom de Kunmadaras fut un incident parmi tant d'autres qui éclatèrent dans toute la Hongrie au cours des années immédiatement postérieures à la guerre. La violence antisémite se cristallisa dans le pillage des maisons et des boutiques (par exemple dans la ville minière d'Ozd), le lynchage et le meurtre (comme à Miskolc), et l'incendie de bâtiments juifs telles des synagogues (par exemple à Makó). À côté de cette violence, les juifs furent obligés de subir toutes les formes de l'antisémitisme ordinaire quand celui-ci ne recourt pas à la violence physique : discrimination, intimidation, insultes et ainsi de suite. La haine raciale était si intense, si unanime, qu'elle ne pouvait visiblement pas s'expliquer comme l'enjeu d'une simple querelle autour des biens des juifs ; quelque chose de plus profond était en cause.

Premièrement, ceux qui se permettaient de tels excès étaient eux-mêmes souvent confrontés à des épreuves insurmontables. En 1946, l'économie de toute la région était au bord de l'effondrement, mais la situation était particulièrement mauvaise en Hongrie, où le taux d'inflation culmina même à 158 486 % *par jour*[34]. Dans ses Mémoires, l'écrivain George Faludy fournit une indication de ce que cela signifiait pour les gens ordinaires : quand son éditeur publia une nouvelle édition d'un de ses ouvrages, Faludy fut payé 300 milliards de pengös – une somme qui, en 1938, aurait été l'équivalent d'environ 60 milliards de dollars. Et pourtant, après avoir touché ce magot, il fut obligé de courir directement au marché, sachant que, le temps pour lui d'y arriver, cet argent se serait dévalué de 90 % : il dépensa la totalité de ce montant dans l'achat d'un poulet, de deux litres d'huile d'olive et d'une poignée de légumes[35]. Une inflation pareille avait un effet dévastateur sur la vie des gens, obligés de troquer leurs biens contre de la nourriture. Des ouvriers comptaient souvent sur le repas qu'on leur servait à la cantine de leur usine, car dans les faits leur salaire ne valait rien. Par la suite, certains employeurs abandonnèrent complètement les paiements en numéraire au profit de versements en nature, c'est-à-dire en provisions alimentaires.

La responsabilité de cet état de choses était généralement attribuée à deux catégories de citoyens. Tout d'abord, on accusait les Soviétiques – pour la destruction qu'ils avaient semée, pour les pillages auxquels ils se livraient partout, et pour les sommes exorbitantes qu'ils réclamaient à titre de réparations pour dommages de guerre. Les communistes étaient jugés coupables par association et, dans l'esprit des gens, ils étaient presque unanimement considérés comme juifs. Ce n'était pas un cas de figure limité à la Hongrie : dans toute l'Europe orientale, le Parti communiste était considéré comme le « parti des juifs » – et ce n'était pas complètement injustifié[36]. Mais, les communistes étant généralement haïs, cela rejaillissait sur les juifs. Ainsi, quand le dirigeant juif du Parti communiste Mátyás Rákosi se rendit à Miskolc pour prononcer un discours sur la situation économique, les murs de l'usine se couvrirent de graffitis le traitant de « roi des juifs » et d'homme qui avait « vendu le pays aux Russes[37] ».

Les profiteurs du marché noir et les spéculateurs qui amassaient des denrées alimentaires dans l'espoir de pousser les prix à la hausse composaient le deuxième groupe d'individus auxquels était imputée cette situation économique épouvantable de la Hongrie. L'opinion publique considérait aussi ces gens-là comme des juifs. Quand les femmes de Kunmadaras s'étaient mises à frapper le marchand d'œufs juif sur la place du marché, par exemple, l'une des accusations qu'elles lui avaient jetées au visage était qu'il réclamait des prix excessivement élevés pour ses œufs. Partout, les juifs étaient accusés de trop faire payer leurs clients, d'exploiter le désastre économique et de stocker de la nourriture et de l'or. De telles affirmations se fondaient sur un stéréotype vieux de plusieurs siècles – le juif est un grippe-sou[38].

Soucieux de se débarrasser de leur image de « parti des juifs », les communistes perçurent ce stéréotype comme une occasion de se forger une popularité bien indispensable. À l'été 1946, ils commencèrent à prononcer des discours contre le marché noir où ils condamnaient les juifs, les accusant en termes à peine voilés d'être des « spéculateurs ». Quand ils imprimaient des affiches sur le sujet, ces « spéculateurs » étaient représentés avec des traits exagérément judaïsés : en fait, il y avait très peu de différence entre ces affiches et les images des « juifs parasites » de l'ère nazie. Il existe même des preuves irréfutables de ce que les communistes orchestrèrent le lynchage des juifs de Miskolc, une manipulation visant à exploiter la colère populaire[39].

Au milieu du tumulte politique et économique de 1946, les juifs de Hongrie avaient très peu de refuges vers lesquels se tourner. Mór Reinhardt, un juif de Janoshalm, résuma leur pénible situation dans une lettre au Bureau juif hongrois, au mois d'août de cette année-là :

> Malheureusement, suite aux événements de Miskolc et d'autres épisodes similaires, il est évident que les juifs sont tout aussi détestés par le Parti communiste que par le Parti des Petits Propriétaires terriens. Le slogan et les affiches de l'un proclament « Mort aux Communistes et aux Juifs », et les slogans et les affiches de l'autre proclament « Mort aux Petits Agriculteurs et aux Juifs ! ». Les juifs sont unanimement détestés et tous les partis politiques sont prêts à anéantir tout le monde, que l'on soit coupable ou innocent... À mon avis, il n'y a pas d'autre possibilité que d'aller chercher la protection des forces d'occupation. Nous sommes obligés de leur réclamer leur aide. Ici – c'est-à-dire en Hongrie –, il est impossible pour un juif d'exister. C'est pourquoi nous devons partir. Nous devons émigrer. Nous devons prier les autorités militaires soviétiques de nous autoriser à quitter le pays... Et pendant que l'émigration s'organise... l'Armée rouge doit continuer d'occuper le pays afin de nous apporter sa protection[40].

Cette lettre exprime parfaitement les sentiments des centaines de milliers de juifs d'un bout à l'autre de l'Europe, convaincus que ce continent avait cessé à tout jamais d'être l'endroit où ils pourraient vivre en sécurité.

Le pogrom de Kielce

Si l'antisémitisme fut virulent en Hongrie après la guerre, en Pologne il le fut encore plus. À l'été 1945, ayant survécu à une série de séjours successifs dans des camps de travail nazis, Ben Helfgott, alors âgé de seize ans, et son cousin effectuaient le trajet du retour de Theresienstadt vers la Pologne. Or, arrivés à Czestochowa, ils changeaient de train quand ils furent arrêtés par deux Polonais armés et en uniforme qui leur demandèrent leurs papiers. Après les avoir scrutés du regard, ils ordonnèrent aux deux adolescents de les suivre au poste de police pour un contrôle de routine. Les jeunes gens n'avaient aucune raison de suspecter quoi que ce soit, et les suivirent donc dans la ville. Pendant un moment, Helfgott essaya d'engager la conversation avec ces inconnus, mais l'un des deux hommes se tourna brutalement vers lui et lui dit : « Boucle ta putain de gueule, espèce de juif de merde », et immédiatement les deux garçons comprirent qu'ils étaient en péril. En effet, ces hommes ne les conduisirent pas au poste de police, mais dans un appartement obscur où on leur fit ouvrir leurs valises. Après leur avoir volé tout ce qu'ils purent y trouver ayant un peu de valeur, les deux hommes prétendirent une nouvelle fois les conduire au poste de police, et ressortirent dans la rue avec eux, en pleine nuit. Cette fois, les garçons ne les crurent pas – mais, comme les individus étaient armés, ils n'avaient d'autre choix que d'obtempérer. On les conduisit vers un quartier délabré et déserté de la ville, où les deux brutes dégainèrent leur revolver et ordonnèrent aux garçons d'aller se plaquer contre le mur le plus proche. Aussitôt, Ben Helfgott les supplia, en appela à leur patriotisme, s'exclamant qu'ils étaient tous compatriotes, tous des Polonais qui avaient souffert ensemble pendant le conflit, et qu'ils devraient s'entraider maintenant que la guerre était finie. Là-dessus, l'un des deux hommes eut pitié d'eux et dit à son acolyte : « Laissons-les. Ce ne sont que des gamins. » Ils rengainèrent donc leurs revolvers, éclatèrent de rire et s'en allèrent, laissant les garçons retrouver le chemin de la gare tout seuls[41].

Pour les juifs, après la reddition allemande, la Pologne était très nettement le plus dangereux des pays de l'Est : entre la capitulation et l'été 1946, au bas mot 500 juifs furent mis à mort par les Polonais, et la plupart des historiens situent ce chiffre autour de 1 500[42]. Il est impossible d'en évaluer le nombre avec certitude, car des incidents isolés comme celui que décrivit Ben Helfgott étaient rarement signalés, et faisaient encore plus rarement l'objet de plaintes – même quand ils s'achevaient sur un meurtre. On jetait des juifs des trains. On leur volait leurs biens et on les conduisait dans une forêt pour les abattre. Des groupes nationalistes locaux envoyaient aux juifs des lettres les avertissant de quitter le pays sous peine de mort. On abandonnait des cadavres avec un mot dans leur poche rédigé en ces termes : « Ce sera le sort de tous les juifs survivants[43]. »

Comme en Hongrie, la vieille calomnie du meurtre rituel fut invoquée à maintes reprises. À Rzeszów, selon la rumeur, les « juifs qui avaient besoin de sang après leur retour des camps » accomplissaient des meurtres rituels. Parmi ces meurtres, il y aurait eu, en juin 1945, l'assassinat d'une fillette de neuf ans, Bronisława Mendoń, à qui l'on aurait « sucé le sang à des fins rituelles ». Lors des émeutes consécutives à ces rumeurs, plusieurs juifs furent roués de coups, des propriétés juives furent pillés, et un ou deux juifs sans doute mis à mort[44]. À Cracovie, un pogrom généralisé éclata après que des histoires eurent circulé au sujet d'un enfant chrétien que l'on aurait tué à l'intérieur d'une synagogue. La police et des miliciens polonais se mêlèrent à la foule enragée qui s'abattit sur cette synagogue et pourchassa les juifs à travers toute la ville. Lors des violences qui s'ensuivirent, une dizaine furent blessés, et on estime que jusqu'à cinq d'entre eux y ont laissé la vie. Ceux qui finirent à l'hôpital furent de nouveau roués de coups, sous les yeux des infirmières qui les traitaient de « vermine juive » qu'on « devrait abattre d'une balle[45] ».

Le pogrom le plus connu de l'après-guerre – et sans nul doute le plus grave – éclata dans le sud de la Pologne centrale, à Kielce[46]. Il débuta le 4 juillet 1946, après qu'un enfant de huit ans, Henryk Błaszczyk, eut accusé à tort un juif de la région de l'avoir enlevé et enfermé dans le sous-sol de l'immeuble du Conseil juif, au 7, rue Planty. Ce juif accusé par le jeune garçon fut aussitôt arrêté et frappé. Une foule en colère se rassembla pour forcer les portes du bâtiment et secourir les autres enfants censément retenus là contre leur gré dans l'attente de leur sacrifice rituel. La rumeur de l'enlèvement de ces enfants se répandit très vite dans toute la population, et le bruit courut que les juifs avaient « tué un enfant chrétien ». La foule fit la sourde oreille aux appels au calme du Conseil juif. Quand la police vint fouiller l'immeuble en question, une heure plus tard, elle découvrit qu'il ne contenait pas d'enfants chrétiens – en fait, il ne possédait même pas de sous-sol. Elle réprimanda l'enfant pour ses mensonges et le renvoya chez lui, mais le mal était fait : une foule importante s'était massée devant l'immeuble et commençait à lancer des pierres dans les carreaux. Peu après, plus d'une centaine de soldats arrivèrent sur place, prétendument pour rétablir l'ordre – mais un coup de feu fut tiré (sans que l'on sache par qui), et ces soldats se joignirent aux policiers pour investir le bâtiment, s'emparer des hommes et des femmes qu'ils trouvèrent à l'intérieur, et les forcer à sortir pour les livrer à la foule qui braillait dehors.

Baruch Dorfman se trouvait au troisième étage de l'immeuble, où il s'était barricadé dans une pièce avec une vingtaine d'autres personnes :

> Mais ils se sont mis à nous tirer dessus à travers la porte, et ils ont touché quelqu'un, mort plus tard de ses blessures. Ils ont fait irruption. C'étaient des soldats en uniforme et quelques civils. C'est alors que j'ai été blessé. Ils nous ont ordonné de sortir. Ils ont formé une haie. Dans l'escalier, il y avait déjà des civils, et aussi des femmes. Des

soldats nous ont frappés à coups de crosse de fusil. Des civils, des hommes et des femmes, nous ont aussi frappés. Je portais une sorte de vareuse, c'est peut-être pour cela qu'ils ne m'ont pas frappé sur le moment. Nous sommes descendus jusqu'à la place. D'autres que l'on avait sortis du bâtiment avec moi se sont fait embrocher à coups de baïonnette et on a tiré sur eux. Nous avons été bombardés de pierres. Même à cet instant, il ne m'est rien arrivé. J'ai traversé la place, en me dirigeant vers l'une des issues, mais, à l'expression que je devais avoir, ils ont compris que j'étais l'un des juifs que l'on avait expulsés du siège du Comité, parce qu'un civil a crié : « Un juif ! » Et c'est à cet instant-là qu'ils se sont attaqués à moi. Une pluie de pierres s'est abattue sur moi, j'ai reçu des coups de crosse, et puis je suis tombé et j'ai perdu connaissance. Régulièrement, je reprenais conscience ; ensuite, ils m'ont de nouveau frappé à coups de pierre et de crosse. L'un d'eux voulait me tirer dessus quand j'étais couché par terre, mais j'ai entendu quelqu'un dire : « Ne tire pas, il va claquer. » Je me suis de nouveau évanoui. Quand je suis revenu à moi, quelqu'un me tirait par les jambes et m'a jeté dans un camion. C'était un autre militaire, parce que je me suis réveillé dans un hôpital, à Kielce[47].

Certains témoins se souviennent de juifs défenestrés, et de leurs corps gisant en contrebas dans la rue. Le chef du Conseil juif fut abattu d'une balle dans le dos alors qu'il téléphonait pour réclamer de l'aide. Plus tard, quand 600 ouvriers de la fonderie de Ludwików arrivèrent sur place peu après midi, une quinzaine ou une vingtaine de juifs furent battus à mort à coups de barre de fer. D'autres furent lapidés, ou fauchés par les balles des policiers ou des soldats. La liste des morts comprenait trois soldats juifs qui avaient reçu les plus hautes décorations en se battant pour la Pologne, et deux Polonais ordinaires apparemment confondus avec des juifs. Ce jour-là, on tua aussi une femme enceinte, et une autre femme, fauchée d'une balle avec son nouveau-né. Au total, 42 juifs furent tués à Kielce, et au moins 80 autres furent blessés ; enfin, une trentaine trouvèrent la mort lors d'agressions dans les gares de la ville[48].

Ce massacre est d'autant plus saisissant que la population locale tout entière y prit part, pas seulement des hommes, mais aussi des femmes ; pas seulement des civils, mais aussi des policiers, des miliciens et des soldats – ceux-là mêmes qui étaient censés maintenir l'ordre public. Le mythe raciste du meurtre rituel avait été invoqué, et pourtant l'Église catholique ne fit rien pour le réfuter ou pour dénoncer les pogroms. Pis, le cardinal primat de Pologne, August Hlond, prétendit que ce massacre n'avait pas de motivations raciales, et qu'en tout état de cause, s'il y avait bien un peu d'antisémitisme dans la société, c'était surtout la faute des « juifs qui occup[ai]ent [alors] des postes dirigeants au sein du gouvernement polonais[49] ».

Les dirigeants communistes locaux et nationaux eurent une réaction un peu plus charitable – en poursuivant certains des principaux participants, et en offrant une protection et un train spécial qui conduirait les blessés à Lodz –, mais le jour des incidents ils étaient demeurés muets. La raison invoquée par le secrétaire local du parti fut qu'il « ne voulait pas que les gens disent que le PPR était un défenseur des juifs[50] ». Le ministre de l'Intérieur lui-même, Jakub Berman, qui fut informé du pogrom pendant son déroulement, rejeta les propositions de mesures radicales qu'il convenait de prendre pour stopper la foule. En conséquence, la plus haute autorité du pays se révéla incapable d'intervenir, ou réticente à cette idée. Tout comme en Hongrie, les communistes polonais – même ceux qui étaient juifs – tenaient à se distancier de toute relation possible avec les juifs.

La fuite

La réaction à la violence antisémite en Europe orientale fut spectaculaire : beaucoup de survivants rentrés en Pologne après la guerre repartirent alors en Allemagne au motif qu'ils étaient plus en sécurité dans le pays qui les avait originellement persécutés que dans celui où ils avaient leur foyer. Les récits qu'ils rapportèrent dissuadèrent les autres de tenter un retour : « Quoi que vous fassiez, ne retournez pas en Pologne, tel fut le conseil que leur donna Michael Etkind. Les Polonais tuent tous les juifs qui rentrent des camps[51]. » Harry Balsam reçut le même conseil : « Ils m'ont dit que nous devions être fous de vouloir y retourner, parce qu'ils tuaient les juifs en Pologne… Ils nous ont dit que les Polonais faisaient ce que les Allemands n'avaient pas réussi à faire, et qu'ils avaient eu de la chance de s'en sortir vivants[52]. » Dès octobre 1945, Joseph Levine, du Comité conjoint de Distribution juif américain, écrivait à New York : « Tout le monde signale des meurtres et des pillages perpétrés par les Polonais, et tous les juifs veulent partir de Pologne[53]. »

Heureusement, pour beaucoup de juifs polonais comme pour ceux de plusieurs autres pays est-européens, une porte de sortie s'était ouverte : au lendemain de la guerre, des groupes de coreligionnaires déterminés avaient monté une organisation, la Brichah (la « Fuite »), qui avait commencé par mettre en place une série de lieux sûrs, de méthodes de transport et de points de passage clandestins en différents endroits de la frontière, en Pologne, en

Tchécoslovaquie, en Hongrie et en Roumanie. Au début c'était une organisation tout à fait secrète, qui exfiltrait des juifs par camions entiers, leur faisant franchir la frontière en catimini après avoir soudoyé les gardes avec de l'argent et de l'alcool, mais dès 1946 elle acquit un statut semi-officiel auprès des gouvernements d'Europe orientale. En mai de cette année-là, le Premier ministre polonais, Edward Osóbka-Morawski, déclara publiquement que son gouvernement ne s'opposerait pas aux juifs désireux d'émigrer en Palestine – une déclaration qu'il répéta après le pogrom de Kielce[54]. Au lendemain de ce pogrom, un point de passage officiel fut négocié entre l'un des commandants du soulèvement du ghetto de Varsovie, Antek Zuckermann, et le ministre polonais de la Défense, Marian Spychalski. D'autres éminentes personnalités associées au Brichah organisèrent d'autres points de passage similaires avec les Hongrois, les Roumains et les autorités américaines en Allemagne, et les Tchèques acceptèrent de fournir des trains spéciaux pour le transport des réfugiés juifs à travers le pays[55].

Le nombre de juifs qui s'étaient enfuis vers l'Ouest était certes conséquent, mais il connut une augmentation spectaculaire au lendemain du pogrom de Kielce. En mai 1946, la Brichah organisa le transport de 3 502 personnes hors de Pologne. On atteignit approximativement 8 000 départs en juin. En juillet, après le pogrom, ces départs firent plus que doubler (19 000), puis doublèrent une deuxième fois (35 346) en août, avant de retomber à 12 379 en septembre. Ces chiffres n'incluent pas les 10 000 à 20 000 personnes qui s'échappèrent du pays par d'autres moyens, notamment en confiant leur sort à des spéculateurs et des contrebandiers. En outre, le Comité conjoint de Distribution de Bratislava signala qu'au cours des trois mois postérieurs à Kielce 14 000 juifs hongrois avaient fui par la Tchécoslovaquie. En fin de compte, on estime entre 90 000 et 95 000 le nombre de réfugiés juifs qui se sont enfuis d'Europe orientale en juillet, août et septembre 1946[56].

Le nombre total de juifs qui s'évadèrent vers l'Ouest dans les deux années de l'après-guerre se situe probablement autour de 200 000 pour la Pologne, 18 000 pour la Hongrie, 19 000 pour la Roumanie et peut-être 18 000 autres pour la Tchécoslovaquie – la quasi-totalité de ce dernier groupe fut expulsé non parce qu'il se composait de juifs, mais parce que les Tchèques les considéraient comme des Allemands[57]. Quand on tient aussi compte des quelque 40 000 juifs qui se sauvèrent de ces quatre mêmes nations entre 1948 et 1950, nous atteignons un total de presque 300 000 personnes, contraintes de quitter leur pays à cause de persécutions antisémites. Et, en tout état de cause, il s'agit ici d'une estimation minimale[58].

Où sont allés tous ces juifs ? À court terme, ils se dirigèrent vers les camps de personnes déplacées d'Allemagne, d'Autriche et d'Italie, mais l'ironie de la situation – que ce soient ces anciens pays de l'Axe qui leur offrent une planche de salut – ne leur échappa pas : leur objectif à long terme était de quitter complètement l'Europe continentale. Nombre d'entre eux souhaitaient rejoindre la Grande-Bretagne ou des territoires de l'Empire britannique, et beaucoup d'autres avaient envie d'aller aux États-Unis, mais l'écrasante majorité voulait se rendre en Palestine. Ils savaient que les sionistes poussaient à la création d'un État juif, et considéraient avec réalisme qu'un tel État serait le seul lieu qui les mettrait à l'abri de l'antisémitisme.

Presque toutes les nations les aidèrent à réaliser cet objectif, sauf la Grande-Bretagne. Les Soviétiques, parfaitement satisfaits de voir leurs juifs s'enfuir d'Europe, ne leur opposèrent pas d'obstacles et ouvrirent leurs frontières pour les laisser s'en aller – eux, et eux seuls. Les Polonais et les Hongrois, comme nous l'avons vu, firent tout leur possible pour leur compliquer l'existence et, eux aussi, les encouragèrent à partir par tous les moyens. Les Roumains, les Bulgares, les Yougoslaves, les Italiens et les Français proposèrent tous leurs ports, d'où les juifs purent s'embarquer à bord de navires en partance pour la Terre sainte, et ne s'employèrent que rarement à leur barrer la route. Mais ce furent les Américains qui les aidèrent le plus – non pas en les autorisant à venir aux États-Unis, mais en facilitant leur traversée vers la Palestine, alors contrôlée par les Britanniques ; ils exercèrent des pressions diplomatiques considérables pour obtenir de ceux-ci qu'ils acceptent d'accueillir 100 000 juifs en Palestine, alors qu'ils n'en accueillirent eux-mêmes que 12 849 sur le territoire américain, en application d'une directive spéciale concernant les personnes déplacées signée par le président Truman[59].

Les Britanniques furent donc les seuls à tenter d'endiguer le flot des juifs de l'Est. Ils soulignèrent que la grande majorité de ces réfugiés n'étaient pas des survivants des camps de concentration hitlériens, mais des juifs qui avaient vécu toute la guerre dans le Kazakhstan et d'autres régions d'Union soviétique. Sachant bien qu'il n'était pas « sûr » pour eux de regagner leurs villes d'origine, les Britanniques ne voyaient pas pourquoi ils devraient leur offrir un sanctuaire – l'Union soviétique et les pays d'Europe orientale n'avaient qu'à assumer leur juste part eux aussi. S'ils offraient volontiers un refuge aux victimes de Hitler en Allemagne, ils s'opposaient à l'idée de recevoir une nouvelle vague de réfugiés juifs qu'ils jugeaient sans grand rapport avec les conséquences de la guerre. Au contraire des Américains, ils refusaient à ces « nouveaux » juifs l'accès aux camps de personnes déplacées placés sous leur autorité.

Les Britanniques croyaient – à tort, s'avéra-t-il – que cette nouvelle vague n'était pas inspirée par la peur de l'antisémitisme, mais par des sionistes qui avaient fait le voyage d'Israël en l'Europe de l'Est à seule fin d'y semer l'agitation pour rallier des recrues à leur cause. Pour être impartial à l'égard des Britanniques, disons que le mouvement Brichah était en effet surtout composé de sionistes palestiniens – mais ils se trompaient complètement en supposant que ce nouveau désir de s'enfuir en Palestine trouvait sa source chez eux. Des historiens comme Yehuda Bauer ont démontré de façon probante que l'impulsion du départ venait exclusivement des réfugiés eux-mêmes : les sionistes, eux, se contentaient de procurer un lieu de destination[60].

Les Britanniques soutinrent aussi avec vigueur qu'il serait moralement déplacé, en particulier au lendemain de l'Holocauste, de favoriser la fuite des juifs d'Europe vers la Palestine : selon le Foreign Office, c'était « assurément un conseil dicté par le pessimisme [...] qui, par voie de conséquence, consisterait plus ou moins à admettre que les nazis avaient eu raison de considérer que les juifs n'avaient pas leur place en Europe ». Le secrétaire au Foreign Office en personne, Ernest Bevin, croyait fermement qu'« il n'avait servi à rien de combattre pendant toute cette guerre si les juifs ne pouvaient plus rester en Europe, où ils avaient un rôle essentiel à jouer dans la reconstruction du continent[61] ».

En dépit de tous ces appels pétris de morale et de philosophie, les véritables raisons de cette réticence britannique étaient politiques : ils ne voulaient pas créer de situation potentiellement explosive entre Arabes et juifs au Moyen-Orient. Mais, sans la solide coopération de tel ou tel de leurs partenaires en Europe, ils ne pouvaient en réalité pas faire grand-chose pour empêcher cet exode de se prolonger. Leurs efforts pour empêcher les juifs d'affluer en Palestine furent davantage couronnés de succès : des dizaines de milliers d'immigrants furent capturés à bord de navires en Méditerranée et déroutés vers des camps spéciaux de personnes déplacées à Chypre.

Mais c'eût été l'équivalent du roi Canut essayant d'arrêter la marée – au bout du compte, les Britanniques ne purent enrayer le cours des événements. À l'été 1946, les sionistes entamèrent une campagne d'attentats terroristes contre les Britanniques en Palestine (campagne qui fut la cause principale de l'essor de l'antisémitisme dans la Grande-Bretagne de l'après-guerre). L'année suivante, les Britanniques commencèrent à réduire leur présence militaire à Jérusalem. À la fin novembre 1947, après un travail de sape intensif de la part des sionistes, les Nations unies votèrent la dévolution d'une partie de la Palestine aux juifs, pour qu'ils y établissent leur État. Et finalement, en 1948, après une guerre indécise entre juifs et Arabes de Palestine, l'État d'Israël put consolider sa position. Les juifs étaient enfin libres de s'approprier un petit coin de la planète.

Ce n'est pas ici le lieu de se lancer dans un débat sur le conflit violent qui perdure entre Israéliens et Arabes depuis cette époque, et qui continue de remplir les pages de nos journaux. Il suffit de souligner que les juifs se virent offrir là une opportunité trop belle pour être négligée. Au vu de leur histoire récente, on ne peut guère leur tenir rigueur d'avoir voulu créer leur propre État, même si, selon les termes d'un historien palestinien, les Arabes « ne voyaient pas pourquoi ils auraient dû payer pour l'Holocauste[62] ». Pour le meilleur ou pour le pire, un grand nombre de juifs d'Europe trouvèrent enfin un pays où ils étaient les maîtres, où ils ne pouvaient pas être persécutés et où ils seraient autorisés à suivre leur voie ; Israël n'était pas seulement la Terre promise, mais une terre de promesses.

Toutefois, du fait de cette évolution, les régions d'Europe où les juifs avaient jadis vécu subirent une transformation irréversible. La Pologne en particulier devint presque méconnaissable, comparée au melting-pot qu'elle avait été avant la guerre. Dans une moindre mesure, il en fut de même de l'ensemble de l'Europe de l'Est. En 1948, la plus grande partie de cette région était devenue *Judenfrei* – plus encore que sous le règne de Hitler.

5. La fuite des juifs vers la Palestine

18

Le nettoyage ethnique de l'Ukraine et de la Pologne

Les juifs ne furent pas la seule population chassée de ses villes d'origine au lendemain du conflit mondial ; ils ne furent pas non plus les seuls à pâtir de la violence des foules en furie, des policiers et des milices armées. Si les survivants de l'Holocauste avaient raison de souligner à quel point on les avait stigmatisés pendant la guerre, ils n'étaient plus les seuls dans ce cas après la fin des combats. Les juifs furent certes maltraités, comme je l'ai montré, mais après la Libération le véritable point de convergence de la violence nationaliste toucha d'autres minorités.

Il suffit de comparer les événements de Kielce avec ceux survenus dans d'autres parties de la Pologne la même année. À la fin du mois de janvier 1946, des soldats du 34e régiment d'infanterie polonais, sous les ordres du colonel Stanislav Pluto, encerclèrent le village de Zawadka Morochowska (ou Zavadka Morochivska, en ukrainien), près de Sanok, dans le sud-est du pays. Ce village était entièrement habité par une minorité ukrainienne, et son origine ethnique fut la seule raison des événements qui s'y déroulèrent. Selon un témoin oculaire, l'arrivée de l'armée précéda un massacre qui fut à tous égards aussi sanglant que ceux de la guerre :

> Ils sont arrivés au village à l'aube. Tous les hommes se sont enfuis dans les bois, et ceux qui sont restés ont essayé de se cacher dans les greniers et dans les caves, mais en vain. Les soldats polonais fouillaient partout, si bien qu'aucune cachette ne fut négligée. Chaque fois qu'ils capturaient un homme, ils le tuaient tout de suite ; là où ils ne trouvaient pas d'homme, ils frappaient les femmes et les enfants. [...] Mon père était caché dans le grenier et les Polonais ont ordonné à ma mère de grimper à l'échelle pour aller le chercher. Ces ordres s'accompagnaient de violents coups de crosse. Quand ma mère s'est mise à gravir

> les barreaux de l'échelle, celle-ci s'est subitement brisée et elle est retombée, se fracturant le coude dans sa chute. Cinq Polonais se sont remis à lui cogner dessus à coups de crosse, et, comme elle était incapable de se relever, ils l'ont frappée à coups de bottes. J'ai accouru auprès d'elle avec ma fille âgée de quatre ans et je voulais la protéger, mais les soldats se sont mis à nous rouer de coups, moi et ma fille. J'ai perdu connaissance et, à mon réveil, j'ai découvert ma mère et ma fille mortes, et tout le village en flammes[1] !

Le lendemain, à leur arrivée dans la région, des partisans ukrainiens découvrirent une scène de totale dévastation : « Rien que des ruines fumantes et quelques ombres mouvantes qui avaient plus l'air de fantômes que d'êtres humains[2]. » En plus de piller le village de fond en comble et de voler la quasi-totalité du bétail, les soldats polonais avaient tué des dizaines de villageois, pour la plupart des femmes et des enfants. Mais il y avait pire encore que leur assassinat : la manière dont ces meurtres avaient été commis. Nombre d'entre eux avaient été battus à mort, éviscérés ou brûlés vifs. Des femmes avaient eu les seins et la langue coupés, d'autres avaient été énucléées, ou bien on leur avait tranché le nez et la langue. Selon l'un des soldats polonais qui avaient participé au massacre : « Il y en a parmi nous qui ont pris du plaisir à cette boucherie[3]. »

La plupart des sources historiques sur ce massacre émanent du côté ukrainien, qui avait un intérêt tout particulier à dépeindre la brutalité polonaise, mais même en admettant une certaine part d'affabulation, ce fut véritablement un épisode horrible. Et cela ne s'arrêta pas là : deux mois plus tard, l'armée revenait à Zawadka Morochowska et ordonnait à tous les survivants du village de rassembler leurs affaires et de traverser la frontière vers l'Union soviétique. Hormis l'école et l'église, toutes les constructions restantes furent incendiées et, à titre d'avertissement sur ce qui attendait les villageois s'ils restaient, un groupe de onze hommes furent abattus. Finalement, en avril, après l'assassinat de plusieurs autres habitants du village, l'église et l'école furent aussi détruites, et la population entière regroupée et expulsée du pays *manu militari*. Au cours de ces opérations, 56 personnes furent mises à mort, et beaucoup d'autres horriblement mutilées. Le village fut pour ainsi dire rayé de la carte[4].

La différence entre les massacres de Zawadka Morochowska et le pogrom de Kielce, c'est que les premiers furent perpétrés par l'armée, et non par une multitude incontrôlable. Le harcèlement et le meurtre des juifs de Pologne constituaient un phénomène de masse inspiré par un antisémitisme très répandu. Ce n'était pas la conséquence de l'action, mais de l'inaction gouvernementale : les antisémites se sentaient libres de commettre des agressions contre les juifs car ils étaient convaincus d'échapper à toute sanction. Par la suite, plusieurs auteurs du pogrom de Kielce furent traduits en justice et même exécutés pour leur crime. En revanche, le massacre des habitants de langue ukrainienne de Zawadka Morochowska découlait directement de la politique gouvernementale : l'armée avait été dépêchée dans le sud du pays pour débarrasser le pouvoir central de cette population ukrainienne. Au contraire des juifs, que l'on « encouragea » simplement à prendre la fuite, les Ukrainiens furent délibérément pourchassés – et, quand ils refusèrent de déguerpir, l'armée fit preuve dans ses actions d'un excès de zèle pour lequel elle ne fut jamais à proprement parler sanctionnée. Le plus important, du point de vue du gouvernement, c'était qu'elle mène sa mission à bien.

Zawadka Morochowska ne fut qu'un épisode parmi des milliers ; la persécution et l'expulsion des minorités ethniques eurent lieu un peu partout en Europe, surtout dans les régions centrales et orientales du continent. Mais ces événements polonais revêtirent une importance particulière – notamment parce que ce fut le pays où l'on se livra au nettoyage ethnique le plus complet, mais aussi parce que le problème polono-ukrainien eut des conséquences écrasantes pour le reste de l'Europe. Ce furent les tensions nationalistes attisées dans ces régions qui convainquirent les Soviétiques d'exploiter le nationalisme à leurs propres fins – non seulement en Pologne, mais dans tout le bloc de l'Est. Et l'expulsion croisée des Polonais et des Ukrainiens fournirait le modèle du nettoyage ethnique qui entrerait en vigueur d'un bout à l'autre du continent[5].

Toutefois, avant de pouvoir véritablement comprendre les événements survenus dans des villages comme Zawadka Morochowska, il est nécessaire de remonter aux prémices. Comme quantité d'historiens l'ont souligné, le nettoyage ethnique de la Pologne ne s'effectua pas isolément, mais au lendemain de la plus grande guerre de tous les temps. Les Polonais n'évincèrent pas les Ukrainiens comme s'ils assouvissaient une lubie : ce furent les événements considérables de la guerre qui rendirent une initiative aussi radicale à la fois souhaitable et possible[6].

Les origines de la violence ethnique polono-ukrainienne

Pendant la guerre, les territoires frontaliers de Pologne orientale ne subirent pas une, mais trois invasions : une première fois avec les Soviétiques, ensuite avec les nazis, et enfin de nouveau avec les Soviétiques. Les différentes communautés ethniques qui vivaient dans cette région d'une profonde diversité réagirent de manière différente à chaque invasion. La majorité de la population polonaise résista aux nazis comme aux Soviétiques, dans l'espoir que la Pologne puisse être d'une manière ou d'une autre en position de renouer avec le *statu quo* d'avant guerre. La population ukrainienne, en revanche, était plus divisée : dans sa quasi-totalité, elle craignait et détestait les Russes, à cause de la brutalité avec laquelle ils avaient gouverné l'Ukraine dans les années 1930 ; nombre d'habitants avaient accueilli les Allemands comme des libérateurs, du moins au début. Les juifs, quant à eux, ne savaient où placer leur confiance : beaucoup espéraient que l'invasion soviétique finisse par les délivrer de l'antisémitisme polonais et ukrainien ; plus tard, certains parurent escompter que l'invasion allemande les sauverait des persécutions soviétiques ; lorsque la région fut envahie une troisième fois, fin 1943, la poignée de juifs qui y survivaient encore avaient perdu confiance envers toutes les forces venues du dehors, quelle que soit leur nationalité.

Les Soviétiques et les nazis dressèrent ces différents groupes ethniques les uns contre les autres. Les nazis cherchaient tout particulièrement à exploiter les sentiments nationalistes, afin de mieux réprimer le reste de la population. Avant même l'invasion, ils avaient noué des contacts avec des groupes politiques de l'extrême droite ukrainienne, en particulier l'Organisation des Ukrainiens nationalistes (OUN, ou Orhanizatsiya Ukrayins'kykh Nationalistiv). Il s'agissait d'un mouvement ultranationaliste illégal, comparable aux Oustachis en Croatie ou à la Garde de Fer en Roumanie, qui n'hésitait pas à recourir à la violence pour atteindre ses objectifs. Les nazis leur firent miroiter la promesse d'une indépendance de l'Ukraine en échange de leur collaboration. Alors que les factions les plus puissantes de cette entité aussi trouble qu'obscure n'accordèrent jamais foi aux intentions allemandes, d'autres factions se laissèrent volontiers exploiter – en partie parce qu'elles pensaient que les nazis leur accorderaient ce qu'elles voulaient, mais aussi parce qu'elles partageaient certaines des intentions les plus noires de l'envahisseur germanique[7]. Et la collaboration la plus honteuse entre l'OUN et les nazis concerna leur manière de travailler ensemble à l'élimination des juifs. Depuis des années, l'OUN invoquait la pureté ethnique, une « Ukraine aux Ukrainiens » et les bienfaits de la terreur révolutionnaire. La mise en œuvre de la Solution finale, en particulier dans la région de Volhynie, montrait que ces slogans n'étaient pas que pure rhétorique. Ces massacres, qui avaient lieu au vu et au su de la population, fourniraient le modèle de toutes les opérations de nettoyage ethnique de la région ; ce qui avait été naguère impensable devenait à présent possible.

Au cours des années 1941 et 1942, quelque 12 000 policiers ukrainiens se tinrent étroitement informés des tactiques employées par les nazis pour tuer plus de 200 000 juifs de Volhynie. En tant que collaborationnistes, ils étaient impliqués dans la planification des opérations. Ils multipliaient les assurances auprès des populations locales, afin de leur inspirer un sentiment illusoire de sécurité. On les employa pour des opérations d'encerclement rapide de villages et de colonies de peuplement, et ils prenaient part à la tuerie proprement dite. Le massacre des juifs leur offrait le parfait apprentissage de ce qui interviendrait plus tard[8]. À la fin de l'année 1942, quand il devint évident que la puissance allemande entamait son déclin, ces mêmes policiers ukrainiens désertèrent en masse. Ils emportèrent leurs armes avec eux et se joignirent au nouveau groupement armé de partisans de l'OUN, l'Armée insurrectionnelle ukrainienne (l'UPA, Ukrains'ka Povstans'ka Armiia). Ils usaient des techniques apprises sous la direction des nazis pour continuer leur campagne contre les minorités ethniques qu'ils considéraient comme ennemies – non seulement les quelques juifs restants dans la région, mais cette fois également son importante population polonaise.

Le massacre des Polonais commença dans cette même province où des policiers ukrainiens avaient été très étroitement liés au massacre des juifs : la Volhynie. Le nettoyage ethnique débuta là pour plusieurs raisons ; la région comportant de vastes forêts et marais, elle était donc particulièrement adaptée à l'activité des partisans, et les communautés polonaises isolées y étaient beaucoup moins bien défendues que dans d'autres provinces – mais les actions antérieures contre les juifs y eurent aussi certainement leur part. Les tabous avaient déjà été brisés : ici, de jeunes Ukrainiens s'étaient entraînés à tuer, et ils s'étaient aguerris au massacre de masse. Quand ils se lancèrent à leur tour dans le nettoyage ethnique de ce territoire, à la fin de 1942, ils furent donc relativement affranchis de contraintes tant extérieures que personnelles.

Lors de la frénésie de massacres qui se déchaîna au cours des années suivantes, des communautés polonaises furent décimées dans leur entièreté, depuis les vieillards et les femmes jusqu'aux nouveau-nés. Ainsi, à Pâques 1943, lors d'une opération délibérément conçue pour semer la terreur parmi la population polonaise, le village d'Oleksięta fut livré aux flammes[9]. À Wysocko Wyżne, treize enfants furent enfermés dans une église catholique que l'on incendia[10]. À Wola Ostrowiecka, toute la communauté polonaise fut regroupée dans la cour de l'école ; pendant que l'on emmenait les hommes par groupes de cinq pour les massacrer à coups de hache dans une grange voisine, on conduisit les femmes et les enfants à l'intérieur de l'école, que l'on bombarda à la grenade avant d'y mettre le feu[11].

Dans le village de Podkamień, à 40 kilomètres de Tarnopol, une campagne de raids nocturnes contre des fermes reculées et des hameaux situés à l'écart jeta les villageois hors de chez eux. Les premiers temps, ils dormirent dans les champs afin d'éviter les attaques surprises, mais par la suite ils cherchèrent asile au monastère local. Or, le 12 mars 1944, le monastère lui-même fut assiégé par les troupes de l'UPA. Mis à part quelques villageois qui réussirent à s'échapper en sautant par les fenêtres, toute cette communauté fut massacrée – y compris les moines. Leurs corps furent pendus par les jambes tout autour du monastère, manière d'avertir le reste de la communauté polonaise de ce qui l'attendait si elle s'éternisait dans la région[12].

Ce ne sont là qu'une poignée d'exemples emblématiques des centaines de villages affectés par la violence ethnique en 1943 et 1944. Selon des sources polonaises, mais aussi allemandes et soviétiques, des partisans ukrainiens se livrèrent à la décapitation, la crucifixion, le démembrement et l'éviscération de leurs victimes, et il leur arrivait souvent d'exposer leurs cadavres, dans l'intention manifeste de semer la terreur parmi le reste de la communauté polonaise. Ils incendièrent des maisons et des églises, rasèrent des villages et pillèrent tout ce sur quoi ils pouvaient mettre la main. Cela eut lieu dans tout l'est de la Pologne et l'ouest de l'Ukraine. Tout Ukrainien qui tentait d'abriter ses voisins polonais était à son tour mis à mort[13].

Même les rapports de l'Armée insurrectionnelle ukrainienne confirment que ses partisans entreprirent d'exterminer les Polonais aussi complètement que les juifs l'avaient été précédemment et, dans bien des régions, ils y parvinrent. L'un des commandants en chef de l'UPA, Dmytro Kliachkivsky, ordonna à ses commandants de « liquider la totalité de la population masculine [polonaise] âgée de seize à soixante ans », et que « les villages dans les forêts et en bordure de forêts soient rasés ». Le commandant local de la province de Zavykhost, Iouri Stelmaschuk, admit qu'on lui avait donné l'ordre d'une « extermination physique totale de la population polonaise dans toutes les provinces de l'ouest de l'Ukraine. Exécutant cet ordre des chefs de l'OUN, une formation composée de plusieurs bandes de l'Armée insurrectionnelle massacra plus de 15 000 Polonais en août 1943[14] ».

En réaction à ces événements, certains Polonais de la région commencèrent par constituer leurs propres milices d'autodéfense.

La clandestinité polonaise détourna aussi des ressources destinées à la résistance contre l'occupant afin de protéger ses compatriotes des menées de l'Armée insurrectionnelle. D'autres Polonais de Volhynie sollicitèrent les Allemands pour qu'ils leur confient des postes de policiers, ce qui leur fournirait l'occasion de se venger. (Les Allemands n'étaient certainement pas hostiles à de tels recrutements, et une nouvelle vague de collaboration prit ainsi naissance – ironie du sort, c'était cette fois sous prétexte de contrôler les agissements d'anciens collaborationnistes désormais saisis d'un accès de folie meurtrière.) À l'arrivée des Soviétiques, en 1944, beaucoup de Polonais rejoignirent l'Armée rouge ou le NKVD – là encore dans le but de se venger de tout ce qu'ils avaient subi. Des villages ukrainiens furent incendiés et des milliers de paysans locaux tués, dans le cadre de représailles tant officielles qu'officieuses aux actions de l'UPA[15].

Naturellement, ces représailles furent utilisées par des partisans ukrainiens comme justification supplémentaire de leur vindicte contre les Polonais et leurs villages. Et ainsi la situation dégénéra, s'engageant dans un cercle vicieux ; durant la dernière année du conflit mondial et au lendemain de la capitulation allemande, la région tout entière sombra dans la guerre civile. Le mouvement qui débuta en Volhynie se propagea à la Galicie et à la Pologne centrale : Polonais et Ukrainiens se massacrèrent mutuellement et incendièrent leurs villages respectifs avec un entrain qui dépassa toute la violence de leurs actions contre les occupants allemands ou soviétiques. Waldemar Lotnik, un partisan polonais de l'époque, évoque ce conflit en des termes sévères :

> Ils avaient tué sept hommes, deux nuits plus tôt ; cette nuit-là, nous en avons tué seize des leurs. […] Une semaine plus tard, les Ukrainiens réagirent en éliminant une colonie polonaise entière, en mettant le feu aux maisons, en éliminant les habitants incapables de s'échapper et en violant les femmes qui tombaient entre leurs mains. […] Nous avons lancé des représailles en nous attaquant à un village ukrainien encore plus grand et cette fois deux ou trois hommes de notre unité ont supprimé des femmes et des enfants. […] À leur tour, les Ukrainiens se sont vengés en détruisant un village de 500 Polonais et en torturant et tuant tous ceux qu'ils rencontraient. Nous avons réagi en détruisant deux de leurs plus gros villages. […] C'est comme cela qu'il y a eu escalade des combats. Chaque fois, on tuait plus de monde, des maisons brûlaient, des femmes étaient violées. Les hommes devenaient très vite insensibles et ils tuaient comme s'ils ne savaient rien faire d'autre[16].

C'est dans ce contexte qu'il faut considérer le massacre de Zawadka Morochowska évoqué en ouverture de ce chapitre.

Considéré isolément, il serait facile d'aboutir à la conclusion qu'il s'agissait d'un crime purement polonais, commis de sang-froid au nom du nettoyage ethnique. Dès que l'on élargit un peu la chronologie, on découvre que les unités impliquées dans ce massacre avaient connu des pertes lors d'une attaque de partisans de l'UPA un jour plus tôt – cette tuerie ne paraît donc plus avoir été perpétrée de sang-froid[17]. Or, quand on étend encore un peu plus la période prise en compte, on s'aperçoit que certains des individus impliqués dans ce massacre étaient des vétérans de la guerre civile entre Polonais et Ukrainiens en Volhynie, et la vengeance commence alors à se présenter comme la motivation dominante[18]. Ce contexte ne justifie en rien ce qui s'est passé à Zawadka Morochowska, pas davantage que les attaques contre tel ou tel village ukrainien dans le sud-est de la Pologne en 1946 – mais il l'explique en partie.

Selon les estimations les plus prudentes, autour de 50 000 civils polonais furent tués par les partisans ukrainiens de Volhynie, et 20 000 à 30 000 autres en Galicie. Au total, on estime que, dans l'ensemble des régions frontalières, cette guerre civile vit périr 90 000 Polonais. Les morts ukrainiens se chiffrent également par milliers, mais, comme les Polonais ne s'engagèrent pas dans ce conflit en planifiant explicitement un génocide, la faction ukrainienne perdit bien moins d'individus qu'elle n'en tua – peut-être 20 000 en tout[19]. Comme pour d'autres régions de l'Europe pendant la guerre, ces chiffres sont controversés, et encore sujets à débat entre historiens polonais et ukrainiens quant à la question de savoir qui détient le plus de droits à la victimisation. Dans l'absolu, les chiffres ne comptent pas vraiment – il suffit de noter qu'une guerre civile d'une extrême violence eut lieu et que des milliers de gens sont morts dans les deux camps. Mais, à un autre niveau, ces données sont d'une importance capitale, surtout dans un climat où le nationalisme est à nouveau en plein essor d'un bout à l'autre du Vieux Continent. Naturellement, les Ukrainiens ne sont guère enclins à admettre le rôle de l'OUN et de l'UPA dans le déclenchement de ce cycle de violences et, dans leur tentative de minimiser le nombre de morts polonais, il leur arrive de déformer les chiffres. En revanche, certains Polonais manient les statistiques comme une arme dans une forme de réédition historiographique de cette guerre civile[20]. Dans une atmosphère aussi chargée, il est peu probable que l'on parvienne à un accord sur les chiffres – ceux que j'ai mentionnés constituent les estimations les plus impartiales aujourd'hui à notre disposition.

La solution soviétique

Quand les Soviétiques envahirent à nouveau l'Ukraine et la Pologne en 1944 et découvrirent l'étendue du conflit ethnique qui s'y déroulait, ils s'en inquiétèrent : il était hors de question de laisser un tel désordre perturber leurs voies d'approvisionnement alors que la guerre se poursuivait – et, comme l'Armée insurrectionnelle ukrainienne avait aussi commencé à s'attaquer à certaines de leurs unités militaires, il fallait agir pour stabiliser la situation. La solution de Moscou était d'ailleurs simple : si l'on ne réussissait pas à convaincre les différentes nationalités de vivre ensemble en paix sur le même territoire, il fallait les séparer. Cette séparation devait s'effectuer à l'échelle de la nation entière : les Polonais vivraient en Pologne et les Ukrainiens dans une République socialiste soviétique d'Ukraine.

Le tracé de la ligne de démarcation entre les deux entités territoriales ne correspondrait pas à l'ancienne frontière polonaise des années 1930 : celle-ci serait déplacée vers l'ouest, de sorte que le territoire que la plupart des Ukrainiens considéraient comme l'« Ukraine de l'Ouest » se trouverait réunifié avec l'« Ukraine de l'Est ». Ce qui aurait non seulement pour effet d'agrandir le territoire soviétique, mais aussi de couper l'herbe sous le pied de l'OUN/UPA en accordant aux autochtones ce pour quoi ils s'étaient justement battus. Tous les Polonais vivant du mauvais côté de la frontière seraient expulsés en Pologne ; et, dans un esprit similaire, les Ukrainiens de part et d'autre de la frontière seraient « rapatriés ».

Dire qu'il s'agissait, à l'époque, d'une solution controversée serait pour le moins une litote : de l'avis du gouvernement polonais en exil à Londres, l'idée de modifier la frontière polono-ukrainienne en la repoussant si loin vers l'ouest était pratiquement impensable. Le tracé que proposaient les Soviétiques, la ligne Curzon, verrait une région de la taille des trois États baltes dissociée de la Pologne orientale. La ville polonaise de Lvov (Lwów) serait attribuée à l'Ukraine, Brest-Litovsk à la Biélorussie et Wilno (l'actuelle Vilnius) remise à la Lituanie. Accepter un tel découpage frontalier reviendrait dans les faits à avaliser l'invasion de la Pologne par les Soviétiques en 1939.

À première vue, les Alliés occidentaux étaient aussi opposés à une telle solution. Churchill et Roosevelt avaient auparavant exprimé leur indignation devant toute hypothèse autorisant les Russes à s'octroyer ces territoires[21]. Mais les deux hommes politiques étaient réalistes et, maintenant que les Soviétiques occupaient la totalité de la région, ils savaient qu'il leur serait pratiquement impossible de s'opposer à leurs projets. Aucun des deux chefs d'État n'envisageait de payer le prix nécessaire pour défier Staline sur ce terrain. L'ambassadeur des États-Unis en Pologne suggéra au président américain que l'Amérique reste ferme sur le sujet : « Voulez-vous que j'entre en guerre avec la Russie ? », lui rétorqua sèchement Roosevelt[22].

Lorsque Churchill et l'hôte de la Maison-Blanche rencontrèrent le chef du Kremlin pour la première fois à Téhéran, à la fin novembre 1943, ils lui signifièrent tous deux qu'ils ne s'opposeraient pas à ses projets d'incorporer les marches orientales de son voisin polonais dans l'Union soviétique. Le Premier ministre britannique n'en fit pas mystère et tenta peu après de convaincre le Premier ministre polonais, Stanislaw Mikołajczyk, d'accepter cette décision comme un *fait accompli** – ce que celui-ci refusa catégoriquement. Roosevelt se montra plus calculateur : il ne clarifia sa position qu'après sa réélection l'année suivante, ayant misé sur le soutien des millions d'électeurs américains d'origine polonaise. Un coup final fut porté aux espoirs de Varsovie lors du sommet des Trois Grands à Yalta, en février 1945, quand ils déclarèrent, dans un communiqué officiel conjoint, que la frontière orientale de la Pologne devrait respecter le tracé de la ligne Curzon[23].

L'aspect tragique de ce processus, c'est qu'il fut imposé au peuple polonais sans tenir aucun compte de ses souhaits : ses représentants élus ne furent consultés qu'après la signature de l'accord de Téhéran. Pour les Polonais du monde entier, ce n'était rien d'autre qu'une trahison de la part des Anglo-Américains. Quand Churchill et Roosevelt avaient signé la Charte de l'Atlantique, en 1941, ils avaient promis de ne jamais valider aucun changement territorial « qui ne s'accorde avec les souhaits librement exprimés des peuples concernés » ; en acceptant les exigences soviétiques à Téhéran et Yalta, ils avaient explicitement rompu cette promesse. Or, ils étaient nombreux, au sein de l'*establishment* anglais et américain, à partager ce sentiment. Arthur Bliss Lane, ambassadeur des États-Unis en Pologne, parla ouvertement de « capitulation » face à Staline, d'une politique d'« apaisement » similaire à celle pratiquée vis-à-vis de Hitler avant la guerre, et d'une trahison des alliés polonais de l'Amérique[24]. En Grande-Bretagne, le député travailliste John Rhys Davies déclara non sans amertume à la Chambre des communes : « Nous avons entamé cette guerre avec de grandes motivations et des idéaux élevés. Nous avons adopté

* En français dans le texte. *(N.d.T.)*

Les ruines de Varsovie, 1946.

L'une des centaines de familles qui s'installèrent dans les grottes de Naples.

D'anciens travailleurs forcés rentrent en Grèce après la guerre.

Filip Paluch, soixante ans, de retour d'un camp, mendie de la nourriture près de Potworów.

© Nations unies

Bogdan Belakovic, partisan bosniaque, vers l'âge de dix ans.

Un survivant de la famine en Grèce.

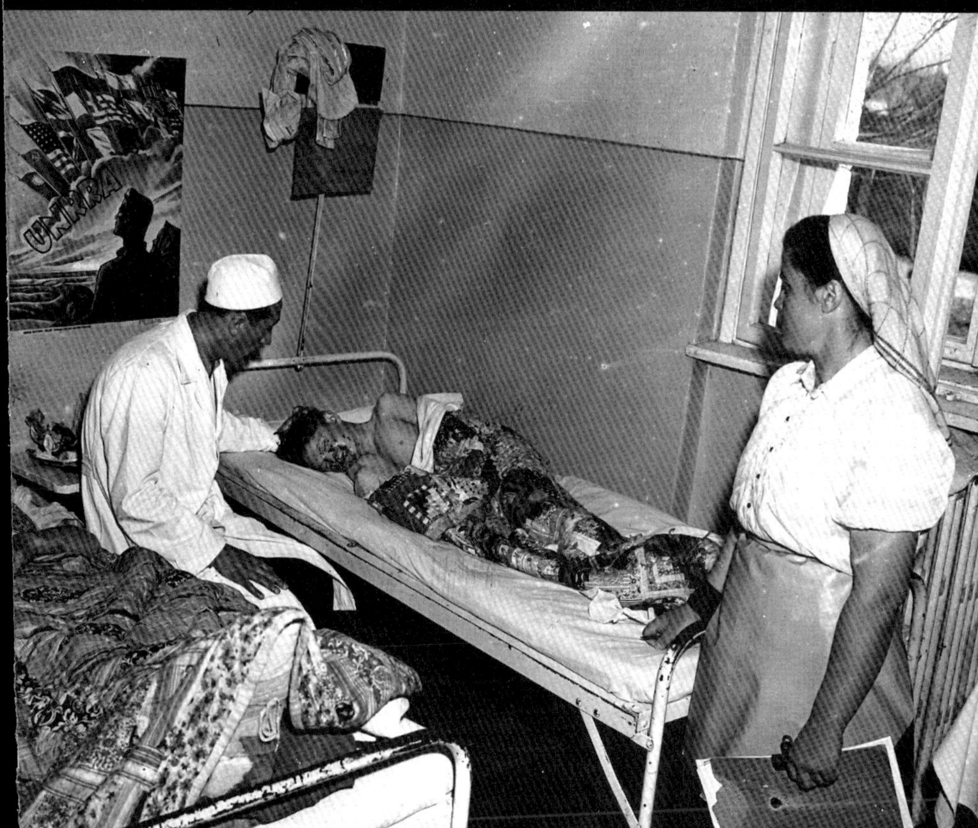

Mars 1946. En Yougoslavie, des médecins soignent un enfant de neuf ans, grièvement blessé par une mine.

Naples. Des marins américains profitent de jeunes filles pauvres de la ville.

Leipzig, 1946. Des soldats soviétiques brutalisent une Allemande.

Un abri pour personnes déplacées, géré par l'UNRRA (Administration des Nations unies pour l'Aide humanitaire et la Réhabilitation), à Heilbronn.

Des travailleurs forcés pillent
une gare de triage allemande.

Des corps d'Allemands
pendus aux réverbères
et à des arbres
près de Theresienstadt.

Des prisonniers libérés
malmènent un de leurs
anciens gardiens, à Dachau.

Rennes, 1944. Passage à tabac d'un collaborateur français.

Milan, avril 1945. Exécution sommaire de fascistes par des partisans.

Plus de 100 000 prisonniers allemands capturés lors des dernières semaines de la guerre, surveillés par des Américains à Remagen.

A Sinzig, des prisonniers allemands obligés

Une femme corse, accusée d'avoir frayé avec
des soldats allemands, est déshabillée et tondue.

L'*Exodus 47*, un navire délabré utilisé pour transporter des juifs en Palestine, ici arraisonné par les Anglais.

Mai 1946. Des Polonais fuient Wawolnica après que des partisans ukrainiens ont mis le feu à la ville.

1945. Des Ukrainiens attaqués par des nationalistes polonais à Wierzchowiny.

Une famille de Rudky, forcée de se réinstaller
en fonction des changements de frontière.

A Berlin, des Allemands déplacés de Poméranie
et de Silésie s'entassent dans des trains.

Décembre 1944. Deux manifestants abattus par la police à Athènes, lors de protestations antigouvernementales. Ces événements marquent le début de cinq ans de guerre civile en Grèce.

1948. L'un des dizaines de milliers de civils grecs internés sur des soupçons de sympathies communistes.

1946. Petru Groza prononce son discours de la victoire après une parodie d'élection en Roumanie.

Juin 1947. Des membres du parti de la liberté en Hongrie, se préparen à combattre des nervis communistes, à Szeged

1950. Juozas Lukša (*au centre*), héros populaire lituanien, avec deux camarades partisans.

2009. Des vétérans de l'Armée insurrectionnelle ukrainienne à une marche anniversaire, à Lviv.

la Charte de l'Atlantique et nous avons craché dessus, nous l'avons piétinée et brûlée sur le bûcher, et maintenant il n'en reste rien[25]. »

« Rapatriement » forcé

À Yalta, la réflexion sur ce que signifieraient ces changements de frontière pour les populations de la région resta très succincte : on considéra que cela relevait des affaires de Staline, et que ce n'était pas un point sur lequel les Alliés occidentaux possédaient les moyens d'exercer une influence un tant soit peu réelle. En fait, dès leur arrivée dans la région, les Soviétiques avaient déjà commencé d'arrêter et de déporter les gens suivant leur méthode habituelle ; mais le maître de Moscou demeurait prudent et l'expulsion en masse des Polonais ne débuta pas véritablement avant la signature des accords de Yalta.

Côté soviétique, c'était une complète nouveauté. Certes, en matière de déportation des populations d'une région à une autre pour des raisons liées à la nationalité, Moscou avait accumulé une solide expérience : tout au long des années 1920 et 1930, des communautés entières d'Union soviétique avaient été déplacées comme sur un échiquier[26]. Le plus récent de ces mouvements de population avait concerné la déportation des Tatars de Crimée (qui, à l'époque, ne faisaient pas partie de l'Ukraine), en mai 1944[27]. Mais jusqu'alors ces déportations avaient toujours été menées pour des raisons politiques ou militaires, plutôt que motivées par l'appartenance ethnique ; de plus, elles s'étaient toujours strictement limitées au territoire soviétique – les Russes n'avaient encore jamais expulsé une minorité ethnique de leur propre territoire vers un autre pays. Les échanges de populations qui devaient avoir lieu entre l'Ukraine et la Pologne reflétaient donc un changement de la politique soviétique[28].

Entre 1944 et 1946, quelque 782 582 Polonais furent déplacés d'Ukraine soviétique et réinstallés en Pologne. En outre, 231 152 autres furent expulsés de Biélorussie et 169 244 de Lituanie – soit au total presque 1,2 million de personnes[29]. Nombre de ces gens furent harcelés par les autorités, qui les poussaient à s'en aller ; mais on en incita beaucoup d'autres à partir de leur propre initiative, s'ils voulaient échapper aux violences ethniques permanentes qui firent rage toute l'année 1945 et jusqu'en 1946. Chose singulière, les Soviétiques et l'Armée insurrectionnelle ukrainienne travaillaient apparemment en tandem à l'achèvement de leurs objectifs communs. Maria Józefowska et sa famille furent ainsi forcées de quitter leur village natal de Czerwonogród quand l'UPA l'incendia en juillet 1945 ; immédiatement après cette attaque, les autorités soviétiques affrétèrent un train spécial pour les transporter hors d'Ukraine vers Iaroslav, en Galicie polonaise – l'occasion était trop belle pour qu'elles ne la saisissent pas[30].

Avec la bénédiction des Soviétiques, les Polonais répliquèrent sur le même mode en « rapatriant » plus de 482 000 Ukrainiens, essentiellement originaires de Galicie, dans le sud-est du pays[31]. Le massacre de Zawadka Morochowska s'inscrivait dans ce cadre, et il trahit la brutalité du processus. Là encore, les actes officiels du gouvernement polonais s'accompagnèrent d'actions officieuses menées par des groupes nationalistes et des membres de l'Armia Krajowa clandestine (l'Armée polonaise de l'Intérieur). Des atrocités visèrent des civils innocents, et même des gens qui ne se considéraient pas du tout comme Ukrainiens : les Łemkos, par exemple, formaient un groupe ethnique vivant dans la chaîne des Beskidy, au milieu des Carpates, qui ne partageait aucun intérêt historique pour l'Ukraine ou une autre forme de nationalisme, et souhaitait uniquement conserver ses terres intactes. Pourtant, ils furent pris pour cibles et déportés avec d'autres ukrainophones ; les tentatives des dirigeants locaux pour expliquer la différence entre Ukrainiens et Łemkos ne furent pas entendues.

Sans surprise, certains Ukrainiens et certains Łemkos se tournèrent vers l'Armée insurrectionnelle ukrainienne pour solliciter sa protection contre les déportations. En Galicie polonaise, l'UPA était loin d'afficher la même brutalité indiscriminée que de l'autre côté de la frontière, en Ukraine, mais elle ne reculait pas devant le meurtre, la torture et la mutilation de ses ennemis. Un ancien soldat polonais ayant vécu cette période, Henryk Jan Mielcarek, écrivit avec passion sur ses camarades, des soldats frappés à mort par des partisans de l'Armée insurrectionnelle ukrainienne et qui eurent les yeux crevés et la langue coupée, ou qu'on ligota à des troncs d'arbre pour les y laisser mourir[32]. Mais, étant donné que personne d'autre ne voulait les aider, beaucoup d'Ukrainiens ne voyaient d'autre solution que de rejoindre des groupes de partisans comme ceux-là, ou au moins de leur apporter leur soutien. Cette popularité croissante de l'Armée insurrectionnelle en Galicie ne fit qu'enflammer la situation : elle fournissait à l'armée et aux autorités d'encore plus amples justifications à leur politique d'expulsion de ces communautés.

Si brutale qu'elle fut, la campagne des « rapatriements » polonais de 1945-1946 s'acheva sur un certain succès. Mais elle se heurta à un écueil majeur : vers la fin 1945, des Ukrainiens qui avaient déjà quitté volontairement la Pologne se mirent à rentrer. Beaucoup de ces gens avaient découvert que la vie en Ukraine était bien pire que dans les régions qu'ils avaient quittées, même en tenant compte du harcèlement qu'ils y avaient subi de la part des Polonais. Non seulement l'Ukraine était bien moins développée que le sud-est de la Pologne, mais les changements de mains successifs auxquels elle avait été confrontée pendant la guerre l'avaient laissée dans un état de grande dévastation. Pour aggraver encore les choses, les Soviétiques ne permirent pas à beaucoup d'Ukrainiens polonais de s'installer dans le pays même où ils étaient censés « rentrer » : afin d'empêcher l'escalade du problème de l'OUN/UPA, plus de 75 % d'entre eux furent installés dans d'autres régions d'URSS. En conséquence, dès 1945 et 1946, des milliers d'Ukrainiens retournèrent en terre polonaise pour avertir leurs compatriotes villageois de ne pas partir. Cela explique en partie pourquoi tant d'Ukrainiens résistèrent à la déportation, même face aux agressions racistes de plus en plus violentes auxquelles ils étaient confrontés[33].

À la fin 1946, les autorités polonaises, qui voulaient expulser la totalité des ukrainophones du pays, étaient à court de temps. Pour mettre un terme aux rapatriements, les Soviétiques finirent par fermer la frontière entre l'Ukraine et la Pologne ; cela ne convenait pas du tout aux autorités polonaises, car elles estimaient qu'il restait encore dans le pays quelque 74 000 Ukrainiens qui avaient esquivé le rapatriement. En fait, les chiffres étaient bien plus élevés – environ 200 000 personnes au total. Le gouvernement polonais sollicita les Soviétiques pour qu'ils laissent le processus se prolonger encore un peu, mais en vain[34].

Comme il était impossible d'expulser davantage d'Ukrainiens, on pourrait concevoir que la question se soit arrêtée là. Si les activités terroristes de l'Armée insurrectionnelle ukrainienne avaient cessé, le gouvernement polonais aurait pu avoir assez confiance pour laisser cohabiter les Ukrainiens et les Łemkos restés sur place. Les projets de poursuite de ces déplacements à l'intérieur du pays, qui existaient déjà au début de 1947, auraient pu être abandonnés, et l'on aurait permis à des siècles de culture ukrainienne en Galicie de subsister. Ces hypothèses sont toutefois discutables, car les tensions entre les Polonais et leurs minorités ukrainophones ne se relâchèrent pas – au contraire, elles s'intensifièrent. Le tournant eut lieu le 28 mars 1947, quand le vice-ministre polonais de la Défense, le général Karol Świerczewski, fut assassiné par l'UPA. Ce meurtre se révéla un désastre pour les Ukrainiens de Pologne, et servit de justification à toute une série de mesures répressives dirigées contre eux. Le lendemain, des officiers polonais commencèrent à parler ouvertement de la « complète extermination des restes de population ukrainienne dans la région frontalière du sud-est de la Pologne[35] ». L'administration polonaise lança aussitôt une nouvelle rafle dans la région pour éradiquer tous les ukrainophones restants. Cette intervention prit le nom d'*Akcja Wisla* – « Opération Vistule ». Ses objectifs n'étaient pas seulement de détruire l'Armée insurrectionnelle ukrainienne en Pologne, mais de mener à bien ce que ses architectes baptisèrent d'une formule glaçante une « Solution finale » au problème ukrainien[36].

Assimilation forcée

L'Opération Vistule débuta à la fin avril 1947 et se poursuivit jusqu'à la fin de l'été. L'intention n'était pas seulement de « détruire les bandes de l'Armée insurrectionnelle », mais d'œuvrer avec le Bureau d'État pour le Rapatriement afin de procéder à une « évacuation de toutes les personnes de nationalité ukrainienne » de la région des territoires du Nord-Ouest, et de les réinstaller là-bas avec un « taux de dispersion minimal ». Les historiens qui soutiennent que le seul but de l'opération consistait à priver l'UPA de ses soutiens ignorent les déclarations claires, diffusées par le Bureau de la Sécurité d'État, présentant le nettoyage ethnique du pays comme un objectif affiché et distinct de tout le reste[37].

L'opération visait à éradiquer tous les ukrainophones restants dans le pays, jusqu'au dernier, homme, femme ou enfant, et devait même inclure les familles mixtes ukraino-polonaises. Ces personnes auraient quatre heures pour emballer leurs affaires, et seraient ensuite conduites vers des plates-formes de transit pour y être recensées. De là, elles seraient transportées vers les régions de l'Ouest et du Nord qui, jadis allemandes, faisaient à présent partie du territoire polonais. En théorie les familles devaient être transportées sans être séparées, mais dans la pratique tous les déportés reçurent un matricule et furent déplacés avec ceux que l'on avait recensés en même temps qu'eux. De la sorte, les membres d'une même famille, parce que recensés séparément, étaient souvent envoyés dans des villes et des villages distants de plusieurs kilomètres les uns des autres, à moins qu'ils ne réussissent à convaincre (ou à soudoyer) des fonctionnaires afin qu'ils les laissent ensemble. Les familles étaient aussi censées être autorisées à emporter avec elles des vêtements et des objets de valeur, et même un certain nombre de têtes de bétail, afin de pourvoir à leurs besoins dans leur nouveau logement ; en réalité, on leur laissa rarement le temps de se préparer convenablement, et elles furent souvent forcées d'abandonner des objets importants à leur domicile, qui serait ensuite pillé par leurs voisins polonais. Beaucoup se plaignent aussi d'avoir été dévalisés par des gardes sans scrupules ou par des groupes d'habitants sur le trajet.

Il n'y avait rien de particulièrement singulier au fait de rafler des villages entiers et de les déplacer vers une autre partie du continent – comme je l'ai montré, la guerre avait banalisé ces pratiques et, en 1947, le déplacement des Ukrainiens avait déjà débuté depuis plus de deux ans. L'échelle de ces déplacements n'avait rien d'unique non plus – c'était même un événement relativement mineur, comparé à l'expulsion des Allemands à l'échelle d'un continent, que je décrirai dans le chapitre suivant. Ce qui rendit ce déplacement de population différent de tous les autres, ce fut son objectif : les autorités polonaises ne voulaient pas simplement chasser ce groupe ethnique, elles voulaient aussi l'obliger à renoncer à toutes ses revendications de nationalité distincte. Ces gens furent forcés de changer leur façon de parler, de se vêtir, de pratiquer leur religion, et de mode d'éducation. Les autorités ne leur permettaient plus d'être Ukrainiens ou Łemkos – « parce qu'ils voulaient que nous devenions tous polonais[38] », dit un témoin de l'époque.

Cette manœuvre eut des effets profondément bouleversants, comme de récents entretiens avec des Polonais ukrainophones l'ont clairement démontré. Pour Anna Klimasz et Rozalia Najduch, deux Łemkos qui furent déportées de leur village de Bednarka en Galicie, l'événement le plus perturbant fut l'expulsion proprement dite, et surtout le comportement de leurs voisins : loin de les soutenir ou de les aider, les Polonais de leur région semblaient surtout pressés de se débarrasser d'eux, pillaient leurs maisons et leurs biens sans retenue, avant même le départ des deux femmes. Ceux de leurs concitoyens qui refusaient de laisser pénétrer les pillards chez eux étaient frappés, alors que d'autres devaient rester pour assister à la mise à sac de leur maison. Certains se firent même voler des objets qu'ils entassaient sur leur chariot pour les emporter avec eux, avec ces mots : « Ne prends pas ci, ne prends pas ça. Tu n'en as plus besoin[39]... »

Pour d'autres, le moment le plus bouleversant fut l'incertitude qui s'ensuivit, après qu'ils eurent quitté leur village, forcés qu'ils furent d'attendre, dans des camps de transit sordides, de savoir où ils seraient déplacés. Cette période pouvait durer de quelques jours à plusieurs semaines : Olga Zdanowicz, une Ukrainienne de Grąziowa, en Galicie, dut dormir dehors, dans le camp de transit de Trzcianiec, pendant trois semaines[40] ; les villageois de Bodnarka furent obligés de rester deux semaines dans un camp à Zagórzany, également sans aucun toit et avec très peu à manger – uniquement ce qu'ils avaient apporté avec eux. Rozalia Najduch en fut réduite à voler du fourrage aux paysans pour nourrir ses animaux. Anna Szewczyk et Mikołaj Sokacz se souviennent d'avoir dormi sous leurs chariots à côté de leur bétail, seul moyen de se protéger des éléments[41]. Durant cette période, tous les déportés furent interrogés par des fonctionnaires polonais, ce qui laisse à penser que leur origine ethnique en faisait des terroristes potentiels de l'UPA.

C'était dans ces camps de transit que l'on arrêtait les plus suspects d'engagement auprès des partisans ; pour ces gens, la tension du déplacement tournait alors au cauchemar. On les envoyait dans des prisons et des camps d'internement, le plus tristement célèbre d'entre eux étant celui de Jaworzno, un ancien camp de détention nazi que le nouveau pouvoir polonais avait repris à son compte. Là, ils furent roués de coups, dévalisés et soumis à un régime alimentaire et sanitaire déplorable, ainsi qu'à des mauvais traitements. L'un des nombreux commandants des lieux, Salomon Morel, à la sinistre réputation, y fut affecté après avoir occupé la direction du camp de prisonniers allemands de Zgoda (évoqué au chapitre 12). Comme à Zgoda, les prisonniers furent torturés par des gardiens sadiques, qui les suspendaient à des tuyauteries, leur perçaient la peau à coups d'épingle, leur faisaient ingurgiter de force des liquides divers et les frappaient à coups de barre de fer, de câbles électriques, de crosse de fusil et de toute une série d'autres ustensiles. Dans le sous-camp ukrainien de Jaworzno, 161 prisonniers moururent des effets directs de la malnutrition, cinq périrent du typhus et deux femmes se suicidèrent[42].

Pour la majorité des Ukrainiens, l'étape suivante fut leur périple vers leurs nouveaux foyers. Les amis et les connaissances furent séparés les uns des autres et chargés dans des trains avec leur bétail – quatre familles et leurs animaux dans chaque wagon de marchandises – puis acheminés vers les anciennes provinces allemandes de Prusse-Orientale, de Poméranie et de Silésie, à l'autre bout de la Pologne. Si ce trajet fut loin d'être aussi terrifiant que le supplice qui attendait ceux qui furent envoyés à Jaworzno, il y eut un bref moment de panique lorsque les trains passèrent à quelques kilomètres d'Auschwitz. Le voyage pouvait prendre jusqu'à deux semaines, durant lesquelles les déportés se couvraient de crasse et de poux[43].

Malgré toute l'incertitude et tout l'inconfort du voyage, sa pénibilité n'était parfois rien encore comparée à l'arrivée sur une nouvelle terre inconnue. Le système était censé fonctionner de la manière suivante : chaque famille se voyait assigner une destination et, dès son arrivée, devait se présenter au Bureau d'État du Rapatriement local. On lui attribuait une habitation, parfois sous forme de loterie. Abandonnés par leurs anciens propriétaires allemands, ces logements étaient censés être meublés – l'idée étant que le mobilier que les Ukrainiens et les Łemkos déplacés avaient été contraints de laisser derrière eux serait remplacé par celui qu'ils trouveraient à leur arrivée. En réalité, tous les objets utiles ou de valeur avaient été pillés, ou depuis longtemps confisqués par des fonctionnaires corrompus. En 1947, les Polonais s'étaient attribué les meilleurs biens, ne laissant que des constructions délabrées, des appartements mis à sac ou des fermes en ruine sur une terre d'une aridité désespérante. Souvent, les familles qui arrivaient sur place abandonnaient les biens qui leur avaient été alloués et partaient errer dans la campagne à la recherche de mieux[44].

D'ordinaire, l'accueil qui leur était réservé était plus que tiède. Comme l'objectif de l'expulsion de ces gens était de les disperser, les familles d'un même village n'étaient pas censées être relogées dans la même région. En fait, le plus souvent, seules les familles nucléaires étaient autorisées à rester ensemble – les familles étendues devaient se scinder de la même manière que le reste de leur communauté d'origine. Dès lors, dans la plupart des cas, elles se retrouvaient complètement isolées, sans personne de connu pour les soutenir. Pis encore, elles étaient régulièrement entourées d'habitants hostiles qui les méprisaient ouvertement. Nombre de Polonais récemment déportés avaient été relocalisés dans ces régions-là ; ayant survécu à une guerre civile féroce sur leur terre natale, les dernières personnes qu'ils souhaitaient avoir pour voisins étaient bien les Ukrainiens. Certains de ces déportés de l'Opération Vistule parlent des coups reçus, de la brutalité des Polonais dans les villes où ils étaient relogés, tandis que d'autres étaient purement et simplement mis en quarantaine – et ils avaient presque tous du mal à trouver du travail ou à se faire des amis.

Le préjugé anti-ukrainien était omniprésent. Mikolaj Sokacz se souvient d'avoir été arrêté et frappé par des miliciens convaincus qu'il était membre de l'UPA. Il n'avait pas d'autre choix que de subir, car, explique-t-il, « les Łemkos étaient souvent battus ». Ceux que l'on envoya à Jaworzno se souviennent des autochtones qui les lapidaient et leur crachaient dessus parce qu'ils étaient censés être responsables de l'assassinat du général Świerczewski[45]. Teodor Szewczyk se rappelle avoir surpris ce propos d'un petit agriculteur polonais pour lequel il travaillait : « Je ne paierai pas ces p...ains d'Ukrainiens ! Ils peuvent toujours travailler contre de la bouffe[46]. »

Là où les Ukrainiens et les Łemkos croisaient leurs semblables, les occasions de soutien mutuel ou même de simple fréquentation étaient rares : la paranoïa officielle à propos de l'UPA avait conduit à l'adoption de règles interdisant aux ukrainophones de se réunir à plus de quelques personnes. Quiconque était surpris en train de s'adresser à quelqu'un en ukrainien était automatiquement suspect de conspiration. Les religions orthodoxe et uniate étaient aussi proscrites, obligeant les Ukrainiens à pratiquer leur foi en langue étrangère, dans des églises catholiques, ou pas du tout.

Le but de l'Opération Vistule étant d'assimiler les Ukrainiens à l'État polonais communiste, les enfants étaient d'une certaine manière le principal objet de l'attention des autorités. À l'école, ils étaient tous forcés de parler polonais, et la littérature ukrainienne était interdite. Les garçons et les filles que l'on surprenait à parler ukrainien essuyaient des réprimandes, et recevaient parfois des punitions. On leur imposait souvent des cours de catéchisme, ainsi qu'un endoctrinement communiste stalinien qui faisait partie de l'instruction des enfants. Tout ce qui était révélateur d'une identité alternative à l'identité polonaise officielle était interdit[47]. Et pourtant, en dépit de tout cela, l'assimilation était impossible, parce que leurs camarades de classe ne leur permettaient jamais d'oublier qu'ils n'étaient pas polonais. Les enfants se moquaient de leur accent, les houspillaient, et les malmenaient parfois physiquement. Les enfants « ukrainiens » n'étaient pas invités chez les enfants polonais. Leur différence par rapport à leurs camarades de classe, et leur isolement par rapport à tout enfant semblable à eux, rendaient leur situation tout à fait similaire à celle des enfants « allemands » de Scandinavie. S'il ne semble pas qu'il existe encore d'études sur les opportunités dont ces enfants ont ou non bénéficié au cours de leur existence, comme on en a mené en Norvège, on peut raisonnablement supposer qu'ils ont plus tard souffert de forts niveaux d'anxiété, de stress et de dépression. Plus encore que les enfants germaniques de Norvège, aujourd'hui nombre d'Ukrainiens parlent à nouveau d'eux-mêmes comme d'un groupe distinct au sein de la société polonaise – ce qui aurait été impensable au début des années 1950.

L'expérience qui unifia tous ces gens – et, au-delà d'eux, les millions de ceux qui furent déplacés de leur pays ou territoire après la Deuxième Guerre mondiale – était le désir de rentrer « chez soi[48] » ; or, c'était la décision qui leur était interdite entre toutes. Ceux qui tentaient de regagner leur village de Galicie étaient confrontés à des miliciens en colère, et menacés de violences ou d'emprisonnement. Pour d'autres, c'était tout simplement inutile : en l'absence des communautés avec lesquelles ils avaient grandi, leur village n'était plus le lieu idéalisé dont ils gardaient le souvenir. Quand Olga Zdanowicz tenta de se rendre à Grąziowa, bien des années plus tard, elle n'y trouva rien : « Le village avait été incendié – il n'existait plus[49]. »

Le nettoyage ethnique de la Pologne en 1947 ne peut pas être envisagé isolément. Il est le produit de nombreuses années de guerre civile, et de plus de sept ans de violences raciales qui ont commencé presque dès l'invasion de l'ouest du pays par les Allemands, en 1939. Il puise ses racines dans l'holocauste des juifs polonais, en particulier les massacres de Volhynie, et la part qu'y prirent les nationalistes ukrainiens, ainsi que dans d'autres atrocités ultérieures. Après la guerre, l'expulsion des minorités ethniques de Pologne fut organisée avec l'aide explicite de l'Union soviétique, mais le déplacement et l'assimilation des Ukrainiens et des Łemkos fut une initiative des Polonais. L'Opération Vistule fut effectivement l'acte final d'une guerre raciale entamée par Hitler, continuée par Staline et achevée par les autorités polonaises.

À la fin 1947, il ne restait pratiquement plus de minorités ethniques en Pologne. Ironie de la situation, alors que pour l'essentiel la responsabilité de l'élan initial incombait aux Ukrainiens, la Pologne était beaucoup plus homogène sur le plan ethnique que sa voisine : l'« Ukraine aux Ukrainiens » à laquelle adhérait l'OUN ne vit jamais le jour – en particulier dans les régions orientales de la République, qui conservaient une minorité polonaise et juive alors même que l'est de l'Ukraine était occupé à échanger des populations avec la Pologne. À la fin des années 1940, en revanche, la « Pologne aux Polonais » n'était plus seulement une aspiration : c'était devenu une réalité.

Ce processus qui, en l'espace de quelques brèves années, détruisit des siècles de diversité culturelle s'accomplit en cinq étapes. La première fut l'Holocauste, l'extermination des juifs, à l'instigation des nazis certes mais qui fut facilité par l'antisémitisme polonais. La deuxième, ce fut le harcèlement des juifs à leur retour en territoire polonais (voir le chapitre précédent), qui les poussa à fuir non seulement la Pologne, mais l'Europe entière. Les troisième et quatrième étapes furent l'expulsion des Ukrainiens et des Łemkos en 1944-1946, et leur assimilation à la faveur de l'Opération Vistule en 1947. La dernière pièce du puzzle ethnique polonais, que je n'ai pas encore abordée, fut l'expulsion des Allemands. Cette cinquième et dernière pièce, ainsi que des actions similaires entreprises par d'autres pays d'un bout à l'autre du Vieux Continent, constituent la matière du chapitre suivant.

19

L'expulsion des Allemands

L'année 1945 ne vit pas que le déplacement de la frontière orientale de la Pologne : quand les Trois Grands se réunirent à Téhéran, ils discutèrent aussi de ce qu'il adviendrait de sa frontière occidentale. Churchill et Roosevelt souhaitaient vivement dédommager les Polonais de ce qu'ils seraient contraints de laisser à Staline, en leur attribuant à la place certaines parties de l'Allemagne et de la Prusse-Orientale. Churchill exposa cette proposition lors d'une séance de travail tardive, le premier soir de la conférence : « La Pologne pourrait avancer à l'ouest, déclara-t-il, comme des soldats qui s'avancent de deux pas, pied gauche, pied droit joint. Si la Pologne marchait un peu sur les pieds des Allemands, on n'y pourrait rien. » Pour expliciter son propos, il disposa une série d'allumettes sur la table et déplaça chacune d'elles vers la gauche. En d'autres termes, « ce que le tyran prenait à la Pologne sur sa façade est, la communauté internationale le lui rendrait sur sa façade ouest[1] ».

Cette idée ravit le maître du Kremlin non seulement parce qu'elle légitimait sa mainmise sur les terres orientales de la Pologne, mais parce qu'elle repoussait plus à l'ouest la ligne de démarcation entre les Alliés occidentaux et lui. La seule nation qui perdrait des portions substantielles de territoire serait l'Allemagne, et l'on considéra que ce serait un châtiment mérité.

Là encore, il n'y eut aucune consultation des « souhaits librement exprimés des peuples concernés », comme promis par la Charte de l'Atlantique. Une telle consultation des peuples d'Allemagne orientale était naturellement impossible tant que la guerre continuait – mais aucune des superpuissances ne jugeait nécessaire d'attendre la fin des hostilités pour aller de l'avant. Comme le secrétaire au Foreign Office le déclara devant le Parlement pour justifier ces projets : « Il est certaines parties de la Charte de l'Atlantique qui se réfèrent en des termes bien définis au vainqueur comme au vaincu.

[...] Mais nous ne pouvons admettre que l'Allemagne puisse revendiquer [...] qu'aucune partie de la Charte s'applique à son cas[2]. » Dès lors, les discussions sur les frontières entre la Pologne et l'Allemagne se poursuivirent à Yalta au début de 1945, et se conclurent – si tant est qu'elles se conclurent jamais – à Potsdam l'été suivant.

Résultat de ces discussions : tout ce qui se situait à l'est des rivières Oder et Neisse deviendrait polonais, y compris les anciennes provinces allemandes de Poméranie, de Brandebourg oriental, de Haute et Basse-Silésie, la plus grande partie de la Prusse-Orientale (hormis la portion de territoire que l'URSS conserverait pour elle) et le port de Dantzig. Toutes ces régions, considérées comme allemandes depuis des siècles, étaient peuplées presque exclusivement d'Allemands – plus de 11 millions d'entre eux, selon les statistiques officielles[3]. Pour eux, les conséquences seraient capitales.

Compte tenu de l'histoire des minorités allemandes dans d'autres pays, et la manière dont Hitler en avait usé comme d'un prétexte pour fomenter la guerre, il était impensable que 11 millions d'Allemands soient autorisés à continuer de vivre à l'intérieur des frontières de la nouvelle Pologne. Selon la formule de Churchill lorsqu'il débattit du sujet à la conférence de Yalta : « Il serait dommage de gaver l'oie polonaise de grain allemand jusqu'à l'indigestion[4]. » Toutes les parties en présence conclurent qu'il faudrait chasser les Allemands. Quand on souleva certaines inquiétudes sur l'expulsion d'un tel nombre d'individus de leurs terres ancestrales, sur sa faisabilité, et sur l'humanité d'un tel traitement, Staline remarqua froidement que la plupart de ces Allemands avaient « déjà fui devant l'Armée rouge ». Sur un plan général, il avait raison – le gros des populations de ces régions avait fui par peur de la vengeance soviétique. Mais, à la fin de la guerre, quelque 4,4 millions d'Allemands y vivaient encore ; et, juste après la chute du Reich, 1,25 million d'autres y retourneraient – surtout en Silésie et en Prusse-Orientale –, convaincus d'être en mesure d'y reprendre le cours de leur existence. Selon les plans soviétiques, tous ces gens seraient soit enrôlés comme main-d'œuvre forcée à titre de paiement des réparations de guerre allemandes, soit déplacés[5].

Les Soviétiques et les Polonais n'étaient pas censés expulser les Allemands de ces régions avant que le tracé des frontières n'ait été finalisé. Il n'y eut pas d'accord sur les frontières provisoires avant la conférence de Potsdam, à l'été 1945 ; on s'attendait à ce que les frontières définitives ne soient tracées qu'après la signature d'un accord de paix avec l'Allemagne. Mais, en raison de la rupture des relations entre les Soviétiques et l'Occident pendant la guerre froide, et de la partition de l'Allemagne en deux républiques séparées de l'Ouest et de l'Est, il faudrait attendre en réalité quarante-cinq ans pour que ce traité de paix soit signé. Entre-temps, les Polonais et les Soviétiques allaient se lancer dans leur programme d'expulsions, indépendamment de tous les accords internationaux. Cela devint évident aux yeux de l'ambassadeur des États-Unis, Arthur Bliss Lane, quand il se rendit en visite à Wrocław à l'automne 1945. Une ville qui, quelques mois auparavant, portait encore le nom allemand de Breslau en était déjà à un stade avancé de polonisation :

> Tous les jours, on déportait de force des Allemands en territoire germanique. Il était évident que les Polonais ne considéraient pas leur occupation de Wrocław comme temporaire, soumise à l'approbation finale de la conférence de paix. Tous les écriteaux allemands furent retirés et remplacés par d'autres, en langue polonaise. On ramenait des Polonais à Wrocław, depuis d'autres régions de Pologne, pour y remplacer les Allemands rapatriés[6].

De fait, dans toute la région, les expulsions avaient déjà débuté depuis des mois ; dès la fin des hostilités, les Polonais s'étaient mis à expulser les Allemands de leurs domiciles et à s'approprier leurs habitations. L'Armée rouge ne fut pas la seule à les violer et à les voler sans retenue – les Polonais en firent autant. Dans les villes comme Szczecin (Stettin), Gdansk (Dantzig) et Wrocław (Breslau), on regroupa les Allemands dans des ghettos – en partie pour permettre aux Polonais de s'emparer de leurs logements sans coup férir, mais aussi pour leur propre protection[7]. Dans nombre de régions, on regroupa les Allemands pour les enfermer dans des camps, soit en les utilisant comme main-d'œuvre forcée, soit pour les maintenir en détention jusqu'à ce qu'ils puissent être officiellement déportés. Toutefois, certains Polonais étaient trop impatients d'en recevoir l'autorisation officielle, et commencèrent à chasser des communautés germaniques entières de l'autre côté de la frontière : d'après les archives officielles polonaises, rien qu'au cours des deux dernières semaines de juin 1945, 274 206 Allemands furent déportés en toute illégalité derrière l'Oder, en Allemagne[8].

Ces actions ne se limitaient nullement à la seule Pologne. Au printemps et à l'été 1945, les Tchèques étaient occupés à chasser des centaines de milliers de citoyens d'origine germanique des Sudètes derrière leurs frontières, avec tout autant de sauvagerie. La soudaineté avec laquelle ces expulsions « éclairs » furent conduites suffit à en démontrer la popularité, surtout en Tchéco-

6. L'expulsion des Allemands
N
Direction des expulsions
Territoires perdus par l'Allemagne en 1945
NORVÈGE
Oslo
Stockholm
SUÈDE
FINLANDE
Helsinki
Leningrad
Tallinn
ESTONIE
Riga
LETTONIE
Moscou
Mer Baltique
Mer du Nord
IRLANDE
Dublin
GRANDE-BRETAGNE
Londres
Manche
Copenhague
Memel
LITUANIE
Kaunas
Vilnius
Minsk
Kaliningrad
Gdansk
PRUSSE ORIENTALE
BIÉLORUSSIE
UNION SOVIÉTIQUE
Szczecin
POMÉRANIE
Berlin
Amsterdam
HOLLANDE
ALLEMAGNE DE L'EST
Varsovie
POLOGNE
SILÉSIE
Wroclaw
Bruxelles
BELGIQUE
Bonn
LUX.
Cracovie
Kiev
Lvov
UKRAINE
TCHÉCOSLOVAQUIE
Prague
Paris
ALLEMAGNE DE L'OUEST
MOLDAVIE
Odessa
Vienne
Bratislava
Budapest
FRANCE
Berne
SUISSE
AUTRICHE
HONGRIE
ROUMANIE
Trieste
Belgrade
Bucarest
Mer Noire
YOUGOSLAVIE
BULGARIE
Sofia
PORTUGAL
Madrid
ITALIE
Mer Adriatique
Istanbul
Rome
Lisbonne
ESPAGNE
Tirana
ALBANIE
TURQUIE
GRÈCE
Athènes
Mer Méditerranée
0 300 miles
0 400 km

slovaquie : ce n'étaient pas des opérations organisées par les autorités centrales, mais des expulsions spontanées déclenchées par des haines locales[9]. L'urgence qui les caractérisait implique que les Polonais comme les Tchèques étaient impatients de se débarrasser de leurs minorités allemandes avant qu'un organisme extérieur n'intervienne pour les en empêcher.

Ce fut pour cette raison que les Trois Grands se sentirent obligés de rendre publique une déclaration officielle sur la manière dont il convenait de procéder au transfert des Allemands : à Potsdam, en juillet et août 1945, ils exigèrent la suspension de toutes les expulsions de Pologne, de Tchécoslovaquie et de Hongrie jusqu'à ce qu'elles puissent être menées « de manière ordonnée et humaine ». Ce ne fut pas seulement la brutalité avec laquelle ces gens furent expulsés qui posa problème – ce fut aussi l'incapacité des Alliés, en Allemagne, à gérer l'immense afflux de réfugiés. Il leur fallait du temps pour organiser un système d'intégration de ces nouveaux venus et les répartir de manière assez équitable dans les différentes régions d'Allemagne. Malheureusement, cette déclaration n'eut aucun poids pour interrompre le transfert de ces Allemands, et ne put tout au plus que le ralentir. En particulier, les Polonais refusèrent de suspendre leurs expulsions de Silésie et de Szczecin[10]. Qui plus est, en reconnaissant qu'il faudrait « procéder à des expulsions », la déclaration de Potsdam fournissait à tous les pays impliqués un soutien officiel – si ce n'est dans l'immédiat, du moins dans un très proche avenir. En conséquence, l'expulsion des Allemands d'un bout à l'autre de l'Europe ne se limiterait plus à un phénomène spontané mais temporaire, susceptible de se dissiper avec le temps ; il avait désormais le pouvoir de se muer en interdiction officielle, permanente et complète des Allemands, hommes, femmes et enfants, dans toutes les régions d'Europe. Ce fut pour cette raison qu'Anne O'Hare McCormick, du *New York Times*, la qualifia de « décision la plus inhumaine jamais prise par des gouvernements pourtant voués à la défense des droits de l'homme[11] ».

La réalité humaine des expulsions

Le dimanche 1er juillet 1945, vers cinq heures et demie du matin, l'armée polonaise entra dans le village de Machuswerder, en Poméranie, et annonça à la population qu'elle avait trente minutes pour rassembler ses affaires et partir. La quasi-totalité des habitants de ce village étaient allemands ; et, comme la majorité des hommes avaient depuis longtemps disparu à la guerre, il y avait surtout des femmes, des enfants et des vieillards. Déconcertés, apeurés, les villageois commencèrent à réunir leurs objets de valeur, leurs photos de famille, leurs vêtements, leurs chaussures et tous les autres objets indispensables qu'ils pourraient ranger dans leurs sacs et sur leurs charrettes à bras. Ils se regroupèrent devant leurs maisons, et sur la route qui menait au village. Ensuite, sous la supervision des Polonais, ils marchèrent en direction de la nouvelle frontière germano-polonaise, à 60 kilomètres de là.

Il y avait parmi eux Anna Kientopf, la femme d'un fermier, mère de trois enfants. Plus tard, dans une déposition sous serment à l'intention du gouvernement allemand, elle décrivit le calvaire que le reste de son village et elle eurent à endurer[12]. Leur marche, dit-elle, dura six jours, et les conduisit à travers un paysage dévasté encore jonché de débris de la guerre et des traces de périples précédents d'autres réfugiés vers la frontière. Ils tombèrent sur leur premier cadavre juste après Landsberg – une femme au visage bleu, le corps enflé sous l'effet de la décomposition. Après quoi, les cadavres devinrent un spectacle ordinaire. Dans une forêt qu'ils traversèrent, ils purent voir des corps d'animaux et d'êtres humains, dont la tête et les pieds pointaient hors de la terre trop peu profonde de leurs tombes. Il arrivait que des membres de leur colonne succombent à l'épuisement. Certains d'entre eux, y compris sa fille Annelore, contractèrent des maladies à cause de l'eau contaminée des auges et des puits où ils buvaient sur leur chemin ; et d'autres moururent faute de nourriture.

> Pour la plupart, les déportés de cette colonne vivaient uniquement de ce qu'ils ramassaient dans les champs ou mangeaient des fruits pas mûrs cueillis en bordure de route. Nous avions très peu de pain. Le résultat, c'était que beaucoup de gens tombaient malades. Des petits enfants de moins d'un an faillirent mourir en chemin. Il n'y avait pas de lait et, même si leurs mères leur préparaient une soupe épaisse, le voyage était trop long pour eux. Ensuite, il y avait les changements de temps, d'abord un soleil brûlant, puis des averses de pluie froide, qui étaient fatals. Tous les jours, on avançait un peu, parfois nous parcourions neuf kilomètres, un autre jour peut-être seulement trois, et puis vingt ou plus... J'ai souvent vu des gens gisant sur le bas-côté d'une grande route, le visage bleu, qui avaient du mal à respirer, et d'autres qui s'étaient écroulés de fatigue, et ne se sont jamais relevés.

Ils passaient leurs nuits dans des maisons bombardées et des granges, mais, comme elles étaient généralement crasseuses, Anna préférait rester dehors. Dormir à l'écart des autres lui épargna aussi les sévices infligés par certains Polonais, qui profitaient de l'obscurité pour venir détrousser les réfugiés. Elle entendait souvent des coups de feu dans la nuit, quand les assaillants réglaient leur compte à ceux qui tentaient de défendre leurs biens.

Elle comprit toute la précarité de leur situation un jour où son groupe et elle furent arrêtés par une bande d'hommes en armes,

> [...] et la scène terrible qui se déroula devant nos yeux nous marqua très profondément. Quatre soldats polonais essayèrent de séparer de ses parents une très jeune fille qui s'accrochait à eux, de désespoir. Les Polonais frappèrent les parents à coups de crosse de fusil, surtout l'homme. Il tituba, et ils le poussèrent de l'autre côté de la chaussée, vers l'accotement. Il tomba par terre, et l'un des soldats sortit sa mitraillette et lâcha sur lui plusieurs rafales. L'espace d'un instant, il y eut un silence de mort, puis les cris des deux femmes percèrent l'atmosphère. Elles se ruèrent sur le mourant, et les quatre soldats disparurent dans la forêt.

Anna Kientopf soupçonnait ces hommes d'avoir voulu violer la jeune fille, mais il se peut qu'ils aient simplement voulu la réquisitionner pour une forme ou une autre de travail forcé. D'un autre côté, cela ne signifie pas qu'elle n'aurait pas de toute manière été violée, comme c'était arrivé à des centaines, peut-être des milliers d'autres. Nombre de celles qui firent leur déposition au ministère allemand des Expulsés, des Réfugiés et des Victimes de guerre, à la fin des années 1940 et au début des années 1950, témoignèrent avoir été agressées sexuellement dans des circonstances similaires, et souvent à plusieurs reprises. Effectivement, durant leur marche vers la frontière, elles s'exposaient à être enlevées et conduites dans des fermes ou des usines locales, où elles travailleraient de force – une fois qu'elles n'avaient plus leur famille pour veiller sur elles, elles devenaient des cibles faciles pour les soldats ou les contremaîtres qui les tenaient sous leur pouvoir.

Ce fut probablement l'une de ces rafles de travailleurs forcés dont Anna Kientopf fut sans le savoir témoin à son arrivée à Tamsel :

> Nous avons dû passer entre deux rangées de soldats polonais, et il y en avait certains parmi nous qu'on sortait de notre colonne. Ceux-là devaient tout lâcher et rejoindre des fermes sur la route, avec leur charrette et tout ce qu'ils emportaient avec eux. Personne ne savait ce que cela signifiait, mais tout le monde s'attendait au pire. Les gens refusaient d'obéir. C'étaient souvent de jeunes personnes, en particulier des jeunes filles, que l'on écartait du lot. Les mères en sanglots s'accrochaient à leurs filles. Ensuite, les soldats essayaient de les traîner de force et, comme cela ne suffisait pas, ils se mettaient à les frapper, ces pauvres gens terrorisés, à coups de crosse et de cravache. On enten-

dait de loin les cris de ceux qui recevaient ces coups de fouet. Je n'oublierai jamais ça de ma vie.

Des soldats polonais sont venus vers nous, armés de cravaches. La face rougeaude, ils nous ordonnaient de sortir de la colonne, et de nous diriger vers les fermes. Else et Hilde Mittag ont fondu en larmes. J'ai dit : « Venez, ça ne sert à rien de résister. Ils vont nous frapper à mort. On essaiera de s'échapper plus tard. » Des Russes étaient là, l'air cynique, à nous observer. Dans notre désespoir, nous les avons suppliés de nous aider. Ils ont haussé les épaules et nous ont signifié d'un geste que les Polonais étaient les maîtres. Alors que tout paraissait déjà sans espoir, j'ai avisé un officier supérieur polonais. Je lui ai désigné mes trois enfants, et je lui ai demandé ce que je pouvais faire, parce que j'étais mère de trois petits. Je ne me souviens plus du tout de ce que j'ai pu lui dire, dans mon désespoir, mais il m'a répondu : « Allez vers la route. » Nous avons empoigné notre charrette et nous avons filé aussi vite que nous pouvions...

Le 6 juillet, Anna et ses enfants arrivèrent enfin à Küstrin (que l'on appelle aujourd'hui Kostrzyń Odrzanski). Elles tentèrent de traverser l'Oder, mais les gardes-frontières refusèrent de les laisser emprunter le pont et les renvoyèrent. Désespérées, elles se dirigèrent vers le sud, et Francfort-sur-l'Oder. Ce soir-là, un terrible orage éclata ; elles passèrent la nuit près de la rivière, sans abri, sans rien à boire ou à manger, et aucune garantie qu'après leur longue marche elles seraient autorisées à entrer en Allemagne.

En fin de compte, Anna Kientopf fut plutôt chanceuse. Bien qu'elle ait été volée à plusieurs reprises – la dernière fois par les gardes-frontières russes sur le pont qu'elles avaient finalement été autorisées à franchir –, elle avait donc assez vite pu atteindre la frontière, et à peu près indemne. Nombre de ceux qui avaient été chassés de leur village furent plus ou moins activement empêchés de franchir la frontière : alarmés de constater cette surpopulation écrasante dans la zone allemande dont ils avaient la charge, les gardes russes avaient reçu pour instruction de ne plus laisser de réfugiés traverser la rivière. Notre témoin a raconté son expulsion, le 25 juin 1945, avant d'être escortée vers la frontière par des gardes polonais, mais ceux-ci furent ensuite désarmés par les troupes soviétiques, qui leur ordonnèrent de renvoyer les expulsés dans leur village ; la semaine suivante, Anna dut se plier à cette exigence. Des milliers de civils allemands furent ainsi forcés à des marches et contremarches à travers ces zones frontières, « poussés comme du bétail », parce que personne ne voulait ou n'était capable de leur offrir un asile[13].

La grande majorité des récits de témoins oculaires insistent sur l'anarchie absolue qui les entourait tout au long de leur périple : « Tous les jours, des Allemands venaient me voir en larmes et me racontaient que les Polonais les avaient dévalisés de toutes leurs possessions » ; « Les Polonais se comportaient comme des vandales... ils pillaient, ils mettaient à sac, ils violaient » ; « Les Polonais nous ont volé tout ce qu'ils trouvaient en notre possession, ils nous injuriaient, nous crachaient à la figure, nous rouaient de coups de badine et nous frappaient » ; « La populace n'arrêtait pas de nous molester et de nous dévaliser[14] ». Ces vols étaient aggravés par une politique officielle de confiscation de tous les objets de valeur que les Allemands essayaient d'emporter avec eux : selon les règles édictées par le gouvernement polonais, ils n'étaient pas autorisés à sortir plus de 500 Reichsmarks du pays, et aucune autre devise n'était tolérée[15]. Aucune concession ne devait être accordée à ceux qui se montraient activement propolonais, ou qui s'étaient opposés aux nazis pendant la guerre : les antifascistes et les juifs allemands étaient traités exactement comme tous les autres individus de souche germanique – ils devaient être définis par leur « germanité », et non par leur attitude au cours de la guerre ou leur position politique[16].

Au début, les expulsions étaient spontanées, extrêmement désorganisées et souvent destinées à évacuer les villages afin d'en faciliter le pillage. Des communautés entières furent acheminées à marche forcée vers les frontières parce qu'aucun autre moyen de transport n'était disponible. Il fallut attendre 1945 et une bonne partie de l'année 1946 avant qu'une organisation étatique digne de ce nom n'intervienne, et que des transports ferroviaires puissent finalement être organisés.

En toute équité, il faut admettre que les autorités polonaises étaient non seulement conscientes de la situation, mais qu'une partie de leurs responsables s'en inquiétaient vivement ; pour tenter d'organiser ces transports de façon « plus ordonnée et plus humaine », début 1946, le gouvernement dressa une liste de règles. Ainsi, on stipula que les enfants non accompagnés, les personnes âgées et les malades ne devaient être déportés que pendant les mois d'été, à bord de trains nantis de fournitures médicales. Les femmes dont la grossesse était avancée ne seraient autorisées à voyager qu'après avoir accouché, et en toute sécurité. Du personnel médical germanophone devait accompagner tous les convois, et de la nourriture et de l'eau seraient fournies en quantité appropriée. À titre de mesure de sécurité élémentaire (quoique insuffisante), chaque train serait protégé par dix gardes polonais[17].

Dans le cadre d'un accord supplémentaire entre les autorités polonaises et l'armée britannique, un calendrier prévisionnel fut arrêté, et l'on s'accorda à nouveau pour que seules les personnes en bonne santé capables d'endurer un long trajet soient autorisées à voyager[18]. Cet accord fut entériné en réponse à des dizaines de reportages dans la presse internationale, l'été précédent, révélant que des orphelinats et des hôpitaux de Prusse-Orientale avaient été vidés de leurs occupants, tous embarqués à bord de trains, sans approvisionnements adaptés et sans équipements médicaux[19]. Toutefois, si l'on put mettre un frein à des abus aussi flagrants, il s'avéra impossible d'appliquer correctement ces nouvelles règles. Les Allemands désireux de quitter le pays s'arrangeaient de leur mieux pour dissimuler leur maladie, leur infirmité ou leur grossesse, afin de pouvoir monter dans ces convois. De leur côté, certains fonctionnaires polonais en charge des rapatriements se rendaient complices en les laissant partir. Non seulement ces fonctionnaires étaient débordés, mais le pouvoir polonais avait tout intérêt à garder la mainmise sur les jeunes et les bien portants, pour qu'ils travaillent en Pologne : les gens âgés et les malades furent les premiers déportés, parce que c'étaient aussi ceux qui ne serviraient à rien. En conséquence, le Comité national des Rapatriements se plaignit souvent auprès des responsables locaux de ce que les règles n'étaient pas respectées[20].

Du point de vue allemand, les conditions à bord de ces trains étaient proprement effroyables. Un prêtre allemand, témoin de l'arrivée des expulsés à la frontière, décrivit ce qu'il découvrit alors :

> Les gens, hommes, femmes et enfants, tous mélangés, étaient entassés dans des wagons à bestiaux fermés de l'extérieur. Pendant des jours d'affilée, les gens étaient transportés comme cela et, à Görlitz, les wagons furent ouverts pour la première fois. J'ai vu de mes propres yeux que l'on sortait d'un seul de ces wagons dix cadavres qu'on jeta dans des cercueils déjà tenus prêts. Ensuite, j'ai constaté que plusieurs personnes avaient perdu leurs esprits… Les gens étaient couverts d'excréments, ce qui m'a amené à croire qu'ils étaient serrés si fort les uns contre les autres qu'ils n'avaient plus la possibilité de se soulager dans un endroit prévu à cet effet[21].

Les déportés avaient reçu pour consigne d'emporter avec eux quatre jours de provisions, mais leurs trains étaient parfois immobilisés sur des voies de garage pendant des jours ou même des semaines, dans l'attente d'une autorisation de pénétrer en Allemagne, en zone soviétique. Un réfugié de Neisse, que l'on avait déporté au plus fort de l'hiver, début 1946, affirma que son train était resté à l'arrêt près de la frontière pendant trois semaines. À court de nourriture, il en avait été réduit à se diriger vers les villages les plus proches pour troquer ses affaires contre un peu de nourriture. Tous les jours, des miliciens polonais montaient dans les wagons pour délester ses compagnons de voyage de leurs objets de valeur. Parfois, c'était seulement leur argent et leurs montres qu'on leur dérobait, d'autres fois c'étaient leurs chaussures et leurs bottes, ou même les vivres qu'ils venaient à peine de se procurer.

> Mais ces descentes des Polonais n'étaient rien comparées aux souffrances que nous endurions à cause du froid et de la faim. Pendant trois semaines, nous avons vécu dans les wagons, et le vent glacial, la pluie et la neige s'infiltraient par les fentes. Les nuits étaient épouvantables et paraissaient interminables. Il y avait tout juste assez de place pour se tenir debout, et encore moins pour s'asseoir ou s'allonger... Tous les matins à l'aube, les portes des wagons étaient déverrouillées par les gardes polonais et ils emportaient les morts, ceux qui n'avaient pas survécu à la nuit. Leur nombre s'accroissait de jour en jour de manière alarmante. Parfois, il y en avait jusqu'à dix[22].

En raison du temps très rude et de l'absence d'installations pour accueillir les réfugiés de l'autre côté de la frontière, les Soviétiques s'ingéniaient à refouler les convois d'Allemands – mais les Polonais, qui étaient impatients de poursuivre le processus de « rapatriement », continuaient, eux, de les déporter. Un autre expulsé raconte que son groupe fut forcé de descendre du train près de la frontière et d'effectuer le reste du trajet à pied, pour entrer en zone soviétique. Sur leur chemin, des voleurs les délestèrent de leurs valises et de leurs souliers. « À notre arrivée à Forst, à trois heures de l'après-midi [...] les Russes refusèrent de nous laisser entrer dans la ville et tentèrent de nous faire repartir. Ce ne fut qu'à huit heures le lendemain soir qu'ils nous autorisèrent enfin à chercher un abri contre le froid[23]. »

La cruauté qui consistait à refuser aux réfugiés allemands le passage de la frontière et à les priver d'un abri une fois sur place se comprend peut-être mieux si l'on rappelle que la zone soviétique, le long de cette portion de frontière, était déjà envahie de réfugiés. Un propriétaire d'usine en Silésie, qui passa l'été de 1945 à effectuer des allers et retours d'une rive à l'autre de la Neisse afin de tenter de sauver une partie de ses biens, tomba sur des affichettes, fixées aux poteaux télégraphiques à l'entrée de Görlitz, avertissant d'un blocus local. Les autorités avaient interdit l'accès aux réfugiés afin d'empêcher la situation de dégénérer et d'échapper à tout contrôle : « C'est l'état de famine à Görlitz, signalait l'affichette.

Toutes les tentatives au niveau local pour résoudre le problème des réfugiés ont échoué. Toutes les personnes rentrant chez elles et tous les réfugiés sont avisés par la présente de se diriger vers des lieux où le problème alimentaire n'est pas aussi aigu. Si vous ne tenez pas compte de cet avertissement, vous mourrez sans doute de faim. »

Selon des notes qu'il prit à l'époque, tout le long de la rivière la situation était aussi mauvaise. Des réfugiés avaient franchi la frontière dans l'espoir de mettre un terme à leurs souffrances,

> mais, maintenant qu'ils avaient au moins atteint la Neisse, leurs espoirs étaient réduits à néant. Il n'y avait personne pour les aider. Il n'y avait personne pour leur dire où trouver refuge ou qui puisse leur fournir un abri temporaire. Ils étaient livrés à leur sort, et impitoyablement chassés d'un endroit à l'autre comme des lépreux[24].

Certains réfugiés réussirent à s'enfoncer en territoire allemand mais, partout où ils allaient, ils étaient accueillis dans des lieux et confrontés à des situations tout aussi désespérés. À l'été 1945, le lieutenant-colonel William Byford-Jones assista à l'arrivée d'un train de réfugiés en provenance de l'Est : « Le convoi était composé de wagons de bétail et de marchandises, qui étaient tous si pleins que des gens s'étaient couchés sur le toit, s'accrochaient aux flancs ou se retenaient aux butoirs. Des enfants étaient attachés par des cordes aux bouches de ventilation, aux tuyaux de chauffage et aux ferrures. » Quand le train s'immobilisa, ils n'étaient pas les bienvenus. Les quais étaient déjà bondés de réfugiés antérieurs, et qui n'avaient nulle part où aller. Selon Byford-Jones, la foule était si dense qu'il s'écoula une bonne minute avant que quiconque puisse débarquer du train.

> Les gens qui étaient arrivés avant eux les repoussaient pour se ménager de la place, et regardaient en silence. Assez vite, lorsque les nouveaux arrivants comprirent qu'on les avait abusés, ou qu'ils s'étaient abusés eux-mêmes, des cris de déception montèrent du quai. Ils restaient là, debout, par groupes, en serrant contre eux leurs affaires ou s'asseyant dessus. Ils avaient les cheveux collés. Ils étaient crasseux, couverts de suie et de saletés. Les enfants avaient des plaies suppurantes, et ils se grattaient sans arrêt, apparemment avec plaisir. Des vieillards, pas rasés, les yeux rouges, avaient l'air de drogués qui ne sentaient rien, n'entendaient rien, ne voyaient rien. Il est certain que si l'on avait demandé à la moitié de ces gens pourquoi ils étaient venus grossir les rangs de l'armée des dépossédés de Berlin, ils auraient été incapables de répondre[25].

Après avoir assisté à des dizaines de scènes similaires dans des gares d'un bout à l'autre de l'Allemagne, les observateurs britanniques et américains commencèrent à presser leurs gouvernements d'intervenir. Le conseiller politique américain pour l'Allemagne, Robert Murphy, écrivit au Département d'État en recommandant que l'Amérique « formule clairement sa position, sans ambiguïté, telle qu'elle a été arrêtée à Potsdam », aux gouvernements polonais et tchèque. « On songe à d'autres déportations de masse qui ont récemment horrifié le monde, écrivait-il. Ces déportations de masse organisées par les nazis ont en partie fourni le fondement moral sur lequel nous avons conduit cette guerre et qui a donné toute sa force à notre cause... Il serait extrêmement fâcheux que l'histoire retienne que nous sommes partie prenante de méthodes que nous avons souvent condamnées en d'autres circonstances[26]. »

Le Département d'État donna enfin pour instruction à son personnel diplomatique d'exprimer le mécontentement des États-Unis aux Polonais, mais les ambassadeurs américain et britannique à Varsovie résistèrent à de tels appels, car ils ne voulaient guère passer pour « proallemands ». À l'époque, ils étaient sous le coup des attaques des communistes, qui enregistraient des gains considérables en taxant les gouvernements occidentaux de « fascistes » ; si cruel que cela puisse paraître, le personnel diplomatique britannique et américain ne voulait pas renforcer cette perception en défendant la cause des réfugiés allemands – en particulier parce qu'il croyait que leurs plaintes auraient peu de chances d'être entendues[27].

Début 1946, l'envoi d'équipes médicales britanniques à Stettin pour superviser l'organisation des trains et, avant tout, empêcher les malades et les enfants non accompagnés d'y embarquer fut plus efficace. Avec la chute des températures, à la fin de l'année, les autorités militaires occidentales réussirent aussi à convaincre les gouvernements tchèque et polonais d'annuler certains mouvements de convois ; de la sorte, ils empêchèrent que ne se rééditent certains des plus graves épisodes d'exposition au froid survenus l'année précédente. En juin 1947, le Comité international de la Croix-Rouge enregistra aussi quelques succès en obtenant que les déportations soient renvoyées à plus tard, lorsque les conditions redeviendraient un peu plus acceptables[28]. Mais la situation générale ne s'améliora petit à petit que parce que, avec le temps, on évolua vers des systèmes plus efficaces, de part et d'autre de la frontière : on construisit de véritables camps de transit et de réfugiés, on répara les voies de chemin de fer et les wagons reçurent des dispositifs de chauffage. Les Polonais améliorèrent les choses en raccourcissant les temps de transport des gros convois de personnes, et les Soviétiques, les Britanniques et les Américains firent des progrès dans la réception et la répartition de ces réfugiés dès leur arrivée de l'autre côté.

À Potsdam, les Trois Grands n'avaient pas réclamé autre chose – une pause pour que les autorités des deux camps puissent s'organiser avec efficacité. La plupart des tragédies eurent lieu parce que cette pause ne fut pas respectée : dans leur impatience de se débarrasser de leurs minorités allemandes, les Polonais et les Tchèques qui conduisaient ces expulsions ne s'intéressaient tout simplement pas aux conséquences de leurs actes. De ce fait, un nombre inconnu de réfugiés allemands – certainement plusieurs milliers – moururent sans raison, dans les conditions les plus sordides[29].

Le « foyer » du Reich

Les statistiques associées à l'expulsion des Allemands entre 1945 et 1949 défient l'imagination. Le plus grand nombre d'entre eux, et de très loin, venaient des terres situées à l'est de l'Oder et de la Neisse, qui avaient été rattachées à la nouvelle Pologne – presque 7 millions de personnes, selon les chiffres du gouvernement allemand ; 3 autres millions ou presque furent déplacés de Tchécoslovaquie, et plus d'1,8 million le furent d'autres territoires, soit un total de 11 730 000 réfugiés[30].

Chacune des différentes zones occupées d'Allemagne dut se charger à sa manière de cet afflux massif de personnes. La plus mal préparée était sans doute la zone soviétique, dont les villes et les métropoles comptaient parmi les plus ravagées par les destructions de la guerre, et que les Soviétiques s'employaient à dépouiller de presque tout ce qu'elles recelaient de valeur, à titre de réparations. Au lendemain de la guerre, un flot de réfugiés arriva surtout de la nouvelle Pologne, mais aussi de Tchécoslovaquie. À la fin novembre 1945, ils étaient déjà un million à essayer de survivre là, désorientés et pratiquement indigents. Pendant quatre ans, à partir de la fin de la guerre, ce furent au moins 3,2 millions de réfugiés qui s'installèrent dans la zone, un chiffre qui atteignit même peut-être les 4,3 millions ; quelque 3 autres millions s'y arrêtèrent temporairement avant de continuer vers d'autres régions d'Allemagne[31].

La zone britannique, qui n'était limitrophe d'aucun des pays qui procédaient à ces expulsions, eut un peu plus de temps devant elle pour se préparer. À l'automne et à l'hiver 1945, les Anglais organisèrent une opération pour accueillir des millions de réfugiés supplémentaires, sous le nom de code « *Operation Swallow* » (« Opération Hirondelle »). Entre février 1946 et octobre 1947, huit trains effectuèrent la navette entre Szczecin et Lübeck, chacun composés de wagons de marchandises bâchés, avec une capacité totale de 2 000 voyageurs. D'autres trains acheminèrent des réfugiés de Kaławska à Mariental, Alversdorf et Friedland ; et, à partir d'avril 1946, des réfugiés furent aussi transportés de Lübeck par mer. On transporta de la sorte environ 6 000 Allemands « de l'Est » en zone britannique, presque tous les jours, pendant un an et demi[32]. À la fin de la décennie, plus de 4 250 000 personnes s'y étaient installées.

Plus au sud, les Américains continuaient de recevoir des réfugiés de Tchécoslovaquie, de Hongrie, de Roumanie et de Yougoslavie – plus de 3,5 millions au total. Les autorités déployèrent d'énormes efforts pour faire face et, au début des années 1950, des centaines de milliers de personnes se morfondaient encore dans des camps de réfugiés. Selon le général Lucius D. Clay, gouverneur militaire américain en Allemagne de l'Ouest, sous l'afflux des réfugiés la population des zones britannique et américaine augmenta de plus de 23 % ; en Allemagne de l'Est, selon son premier président, Wilhelm Pieck, l'augmentation de la population atteignit 25 %[33]. L'effet de tout cela sur l'ensemble des régions d'Allemagne (à l'exception de la zone française, qui reçut relativement peu de réfugiés) confinait à la catastrophe : la plupart des villes étaient réduites à des monceaux de décombres dus aux bombardements alliés, et l'infrastructure du pays, réduite en miettes, ne pouvait tout simplement pas en venir à bout. Des milliers de réfugiés moururent après leur arrivée, parce qu'ils étaient incapables de trouver l'abri, l'aide médicale ou la nourriture nécessaires pour les maintenir en vie après leur odyssée vers l'Ouest.

Pour ceux qui étaient les moins aptes à trouver du travail ou à s'intégrer dans la société allemande – surtout les malades, les personnes âgées ou les veuves avec enfants –, ils ne pouvaient rien espérer d'autre que plusieurs années dans des camps de réfugiés. Les conditions d'existence dans ces camps ne valaient souvent pas beaucoup mieux que de se choisir un abri dans des bâtiments en ruine. Un rapport de la Croix-Rouge de Bavière sur le camp de Dingolfing mentionnait par exemple un grand nombre d'invalides et de gens souffrant de la tuberculose, vivant dans des conditions de surpopulation. Ils n'avaient pas de souliers, pas de vêtements, pas de literie un tant soit peu corrects. Dans un autre camp, à Sperlhammer, il fallait tapisser de carton les cloisons des baraquements pour se protéger contre l'eau qui s'infiltrait[34].

Cependant, il y avait encore plus grave que cela : les problèmes psychologiques et sociaux que rencontraient les réfugiés. Les gens originaires de l'est des Sudètes étaient parfois considérés comme des étrangers par les autres Allemands, et des tensions naissaient souvent entre eux. Comme le général Clay l'écrivit en 1950 :

> Séparé de l'Allemagne depuis de nombreuses générations, l'expulsé parlait souvent une autre langue. Il ne partageait plus les coutumes et les traditions communes et ne considérait pas l'Allemagne comme son foyer. Il ne pouvait se convaincre qu'il était exilé pour toujours ; ses regards, ses pensées et ses espoirs étaient tournés vers sa terre d'origine[35].

Selon un homme déporté de Hongrie, ses semblables, les autres personnes déplacées, avaient du mal à se forger une nouvelle vie « non seulement parce qu'ils avaient perdu leur patrie et pratiquement tous leurs biens matériels, mais aussi parce qu'ils avaient perdu leur identité[36] ». Le social-démocrate Hermann Brill décrivit le profond état de choc des réfugiés qu'il voyait : « Le sol s'est complètement dérobé sous eux. Ce qui pour nous va de soi, un sentiment de sécurité que nous procure notre expérience de la vie, un certain sentiment personnel de liberté individuelle et de valeur humaine, tout cela a disparu[37]. » En juillet 1946, un rapport soviétique sur la situation politique à Leipzig décrivait les réfugiés comme toujours « profondément déprimés » et comme le « groupe le plus indifférent à la vie politique de tous ceux qui forment la population de Leipzig ». Incapables de s'adapter aux nouvelles circonstances, ils ne rêvaient de rien d'autre que de retourner dans leurs anciens territoires d'origine, derrière la frontière[38].

Expulsion totale

Ce droit au retour serait refusé à tous ces Allemands. Leur expulsion fut d'emblée conçue pour être permanente et ce fut avec cette idée présente à l'esprit que l'on instaura des contrôles frontaliers encore plus stricts : ils seraient autorisés à partir, mais ne seraient pas autorisés à rentrer.

Qui plus est, leur déportation n'était que la première étape d'une opération de bien plus grande ampleur : après leur départ, on essaya aussi d'effacer toutes les traces de leur existence. Avant même que les Allemands n'aient été chassés hors de Pologne et de Tchécoslovaquie, les bourgs, les villages et les rues avaient été rebaptisés. Dans le cas des villages qui n'avaient jamais eu de noms polonais ou tchèques auparavant, on leur en inventa de nouveaux. Les monuments allemands furent abattus, et de nouveaux monuments tchèques ou polonais érigés à leur place. Partout, on avait mis à bas les croix gammées mais, au cours des années à venir, plus d'un mur conserverait leur ombre, nettement visible. L'usage de la langue allemande était proscrit partout, et les rares Allemands à qui l'on permit de rester (en renonçant à leur nationalité allemande) reçurent le conseil de parler polonais ou tchèque, même en privé[39].

Les écoles eurent interdiction d'enseigner l'histoire allemande des régions comme les Sudètes ou la Silésie ; en lieu et place, les individus de souche germanique étaient dépeints comme des envahisseurs sur des terres qui, historiquement, avaient toujours été polonaises ou tchèques. Les nouvelles régions de Pologne étaient désignées sous le nom de « Territoires récupérés », et on y enseignait aux enfants polonais des slogans nationalistes comme : « Ici, on était, ici, nous sommes, ici, nous restons », et « ces régions sont une possession reconquise ». Les élèves des zones frontalières n'avaient pas la permission d'étudier l'allemand, même en tant que langue étrangère – au contraire d'autres régions du pays où la chose était tolérée[40].

Les écoles n'étaient pas le seul lieu où l'on enseignait cette nouvelle mythologie nationaliste – on assenait aussi de la propagande à la population adulte, à une échelle extraordinaire. À Wrocław, par exemple, une « Exposition des Territoires reconquis » attira 1,5 million de visiteurs. Parmi toutes les pièces au caractère politique inévitable, soulignant la fraternité polono-soviétique, exposées là, il y avait une très importante section historique essentiellement consacrée à la relation entre la Pologne et l'Allemagne : elle mettait en exergue le conflit millénaire entre les deux pays, le retour de la Pologne à son « Chemin de Piast » (en référence à une dynastie médiévale polonaise qui défia les souverains allemands pour créer un État indépendant centré autour de la Silésie) ; et une autre était intitulée « Notre Droit immémorial sur les Territoires reconquis[41] ».

Ce n'était pas seulement une revendication, ou une réclamation, portant sur un territoire : c'était une réécriture de l'histoire. Dans le nouvel État nationaliste, toute trace de culture allemande indigène devait être éradiquée : il fallait une Pologne pour les Polonais uniquement. Ainsi que le reconnaissait la politique officielle de l'époque, réclamer un territoire, c'était encore la partie la plus facile : « Nous visons un objectif bien plus ardu et plus compliqué : l'effacement de traces immémoriales de germanisation sur ces territoires. Cela va au-delà de la suppression de signes ou de monuments commémoratifs, il s'agit de purger la sève de germanisation de tous les éléments de la vie, de la suppression de la germanisation du psychisme des gens[42]. » Il en allait de même en Tchécoslovaquie, où le président Beneš appela à une « évacuation définitive » non seulement des Allemands, mais aussi de l'« influence allemande de notre pays[43] ».

De la sorte, il se révélait que le retour des Allemands des Sudètes, de Silésie, de Poméranie ou de Prusse vers ces territoires était plus difficile, mais, au bout du compte, s'avérait tout à fait inutile : la terre qu'ils avaient quittée n'existait plus. Ses communautés, sa culture, son histoire, sa langue et parfois même, étant donné les destructions causées par la guerre, son architecture avaient été entièrement effacées. Tout cela avait été remplacé par une entité totalement étrangère : une nouvelle société peuplée presque entièrement de membres d'un groupe ethnique différent.

Il est facile de condamner l'attitude raciste des Polonais ou des Tchèques envers leurs minorités allemandes en 1945. On doit se souvenir, toutefois, que ces attitudes ne surgirent pas de nulle part : pour l'essentiel, il s'agissait d'une réaction au traitement cruel qu'ils avaient eux-mêmes subi en application de la politique raciale allemande pendant la guerre. Alors que les méthodes utilisées par les Polonais et les Tchèques furent d'une indéniable brutalité, l'idéologie qui les sous-tendait restait modérée comparée à celle des nazis : aucun de ces deux pays ne mena de politique génocidaire envers une « race » allemande, malgré ce que pouvait proclamer une certaine littérature à caractère plus extrémiste ; leur objectif n'a jamais été que d'expulser les minorités germaniques, non de les annihiler. Et cette expulsion n'était pas non plus purement motivée par un désir de vengeance : c'était d'abord et surtout une mesure pratique destinée à prévenir l'éclatement d'un futur conflit entre nationalités. Si nous serions horrifiés aujourd'hui à l'idée de déraciner des millions d'individus au nom d'une idéologie nationaliste guère convaincante, au lendemain du conflit mondial – quand la déportation de masses écrasantes d'individus était devenue la norme, et quand la totalité du continent européen grouillait de millions de personnes déplacées – l'idée était peut-être plus acceptable qu'elle ne l'avait jamais été auparavant, ou qu'elle l'a jamais été depuis.

Ce qui s'est passé en Pologne et en Tchécoslovaquie n'avait rien d'unique. Un processus similaire eut lieu dans d'autres pays, en particulier en Hongrie et en Roumanie, où les Souabes germanophones des régions danubiennes furent aussi expulsés vers l'Allemagne et l'Autriche. En Roumanie, tout particulièrement, cette opération fut conduite sans grand enthousiasme – il n'y avait là véritablement aucune hostilité envers les Allemands[44]. Mais les sentiments du peuple ne pesaient guère, car l'expulsion s'inscrivait dans le cadre d'une politique officielle. Au cours des années postérieures à la guerre, le seul endroit d'Europe qui accueillit des Allemands, ce fut l'Allemagne elle-même.

Un paysage nettoyé

Les minorités allemandes ne furent pas les seules à subir un tel traitement – d'autres furent aussi expulsées de pays où elles n'étaient pas désirées. Dans les faits, c'était l'inverse de ce qui avait été tenté au lendemain de la Première Guerre mondiale : au lieu d'essayer de déplacer les frontières pour les adapter aux habitants de la région, les gouvernements d'Europe décidèrent cette fois de déplacer les peuples pour les adapter aux frontières.

Le traitement réservé aux Hongrois de Slovaquie fournit un exemple typique de ce qui se produisit partout en Europe. La minorité hongroise y était tout aussi détestée que les Allemands : les Slovaques ne pouvaient pardonner la manière dont la Hongrie s'était emparée de certaines parties du pays durant la période préliminaire à la guerre. C'est pourquoi, dès que ces territoires furent restitués à la Slovaquie, celle-ci entreprit d'expulser 31 780 Hongrois qui s'étaient installés dans la région depuis 1938[45]. Mais, pour la majorité des Slovaques, cela ne suffisait pas : les responsables gouvernementaux appelèrent à l'« expulsion totale » des Hongrois – soit 600 000 personnes[46]. En des termes glaçants, ils évoquèrent l'idée de trouver une « solution finale » au problème hongrois, tout en déclarant froidement : « Nous ne reconnaissons pas les minorités nationales. » La presse populaire renchérit en ce sens : « La Slovaquie et ses territoires frontaliers du Sud ne peuvent être que slovaques et rien d'autre[47]. »

En 1946, les forces gouvernementales déplacèrent quelque 44 000 Hongrois des territoires frontaliers de Slovaquie et, dans le cadre d'une opération similaire au programme d'assimilation forcée en Pologne, les dispersèrent dans le reste de la Tchécoslovaquie[48]. Peu après, quelque 70 000 Hongrois furent envoyés en Hongrie dans le cadre d'un programme d'échange de populations (qui vit un nombre équivalent de Slovaques « rapatriés » en Tchécoslovaquie). Et 6 000 autres Hongrois s'enfuirent du pays pour éviter divers degrés de persécution[49]. Lors de la Conférence de la paix, à Paris, la délégation tchécoslovaque tenta de parachever la besogne : elle exigea d'avoir le droit de déporter 200 000 personnes de plus. En la circonstance, ayant peut-être retenu la leçon de la déportation des Allemands, la Grande-Bretagne et les États-Unis refusèrent ; la Tchécoslovaquie ne fut pas tout à fait autorisée à devenir la nation homogène qu'elle aspirait à être. Sa seule autre option fut une politique de « reslovaquisation » – un programme qui rétablit les droits civils pour les Hongrois mais seulement à condition qu'ils renoncent à leur identité et se déclarent officiellement slovaques. Inutile de le préciser, ce programme ne réussit guère à intégrer les Hongrois dans la société tchécoslovaque, mais réussit à se les aliéner encore un peu plus : à juste titre, ils finirent par se percevoir comme des boucs émissaires, dont les Slovaques se servaient pour détourner l'attention de leur propre attitude collaborationniste pendant la guerre[50].

Ce type d'actions eut lieu d'un bout à l'autre de l'Europe. Les Hongrois furent aussi expulsés de Roumanie, et vice versa. Les Chams albanais furent expulsés de Grèce ; les Roumains furent expulsés d'Ukraine ; les Italiens de Yougoslavie ; 250 000 Finlandais furent forcés de quitter l'ouest de la Carélie quand la région fut finalement cédée à l'Union soviétique à la fin de la guerre. Et ce fut très tard, en 1950, que la Bulgarie commença d'expulser quelque 140 000 Turcs et Tsiganes de l'autre côté de sa frontière avec la Turquie. Et cette liste va ainsi s'allongeant[51].

Suite à tous ces mouvements forcés de population, l'Europe orientale devint beaucoup moins multiculturelle qu'elle ne l'avait jamais été de toute son histoire moderne : en l'espace d'une ou deux années seulement, la part des minorités nationales y fut réduite de plus de moitié. Les anciens creusets ethniques impériaux où les juifs, les Allemands, les Magyars, les Slaves et des dizaines d'autres ethnies et nationalités qui se mariaient entre elles, se querellaient et s'accordaient tant bien que mal du mieux qu'elles pouvaient, avaient disparu. Une série d'États-nations monoculturels leur succéda, aux populations ethniquement plus ou moins homogènes ; l'Europe orientale s'était nettoyée elle-même, à grande échelle[52].

20

L'Europe en microcosme : la Yougoslavie

Si le transfert et l'échange de populations ethniques dans toute l'Europe orientale furent souvent brutaux, ce n'était pas le plus grave ; en réalité, si cette solution fut adoptée par tant de gouvernements, y compris ceux des Alliés occidentaux, c'est qu'ils la considéraient comme un moindre mal. Au début de la guerre, les Allemands s'étaient servis de la présence de leurs minorités dans d'autres pays comme d'un prétexte à l'invasion : le déplacement de ces minorités était considéré comme le seul moyen pratique d'empêcher l'éclatement de futurs conflits. Dans les régions où l'affrontement avait revêtu un caractère raciste avéré, les transferts de population étaient aussi considérés – pas toujours pour des raisons cyniques – comme la meilleure méthode pour mettre à l'abri des populations vulnérables. Même ceux qui étaient forcés de quitter leur territoire d'origine admettaient souvent ne pas avoir d'autre choix que la fuite : on leur avait rendu la vie si insupportable qu'ils considéraient qu'en acceptant leur transfert vers un autre pays, ils l'échappaient belle.

Toutefois, après la cessation des hostilités, les transferts de population ne constituèrent nullement la réponse à toutes les questions ethniques : malgré leur impopularité, certains groupes étaient impossibles à chasser, parce qu'ils n'avaient pas de pays « à eux » où aller – les Tsiganes, par exemple, qui étaient presque partout aussi indésirables que les juifs. Certains pays furent obligés d'intégrer des communautés opposées entre elles, afin de masquer les divisions internes qui avaient éclaté au grand jour pendant la guerre – entre les Tchèques et les Slovaques, par exemple, ou, à un moindre degré, les Flamands et les Wallons en Belgique. Dans les cas les plus extrêmes, les gouvernements étaient forcés de se comporter comme si les problèmes ethniques n'existaient pas, car les reconnaître eût été politiquement impossible : c'était le cas de l'URSS et de la Yougoslavie, où les autorités s'efforçaient de convaincre la population que la violence de la guerre n'avait pas été la conséquence de différences ethniques, mais d'oppositions de classes.

La Yougoslavie mérite une mention spéciale car elle englobe tous ces problèmes et quantité d'autres. Pendant la guerre, la plupart des groupes fauteurs de violences n'étaient pas « extérieurs » et ne pourraient donc être expulsés – en fait, quand certains cherchèrent à fuir le pays, on les empêcha de partir. Et il n'était pas non plus possible de séparer les uns des autres à l'intérieur du pays. À l'époque, d'aucuns avaient suggéré ce choix : « Certaines personnes demandent pourquoi les Serbes n'auraient pas leur propre Slavonie fédérale, indiquait un rapport des services de renseignements yougoslaves, le Département de protection du peuple (Kontraobaveštajna služba, OZNa), ou ce qui interdirait que les Croates passent en Croatie et les Serbes en Serbie[1]. » Mais tout l'enjeu du rétablissement d'une fédération yougoslave consistait à réunir ces nations séparées sous un seul et unique drapeau : comment le maréchal Tito serait-il en mesure de parler de « fraternité » et d'« unité » s'il exilait chacune de ces nationalités aux quatre coins du pays ? Et comment permettrait-il à de telles tendances nationalistes de croître et prospérer tout en continuant à prêcher l'internationalisme de la doctrine du Parti communiste ? Ces divers groupes ethniques furent donc obligés de continuer à coexister, alors que chacun vouait au voisin une haine sans fard.

La Yougoslavie fut le théâtre d'une série d'actes de violence parmi les plus graves survenus en Europe, aussi bien pendant la guerre qu'après. Ce qui rend la situation unique, ce sont les nombreuses strates qui composent la trame de ce conflit : les groupes de résistance ne combattirent pas seulement les agresseurs étrangers dans une guerre de libération nationale, mais aussi les troupes de leur propre gouvernement dans une guerre idéologique, et des bandes armées dans une bataille visant à restaurer l'ordre public. Ces différentes composantes étaient si entremêlées qu'elles étaient souvent indifférenciables les unes des autres. Mais un fait saillant ressort de ce tableau de violence généralisée : la question de la haine ethnique. Pendant la guerre, la puissance de cette haine fut exploitée par tous les belligérants, quels que soient leurs programmes respectifs. Et, un demi-siècle avant cette guerre civile qui livrerait au monde la formule du « nettoyage ethnique », le pays était déjà empêtré dans l'un des conflits ethniques les plus virulents du XXe siècle.

Le contexte historique

En Yougoslavie, la Deuxième Guerre mondiale et ses retombées constituent l'un des sujets les plus complexes de l'histoire du XXe siècle, semé de chausse-trapes morales et historiques. Comme dans d'autres pays où se commirent des atrocités à l'échelon local, les informations émanant de l'ancienne Yougoslavie tendent à être déformées à l'extrême, chaque groupe ethnique rivalisant pour s'arroger un droit à la victimisation. Beaucoup de documents originaux ont été falsifiés pour correspondre aux conceptions nationales ou idéologiques de ceux qui en prenaient possession. Même sans de telles embûches, il subsiste quelques domaines véritablement sujets à controverse, que même des historiens de la période, en dépit d'une authentique impartialité, jugent impossibles à éclaircir[2].

D'abord, l'existence d'une « Yougoslavie » était en soi déjà controversée à l'époque, et continue de l'être de nos jours. Le pays n'existait que depuis 1918, année où il fut érigé sur les ruines de la Première Guerre mondiale. Il enjambait les lignes de faille entre les vestiges des trois grandes puissances du XIXe siècle – la Russie, l'Autriche-Hongrie et l'Empire ottoman. C'était donc le carrefour de trois grandes religions – le christianisme orthodoxe, le catholicisme et l'islam (ou plutôt de quatre d'entre elles, si l'on y inclut la petite minorité juive qui fut presque complètement balayée par la guerre). C'était le foyer de plus d'une demi-douzaine de minorités ethniques ou nationales conséquentes, qui toutes entretenaient des rivalités et des jalousies mineures depuis des générations. Les deux groupes politiques les plus forts de la période de l'entre-deux-guerres – les monarchistes serbes et le Parti paysan croate – s'étaient disputés sans relâche pour savoir si cette entité devait rester un royaume unique et, si tel était le cas, quel degré d'autonomie il conviendrait d'accorder à chaque région.

Pendant la Deuxième Guerre mondiale, ces divisions liées à la nationalité, à l'ethnicité, à la politique et à la religion s'enflammèrent à un point tel que les « Yougoslaves » ne furent pas moins désireux de s'entre-tuer que de chasser les occupants venus de l'extérieur : des Croates massacrèrent des Serbes au nom du catholicisme ; des Serbes incendièrent des villages musulmans en Bosnie et des villages hongrois en Voïvodine ; des monarchistes tchetniks se livrèrent à des batailles rangées contre les partisans communistes. Comme si ce n'était pas assez compliqué, des milices essayaient souvent de s'imputer mutuellement la responsabilité de leurs atrocités : des miliciens musulmans endossèrent l'uniforme des Tchetniks serbes, des Oustachis croates se vêtirent en musulmans et des Tchetniks se firent passer pour des partisans serbes ; il n'était donc pas toujours facile de déterminer qui avait massacré qui[3]. Le tout se déroulait sous la houlette des Allemands, des Italiens et d'autres nations occupantes qui non seulement commettaient leurs propres crimes de guerre, mais attisaient aussi les luttes intestines entre ces différents groupes.

Deux adversaires principaux finirent par émerger de ce brouet de rivalités et de violences. Les premiers étaient les Oustachis, un groupement politique d'extrême droite que les Italiens avaient installé pendant la guerre comme gouvernement fantoche du nouvel État indépendant de Croatie. Les Oustachis formaient l'un des régimes les moins fréquentables du continent : pendant le conflit mondial, ils se livrèrent à leur nettoyage ethnique et religieux à une échelle que seuls les nazis eux-mêmes surpassèrent. Ils furent responsables du meurtre systématique de centaines de milliers d'individus d'ethnie serbe, et en forcèrent des centaines de milliers d'autres à se convertir au catholicisme. Leur camp de détention le plus connu, à Jasenovac, vit le meurtre d'environ 100 000 prisonniers, dont plus de la moitié étaient des Serbes[4]. Les Oustachis n'étaient nullement les seuls collaborateurs en Yougoslavie – il y avait plusieurs groupes et milices d'extrême droite serbes, slovènes et monténégrins –, mais ils étaient certainement les plus puissants.

Les partisans communistes constituaient la seconde grande force politique, qui finit par prendre le meilleur dans son opposition aux Oustachis. Les partisans avaient progressivement supplanté tous les autres mouvements de résistance, notamment les Tchetniks royalistes de Draža Mihailović, pour se transformer en phalange combattante de poids avec le soutien des Alliés. Ils se composaient d'hommes et de femmes de toutes les minorités ethniques, mais il s'agissait en majorité de Serbes fuyant les persécutions. Plus tard au cours de la guerre, des Tchetniks – et des Serbes – désertèrent en nombre les rangs des partisans ; c'était partiellement dû à leur envie tout à fait cynique de s'assurer une place du côté des vainqueurs, mais aussi à leur désir impérieux de détruire les Oustachis croates, désir qui l'emportait sur les oppositions politiques qu'ils auraient pu nourrir contre leurs compatriotes serbes. Ainsi, la fin de la guerre en Yougoslavie se déroula dans une atmosphère très marquée au plan ethnique ; alors que les dirigeants des groupements de partisans se concentraient sur le retour de l'État croate dans le giron yougoslave, leur base avait une autre priorité : se venger des Croates en général, et du régime oustachi en particulier.

La « tragédie de Bleiburg »

Durant les six derniers mois de la guerre, les forces allemandes organisèrent leur repli de la péninsule des Balkans, une opération épique. Battant en retraite à travers toute la Yougoslavie, en avril 1945, ils furent rejoints par des groupes, des soldats et des milices collaborationnistes locaux. Tous ces groupes avaient l'intention de combattre pour se frayer un chemin vers la partie de l'Autriche et le nord-est de l'Italie tenus par les Britanniques : après la guerre impitoyable qu'ils venaient de mener, estimaient-ils, les Britanniques risquaient de se montrer plus miséricordieux que les troupes de Tito.

Alors que le régime oustachi finissait par abandonner Zagreb, le 6 mai, une grande frénésie s'empara de la population civile. Certains ont pu affirmer que les Oustachis avaient délibérément semé la panique afin de provoquer un exode généralisé ; quoi qu'il en soit, d'importantes cohortes de réfugiés se joignirent à ces troupes en fuite, et des civils se virent apparemment remettre des fusils – une initiative qui, au cours des journées suivantes, compliqua énormément leur identification[5]. Ces colonnes de centaines de milliers de réfugiés cheminèrent à travers la Slovénie vers la frontière autrichienne. Ils étaient déterminés à rallier l'Autriche avant de se rendre et, en conséquence, continuèrent de se battre longtemps après que la guerre se fut achevée dans le reste de l'Europe. La bataille fit rage jusqu'au 15 mai 1945, quand les premières unités croates atteignirent enfin le sol autrichien, à Bleiburg ; là, elles tentèrent tout de suite de se rendre aux forces britanniques. Mais ces dernières refusèrent leur reddition, au motif que la politique alliée stipulait que toutes les forces de l'Axe devaient se rendre aux armées contre lesquelles elles avaient combattu : malgré la campagne désespérée qu'ils venaient de mener, les Oustachis et ceux qui les avaient suivis furent donc contraints de se rendre aux partisans.

Les événements de Bleiburg sont longtemps restés un sujet de mythes et de controverses. Dans les années postérieures à la guerre, les émigrés croates prétendirent que l'armée croate tout entière était arrivée sur le sol autrichien, et que les Britanniques l'auraient désarmée et livrée aux partisans qui l'auraient ensuite anéantie. Beaucoup soutinrent que cette trahison « britannique » constituait un crime de guerre, ce refus de les protéger, de la part des Anglais, enfreignant la convention de Genève de 1929. En réalité, seule une petite proportion des troupes et des réfugiés croates atteignirent le territoire autrichien – peut-être 25 000 personnes ; 175 000 autres s'étiraient en colonnes de 45 à 60 kilomètres. Les Britanniques n'avaient guère d'autre choix que de leur ordonner de se rendre aux partisans, car ils ne disposaient ni des installations ni des approvisionnements nécessaires pour recevoir un nombre aussi colossal de réfugiés dans cette région reculée d'Autriche. En outre, ils tenaient à ce que le terrain reste dégagé, au cas où ils auraient eu eux-mêmes à lancer des opérations militaires contre les soutiens de Tito, qui avaient déjà envahi certaines parties de l'Autriche et du nord-est de l'Italie en menaçant de les annexer[6].

Des accusations de trahison ont aussi visé la manière dont les Britanniques traitèrent ceux qui réussirent à se rendre. Quelques jours avant l'arrivée des Croates, une force d'environ 10 000 à 12 000 collaborationnistes de la Garde nationale slovène (récemment rebaptisée Armée nationale slovène) avaient atteint l'Autriche ; les Britanniques les avaient désarmés et placés dans un camp près de Viktring (Vetrinje), une petite ville située à quelques kilomètres au sud-ouest de Klagenfurt, mais ils n'avaient aucune intention de les garder – au contraire, à la première occasion, ils comptaient les réexpédier en Yougoslavie. Comprenant que les Slovènes résisteraient à toute tentative en ce sens, le moment venu les Britanniques firent croire qu'ils les transféraient vers des camps en Italie. Pour les Cosaques capturés dans la région, on eut recours à des subterfuges similaires en assurant à leurs officiers qu'on les conduisait à une conférence militaire, alors qu'en réalité ils étaient remis aux mains des Soviétiques. Le procédé, d'une malhonnêteté flagrante, ne fit rien pour racheter les Anglais aux yeux de ceux qui s'échappèrent ou survécurent aux massacres qui devaient s'ensuivre ; il ne fit qu'ajouter du poids au faisceau de preuves attestant que les Britanniques savaient exactement quel sort on réserverait à ces prisonniers[7].

Quant à ceux qui furent refoulés derrière la frontière autrichienne ou capturés par les partisans de Tito dans les parties les plus septentrionales de la Slovénie, un calvaire aux dimensions épiques, et souvent tragiques, les attendait : une bonne partie d'entre eux furent conduits à marche forcée le long de la rivière Drava vers Maribor, où les partisans avaient installé des camps de transit. De prime abord, les marches furent organisées de manière assez ordonnée et assez efficace, mais, selon certains survivants, à mesure que ces colonnes s'éloignaient des lignes alliées, elles s'exposaient à des dangers grandissants. Les gardes, tous des partisans, ne distribuaient bien souvent rien à boire et à manger, et ils arrêtaient et dépouillaient fréquemment les civils de tous leurs objets de valeur : stylos, montres, alliances, bottes ou chaussures. Quand des écarts toujours inévitables se creusaient entre les tronçons de ces colonnes, on ordonnait aux traînards de courir pour rattraper les premiers ; pour les inciter à avancer plus vite, on les menaçait : ceux qui restaient trop en arrière étaient souvent abattus sans sommation.

Dans les années 1960, John Prcela, un exilé croate, réunit des dizaines de témoignages de ceux qui avaient dû subir ces marches forcées vers les territoires yougoslaves, et la plupart s'accordent sur ces informations[8]. Dans les années 1960, les témoignages de soldats allemands recueillis par une commission gouvernementale allemande ont pu apporter d'autres confirmations[9] : ces « marches de la mort » s'étaient déroulées dans des conditions d'une extrême brutalité. Tout au long de leur pénible progression en direction de Maribor, il n'était pas rare que des soldats et des civils croates se fassent faucher d'une balle sous n'importe quel prétexte. Ceux qui tentaient de s'enfuir étaient abattus, cela allait de soi. S'écarter de la colonne pour quelque raison que ce soit, même pour se soulager, pouvait aussi s'avérer fatal. Dans les villages, sur la route, il arrivait que des riverains laissent de la nourriture et de l'eau aux réfugiés, mais quiconque s'avançait pour aller les ramasser risquait de recevoir une balle. Être à bout de forces n'était pas moins déconseillé : un survivant, un dénommé Stankovic, raconte l'histoire d'un prêtre âgé d'une cinquantaine d'années tué sans raison, si ce n'est qu'il se sentait trop exténué pour continuer[10].

Les gardes semblaient parfois choisir leurs victimes au hasard. Selon un témoin oculaire :

> Un officier communiste, généralement un Serbe, ou quelquefois un Slovène, se mettait subitement à beugler : « Tuez-moi ce type, celui dont la tête dépasse au-dessus du reste de ces bandits ! » Et puis un autre s'écriait : « Tuez-moi cette petite roulure là-bas ! » Et un autre encore ordonnait qu'on règle son compte à quiconque portait une barbe, ou à tel prisonnier auquel on avait arraché sa chemise[11].

D'après un autre témoin, « les Rouges se mirent à ajuster tous ceux sur qui ils avaient envie de tirer. Au début, ils sortaient des individus de la colonne et allaient les exécuter dans les bois voisins. Plus tard, ils tirèrent directement sur la colonne de prisonniers, en visant à tort et à travers[12] ».

Cependant, si certains partisans se laissèrent indubitablement aller à commettre des meurtres au hasard, les assassinats suivaient souvent une méthode moins aléatoire qu'il n'y paraît. Quand les gardiens fouillaient leurs prisonniers, hormis une motivation évidente, celle de leur dérober leurs objets de valeur, le but était de vérifier lesquels étaient des officiers ou des membres de l'élite oustachie. Certains de ces hommes étaient assez imprudents pour conserver sur eux leurs papiers ou des photographies ; ceux qui détenaient plus d'objets de valeur que les autres étaient à l'évidence d'un rang plus élevé et, alors que de nombreux officiers avaient abandonné leur uniforme avant de se rendre, ils ne pouvaient parfois pas se résoudre à se séparer de leurs décorations ou de leurs galons et barrettes. L'un de ceux-là, le lieutenant oustachi Mark Stojic, avait confié les siennes à sa belle-sœur, qui se les était attachées à la jambe ; malheureusement, elles se détachèrent et tombèrent sur la route. Des gardes les repérèrent, et ils demandèrent à la belle-sœur à qui elles appartenaient ; comme elle refusait de répondre, l'un d'eux lui fracassa le crâne sous les regards du reste de la colonne[13].

Nombre de survivants évoquent de petits groupes d'hommes que l'on conduisait à l'écart, dans la forêt, pour les abattre. Comme la quasi-totalité des témoignages émanent des victimes elles-mêmes, il est impossible de savoir avec certitude comment les officiers partisans les choisissaient, mais, bien souvent, ils semblaient appliquer une forme de sélection rudimentaire. Dans l'un des rares récits datant de la période, un officier partisan rapporte de quelle manière ses camarades mirent à mort, dans un bois, 54 officiers : « Pour vérifier ce qui s'était passé, j'y suis allé, et j'ai découvert 54 corps que des soldats étaient en train d'enterrer. J'ai vu des mares de sang et un cadavre percé de coups de poignard, mais j'imagine que le reste aussi avait été poignardé, car je n'avais entendu que deux ou trois coups de revolver, et il y avait là 54 morts[14]. »

Un prisonnier, un certain Franjo Krakaj, raconte comment des soldats oustachis furent aussi écartés du lot pour subir un traitement spécial. Identifié lui-même à tort comme un dirigeant, on le conduisit immédiatement dans la forêt avec un groupe d'hommes pour les abattre. Il profita de ce que l'un des autres courut vers les gardes pour les distraire, et réussit à s'enfuir.

L'histoire de Krakaj est intéressante parce qu'il a échappé aux partisans non pas à une, mais à quatre reprises. Chaque fois, la faim le poussa à se rendre. Après sa première fuite, il frôla la mort, par pure malchance selon lui car il était tombé entre les mains d'un groupe de soldats particulièrement sadiques – ce fut seulement lorsqu'il faillit être exécuté une deuxième fois qu'il s'aperçut que cette tuerie systématique s'inscrivait, du point de vue des partisans, dans le cadre d'une politique plus vaste. Cette fois-là, il se retrouva les mains liées dans le dos, et on le chargea à bord d'un camion parmi d'autres camarades prisonniers.

> Après un trajet d'une vingtaine de minutes, on nous déchargea comme des sacs de blé dans l'île de Maribor, qui se trouve en amont de la ville. En approchant de cet endroit, nous avons entendu le crépitement d'une mitrailleuse, et des coups de fusil isolés qui éclataient de temps à autre. Nous n'avions donc aucun doute sur le sort qui nous attendait.
>
> Quand on m'a balancé du camion, je me suis reçu sur mes pieds. Et, là, j'ai pu contempler une scène d'horreur qui aurait eu de quoi inspirer un Dante du XXe siècle... Ce qui a retenu mon attention, c'était plusieurs fosses communes que l'on avait creusées à environ 300 mètres l'une de l'autre. Comme elles étaient presque remplies à ras bord de corps, j'étais incapable d'en déterminer la profondeur. J'estime qu'au jugé chacune d'elles devait contenir peut-être 300 corps. Au sommet de cette masse de cadavres, je discernai des mouvements ; certaines victimes étaient encore vivantes ! Des cris jaillissaient de ces fosses sinistres : « Frère, tue-moi ! Tire encore une fois ! » Je me souviens de ce cri, répété plusieurs fois. Et puis, il y avait dans les tombes des hommes encore indemnes, qui étouffaient quand on jetait sur eux des cadavres. Ils essayaient eux aussi de se faire entendre. Certaines victimes désignées tentaient de s'échapper dans les bois, et les partisans leur tiraient dessus.
>
> Des camions approchèrent, chargés d'autres groupes de prisonniers. Lorsque les gardes entamèrent le déchargement, le volume des coups de fusil et des rafales de mitrailleuse augmenta considérablement car, dès qu'ils touchaient le sol, ces prisonniers prenaient la fuite. J'avais beau avoir encore les mains liées dans le dos, j'ai aussi détalé. Les balles claquaient contre les troncs d'arbre et cisaillaient les taillis tout autour de moi. J'ai trébuché sur une branche tombée à terre et je me suis étalé tête la première. C'est probablement ce qui m'a sauvé, car à l'évidence les gardes ont cru que mon compte était bon et leur attention s'est tournée ailleurs[15].

Sur la foi de récits comme celui-là, il ressort que, loin d'être l'acte de quelques individus isolés, la tuerie des prisonniers croates était l'œuvre d'unités entières ; et elle se voulait assez bien organisée. Les prisonniers n'étaient pas seulement exécutés individuellement et en petits groupes, mais aussi en masse : des massacres comme celui-là n'auraient pas été possibles sans un élément d'organisation centrale de la part des autorités, au sommet de la chaîne de commandement des partisans.

Le quartier général local de ces autorités était apparemment situé dans la ville voisine de Maribor. Là, et dans d'autres centres urbains de Slovénie, avant de liquider leurs prisonniers, les troupes de partisans respectaient une procédure standardisée. D'abord, une forme élémentaire de sélection s'opérait pour séparer les civils des soldats, puis les troupes oustachies des *domobrans* ordinaires, ou soldats réguliers, et finalement les officiers des hommes du rang[16]. Les « moins coupables » étaient ensuite chargés sur des camions qui les conduisaient vers Celje et Zagreb ; des dizaines de milliers de prisonniers furent ainsi acheminés au cours de marches forcées qui pouvaient durer plusieurs jours ou même plusieurs semaines vers des camps de prisonniers situés à l'autre bout du pays. Certains groupes d'hommes étaient détenus localement pour servir de main-d'œuvre, et on leur imposait des tâches très lourdes ou très pénibles. Mais, pour les autres, ce fut le bout de la route.

Non loin de la ville subsistaient de longues rangées de tranchées antichars creusées par les Allemands à titre de dernière ligne de défense contre les partisans. Des prisonniers furent amenés là par camion et alignés au bord de ces tranchées, puis abattus. Ils savaient précisément ce qui les attendait, car ils pouvaient voir les cadavres des groupes précédents gisant au fond des fosses. Nombre d'entre eux avaient été dépouillés de tous leurs vêtements ; ils avaient les mains liées dans le dos, pour les empêcher de s'enfuir ou de se jeter sur leurs gardes.

Le récit suivant émane d'un officier croate qui, comme beaucoup de ceux qui s'échappèrent de Yougoslavie mais conservaient encore des parents là-bas durant la guerre froide, souhaitait garder l'anonymat.

> Dans la soirée, les partisans nous ont déshabillés, nous ont lié les mains dans le dos avec du fil de fer et nous ont ensuite attachés deux par deux. Après quoi, on nous a conduits en camion vers l'est de Maribor. J'ai réussi à me délier les mains, mais j'étais encore attaché à un autre officier. On nous a amenés jusqu'à d'énormes fosses où des corps étaient déjà entassés. Les partisans ont ouvert le feu dans notre dos. Rapide comme l'éclair, je me suis jeté sur le tas de cadavres. D'autres corps me sont tombés dessus. Quand les partisans eurent fini de tirer sur notre groupe, ils repartirent. Ils ne nous ont pas enterrés car il restait encore de la place pour davantage de cadavres. Ils sont donc allés chercher d'autres victimes à Maribor. Je me suis détaché de mon acolyte, qui était mort, et j'ai rampé hors de ce charnier. J'étais nu, couvert du sang des autres victimes, et si terrorisé que j'étais incapable de marcher bien loin. J'ai grimpé dans un arbre non loin du lieu de l'exécution. Trois fois, les partisans sont arrivés avec des officiers et des prêtres et les ont tous supprimés. Au lever du soleil, je suis parti[17].

La tuerie de Maribor dura plusieurs jours et, quand les tranchées antichars furent pleines, des brigades spéciales d'inhumation furent dépêchées sur place pour les recouvrir de terre et égaliser le tout. Des corps furent aussi enfouis dans des trous d'obus, des cratères de bombe et des fosses communes creusées pour la circonstance.

Un ancien partisan, qui s'enfuit plus tard de Yougoslavie, livra une description très crue du travail tel qu'il se déroulait au sein d'un de ces détachements :

> Alors que nous accomplissions notre macabre besogne, un autre groupe fut détaché pour creuser un grand trou qui commença là où s'arrêtaient les tranchées. Horrifié, j'ai vu cette fosse-là aussi remplie de cadavres. Comme les morts dans ce trou étaient déjà complètement raidis ou en pleine putréfaction, on les avait probablement tués plusieurs jours auparavant...
>
> Nous étions encore occupés par cette besogne d'inhumation, à 17 heures, quand une centaine de prisonniers furent amenés à cet abattoir que l'on venait de creuser. On nous annonça qu'ils allaient venir nous aider, au milieu des morts. Mais, ensuite, on fit aligner ces prisonniers au bord du trou, là où gisaient les derniers corps. Après quoi, on les délesta de toutes les affaires qu'ils avaient encore avec eux. J'ai suivi ce massacre à moins de 100 mètres de distance. Certains prisonniers se sont jetés à plat ventre et ont ainsi pu échapper au feu des mitrailleuses. Ils ont fait semblant d'être morts, mais les partisans sont allés d'un corps à l'autre planter leurs baïonnettes dans tous ceux qu'ils suspectaient d'être encore en vie. L'air était déchiré de cris, apportant la preuve sinistre que ceux qui avaient esquivé le feu des mitrailleuses n'avaient en réalité pas échappé longtemps à la mort. Toutes ces nouvelles victimes furent jetées dans la fosse au-dessus des cadavres précédents. Ensuite, les partisans tirèrent plusieurs rafales de mitrailleuse sur l'empilement des corps, rien que pour s'assurer de n'avoir laissé personne en vie[18].

Selon le démographe Vladimir Žerjavić, considéré comme la référence la plus objective et la plus fiable sur les pertes yougoslaves en temps de guerre, quelque 50 000 à 60 000 collaborationnistes, surtout des troupes croates et musulmanes, furent ainsi tués dans la région comprise entre Bleiburg et Maribor au cours des journées qui ont immédiatement suivi la fin de la Deuxième Guerre mondiale. Cela représente environ la moitié de toutes les troupes yougoslaves qui se rendirent aux partisans le long de la frontière autrichienne en mai 1945[19].

Maribor ne fut pas le lieu de tels massacres. La grande majorité des 12 000 membres de l'Armée nationale slovène qui s'étaient enfuis en Autriche et avaient été livrés aux partisans par les Britanniques furent mis à mort dans les forêts voisines de Kočevje. Ils furent conduits au bord de profonds ravins, à Kočevski Rog, et là on les abattit ou on les poussa dans le vide encore vivants ; les parois de ces ravins furent ensuite dynamitées, et des masses

7. Sites des massacres en Yougoslavie, 1945

de rochers s'éboulèrent sur les corps en contrebas. Selon des témoins oculaires, on ne prit la peine d'établir aucune forme de discrimination entre officiers et soldats ordinaires, ou entre individus de bords politiques différents : « Il n'y eut aucun interrogatoire de prisonniers, aucun d'eux ne bénéficia de la moindre forme de procès, et il n'y eut non plus aucune sélection parmi eux. Tous ceux qui furent amenés à Kočevje étaient condamnés à mourir[20]. » Au moins 8 000 à 9 000 nationalistes slovènes furent tués de la sorte, ainsi que quelques Croates, Tchetniks monténégrins et membres des trois régiments du Corps des volontaires serbes[21]. Il y eut aussi une poignée de femmes parmi les victimes, et environ 200 membres du mouvement de jeunesse oustachi, âgés de quatorze à seize ans[22].

Des exactions similaires eurent lieu dans un gouffre à Podutnik, à quelques kilomètres à peine de Ljubljana. Comme la masse des corps en décomposition finit par contaminer la nappe phréatique de la ville, en juin un groupe de prisonniers de guerre allemands fut contraint d'exhumer les cadavres et de les enterrer convenablement dans des fosses communes que l'on venait de creuser[23]. Les partisans usèrent de toutes sortes de méthodes pour tuer leurs victimes. À Lasko et à Hrastnik, des collaborationnistes croates furent jetés dans des puits de mines, puis on lança sur eux des grenades à main[24]. À Rifnik, des prisonniers furent conduits dans un bunker, enfermés à l'intérieur, et on fit ensuite sauter le bâtiment avec eux[25]. Dans le camp de prisonniers de guerre de Bezigrad, des prisonniers furent enfermés à l'intérieur d'un réservoir entouré d'un mur d'enceinte, que l'on inonda, et ils périrent tous noyés[26]. En Istrie, à la frontière entre la Yougoslavie et l'Italie, des centaines de prisonniers italiens furent jetés dans des fosses escarpées et des ravins, où ils furent tués sur le coup[27].

Heureusement, comme à Maribor, certains réussirent à rester en vie. Un survivant, qui comme des centaines d'autres fut la cible des balles à Kamnik, raconte une histoire qui, n'étaient les circonstances terrifiantes qu'il décrit, paraîtrait presque comique. Ses camarades prisonniers et lui reçurent l'ordre de former un cercle, après quoi les gardes ouvrirent le feu sur eux. Quoique touché à la tête, il parvint malgré tout à survivre. Couché au milieu de ses camarades morts et mourants, il entendit les partisans se disputer :

> Ils étaient très contrariés car, lorsque ces idiots nous avaient ordonné de nous mettre en rond avant d'ouvrir le feu, ils s'étaient déployés eux aussi en cercle, autour de nous. Par conséquent, en tirant sur nous, ils se tiraient aussi dessus. En raison de leur stupidité, deux partisans furent tués et deux autres grièvement blessés[28].

La profusion de tels témoignages est en soi stupéfiante. Certains d'entre eux sont difficiles à croire, comme lorsque Milan Zajec affirme avoir passé cinq jours dans un charnier avant de réussir à s'en échapper, mais la majorité sont plausibles et contiennent de nombreux détails vérifiables[29] ; ils sont corroborés par des récits similaires de prisonniers allemands, de populations locales, et même par divers documents et témoignages de partisans[30]. Si d'autres preuves supplémentaires étaient nécessaires, elles nous sont fournies par les dizaines de charniers qui ont pu être localisés dans toute la région : au cours des années postérieures à la chute du communisme en Yougoslavie, certains de ces charniers ont été exhumés, et il existe désormais de nombreux monuments, en Slovénie et en Croatie, commémorant les victimes de Tito.

La plus grande question qui demeure, c'est celle de la motivation de ces massacres. Était-ce purement le désir de se venger d'anciens adversaires militaires, ou celui d'une justice sommaire vis-à-vis d'un régime qui avait été le premier à s'engager dans ce cycle d'atrocités ? Ces tueries étaient-elles motivées politiquement ou était-ce le résultat de la haine ethnique ? La réponse est simple : tous ces motifs coexistaient, et étaient souvent impossibles à démêler. Le régime oustachi en Croatie était fondé sur une idéologie d'ultranationalisme et de haine ethnique – l'exécution des soldats et des officiers associés à ce régime était donc un acte politique et ethnique, et considérée comme le juste châtiment, certes inspiré par la vengeance et se trompant trop souvent de cibles, du nettoyage ethnique auquel les Oustachis s'étaient eux-mêmes livrés pendant la guerre.

Mais ces subtilités échappaient souvent à ceux qui perpétraient ces tueries, ainsi qu'à leurs souffre-douleur : toutes les victimes que j'ai citées ont souligné qu'elles avaient été stigmatisées car croates – sans surprise, peut-être, au vu des opinions farouchement nationalistes de nombre d'entre elles. Les sources communistes elles-mêmes admettent que l'ethnicité était le facteur décisif dans cette violence officieuse post-conflit. En juillet 1945, les services de renseignements yougoslaves (l'OZNa) en Croatie rapportèrent que la « haine chauvine » s'était « tant échauffée entre les villages serbes et croates qu'ils se combatt[ai]ent presque mutuellement ». Après les hostilités, les meurtres et violences pour des motifs purement ethniques étaient chose courante, en particulier chez les nationalistes serbes de retour dans leurs villages après la cessation des hostilités, qui tournèrent leurs préjugés contre leurs voisins croates et bosniaques : « Pourquoi vous ne tuez pas tous les Croates ?, auraient demandé les Serbes à leurs compatriotes de leur village de Banija. Qu'est-ce que vous attendez[31] ? »

La Yougoslavie comme symbole de la violence paneuropéenne

Toutes ces tueries, du plus petit au plus vaste échelon, ont contribué à créer la perception d'ensemble d'une Yougoslavie terre de cruauté unique – une perception renforcée par la féroce guerre civile qui s'est déroulée là-bas dans les années 1990. La formule « violence balkanique » est couramment reprise d'un bout à l'autre de l'Europe pour désigner une forme particulièrement brutale de cruauté sanguinaire, et divers épisodes de l'histoire sont régulièrement invoqués pour soutenir cette hypothèse[32].

Il est vrai que les statistiques associées à la Yougoslavie de l'après-guerre sont saisissantes, sans égales dans aucun autre pays : quelque 70 000 hommes, troupes collaborationnistes et civils, y furent massacrés par les partisans au lendemain de la guerre ; rapporté à la population dans son ensemble, ce chiffre est plus de dix fois supérieur à ce qui se pratiqua en Italie et vingt fois supérieur à ce que connut la France[33]. À première vue, les récits qui émergent de la période de l'après-guerre paraissent étayer le stéréotype de cette cruauté yougoslave : Dusan Vukovic, qui se joignit aux partisans à l'âge tendre de onze ans, affirme avoir vu un Oustachi écorché vif, puis pendu par ce qui lui restait de peau à une branche d'arbre. « J'ai vu, de mes yeux vu, les partisans trancher les nez, les oreilles, arracher les yeux. Ils incisent des symboles divers dans la chair de leurs captifs, surtout quand ils pensent tenir entre leurs mains des membres de la Gestapo[34]. » D'autres témoins parlent d'un sadisme de pure routine, comme celui des gardes tuant leurs victimes lentement, à coups de couteau, montant sur des prisonniers comme sur des chevaux, ligotant des hommes et des femmes ensemble et les jetant dans une rivière pour les regarder se noyer[35].

Chiffres mis à part, toutefois, la violence à laquelle on se livra en Yougoslavie à la fin de la guerre n'était pas plus extrême que celle que connurent d'autres pays ; au contraire, les mêmes thématiques reviennent sur tout le continent. Il n'y a pas de différence entre les témoignages ci-dessus et les histoires de miliciens français qui, ayant arrêté des combattants de la Résistance sous l'Occupation, « leur arrachaient les yeux, leur logeaient des insectes dans les orbites et les leur recousaient[36] ». Les foules tchèques étaient tout aussi susceptibles d'inciser des symboles nazis dans la chair des SS sur lesquels elles mettaient la main, ou les maquisards belges de brûler vifs les collaborationnistes, sans sourciller[37]. Dès lors, malgré les stéréotypes en vigueur, la cruauté que connut cette malheureuse région des Balkans ne doit pas être considérée comme unique – mais plutôt comme emblématique d'une déshumanisation qui s'était emparée de tout le continent.

La dimension ethnique de la violence n'est pas non plus un trait distinctif propre à la Yougoslavie : une telle tension a certes pu être absente d'une bonne part de l'Europe occidentale, mais, comme je l'ai montré, elle faisait partie intégrante de la guerre et de ses lendemains en Tchécoslovaquie, en Pologne et en Ukraine ; il y eut aussi de nombreux conflits plus restreints, limités à l'échelon régional, impliquant des minorités et dont certains étaient tout aussi violents.

En fait, le seul caractère proprement unique de la Yougoslavie, c'est qu'elle incarne fort bien, et simultanément, tous les thèmes que j'ai abordés jusqu'à présent. Comme dans le reste de l'Europe, l'essentiel de la violence y était motivé par un simple désir de vengeance. Après la fin du conflit, là encore comme dans le reste de l'Europe, on camoufla les divisions causées par la guerre sous l'édredon d'une mythologie commode. Après la guerre, l'effondrement de toute notion d'ordre public n'était pas différent là-bas de ce qu'il était dans d'autres régions dévastées du continent. Le manque de confiance envers les nouvelles forces de police, que le peuple redoutait « autant qu'une populace de pillards », n'y différait guère de la peur que les Polonais, les Roumains, les Hongrois, les Autrichiens et les Allemands de l'Est éprouvaient envers leurs propres milices (ou d'ailleurs envers les soldats soviétiques)[38]. Le manque de confiance envers les tribunaux y était le même qu'en France et en Italie et, comme dans ces deux pays, conduisait souvent les gens à se faire justice eux-mêmes. Des prisons clandestines, officieuses, y furent aménagées pour les collaborationnistes, à l'exemple de la France et de la Tchécoslovaquie ; des goulags y furent créés pour des prisonniers de guerre, semblables à ceux qui avaient vu le jour en Union soviétique. Des populations d'Allemands et de Hongrois en furent expulsées, comme elles l'avaient été d'autres pays d'un bout à l'autre du continent.

Seule l'implication de l'État yougoslave laisse entrevoir une nouvelle thématique que je n'ai pas encore traitée en profondeur – l'idée que l'essentiel de cette violence était motivé par des considérations politiques. La quasi-totalité des événements que j'ai décrits dans ce livre furent le fait d'individus ou de groupes agissant en dehors de tout contrôle étatique, finalement ramenés dans le droit chemin par l'action conjointe des armées alliées et de responsables politiques au sens traditionnel du terme ; en Yougoslavie, l'État lui-même fut l'instigateur de ces violences, les Alliés étaient absents, et les politiques traditionnels y avaient été remplacés par des révolutionnaires. Il n'est donc guère surprenant que ces combattants aient rétabli l'ordre public en adoptant une méthode manifestement peu nuancée.

Le bras droit de Tito, Milovan Djilas, résuma succinctement leurs méthodes lors d'une interview publiée par un magazine britannique en 1979 : « La Yougoslavie était livrée au chaos et à la destruction. Il n'y avait plus de tribunaux normalement constitués. Il n'y avait aucun moyen d'étudier de manière fiable les 20 000 à 30 000 dossiers des justiciables incriminés. Dès lors, la seule issue commode consistait à les fusiller, pour en finir ainsi avec ce problème[39]. » Alors que les Français et les Italiens s'efforcèrent de se débarrasser de leurs collaborationnistes dans le cadre des tribunaux, pour déplorer ensuite l'inadaptation de ces purges, Tito reconnut les lacunes de son système judiciaire, qu'il passa par pertes et profits : « Nous y avons mis un terme, rappela-t-il à une date ultérieure, une fois pour toutes[40]. »

Il ne fait pas de doute que les massacres survenus dans la Fédération après la guerre eurent, au moins en partie, des motivations politiques : les communistes ayant l'intention de forcer la Croatie et la Slovénie à intégrer la Fédération yougoslave, cela n'avait aucun sens de permettre à des dizaines de milliers de fervents nationalistes croates et slovènes de mettre en péril cette union. Et Tito ne pouvait pas non plus laisser perdurer les Tchetniks royalistes de Mihailović, qui auraient mis en pièces sa vision de la Yougoslavie communiste. Dès lors, il fallait régler le sort de ces deux groupes, d'une manière ou d'une autre ; ceux qui ne furent pas fusillés restèrent en prison pendant des années ou parfois des décennies.

Malheureusement, la violence d'État répondant à des motivations politiques ne fut pas non plus un choix propre à la Yougoslavie : partout en Europe, d'autres groupes communistes se montrèrent le cas échéant plus subtils dans leur quête du pouvoir, mais pas moins impitoyables, et tout aussi enclins au recours à la violence dès qu'ils la jugeaient nécessaire. Pour des millions de gens, dans toute la partie orientale du continent, la fin de la guerre ne fut donc nullement un signal de « libération », mais tout simplement synonyme d'une nouvelle ère de répression d'État. La terreur nazie n'était plus, la terreur communiste allait commencer.

21

Tolérance à l'Ouest, intolérance à l'Est

La Deuxième Guerre mondiale et ses retombées créèrent un contraste à la fois inédit et inquiétant entre les moitiés est et ouest du Vieux Continent. À l'Ouest, le climat était devenu bien plus cosmopolite que la population d'avant guerre n'aurait jamais pu l'imaginer. Le conflit avait transformé Londres en épicentre diplomatique de tous les gouvernements expatriés d'Europe, et en lieu de rassemblement de toutes les forces armées du monde. Les cafés de Paris ou Berlin avaient toujours été fréquentés par des clients de l'Europe entière : après la guerre, ils étaient aussi bondés d'Australiens, de Canadiens, d'Américains et d'Africains, de visages noirs et blancs. Des régions rurales d'Allemagne qui, avant la guerre, avaient rarement vu un étranger étaient maintenant noyées sous un flot de Polonais, d'Ukrainiens, de Baltes, de Grecs et d'Italiens. Les Autrichiens, qui n'avaient encore jamais vu de physionomies noires, devaient maintenant s'habituer à se mêler à des Américains, des Marocains, des Algériens et des Sénégalais. Malgré un certain racisme inévitable, et beaucoup de récriminations à propos de ces « Polonais ivrognes » ou de ces « Ukrainiens sans foi ni loi », ce nouveau cosmopolitisme était généralement toléré[1].

À l'Est, en revanche, le cosmopolitisme qui datait de plusieurs siècles avait été détruit partiellement, si ce n'est totalement dans bien des régions. La guerre avait balayé la plupart des juifs et des Tsiganes ; elle avait dressé des voisins les uns contre les autres, à un degré sans précédent – les Slovaques contre les Magyars, les Ukrainiens contre les Polonais, les Serbes contre les Croates, et ainsi de suite. En raison de ces événements, après le conflit, des communautés entières furent traitées en boucs émissaires ou stigmatisées comme un ramassis de collaborateurs et de fascistes, simplement en raison de leur origine « raciale » ou ethnique. Des minorités qui, au cours des siècles, s'étaient intégrées à la société est-européenne avaient été déracinées, déplacées, parfois en l'espace de quelques heures.

La différence entre les deux moitiés du continent résultait en partie d'évolutions lentes. La question des minorités ethniques avait toujours été un problème à l'Est, surtout depuis le morcellement des anciens Empires russe et austro-hongrois : dès avant 1939, des éruptions de violence nationaliste avaient essaimé dans nombre de régions d'Europe orientale. Mais ces problèmes ne mûrirent qu'avec l'entrée dans la guerre : les nazis et leurs alliés ne se contentèrent pas de conférer une nouvelle dimension meurtrière aux préjugés raciaux, ils attisèrent la haine entre groupes ethniques rivaux comme un moyen de les diviser et de les conquérir. En conséquence, non seulement on apprit à des groupements comme l'UPA en Ukraine ou les Oustachis en Croatie à opérer des massacres à grande échelle rien qu'en observant de près le déroulement de l'Holocauste, mais on leur fournit l'occasion de se lancer dans leurs propres génocides. Rien de tout cela n'arriva en Europe occidentale : à l'Ouest, la brutalité nazie fut plus modérée, le génocide des juifs s'y déroula loin des regards de la population, et les tensions nationalistes y représentaient rarement un enjeu.

Mais les différences dans la manière de conduire la guerre ne sont pas la seule raison expliquant pourquoi les tensions ethniques se révélèrent bien plus graves à l'Est qu'à l'Ouest : les régimes politiques d'après guerre étaient très différents, et ils y eurent aussi leur part de responsabilité. À l'Ouest, les Alliés imposèrent un système qui non seulement requérait l'harmonie entre différents groupes ethniques, mais leur apportait aussi un exemple de cette harmonie en actes : les armées de l'Ouest comprenaient des éléments issus de plusieurs dizaines de pays et des six continents ; leurs gouvernements militaires comptaient des représentants des quatre grandes puissances mondiales, tous obligés de s'entendre. On peut aussi considérer que le cosmopolitisme des pouvoirs occidentaux suffisait à détourner les individus de leurs préjugés ; ainsi, en Belgique, les Wallons craignaient bien trop de voir leurs filles maltraitées par des soldats américains pour se soucier de la question bien moins alarmante de leurs relations avec leurs compatriotes et voisins flamands[2].

On aurait attendu des Soviétiques qu'ils imposent des comportements similaires dans la partie orientale de l'Europe : leur doctrine internationaliste exigeait des travailleurs de toutes les nations qu'ils s'unissent dans la poursuite de leurs objectifs communs. Mais, en réalité, ils se firent les chantres de la persécution des minorités tant à l'intérieur de l'URSS que dans les pays d'Europe orientale qui deviendraient bientôt des États satellites soviétiques. Ce furent les Soviétiques qui poussèrent à des échanges de population entre la Pologne et l'Ukraine ; ce furent eux aussi qui soutinrent l'expulsion décidée par Varsovie des Allemands des « Territoires récupérés », et qui insistèrent pour que l'on procède à des expulsions similaires d'Allemands du reste de l'Europe orientale. Lors de la Conférence de la paix qui se tint à Paris, lorsque les Britanniques et les Américains dénièrent à la Tchécoslovaquie le droit de chasser sa minorité hongroise, la délégation soviétique s'y montra au contraire vivement favorable, et milita en faveur de déportations ethniques similaires dans tous les pays où elle était devenue la puissance dominante[3].

Au lieu de lutter contre la haine ethnique et raciale dans les régions qu'ils contrôlaient, les Soviétiques cherchèrent à l'exploiter : les politiques nationalistes et racistes qui balayèrent l'Europe orientale pouvaient en effet leur convenir à plus d'un titre. D'abord, les populations déplacées étaient beaucoup plus faciles à contrôler que les populations retranchées dans leurs territoires d'origine et leurs traditions. Le chaos généré par les déportations produisit aussi un contexte idéal pour qui voulait prêcher la révolution : les terres et les entreprises que ces déportations laissaient derrière elles pouvaient être loties et redistribuées entre les travailleurs et les démunis, manière de mettre en œuvre un programme communiste. Cela engendrait aussi de nouvelles loyautés parmi les destinataires de ces terres, qui considéraient le Parti communiste comme leur bienfaiteur ; en assurant la promotion du communisme d'un bout à l'autre de l'Europe, les Soviétiques assuraient aussi celle de la fidélité envers Moscou, foyer du communisme international.

Malheureusement pour eux, la majorité des nationalistes ne se laissèrent pas si aisément embrigader dans la cause du soviétisme. S'ils étaient satisfaits qu'une superpuissance soutienne leurs politiques de déportation, ils ne se résolvaient pas volontiers à lui laisser les mains libres. Et ils n'avaient guère envie de céder le pouvoir aux communistes locaux – qu'ils considéraient avant tout comme les valets de l'URSS – sans les avoir affrontés.

Les Alliés occidentaux ne furent pas moins difficiles à convaincre : après avoir vu de quelle manière s'exerçait le pouvoir soviétique en Europe orientale, ils commencèrent à suspecter que les Allemands déportés n'étaient pas les seuls dont les Soviétiques entendaient ignorer les « souhaits librement exprimés ».

Ainsi, alors que les lendemains de la guerre coïncidaient avec un accroissement atterrant de la violence ethnique, un nouveau conflit plus profond couvait. À l'échelle locale, il verrait une série de luttes de pouvoir entre nationalistes et communistes dans certains pays ; à l'échelle européenne, il déclencherait des affrontements entre superpuissances et annoncerait une nouvelle ère de guerres civiles, d'une ampleur continentale.

QUATRIÈME PARTIE

LA GUERRE CIVILE

« Nous qui avons vu l'Europe libérée, nous savons que la peur des communistes de voir les hommes s'accrocher à la liberté est une crainte légitime. Il se peut que cette vérité-là motive ce qui se présente, de la part des communistes, comme une intention agressive d'abattre toutes les structures gouvernementales fondées sur la liberté individuelle. »

Dwight D. Eisenhower, 1948[1].

22

Les guerres emboîtées

À l'automne 1943, un groupe de partisans italiens se cachait dans les forêts alpines de Vénétie septentrionale quand survint un événement qui allait soumettre leur loyauté à rude épreuve. L'unité faisait partie d'une brigade communiste attachée non seulement à combattre les Allemands, mais aussi à lutter contre les classes dirigeantes fascistes officiellement au pouvoir en Italie du Nord. Cette brigade ne s'était formée qu'à une date toute récente, et demeurait encore une force de guérilla assez inexpérimentée.

Un jour, selon des membres du groupe, l'unité tomba sur trois soldats allemands, des blessés en convalescence dans la région sortis se promener à travers bois, ignorants qu'ils étaient de la présence dangereuse de ces « bandits ». Les partisans furent obligés de les capturer, ce qui leur aurait très bien convenu, n'était le dilemme auquel ils étaient maintenant confrontés : quel sort devaient-ils réserver à leurs prisonniers ? Selon le cours normal des choses, ils auraient dû les interner dans un camp, mais les réalités de la guérilla rendaient la chose impossible. Après de longues palabres, ils en conclurent qu'ils n'avaient pas d'autre choix que de les abattre.

Cette décision jeta immédiatement le plus grand trouble parmi les partisans : aucun d'eux n'avait envie d'assumer cette sinistre besogne, et cette sentence amena un certain nombre d'entre eux à exprimer leur profonde perplexité. Lors de leur interrogatoire, les trois Allemands leur avaient révélé qu'en temps de paix ils étaient de simples ouvriers. Dès lors, pour des communistes, il ne serait sans doute pas juste de tuer des camarades travailleurs, même allemands. Qui plus est, il s'agissait tous de conscrits et, en tant que tels, de victimes des forces capitalistes, qui les avaient obligés à combattre contre leur volonté. Après de longues palabres et de nouveaux interrogatoires, l'unité mit la décision aux voix, et il fut décidé qu'ils libéreraient leurs prisonniers.

Cette histoire aurait pu offrir un exemple rare et réconfortant d'empathie entre victimes, s'il n'y avait eu une suite : trois jours plus tard, agissant sur la foi de renseignements émanant des trois Allemands libérés, la Wehrmacht effectua une descente dans toute la région et entreprit une battue en règle. En laissant la vie sauve à ces soldats, les partisans n'avaient pas fait progresser la cause du communisme international, mais tout bonnement risqué leur propre anéantissement. Jamais ils ne rééditeraient pareille erreur : à partir de ce jour-là, ils abattirent tous leurs prisonniers sans le moindre remords[1].

Avec le recul et la sécurité que nous offre le XXIe siècle, nous avons tendance à imaginer la Deuxième Guerre mondiale comme un conflit unique, sans ambiguïté, entre les Alliés d'un côté et l'Axe de l'autre. Dans notre mémoire collective, les motivations et les allégeances de chaque camp sont transparentes : les nazis et leurs complices combattaient pour la domination de l'Europe, alors que les Alliés combattaient pour un « monde libre ». C'était une guerre de la justice contre l'injustice ou même, de façon encore plus simpliste, du bien contre le mal.

La réalité était naturellement beaucoup plus compliquée. En ce qui concerne les partisans italiens, protagonistes de cet épisode, ils avaient au moins trois raisons concomitantes de se battre : premièrement, bouter les Allemands hors de la Péninsule, deuxièmement, vaincre les fascistes qui exerçaient leur mainmise sur le pays depuis les années 1920 et, enfin, provoquer une révolution sociale qui chasserait les maîtres et les institutions capitalistes et rendrait le pouvoir aux travailleurs et aux paysans d'Italie. Tout comme les partisans de la Yougoslavie voisine, ils menaient donc en parallèle trois guerres distinctes : une guerre nationale, une guerre civile et une guerre de classes[2]. Comme cette anecdote de Vénétie le démontre, il était parfois difficile pour les groupes de partisans de discerner à laquelle de ces trois guerres ils devaient accorder la priorité.

Des situations comparables se présentèrent d'un bout à l'autre de l'Europe, tant pendant la Deuxième Guerre mondiale qu'après. Des dizaines d'autres affrontements plus localisés se dissimulaient au sein du conflit central, répondant tous à des motivations différentes au sein de chaque pays et de chaque région concernés. Dans certains cas, il s'agissait de conflits de classes ou touchant à d'autres divergences politiques ; parfois, comme je l'ai déjà montré, il s'agissait de conflits autour de la notion de race ou à caractère nationaliste. Ces conflits alternatifs, parallèles, ont été l'objet de peu d'attention par le passé, tant ils allaient à l'encontre de nos conceptions soigneusement arrêtées sur la Deuxième Guerre mondiale.

J'ai mentionné à plusieurs reprises le fait que nos souvenirs de la guerre se fondent sur les mythes d'une unité nationale : à ce stade, il est opportun d'expliquer au juste à quel point ces mythes sont en réalité peu convaincants. Ainsi, la France n'était nullement unifiée, ni pendant ni après la guerre. Physiquement, elle était scindée en deux, entre le Nord et le Sud-Est qui furent libérés par les Alliés, les régions du Centre et du Sud-Ouest qui se libérèrent toutes seules et, pendant un temps, de vastes poches à l'Est et le long du littoral atlantique qui restaient sous occupation allemande. Politiquement, elle était divisée entre les groupes qui ne souhaitaient qu'une chose, restaurer le *statu quo* en vigueur en France avant guerre, et ceux qui, à l'instar des communistes, voulaient une révolution sociale à part entière. Les forces de la Résistance au plan national – les Forces françaises de l'Intérieur, ou FFI – se façonnèrent à partir de groupes disparates qui n'avaient rien en commun, en dehors de leur souhait partagé de voir le régime de Vichy mis à bas. Une fois cet objectif atteint, il n'y avait plus aucune raison de maintenir cette unité, et différents éléments de la Résistance ne tardèrent pas à renouer avec les affrontements qui les opposaient.

En France, le principal conflit interne se joua entre les forces de la gauche, en particulier la puissante organisation des Francs-Tireurs et Partisans (FTP), et celles du centre droit, autour du général de Gaulle. Pourtant, même au sein de ces groupes, de violentes divisions se manifestaient. Par exemple, la gauche était déchirée entre des factions rivales – communistes contre anarchistes, staliniens contre trotskistes, et ainsi de suite – qui s'accusaient souvent d'espionnage pour le compte des autorités de Vichy. À ce jour, il est impossible de dire si certains de ceux que l'on fusilla comme informateurs étaient d'authentiques agents vichystes ou de simples victimes d'une purge communiste interne au niveau local[3]. Les communistes espagnols, qui avaient fui en France à la fin de la guerre d'Espagne, avaient la réputation de se montrer particulièrement impitoyables sur ce plan : selon une source, quelque 200 réfugiés espagnols furent assassinés au cours des trois derniers mois de 1944 – non pour des raisons liées à l'Occupation, mais parce que les staliniens trouvaient dans la Libération une période commode pour se débarrasser de leurs rivaux non staliniens[4].

Dès lors, malgré un semblant d'unité au niveau national, cette concorde était absente à tous les échelons au niveau régional. Il en allait de même en Italie, où la coalition entre francs-tireurs communistes et antifascistes plus modérés se délita rapidement, dès la fin des hostilités. C'était aussi vrai en Grèce, où les divers mouvements de résistance s'opposèrent d'emblée, violemment, à leurs droits respectifs et conclurent même localement des pactes avec les Allemands afin de pouvoir se concentrer chacun de leur côté sur la guerre qu'ils entendaient mener. C'était également vrai en Slovaquie, où le soulèvement contre les forces allemandes, en 1944, s'attira une réaction nettement mitigée parmi la population, qui n'était pas certaine de vouloir lier sa destinée à celle des Soviétiques, des nazis, des Tchèques, ou s'opposer à eux tous. Et la liste ne s'arrête pas là.

La reconnaissance du caractère parallèle de ces guerres locales emboîtées dans la guerre mondiale est toujours restée un sujet controversé, car elle entraîne d'énormes conséquences – non seulement pour les historiens, mais pour la société au sens large. Premièrement, nos histoires et nos mythes issus de la Deuxième Guerre mondiale possèdent une dimension politique : si nous voulons nous remémorer la guerre comme une bataille assez simpliste entre le bien et le mal, ce n'est pas sans raison. Toute mutation de cette remémoration modifie aussi notre perception de nous-mêmes : non seulement elle entame certaines de nos idées les mieux arrêtées sur le bon et le mauvais camp, mais, à tort ou à raison, elle fournit aussi aux « méchants » d'antan une occasion de se réhabiliter. D'un bout à l'autre de l'Europe, les groupes néofascistes ont toujours justifié l'action de leurs prédécesseurs pendant la guerre, puis les leurs, en soutenant qu'ils se bornaient à combattre le « pire des maux », le communisme international ; depuis l'éclatement de l'Union soviétique, au début des années 1990, leurs arguments ont gagné du terrain.

Ensuite, et de façon plus immédiate, la reconnaissance de ces guerres parallèles remet en question toute notre conception de ce que fut exactement la Deuxième Guerre mondiale : si la guerre internationale contre l'Allemagne ne fut qu'une ramification d'un conflit plus général, alors il va sans dire que la défaite du Reich n'a pas nécessairement mis un terme aux combats. L'achèvement du conflit principal n'a pas signifié pour autant la fin de ces divers conflits secondaires, loin s'en faut ; parfois, l'absence d'ennemi extérieur a simplement laissé toute latitude aux populations locales pour se concentrer plus efficacement sur leur volonté de s'entretuer. Nous avons déjà vu en quoi cela s'est vérifié à un niveau régional, avec des conflits spécifiques entre différents groupes ethniques ; mais ce fut aussi vrai sur un plan plus général, dans la bataille à l'échelle européenne entre la droite et la gauche.

Les chapitres qui suivent me permettront d'exposer les grandes lignes de quelques épisodes parmi les plus violents de l'histoire de l'après-guerre, et je montrerai en quoi il ne s'agissait en réalité nullement de conflits d'« après guerre ». Certains d'entre eux n'étaient que la continuation pure et simple de combats nés durant la Deuxième Guerre mondiale, qui n'avaient pas encore atteint leur seuil critique ; d'autres furent le moment paroxystique de tensions qui couvaient depuis des décennies, et se poursuivraient pendant des décennies après la fin des hostilités.

Dans chaque cas, du moins jusqu'à un certain degré, l'issue de ces conflits était jouée d'avance : une fois que Churchill, Roosevelt et Staline eurent tracé à grands traits les contours de leurs sphères d'influence respectives à Moscou, Yalta et Potsdam, aucune des trois grandes puissances n'était encline à tolérer la moindre déviation d'importance par rapport au système politique qu'elle représentait. On était entré dans l'ère des superpuissances, et les différences politiques locales durent être reléguées au second plan, derrière la politique de ces superpuissances. Dans certains pays considérés isolément, les guerres civiles devinrent l'expression d'une nouvelle guerre civile continentale entre les forces du communisme, soutenues par l'URSS, et celles du capitalisme, soutenues par les États-Unis. Les idéalistes qui espéraient sincèrement que les « peuples libres » seraient autorisés à « façonner leur destin à leur manière » s'exposeraient bientôt à de cruelles déceptions[5].

23

Violence politique en France et en Italie

À la fin de la Deuxième Guerre mondiale, après que les esprits se furent un peu calmés, les peuples d'Europe commencèrent à rechercher des explications aux événements qu'ils venaient de vivre. Des questions demeurées à l'état latent tout au long des années de guerre étaient maintenant formulées sans détour. Comment le monde avait-il pu se laisser entraîner dans un deuxième conflit dévastateur si peu de temps après le premier ? Pourquoi n'avait-on pas stoppé Hitler plus tôt ? Pourquoi leurs responsables politiques ne les avaient-ils pas protégés de l'occupation, de l'exploitation, de la dévastation ? Qui étaient les responsables, et pourquoi ne les obligeait-on pas à répondre de leurs actes ?

Sans surprise, quantité de gens tenaient désormais les anciennes classes dirigeantes dans un certain mépris. On tenta de soumettre les institutions du continent à des purges, mais aux yeux de certains, le système politique tout entier était fautif, et si les peuples voulaient s'épargner d'autres guerres et d'autres injustices à l'avenir, ils devaient trouver de nouvelles méthodes de gouvernement, plus ouvertes et plus diversifiées. Un vent de radicalité s'était levé, et il apporterait avec lui certains des épisodes les plus violents et les plus tragiques de la période.

Si les Alliés avaient besoin qu'on leur prouve à quel point les attitudes des peuples avaient changé, ils en reçurent la démonstration presque aussitôt après avoir posé le pied sur le continent. En septembre 1943, alors qu'elles étaient occupées à chasser les Allemands de l'Italie du Sud, les troupes britanniques et américaines eurent la surprise de découvrir que beaucoup de villages qu'elles avaient libérés se déclaraient en rébellion ouverte – non pas contre les Alliés, ni même contre les Allemands, mais vis-à-vis de l'État italien proprement dit. Après plus de vingt années de régime fasciste, nombre de ces villages en avaient assez des pouvoirs venus de l'extérieur. Calitri, en Campanie, en offre un parfait exemple : après la Libération, sa population tint une réunion publique au cours de laquelle elle déclara à l'unanimité son intention de régler ses affaires toute seule ; pour signifier leur détermination, les villageois rebaptisèrent les territoires alentour « République de Battocchio », du nom de leur chef, et proclamèrent leur indépendance vis-à-vis de la Péninsule[1].

Dans le vaste tableau général de l'après-guerre, l'événement serait resté relativement insignifiant s'il avait été unique, mais en réalité ce ne fut qu'un village parmi beaucoup d'autres, en Italie du Sud, en Sicile et en Sardaigne, qui adoptèrent de telles mesures. Dans chaque cas, la première initiative ou presque des villageois fut d'occuper des parcelles de terres en friche qui appartenaient aux aristocrates locaux, à l'État ou à l'Église. De solides raisons les y incitaient : ils avaient faim et considéraient ces terres que personne ne cultivait comme un gâchis de ressources qui pourraient leur servir à se nourrir et leur permettre de rapporter un peu d'argent à la collectivité. Dans beaucoup de régions, les paysans se souvenaient encore de la saisie des terrains communaux par des aristocrates rapaces à l'époque du *Risorgimento* – quant à eux, ils se bornaient, estimaient-ils, à redresser des torts historiques en reprenant ce qui leur appartenait.

Inutile de le préciser, les propriétaires n'étaient pas tout à fait de cet avis ; surtout, les nouvelles autorités (qui, pour l'essentiel, n'avaient rien de bien neuf) étaient en faveur du maintien du *statu quo*. À Calitri, quelques jours plus tard, les troupes alliées et les *carabinieri* pénétrèrent dans le village, supprimèrent cette république et rendirent les terres – toujours en jachère – à leurs anciens propriétaires. Le phénomène se reproduisit partout. À Oniferi, en Sardaigne, une bataille rangée dura deux jours, entraînant la mort d'un villageois et en blessant plusieurs autres. En Calabre, la « République paysanne de Caulonia », qui vit des révoltes éclater à Stignano, Stilo, Monasterace, Riace, Placanica, Birongi, Camini, Pazzano et dans de nombreuses autres communes, fut aussi sévèrement réprimée[2].

Que de tels événements aient été possibles dans le sud de l'Italie montre la profondeur de la fracture au lendemain du conflit mondial : certains villages s'estimaient en droit de se déclarer républiques indépendantes car ils étaient coupés du gouvernement central, à la fois physiquement et politiquement ; ils considéraient le vide politique temporaire créé par la guerre comme une petite fenêtre d'opportunité leur permettant de prendre le pouvoir. Néanmoins, autre aspect plus significatif, ces événements attestent des efforts que certains villages étaient prêts à consentir pour obtenir l'adoption de réformes de société. Contre toute attente, aucun de ces soulèvements ne fut organisé par le Parti communiste italien, qui, de son propre aveu, était pratiquement absent du sud de l'Italie avant 1945 ; il s'agissait de protestations spontanées, organisées localement par des gens écœurés par tant d'injustice sociale[3].

Après la guerre, l'appétit de réformes de la société – non seulement dans la Péninsule, mais dans toute l'Europe – était immense. C'est cet appétit qui conduisit à la naissance de dizaines de nouveaux partis politiques d'un bout à l'autre du continent ; ils engendrèrent des centaines de nouveaux journaux dans lesquels des plumes orientées à gauche débattaient du meilleur moyen d'amener le changement social. Ce fut aussi cet appétit qui inspira des manifestations de soutien aux droits des travailleurs, à la réforme économique et à l'action immédiate contre l'injustice sociale et juridique. La période de l'après-guerre vit une explosion de prises de position de gauche qui, dans les faits, marquaient la renaissance de tout ce qui avait été si brutalement réprimé sous l'occupation nazie. Au lendemain de la guerre, même la Grande-Bretagne, qui n'avait jamais été occupée, vota pour la réforme : à l'été 1945, elle remercia l'administration de centre droit de Churchill et élut le gouvernement le plus radicalement à gauche de l'histoire britannique.

Dans la quasi-totalité de l'Europe, les organisations politiques les mieux placées pour tirer profit de ce virage vers la gauche étaient les partis communistes : non seulement ils étaient idéalement équipés pour exploiter cette volonté ardente de réforme sociale, mais le simple fait d'avoir formé l'ossature de la résistance armée à la domination nazie leur conférait un certain prestige moral. Si l'on ajoute leur lien avec l'Union soviétique, considérée par beaucoup comme le véritable vainqueur de la Deuxième Guerre mondiale, on comprend qu'ils finirent par être perçus comme une force irrésistible dans la politique européenne. La mémoire collective de la guerre froide est quelque peu voilée par le fait que, pour d'importants segments de la population européenne, les communistes étaient considérés comme des héros, et non comme les forces du mal dans l'histoire.

Qui plus est, ce n'était pas dans les pays qui formeraient ensuite le bloc de l'Est que leur popularité serait la plus marquée, mais à l'Ouest : lors des scrutins de la période en Norvège et au Danemark, les communistes remportèrent 12 % des suffrages, en Belgique 13 %, en Italie 19 %, en Finlande 23,5 % et, lors des élections de novembre 1946 en France, ils obtinrent un résultat écrasant, avec 28,8 % des voix, devenant ainsi la première force politique du pays[4]. Surtout, le Parti communiste possédait un vaste vivier de militants dévoués : dans l'Hexagone, par exemple, il comptait 900 000 adhérents, et 2 250 000 millions en Italie – bien plus qu'en Pologne ou en Yougoslavie. À l'Ouest, le communisme était un mouvement immensément populaire et généralement de caractère démocratique[5].

Pourtant, ils n'étaient pas si rares en Europe à juger cette popularité profondément gênante. Bien avant son fameux discours du « rideau de fer » prononcé à Fulton, dans le Missouri, Churchill tempêtait contre les maux totalitaires du socialisme « ou, sous sa forme la plus virulente, du communisme[6] ». Parmi les nombreuses formations politiques qui n'inspiraient que méfiance à Charles de Gaulle, les communistes venaient en tête de liste. En Italie, le dirigeant chrétien-démocrate Alcide de Gasperi confia à des amis qu'il « redoutait que la future République ne penche trop vers la gauche. L'unité des communistes, leur courage, leur organisation, leurs moyens, en faisaient un bloc disposant du même pouvoir que le fascisme de la vieille école[7] ». Même le Département d'État américain s'inquiétait du « développement d'un scénario en Europe avec de la part des communistes des tentatives d'exercer une influence disproportionnée par rapport à leurs effectifs réels et d'éliminer leurs adversaires, soit en les stigmatisant devant l'opinion, soit, si possible, par l'épuration[8] ».

Cette crainte et cette méfiance venaient de ce que le communisme, de par son idéologie, s'opposait à l'idéal pour lequel tant de gens avaient combattu tout au long de la guerre : leur souveraineté nationale. Le but ultime du communisme n'était pas la libération de la France ou de l'Italie, mais la fusion des classes laborieuses de toutes les nations en une fraternité supranationale. Ce qui inquiétait tant de politiques européens, c'était donc que les communistes placent les intérêts de classes au-dessus des intérêts nationaux. De Gaulle, en particulier, ne pouvait s'empêcher de se souvenir que les communistes français avaient refusé de combattre l'Allemagne en 1939 et en 1940 parce que celle-ci était encore, à l'époque, l'alliée de l'Union soviétique ; en d'autres termes, entre deux options, la France ou l'Union soviétique, ils avaient choisi l'URSS.

Sur un plan plus prosaïque, les communistes touchaient beaucoup trop de points sensibles pour qu'une majorité de la population européenne se résolve sereinement à leur ascension. Non seulement ils étaient opposés à tout ce que les classes moyennes avaient de plus cher, comme l'Église, la famille et le caractère inviolable de la propriété privée, mais ils préconisaient aussi le recours à la violence pour parvenir à leurs fins : selon le *Manifeste du Parti communiste*, ils ne désiraient rien tant que le « renversement violent de tout l'ordre social passé[9] ».

Après des années d'un conflit d'une grande sauvagerie, une nouvelle guerre, de classes cette fois, était bien la dernière chose que souhaitaient les peuples ; malheureusement, dans certaines régions, tel fut exactement le sort qu'on leur réservait.

Les cibles de la violence politique

Les Partis communistes français et italien ayant pu faire l'objet de certaines affirmations extravagantes, il n'est pas inutile de clarifier d'emblée un ou deux aspects. Premièrement, aucune information probante ne suggère que, dans ces deux pays, la direction du Parti communiste ait eu l'intention de s'emparer du pouvoir aussitôt après la Libération ; et elle n'autorisa pas davantage la violence politique – à vrai dire, elle semble avoir déployé tous les efforts possibles pour la décourager. Le secrétaire général du Parti communiste italien (PCI), Palmiro Togliatti, se rendit en personne dans les régions les plus indisciplinées du pays afin d'inviter les dirigeants régionaux et provinciaux du PCI à mieux contrôler leurs adhérents et à veiller à ce que les tueries cessent. Tant en privé qu'en public, il réitéra régulièrement sa position : tout mouvement de mutation sociale devait s'effectuer par des moyens démocratiques et non violents. Il alla même jusqu'à exclure du parti certains de ceux qui défendaient le recours à la violence[10]. De la même manière, Maurice Thorez, secrétaire général du PCF, signifia très clairement : « Nous devons chérir l'unité nationale plus que ce que nous chérissons nous-mêmes » – en d'autres termes, les communistes devaient sacrifier leur désir d'un changement social radical à la reconstruction du pays. Le gouvernement rendit un hommage appuyé à la direction du parti et à Thorez pour leurs efforts visant à restaurer l'ordre public[11].

Toutefois, ce n'est pas parce que la direction du parti exprimait le désir de coopérer avec ses adversaires politiques que la base le souhaitait autant qu'elle : tant en Italie qu'en France, il y avait une fracture entre les « politiciens » et les « partisans ». Ces derniers, qui avaient endossé tout le poids de la lutte, estimaient avoir gagné le droit de dicter leur politique aux premiers : selon le propos de Walter Sacchetti, l'un des dirigeants des francs-tireurs italiens, *« siamo noi che vi abbiamo liberati »* (« c'est nous qui vous avons libérés »)[12]. Dès les premiers temps de la Libération, de part et d'autre des Alpes, ils furent nombreux, parmi les cadres, à être profondément déçus par l'orientation qu'adopta la direction de leur parti ; beaucoup de partisans, dans les provinces italiennes et françaises, se mirent à ignorer les instructions et à se faire justice eux-mêmes. Une minorité alla même jusqu'à organiser des purges, certes à petite échelle, celle de la région, contre les ennemis de classes traditionnels ; dans les faits, elles prirent la forme de véritables révolutions miniatures.

Il est difficile de savoir au juste ce que cette minorité violente espérait obtenir. En l'absence de tout soutien de la direction du parti, il est peu probable que ses actions aient pu leur permettre d'engranger des gains politiques à long terme – et, pourtant, ses motivations étaient indéniablement politiques. Le meilleur moyen de comprendre ses objectifs serait peut-être de s'intéresser à l'identité de ses victimes, et de montrer ce que les uns et les autres avaient éventuellement en commun.

Dans ces révolutions miniatures, les forces de police constituaient souvent la première cible des communistes. Ce n'est pas surprenant, étant donné le rôle de soutien que la police avait joué en temps de guerre auprès de gouvernements discrédités. Toutefois, il semble que nombre de ces attaques aient eu peu de rapport avec les actes de collaboration éventuels de ces policiers, et tout à voir avec de vieilles rancunes. Ainsi, dans plus d'une région française, dès le début du conflit, la police avait procédé à des rafles chez les communistes, car leur loyauté envers Staline (qui, à l'époque, était l'allié de Hitler) en faisait une menace potentielle contre la sécurité nationale ; après la Libération, certains communistes prirent résolument pour cibles des policiers qui avaient participé à ces arrestations, simplement parce que l'occasion de se venger était trop belle pour qu'ils la laissent passer[13].

Abel Bonnet, chef de la police de Cognac, fut l'une de ces victimes. Patriote loyal, blessé et décoré durant la Grande Guerre, il s'était courageusement engagé dans diverses activités de résistance tout au long de l'Occupation. Pourtant, certains communistes, au plan local, n'avaient pas oublié qu'il avait ordonné l'arrestation de plusieurs de leurs militants en 1939. Lors de la libération de Cognac par des membres des Francs-Tireurs et Partisans (FTP), en septembre 1944, cet épisode lui revint comme un boomerang : Bonnet fut arrêté et conduit non loin d'Angoulême, où on l'enferma dans une cave glaciale pendant deux mois. Là, on le frappa à la tête avec un revolver et on l'étrangla presque à mort. Quand on le libéra, il était incapable de marcher sans aide, et il avait un tympan crevé à cause des passages à tabac répétés qu'il avait subis. À aucun moment il ne fut interrogé, ou même accusé du moindre crime. En une occasion, alors qu'il comparaissait devant le chef local des FTP, le « commandant Pierre », et lui demandait pourquoi on l'avait arrêté, il n'avait obtenu que cette réponse sibylline : « Je ne reçois d'ordres que de Staline[14]. »

Le récit de Bonnet est corroboré par un autre homme, emprisonné dans la même cellule à Angoulême : Félix Sanguinetti était résistant, mais il appartenait à l'Armée secrète gaulliste – un groupement censément allié aux FTP, malgré leurs divergences idéologiques. Quand on l'amena devant le commandant Pierre, Sanguinetti s'entendit répondre la même chose : « De Gaulle, Kœnig et le reste, qu'ils aillent au diable. Je n'ai qu'un seul chef, et c'est Staline. » Ensuite, on le jeta lui aussi dans cette cave, où il fut témoin de la barbarie sans fin de ses ravisseurs[15].

Il est impossible d'évaluer combien de policiers, en France et en Italie, furent pris pour cible en raison de leur passé anticommuniste, et non à cause d'une quelconque collaboration active avec l'occupant – mais quantité de preuves factuelles suggèrent que cette pratique était relativement courante dans les deux pays. Il est tout à fait vraisemblable que de nombreux autres individus aient été catalogués comme « fascistes » ou « collaborateurs », un moyen simple de saper leur autorité : si la police n'était pas digne de confiance, alors les gens risquaient davantage de se fier aux milices de partisans pour qu'elles maintiennent l'ordre. C'était manifestement là une tactique communiste qui fut employée avec beaucoup d'efficacité en Europe orientale.

L'autre ennemi de classes traditionnel, c'étaient les « patrons » – propriétaires et directeurs d'usines qui exploitaient les travailleurs à leur profit. Après la guerre, nombre de villes industrielles du nord de l'Italie et du centre ou du sud de la France virent un renversement temporaire des pouvoirs, les ouvriers mettant en place des commissions d'enquête sur les crimes de guerre de leurs employeurs. Pour la seule ville de Lyon, début 1945, on comptait dans les usines et les entreprises de la cité 160 « Comités patriotiques » qui prirent l'initiative d'arrêter des dizaines de directeurs et d'employeurs, alors qu'ils n'étaient pas censés le faire sans l'autorisation officielle du préfet[16]. À Turin, les ouvriers occupèrent l'usine Fiat, et le directeur, que l'on voulait abattre en plein atelier, échappa de justesse à la mort. En mai 1945, un visiteur du Département d'État américain signala que l'usine était quadrillée par des miliciens armés de fusils et que « la Direction [était] pour ainsi dire ignorée[17] ». Dans les mois qui suivirent la Libération, plusieurs éminents hommes d'affaires italiens furent ainsi assassinés, notamment l'industriel démocrate-chrétien Giuseppe Verderi et Arnaldo Vischi, directeur adjoint du plus grand complexe industriel d'Émilie-Romagne[18].

8. Zones libérées par la Résistance française en date du 23 août 1944

Les membres de l'aristocratie étaient encore plus vulnérables, en particulier si l'on parvenait à identifier le lien le plus ténu entre les fascistes et eux : dans la seule Émilie-Romagne, après la guerre, 103 propriétaires terriens furent assassinés[19]. L'exemple le plus fameux fut celui du meurtre des comtes Manzoni dans leur résidence de campagne non loin de Lugo, dans la province de Ravenne. Ces comtes, trois frères, membres de la famille la plus puissante de la région, étaient des fascistes déclarés et de gros propriétaires terriens. À la Libération, ils avaient réussi à échapper à la justice populaire. Mais, au lendemain de la guerre, ils refusèrent de renégocier leurs contrats avec leurs métayers, ou de les dédommager des dégâts qu'avaient subis leurs terres à cause des combats, et cette intransigeance scella leur perte : le 6 juillet 1945, ayant perdu patience, un groupe d'ex-partisans força les portes de leur demeure et abattit non seulement les trois frères, mais aussi leur mère, la bonne et le chien. Après cette tuerie, la population entière du village investit la villa et se partagea les vêtements des trois comtes et leurs affaires personnelles : l'épisode présentait toutes les caractéristiques d'une jacquerie contre un système féodal qui les avait opprimés durant des décennies[20].

En France aussi, l'aristocratie fut prise pour cible, qu'elle ait ou non collaboré. Ainsi, le duc de Lévis-Mirepoix, que rien n'accusait si ce n'est son titre, échappa de justesse à une condamnation à mort prononcée par le tribunal populaire de Pamiers, le nouveau préfet de l'Ariège ayant définitivement fermé le palais de justice. À Tarbes, au nord de Toulouse, le comte Pierre de Castelbajac n'eut pas cette chance : il semble qu'il y ait eu très peu de preuves que cet homme ait activement collaboré, mais, quand ses ravisseurs découvrirent sa carte de membre des Croix-de-Feu, le mouvement d'extrême droite d'avant guerre, ce fut considéré comme suffisamment compromettant ; il fut roué de coups, puis exécuté peu de temps après[21].

Des événements similaires se produisirent un peu partout en France, mais cette persécution des hobereaux fut particulièrement cruelle en Charente, en Dordogne, dans le Limousin et en Provence[22]. À Vienne, le baron Henri Reille-Soult fut emprisonné plusieurs semaines dans une porcherie, et régulièrement frappé, avant d'être finalement exécuté en octobre 1944 ; loin d'être un collaborateur, il avait fait partie pendant la guerre des services de renseignements britanniques[23]. À Carcassonne, le comte Christian de Lorgeril, héros de guerre bardé de décorations, fut apparemment exécuté simplement à cause de son titre et de ses opinions monarchistes. Selon *L'Aube*, le quotidien du Mouvement républicain populaire, il fut torturé d'horrible manière avant de rendre l'âme :

il avait les espaces interpalmaires des mains et des pieds fendillés, les mains et les pieds écrasés, il avait été plusieurs fois poignardé avec une baïonnette chauffée au rouge, et finalement plongé dans un bain de pétrole auquel on avait mis le feu[24].

Le clergé, ennemi traditionnel du Parti communiste, était son autre cible de prédilection. À Toulouse, des rumeurs circulaient dans toute la ville à propos de la Milice qui aurait perché des canons en batterie dans les clochers des églises – une rumeur qui explique en partie pourquoi les églises de la ville furent vandalisées et mitraillées durant le soulèvement d'août 1944. Dans tout le sud-ouest de la France, il y eut de nombreux exemples d'ecclésiastiques battus, torturés, exécutés par des membres de la « Résistance », souvent sans aucune preuve convaincante qu'ils aient jamais collaboré[25]. En Italie aussi, le clergé était de temps à autre pris pour cible, soit parce que les prêtres étaient suspectés d'aider les fascistes, soit parce qu'ils insistaient, en chaire, pour dénoncer le Parti communiste[26].

Enfin, et surtout, certaines des factions communistes les plus radicales se lancèrent dans des attaques contre leurs rivales démocratiques. Dans la période immédiatement postérieure à la libération de la France, les dirigeants communistes tentèrent de prendre localement le contrôle de certaines régions, en particulier dans le sud-ouest du pays. Le commissaire de la République de Toulouse, un gaulliste, fut contraint de repousser une tentative concertée des dirigeants communistes pour le supplanter, et n'y parvint qu'en obtenant le soutien militaire d'un des commandants de la Résistance[27]. À Nîmes, le préfet gaulliste fut menacé à plusieurs reprises par les dirigeants communistes locaux et, en une occasion, faillit être arrêté par eux ; il n'en réchappa que grâce à l'arrivée à point nommé du commissaire de la République, Jacques Bounin[28].

Dans la Péninsule, la violence contre les adversaires politiques fut plus extrême. L'épicentre de cette violence fut ce que l'on finit par appeler le « Triangle rouge », ou même le « Triangle de la mort » – cette région d'Émilie-Romagne comprise entre Bologne, Reggio Emilia et Ferrare. À l'été 1945, une série de meurtres spectaculaires y soumit l'alliance fragile entre démocrates-chrétiens et communistes à de graves tensions. Le 2 juin, un ingénieur, Antonino Rizzi, et son fils Ettore furent assassinés à Nonantola ; ils étaient tous les deux des antifascistes confirmés – Ettore avait même été partisan –, mais aussi démocrates-chrétiens. Il ne s'agissait pas là de crimes dictés par les passions, mais plutôt de cette forme particulière de meurtre politique que les Italiens appellent *omicidi eccellenti* (en d'autres termes, les meurtres « nécessaires » de notables qui gênent). Six semaines plus tard, dans la même ville, un membre démocrate-chrétien du Comité de libération était aussi assassiné. Des meurtres similaires de démocrates-chrétiens survinrent aussi à Bomporto (8 juin), Lama Mocogno (10 juin) et Medolla (13 juin)[29].

L'année suivante, alors que le sentiment anticommuniste s'était déjà durci, une deuxième série d'*omicidi eccellenti* eut lieu dans la même région ; elle débuta en juin 1946 avec l'assassinat mentionné plus haut de l'industriel démocrate-chrétien Giuseppe Verderi, et s'acheva en août avec ceux de l'avocat progressiste Ferdinando Ferioli, du maire socialiste de Casalgrande Umberto Farri, et d'un capitaine des *carabinieri*, un dénommé Ferdinando Mirotti[30].

Il faut souligner que ces épisodes restèrent des incidents isolés et ne viennent pas corroborer la thèse d'une conspiration communiste nationale, que ce soit en France ou en Italie – en réalité, comme je l'ai déjà mentionné, il semble que la direction du Parti communiste ait fait tout son possible pour maîtriser les factions les plus extrémistes situées sur ses marges. Elle comprenait que les conditions objectives de la révolution n'étaient réunies dans aucun de ces pays – ce qu'en revanche un petit nombre de ses adhérents ne comprenaient pas.

En effet, certains dirigeants locaux qui ne possédaient pas cette hauteur de vue paraissaient croire le moment de cette révolution enfin arrivé : la multiplicité même des épisodes violents, tant en France qu'en Italie, montre qu'une fraction non négligeable du parti restait convaincue du bien-fondé de cette violence. Certains militants étaient apparemment poussés par le désir de vengeance, ou le sentiment que justice ne serait faite que s'ils la rendaient eux-mêmes. D'autres étaient plus calculateurs et visaient les classes ennemies, sans tenir compte du rôle que leurs victimes avaient joué sous l'occupation. Ils étaient aussi quelques-uns à vouloir intimider leurs adversaires politiques, les réduire au silence. D'autres encore semblaient essayer d'instiller un sentiment de terreur dans la population, à peu près comme ils l'avaient déjà fait pendant les hostilités. Leurs actes manquaient certes de cohérence, et leurs motivations apparaissaient mélangées, mais leur commun dénominateur restait la conviction que la révolution n'était pas seulement imminente : elle était déjà bel et bien là.

Dans les années qui suivirent, nombre de membres des Partis communistes italien et français accusèrent leur direction de n'avoir pas su mesurer le potentiel de cette action violente et immédiate. Ils étaient fiers de leurs succès au niveau local – pendant un temps, les communistes avaient exercé le contrôle de plusieurs villes et de l'entièreté d'une ou deux régions d'Italie et de France – et ils

9. Italie, 1945-1946

croyaient que ces succès locaux auraient pu se traduire en victoire au plan national, si seulement leurs dirigeants avaient su prendre l'initiative. Sans coordination adéquate depuis le centre, leurs tentatives décousues de révolution étaient de toute façon vouées à l'enlisement et finalement au fiasco.

Cela ne signifie toutefois pas que la violence politique de la période de l'immédiat après-guerre ait été sans effets. Au contraire : ceux-ci furent d'envergure, mais très différents de ce que les agitateurs locaux avaient espéré.

La réaction

L'humeur belliqueuse d'anciens partisans et de militants de base du Parti communiste ne passa pas inaperçue ; au lendemain de la guerre, on l'attribua à l'atmosphère générale d'anarchie spontanée dont s'accompagna la Libération – un argument auquel beaucoup d'historiens souscrivent encore aujourd'hui[31]. Plus tard, avec la continuation de ces violences venant démontrer qu'il ne s'agissait pas d'un phénomène éphémère, la peur finit par grandir : selon des rumeurs, les communistes devenaient incontrôlables ou, pis encore, étaient partie prenante d'une conspiration organisée pour s'emparer du pouvoir. À Paris, des histoires circulaient sur le Sud-Ouest, qui subissait le règne de la terreur : Toulouse aurait proclamé la république et le représentant de Charles de Gaulle sur place, Pierre Bertaux, aurait été emprisonné par les communistes ; il fallut une visite à Paris de Bertaux en personne pour dissiper ces mythes[32]. En Italie, des bruits d'insurrection couraient à Milan et Turin, ainsi que des rumeurs d'effondrement économique et de prise du pouvoir imminente par les communistes dans toute la Péninsule. Les ennemis du parti tiraient sans doute profit de telles rumeurs, et attisaient les peurs ; certains Italiens anticommunistes admettaient eux-mêmes qu'un tel alarmisme était dénué de fondement, et que des « éléments de droite désireux de susciter un sentiment anticommuniste » avaient propagé ces bruits[33].

Dans le sud de la Péninsule, des propriétaires terriens, des hommes d'affaires, des chefs de la police, des magistrats et d'autres notables de moyenne bourgeoisie usèrent du souvenir des occupations de terres survenues en 1943 pour s'opposer à la nomination de responsables administratifs de gauche. Ils nourrissaient des craintes pour leurs propriétés, leur fortune et leurs positions d'influence – mais ce fut leur argumentation relative au communisme fauteur de troubles à l'ordre public qui, dans les zones récemment libérées, pesa le plus sur le Gouvernement militaire allié : des candidats de droite, et même quelques ex-fascistes, furent nommés à des postes de pouvoir local, et ce, simplement comme un moyen de tenir les communistes en lisière[34].

Dans le nord de l'Italie, où les violences lors de la Libération avaient été d'une intensité nettement supérieure, les partis de droite et du centre droit s'emparèrent de ces craintes qui devinrent la pierre angulaire de leur campagne. De janvier à février 1947, des allusions au « Triangle de la mort » en Émilie-Romagne commencèrent à apparaître dans des journaux comme *La Stampa* et *Il Corriere della Sera*[35]. En mars, un article de *L'Umanità* évoquait les « Squadristes rouges* » menant une campagne de « terreur physique et idéologique[36] » ; c'était là une tentative très claire de priver la gauche de sa prééminence sur le terrain de la morale en présentant d'anciens partisans non pas en héros, mais comme des voyous violents.

En France aussi, à la fin des années 1940, des histoires sordides témoignant de la violence des francs-tireurs devinrent chose courante dans la presse. En 1947, le Premier ministre socialiste, Paul Ramadier, attirait l'attention sur la recrudescence des mouvements de grève – consécutifs à une inflation galopante, à des pénuries alimentaires et à un niveau de vie en chute libre – et affirmait que ce n'était là que le résultat de l'agitation communiste. Le 5 mai, il chassait les communistes du gouvernement. Après quoi, plusieurs « conspirations » communistes furent révélées au grand jour, comme l'infiltration du ministère des Anciens Combattants. Des rumeurs circulèrent même à propos de la formation en cours d'une « Brigade internationale » sur le territoire français[37].

Toutefois, les dirigeants politiques de l'Hexagone eurent beau dénoncer l'agitation communiste au plan intérieur, la véritable source de préoccupation émanait de la scène internationale : en réalité, ce qui effrayait le centre et la droite, ce n'étaient pas les violences sporadiques qui éclataient dans leurs villes de province, mais la répression plus systématique que l'on voyait à l'œuvre en Europe de l'Est. Les journaux français et italiens publiaient des informations de plus en plus inquiétantes en provenance de pays comme la Hongrie, la Roumanie et la Bulgarie, laissant entendre que, si l'on permettait aux communistes de prendre le pouvoir, une répression similaire s'abattrait bientôt sur l'Italie et la France.

C'était aussi le sujet qui inquiétait les Alliés occidentaux, en particulier les Américains. Le 19 février, l'ambassadeur des États-Unis en France affirmait que Paris était « un véritable guêpier d'agents du Komintern » et que le « cheval de Troie

---

* Glissement sémantique à partir du nom des groupes paramilitaires fascistes constituant les Faisceaux de combat italiens. (*N.d.T.*)

soviétique » était si bien camouflé que des millions de militants communistes, de sympathisants et d'opportunistes avaient pu être amenés à croire que le meilleur moyen de défendre la France était d'« assimiler les intérêts nationaux français aux objectifs de l'Union soviétique[38] ». Peu après, Dean Acheson alla jusqu'à déclarer que, considérant la force des communistes dans l'ensemble des secteurs de la société, on risquait à tout moment une mainmise soviétique sur la France[39]. Entre-temps, à Rome, des diplomates évoquaient une « psychose de la peur » grandissante dans le pays, et avertissaient le Département d'État américain que 50 000 communistes entraînés et armés, ou même davantage, se préparaient à une éventuelle insurrection dans le Nord[40]. Cela tend à démontrer que si l'alarmisme sévissait au sein des sociétés italienne et française, il se répercutait amplement dans les cercles alliés ; il y eut même des moments où les Américains, dans ces deux pays, parurent craindre encore plus les troubles civils que ne les redoutaient les Français ou les Italiens eux-mêmes. Ils pesèrent de tout leur poids sur les partis politiques anticommunistes, et menacèrent de retirer leur aide si les communistes devaient accéder au pouvoir à l'issue d'élections[41].

De part et d'autre des Alpes, en réaction à de telles peurs, les gouvernements eurent certes la main lourde, mais surent se montrer efficaces. Suite à une nouvelle éruption de grèves et d'émeutes à l'automne 1947, et à quelques actes de sabotage assez alarmants comme le déraillement de l'express Paris-Tourcoing, le ministre français de l'Intérieur, Jules Moch, annonça une mobilisation totale des forces de l'ordre, jusques et y compris le rappel de tous les réservistes et de tous les conscrits. Lors d'un débat tumultueux au Parlement, le député communiste de l'Hérault fut expulsé de l'hémicycle, et le gouvernement fit adopter toute une série de mesures d'urgence visant à réprimer les troubles[42].

En Italie, où l'indignation des communistes fut attisée par leur lourde défaite à l'issue des élections de 1948 et la tentative d'assassinat contre Palmiro Togliatti en juillet, les désordres prirent un tour encore plus grave qu'en France : les communistes manifestèrent leur mécontentement à travers une série de grèves, d'émeutes, d'enlèvements et même de sabotages des voies ferrées reliant le Nord au Sud[43]. En réaction, le gouvernement italien s'engagea dans un programme de pur cynisme imposant des mesures anticommunistes qui autorisaient l'arrestation en masse de syndicalistes, d'anciens partisans et d'adhérents du Parti communiste. C'était là une tentative flagrante d'intimidation, comme le montrent les résultats des arrestations : sur les 90 000 à 95 000 communistes et anciens francs-tireurs appréhendés entre l'automne 1948 et 1951, seuls 19 000 furent traduits en justice, et 7 000 seulement jugés coupables d'un délit quelconque – le reste fut incarcéré, pour des périodes variables, en « détention préventive ». Ce noyau dur, et en particulier les anciens partisans, fut traité avec le plus de sévérité : sur les 1 697 partisans arrêtés entre 1948 et 1954, 884 furent condamnés à un total de 5 806 années de prison. Certains d'entre eux furent jugés pour des actes commis à la Libération, malgré les amnisties accordées en 1946. Ce « procès de la Résistance » fut bien plus sévère que ne l'avaient été les purges antifascistes. Le message était clair : les « héros » de 1945, qui avaient libéré le nord de la Péninsule du joug fasciste, étaient finalement devenus le nouvel ennemi[44].

Le mythe de la « victoire perdue » des communistes

Étant donné la virulence de la peur qui régnait à tous les niveaux de la société française ou italienne au lendemain du conflit, une question inévitable se pose : comment les communistes auraient-ils pu prendre le pouvoir ? À l'époque, la menace fut à l'évidence prise très au sérieux, mais, avec le recul, il faut souligner qu'une telle issue ne fut jamais très vraisemblable : dans aucun de ces deux pays les communistes ne réussirent à remporter plus du tiers des suffrages et, en France, même avec les socialistes à leurs côtés, ils ne purent que frôler la majorité absolue. Le seul véritable espoir qu'ils avaient d'accéder au pouvoir eût été de convaincre leurs partenaires de coalition de leur accorder non seulement le poste de Premier ministre, mais aussi le contrôle de tous les ministères importants ; or, ainsi que le relevèrent des observateurs alliés en Italie en juillet 1945, les partis de la droite et du centre n'auraient jamais toléré un tel cas de figure, car ils avaient la certitude que les communistes entendaient créer un État adossé à un parti unique : « Autoriser l'accès de la gauche au pouvoir eût été signer leur arrêt de mort[45]. » Dans les deux pays, les communistes se virent refuser à plusieurs reprises les postes gouvernementaux les plus importants.

Dès lors, une révolution en bonne et due forme aurait été pour eux le seul moyen de s'octroyer un pouvoir absolu. Même si les populations italienne et française avaient été attirées par une telle issue, les Alliés occidentaux ne l'auraient jamais permis. Au cours des mois qui suivirent la Libération, les Britanniques et les Américains disposaient d'énormes armées stationnées sur les territoires de ces deux nations, et qui étaient plus que capables de réprimer une insurrection communiste. Plus tard, quand la présence alliée fut plus réduite, en lieu et place de sa force militaire les États-Unis assirent leur autorité par leur puissance économique : si de Gasperi réussit à chasser les communistes du gouvernement italien, ce fut grâce à l'injection massive d'aides financières dans le pays ; de même, les Français savaient que s'ils voulaient caresser le moindre espoir de rebâtir leur économie sens dessus dessous, ils devraient compter sur l'argent américain[46].

L'idée que les communistes auraient pu accéder au pouvoir, ou qu'ils auraient été capables de s'en emparer, était donc une illusion. Les deux nations dépendaient des Alliés, et aucun de ces deux gouvernements ne détenait de réel pouvoir sans le soutien de Washington. Les membres les plus éclairés de leurs Partis communistes en avaient une parfaite conscience ; comme Pietro Secchia, ancien membre du comité directeur du Parti communiste du nord de l'Italie, l'écrivait en 1973 :

> Aujourd'hui, les jeunes gens qui lisent certains récits romancés de notre guerre de libération ont l'impression que nous détenions le pouvoir, et que nous n'avions pas la capacité ou, pis, pas la volonté de le conserver (pour une raison obscure), et de provoquer si ce n'est une révolution prolétarienne, ce qui était tout à fait hors de question, au moins de pousser à un régime démocratique progressiste. Le fait est qu'en raison des conditions dans lesquelles la guerre de libération s'est développée en Italie et en Europe, nous (quand je dis « nous », j'entends les antifascistes, le CLNAI*) n'avons jamais détenu le pouvoir, et nous n'avons jamais été en mesure de nous en emparer[47].

Togliatti et Thorez ont été très critiqués, sur leur gauche, pour leur décision d'engager leurs partis respectifs sur la voie démocratique. Nombre de leurs camarades les blâmèrent de leur incapacité à prendre l'initiative et à introduire la réforme sociale que tant de gens désiraient. Mais les deux dirigeants étaient réalistes et comprenaient que la situation en Italie et en France n'était pas mûre pour une révolution sociale violente. Ils croyaient fermement que, dans ces deux pays, la voie démocratique constituait le seul moyen d'avancer vers le communisme, alors même que cette voie ne risquait guère de leur procurer le moindre pouvoir réel.

L'histoire semble leur avoir donné raison. Si l'on cherche un exemple du chaos qui aurait pu résulter de leur décision de s'engager sur la voie de la révolution, il suffit d'observer les événements

---

* Comité de libération nationale de l'Italie du Nord (Comitato di Liberazione Nazionale Alta Italia), composante du CLN (Comité de libération nationale) avec le CLNC (Comitato di Liberazione Nazionale Centrale). (*N.d.T.*)

qui eurent lieu à la même période sur l'autre rive de l'Adriatique : en Grèce, où des responsables politiques communistes optèrent pour une sortie de l'arène démocratique, la sanglante guerre civile qui en était à ses prémices se révéla encore plus féroce que ne l'avait été l'occupation nazie. Comme je le montrerai au chapitre suivant, avec l'aide des Britanniques et des Américains, cette guerre civile s'achèverait sur la complète annihilation du Parti communiste en Grèce, et sur une répression brutale de la gauche politique pendant trente ans.

J'ai commencé ce chapitre par une description des occupations spontanées des terres par les paysans dans le sud de l'Italie en 1943-1944 ; il paraît logique de le clore sur une explication de la manière dont ces événements affectèrent la région au cours des mois et des années qui suivirent. Loin d'être aussi dramatiques que les événements de Grèce, ces occupations de terres et les réactions qu'elles suscitèrent s'apparentent sans doute davantage à des situations qui se présentèrent dans le reste de l'Europe de l'Ouest. Elles démontrent aussi que, à l'opposé de la doctrine marxiste, la plupart des affrontements les plus importants entre socialistes et « réactionnaires » n'eurent pas les villes, mais les campagnes pour théâtre.

Ces soulèvements en zone rurale attestaient d'une assurance aussi inédite qu'inattendue de la part de la paysannerie du sud de l'Italie, que beaucoup de protagonistes jugèrent instructive. Cherchant à reprendre à son compte le climat de la période, le ministre italien de l'Agriculture, Fausto Gullo – un communiste –, présenta un programme de réforme agraire. D'un coup, les contrats de métayage les plus spoliateurs étaient interdits : les paysans métayers ne seraient plus contraints de verser aux propriétaires plus de 50 % du produit de leurs cultures. Les intermédiaires entre le paysan et le propriétaire terrien – connus pour exploiter et intimider les paysans – étaient aussi proscrits. En outre, s'ils cédaient leurs éventuels excédents aux greniers de l'État, les paysans se verraient accorder une prime (une initiative qui non seulement leur assurerait un revenu, mais couperait partiellement court à un marché noir alimentaire extrêmement dommageable). Le décret le plus important stipulait que toutes les terres non cultivées ou partiellement cultivées pourraient être occupées et exploitées par les paysans pendant une période de temps limitée, pourvu qu'ils se constituent au préalable en coopératives[48]. La paysannerie de l'Italie du Sud, si longtemps ignorée et exploitée, apprécia grandement d'être enfin reconnue par l'État, et forma aussitôt ces coopératives. Les réformes agraires du ministre Gullo se révélèrent un énorme succès de propagande pour le Parti communiste : « Il y a moins d'un an de cela, les paysans nous étaient complètement étrangers, et dans une grande mesure hostiles, affirmait un rapport de la fédération de Cosenza (Calabre) à l'été 1945. Mais à présent ils viennent à nous, en confiance, et en grand nombre… C'est surtout dû à toutes les actions d'envergure que nous avons menées dans la Province pour attribuer des terres non cultivées et sur la question des contrats agraires[49]. » Cette hausse de popularité du Parti communiste reflétait ce qui se déroula dans de vastes parties de l'Europe de l'Est quand la terre de l'aristocratie, de l'Église, de la moyenne bourgeoisie ou des fermiers *volksdeustch* y fut identiquement redistribuée.

Malheureusement pour les paysans italiens, ces mesures juridiques destinées à les soulager de leur pauvreté abyssale échouèrent totalement : des responsables locaux, qui pour nombre d'entre eux étaient demeurés en place depuis l'époque fasciste, refusèrent d'appliquer les réformes sociales requises par la loi. Toutes les demandes de mise en culture de terres non cultivées devaient être tranchées par une commission locale, toujours dominée par les propriétaires terriens et la magistrature locale. En conséquence, en Sicile par exemple, 90 % des requêtes furent refusées[50]. En 1949, exaspérés par l'incapacité des autorités locales à faire respecter la loi, les paysans du Mezzogiorno s'engagèrent dans un long mouvement d'occupation de terres, encore plus soutenu que le premier. Selon certaines estimations, quelque 80 000 paysans y prirent part, mais la grande majorité d'entre eux furent expulsés de la parcelle qu'ils occupaient, et avec encore plus de brutalité qu'en 1943[51]. À Caulonia, ils furent menacés par des fermiers locaux qui rameutèrent leurs propres vigiles pour les disperser. À Strongoli, l'armée employa des grenades à gaz lacrymogène. À Isola, le beau-père du secrétaire général de la Chambre du travail fut assassiné, à titre d'avertissement lancé aux paysans. Mais l'incident le plus grave eut lieu près de Melissa, où les *carabinieri* ouvrirent le feu sur une foule pacifique de 600 personnes, laissant un nombre indéterminé de victimes. Selon certaines informations, la majorité des morts et des blessés avaient été atteints dans le dos, alors qu'ils tentaient de prendre la fuite[52].

À la lumière de tels événements, on comprend aisément pourquoi tant d'Italiens de gauche critiquaient la direction du Parti communiste pour avoir placé sa confiance dans une classe politique dirigeante corrompue. Durant les décennies qui suivirent, malgré leur popularité qui ne se démentait pas auprès de l'électeur, les communistes furent toujours tenus à l'écart, et le programme de réformes qu'ils prônaient mis en sommeil. Le harcèlement politique perdura pendant la décennie suivante, tout comme la pauvreté, en particulier parmi la paysannerie italienne du Sud. Togliatti eut beau épargner une guerre civile à la nation, pour beaucoup d'Italiens les lendemains de la Libération représentaient une occasion manquée de réparer des décennies d'injustice.

24

La guerre civile grecque

Il est des moments dans l'histoire – rares, fort heureusement – où le destin de millions d'hommes dépend des décisions d'un seul. Le 9 octobre 1944 vit un moment de cet ordre, durant une conférence de Churchill et Staline à Moscou. Cette conférence était plus restreinte et moins capitale que celles des « Trois Grands » à Téhéran, Yalta et Potsdam. Les Américains n'étaient pas présents, et Roosevelt avait télégraphié aux deux hommes en insistant pour que tous les accords se concluent « entre [eux] trois, et rien qu'entre [eux] trois ». Malgré cela, Churchill y présenta ce qu'il appela lui-même un « méchant document » où il avait inscrit une série de pourcentages indiquant quelles seraient les sphères d'influence respectives de la Grande-Bretagne et de l'URSS dans le monde de l'après-guerre. La Roumanie, par exemple, serait à 90 % sous influence russe, et à 10 % seulement sous influences « autres » ; la Bulgarie serait à 75 % russe et à 25 % « autres » ; la Hongrie et la Yougoslavie seraient toutes deux réparties à 50/50. Un seul pays viendrait fermement s'ancrer dans la sphère d'influence occidentale : la Grèce deviendrait à 90 % britannique (en accord avec les États-Unis) et seulement à 10 % russe. Pour notifier son accord sur ces pourcentages, Staline tendit la main et marqua le document d'un grand paraphe bleu[1].

On a fait grand cas de la désinvolture avec laquelle fut scellé le sort de ces cinq nations au lendemain des hostilités ; en réalité, il s'agissait de l'aboutissement de mois de pourparlers secrets entre les diplomates des deux puissances. Au chapitre suivant, je reviendrai sur ce qu'il est advenu de la Hongrie et de la Roumanie ; pour l'heure, l'important est de considérer que le maître de Moscou acceptait ici de cautionner l'influence britannique en Grèce – une décision qui devait exercer de profonds effets sur ce pays durant les trente années à venir.

Les Britanniques s'étaient toujours intéressés à la Grèce : de par sa position en Méditerranée orientale, dominant les abords du Moyen-Orient et du canal de Suez, ils la jugeaient vitale pour leurs intérêts stratégiques. Churchill avait bien voulu se porter au secours des Grecs quand l'Allemagne avait envahi le pays en 1941 et, en dépit d'une défaite désastreuse, était toujours déterminé à y revenir. En octobre 1944, quelques jours avant le début de la conférence de Moscou, les Britanniques avaient encore une fois débarqué dans le Péloponnèse ; le grand paraphe bleu du Géorgien validait donc la simple reconnaissance de la réalité sur le terrain : les troupes britanniques marchaient déjà vers Athènes.

Mais le pouvoir de Londres en Grèce était moins définitif qu'il y paraissait. Les Britanniques n'étaient pas la seule force combattant pour la prise de contrôle du pays : comme en Italie et en France, il y avait un nombre conséquent de francs-tireurs – en réalité, bien avant l'arrivée des forces de Sa Majesté, les *andartes* (ou « rebelles ») contrôlaient déjà la quasi-totalité de la Grèce continentale, forçant l'occupant germanique à se cantonner dans les grandes villes. Le Front de libération nationale (l'EAM, Ethnikó Apeleftherotikó Métopo) était de loin le groupe de résistance le plus étoffé, avec l'ELAS (l'Armée de libération du peuple grec, Ellinikós Ethnikós Laikós Apeleftherotikós Stratós), son aile militaire. Alors que ces groupes étaient censés former un assemblage où dominaient les *andartes*, ils étaient en réalité sous la coupe du Parti communiste grec, qui, à son tour, devait sa loyauté à Staline. Tout au long du conflit mondial, les Britanniques avaient essayé de contrebalancer cette force en fournissant des armes et des fonds à des organisations de résistance alternatives, mais aucun financement ne pouvait modifier le fait que l'EAM et l'ELAS, sous direction communiste, étaient largement plus populaires que tous les autres organes de la Résistance réunis[2].

Dès lors, l'influence russe y était sans nul doute aussi importante que celle des Anglais, et certainement au-delà des 10 % que lui accordait Churchill sur son bout de papier. Si Staline avait donné aux communistes grecs l'ordre de s'emparer du pays, il est fort possible qu'ils y seraient parvenus ; l'Armée rouge était déjà à portée de canons du nord du pays, aux frontières de la Bulgarie, et les partisans communistes de Yougoslavie avaient établi la liaison avec leurs camarades de Grèce du Nord. En octobre 1944, la présence anglaise était négligeable comparée à celle de l'EAM/ELAS ; et, à leur arrivée dans Athènes, les Britanniques constatèrent que les *andartes* avaient déjà libéré la ville. Malgré cela, il n'y eut aucune tentative de la part du Parti communiste pour s'emparer du pouvoir à l'échelle nationale. C'était notamment dû à la désorganisation de la Résistance, et au fait que la structure de l'EAM comptait en son sein beaucoup de non-communistes qui menaçaient de retirer leur soutien à l'organisation si elle devait s'emparer du pouvoir pour son propre compte. Mais ce fut surtout parce que le tyran rouge avait tenu parole : lors des préliminaires de la conférence de Moscou, il avait envoyé en Grèce une mission pour donner l'ordre aux communistes de coopérer avec les Britanniques[3].

Comme en France et en Italie, quantité de militants de base du Parti communiste – et même certains membres de la direction – ne comprenaient pas pourquoi ils devaient rester en retrait et laisser d'autres qu'eux prendre le pouvoir. À l'été 1944, dans un discours plein d'amertume au comité central du Parti communiste, Thanasis Hadzis se plaignit de ce que la Résistance avait été trahie ; l'EAM/ELAS avait consacré plusieurs années à combattre l'occupant et à asseoir son pouvoir dans presque toute la Grèce : pourquoi fallait-il maintenant s'incliner devant les Britanniques ? « Nous ne pouvons pas emprunter deux chemins à la fois, insista-t-il. Nous devons arrêter un choix[4]. » Nombre de dirigeants de la Résistance hellène soupçonnaient Londres de vouloir réduire la Grèce à une colonie régie par un gouvernement fantoche, tout comme les Allemands précédemment.

Au cours des semaines postérieures à la Libération, les tensions entre les Britanniques et l'EAM/ELAS s'envenimèrent. La hiérarchie militaire anglaise se méfiait des motivations des *andartes* et, à l'instar de ce qui se passa en France avec les FTP, les considérait comme un groupement d'amateurs des plus instables, animés d'une singulière tendance à dégainer leurs armes et à ouvrir le feu selon leur bon plaisir. Churchill en personne reconnaissait s'attendre à un choc frontal avec l'EAM, et envoya des instructions à l'officier en charge du commandement des forces alliées en Grèce, le général Ronald Scobie, l'avertissant de s'attendre d'un instant à l'autre à un coup d'État ; si la chose devait se vérifier, Scobie avait ordre d'employer toute la force nécessaire « pour écraser l'ELAS[5] ». Réciproquement, certains membres de l'EAM/ELAS se méfiaient à l'extrême des motivations des Britanniques. Ils ne purent s'empêcher de remarquer que ceux-ci continuaient d'appeler au retour du monarque hellène et semblaient protéger quelques anciens collaborationnistes au lieu de les traduire en justice. Ils donnaient aussi l'impression de soutenir la nomination à des postes de sécurité vitaux de responsables connus pour leur anticommunisme farouche. Ainsi, quand le soi-disant « gouvernement d'unité nationale » de Papandréou nomma le colonel Panagiotis Spiliotopoulos commandant militaire de la région d'Athènes, les Britanniques refusèrent d'intervenir ; sous l'Occupation, Spiliotopoulos avait pris une part active à la coordination de groupes anticommunistes d'extrême droite, et il était considéré par l'ELAS comme un collaborateur. Ils n'intervinrent pas non plus quand un groupe d'officiers supérieurs de l'armée grecque en Italie commença d'évoquer ouvertement un renversement du gouvernement Papandréou et son remplacement par une junte d'extrême droite[6]. Si l'on ajoute à tout cela la malheureuse tendance de certains officiels britanniques à traiter, selon les termes de l'ambassadeur des États-Unis, « ce pays fanatiquement amoureux de la liberté [...] comme s'il était composé d'indigènes sous l'égide du Raj britannique », ce n'était plus qu'une question de temps avant qu'une fracture dramatique ne se déclare[7].

La fracture se creusa début décembre, moins de deux mois après la libération d'Athènes, quand les ministres qui représentaient l'EAM au sein du cabinet Papandréou démissionnèrent en bloc. Leur grief était le même que celui des partis de la Résistance en France et en Italie : ils ne souhaitaient pas déposer les armes et remettre le pouvoir à la garde nationale récemment formée, du moins pas tant que les anciens collaborateurs de droite n'auraient pas été éliminés des rangs de la police. Or, au contraire de la France, il n'existait pas en Grèce de chef unique, charismatique, qui soit assez fort et assez habile politiquement pour s'attaquer à la fois aux communistes et aux purges dans la police. Et, contrairement à ce qui s'était passé en Italie, les communistes eux-mêmes n'étaient pas tout à fait assez unis pour s'accorder, fût-ce à contrecœur, sur un programme de compromis. Quant aux Alliés, ils ne disposaient pas d'une présence assez forte dans le pays pour obliger les deux parties à trouver un accord : les forces britanniques en Grèce n'équivalaient qu'à une petite partie des immenses armées alliées alors stationnées en France et en Italie. Cette impasse politique généra une tension tangible à tous les niveaux de la société ; comme l'écrivait un auteur, George Theotokas, dans son journal : « Il ne faut qu'une allumette pour qu'Athènes prenne feu comme une citerne d'essence[8]. »

Le 3 décembre, le lendemain du jour où les ministres de l'EAM quittaient le gouvernement, des manifestants descendirent dans les rues de la capitale ; ils se rassemblèrent place Syntagma où, pour des raisons qui demeurent encore un mystère à ce jour, la police ouvrit le feu, tuant au moins dix personnes et en blessant plus d'une cinquantaine. Les troupes britanniques présentes sur les lieux soutinrent que la police athénienne avait tout simplement perdu son sang-froid, mais certains, à gauche, affirmèrent qu'il s'agissait d'un acte de provocation délibérée[9]. Quels qu'en aient été les

10. Régions de Grèce sous contrôle des partisans, 1944

motifs, ce geste policier déclencha le cycle de violences qui couvait depuis des semaines.

Se souvenant de la brutalité des forces de sécurité grecques sous l'Occupation, les soutiens de l'EAM dressèrent aussitôt des barricades et assiégèrent les postes de police dans toute la capitale. Par souci de l'ordre public, les forces britanniques étaient maintenant obligées de s'interposer ; elles furent d'abord clouées sur place, dans le centre de la capitale, par des tireurs isolés de l'ELAS, avant de réussir peu à peu à forcer le passage vers le sud et les périphéries « rouges » où elles livrèrent de véritables batailles de rue avec d'anciens combattants de la Résistance grecque. Ce fut la seule fois de la guerre et de l'après-guerre que les troupes alliées en Europe de l'Ouest se retrouvèrent en situation de combattre les groupements de la Résistance qu'elles étaient censées libérer. Avec une morgue toute coloniale, Churchill informa le général Scobie qu'il était libre d'« agir comme [...] dans une ville conquise où une rébellion locale aurait éclaté[10] ». En conséquence, des batteries britanniques ouvrirent le feu sur la banlieue « communiste » de Kaisariani, et des chasseurs de la RAF mitraillèrent des positions tenues par l'ELAS dans les pinèdes et les immeubles d'habitation dominant le centre d'Athènes. Pour les non-combattants terrorisés qui se trouvèrent pris sous ces feux croisés, ce fut le comble de l'horreur : au cours de ces assauts, conduits semble-t-il un peu trop au jugé, les tommies tuèrent ou blessèrent des femmes et des enfants. Quand les médecins anglais se rendirent à un poste de premiers secours dans la banlieue de Kypseli, ils durent se faire passer pour des Américains, afin d'éviter de se faire lyncher par des civils en colère. Certains des blessés du mitraillage de la Royal Air Force sur une place du quartier leur confièrent qu'« ils avaient apprécié les Anglais, mais maintenant ils avaient compris que les Allemands étaient des gentlemen[11] ».

Au cours des mois de décembre 1944 et janvier 1945, les combats se transformèrent en guerre de classes, avec toutes ses caractéristiques les plus dommageables. Dans un camp, on trouvait les combattants farouchement fanatisés de l'EAM/ELAS, désormais convaincus que les Britanniques essayaient de restaurer à la fois la monarchie et une dictature de droite ; dans l'autre, c'était une coalition contre nature entre des troupes de Sa Majesté le roi Georges VI, des monarchistes grecs et des anticommunistes, convaincus pour la plupart que l'EAM tentait de fomenter une révolution stalinienne. Les événements se précipitèrent quand les troupes de Londres procédèrent à une rafle de près de 15 000 sympathisants de gauche et en déportèrent plus de la moitié dans des camps au Moyen-Orient. Les *andartes* ripostèrent en s'emparant de milliers de citoyens appartenant à la bourgeoisie qu'ils prirent en otages, à Athènes et Salonique, puis obligèrent à gagner les montagnes à marche forcée, sous la neige. Des centaines de ces soi-disant « réactionnaires » – souvent identifiés comme tels à cause de leur richesse toute relative – furent exécutés et brûlés dans des charniers[12].

À la fin janvier 1945, les deux camps s'étaient épuisés au combat. En février, ils signèrent un accord de paix dans la ville balnéaire de Varkiza, aux termes duquel l'ELAS accepta de se dissoudre et de déposer les armes, et le gouvernement provisoire de relancer les purges d'anciens collaborateurs. Une amnistie fut décrétée pour tous les délits politiques commis entre le 3 décembre 1944 et le 14 février 1945, sauf pour les « crimes de droit commun contre la vie et la propriété, et qui n'étaient pas absolument nécessaires à la perpétration du crime politique concerné[13] ». Si les deux parties avaient respecté cet accord, les choses en seraient peut-être restées là. Mais, comme on le constata assez vite, le gouvernement n'avait aucun réel pouvoir sur les bandes d'extrême droite qui se formaient maintenant un peu partout dans le pays ni, pis encore, sur ses propres forces de sécurité ; l'EAM/ELAS serait bientôt exposée à une réaction brutale qui dégénérerait en guerre civile.

La nature de la Résistance communiste

Il est aisé d'éprouver de la sympathie envers les combattants de la Résistance en France, en Italie et en Grèce, qui, ayant lutté courageusement et avec succès pour la libération de leurs pays respectifs, se virent souvent refuser la moindre récompense de la part des gouvernements de l'après-guerre, voire furent activement réprimés. Des membres de la Résistance communiste furent empêchés d'occuper des postes de pouvoir véritable dans les gouvernements postérieurs à la libération de ces trois pays. D'anciens héros furent arrêtés pour des actes considérés par beaucoup comme des actions de guerre légitimes, et traduits en justice avec une sévérité manifestement absente du traitement officiel réservé par ailleurs aux collaborationnistes. Et la coupe fut pleine quand les récits de leurs exploits héroïques du temps de guerre furent balayés d'un revers de main au profit de mythes plus douteux sur les crimes « communistes » invoqués lors des purges qui eurent lieu d'un bout à l'autre de l'Europe. Des personnages de droite influents s'employèrent à saisir toutes les occasions possibles pour exagérer la menace du désordre communiste, et même de la révolution.

Mais on ne peut cependant pas rejeter toutes les affirmations avancées par la droite. Les groupes de gauche de la Résistance n'étaient pas seulement composés d'idéalistes innocents, luttant contre les forces de la tyrannie et pour l'avènement d'un monde meilleur – il y avait aussi parmi eux des individus réalistes et brutaux, plus que décidés à user de la tyrannie pour faire passer des réformes à caractère idéologique. Il est impossible de dépeindre la lutte entre la droite et la gauche en des termes tranchés : les méthodes, les motivations et les allégeances des deux parties sont trop enchevêtrées pour être démêlées avec un tant soit peu de simplicité. On n'en trouvera nulle part d'exemple plus flagrant qu'en Grèce, pendant le conflit mondial et après : plus que dans aucun autre pays, toutes les factions en présence eurent librement recours à la terreur visant une population effrayée, de plus en plus incapable de ne pas se laisser happer par la guerre des idéologies.

En Grèce, l'essor de l'EAM pendant la guerre était une complète nouveauté : avant l'occupation nazie, cette nation ne possédait aucune tradition de mouvements idéologiques de masse, et la politique y était imposée à la base par le sommet, avec une influence quasi nulle des classes laborieuses, en particulier dans les campagnes. Pendant les hostilités, toutefois, la brutalité de l'occupation des Allemands, des Italiens et des Bulgares, associée à la faim et aux privations, avait eu un effet profond, radicalisant la population grecque : des fermiers, des ouvriers et même des femmes qui précédemment se sentaient peu concernés par la politique percevaient désormais celle-ci comme un moyen d'introduire une once de bon sens dans un monde devenu fou à force de destructions. Ils furent des centaines de milliers à se tourner vers l'EAM, car cette dernière leur offrait non seulement la possibilité de résister à l'occupant, mais aussi la promesse d'un monde meilleur une fois la guerre terminée.

À l'échelon local, l'EAM engrangea des succès phénoménaux, en particulier parce qu'ils se produisirent pendant une guerre d'une violence extrême, à une période où l'existence même de l'organisation était considérée comme illégale par les autorités d'occupation[14]. En des temps de famine, ses membres organisèrent la réforme agraire, et même des distributions de vivres. Ils instituèrent une forme nouvelle de « justice du peuple », très appréciée de la population, rendue dans les villages de préférence aux villes moyennes, où les parties étaient entendues par un jury au lieu d'avocats et de juges coûteux pour la collectivité, avec des débats menés en grec moderne, ou démotique, plutôt qu'en « grec officiel », qui, pour la plupart des paysans grecs, restait une langue quasi étrangère. Ils créèrent presque un millier de groupes culturels de village d'un bout à l'autre de la Grèce, soutinrent des dizaines de groupes théâtraux itinérants, et imprimèrent des journaux lus dans tout le pays. Ils créèrent d'innombrables écoles et crèches qui offraient une instruction à ceux qui n'en avaient encore jamais bénéficié. Ils encouragèrent des groupements de jeunesse, et l'émancipation des femmes – l'EAM fut d'ailleurs la première à accorder le droit de vote aux femmes, en 1944. Ils réparèrent des routes et créèrent des réseaux de communication sans précédent. Ces réussites furent particulièrement remarquables dans les régions les plus reculées des montagnes hellènes, que les politiciens d'avant guerre avaient toujours ignorées. Selon Chris Woodhouse, un agent britannique en Grèce pendant le conflit mondial, « l'EAM-ELAS donna le ton en créant ce que tous les gouvernements de la nation grecque avaient négligé : un État organisé dans les régions montagneuses » ; ce fut grâce à l'EAM que « les bienfaits de la civilisation et de la culture pénétrèrent pour la première fois jusque dans les montagnes[15] ». Dans bien des régions de Grèce, la popularité de ses militants était fondée sur leur aptitude à améliorer la vie des gens, et leur volonté d'engagement non seulement auprès des notables de village, mais aussi des petites gens.

Toutefois, l'EAM avait aussi une autre facette, qui n'était pas tout à fait aussi inoffensive. Tout d'abord, elle ne souffrait aucune concurrence : au contraire de la France et de l'Italie où, en général, les différents groupes de résistance coopérèrent pour chasser les Allemands, l'EAM/ELAS consacra l'essentiel de son temps à combattre d'autres factions de la Résistance au lieu de l'occupant. En avril 1944, par exemple, des unités de l'ELAS exécutèrent le colonel Psarros, à Roumeli, non parce qu'il était un traître, mais parce qu'il dirigeait un groupe de résistance rival. Nombre de survivants de ce groupe, la Libération sociale et nationale (EKKA, Ethniki Kai Koinoniki Apeleftherosis), rejoignirent aussitôt les « Bataillons de sécurité » collaborationnistes, au motif qu'ils considéraient désormais l'EAM/ELAS comme un plus grand mal que les Allemands[16]. Les communistes prirent aussi pour cible l'EDES, la Ligue nationale démocratique grecque (Ethnikos Dimokratikos Ellinikos Syndesmos), un groupe de résistance actif dans la Grèce du Centre et de l'Ouest, en réquisitionnant les vivres et les animaux appartenant à ses membres, avant de les menacer de mort s'ils ne quittaient pas l'EDES pour rejoindre l'EAM. En conséquence, nombre d'adhérents de l'EDES firent défection pour rejoindre les Bataillons de sécurité ; simultanément, plusieurs membres éminents de l'EDES, notamment leur chef, Napoleon Zervas, nouèrent des liens étroits avec le gouvernement collaborationniste et même avec les Allemands, dans le cadre d'une alliance anti-communiste officieuse[17].

Après la guerre, des membres de l'EAM affirmèrent que ces excès n'étaient jamais que des « actes de patriotisme clandestin » qui, « étant liés à la lutte patriotique [...] ne pouvaient être considérés comme punissables[18] ». Mais leurs agissements contre d'autres organisations de la Résistance, qui furent d'une telle violence, attestent que, malgré toute cette rhétorique nationaliste – l'acronyme ELAS représentant lui-même un jeu volontaire sur le mot *Ellas*, la Grèce –, dans sa majorité la direction de la Résistance était bien plus préoccupée par la guerre de classes que par la guerre de libération nationale. Les communistes allèrent jusqu'à s'opposer aux Britanniques, malgré les armes et l'argent que ceux-ci fournissaient aux groupes de résistance hellènes de toutes tendances, car ils suspectaient Churchill de sympathies monarchistes[19].

Dans les régions où l'EAM/ELAS maintenait un pouvoir absolu, la population était souvent exposée aux lubies de petits dictateurs communistes exerçant leur pouvoir de façon parfois sanguinaire. Dans l'extrême nord-est du pays, par exemple, le chef d'un groupe de l'ELAS, qui s'était choisi « Ulysse » pour nom de guerre, était apparemment fou de pouvoir. Après avoir éradiqué les activités de marché noir dans la quasi-totalité de la région d'Evros, il se consacra aux « traîtres », une catégorie regroupant apparemment tous ceux qui contestaient son autorité ou affichaient une forme ou une autre d'anglophilie. Beaucoup de gens furent tués simplement parce que des membres de la bande d'Ulysse nourrissaient des griefs contre eux. Quand on envoya un « bataillon de la mort », constitué pour l'occasion, se mettre en chasse muni d'une liste d'« informateurs » à liquider, il y eut débat entre les membres du bataillon sur certains des noms figurant sur cette liste. L'intervention de leur commandant, « Télémaque », fut glaçante : « C'est une révolution, lâcha-t-il. Et il y a certaines besognes à accomplir – même si quelques innocents sont tués, à long terme, cela comptera pour rien. » La situation à Evros devint si invivable que, par la suite, l'ELAS dut envoyer un nouveau chef dans la zone ; Ulysse fut arrêté, jugé et exécuté, et on put restaurer une forme d'ordre plus mesuré dans la région[20].

Aris Velouchiotis, qui régna en despote sur de grandes portions de la Grèce du Centre, fut sans doute l'*andarte* le plus fameux de toute la guerre. Étant l'un des fondateurs de l'ELAS, il avait appris à recourir à la terreur comme moyen de coercition dans les années précédant la guerre, quand la police réprimait le communisme : on l'avait arrêté et torturé jusqu'à ce qu'il accepte de signer un accord de renonciation à ses activités au sein du parti. Les brutalités dont il avait souffert semblaient avoir déteint sur lui : désormais en position de pouvoir, il n'hésitait pas à exécuter ses hommes pour des crimes aussi bénins que des vols de poulets – une forme de justice exemplaire visant à balayer toute indiscipline au sein de sa troupe. Il ne craignait pas non plus d'exécuter et de torturer ceux qu'il considérait comme des traîtres ou des criminels. À l'automne 1942, par exemple, il ordonna l'arrestation de quatre hommes d'une famille respectée, dans le village de Kleitsos, et les fit torturer sans relâche et sans pitié pendant presque une semaine. Leur crime était d'avoir volé un peu de blé dans la réserve du village – et, bien des années plus tard, l'un des gardes de cette réserve avoua au prêtre du village que les quatre hommes étaient innocents, car c'était lui qui avait volé ce blé[21].

Les apologistes de l'EAM mettaient souvent de tels excès sur le compte d'éléments incontrôlables et dissidents, impossibles à maîtriser dans un pays morcelé par la guerre ; pourtant, quantité de données attestent que cette répression était organisée de façon plus centralisée – si ce n'est au niveau national, du moins à l'échelon régional. Dans certaines parties du centre de la Grèce et du Péloponnèse, l'EAM avait recours à la terreur comme méthode délibérée et plus ou moins officielle de contrôle des populations. Des listes de noms furent dressées par des comités, soumises à d'autres comités pour approbation, et transmises ensuite à des brigades spéciales de tueurs qui exécutaient les gens de ces listes, souvent sans même savoir de quoi ils étaient censément coupables. Le caractère bureaucratique de ce qui deviendrait la « Terreur rouge » avait quelque chose de glaçant[22].

Dans le Péloponnèse, la terreur n'était pas seulement dirigée contre les traîtres, mais aussi contre les réactionnaires – en d'autres termes, contre quiconque, dans le passé, avait exprimé son opposition au Parti communiste. Une distinction fut introduite entre réactionnaires « actifs », qui étaient exécutés, et « passifs », officiellement envoyés en camp de concentration dans les montagnes – mais nombre d'entre eux y étaient exécutés dès leur arrivée[23]. Beaucoup de maires, de médecins de village, de commerçants et d'autres notables furent ainsi éliminés, qu'ils se soient ou non opposés au Parti communiste – il suffisait qu'ils soient suspectés de déloyauté envers l'EAM/ELAS.

Certains dirigeants locaux de l'ELAS, comme Theodoros Zengos, qui contrôlait la région située autour d'Argos et Corinthe, semblent avoir fixé un quota de « réactionnaires » à exécuter dans chacune des bourgades placées sous leur juridiction[24] ; en l'absence de ces réactionnaires et de ces collaborateurs, on prenait leurs familles pour cibles. En février 1944, le journal communiste de la région d'Achaia, dans le nord-ouest du Péloponnèse, publia un article conseillant à des membres des Bataillons de sécurité de rejoindre la Résistance : « Sans quoi nous les exterminerons, nous brûlerons leurs maisons et nous anéantirons toute leur famille[25]. »

De tels actes de terreur stupéfiaient la population, car c'était là un phénomène totalement inédit. Des joutes politiques, des soulèvements ou même des putschs s'étaient déjà produits en Grèce, mais sous une forme relativement peu sanglante ; on n'avait en tout cas jamais vu que des Grecs tuent d'autres Grecs à pareille échelle, et que cela devienne subitement la norme. Les réactionnaires suspectés étaient acheminés vers des camps dans les montagnes, souvent des monastères isolés, non moins sinistres que les geôles de la Gestapo ; ils y étaient fréquemment torturés, affamés et finalement exécutés, la gorge tranchée[26]. Parfois, on accusait des villages entiers de traîtrise, et les massacres visaient leur population ; ainsi, dans le village d'Heli, en plein Péloponnèse, l'ELAS enleva entre 60 et 80 otages, surtout des hommes et des femmes, les massacra et jeta leurs corps dans un puits[27].

Ce genre de pratiques n'étaient évidemment pas propres à la Grèce : c'était une méthode de pouvoir que les nazis avaient imposée à la quasi-totalité de l'Europe, et aucun pays occupé n'y faisait exception. Ce qui rendait la situation inhabituelle, c'était le fait que les nazis n'étaient pas les seuls à employer pareille tactique : elle le fut aussi par des Grecs qui étaient supposés lutter pour libérer leur nation. Et cela fonctionna, pendant un temps du moins – dans les zones contrôlées par l'EAM, la dissidence fut écrasée, les réactionnaires et leurs familles s'enfuirent vers les villes, et la mainmise communiste devint absolue. Mais elle en poussa aussi beaucoup dans les bras des Allemands, en particulier les Bataillons de sécurité, soutenus par l'occupant. L'un de ces Bataillons, dans le Péloponnèse, fut mis sur pied par Leonidas Vrettakos, dont la principale motivation consistait à venger son frère tué par l'ELAS à l'automne 1943[28]. « Je suis passé du côté des Allemands, expliqua un autre membre de ces Bataillons dont les parents avaient été tués par l'EAM. Qu'aurais-je dû faire, puisque je n'avais personne d'autre vers qui me tourner[29] ? »

En 1943 et 1944, les Bataillons de sécurité commencèrent à se multiplier, principalement en réaction à la terreur communiste. Malheureusement, ces unités étaient souvent tout aussi brutales et, dans bien des régions, elles se lancèrent dans une vague systématique d'arrestations, de tortures et d'exécutions aveugles, incendiant les maisons de tous ceux qu'elles suspectaient de soutenir l'EAM, et plus généralement se livrant au pillage des vivres, du bétail et des biens. Parfois, c'était simplement le fruit de l'indiscipline des troupes recrutées parmi des bandes de voyous dans les bourgades, mais dans d'autres cas cela s'inspirait d'un anticommunisme féroce qui ne souffrait aucune discrimination entre les innocents et les coupables.

Un officier de liaison britannique en poste dans le Péloponnèse résuma cette escalade de la violence entre les deux camps :

> L'Armée de libération du peuple avait enfin trouvé de vrais ennemis – un élément armé de la droite. L'attitude de l'ELAS envers eux était d'une extrême hostilité ; et une bonne partie des pires atrocités de l'Armée de libération furent commises contre des prisonniers des Bataillons de sécurité et leurs familles qui, en règle générale, étaient envoyés dans des camps de concentration. La fureur de l'ELAS contre ces Bataillons de sécurité allait grandissant, et ces Bataillons eux-mêmes ne se révélaient pas moins maîtres dans l'art de l'intimidation et de la terreur[30].

Plus au nord, en Thessalie et en Macédoine, la montée des sentiments anticommunistes conduisit à la formation d'autres organisations épaulées par les Allemands, comme la Fédération nationale rurale d'action anticommuniste (EASAD, Ethnikos Agrotikos Syndesmos Antikommounistikis Draseos), ouvertement fasciste, qui fit régner la terreur dans la ville de Volos. En Macédoine, un groupement paramilitaire d'extrême droite commandé par le colonel Georges Poulos se livra à d'innombrables atrocités, notamment le massacre de 75 de leurs compatriotes à Giannitsa[31].

Face à une violence aussi extrême de part et d'autre, il devenait de plus en plus difficile pour les citoyens grecs ordinaires de conserver une quelconque modération. Comme dans certaines régions d'Italie, objets d'une querelle similaire entre communistes et fascistes, beaucoup de Grecs étaient confrontés à un choix difficile : rejoindre les milices collaborationnistes (et finir sur les listes noires des communistes) ou se rallier à l'EAM/ELAS (et risquer la vie, la liberté et les possessions de leur famille). Cela convenait parfaitement aux Allemands, qui reconnaissaient ouvertement leur intention de semer la discorde parmi les Grecs afin de pouvoir « s'installer et contempler paisiblement, en spectateurs, le déroulement de la bataille[32] ».

L'aspect le plus tragique de tout cela tenait peut-être à la nature fortement personnelle de cette violence. Dans tout le pays, des villages étaient divisés en fonction des points de vue politiques, et des désaccords qui dans le passé avaient pu se régler par une discussion animée au *kafenia* local dégénéraient maintenant en querelles sanglantes qui pouvaient déboucher sur le meurtre de familles entières. Qui plus est, alors que différentes familles d'un même village s'identifiaient à tel groupe armé ou tel autre, leurs disputes n'avaient souvent aucun rapport avec la politique : les métayers se dénonçaient mutuellement à l'EAM afin d'accaparer les récoltes du voisin ; des villageois s'accusaient de trahison afin de régler des différends ou des litiges personnels ; des rivaux au plan professionnel se dénonçaient mutuellement à seule fin d'éliminer toute concurrence. Ccla poussait les tensions déjà présentes au sein de la communauté à une escalade dépassant toutes les bornes, et dans laquelle l'EAM/ELAS (ou ses opposants) tenait lieu de catalyseur. Il existe d'innombrables exemples où le poids des forces politiques permit à des griefs purement personnels d'échapper à toute maîtrise ; j'en relaterai ici un seul, celui de la vendetta sanglante qui divisa les familles Doris et Papadimitriou, que l'historien Stathis N. Kalyvas mit en lumière[33].

En 1942, un jeune berger, Vassilis Doris, tomba amoureux de Vassiliki Papadimitriou, une jeune fille qui vivait dans le village de Douka, au cœur des montagnes à l'ouest d'Argos. Malheureusement, Vassiliki ne partageait pas cet amour, et s'éprit plutôt de son frère, Sotiris. Amer, Doris décida de se venger d'elle : il raconta à des soldats italiens stationnés tout près que Vassiliki cachait des armes et, en conséquence, les Italiens se rendirent chez elle et la rouèrent de coups.

L'année suivante, quand l'EAM arriva dans la région, la famille de Vassiliki devint un soutien très actif de l'organisation. Elle entendait se venger de Doris, et le dénonça à son tour aux responsables du Front de libération nationale, l'accusant de traîtrise. L'un de ces signalements finit par remonter jusqu'aux comités provinciaux de l'EAM ; on était alors en juillet 1944, et le comité régional avait entamé son programme d'éradication des réactionnaires de la province. En conséquence, Vassilis Doris et son frère Sotiris furent tous deux arrêtés et conduits dans une prison de l'EAM, au monastère de Hagios Georgios, à Feneos. Après une semaine de détention, un garde entra dans leurs cellules et appela vingt hommes par leur nom, parmi lesquels Doris et son frère. On leur annonça qu'on allait les transférer au quartier général de l'ELAS, mais en réalité ils devaient être conduits à marche forcée dans la montagne, puis au fond d'une grotte où on leur trancherait la gorge. Doris n'était pas sot et devina ce qui était sur le point de lui arriver. Alors que l'on acheminait deux par deux les membres de leur groupe vers cette grotte, il réussit à se délier les mains, de sorte que, lorsqu'il se retrouva face à ses bourreaux, il put assommer son garde et détaler. Il parvint à échapper aux balles qui sifflaient autour de lui, dévala tout en bas de la montagne et repartit vers

Argos. Le lendemain de son évasion, l'EAM exécuta son autre frère, Nikos, en guise de représailles.

Plusieurs mois après la Libération, Doris se procura une arme et revint dans la région, avec l'intention de se venger une fois pour toutes de Vassiliki Papadimitriou et de sa famille. Le 12 avril 1945, avec une bande d'amis et de parents, ils tuèrent Panayotis Kostakis, un parent de la famille Papadimitriou dont Doris croyait qu'il avait été impliqué dans sa dénonciation à l'EAM. En réaction, au mois de juin, deux des frères Papadimitriou tuèrent le beau-frère de Doris. Au mois de février, Doris et sa bande s'attaquèrent à la maison des Papadimitriou et assassinèrent la mère de Vassiliki et son jeune fils Yorgos – puis, trois mois plus tard, ils traquèrent et abattirent aussi l'un des frères de Vassiliki, son beau-frère et sa nièce âgée de trois ans. Selon les propos d'un villageois : « Vassilis [Doris] et Vasso [Papadimitriou] ont commencé toute l'affaire ; ils ont survécu mais, autour d'eux, tout le monde est mort. »

Cette histoire offre un parfait exemple de la manière dont la guerre, et les forces politiques qui imposèrent leur loi à un petit village du Péloponnèse, transformèrent une querelle mineure d'ordre personnel en une spirale de violence et de meurtres. Si les occupants italiens n'avaient pas agi sur la foi de la dénonciation malveillante de Doris, son ressentiment suite au rejet de Vassiliki se serait sans doute dissipé sans mal avec le temps. De la même manière, si l'EAM n'avait pas réagi avec excès aux dénonciations non moins malveillantes de la famille de Vassiliki, la situation n'aurait peut-être pas tourné au carnage. Et enfin, si les autorités locales de droite, après la guerre, avaient arrêté Doris au lieu de lui laisser carte blanche dans la traque de ses ennemis, cette spirale de la violence se serait arrêtée net. Quand Doris et ses acolytes furent finalement arrêtés et traduits en justice, ils n'hésitèrent pas à se comporter comme s'ils avaient agi par pur patriotisme contre une famille composée de révolutionnaires, des militants violents de l'EAM. Signe de l'ampleur du retour de bâton communiste en 1947, malgré la nature de leurs crimes, aux motivations tout à fait personnelles, Doris et ses complices furent acquittés.

La défaite du communisme en Grèce

Au vu des positions retranchées des acteurs situés aux deux extrémités de l'échiquier politique, et de leur haine intense, personnelle et réciproque, il n'est pas surprenant que les tentatives de rééquilibrer le pays vers le centre aient échoué : le « gouvernement d'unité nationale » de Papandréou essuya des attaques de plus en plus nourries, venues de part et d'autre ; les Britanniques eux-mêmes furent incapables de conserver la maîtrise de la situation, et de vastes parties du pays furent plongées, à des degrés divers, dans le chaos durant plusieurs années après la fin du conflit mondial.

Les Britanniques ont souvent été condamnés pour le rôle qu'ils ont joué dans leur soutien à la droite grecque et pour avoir facilité le règne de la terreur qu'elle a imposé par la suite. En dépit de leur méfiance à l'égard des communistes, plus encore que d'avoir cédé aux travers de la franche répression, ils furent surtout coupables de naïveté politique : leur erreur majeure date des événements de décembre, quand ils succombèrent à l'exigence des commandants monarchistes de l'armée de réarmer les Bataillons de sécurité et d'autres milices collaborationnistes de droite cantonnées dans des camps à l'extérieur d'Athènes. En butte aux attaques des forces de la guérilla, les Britanniques n'étaient pas en position de refuser une offre de soutien, même de provenance douteuse ; mais en conséquence, ils permirent à des collaborationnistes de droite qu'ils venaient à peine de vaincre de circonvenir la garde nationale.

L'EAM elle aussi pécha par naïveté. En démissionnant du gouvernement Papandréou, elle commit la première d'une série de graves erreurs politiques : ironie du sort, cette décision servit l'avènement de ce contre quoi elle avait protesté – une garde nationale ouvertement de droite. Au cours des mois qui suivirent, nombre de ces gardes joignirent leurs forces aux bandes d'extrême droite et déchaînèrent une Terreur blanche dans la campagne grecque. Des membres des Bataillons de sécurité furent libérés de prison, des suspects de gauche et leurs familles furent agressés et les bureaux de groupements démocratiques mis à sac. La deuxième erreur de l'EAM, que l'on ne peut guère lui reprocher, fut de s'en tenir strictement aux termes de l'accord de cessez-le-feu de Varkiza et de remettre une partie au moins de ses armes aux autorités. Une fois désarmés, d'anciens *andartes* n'étaient plus en position de se défendre, et furent souvent poursuivis sans merci par leurs ennemis. Ceux qui refusaient de se rendre, comme Aris Velouchiotis, furent dénoncés par le Parti communiste et ensuite pourchassés par des troupes gouvernementales puis massacrés. Dans une scène d'une barbarie médiévale, la tête tranchée d'Aris Velouchiotis fut exhibée sur la grand-place de Trikala[34].

La droite grecque, en revanche, ne feignit même pas de respecter les termes du cessez-le-feu : elle semblait croire que les Britanniques la soutiendraient « en toutes circonstances », et se sentait donc libre d'agir comme bon lui semblerait[35]. Selon des sources officielles, au cours de l'année qui suivit l'accord de Varkiza, des bandes d'extrême droite assassinèrent 1 192 personnes, en blessèrent 6 413 et violèrent 159 femmes – même si les chiffres véritables sont sans nul doute supérieurs[36]. Dans certaines régions, en particulier le Nord et le Péloponnèse, la police se lança dans une campagne d'arrestations de toutes personnes suspectes de liens avec l'EAM. Alors que les Britanniques exprimaient leurs vives critiques de telles persécutions, ils exercèrent très peu de pressions sur le gouvernement grec ou les cercles de droite pour qu'il y soit mis un terme[37]. À la lumière de tout cela, il n'est guère surprenant que la présence des Britanniques sur le sol hellène ait alimenté un ressentiment extrême chez les communistes : dans les années à venir, ils qualifieraient cette période de la « Terreur blanche » de « vaste orgie terroriste du monarcho-fascisme » et d'« asservissement total du peuple grec par les impérialistes étrangers[38] ».

Au cours des mois suivants, la droite grecque déploya des efforts concertés pour s'assurer le contrôle des forces armées, de la garde nationale, de la gendarmerie et de la police. Selon des sources au sein du gouvernement Papandréou, les communistes avaient interdiction d'intégrer aucune de ces institutions, car on ne pouvait se fier à eux, le risque qu'ils trahissent les intérêts nationaux grecs étant trop grand – mais le terme de « communiste » allait bientôt désigner quiconque défendait des convictions de gauche modérées. Ceux qui appartenaient déjà à la police ou à l'armée et que l'on soupçonnait de sympathies de gauche furent immédiatement canalisés vers les corps de réserve. Ces initiatives de la droite prirent une telle envergure que de nombreux observateurs alliés commencèrent à redouter que celle-ci ne fomente un coup d'État ; elle semblait pour le moins chercher à user de son influence pour peser sur le scrutin de mars 1946, dont la date approchait[39].

Cela nous amène à la dernière grande erreur du Parti communiste grec : furieux des entorses répétées aux accords de Varkiza, les communistes décidèrent d'aller contre l'avis des Soviétiques et de s'abstenir lors des élections de mars, offrant ainsi une victoire écrasante à la droite royaliste. À l'automne, les monarchistes organisèrent le retour du roi, à la faveur d'un référendum très douteux. À l'échelon local, des responsables de droite se servirent de leur nouveau mandat pour intensifier la répression anticommuniste. La gendarmerie se renforça rapidement et, dès septembre 1946, ses effectifs avaient triplé par rapport à l'année précédente[40]. L'escalade de la violence atteignit un seuil au-delà duquel le gouvernement ne contrôlait plus ce qui se passait dans les provinces. À la fin 1946, il était clair que beaucoup de Grecs de gauche n'avaient plus d'autre choix que de s'enfuir de leur domicile et de se réfugier une fois encore dans les montagnes. Le Parti communiste forma l'Armée démocratique de Grèce (DES, ou Dimokratikos Stratos

Ellados) – successeur naturel de l'ELAS – et ce fut le retour de la guerre civile dans le pays[41].

Je ne livrerai pas ici un récit détaillé des deux années qui suivirent, au cours desquelles la violence et la contre-violence généralisées ne cessèrent pas, comme cela avait été le cas pendant la guerre. Principale différence, ce n'étaient plus à présent les Allemands, les Bulgares et les Italiens qui soutenaient les forces de droite contre les communistes, mais les Britanniques et les Américains, qui considéraient le maintien de l'anticommunisme comme le moindre des maux. L'aide occidentale se déversa sur le territoire grec, ainsi que le matériel de Londres et de Washington, et le gouvernement hellène eut ensuite recours à la méthode éprouvée des Anglais pour réprimer les soulèvements – la relocalisation forcée de dizaines de milliers de villageois dans des camps d'internement, afin d'affamer la guérilla. Les communistes grecs, en revanche, luttaient pour se gagner des soutiens hors du pays ; quand Staline refusa de les aider, ils misèrent sur les partisans yougoslaves de Tito – un arrangement qui se prolongea jusqu'en 1948. Mais, quand le Parti communiste grec se rangea aux côtés du Géorgien après sa rupture avec Tito, ce soutien-là aussi leur fut retiré, et leur sort fut scellé ; la guerre civile grecque s'acheva finalement, dans les dernières semaines de 1949, par le complet effondrement de la gauche.

La partialité de la justice fut sans doute l'aspect le plus choquant de toute cette période de l'histoire grecque : alors que les poursuites contre les collaborationnistes avaient pratiquement cessé dès 1945, on continua d'arrêter et de traduire en justice un grand nombre de communistes ; en septembre 1945, selon des chiffres officiels, il y avait en prison au moins sept fois plus de sympathisants de gauche que de suspects de collaboration. Les chiffres des exécutions sont encore plus accablants : en 1948, d'après des sources américaines, seuls 25 collaborateurs et 4 criminels de guerre avaient été exécutés en Grèce par la voie judiciaire[42] ; le nombre de sentences de mort exécutées contre des sympathisants de gauche entre juillet 1946 et septembre 1949 fut plus de cent fois supérieur[43].

Ceux qui ne furent pas exécutés croupirent souvent en prison pendant des années ou même des décennies. À la fin 1945, quelque 48 956 soutiens de l'EAM étaient derrière les barreaux, et ce chiffre plafonnerait autour des 50 000 jusqu'à la fin des années 1940[44]. Même en 1950, après la fermeture du camp de Makronisos, de sinistre réputation, il y avait encore 20 219 prisonniers politiques en Grèce et 3 406 exilés[45]. Dans les années 1960, des centaines de femmes et d'hommes, dont le seul crime avait été leur participation à des groupes de résistance qui avaient combattu les Allemands, étaient encore enfermés dans les geôles grecques[46].

Ce « procès de la Résistance », comme l'appellent les historiens italiens, se tint dans plusieurs pays après la guerre – mais il ne fut nulle part plus rude qu'en Grèce. Pendant vingt-cinq ans, le pays fut gouverné par une combinaison de politiciens conservateurs, de militaires et d'organisations paramilitaires indistinctes, soutenus par les Américains. Le fond fut atteint entre 1967 et 1974, quand la nation hellène tomba sous la coupe d'une dictature militaire. Durant cette période, une loi fut promulguée qui porta une ultime atteinte aux hommes et aux femmes qui avaient combattu pour la libération du pays : les partisans de l'EAM/ELAS furent officiellement qualifiés d'« ennemis » de l'État, alors que d'anciens membres des Bataillons de sécurité, qui avaient combattu aux côtés des Allemands, étaient éligibles à des pensions de retraite servies par l'État[47].

Tomber de rideau

La guerre civile grecque allait avoir des effets durables sur le reste de l'Europe. Ce fut le premier affrontement sanglant de ce qui allait bientôt devenir une nouvelle guerre, froide celle-là, entre l'Est et l'Ouest, la gauche et la droite, le communisme et le capitalisme. À certains égards, elle a défini les contours de cette guerre froide : non seulement elle a tracé la limite méridionale du rideau de fer, mais elle a adressé un avertissement sévère aux communistes d'Italie et de France, et en l'occurrence de toute l'Europe occidentale, sur ce qui arriverait s'ils étaient tentés de prendre le pouvoir. Mais le plus important, sans doute, c'est qu'elle a réintroduit les Américains en Europe en les forçant à comprendre qu'ils n'avaient plus le choix de l'isolationnisme. Quand les Britanniques annoncèrent qu'ils ne pouvaient plus se permettre de financer la guerre du gouvernement grec contre les communistes, Washington fut obligé de prendre le relais ; les États-Unis resteraient en Grèce, ainsi qu'en plusieurs points stratégiques du continent, pendant tout le siècle.

Ce fut l'engagement soudain des États-Unis d'Amérique en Grèce qui donna naissance à la doctrine Truman – la politique d'endiguement de ce que le diplomate américain George F. Kennan appelait le « raz de marée » communiste qui menaçait alors de submerger toute l'Europe[48]. Le 12 mars 1947, le président Truman prononçait devant le Congrès un discours où il déclara que la politique des États-Unis consisterait dorénavant à « soutenir les peuples libres qui résistent aux tentatives d'assujettissement émanant de minorités armées ou de pressions extérieures », et qu'ils devaient commencer par accorder une aide massive à la Grèce et à la Turquie[49]. Effectivement, cela revenait à tracer une limite à ne pas franchir : il n'était peut-être plus possible de soustraire l'Europe de l'Est au communisme, mais on ne tolérerait pas que la Méditerranée orientale lui emboîte le pas.

La conclusion logique de cette nouvelle politique américaine fut l'annonce du Programme de redressement de l'Europe, également dénommé Plan Marshall, en juin 1947. Cette enveloppe d'aide massive était soi-disant ouverte à tous les pays d'Europe, y compris l'URSS, pourvu qu'ils s'engagent dans une coopération économique mutuelle accrue. Mais, alors que l'objectif déclaré du Plan Marshall était de combattre le chaos et la faim qui régnaient sur le continent, le secrétaire d'État insistait lourdement sur la priorité qui serait accordée aux pays en lutte pour résister « aux gouvernements, aux partis politiques ou aux groupements qui cherchent à perpétuer la misère humaine afin d'en profiter politiquement[50] ». En d'autres termes, tout en se présentant comme une aide économique, le Plan Marshall poursuivait en réalité des objectifs totalement politiques[51].

Les Soviétiques étaient furieux de ces initiatives diplomatiques. Ils avaient certes accepté de ne pas se mêler de la Grèce, qui, en vertu de l'accord de Staline avec Churchill, demeurait dans la « sphère d'influence » britannique et américaine, mais ils n'étaient pas disposés à accepter que l'Ouest s'ingère dans la leur ; Staline donna pour instruction à tous les pays sous contrôle direct de l'Union soviétique de refuser l'offre d'aide américaine dans le cadre du Plan Marshall et exerça des pressions sur la Tchécoslovaquie et la Finlande pour qu'elles agissent aussi en ce sens. Ainsi, alors que seize pays finirent par souscrire au Plan Marshall, pas un seul des futurs États communistes n'y prit part ; en lieu et place, sous la pression insistante des Soviétiques, ils conclurent leurs propres traités commerciaux avec l'URSS. La fracture entre les deux moitiés du continent commençait à se creuser.

La conséquence la plus importante de cet enchaînement d'événements fut peut-être la décision de Moscou de formaliser le contrôle de l'URSS sur les autres partis communistes d'Europe. Tout juste trois mois après l'annonce du Plan Marshall, les Russes convoquèrent tous les dirigeants communistes à une conférence dans la ville polonaise de Szklarska Poręba. Là, ils réformèrent le Komintern sous son nouvel intitulé de Bureau communiste d'information (ou Kominform) ; simultanément, ils ordonnèrent aux communistes occidentaux de se lancer dans une campagne d'agitation antiaméricaine – directive qui fut l'une des causes principales de la vague de grèves en Italie et en France évoquée au chapitre précédent. L'ère de l'autonomie et de la diversité parmi les partis communistes européens était bel et bien révolue – à partir de ce jour, les Soviétiques seraient à la manœuvre[52].

S'il est fort probable que cette série d'événements aurait de toute façon eu lieu, la situation en Grèce en fut le catalyseur. La guerre civile hellène ne fut donc pas simplement une tragédie locale, mais une crise de portée internationale ; les puissances occidentales le reconnurent, et semblèrent prêtes à avaliser à peu près n'importe quelle injustice pour peu qu'elle tienne le communisme en lisière.

Pour les simples citoyens de Grèce, voilà qui ne faisait qu'ajouter au malheur de leur situation : non seulement ils étaient pris en étau entre les tendances extrémistes de leurs compatriotes – longtemps après que l'on eut entériné la fin de la Deuxième Guerre mondiale –, mais ils étaient désormais la balle que l'on se renverrait dans ce match entre superpuissances.

25

L'oiseau dans son nid : le communisme en Roumanie

Il est facile de critiquer l'attitude des gouvernements occidentaux au lendemain de la guerre. Rétrospectivement, ils donnent l'impression d'avoir cédé par moments à la paranoïa et à la volonté excessive d'écraser toute protestation légitime à gauche, même au prix de principes démocratiques qu'ils prétendaient défendre. Des injustices eurent bel et bien lieu. Des vies furent anéanties. Mais la menace à laquelle l'Ouest était confronté était bien réelle. Malgré leur manière de procéder, souvent maladroite, implacable et mal maîtrisée, ces gouvernements croyaient véritablement suivre la moins dommageable des lignes de conduite.

Dans un choix tranché entre le communisme stalinien et le mélange imparfait de démocratie et d'autoritarisme auquel adhéra l'Ouest, le second était sans conteste le moindre des deux maux ; en Europe orientale, les communistes se montrèrent impitoyables dans leur quête du pouvoir, au point de faire passer les gouvernements occidentaux pour des amateurs un peu gênés aux entournures. Parmi la dizaine de nations qui se retrouvèrent derrière le rideau de fer, n'importe laquelle pourrait en offrir la démonstration, mais le meilleur exemple en est peut-être la Roumanie, où la prise de pouvoir par les communistes fut particulièrement rapide et brutale.

La Roumanie était l'un des rares pays d'Europe de l'Est demeurés relativement intacts après la Deuxième Guerre mondiale. Elle avait certes été en partie bombardée par les Alliés, et le Nord-Ouest avait été ravagé par l'avancée de l'Armée rouge – mais, au contraire de la Pologne, de la Yougoslavie et de l'est de l'Allemagne, où les structures de pouvoir traditionnelles furent presque entièrement balayées par la guerre, les institutions roumaines furent préservées. Pour les communistes, s'emparer du pouvoir absolu ne devait donc pas se limiter à imposer un nouveau système sur une page vierge – au préalable, il fallait abattre l'ancien régime. La manière terrifiante dont les institutions roumaines furent démantelées et remplacées reste un modèle exemplaire de méthodes totalitaires.

Le coup de force du mois d'août

L'histoire de la Roumanie d'après guerre débute à l'été 1944, avec un changement de régime soudain et dramatique. Jusqu'à cette date, le pays avait été gouverné par une dictature militaire sous l'autorité du maréchal Ion Antonescu, et s'était fermement engagé dans une alliance indéfectible avec l'Allemagne. Il était entré dans la guerre avec un entrain relatif, et les troupes de Bucarest avaient combattu aux côtés de la Wehrmacht jusqu'à Stalingrad. Maintenant que le vent avait tourné, il devenait toutefois de plus en plus évident que l'Allemagne allait perdre la guerre. En Roumanie, ils furent nombreux à comprendre que le seul moyen d'éviter la dévastation que leur ferait subir l'Armée rouge était de changer de camp ; une large alliance de partis de l'opposition se forma en secret et, convaincue qu'Antonescu resterait attaché à Hitler jusqu'à la fin, décida de le renverser.

Le principal artisan de ce coup de force fut le dirigeant du Parti national paysan, Iuliu Maniu. Maniu avait été l'instigateur de ce complot, et c'était lui qui s'était le plus engagé dans des pourparlers secrets avec les Alliés. Son parti était de loin le plus populaire de l'opposition et, si le coup d'État était couronné de succès, on s'attendait à ce qu'il s'attribue la plupart des principaux postes gouvernementaux. Les autres comploteurs étaient des politiques du Parti social-démocrate, du Parti national libéral et du Parti communiste, et – figure de proue de cet aréopage – le jeune roi Michel de Roumanie.

Après des semaines de préparatifs, le coup de force fut fixé au 26 août. Le plan prévoyait que le roi Michel invite Antonescu à déjeuner et lui donne pour instruction d'ouvrir des négociations avec les Alliés. S'il refusait, le monarque le démettrait aussitôt de ses fonctions et nommerait un nouveau gouvernement composé de responsables politiques d'opposition. Ce gouvernement avait été constitué à l'avance, de sorte qu'il puisse prendre les rênes du pouvoir sans vacance aucune. Malheureusement, les événements ne se déroulèrent pas tout à fait comme prévu. La situation militaire s'était si rapidement détériorée que le maréchal annonça qu'il partait pour le front le 24 août ; contraint d'improviser, le souverain décida d'avancer de quelques jours la date du coup de force.

L'après-midi du 23, il invita Antonescu au palais où, après une confrontation brève mais tendue, il fit arrêter le dictateur ; cette décision parut prendre le maréchal par surprise. Lorsque le roi fut interviewé par un journaliste anglais quelques mois plus tard, il lui déclara : « On l'a expédié pour la nuit dans la place forte du palais où, me suis-je laissé dire, les gardes conservent encore un souvenir admiratif de son vocabulaire[1]. »

Toutefois, en raison de la précipitation des événements, les comploteurs n'avaient pas encore réussi à s'entendre sur la meilleure composition du gouvernement, de sorte que le roi fut de nouveau contraint d'improviser : après un rapide entretien avec ses conseillers, il nomma sur-le-champ un cabinet provisoire. Peu après dix heures ce soir-là, le roi Michel annonça le coup d'État à la radio ; une déclaration préparée par le Premier ministre, Constantin Sănătescu, fut également lue sur les ondes. Ces annonces stipulaient que la Roumanie avait accepté les conditions de l'armistice édictées par les Alliés ; on y promettait aussi que, en total contraste avec la dictature d'Antonescu, le nouveau gouvernement serait « un régime démocratique où les libertés publiques seraient à la fois respectées et garanties[2] ».

Jusque-là, les communistes avaient pris une part assez modeste à ces événements, mais, dès l'achèvement du coup d'État, ils furent les plus prompts à réagir : la première personne à se rendre au palais fut le communiste Lucrețiu Pătrășcanu, qui réclama immédiatement le poste de ministre de la Justice – et l'obtint. Ce n'était pas une requête déraisonnable : Pătrășcanu avait une formation juridique, et il avait aidé le roi à rédiger sa proclamation à la nation. Toutefois, comme les représentants des autres partis politiques ne se verraient attribuer de portefeuille que bien plus tard, cette initiative était des plus audacieuses. Cela donnait aussi l'impression que les communistes se voyaient récompensés pour leur rôle de premier plan : par la suite, Pătrășcanu exploita cette impression en prétendant, faussement, qu'il avait été le seul représentant de l'opposition consulté sur le coup d'État imminent[3].

Pour les communistes, l'autre coup de chance tint au fait qu'après le coup de force on leur confia la responsabilité du sort d'Antonescu et des autres prisonniers. Là encore, il y avait à cela de bonnes raisons : on jugeait qu'il serait malvenu de permettre à l'armée de prendre le dictateur et son cabinet sous sa tutelle, car les soldats risquaient de conserver une certaine loyauté envers leur ancien commandant et de le libérer ; la police n'était pas fiable non plus, pour les mêmes raisons. Les comploteurs avaient donc décidé de remettre les prisonniers à un groupe de milice civile. Le groupe le mieux adapté à cette tâche était celui des volontaires du Parti national paysan de Maniu ; mais, à l'époque du coup d'État, ils avaient déjà été envoyés en Transylvanie pour aider à lutter contre les Allemands. Les « Gardes patriotes » formés par les communistes étaient la seule autre milice civile antifasciste ; remettre le dictateur entre les mains de ce groupe donnait encore une fois l'impression que les communistes avaient eu plus d'influence sur ce coup d'État que cela n'était en réalité.

Le plus grand cadeau fait aux communistes vint toutefois des Alliés, pendant les négociations d'armistice. Alors que toutes les parties avaient accepté les conditions générales au moment du coup de force, il fallut encore trois semaines pour que le texte définitif reçoive l'assentiment des protagonistes. L'un des points de friction était la question de savoir si les Alliés auraient la responsabilité du pays. Les Soviétiques soutinrent que, puisque c'était leur armée qui avait occupé la Roumanie, il leur revenait d'en prendre le contrôle. Certains responsables britanniques et américains craignaient qu'ils n'agissent comme si la Roumanie était l'« affaire de la Russie » : ils avancèrent que les trois principaux alliés devaient en assumer la responsabilité conjointe. En fin de compte, ce furent pourtant les Soviétiques qui eurent gain de cause : la version finale du traité d'armistice spécifiait que le pays serait contrôlé par une Commission de contrôle alliée « sous la direction générale et sous les ordres du Haut Commandement (soviétique) allié ». Ce texte ouvrirait plus tard le pays à la domination russe[4].

La lutte communiste pour le pouvoir

Après le coup de force du 23 août 1944, trois gouvernements se succédèrent rapidement. Le premier était un gouvernement provisoire sous l'autorité du général Sănătescu, qui dura tout juste dix semaines : les Soviétiques étaient très désireux de le révoquer pour la simple raison que les communistes y détenaient très peu de postes de pouvoir. Sănătescu était vulnérable à plusieurs titres : premièrement, il avait le plus grand mal à répondre aux demandes de réparations des Soviétiques, ce qui l'exposa à des accusations d'avoir renié ses engagements tels que formulés par les accords d'armistice[5] ; mais sa chute véritable fut précipitée par son incapacité à purger la société de ses « éléments fascistes ». Au cours des six premières semaines postérieures au coup d'État du mois d'août, selon un rapport de l'OSS (Office des services stratégiques) américain, seuls huit responsables roumains furent démis de leurs fonctions pour faits de collaboration avec les Allemands[6]. Si une poignée d'officiers supérieurs des services de renseignements furent appréhendés, la majorité de l'appareil de sécurité d'État demeura intact. Pis encore, d'anciens membres de la milice fasciste, la Garde de Fer, étaient encore visibles dans les bars et les hôtels de la capitale et « se vantaient que le Gouvernement n'oserait pas les toucher[7] ». Certains membres du cabinet appelèrent à l'instauration immédiate d'un tribunal pour juger les criminels de guerre, mais ces appels furent abandonnés quand Iuliu Maniu souleva des objections d'ordre juridique. Le chef du Parti paysan soutint que son opposition à de telles purges était à même d'éviter un autre bain de sang, mais il fut fortement soupçonné d'essayer en réalité d'éviter tout ce qui pourrait entraîner les anciens de la Garde de Fer à prêter allégeance aux communistes[8].

Cette inaction, qui, par comparaison, donnait aux maigres purges italiennes un air d'efficacité, exaspéra certaines parties de la population, et à juste titre. Les communistes roumains capitalisèrent sur cette colère populaire, et s'évertuèrent à l'attiser encore davantage : le 8 octobre, ils organisèrent leur première grande manifestation à Bucarest, avec quelque 60 000 personnes qui se massèrent dans le centre de la capitale pour exiger la démission de Sănătescu et de son gouvernement. Un grand nombre de manifestants étaient sans nul doute sincères – mais les communistes usèrent aussi de leur influence au sein des syndicats pour inciter les gens à y prendre part[9].

Sous la pression des Soviétiques et des oppositions internes, le général Sănătescu démissionna le 2 novembre. Toutefois, il fut immédiatement prié par le roi de former un nouveau gouvernement par intérim jusqu'à ce que des élections puissent être organisées. Le nouveau gouvernement Sănătescu réservait plusieurs postes aux communistes, le principal étant la nomination de leur dirigeant, Gheorghe Gheorghiu-Dej, au ministère des Transports. Le faire-valoir des communistes, Petru Groza, chef du Parti des laboureurs, fut nommé vice-Premier ministre. En revanche, le ministère de l'Intérieur, poste capital, qui contrôlait les forces de police du pays, resta au Parti national paysan ; au grand écœurement du Parti communiste, il fut attribué à Nicolae Penescu, ardemment antisoviétique. Dans une tentative visant à discréditer le nouveau ministre de l'Intérieur, d'autres manifestations furent organisées, où les manifestants reçurent pour instruction expresse d'entonner le slogan « À bas Penescu[10] ». Cette agitation augmenta régulièrement, tandis que les communistes raffermissaient leur emprise sur les syndicats en recourant simultanément à la rhétorique et à la coercition pour mobiliser de plus en plus de gens.

Le deuxième gouvernement Sănătescu fut encore plus éphémère que le premier. Fin novembre, deux syndicalistes furent abattus par des soldats roumains lors d'une bagarre d'ivrognes, un fait divers que le Front national démocratique (NDF) utilisa pleinement : des funérailles monumentales organisées en l'honneur des deux hommes se transformèrent en une nouvelle manifestation de masse contre le gouvernement. De son côté, la presse communiste tempêtait contre les « fascistes hitlériens » de l'*establishment* qui pouvaient tuer en toute impunité, et accusèrent sans détour le Parti national paysan de les soutenir. En signe de protestation contre le harcèlement du NDF, les membres du Parti national paysan et les libéraux se retirèrent en bloc du gouvernement. Débordé, Sănătescu fut obligé de démissionner, cette fois pour de bon[11].

Le troisième gouvernement de l'après-coup d'État fut formé le 2 décembre 1944. Le roi Michel nomma son chef d'état-major, le général Nicolae Rădescu – une personnalité hors parti, qui avait l'approbation des Soviétiques. Cherchant à mettre un terme aux troubles civils incessants, le souverain informa le vice-ministre soviétique des Affaires étrangères, Andreï Vychinski, que, si l'agitation communiste continuait, il se verrait contraint d'abdiquer et de quitter le pays. Vychinski avait conscience qu'un tel geste entraînerait le chaos derrière les lignes soviétiques, et risquait même de forcer Moscou à prendre officiellement le contrôle du pays – un événement qui ne serait pas du meilleur effet auprès des alliés britannique et américain. Il donna donc pour instruction aux communistes roumains de faire baisser un peu la tension et, pendant un temps du moins, les manifestations de rue cessèrent[12]. En revanche, les communistes se servirent bien du remaniement gouvernemental pour entreprendre de nouvelles incursions dans la sphère du pouvoir. Ils ne réussirent pas à obtenir le contrôle complet du ministère de l'Intérieur, que Rădescu conservait, mais obtinrent la nomination d'un communiste éminent au poste d'adjoint du ministre. Ce nouvel homme fort, Teohari Georgescu, s'empara sans tarder de toutes les prérogatives possibles au nom des communistes : il nomma des gens de son entourage dans neuf des seize préfectures de province, et leur donna pour directive stricte de ne recevoir d'ordres de personne d'autre que lui. Il commença par introduire les « Gardes patriotiques » formés par les communistes au sein de la police de Sécurité roumaine, la Siguranța, et poussa les feux de l'infiltration communiste dans les autres branches de l'appareil de la Sécurité. Lorsque Rădescu s'aperçut de ce que mijotait son adjoint, il était déjà trop tard : quand il ordonna la dissolution des « Gardes patriotiques », il ne fut simplement pas entendu ; et pas davantage quand il exigea la démission de Georgescu – son adjoint continua tout bonnement à se présenter à son bureau et à transmettre des ordres aux préfets régionaux[13].

La perte de contrôle de Rădescu sur son autre adjoint devint rapidement flagrante : au début de l'année 1945, le vice-Premier ministre, Petru Groza, commença à encourager ouvertement les paysans à s'emparer de la terre des propriétaires des grands domaines, à titre de préliminaires du programme de réforme agraire à venir. Le 13 février, le journal communiste *Scînteia* signalait que des domaines des comtés de Prahova et de Dâmboviţa avaient été occupés par des paysans. À l'occasion d'un Conseil des ministres, deux jours plus tard, Rădescu accusa son adjoint de fomenter la guerre civile[14].

Une fois de plus, les communistes organisèrent des manifestations appelant à la démission de Rădescu ; leur pouvoir était désormais assez grand pour qu'ils parviennent à organiser de tels rassemblements dans plusieurs villes du pays. La crise atteignit son paroxysme le 24 février avec une grande manifestation devant le ministère de l'Intérieur même. Rădescu, qui se trouvait dans le bâtiment, donna l'ordre aux gardes de tirer en l'air pour disperser la foule. Dans la confusion qui s'ensuivit, d'autres coups de feu éclatèrent, cette fois de provenance inconnue, et quelques manifestants s'écroulèrent, morts. Las des provocations incessantes des communistes et perdant son sang-froid en s'entendant maintenant traiter de meurtrier, ce même soir Rădescu s'adressa à la nation dans une allocution radiodiffusée où il qualifia les dirigeants communistes Ana Pauker et Vasile Luca de « hyènes » et d'étrangers « apatrides et impies ». Il se référait au fait que nombre de communistes roumains n'étaient en réalité pas véritablement « roumains » aux yeux de la population, mais étaient nés de parents russes, ukrainiens, allemands ou juifs – il fit là aussi une allusion détournée à leurs appuis soviétiques[15]. Cet appel au nationalisme roumain ne lui fut toutefois d'aucun secours, et les communistes continuèrent d'exiger son arrestation. À la suite de ces événements, une commission conjointe de médecins soviétiques et roumains établit que les gardes de Rădescu avaient presque certainement tiré dans la foule, car les balles extraites des corps des victimes n'étaient pas d'un type fourni dans la dotation de l'armée roumaine. Mais, lorsque cette information fut connue, elle ne revêtait plus guère d'importance : Rădescu était tombé dans le même piège que Sănătescu avant lui, et son gouvernement perdit assez vite toute assise.

La vague de grèves et de manifestations qui eurent lieu en Roumanie était au fond la même que celle qui avait déferlé en France et en Italie. La différence, c'était que, dans ces deux derniers pays, les Alliés avaient fermement appuyé les gouvernements en place – en partie pour des raisons politiques, mais surtout afin de préserver l'ordre public – et leur avaient fourni un soutien moral, financier et militaire ; en Roumanie, au contraire, le soutien des Alliés au gouvernement faisait cruellement défaut. Les Soviétiques n'apportèrent aucune aide financière au pays – ils étaient trop occupés à le saigner par de constantes réquisitions et des demandes de réparations de guerre. Ils ne lui prêtèrent non plus aucun soutien moral, et rien n'indiquait qu'ils auraient pu faire usage de leur présence militaire considérable pour maîtriser les troubles. En restant l'arme au pied pendant que se déroulaient ces manifestations, les Soviétiques laissèrent délibérément le gouvernement roumain se déliter.

Mais leur soutien aux agitateurs communistes n'était pas purement passif. Durant la crise, les Russes clarifièrent leur position : le 27 février 1945, le vice-ministre soviétique des Affaires étrangères, Andreï Vychinski, alla rendre visite au roi Michel et exigea qu'il démette Rădescu de ses fonctions, pour installer Petru Groza au poste de Premier ministre. Alors que le roi tergiversait, les Soviétiques firent monter la pression en retirant des unités de l'armée roumaine de Bucarest avant de les remplacer par des troupes russes, qui occupèrent plusieurs points stratégiques de la capitale. La menace implicite était évidente et, sous la pression croissante de Vychinski, le souverain fut obligé de révoquer Rădescu le 28 février. Il atermoya encore pour la nomination de Groza et d'un cabinet dominé par les communistes mais, quand Vychinski eut clairement signifié que les forces de Moscou étaient prêtes à s'emparer de l'État roumain s'il le fallait, le monarque n'eut guère d'autre choix que de capituler. Le gouvernement Groza arriva au pouvoir le 6 mars 1945 – en tout juste six mois après le coup d'État, le NDF était parvenu à s'installer officiellement aux commandes.

La démocratie démembrée

Au cours des dix-huit mois suivants, le gouvernement Groza présida à la désintégration accélérée de la démocratie en Roumanie. Le Parti national paysan et les libéraux étaient presque entièrement exclus du nouveau gouvernement : quatorze des dix-huit portefeuilles ministériels furent confiés à des membres du NDF, et les quatre restants échurent à des membres d'autres partis en rupture de ban, comme le libéral dissident Gheorghe Tătărescu, nommé vice-Premier ministre. Les communistes détenaient tous les ministères importants, notamment ceux de la Justice, des Communications, de la Propagande et, surtout, de l'Intérieur ; ils détenaient aussi les postes de vice-ministres de l'Agriculture et des Communications[16].

Enfin, l'appareil gouvernemental fut soumis à une purge et à une réorganisation systématiques, en application du programme des communistes. Ayant enfin la mainmise totale sur le ministère de l'Intérieur, Teohari Georgescu annonça immédiatement un plan pour éliminer les « fascistes » et les « éléments compromis » des forces de sécurité : sur les 6 300 agents du ministère de l'Intérieur, la moitié ou presque furent soit mis en réserve, soit révoqués. Quelques semaines après l'arrivée du nouveau régime au pouvoir, plusieurs centaines de fonctionnaires de police et d'agents du contre-espionnage furent arrêtés[17]. Le corps des inspecteurs se vit assigner la tâche spécifique de traquer les anciens membres de la Garde de Fer qui étaient encore en activité. Il ne fait aucun doute qu'une purge de cet ordre était nécessaire, mais la manière dont elle fut conduite servait aussi les autres objectifs des communistes et des Soviétiques : des milliers de Gardes patriotiques furent alors autorisés à intégrer les forces de police et les services de sécurité. L'espion soviétique Emil Bodnăraş, jusqu'à présent responsable des Gardes patriotiques, fut nommé à la tête du très redouté Servicul Special de Informaţii (SSI). Un autre espion soviétique, Alexandru Nicolski, fut chargé de façonner le corps des inspecteurs pour qu'il devienne le noyau de ce qui ne tarderait pas à prendre le nom tristement célèbre de Securitate. Ce qui posait les fondements de la future police d'État roumaine.

Ayant récupéré le gouvernement et les forces de sécurité, les communistes entreprirent alors de démanteler deux autres piliers de la société démocratique : la liberté de la presse et l'indépendance de la justice. Durant l'été, le ministre de la Justice Lucreţiu Pătrăscanu soumit à des purges, démit ou envoya prématurément à la retraite plus de 1 000 magistrats dans tout le pays. À leur place, il installa des fonctionnaires loyaux envers le Parti communiste roumain ; il n'hésitait apparemment pas à convoquer les juges de la Cour suprême dans son bureau afin de leur dicter leurs décisions, et institua par la suite un système en vertu duquel tous les juges seraient secondés à l'audience par deux « assesseurs populaires » qui auraient la possibilité de faire prévaloir leur avis si les décisions du magistrat ne s'accordaient pas avec la politique du parti[18]. La soumission de la presse fut encore plus facile à mettre en œuvre ; en réalité, elle était déjà engagée. Dès les premières journées consécutives au coup d'État du mois d'août, les Soviétiques avaient régulièrement suspendu la parution des journaux qu'ils jugeaient hostiles à leur cause, ou les avaient fermés. Par exemple, le principal quotidien du Parti national paysan, *Curierul*, fut fermé le 10 janvier 1945 et une partie de ses locaux furent attribués au journal communiste *Scînteia*. De même, le journal des libéraux, *Democratul*, fut supprimé à cause des articles où il révélait que beaucoup de régions de Roumanie prétendument conquises par l'Armée rouge avaient en réalité été reprises par les Roumains eux-mêmes. Comble du ridicule, le journal officiel des libéraux, *Viitorul*, fut suspendu durant la nuit du 17 au 18 février parce que les Soviétiques pensaient qu'il publiait des messages codés ; ces messages se révélèrent être des abréviations à la fin du nom du représentant militaire britannique, le vice-maréchal de l'air Donald Stevenson : OBE, DSO, MC[*19]. Après un an de gouvernement Groza, la presse démocratique avait pratiquement cessé d'exister. Le 7 juin 1946, le Département d'État rapportait que, sur un total de vingt-six journaux publiés en Roumanie, le Parti national paysan et le Parti national libéral n'étaient plus en mesure d'en faire paraître qu'un seul ; en revanche, le gouvernement diffusait dix quotidiens et neuf hebdomadaires ou bimensuels rien qu'à Bucarest. Le Parti social démocrate indépendant n'était autorisé à en publier aucun ; en dépit de nombreuses requêtes au ministère de l'Information, il se fit éconduire au prétexte qu'il n'y avait pas assez de papier disponible[20].

Le gouvernement était censé se limiter à exercer le pouvoir par intérim, dans l'attente des élections. Mais le NDF n'était guère enclin à autoriser leur tenue sans avoir la certitude de s'assurer la victoire – en conséquence, Groza ne cessa pas de tergiverser pendant qu'en coulisses les forces communistes continuaient de saper toute opposition. Durant leurs vingt mois de pouvoir, elles terrorisèrent de façon systématique les libéraux, les paysans, les socialistes indépendants et quiconque s'opposait à elles. En août 1945, le gouvernement découvrit deux complots « terroristes » impliquant fort commodément le Parti national paysan. Le 15 mars 1946, l'ancien Premier ministre Rădescu se fit rosser par un groupe d'hommes armés de gourdins, un événement qui acheva de le convaincre qu'il aurait raisonnablement intérêt à fuir le pays. En mai 1946, le général Aurel Aldea, ancien ministre de l'Intérieur du gouvernement Sănătescu, fut arrêté pour « avoir comploté à la destruction de l'État roumain » ; il fut traduit en justice avec 55 « complices » et, le 18 novembre 1946 – la veille du jour où le scrutin

* Abréviations de titres honorifiques : *Officer of the British Empire, Distinguished Service Order, Military Cross.* (*N.d.T.*)

devait se dérouler –, il fut condamné aux travaux forcés à perpétuité[21].

Au cours de la phase préparatoire du scrutin, les communistes et leurs soutiens compliquèrent l'affaire autant qu'ils le purent pour les partis d'opposition. Le Parti national paysan se plaignit à plusieurs reprises auprès de la communauté internationale du contexte politique qu'il était contraint d'endurer :

> Les réunions ne sont pas libres. En parfaite connaissance et avec la complète tolérance du gouvernement, notamment du ministère de l'Intérieur, des bandes armées ont été organisées. Ces bandes s'attaquent aux réunions publiques et aux dirigeants des partisans d'opposition ; elles tuent, mutilent et malmènent les adversaires du régime. Ils possèdent des armes automatiques. Ils se servent de barres de fer, de couteaux et de matraques ; ils sont payés ; la plupart de ces nervis sont des criminels condamnés. Ils ne jouissent pas seulement d'une totale immunité pour toutes les brutalités qu'ils commettent, y compris même le meurtre, mais ils agissent sous la protection de la police et de la gendarmerie[22].

À la lecture de rapports de ce type, il faut rappeler qu'ils ont été rédigés par des gens défendant un programme politique précis, dans un climat chargé d'accusations et de démentis – néanmoins, des preuves émanant de sources neutres laissent entendre que de telles descriptions ne sont pas si loin de la vérité. Une note de protestation officielle du gouvernement britannique affirma que des « bandes de brutes » avaient empêché l'opposition de faire campagne et dispersé les rassemblements de cette opposition ; il y eut aussi des plaintes des Britanniques et des Américains sur le refus de tous moyens de presse ou de radio aux partis de l'opposition, et la falsification très répandue des listes électorales ; quant à la tenue du scrutin proprement dit, selon un éditorial du *New York Times*, « la terreur imposée à l'électorat, la répression de toute opposition et la falsification des résultats des élections étaient encore plus flagrants en Bulgarie, et se rapprochaient des pratiques du maréchal Tito en Yougoslavie[23] ».

Les communistes se présentaient aux élections de 1946 sur une liste unique avec plusieurs autres partis de gauche qu'ils avaient convaincus de les rejoindre dans ce qu'ils appelaient le « Blocul partidelor democrate » (« Bloc des partis démocrates »). Après le décompte des bulletins, le Bloc recueillit officiellement à peu près 70 % des voix, et 84 % des sièges de la nouvelle Assemblée. Le Parti national paysan, en revanche, ne recueillit que 12,7 % des voix et 7,7 % des sièges ; le reste alla à d'autres petits partis[24].

Toutefois, des sources indépendantes de l'époque, ainsi que des recherches plus récentes dans les archives mêmes du Parti communiste, suggèrent que le résultat véritable était exactement contraire : c'était le Parti national paysan qui avait obtenu la majorité des voix. L'élection avait tout simplement été truquée ; ainsi, à Someş, les nationaux paysans avaient été crédités de seulement 11 % des voix, alors qu'ils en avaient en réalité remporté plus de 51 %. En falsifiant de la sorte les résultats électoraux, les communistes avaient fait un nouveau pas de géant vers le monopole du pouvoir[25].

Dès lors, il devenait évident que, en l'absence de toute pression concertée de l'Ouest, personne ne pouvait plus rien tenter contre la domination communiste en Roumanie. Malheureusement pour la démocratie roumaine, la réaction d'indignation de l'Ouest fut totalement inefficace. Au cours des deux années qui avaient précédé l'élection, la Grande-Bretagne et les États-Unis avaient soumis plusieurs notes de protestation officielles, mais il n'y eut jamais la moindre indication qu'ils les accompagneraient d'une action sérieuse. L'impudence avec laquelle le Parti communiste roumain falsifia les résultats de l'élection atteste de sa conviction que l'Ouest demeurerait apathique – et, en effet, alors que les Britanniques et les Américains déclarèrent sans détour qu'ils estimaient les résultats du scrutin frappés de nullité, ni Londres ni Washington n'eurent l'audace de retirer leur reconnaissance officielle au gouvernement roumain. Les Soviétiques reçurent leurs plaintes comme de pures rodomontades, et l'histoire ne tarda pas à leur donner raison : dix semaines plus tard, le 10 février 1947, les Alliés signaient un traité de paix officiel avec la Roumanie, après quoi, dans les faits, l'Ouest se lava les mains de toute responsabilité envers ce pays[26].

Une fois surmontés les écueils de l'élection et du traité de paix, les communistes se lancèrent dans une dernière série d'arrestations, cette fois avec l'intention de détruire l'opposition une fois pour toutes. Le 20 mars, 315 membres des partis d'opposition furent interpellés sur la foi d'accusations inventées de toutes pièces. Dans la nuit du 4 mai, 600 autres furent arrêtés. Le 2 juin, à Cluj, la police arrêta 260 ouvriers qui s'étaient opposés au Parti communiste. Selon l'un d'eux, membre d'une des organisations de jeunesse du Parti national paysan, ils furent conduits à la caserne locale de l'armée et plus tard embarqués à bord de trains en partance pour l'URSS, avant qu'un certain nombre d'entre eux ne s'en échappent en arrachant une des lattes du plancher de leur wagon. Beaucoup de ceux qui furent arrêtés ne furent jamais jugés ; la majorité fut relâchée au bout de six mois, sans doute parce qu'à cette époque les autorités avaient déjà clairement fait comprendre leurs intentions[27].

Les forces de sécurité ne tardèrent pas à viser les dirigeants de l'opposition : le 14 juillet, l'ancien ministre de l'Intérieur et membre du Parti national paysan, Nicolae Penescu, fut arrêté ainsi qu'une centaine d'autres membres de son parti, notamment le vice-président Ion Mihalache et le rédacteur en chef du journal du Parti national paysan, *Dreptatea*. Les locaux du parti et du journal furent occupés par la police, et la parution suspendue.

Le 25 juillet, le dirigeant du Parti national paysan lui-même, Iuliu Maniu, était également arrêté. Lors d'un simulacre de procès, cet automne-là, il fut accusé, avec le reste de la direction de son parti, de conspirer avec les Britanniques et l'Amérique, de tenter de quitter le pays afin d'instaurer un gouvernement en exil, et de comploter pour saper l'autorité du gouvernement roumain. Dans sa défense, Maniu déclara de façon très sensée que les « fautes » dont il était accusé relevaient des fonctions démocratiques normales de tout politicien. Cela n'y changea rien ; Mihalache et lui furent condamnés aux travaux forcés à perpétuité. Leurs coaccusés écopèrent de peines de travaux forcés ou d'emprisonnement qui s'échelonnèrent de deux ans à la perpétuité[28].

La dernière grande force d'opposition, le roi en personne, fut neutralisée deux mois plus tard : à la fin de l'année, il dut signer un acte d'abdication sous la contrainte et quitta le pays quelques jours plus tard ; il n'y retournerait pas avant la chute du communisme, en 1992.

Le stalinisme sans frein

Avec la disparition des derniers vestiges de l'opposition, les communistes étaient enfin libres de s'engager dans leur véritable programme : la stalinisation de tout le pays. Une prise d'assaut de la pensée individuelle et de l'expression engendra une purge chez les enseignants, la fermeture de la totalité des écoles étrangères ou religieuses, l'interdiction des manuels scolaires non communistes et l'enseignement imposé de l'interprétation stalinienne des principes marxistes-léninistes. Les enfants de bourgeois se virent refuser toute éducation au profit des enfants d'ouvriers, et certains élèves furent exclus des écoles polytechniques au motif que leurs grands-parents avaient jadis possédé des maisons. Des bibliothèques furent expurgées de tous les ouvrages qui ne s'accordaient pas avec la vision stalinienne du monde. Des poètes et des romanciers furent l'objet d'attaques dans le journal du Parti communiste, *Scînteia*, et leurs œuvres fortement censurées ou interdites[29].

La religion surtout était visée : les églises furent dépouillées de leurs biens et leurs écoles reprises par l'État. Les autorités proscrivirent les baptêmes, les mariages religieux et la célébration publique de Noël et de Pâques, et des membres du Parti communiste reçurent pour instruction de n'assister à aucun service religieux. L'Église catholique fut placée sous le contrôle d'un nouveau « Comité catholique pour l'action », et ceux qui n'appliquaient pas les décrets de ce comité étaient mis en état d'arrestation. L'Église orthodoxe subit une purge, et sa hiérarchie fut truffée de membres du Parti communiste et autres partisans du régime. L'Église uniate, qui comptait à peu près 1,5 million de membres, fut contrainte de fusionner avec l'Église orthodoxe, sous tutelle étatique. Les prêtres uniates qui refusèrent d'admettre ce détournement de leurs convictions religieuses furent arrêtés en masse : en novembre 1948, quelque 600 ecclésiastiques uniates furent ainsi appréhendés. Plusieurs prêtres et évêques des trois religions furent tués ou périrent sous la torture[30].

La répression de toute liberté d'expression s'accompagna d'un puissant mouvement de centralisation et d'abolition de la propriété privée. Des transports, de l'industrie, des mines aux assurances et aux banques, tout fut nationalisé : rien qu'en 1950, 1 060 grandes entreprises furent placées sous contrôle étatique, soit 90 % du total de la production industrielle du pays. Au passage, les mécanismes de marché furent anéantis, les petites entreprises disparurent presque complètement et l'économie fut soumise à l'asservissement d'une « Commission de planification d'État » et d'un Plan quinquennal d'inspiration stalinienne[31].

Le plus grand soulèvement que connut le pays fut provoqué par la collectivisation des fermes. En mars 1945, les réformes agraires du gouvernement Groza visaient délibérément à renforcer dans les campagnes les soutiens au NDF sous direction communiste. Selon des chiffres officiels, plus d'un million d'hectares de terres appartenant à des « criminels de guerre », qui avaient collaboré avec les Allemands, et à des propriétaires terriens qui avaient laissé leurs terres en jachère au cours des sept années précédentes furent expropriés. Quiconque possédait plus de 50 hectares de terres était contraint de les céder à l'État, qui les redistribuait ensuite en parcelles à des paysans plus pauvres. Au total, 1 057 676 hectares furent distribués à 796 129 bénéficiaires, soit chacun 1,3 hectare en moyenne. Cette décision politique extrêmement populaire fut un échec économique : on ne pouvait tirer de rendements suffisants de parcelles aussi petites et, sans l'accès aux machines agricoles dont disposaient les grandes fermes à l'existence plus ancienne, la production alimentaire chuta drastiquement[32].

Quatre ans plus tard, s'étant assuré un contrôle absolu du pays, les communistes dévoilèrent enfin leurs intentions véritables au monde rural. Début mars 1949, ils annoncèrent que toutes les fermes jusqu'à 50 hectares, auparavant exclues de la réforme agraire de Groza, seraient désormais expropriées sans compensation. Les milices et forces de police locales y furent immédiatement déployées et expulsèrent de leur foyer un total estimé à 17 000 familles d'agriculteurs[33]. Au contraire des réformes de Groza, ces expropriations de terres et d'habitations provoquèrent une résistance très soutenue : dans les régions de Dolj, d'Arges, de Bihor, de Bucarest, de Timişoara, de Vlaşca, d'Hunedoara et dans certaines régions de Transylvanie occidentale, des paysans se livrèrent à de véritables batailles rangées pour conserver leurs terres et, dans certains cas, l'armée fut appelée pour réprimer leur résistance. Selon Gheorghe Gheorghiu-Dej, un certain nombre d'années après les faits, on procéda à des arrestations de masse de ruraux dans tout le pays, à la suite desquelles « plus de 80 000 paysans [...] furent traduits en justice[34] ». Mais, maintenant qu'il n'y avait plus personne au gouvernement pour représenter ces gens au sein de l'exécutif, ou pour les protéger contre la brutalité des nouvelles forces de sécurité, leur résistance était vaine.

Les terres expropriées de la sorte servirent à créer plus de 1 000 fermes collectives, où l'on mit au travail des brigades de paysans pauvres et privés de terres. D'emblée, ce programme s'avéra un lamentable fiasco. Le gouvernement ne réussit pas à mettre en place suffisamment de parcs collectifs de tracteurs et autres machines agricoles : les semailles et les récoltes ne pouvaient donc se dérouler correctement, ce qui entraîna de graves pénuries alimentaires dans tout le pays. Ayant imposé cette politique contre la volonté du peuple, un peu plus d'un an après le gouvernement fut contraint de revoir son programme à la baisse. La poussée vers la collectivisation reprit pour de bon l'année suivante et, au bout de dix ans, Dej fut en mesure d'annoncer que 96 % du total des terres arables du pays appartenaient maintenant à des fermes d'État, des fermes collectives ou des associations agricoles[35].

Par souci de pondération, il faut garder à l'esprit que, dans le nouveau système, certains des paysans les plus pauvres améliorèrent leurs conditions d'existence. Rappelons aussi que, cette même année où 1 000 paysans roumains luttaient contre la réforme agraire, en Italie ils protestaient par dizaines de milliers parce qu'on y empêchait activement toute réforme de cet ordre. Rien de tout cela n'excuse toutefois la manière brutale et antidémocratique dont fut menée cette collectivisation en Roumanie ; tant au plan économique que du point de vue de la pure misère humaine qu'il engendra, ce plan fut un pur désastre.

La transformation que subit la Roumanie entre 1944 et 1949 est tout à fait stupéfiante : dans ce bref laps de temps, le pays passa d'une démocratie naissante à une dictature stalinienne à part entière. Le plus extraordinaire, c'est que les communistes y parvinrent à travers un processus essentiellement démocratique, en dépit des manipulations dont il fit l'objet, et non à travers une révolution violente. Mais le fait que la Roumanie n'ait pas sombré dans le même type de guerre civile que la Grèce ne doit pas laisser croire que l'ensemble de ce processus ait été pacifique : de l'intimidation des syndicalistes aux arrestations des responsables politiques, des manifestations de masse, et souvent désordonnées, dans les villes jusqu'à la répression des paysans et des fermiers dans les campagnes, la violence ou la menace de violence étaient omniprésentes dans la Roumanie de l'après-guerre.

Derrière cette menace de violence, outre l'ombre portée du Parti communiste roumain se profilait la puissance de l'Union soviétique. Comme je le montrerai dans les chapitres suivants, la soumission de Bucarest, comme d'ailleurs celle du reste de l'Europe orientale, eût été impossible sans cette présence imposante. Que le coup de force qui chassa du pouvoir le maréchal Antonescu ait été mené afin d'éviter la menace de l'anéantissement que faisait peser l'Armée rouge est en soi assez lourd de sens. Cette menace subsista en toile de fond tout au long des événements que je viens de décrire, et ce fut la principale raison qui empêcha la résistance face aux manœuvres du Parti communiste d'aller plus loin.

Au cours des années ultérieures, le gouvernement roumain devait devenir l'un des régimes les plus répressifs du bloc de l'Est. Pénible ironie du destin, le coup de force d'août 1944, mené dans le but d'instaurer la démocratie dans ce pays, inaugura quatre décennies d'oppression en comparaison de laquelle la dictature Antonescu semblait assez inoffensive.

26

L'assujettissement de l'Europe de l'Est

L'établissement du communisme en Roumanie eut beau être brutal, il n'eut rien d'unique ; des historiens de nationalités diverses tendent à se focaliser sur les différences entre le communisme subi par leur pays et celui des nations voisines. Dans la période de l'immédiat après-guerre, les Français, les Italiens, les Tchèques et les Finlandais connurent surtout un mouvement communiste démocratique, dont les dirigeants cherchaient à conquérir le pouvoir par la voie des urnes. En revanche, les communistes grecs, albanais et yougoslaves étaient tous membres d'un mouvement strictement révolutionnaire voué à renverser par la force les structures traditionnelles de pouvoir. Dans d'autres pays, les communistes ont cherché à s'emparer du pouvoir à travers une combinaison de ces deux démarches : sous la surface démocratique, un courant révolutionnaire ; Walter Ulbricht, dirigeant communiste est-allemand, l'expliquait en ces termes : « Il faut que cela ait des apparences démocratiques, mais que nous tenions tout sous notre autorité[1]. »

S'il semble qu'il y ait eu différentes voies menant au communisme après guerre, ces différences étaient toutefois compensées par les similitudes d'un pays à l'autre. La première caractéristique que partageaient les pays du bloc de l'Est, et la plus importante, c'était d'avoir été presque tous occupés par l'Armée rouge. Les Soviétiques avaient certes soutenu que leur armée n'était là que pour maintenir la paix, mais cette paix avait des connotations clairement politiques – à cet égard, leurs choix politiques n'étaient que le miroir de l'emploi de l'armée britannique en Grèce. En Hongrie, par exemple, Mátyás Rákosi, le dirigeant communiste, implora Moscou de ne pas retirer ses forces, par crainte de voir le communisme hongrois « rester en panne[2] ». Klement Gottwald, le chef des communistes tchèques, demanda aussi que des détachements soviétiques fassent mouvement vers la frontière tchèque lors de la prise du pouvoir de février 1948, rien que pour l'effet psychologique[3]. Même si l'Armée rouge ne fut pas effectivement employée pour imposer le socialisme à la population est-européenne, la menace était implicite.

L'Armée rouge était accompagnée de la police politique soviétique, le NKVD. Si le recours à l'armée russe pour imposer la domination communiste resta plus souvent une menace qu'une réalité, le NKVD adopta une posture bien plus interventionniste, surtout tant que la guerre se poursuivait : il avait la responsabilité d'assurer la stabilité politique derrière la ligne de front et, en tant que tel, carte blanche pour arrêter, emprisonner et exécuter tous ceux que ses agents percevaient comme une menace potentielle. À première vue, il poursuivait un objectif identique à celui des administrations britannique et américaine en Europe de l'Ouest – à l'intérieur de chaque nation, prévenir toute forme de conflits civils susceptibles de détourner des ressources du front –, mais la manière systématique, impitoyable dont ses affidés locaux et lui-même raflèrent et éliminèrent tous ceux qu'ils croyaient « politiquement peu fiables » démontre clairement qu'ils avaient d'autres motivations. C'était particulièrement évident en Pologne, où les membres de l'Armia Krajowa (AK) furent pourchassés, désarmés, arrêtés, emprisonnés et déportés. L'AK constituait une force combattante potentiellement utile mais, en tant que foyer de pouvoir alternatif, c'était aussi une menace pesant sur la future influence soviétique dans ce pays[4]. En dépit de leur rhétorique, les Soviétiques n'eurent jamais pour unique préoccupation de gagner la guerre : ils gardaient toujours un œil sur la future configuration politique des pays qu'ils étaient en train d'investir.

L'autre méthode des communistes pour s'assurer cette domination passait par les Commissions de contrôle alliées (Allied Control Commissions, ACC). À la fin de la guerre, les Alliés avaient mis sur pied dans tous les anciens pays de l'Axe des commissions provisoires destinées à superviser les activités des administrations nationales. En Allemagne et en Autriche, l'ACC était plus ou moins répartie entre Américains, Britanniques, Français et Russes, et les discussions entre leurs représentants débouchaient souvent sur des situations d'impasse – et aboutirent en fin de compte à la partition de l'Allemagne. En Italie, l'ACC était dominée par des représentants des Alliés occidentaux. En Finlande, en Hongrie, en Roumanie et en Bulgarie, en revanche, ces commissions de contrôle étaient régies avec poigne par les Soviétiques, et les membres britanniques et américains n'y exerçaient qu'un simple rôle d'observateurs.

Selon les accords d'armistice en vigueur dans les pays considérés, les Commissions de contrôle alliées avaient le droit d'approuver les décisions politiques prises par chaque gouvernement national, ainsi que d'autoriser ou d'opposer leur veto aux nominations à certains postes gouvernementaux bien précis. Au sens strict, il s'agissait de s'assurer que les principes démocratiques étaient respectés, afin que ces anciennes nations ennemies ne puissent renouer avec leurs pratiques fascistes. Toutefois, il incombait aux ACC de décider ce qui était « démocratique » et ce qui ne l'était pas. En Finlande et en Europe orientale, les Soviétiques abusaient régulièrement de leur pouvoir pour s'assurer que soient adoptées des politiques communistes, et que des communistes soient nommés aux postes clés du gouvernement. Dans les faits, les ACC tinrent lieu de joker que les communistes locaux pouvaient utiliser chaque fois qu'ils voyaient leurs projets entravés par d'autres responsables politiques[5].

La Hongrie de 1945, où la Commission de contrôle alliée composée de presque un millier de membres constituait de fait un gouvernement parallèle, en fournit un parfait exemple. Ce fut l'ACC qui insista pour que se tiennent des élections anticipées cette année-là, car ses membres croyaient que cela avantagerait les communistes. Quand l'ACC eut la surprise de constater que le Parti des petits propriétaires terriens remportait une majorité de 57,5 % des suffrages, elle les empêcha de choisir librement la composition de leur gouvernement en soutenant les exigences des communistes, qui voulaient contrôler un ministère crucial, celui de l'Intérieur. L'ACC dominée par les Soviétiques intercéda aussi pour l'adoption de la réforme agraire, de la censure, intervint dans la propagande et les purges des responsables du temps de guerre, et empêcha même le gouvernement hongrois de former certains ministères qui ne s'accordaient guère avec les projets de Moscou[6].

Après la guerre, chaque fois que les communistes arrivaient au pouvoir, leur mode opératoire respectait un schéma identique ; le plus important consistait pour eux à obtenir des nominations à des postes influents. Au lendemain du conflit, lorsque des gouvernements de coalition furent instaurés dans toute l'Europe de l'Est, ils étaient souvent dirigés par des non-communistes ; mais les postes de réel pouvoir, comme le ministère de l'Intérieur, étaient souvent confiés à des communistes. Le ministère de l'Intérieur était ce que le Premier ministre hongrois Ferenc Nagy appelait le « portefeuille de la toute-puissance » – c'était le centre nerveux qui contrôlait les forces de police et de sécurité, qui émettait les papiers d'identité, notamment les passeports et les visas d'entrée et de sortie, et qui accordait des numéros de commission paritaire aux journaux[7]. Dès lors, c'était ce ministère qui exerçait le plus grand pouvoir sur l'opinion publique et sur la vie quotidienne des citoyens. Le recours au ministère de l'Intérieur pour écraser tout sentiment anticommuniste ne fut pas une tendance propre à la seule Roumanie – c'est arrivé dans toute l'Europe orientale à cette période. En Tchécoslovaquie, la crise de février 1948 fut directement causée par des plaintes dirigées contre le ministre de l'Intérieur, Václav Nosek, pour avoir utilisé les forces de police précisément pour servir la cause du Parti communiste[8]. Le ministre finlandais de l'Intérieur, Yrjö Leino, admit ouvertement que lorsque les forces de police subirent une purge, « les nouveaux visages étaient naturellement, dans la mesure du possible, des communistes » – en décembre 1945, les communistes composaient entre 45 et 60 % des forces de police finlandaises[9].

L'autre poste gouvernemental important était celui du ministre de la Justice, qui contrôlait les nominations et les révocations des juges, ainsi que les purges des « éléments fascistes » de l'administration. On l'a vu, en Roumanie, ce fut le premier ministère à passer sous la coupe des communistes, et il fut capital lors de la prise du pouvoir communiste en Bulgarie. Dès que le Front patriotique s'empara du pouvoir à Sofia, en septembre 1944, les communistes usèrent de ce ministère en conjonction avec la police pour purger le pays de toute opposition éventuelle. En l'espace de trois mois, quelque 30 000 officiels bulgares avaient été révoqués de leur poste – non seulement des policiers et des fonctionnaires, mais aussi des prêtres, des médecins et des enseignants. À la fin de la guerre, les « Tribunaux populaires », approuvés par le ministère, avaient jugé 11 122 individus et condamné presque le quart d'entre eux (2 618) à mort. Sur ce total, 1 046 furent effectivement exécutés – mais les estimations d'exécutions officieuses situent leur nombre entre 3 000 et 18 000. Rapporté à la population, ce fut l'une des purges « officielles » les plus rapides, les plus étendues et les plus brutales de tous les États d'Europe, alors que la Bulgarie n'avait jamais été totalement occupée, et qu'elle n'avait jamais été impliquée dans les actes de sauvagerie systématique où avaient sombré les autres pays de la région. Cela tenait à une raison toute simple : alors que l'intelligentsia des autres pays avait déjà été anéantie par la Gestapo ou ses homologues locales, en Bulgarie les communistes durent agir eux-mêmes[10].

Dans d'autres pays, d'autres ministères furent pris pour cibles, comme celui de l'Information en Tchécoslovaquie et celui de la Propagande en Pologne, parce qu'ils contrôlaient les flux d'information en direction des masses. En Tchécoslovaquie et en Hongrie, comme en Roumanie, le ministère de l'Agriculture fut aussi un poste fortement convoité, car les communistes cernèrent tout de suite le potentiel de la réforme agraire pour se gagner de nouveaux adhérents. J'ai déjà exposé la rapidité avec laquelle les communistes se rallièrent des soutiens dans le sud de l'Italie en défendant la réforme agraire ; en Europe de l'Est, ils furent en mesure d'aller bien plus loin : non seulement ils changèrent la loi, mais ils redistribuèrent directement des parcelles confisquées à de grands domaines ou à des familles allemandes expulsées. Ils achetèrent littéralement le soutien de millions de paysans.

Si les communistes visèrent le pouvoir à l'échelle nationale, ils procédèrent de même à l'échelon local – mais toujours en anticipant le meilleur moyen de manipuler ce pouvoir au profit de leur cause nationale. Au lendemain du conflit, la tâche primordiale de tous les gouvernements était de maintenir l'économie à flot. Cela supposait d'assurer le fonctionnement des usines et des mines de charbon, et d'assurer la distribution des biens et des denrées sur tout le continent. Les communistes cherchèrent donc à asseoir leur mainmise sur l'industrie et les transports en infiltrant les syndicats et les comités d'entreprise. De la sorte, chaque fois que leur direction nationale avait besoin d'une démonstration « spontanée » de soutien populaire contre ses rivaux au gouvernement, les Partis communistes furent en mesure d'organiser des grèves massives. En Tchécoslovaquie, on eut délibérément recours à de telles démonstrations de force pour présenter le coup de force de février 1948 comme une authentique révolution. Dans tous les pays du bloc de l'Est, ainsi qu'en France, en Italie et en Finlande, des ouvriers se mettaient régulièrement en grève, visant des objectifs ouvertement politiques : dans un continent qui vacillait constamment au bord de la famine, le contrôle de la main-d'œuvre était un outil extrêmement puissant.

Ce désir de mobiliser de larges portions de la population conduisit les Partis communistes vers leur autre objectif majeur, le recrutement du plus grand nombre d'adhérents possible, aussi vite que possible. Dès les premiers temps, après la capitulation allemande, aucun de ces Partis communistes ne mégotait sur la personnalité de ses adhérents : ils recrutaient des voyous et des petits délinquants qu'ils jugeaient utiles pour garnir les rangs de leurs nouveaux organismes de sécurité. Dans le même ordre d'idées, ils recrutèrent des partisans du régime précédent, trop heureux de saisir l'occasion de s'éviter des poursuites pour crimes de guerre. Des banquiers, des hommes d'affaires, des policiers, des responsables politiques et même des ecclésiastiques s'empressèrent d'intégrer le parti, la meilleure des garanties contre d'éventuelles accusations de collaboration : ce que les Français appelaient « devenir rouge pour se faire blanchir[11] ». Il y avait aussi nombre de « compagnons de route » qui adhéraient simplement parce qu'ils sentaient d'où venait le vent. Toutefois, comptabiliser tous ces gens ne suffit pas à expliquer la croissance rapide des effectifs communistes dans toute l'Europe de l'Est et du Sud. Quand les chars soviétiques approchèrent des frontières de la Roumanie en 1944, Bucarest ne comptait que 80 adhérents du Parti communiste roumain, et moins de 1 000 pour tout le pays ; quatre ans plus tard, ce nombre atteignait le million – une multiplication par mille[12]. En Hongrie, en une seule année (1945), ces effectifs passèrent de seulement 3 000 adhérents à un demi-million[13] ; en Tchécoslovaquie, les 50 000 adhérents que comptait le parti en mai 1945 atteignirent 1,4 million en trois ans[14]. Parmi ces nouveaux adhérents, nombre devaient être animés d'un authentique élan.

Tout en élargissant leur base de pouvoir, les communistes œuvraient à affaiblir celle de leurs adversaires. Ils y parvinrent en partie en diffamant leurs rivaux dans la presse, qu'ils contrôlaient grâce à la censure soviétique et à la présence sans cesse croissante de communistes dans les syndicats de la presse. Ainsi, en Tchécoslovaquie, lors de la crise de février 1948, leur contrôle de la radio assura une publicité maximale aux discours et aux appels à des manifestations de masse lancés par Klement Gottwald ; en revanche, les appels des autres partis furent réduits au silence lorsque des syndicalistes des usines de papier et des imprimeries les empêchèrent d'imprimer leurs journaux[15]. De telles opérations de censure « spontanée » organisées par des syndicalistes eurent lieu dans presque tous les pays d'Europe de l'Est[16].

Conscients de l'impossibilité de discréditer tous leurs adversaires d'un coup, les Partis communistes de chacun de ces pays commencèrent par rogner à la marge ; c'est ce que les Hongrois avaient baptisé la « tactique du salami » – supprimer ses adversaires tranche par tranche. Chaque tranche les débarrasserait d'un groupe que l'on pouvait raisonnablement accuser de collaboration ou, en l'occurrence, de n'importe quel crime. Certains étaient d'authentiques collaborationnistes, mais beaucoup d'autres furent arrêtés sur la base de charges forgées de toutes pièces, comme les 16 dirigeants de l'Armia Krajowa (arrêtés en mars 1945), le dirigeant du Parti social-démocrate bulgare, Krustu Pastuhov (arrêté en mars 1946), ou le dirigeant des agrariens yougoslaves, Dragoljub Jovanović (en octobre 1947).

Ensuite, les communistes cherchaient à diviser leurs rivaux. Ils tentaient de discréditer certaines factions d'autres partis, et d'exercer des pressions sur leurs dirigeants afin qu'ils désavouent ces factions. Ou bien ils invitaient des rivaux à les rejoindre dans un front « uni », creusant des divisions entre ceux qui se fiaient aux communistes et les autres, qui s'en méfiaient. Cette tactique fut particulièrement fructueuse avec les plus puissants adversaires des communistes à gauche, les socialistes et les sociaux-démocrates. Par la suite, ayant provoqué chez eux scission sur scission, les communistes absorbaient ce qui restait de ces partis : en Allemagne de l'Est, en Roumanie, en Hongrie, en Tchécoslovaquie, en Bulgarie et en Pologne, tous cessèrent d'exister dès leur fusion officielle dans le Parti communiste.

Malgré d'aussi adroites manœuvres, aucun des partis communistes d'Europe ne réussit jamais à se rendre assez populaire pour accéder au pouvoir absolu via les urnes. Même en Tchécoslovaquie, où ils totalisèrent en toute légitimité 38 % des voix en 1946, ils furent néanmoins contraints de gouverner en acceptant un compromis avec leurs adversaires[17]. Dans d'autres pays, le manque d'engouement des électeurs prit souvent les communistes à revers : ainsi, la lourde défaite lors des élections municipales de Budapest en octobre 1945 fut considérée comme rien moins qu'une « catastrophe » et laissa leur chef, Mátyás Rákosi, prostré dans son siège, « pâle comme un mort[18] » ; il avait commis l'erreur de croire les rapports de sa propre propagande sur la popularité des communistes.

Face à un scepticisme aussi répandu, il était inévitable que les communistes recourent à la force – d'abord par des moyens indirects, et plus tard par une terreur ouverte. On menaçait, on intimidait ou on arrêtait les opposants les plus populaires des autres partis sur la base de fausses accusations de « fascisme ». Certains périrent dans des circonstances douteuses, comme le ministre des Affaires étrangères tchèque, Jan Masaryk, qui tomba d'une fenêtre du ministère en mars 1948[19]. D'autres, comme le plus puissant des responsables politiques d'opposition, le chef du Syndicat national agrarien bulgare, Nikola Petkov, furent traduits devant un tribunal irrégulier et exécutés. Nombreux furent ceux, comme le Hongrois Ferenc Nagy et le Roumain Nicolae Rădescu, qui réagirent à ces menaces en prenant la fuite vers l'Ouest. Et les dirigeants de l'opposition ne furent pas les seuls à souffrir : la puissance de la terreur d'État s'abattit sur quiconque s'opposait. En Yougoslavie, par exemple, le chef de la police secrète, Aleksandar Ranković, admit plus tard que 47 % des arrestations opérées en 1945 étaient injustifiées[20].

Concomitamment à une telle répression, les élections tournèrent à l'imposture : des candidats « indésirables » furent simplement rayés des listes électorales ; des partis alternatifs furent inscrits aux côtés des communistes en un « bloc » unique, pour que les électeurs n'aient aucun choix véritable. Quant à l'électorat proprement dit, il fut directement menacé par des bandes de policiers des forces de sécurité présents dans les bureaux de vote, et parce que le pouvoir s'était assuré que le vote ne reste pas anonyme. Quand tout le reste avait échoué, le décompte des bulletins était tout simplement truqué ; en conséquence, les communistes et leurs alliés étaient finalement « élus » avec des marges invraisemblables : 70 % en Bulgarie (octobre 1946), 70 % en Roumanie (novembre 1946), 80 % en Pologne (janvier 1947), 89 % en Tchécoslovaquie (mai 1948) et, le plus absurde, 96 % en Hongrie (mai 1949)[21].

Comme ce fut le cas en Roumanie, ce n'était qu'une fois que les communistes avaient pris le contrôle incontesté des rouages gouvernementaux qu'ils s'engageaient enfin dans leur véritable programme de réformes ; jusqu'à ce stade, dans presque toute l'Europe, leur politique déclarée avait été assez modérée : réforme agraire, vagues promesses d'« égalité » pour tous, et punition de tous ceux qui avaient mal agi pendant le conflit. À partir de 1948 (et même plus tôt en Yougoslavie), ils commencèrent à révéler leurs objectifs plus radicaux, comme la nationalisation des entreprises et la collectivisation des terres, qu'ils appliquèrent dans tout le reste de l'Europe communiste, un peu sur le modèle de la Roumanie. Ce fut aussi vers cette période qu'ils commencèrent à justifier toutes leurs actions antérieures en promulguant des lois vides de sens contre des personnes et des institutions qu'ils avaient déjà détruites.

La dernière pièce du puzzle consista à se lancer dans les terrifiantes purges internes qui éradiqueraient toute menace potentielle à l'intérieur de la structure du parti proprement dit ; de la sorte, les derniers vestiges de diversité furent éliminés. Des communistes indépendants d'esprit comme Władysław Gomułka en Pologne et Lucreţiu Pătrăşcanu en Roumanie furent soit chassés du pouvoir, soit emprisonnés et exécutés. Suite à la rupture soviéto-yougoslave, d'anciens soutiens de Tito furent arrêtés, traduits en justice et exécutés : on élimina ainsi l'ancien ministre de l'Intérieur albanais, Koçi Xoxe, tout comme l'ancien dirigeant du Parti communiste bulgare, Traicho Kostov. À la fin des années 1940 et au début des années 1950, toute l'Europe orientale était sous le coup de purges terrifiantes, où tout le monde et n'importe qui pouvaient devenir suspects. Rien qu'en Hongrie, un pays peuplé de moins de 9,5 millions d'habitants, 1,3 million de citoyens furent traduits en justice entre 1948 et 1953 ; et ils furent presque 700 000 – soit plus de 7 % de la population – à subir une forme de condamnation officielle[22].

Le même processus s'était emparé de l'URSS avant la guerre, et ce n'est pas un hasard ; depuis l'ouverture des archives russes dans les années 1990, il est apparu de plus en plus clairement que c'étaient les Soviétiques qui tiraient toutes les ficelles. Les preuves sont désormais irréfutables : il suffit de lire la correspondance d'après guerre entre Moscou et le futur Premier ministre bulgare, Georgi Dimitrov, dans laquelle le ministre des Affaires étrangères soviétique dicte pratiquement la composition du gouvernement bulgare, pour constater l'étendue de l'immixtion soviétique dans les affaires intérieures des pays d'Europe de l'Est[23].

Dès le moment où l'Armée rouge pénétra en Europe orientale, Staline était déterminé à y instaurer un système politique qui soit la réplique de celui de l'URSS ; lors d'une conversation avec l'adjoint de Tito, Milovan Djilas, il eut ce propos fameux selon lequel la Deuxième Guerre mondiale était différente des conflits du passé : « Celui qui occupe un territoire y impose son système social. Tout le monde impose son système aussi loin que son armée peut avancer[24]. »

La menace de l'Armée rouge fut certainement déterminante pour instaurer le communisme dans la région – mais ce fut le caractère implacable des responsables politiques communistes, soviétiques et autres, qui poussa cette politique jusqu'à sa conclusion logique : à travers le recours à la terreur, et une totale intolérance envers toute forme d'opposition, ils créèrent non seulement une zone tampon stratégique entre l'Union soviétique et l'Ouest, mais instaurèrent aussi une série de répliques de l'URSS proprement dite.

27

La résistance des « Frères de la Forêt »

La mainmise communiste sur l'Europe orientale ne fut pas un processus pacifique : des combats éclatèrent souvent entre les sympathisants soviétiques et ceux qui cherchaient à leur résister, des ouvriers provoquèrent des émeutes en réaction à la brutalité communiste et des paysans s'opposèrent à la collectivisation en s'armant contre les nouvelles autorités. Dans la plupart des cas, c'étaient des manifestations spontanées de colère populaire, vite réprimées ; pourtant, à l'occasion, une forme de résistance plus organisée s'est développée.

Ce fut le cas en particulier dans les régions d'Europe qui savaient déjà ce que signifiait être sous la coupe des Soviétiques. Notamment dans les États baltes et dans ce qui deviendrait l'Ukraine de l'Ouest, des mouvements nationalistes naquirent, dont les membres étaient fortement organisés, d'un patriotisme farouche et prêts à combattre jusqu'à la mort. Au contraire de leurs voisins du Sud, ils ne nourrissaient aucune illusion quant aux intentions de Staline ; ayant déjà souffert de l'occupation soviétique au début du conflit, ils ne considéraient pas les années de l'immédiat après-guerre comme une nouveauté, mais plutôt comme la continuation d'un processus qui avait commencé en 1939 et 1940.

La lutte de la résistance antisoviétique constitue l'un des affrontements les plus méconnus du XXe siècle, en particulier à l'Ouest. Pendant plus dix ans, des centaines de milliers de partisans nationalistes menèrent une guerre vouée à l'échec contre leurs occupants soviétiques, dans le vain espoir que l'Ouest vienne finalement à leur secours. Cette guerre se prolongerait jusque très tard dans les années 1950, et se solderait par des dizaines de milliers de morts dans chaque camp.

La résistance la plus marquée eut lieu dans l'ouest de l'Ukraine, où les activités des partisans, entre 1944 et 1950, engagèrent sans doute près de 400 000 hommes et femmes[1]. Toutefois, la situation dans ce pays était d'une extrême complexité, et incluait des séquences de nettoyage ethnique, comme je l'ai déjà montré. Les États baltes connurent eux une version plus « pure » de cette résistance antisoviétique, en particulier la Lituanie, qui, selon des rapports du Renseignement suédois, possédait « les mieux organisés, les mieux entraînés et les plus disciplinés de tous les groupes de guérilla anticommuniste[2] ». Dans les trois États baltes, ces partisans étaient identifiés sous le nom générique de « Frères de la Forêt » ; vu l'atmosphère de fierté nationaliste qui a prédominé dans ces pays depuis les années 1990, leurs exploits sont devenus proprement légendaires.

La bataille de Kalniškės

À l'automne 1944, après l'invasion des États baltes par l'Armée rouge, des dizaines de milliers d'Estoniens, de Lituaniens et de Lettons sont entrés dans la clandestinité. Ils ne l'ont pas fait d'un cœur léger : ils ont abandonné leur foyer et leurs biens, perdu tout contact avec leur famille et leurs amis durant de longues périodes, et ils ont souvent connu la faim. Certains partaient vivre chez des connaissances, changeant de lieu toutes les deux semaines afin tout à la fois de ne pas abuser de cette hospitalité et d'éviter de se faire repérer. La majorité d'entre eux se sont enfuis dans les forêts, où ils se sont souvent retrouvés à vivre sans abri ou sans vêtements appropriés. L'automne leur apportait la pluie, qui transformait nombre de ces régions forestières en véritables marécages ; et l'hiver – en particulier les deux premiers hivers de la paix – était extrêmement froid dans cette partie septentrionale de l'Europe. Ceux qui étaient blessés ou tombaient malades avaient rarement l'espoir de recevoir les soins adéquats.

Il serait naïf d'imaginer que tous ceux qui se sont exposés à de telles conditions d'existence l'ont fait par pur patriotisme ; en 1944, leurs effectifs furent grossis par des hommes qui tentaient d'échapper à la conscription au sein de l'Armée rouge, puis par d'autres dont le passé politique leur donnait des raisons de craindre les Russes. Plus tard, ils furent rejoints par des familles fuyant la déportation, des fermiers résistant à la collectivisation ou de nouveaux groupes d'ennemis politiques de l'Union soviétique. Mais, au centre de tous ces individus, il y avait un noyau fort, organisé, qui avait vocation à combattre pour la démocratie et l'indépendance du pays. Nombre d'entre eux étaient des militaires de toutes armes : de « bons soldats », selon les termes d'un chef des partisans lituanien, « qui n'avaient pas peur de sacrifier leur vie pour la mère patrie[3] ». Le groupe central supervisait la division de ces effectifs en unités de type militaire, le creusement de casemates souterraines et la construction d'abris forestiers, la collecte des approvisionnements et des vivres, et – point essentiel – l'organisation d'opérations de résistance.

D'entrée de jeu, ces hommes et ces femmes intrépides s'engagèrent dans quelques opérations très ambitieuses, surtout en Lituanie. Dans le nord-est du pays, des unités de francs-tireurs de 800 hommes ou davantage livrèrent de véritables batailles rangées contre l'Armée rouge. Au centre, de vastes groupes de combattants terrorisèrent les responsables soviétiques en menant même des attaques contre leurs bureaux et des bâtiments de la Sécurité dans le centre de Kaunas. Dans le Sud, ils tendirent des embuscades très élaborées aux troupes du NKVD, assassinèrent des dirigeants communistes et attaquèrent même des prisons afin de libérer leurs camarades capturés.

On manque ici de place pour dresser la liste complète des batailles et escarmouches qui eurent lieu au cours des douze premiers mois après l'arrivée des Soviétiques[4] ; je me limiterai à en évoquer une qui, avec les années, a fini par symboliser toutes les autres. La bataille de Kalniškės a commencé deux semaines exactement après la fin officiellement déclarée de la Deuxième Guerre mondiale, dans une forêt du sud de la Lituanie ; elle opposa un fort détachement du NKVD d'une garnison de la ville voisine de Simnas à un groupe restreint mais déterminé de partisans locaux conduits par Jonas Neifalta, de son nom de guerre Lakūnas (le « Pilote »).

Neifalta était un meneur d'hommes, réputé dans la région pour avoir résisté à la fois aux nazis et aux Soviétiques. Ancien officier de l'armée, il figurait sur la liste noire des Soviétiques depuis leur première occupation du pays en 1940. Capturé à l'été 1944, blessé d'une balle à la poitrine, il avait réussi à s'enfuir de l'hôpital où les Soviétiques l'avaient placé sous bonne garde. Après une période de convalescence dans la ferme d'un parent, son épouse Albina et lui prirent la direction de la forêt cet automne-là. Ils passèrent six mois à regrouper des francs-tireurs, à les former et à mener localement des raids éclairs contre les Soviétiques et leurs soutiens.

Déterminée à mettre un terme aux activités de Neifalta, une forte unité du NKVD marcha sur la forêt de Kalniškės le 16 mai 1945. Elle encercla la zone où se cachait Neifalta et resserra progressivement la nasse autour de lui. Comprenant qu'il était pris au piège, celui-ci se replia avec ses francs-tireurs sur un tertre au plus

11. Les pays baltes

profond de la forêt, et ils se préparèrent à livrer bataille. Ils se défendirent héroïquement, infligeant de lourdes pertes aux Soviétiques, au moyen d'armes légères et de grenades – plus de 400 pertes côté NKVD, selon les partisans (mais les forces soviétiques situèrent ce chiffre à un niveau très nettement inférieur). Toutefois, après plusieurs heures de combat, ils finirent par être à court de munitions. Neifalta comprit que leur seul espoir de survie était de tenter de briser l'encerclement soviétique. Utilisant leurs dernières munitions, une vingtaine d'entre eux réussirent à couper les lignes russes et prirent la fuite pour aller se réfugier dans les marais voisins de Žuvintas. Ils abandonnèrent les corps de 44 partisans – plus de la moitié de leurs forces –, dont l'épouse de Neifalta, Albina, morte mitrailleuse à la main. Neifalta lui-même survécut à une nouvelle journée de lutte, mais le destin ne fut pas long à le rattraper : au mois de novembre suivant, ses camarades et lui furent une nouvelle fois encerclés dans une ferme isolée, et Neifalta perdit la vie dans la fusillade qui s'ensuivit[5].

Quand le peuple de Lituanie se remémore l'insurrection antisoviétique des années 1940 et 1950, c'est avec ces récits. De telles batailles sont devenues le symbole de tout ce que les Lituaniens souhaitent retenir de leur bravoure et de la noblesse de leur cause. Pourtant, considérée d'un œil objectif, la bataille de Kalniškės concentre aussi les nombreuses raisons pour lesquelles cette résistance était vouée à l'échec. Premièrement, les Soviétiques étaient mieux approvisionnés que les partisans – eux n'étaient pas tombés à court de munitions. À Kalniškės, les Russes surpassaient aussi nettement en nombre les francs-tireurs, comme dans presque toutes les autres batailles de la période : si l'on estime à 100 000 le nombre de Lituaniens engagés dans la Résistance entre 1944 et 1956 – l'Estonie et la Lettonie se vantant d'en avoir aligné de 20 000 à 40 000 supplémentaires chacune –, ce n'était rien comparé aux millions de soldats que Moscou avait pu rappeler après la défaite de l'Allemagne[6]. À l'échelon local, cela signifiait que les Soviétiques pouvaient se permettre de perdre des dizaines, voire des centaines d'hommes dans une seule bataille ; les partisans, eux, ne le pouvaient pas.

Si noble et courageuse qu'ait pu être la Résistance lituanienne, la conduite de ses opérations contre les Soviétiques souffrait de graves lacunes. Les partisans étaient certes très efficaces dans leurs raids éclairs, mais ne pouvaient jamais espérer égaler la force de leurs ennemis dans une bataille rangée ; la bataille de Kalniškės est un parfait exemple de ce qui arrivait quand ces groupes étaient forcés de se battre selon les méthodes soviétiques. Un mode de combat bien plus rationnel aurait consisté à se scinder en petits groupes, pour seulement se regrouper juste avant l'attaque et à nouveau se disperser après – ce fut en effet la tactique qu'adoptèrent ensuite les partisans, mais, jusqu'à l'été 1945, ils avaient insisté pour concentrer d'importants groupes de combattants en des lieux bien précis. Neifalta l'apprit à ses dépens : ces groupes plus étoffés étaient aussi plus faciles à repérer, et bien plus commodes à détruire.

Les événements de Kalniškės sont symptomatiques de ce qui se passait partout dans le pays : les Soviétiques cherchaient à débusquer les groupes isolés de résistants et les cueillaient les uns après les autres. Les partisans avaient beaucoup de mal à leur résister, faute d'une stratégie coordonnée à l'échelon national. Précisons que les instances nationales qui auraient pu les guider furent balayées par la police secrète soviétique au cours de l'hiver 1944-1945. Dès lors, des résistants comme Jonas Neifalta avaient tendance à demeurer isolés : ils entretenaient très peu de contacts avec les chefs des autres districts, et combattaient pour des objectifs purement locaux. La coordination de leurs actions avec d'autres groupes de francs-tireurs était impossible.

Ce dernier combat désespéré de Kalniškės est donc révélateur de toutes sortes de failles au sein de la Résistance : manque de ressources, nombre de victimes élevé, tactique défaillante et absence de stratégie cohérente à l'échelle nationale. Les seuls avantages des résistants sur leurs agresseurs tenaient à leur passion pour une cause qui valait la peine que l'on se batte, et à leur courage fanatique. De telles qualités ne doivent pas être sous-estimées, surtout quand elles permettent d'inspirer les générations futures de résistants. Quant à Jonas Neifalta, il fut aussi un symbole de la bravoure des partisans et de leurs défaillances. Il sut mener ses francs-tireurs en dirigeant tout au cœur même des combats, et partagea les mêmes dangers et les mêmes épreuves que ses hommes. Ce n'était pas un style de direction conçu pour durer très longtemps : Neifalta survécut certes à ses camarades tombés à Kalniškės, mais six mois seulement.

La terreur soviétique

La campagne des Soviétiques contre les partisans fut en tous points aussi efficace et aussi impitoyable que leur prise du pouvoir en Europe orientale. Il le fallait : ils étaient extrêmement inquiets de l'étendue et de la détermination de la résistance qu'ils rencontraient en Lituanie. La guerre avec l'Allemagne constituait leur principale priorité, et ils ne pouvaient tout simplement pas permettre à une guerre de francs-tireurs de perturber les lignes d'approvisionnement vers le front. En 1944, le chef du NKVD, Lavrenti Beria, ordonna que la Lituanie soit nettoyée de ses résistants « en l'espace de quinze jours », et dépêcha l'un de ses subordonnés les plus digne de confiance, le général Sergueï Kruglov, pour les contrer[7]. Parmi les troupes qu'il avait à sa disposition, on trouvait des unités spéciales qui venaient d'achever la déportation en masse des Tatars de Crimée vers le Kazakhstan.

Kruglov était un stratège impitoyable, mais brillant, qui comprit d'instinct l'impossibilité de vaincre les partisans par la seule voie militaire ; d'emblée, il impliqua des milices lituaniennes dans autant d'opérations anti-insurrectionnelles que possible, en particulier pour donner l'impression qu'il s'agissait d'une guerre civile et non d'une guerre d'occupation soviétique. Sous sa direction, toutes les méthodes furent approuvées pourvu qu'elles fassent progresser la cause antipartisans, et ses troupes se lancèrent dans une campagne de terreur consciente et délibérée.

L'emploi de la torture était au cœur des méthodes soviétiques. Elle prenait généralement la forme de coups aux prisonniers, une pratique si répandue, et si violente, que dans un district de Lettonie 18 % des suspects arrêtés par la police seraient morts pendant l'interrogatoire[8]. D'autres méthodes consistaient à administrer des chocs électriques, à brûler la peau avec des cigarettes, claquer des portes sur les mains et les doigts des prisonniers, et dans le supplice de la baignoire. Une ancienne partisane subit la même torture que le héros du *1984* de George Orwell : Eleonora Labanauskienė fut enfermée dans un cabinet de toilettes de la taille d'une cabine téléphonique, avec cinquante rats libérés d'une cage[9]. Officiellement, cette méthode de torture était vue d'un mauvais œil par les autorités, mais en réalité elle était approuvée à tous les échelons de l'administration soviétique. Staline en personne avait soutenu que l'usage de la torture était « absolument justifié et utile » parce qu'il « aboutissait à des résultats et permettait de démasquer beaucoup plus vite les ennemis du peuple » ; la police secrète soviétique continua de se servir de cette recommandation du Petit Père des peuples comme d'un prétexte pour la pratiquer au moins jusqu'à la fin des années 1940[10].

La torture procurait certes des renseignements aux autorités, mais elle avait aussi d'autres résultats moins souhaitables. Dans leurs Mémoires, tous les partisans rappellent avec fierté que les « Frères de la Forêt » préféraient mourir que se rendre, et il existe quantité de récits d'unités partisanes tentant de se sortir l'arme au poing de situations désespérées plutôt que de se rendre. Cela ne relève pas de la pure mythologie : les rapports soviétiques évoquent eux aussi l'extraordinaire détermination de ces résistants, tant en Ukraine qu'en Lituanie, à mourir en combattant. Par exemple, un rapport de la police lituanienne daté de janvier 1945 décrit les forces de sécurité encerclant une maison à l'intérieur de laquelle se trouvaient vingt-cinq partisans qui refusèrent de se rendre après que la maison eut été livrée aux flammes. Cinq d'entre eux réussirent à s'en extraire et à ramper dans un champ vers une mitrailleuse et ses servants, pour tenter de les réduire au silence. Ils furent abattus l'un après l'autre, mais ne renoncèrent pas à avancer tant qu'ils ne furent pas tous morts. Le reste du groupe continua de tirer depuis la maison incendiée jusqu'à ce qu'elle finisse par s'écrouler, les ensevelissant sous les décombres[11]. Pareille détermination n'était que partiellement le fruit de leur bravoure : la certitude d'être torturés, et peut-être la peur de ce qu'ils risquaient de révéler lors d'un interrogatoire, constituaient pour eux une puissante incitation à ne jamais se laisser capturer vivants.

L'emploi de la torture n'était que l'un des éléments d'un système conçu pour terroriser à la fois les francs-tireurs et leurs réseaux de soutien dans la population civile. Parmi les autres méthodes d'intimidation pratiquées, retenons la pendaison publique des chefs résistants locaux, la déportation des individus suspectés d'entretenir des liens avec la Résistance et l'exposition des cadavres sur les places de marché. Dans ses Mémoires, Juozas Lukša fournit une dizaine d'exemples de ces expositions de cadavres de partisans, parfois dans des postures obscènes, comme une manière de terroriser les populations – le corps de son frère subit ce traitement. Le NKVD forçait parfois les habitants à venir voir les corps, et on observait leurs réactions pour savoir où allait leur loyauté : « S'ils voyaient des gens passer devant les corps et manifester de la tristesse ou de la pitié, ils les arrêtaient et ils les torturaient, en exigeant d'eux qu'ils leur révèlent les noms et prénoms des morts. » Il existe de nombreux exemples de parents auxquels on montrait ainsi leurs enfants morts, et qui étaient obligés de ne manifester aucune émotion par peur de se trahir[12].

Le prix à payer, si l'on révélait à qui l'on conservait sa loyauté en pareille situation, pouvait être élevé. S'ils estimaient que cela permettrait de débusquer les insurgés, de zélés responsables de la Sécurité n'hésitaient pas à prendre pour cibles les amis et la famille de francs-tireurs identifiés comme tels. Ces gens devaient au moins s'attendre à être arrêtés et interrogés, avant d'être menacés de déportation en Sibérie. C'était peut-être l'autre raison pour laquelle nombre de partisans répugnaient tant à se rendre lorsqu'ils se trouvaient assiégés : plus d'un, se voyant encerclé, brandissait une grenade au-dessus de sa tête et se faisait sauter, pour éviter que les Soviétiques ne soient en mesure de l'identifier et de prendre pour cible sa famille. À l'occasion, ces derniers tentaient une opération de chirurgie reconstructrice, mais, « en pareilles circonstances, même un père n'aurait pu reconnaître son fils[13] ».

Les troupes de sécurité soviétiques recouraient parfois à des méthodes encore plus brutales contre la population locale : les maisons et les fermes incendiées étaient chose courante en Lituanie, moyen de châtier les personnes suspectées d'être des partisans et de terroriser leurs communautés. Par la suite, cette pratique fut proscrite par le chef des troupes de sécurité en personne, mais il ne semble pas que ses principales objections aient été motivées par le caractère illégal de ces pratiques, mais plutôt parce qu'il suspectait une partie de ses troupes de cibler des civils innocents afin d'éviter de combattre les véritables partisans[14]. Une enquête internationale révéla que ce n'étaient pas seulement les bâtiments que l'on rasait par le feu – il arrivait aussi que des civils y périssent brûlés. Par exemple, le 1er août 1945, une unité du NKVD commandée par un lieutenant Lipine mit le feu à une maison du village de Švendriai, près de Šiauliai. Selon un des soldats présents sur les lieux, la famille qui possédait cette maison se trouvait à l'intérieur :

> Le soldat Janine a mis le feu à la maison depuis l'extérieur. Quand une vieille femme en est sortie en se signant, suivie par une fillette, Lipine leur a ordonné de retourner à l'intérieur. Alors la vieille femme et la fillette se sont mises à courir. Lipine a dégainé son pistolet et a ouvert le feu sur elles, mais les a manquées. Un soldat a abattu la vieille femme, pendant que Lipine courait après la fillette et l'abattait de près. Ensuite il a ordonné à deux soldats de porter les corps et de les jeter dans la maison, par une fenêtre. Les soldats ont pris la vieille femme par les pieds et par les mains et l'ont jetée dans la maison en flammes, avant d'en faire autant avec le cadavre de la fillette. Peu après, un vieil homme et son fils aîné sont sortis de la bâtisse en courant, en passant par une autre porte. Les soldats ont ouvert le feu mais n'ont pu les atteindre. Ensuite, avec deux autres hommes, nous avons reçu l'ordre de rattraper le fils et de le tuer mais, comme la nuit tombait, nous n'avons pas pu, et il s'est échappé. En regagnant la maison, nous avons commencé par passer le champ de seigle au peigne fin. Nous avons retrouvé le vieil homme, il était blessé et il rampait au milieu des plants de seigle. L'un des soldats l'a achevé et nous avons rapporté le cadavre vers la maison. […]

Le lendemain matin, les soldats retournèrent à la maison incendiée pour récupérer le corps du vieil homme, afin de prouver qu'ils avaient bien éliminé un groupe de « bandits ». À l'intérieur de la bâtisse, ils virent le cadavre d'un adolescent brûlé vif. Ne voulant pas ramasser les corps carbonisés, ils préférèrent voler un cochon et deux moutons qui appartenaient à la famille, et regagnèrent leur garnison[15].

Il y eut aussi de nombreux exemples de partisans brûlés vifs dans des maisons quand ils refusaient de se livrer, mais des témoignages comme celui-ci sont la preuve que cette méthode se pratiquait de manière indiscriminée, au-delà même de ce que les Soviétiques étaient prêts à avaliser. Le problème avec cette terreur aveugle, c'était qu'elle poussait les gens à intégrer la Résistance, à la fois par pur sentiment de révolte face aux horreurs auxquelles ils étaient obligés d'assister et par peur de devenir eux-mêmes les prochaines victimes des forces de sécurité. Elle renforçait aussi la détermination des résistants, et leur fournissait une cause pour laquelle il valait vraiment la peine de se battre. La doctrine soviétique défendait une forme de terreur bien plus ciblée, dirigée exclusivement contre ceux dont on était en mesure de prouver le soutien à la Résistance : il fallait s'organiser pour que tous les autres se sentent relativement en sécurité, pour peu qu'ils évitent les partisans. Toutefois, la politique officielle ne fut jamais véritablement appliquée et, à l'échelon local, des officiers sadiques perpétrèrent souvent des actes de terreur, durant des années, en toute impunité.

Face aux progrès de la guerre des partisans, les méthodes anti-insurrectionnelles soviétiques ne cessèrent de s'affiner. En 1946, des bandes entières de pseudo-francs-tireurs furent créées pour aider à s'emparer de leurs adversaires, les vrais résistants. Ces groupes se présentaient comme composés de partisans venus d'une autre région et, ayant convenu d'une rencontre avec les vrais francs-tireurs, les tuaient tous, ainsi que d'éventuels témoins. Ils assassinaient aussi des civils et leur dérobaient leurs biens, au nom des partisans, entachant ainsi la réputation du mouvement dans son ensemble[16].

Non contents de monter ces fausses bandes de résistants, les Soviétiques développèrent aussi des méthodes pour infiltrer leurs propres agents dans des cellules de résistance bien réelles. Ils se servaient parfois de communistes, ou d'expatriés des États baltes qui avaient vécu en Union soviétique durant la guerre, mais le plus souvent ils s'efforçaient de recruter d'anciens membres de la Résistance pour les retourner contre leurs ex-camarades. Leur principal vivier de recrutement leur fut fourni par les amnisties de 1945 et 1946 : selon les conditions de ces amnisties, les partisans bénéficiaient de l'immunité contre toutes poursuites éventuelles s'ils acceptaient de renoncer à leurs activités et de remettre au moins l'une de leurs armes. Toutefois, dans la pratique, le système sécuritaire des Russes les menaçait de déportation, sauf s'ils acceptaient de communiquer des renseignements sur leurs camarades, et même d'intégrer des groupes de francs-tireurs en tant qu'agents du NKVD. Confrontés à ces deux choix tout aussi inacceptables, la majorité d'entre eux n'avaient plus qu'une solution : ils juraient de travailler pour le compte des forces de sécurité, mais cela s'arrêtait là ; certains finirent tout de même par céder et trahir leurs anciens amis.

Le plus grand succès des espions soviétiques fut sans doute l'infiltration de l'organe central de la Résistance lituanienne. Au printemps 1945, les services de sécurité avaient recruté un médecin du nom de Juozas Markulis, qui devint l'un de leurs agents les plus précieux. Au cours des mois qui suivirent, Markulis réussit à convaincre les partisans qu'il dirigeait un groupe de renseignements clandestin et gagna si bien leur confiance que lorsque ceux-ci tentèrent de créer une nouvelle organisation secrète chapeautant l'ensemble, le Mouvement général de Résistance démocratique (Bendras demokratinis pasipriešinimo sąjūdis, ou BDPS), il fut élu parmi ses principaux dirigeants. Grâce à lui, la police acquit un certain contrôle sur ce comité, et il se servit de son poste pour encourager des résistants à déposer les armes. En promettant à ces hommes de leur procurer des faux papiers, il réussit à mettre la main sur des listes de partisans et parfois même sur leurs photographies. À cause de telles manœuvres et d'autres subterfuges, plusieurs dirigeants régionaux furent arrêtés, tués et, dans le cas d'une région au moins du pays, remplacés par un agent et homologue de Markulis[17].

Au début des années 1950, les Soviétiques avaient mis en place des groupes spécialisés dédiés à la détection et à la surveillance des cellules de francs-tireurs dans des localités bien précises. Ces groupes se consacraient à reconstituer une image complète des partisans qu'ils pourchassaient – leurs patronyme et pseudonyme, leur mode de comportement, leurs méthodes de camouflage et d'identification, leurs soutiens et leurs contacts au sein d'autres groupes – avant de passer à l'action et de les éliminer pour prendre leur place[18]. Alors que le nombre de résistants commençait à fondre, et leurs soutiens dans la population à s'épuiser, la Résistance ne pouvait pas tenter grand-chose pour se protéger contre ces groupements factices ; l'un après l'autre, les derniers vestiges des francs-tireurs furent pourchassés et anéantis.

Partisans ou « bandits »

Dans sa chronique des partisans estoniens, l'ancien Premier ministre d'Estonie Mart Laar conte l'histoire d'Ants Kaljurad, une figure légendaire de la Résistance connue sous le surnom d'« Ants le Terrible ». Selon cette chronique, Ants avait l'habitude d'annoncer par courrier son arrivée dans une région. Un jour, il avait averti le patron d'un restaurant de Pärnu qu'il viendrait déjeuner tel jour, à telle heure, et qu'il comptait bien qu'on lui serve un repas particulièrement savoureux. Le patron du restaurant en informa aussitôt les autorités locales. À l'heure dite, des hordes d'agents en civil du NKVD encerclèrent l'établissement, prêts à bondir et à capturer le célèbre chef partisan. Mais Ants les dupa en arrivant à bord d'une voiture russe arborant les signes distinctifs de l'Armée rouge et vêtu de l'uniforme d'un officier soviétique de haut rang. Ne soupçonnant rien, les hommes du NKVD ne l'importunèrent pas ; après avoir savouré un copieux déjeuner et laissé un généreux pourboire, il glissa sous son assiette un mot rédigé en ces termes : « Merci beaucoup pour ce déjeuner. Ants le Terrible. » Lorsque les hommes du NKVD s'aperçurent de leur méprise, il était déjà loin, à bord de sa voiture russe volée[19].

Des anecdotes comme celle-là révèlent l'un des principaux problèmes auxquels est confronté celui qui veut comprendre ce qui se produisit vraiment pendant cette guerre des partisans dans les pays baltes : il est manifestement impensable qu'un chef partisan ait pris l'habitude d'annoncer par courrier son arrivée à des inconnus, ou qu'il ait pu se risquer à de tels canulars pour un repas – et, pourtant, ces histoires sont répétées sans relâche comme si elles étaient vraies. Juozas Lukša, partisan lituanien, a reconnu l'importance d'une telle mythologie, qui tenait lieu de source d'inspiration au peuple, non sans admettre qu'il s'agissait pour l'essentiel d'inepties : « Les gens sympathisaient avec les partisans, écrivait-il en 1949, c'est pourquoi les récits de leurs actes héroïques étaient souvent exagérés, au point qu'il n'en subsistait qu'un reliquat de vérité[20]. »

Vu notre sympathie actuelle envers tous ceux qui luttèrent contre la répression soviétique, il est aisé de tomber dans le piège de cette vénération du héros ; mais, nous avons beau aimer nous représenter les partisans comme des personnages dignes de Robin des Bois, la majorité d'entre eux ne correspondaient nullement à cette image romantique. La plupart n'entraient pas dans la Résistance par courage, mais par peur : ils voulaient éviter l'arrestation, la déportation ou l'incorporation dans l'Armée rouge. Et ils restèrent dans la forêt tant que les avantages surpassaient les risques : la grande majorité des partisans retournaient à la vie civile dans les deux ans[21].

Si une majorité choisissait de résister par sentiment nationaliste, nombre d'entre eux se cachaient des Soviétiques uniquement parce qu'ils avaient plus ou moins collaboré avec les Allemands, et voulaient s'éviter tout châtiment. Certains d'entre eux avaient pris une part très active à des pogroms et des massacres de juifs pendant la guerre. Le mouvement des partisans ukrainiens se fondait sur une idéologie d'un racisme virulent – et, dans les États baltes aussi, certaines unités de la Résistance avaient un passé assez noir. Le régiment « Loup de Fer », en Lituanie, par exemple, avait été créé pendant la guerre sur le modèle des organisations fascistes. À l'été 1945, les fondements racistes de ce groupe étaient substantiellement réduits, mais les récits dont il était porteur contenaient encore des aspects antisémites[22]. Il n'est dès lors guère surprenant que certaines personnalités, à l'Ouest, aient nourri quelques soupçons sur ses motivations : en Grande-Bretagne, par exemple, l'archevêque de Canterbury prononça un discours laissant entendre que les résistants baltes étaient des fascistes dont la déportation était justifiée. Malgré le caractère déplacé de tels propos, ils recelaient un noyau de vérité suffisant pour qu'une part de soupçon demeure[23].

Aux yeux des partisans, l'affirmation des Soviétiques selon laquelle ils n'étaient pas des combattants de la liberté, mais de simples « bandits » s'avérait encore plus problématique : il était facile de réfuter de telles allégations tant qu'ils s'engageaient dans de véritables batailles rangées contre les unités de l'Armée rouge – mais cela devenait beaucoup plus ardu quand ils étaient obligés de diriger leurs actions contre des cibles civiles. Comme je l'ai montré, en Lituanie, les premiers temps, les partisans subirent des pertes si lourdes qu'ils furent contraints de changer de tactique : à partir de l'été 1945, la grande majorité de leurs victimes étaient des civils – surtout des responsables communistes et ceux qui collaboraient directement avec les Soviétiques. Le même schéma se reproduisit dans l'ouest de l'Ukraine ; en Lettonie et en Estonie, où la Résistance ne fut jamais assez forte pour défier ouvertement les forces soviétiques, les collaborationnistes civils furent d'emblée la cible principale. Inévitablement, des innocents y laissèrent la vie, et le crédit dont jouissaient les partisans commença de décliner.

Tableau 3 : Nombre total de tués par les partisans 1944-1946[24]

Année	Catégorie visée	Ukraine occidentale	Lituanie	Lettonie	Estonie	Biélorussie occidentale	Total
1944	Forces soviétiques	3 202	413	Pas de données	10	251	3 876
	Civils	*2 953*	*262*	—	*57*	*76*	*3 348*
1945	Forces soviétiques	2 539	1 614	509	175	332	5 169
	Civils	*4 249*	*1 630*	*262*	*141*	*296*	*6 578*
1946	Forces soviétiques	1 441	967	231	129	116	2 884
	Civils	*1 688*	*2 037*	*177*	*125*	*135*	*4 162*

Note : la mention « Forces soviétiques » inclut les soldats de l'Armée rouge, les troupes du NKVD, la police, la milice et les activistes soviétiques au plan local.

Pour les partisans, la voie était donc étroite : s'ils voulaient réussir, il fallait qu'ils se présentent comme une force de recours face au nouveau gouvernement, capable d'imposer sa volonté au peuple ; cependant, ils devaient y parvenir sans s'aliéner celui-ci. D'un côté, ils étaient obligés de punir quiconque mettait trop de zèle à collaborer avec les Soviétiques, mais de l'autre ils devaient admettre que nombre de responsables locaux n'avaient pas d'autre choix. Dans les régions où ils étaient forts, ils furent en mesure, du moins pour un temps, d'imposer leur forme d'ordre public dans les campagnes ; en revanche, dans les régions où ils étaient plus faibles, leur seule ligne de conduite consista à perturber cet ordre public. Au milieu d'une population fatiguée par des années de chaos et d'effusions de sang, il leur devenait de plus en plus difficile de conserver des soutiens.

Comme leurs adversaires soviétiques, les partisans imposaient parfois leur volonté par la terreur. Cette terreur n'était souvent que le produit de la colère, de l'exaspération ou de l'intensité de la bataille. Ainsi, dans la ville estonienne d'Osula, en mars 1946, des francs-tireurs lancèrent une attaque contre le « bataillon de destruction » local, autrement dit la milice de volontaires estoniens. L'attaque était une tentative de la Résistance d'imprimer sa marque sur la région, mais aussi un acte de vengeance après certaines atrocités de cette milice. Des chefs de la Résistance dressèrent une liste de responsables locaux qu'ils jugeaient coupables et les emprisonnèrent dans la pharmacie de la ville, en attendant leur exécution. Selon des témoignages directs, cette opération dégénéra en une espèce de frénésie :

> Les Frères de la Forêt se mirent à tuer les victimes inscrites sur leur liste. Ils s'aperçurent assez vite que cette liste n'incluait pas tous les individus qu'ils voulaient. La tuerie avait fait perdre la raison à certains de ces hommes et ils se mirent à tirer sur des femmes et des enfants qui ne figuraient pas sur la liste. Des familles entières, disposant d'un certain entregent, qui avaient infligé des souffrances sans bornes à quelques Frères de la Forêt, furent anéanties. Brièvement, les femmes réussirent à interrompre ce bain de sang. En une occasion, elles éloignèrent les partisans de l'épouse du commandant du bataillon de destruction, en arguant qu'on ne pouvait tuer une femme enceinte[25].

Au total, treize personnes auraient été exécutées ce jour-là, avant que les partisans ne se dispersent et ne repartent se cacher.

En d'autres circonstances, ces actions de terreur dirigées contre certaines communautés reposaient sur des motivations plus froides, plus politiques : par exemple, lors d'une initiative visant apparemment à mettre un terme aux réformes agraires des Soviétiques, des partisans de Lituanie s'attaquèrent à des paysans auxquels on avait octroyé des terres confisquées à de plus vastes domaines. Selon des rapports soviétiques émanant de la province d'Alytus, quelque 31 familles furent attaquées par des francs-tireurs en août 1945 pour ce motif, et 48 personnes périrent :

> Parmi les morts, on dénombrait onze personnes âgées de 60 à 70 ans, sept enfants de 7 à 14 ans et six jeunes filles de 17 à 20 ans. Toutes les victimes étaient des fermiers pauvres qui avaient reçu des terres [confisquées] à des koulaks. [...] Aucune des victimes ne travaillait pour le Parti ou des organismes de l'administration[26].

Au cours des années suivantes, quand des fermes furent collectivisées de force, les partisans eurent recours à diverses méthodes, incendiant les récoltes, détruisant les machines agricoles communes et abattant le bétail ; comme ces fermes collectives étaient censées fournir leurs quotas aux entrepôts d'État, les seuls à en pâtir furent souvent les fermiers eux-mêmes. Au cours de cette période, les partisans n'avaient souvent pas d'autre choix pour s'approvisionner que de forcer les portes des magasins collectifs ; comme ces magasins appartenaient désormais à la collectivité dans son ensemble, c'était cette collectivité qui en souffrait. Selon certains historiens, les années s'écoulant, les actions des partisans finirent par être considérées moins comme de la résistance que comme de l'obstructionnisme social[27].

Beaucoup de gens commencèrent aussi à s'interroger sur les buts de cette violence et de ce chaos. Il était devenu de plus en plus évident que les partisans luttaient pour une cause perdue, et que la plupart des civils voulaient que les violences cessent. Forcés de prendre parti, certes à contrecœur, nombre d'entre eux sacrifièrent désormais leurs idéaux nationalistes à leur envie de stabilité. Vers la fin des années 1940, livrer des informations sur les groupes de résistance devint bien plus courant, non seulement de la part d'informateurs rémunérés et d'anciens partisans qui avaient été forcés de changer de camp, mais aussi de simples citoyens. Dès 1948, la majorité des arrestations et des mises à mort de partisans – plus de sept sur dix – survenaient à la suite d'un renseignement ; autrement dit, on les avait trahis[28].

La fin de la Résistance

L'une des plus grandes erreurs de la Résistance balte fut de s'imaginer que la guerre qu'elle menait était surtout militaire ; en réalité, elle était attaquée sur plusieurs fronts à la fois – militairement, mais aussi économiquement, socialement et politiquement. D'entrée de jeu, les Soviétiques avaient compris à quel point ces résistants dépendaient du soutien de leurs communautés locales et rurales ; ils s'employèrent donc à démembrer ces communautés de manière si implacable que les partisans ne s'en relevèrent pas.

Le premier coup survint juste après la fin du conflit mondial, quand les communistes se lancèrent dans le même programme de réforme agraire que celui qu'ils appliquaient partout ailleurs en Europe. Ce fut une question qui divisa profondément la population, les pauvres et les gens privés de terres y étant naturellement bien plus favorables que ceux qui seraient forcés de renoncer à une partie de leurs propriétés. Les fermiers appartenant aux classes moyennes risquaient bien plus volontiers de se joindre aux partisans que d'autres paysans plus pauvres, créant un embryon de lutte des classes, et permit aux autorités de dépeindre les partisans comme des réactionnaires[29]. Cela peut paraître un élément d'explication un peu subtil, mais ce fut une importante victoire pour les communistes, qui pouvaient se présenter comme les défenseurs des pauvres. Allant de pair avec d'autres coups politiques, comme l'attribution de la ville de Vilnius à la Lituanie – une ville que les Lituaniens avaient toujours revendiquée, sans jamais la posséder –, ces manœuvres n'étaient pas de nature à pousser une majorité de gens à soutenir la Résistance, comme certains nationalistes des États baltes l'auraient souhaité.

Le second choc eut lieu à la fin des années 1940, quand les Soviétiques eurent une fois encore recours à une politique de déportation de leurs ennemis politiques. Entre le 22 et le 27 mai 1948, plus de 40 000 personnes furent déportées de Lituanie ; et, au mois de mars 1949, 29 000 autres les rejoignirent[30]. En Lettonie, la déportation de 43 000 citoyens en Sibérie mit fin aux espoirs de la Résistance[31]. À court terme, ces événements vinrent grossir le nombre des gens désireux de s'enfuir dans les forêts et de rejoindre les partisans, mais détruisirent leurs réseaux de soutien dans la population. À partir de là, les partisans ne purent plus compter sur leurs communautés d'origine pour leur fournir de la nourriture et d'autres approvisionnements ; ils furent forcés de sortir à découvert et de réquisitionner ce dont ils avaient besoin, alertant ainsi les autorités sur leur présence.

Le dernier coup porté aux lignes d'approvisionnement du mouvement partisan vint de la collectivisation des terres, qui, dans les faits, retira totalement le secteur agricole des mains des individus : une fois toutes les fermes devenues propriété de l'État et placées sous son contrôle, il n'y eut plus de fermiers sympathisants sur lesquels compter. Et, dans les États baltes, la collectivisation fut encore plus rapide que dans d'autres pays du bloc communiste. Au début de 1949, seules 3,9 % des fermes lituaniennes, 5,8 % des fermes estoniennes et à peu près 8 % des fermes lettones étaient collectivisées. Quand la politique de collectivisation fut officiellement annoncée, beaucoup de fermiers résistèrent, mais, quand nombre d'entre eux furent punis par la déportation, les autres s'empressèrent de se conformer à la nouvelle réglementation. Dès la fin de l'année, 62 % des fermes lituaniennes étaient placées sous contrôle étatique ; en Estonie et en Lettonie, où les partisans n'étaient pas aussi forts et où la Résistance était moins organisée, ces chiffres étaient respectivement de 80 % et 93 %[32].

Une fois leurs réseaux de soutien intérieurs anéantis, la seule planche de salut des résistants était l'aide de l'Occident[33] ; acculés, ils envoyèrent des émissaires à l'Ouest pour rallier des soutiens. Le plus connu de ceux-ci fut le partisan lituanien Juozas Lukša, qui traversa le pays à pied pour franchir la frontière avec la Pologne, et finit par arriver à Paris au début de 1948. Il avait sur lui des lettres destinées au pape et aux Nations unies, décrivant les déportations brutales qui se déroulaient dans son pays. Mais ses tentatives de gagner l'Ouest à sa cause n'aboutirent pas ; mis à part quelques timides efforts de certains services de renseignements occidentaux, les résistants baltes furent surtout livrés à eux-mêmes[34].

En 1950, quand Lukša rentra en Lituanie, la lutte s'était transformée en cause perdue. Les hordes de partisans actifs qui avaient peuplé les forêts entre 1944 et 1947 – atteignant un effectif maximal de 40 000 combattants – étaient désormais retombées à moins de 2 000 clandestins. À l'été de 1952, il n'en restait sans doute plus que 500[35]. Le retour de Lukša fut traité comme un événement majeur par les Soviétiques : ce furent des milliers d'hommes du NKVD qui lui donnèrent la chasse, passant au peigne fin les forêts de Punia et de Kazlų Rūda. En fin de compte, il fut trahi par un homme qu'il avait cru son ami, attiré dans une embuscade et abattu[36]. Tous les chefs partisans de Lituanie connurent le même sort, l'un après l'autre : en 1956, douze ans après le début de leur lutte, le dernier des groupes de partisans de Lituanie fut finalement anéanti[37].

Nations de martyrs

Malgré la terrifiante efficacité des forces de sécurité soviétiques, la cause de la Résistance ne fut jamais entièrement défaite. Même après la capture du dernier grand chef partisan, Adolfas Ramanuaskas – de son nom de guerre Vanagas (le « Faucon ») –, en 1956, quelque 45 partisans restèrent en liberté dans les forêts de Lituanie. En 1965 même, deux groupes de combattants lituaniens furent encerclés par la police : pour ne pas se laisser capturer, ils se suicidèrent. Le dernier partisan lituanien, Stasys Guiga, fut abrité par une villageoise pendant trente ans, et réussit à échapper à la prison jusqu'à sa mort en 1986[38].

En Estonie, deux frères, Hugo et Aksel Mõttus, furent finalement appréhendés par la police en 1967. Ils avaient vécu vingt ans dans des casemates froides et humides, en pleine forêt, période durant laquelle ils avaient perdu leur père, leur frère et leur sœur, morts de faim et de maladie. Ils les avaient tous inhumés dans la forêt. À l'été de 1974, les autorités soviétiques abattirent Kalev Arro, sur lequel elles étaient tombées dans un village, dans le comté de Võrumaa. Mais le dernier résistant estonien ne trouva la mort que quatre ans plus tard, lorsque le KGB tenta d'arrêter August Sabbe. Le dernier de ces combattants essaya d'échapper aux agents russes en sautant dans la rivière Võhandu, mais se noya[39].

Au paroxysme de la guerre froide, alors que les États baltes étaient fermement sous la coupe soviétique, il était impossible de ne pas en arriver à la conclusion que ces hommes avaient gâché leur vie. Comme ces soldats japonais oubliés qui continuèrent de résister dans des îles reculées du Pacifique jusque dans les années 1970, ou la figure solitaire de Manuel Cortes, un républicain espagnol qui se cacha des sbires de Franco jusqu'en 1969, ces derniers partisans avaient continué de combattre longtemps après que le reste du monde fut passé à autre chose[40]. Ils avaient parié sur un nouveau conflit entre les États-Unis et l'URSS, et c'est une erreur de jugement qu'ils payèrent de leur vie, et de l'emprisonnement ou de la déportation des êtres qui leur étaient chers. En dépit de tout leur courage et de leur patriotisme, leur résistance à la tutelle soviétique semble n'avoir finalement rien changé[41].

Et pourtant l'influence que cette guerre des partisans eut sur d'autres mouvements de résistance ultérieurs est indéniable : le traitement réservé par Moscou aux partisans et à leurs familles, en dépit de sa radicalité et de son efficacité à court terme, ne servit qu'à créer un vaste vivier de mécontentements irréversibles. Ce furent ces gens-là, que l'on finit par exclure de toute participation normale à la vie de la société, et dont les enfants se virent refuser des emplois décents et tout accès à une éducation supérieure, qui compteraient plus tard parmi les membres les plus actifs du mouvement dissident balte[42].

Tout au long des années 1960, 1970 et 1980, les peuples baltes continuèrent de résister à la répression soviétique et, sans jamais reprendre les armes, puisèrent de plus belle leur inspiration dans la mémoire des guerres de partisans. Leurs histoires n'ont pas cessé d'être racontées ; on continua d'entonner des chants de partisans en petit comité, et ils furent plus tard repris lors de la « Révolution chantante » de Tallin*. Des Mémoires de partisans furent reproduits et distribués dans toute la région, comme le *Partizanai* de Juozas Lukša, qui devint un best-seller en Lituanie peu après la déclaration d'indépendance, en 1990. La guerre de résistance inspira l'un des Premiers ministres qui accédèrent au pouvoir en Estonie, au point qu'il écrivit plus tard un livre à ce sujet[43].

L'histoire de la bataille de Kalniškės, que j'ai résumée au début de ce chapitre, est un parfait exemple de la manière dont cette guerre a inspiré les générations ultérieures : au cours des années qui suivirent, cette histoire entra dans le folklore local, et des chansons furent écrites pour commémorer cet ultime acte de résistance héroïque. Loin de s'estomper avec le temps, cet épisode a plutôt gagné en résonance : dans les années 1980, d'anciens partisans sont revenus sur le site pour y ériger un sanctuaire à la mémoire de leurs camarades tombés là, et des cérémonies du souvenir se tinrent pour célébrer l'anniversaire de ces combats. En 1989, cela devint une nouvelle source de tensions avec Moscou : des soldats station-

* La « Révolution chantante » désigne le processus de retour à l'indépendance des États baltes entre 1987 et 1990. La formule s'inspire d'un texte publié après les manifestations d'un festival de musique à Tallinn, à l'été 1988. (*N.d.T.*)

nés dans la garnison soviétique voisine organisèrent des exercices de tir pendant cet anniversaire, et visèrent au-dessus des têtes des gens rassemblés ; durant la nuit, ils réduisirent en pièces le sanctuaire. Après l'indépendance, un nouveau monument fut érigé, et les corps des partisans tués à Kalniškės furent exhumés pour recevoir une sépulture décente. Aujourd'hui, cette bataille est toujours commémorée lors d'une cérémonie annuelle à laquelle prennent part d'anciens partisans et leurs familles, des représentants du gouvernement et de l'armée, ainsi que des responsables politiques et des écoliers. L'événement a fini par symboliser non seulement l'héroïsme des résistants lituaniens, mais, plus largement, la lutte pour l'indépendance de la Lituanie, qui dura presque un siècle[44].

Aujourd'hui, on ne peut réduire la lutte des Frères de la Forêt à un sacrifice inutile. Leur soulèvement, voué à l'échec, n'est plus une histoire en soi incluant sa fin tragique – depuis le début des années 1990, il est aussi devenu partie intégrante d'une histoire plus longue qui s'est achevée avec l'indépendance des trois États baltes. Dans ce contexte, les sacrifices consentis par les partisans et leur entourage ont été en partie vengés. Malgré des dizaines de milliers de morts dans tous les camps en présence, des vies gâchées en exil et d'autres passées à se cacher, les peuples de Lituanie, de Lettonie et d'Estonie regardent désormais les hauts faits des Frères de la Forêt comme une cause digne de ce nom, et une source de fierté nationale.

28

Le miroir de la guerre froide

Le 29 janvier 1948, emportée par une vague de répression politique de masse, une jeune fille de seize ans – qui souhaite aujourd'hui encore rester anonyme – fut arrêtée avec sa mère et envoyée en exil. Après avoir passé un an dans un lointain camp de prisonniers, elle fut transférée dans une « École spéciale pour la rééducation des femmes ». Là, dans cet autre camp de détention, elle fut soumise à un régime d'endoctrinement et à la torture, jusqu'à ce qu'elle accepte de signer une déclaration de renonciation à ses convictions politiques. « Ce fut l'un des moments les plus tragiques de mon existence, déclara-t-elle plusieurs dizaines d'années plus tard à un journaliste venu l'interviewer. Pendant un mois, je ne suis pas sortie de mon lit. [...] Ma chemise de nuit était rose et elle a viré au noir. Je n'ai même pas voulu me laver ou changer de vêtements. J'ai fait une dépression nerveuse[1]. »

Ces événements n'eurent pas lieu derrière le rideau de fer, mais en Grèce ; ces camps de prisonniers n'étaient pas au Kazakhstan ou en Sibérie, mais sur les îles d'Ikaria, de Trikeri et de Makronisos – des lieux dédiés non pas aux persécutions communistes, mais à la persécution des communistes. La jeune fille en question était issue d'une famille connue pour ses opinions de gauche et, en tant que telle, considérée comme un danger pour l'État grec.

Il existe une symétrie troublante entre la manière dont les communistes furent traités dans certaines régions d'Europe occidentale et la manière dont les « capitalistes » furent traités à l'Est. Les arrestations de masse organisées par les autorités grecques au lendemain de la Deuxième Guerre mondiale ne sont pas l'opposé des arrestations de masse qui eurent lieu dans les États baltes et en Ukraine occidentale, et furent conduites pour les mêmes raisons – briser l'échine de la Résistance. Comme beaucoup de pays situés de l'autre côté du rideau de fer, la Grèce déporta aussi des dizaines de milliers de suspects politiques vers l'étranger – au Moyen-Orient, aux bons soins des Britanniques, plutôt que vers la Sibérie, aux bons soins des Soviétiques. Des milices soutenues par le gouvernement soumirent de vastes portions de la population à des vagues de viols, de pillages et de meurtres qui furent aussi aveugles et violents que tout ce qui put se produire en Europe orientale.

On peut également dresser certains parallèles entre la manière dont la droite s'est emparée du pouvoir en Grèce et celle dont la gauche s'en est emparée dans le bloc de l'Est. Les conservateurs de droite ne constituaient pas la force dominante de la politique hellène, et pourtant ils réussirent à évincer les communistes, beaucoup plus populaires – tout comme les puissants partis traditionnels furent évincés en Hongrie, en Roumanie et en Bulgarie. L'infiltration délibérée de la police à des fins politiques ne le céda nullement en cynisme d'un côté comme de l'autre. En Grèce, cela conduisit les communistes à démissionner du gouvernement en signe de protestation, dès le mois de décembre 1944 – un événement qui trouva son image en miroir à peine un plus de trois ans après, quand les partis traditionnels démissionnèrent du gouvernement tchèque sur la même question. Comme les communistes en Europe orientale, la droite grecque se servit des médias et des tribunaux pour diaboliser et punir ses adversaires politiques. Ni les uns ni les autres n'hésitèrent à saboter le processus démocratique : les élections grecques de mars 1946 furent marquées par une forte abstention et des manœuvres d'intimidation de l'électorat, tout comme le furent les scrutins dans les États baltes ; et le référendum sur la restauration de la monarchie grecque la même année était tout aussi truqué que les élections en Roumanie.

Dans tous les cas, de tels comportements ne furent rendus possibles que parce que le pouvoir dominant avait le soutien d'une superpuissance étrangère. Derrière le rideau de fer, c'était l'Union soviétique qui dictait les actions des communistes, alors qu'en Grèce ce furent les Britanniques, et plus tard les Américains, qui se portèrent garants des actions de la droite. Sans ces interventions d'acteurs extérieurs, on ne voit guère comment les communistes auraient pu prendre le pouvoir dans presque toute l'Europe de l'Est – et il n'est pas moins difficile de voir comment ils auraient pu manquer de prendre le pouvoir en Grèce. Il n'est guère étonnant que l'immixtion de puissances étrangères ait semé l'amertume chez les peuples de ces deux régions : les Roumains et les Polonais s'indignèrent d'avoir été pris au piège par « des étrangers athées et apatrides », et les Grecs aussi purent légitimement se plaindre de leur « asservissement [...] par des impérialistes étrangers[2] ».

12. La division de l'Europe pendant la guerre froide
États devenus communistes entre 1945 et 1948
Gains territoriaux de la Yougoslavie sur l'Italie, 1945
Le « rideau de fer »
L'Allemagne depuis 1945
N
Mer du Nord
SUÈDE
FINLANDE
NORVÈGE
Lac Ladoga
Helsinki
Leningrad
Oslo
Stockholm
Tallinn
ESTONIE
Moscou
Riga
LETTONIE
Mer Baltique
DANEMARK
Copenhague
LITUANIE
Vilnius
UNION SOVIÉTIQUE
Kaliningrad
Minsk
Gdansk
BIÉLORUSSIE
Szczecin
HOLLANDE
ALLEMAGNE DE L'EST
POLOGNE
Amsterdam
Berlin
Varsovie
Bruxelles
Kiev
Bonn
Wroclaw
BELGIQUE
Prague
Cracovie
Lvov
UKRAINE
LUX.
ALLEMAGNE DE L'OUEST
TCHÉCOSLOVAQUIE
FRANCE
MOLDAVIE
Bratislava
Vienne
Budapest
Berne
AUTRICHE
SUISSE
HONGRIE
ROUMANIE
Bucarest
Mer Noire
Belgrade
YOUGOSLAVIE
BULGARIE
ITALIE
Sofia
Istanbul
Rome
Tirana
ALBANIE
TURQUIE
GRÈCE
Athènes
Mer Méditerranée
0 200 miles
0 200 km

Ce ne fut pas seulement en Grèce que la conduite du gouvernement « démocratique » refléta le comportement des gouvernements communistes en Europe orientale : la tendance à l'éviction et à la diabolisation des adversaires politiques fut la même d'un bout à l'autre du continent, même si elle ne prit pas partout un tour aussi extrême qu'en Grèce. Par exemple, l'expulsion des communistes du gouvernement en Italie, en France, en Belgique et au Luxembourg, en 1947, fut le reflet de celle des responsables politiques traditionnels par les gouvernements est-européens. Les conséquences pour la démocratie ne furent peut-être pas tout à fait aussi désastreuses, mais les intentions étaient identiques : neutraliser l'opposition, et chercher à gagner les faveurs des superpuissances qui parrainaient. Ces superpuissances détenaient tous les atouts, et leur influence était aussi forte dans les deux moitiés du continent : les tentatives américaines pour orienter la politique de l'Ouest étaient tout aussi intrusives que les tentatives soviétiques de contrôler les gouvernements de l'Est. Seules les méthodes différaient : l'Amérique usait de la « carotte » du Plan Marshall, tandis que les Soviétiques maniaient le bâton de la coercition militaire.

Je ne pousserai pas la comparaison trop loin, parce que le modèle politique occidental était à l'évidence plus diversifié, plus démocratique et en fin de compte plus fécond que le communisme stalinien. Je veux simplement souligner que la conduite des pays occidentaux après la guerre fut loin d'être parfaite : en certaines circonstances, elle fut manifestement plus dommageable que ne le fut l'action des communistes – le traitement réservé aux paysans dans le sud de l'Italie, par exemple, à qui l'on refusa les réformes agraires qui leur avaient été promises par le gouvernement n'est guère à l'avantage de ce dernier, comparé à l'attitude progressiste, en Europe orientale, durant les premiers temps de la domination communiste. Ni l'Est communiste ni l'Ouest capitaliste n'avaient le monopole de la vertu. Dans un continent aussi vaste et aussi divers que l'Europe, il est toujours imprudent de pousser trop loin la généralisation.

Et pourtant, à l'époque, la tendance était à la généralisation. Les idéologues de gauche stigmatisaient ceux qui ne partageaient pas leur vision du monde en les qualifiant de « fascistes impérialistes », de « réactionnaires » et de « sangsues » ; les idéologues de droite présentaient tous ceux qui entretenaient des opinions de gauche même modérées comme des « bolcheviks » et des « terroristes ». En conséquence, ceux qui se situaient au milieu étaient de plus en plus souvent forcés de prendre parti pour un camp ou un autre – généralement celui qui leur paraissait le plus fort sur le moment. Selon les propos d'un des pères du communisme international : « On se range soit dans le camp de l'impérialisme soit dans le camp du socialisme. La neutralité n'est que pur camouflage et il n'existe pas de troisième voie[3]. » Si l'on choisissait le mauvais camp, en particulier en Europe orientale et en Grèce, les conséquences pouvaient être fatales.

Comme je l'ai montré, ce conflit des idéologies n'était pas une nouveauté de la période de l'après-guerre : des partisans de gauche et des milices de droite s'étaient régulièrement combattus pendant que le conflit planétaire était encore en cours, et convenaient parfois avec les Allemands de cessez-le-feu locaux afin de pouvoir se concentrer pleinement sur leurs luttes intestines. Des guerres civiles locales se déroulèrent ainsi en parallèle avec la conflagration mondiale non seulement en Grèce, mais en Yougoslavie, en Italie, en France, en Slovaquie et en Ukraine. Pour les fanatiques des deux camps, ce qui comptait réellement n'était pas tant la guerre nationale contre l'occupation allemande que la lutte plus profondément enracinée entre défenseurs des idéaux nationalistes et des idéaux communistes.

Au cœur de cette lutte idéologique entre la droite et la gauche, la défaite de l'Allemagne en 1945 n'eut de sens que parce qu'elle réduisit à néant le plus puissant soutien de la droite en Europe. Elle ne signifiait pas pour autant que la joute entre droite et gauche était terminée, loin s'en faut : pour beaucoup de communistes, la Deuxième Guerre mondiale n'était pas un événement isolé, mais plutôt une étape d'un processus plus vaste qui avait déjà débuté depuis des décennies. La défaite de Hitler n'était pas une fin en soi, mais un tremplin à partir duquel serait lancée l'étape suivante de la lutte idéologique. Une fois achevée, la prise de pouvoir des communistes dans toute l'Europe de l'Est fut perçue comme s'inscrivant dans le même processus qui, selon la doctrine marxiste, aboutirait à la victoire « inévitable » du communisme dans le monde.

Seule la présence des Alliés occidentaux, et surtout celle des Américains, empêcha le communisme de se propager davantage en Europe. Il n'est dès lors pas surprenant que, durant les années d'après guerre, les communistes aient présenté les Américains comme des conspirateurs, tout comme ils diabolisaient l'opposition bourgeoise en Hongrie et en Roumanie en la taxant d'« hitléro-fascisme ». Dans l'esprit des communistes, il n'existait pas de différence fondamentale entre Hitler, le président Truman ou des responsables politiques d'envergure plus locale comme Imre Nagy ou Iuliu Maniu – ils étaient tous des représentants d'un système international qui exploitait les travailleurs et tentait continuellement d'écraser le socialisme. Quant aux Américains, ils ne tardèrent pas à se trouver entraînés à l'extrême opposé. Ils n'avaient pas prévu de s'engager dans un affrontement armé contre le communisme, mais, en s'impliquant dans la Deuxième Guerre mondiale, ils se trouvèrent nécessairement mêlés à ce processus plus large mettant aux prises la gauche et la droite. Avec leur politique de maintien de l'ordre en Europe au lendemain du conflit mondial, ils s'enlisèrent inévitablement dans les nombreux affrontements locaux qui éclatèrent entre les deux factions – et dans chaque cas ils se rangèrent d'instinct dans le camp de la droite, même dans des circonstances où cela supposait de cautionner une dictature brutale, comme en Grèce. Avec le temps, et davantage d'expérience, ils diabolisèrent à leur tour leurs opposants, et, dès les années 1950, l'approche pondérée d'Américains comme Dean Acheson ou George C. Marshall avait cédé le pas à la rhétorique empreinte de violence incarnée par le sénateur Joe McCarthy. Le tableau que dressa ce dernier des communistes américains comme « une conspiration de si vaste envergure qu'elle éclipse toutes les autres entreprises comparables de l'histoire de l'humanité » était tout aussi irrationnel que l'antiaméricanisme de l'Europe de l'Est[4].

La polarisation de l'Europe – et en fin de compte du monde entier – entre ces deux camps devait devenir la caractéristique qui définirait la seconde moitié du XXe siècle. La guerre froide ne ressembla à aucun conflit antérieur : de par son échelle, elle était aussi vaste que l'une ou l'autre des deux guerres mondiales, et pourtant ce combat-là ne se livra pas essentiellement à coups de canons et de chars, mais à travers les cœurs et les esprits des civils. Pour gagner ces cœurs et ces esprits, les deux camps n'hésitèrent pas à employer tous les moyens nécessaires, de la manipulation des médias à la menace de violences ou même à l'incarcération des jeunes filles grecques dans des camps de prisonniers politiques.

Pour l'Europe, et pour les Européens, cette nouvelle guerre démontrerait simultanément l'importance et l'impuissance du continent sur la scène mondiale. Comme lors des deux conflits planétaires des trente années précédentes, l'Europe était encore le principal théâtre d'opérations. Mais, pour la première fois de l'histoire, ce ne seraient pas les Européens qui tireraient les ficelles : dorénavant, ils ne seraient que des pions entre les mains de superpuissances extérieures aux frontières du continent.

Conclusion

Dans ses Mémoires couvrant la fin des années 1940 et les années 1950, publiés après sa mort à la suite d'un des fameux « assassinats au parapluie* » à Londres en 1978, l'écrivain bulgare dissident Georgi Markov raconte une histoire emblématique de la période de l'après-guerre – non seulement pour son pays, mais pour l'Europe dans son ensemble. Elle met en scène une conversation entre l'un de ses amis, appréhendé pour avoir apostrophé un responsable communiste qui avait resquillé dans la file d'attente pour la distribution du pain, et un officier de la milice communiste bulgare :

> — Et maintenant, dites-moi, qui sont nos ennemis ? lui demanda le chef de la milice.
>
> K. réfléchit un instant avant de lui répondre.
>
> — Franchement, je n'en sais rien, je ne crois pas avoir d'ennemis.
>
> — Pas d'ennemis ! (Le chef haussa le ton.) Voulez-vous dire que vous ne haïssez personne et que personne ne vous hait ?
>
> — Autant que je sache, personne.
>
> — Vous mentez ! hurla subitement le lieutenant-colonel en se levant de son siège. Quel genre d'homme êtes-vous pour ne pas avoir d'ennemis ? Si vous n'avez pas d'ennemis, vous n'appartenez visiblement pas à notre jeunesse, vous ne pouvez être l'un de nos citoyens ! [...] Et si vous ne savez vraiment pas qui haïr, on va vous l'apprendre ! On va vous l'apprendre très vite[1] !

En un sens, le chef de la milice de cette histoire a raison – il était pratiquement impossible de sortir de la Deuxième Guerre

* Les « assassinats au parapluie » étaient la méthode du KGB bulgare pour éliminer les dissidents : Markov fut heurté à la jambe par un parapluie contenant une seringue remplie d'un poison mortel. (*N.d.É.*)

mondiale sans avoir d'ennemis. Il ne saurait exister de meilleure démonstration de l'héritage moral et humain de cette guerre : après la dévastation de régions entières, après la boucherie de plus de 35 millions d'êtres humains, après d'innombrables massacres au nom de la nationalité, de la race, de la religion, de la classe ou de préjugés individuels, tous les habitants du continent ou presque avaient subi des pertes ou des injustices, sous une forme ou une autre. Même des pays qui avaient connu peu de combats sur leur sol, comme la Bulgarie, avaient été exposés à des troubles politiques, à de violentes querelles avec leurs voisins, à la coercition des nazis et ensuite à l'invasion par l'une des deux nouvelles superpuissances du globe. Au milieu de tous ces événements, la haine de l'adversaire était devenue parfaitement naturelle ; et pour cause, dans tous les camps les dirigeants et les propagandistes avaient consacré six longues années à promouvoir cette haine comme l'arme essentielle dans la quête de la victoire. À l'époque où le chef de la milice bulgare terrorisait de jeunes étudiants à l'université de Sofia, la haine n'était plus un simple sous-produit de la guerre – dans l'esprit des communistes, elle avait été élevée au rang d'un devoir.

Il y avait quantité de raisons de ne pas aimer son voisin au lendemain de la capitulation. Il pouvait être allemand, auquel cas tout le monde ou presque le vilipendait, ou il avait collaboré avec les Allemands, ce qui était tout aussi répréhensible : l'essentiel des actes de vengeance visaient ces deux groupes. Il pouvait croire dans le mauvais dieu – un dieu catholique ou orthodoxe, musulman, juif, ou pas de dieu du tout. Il pouvait appartenir à la mauvaise « race » ou nationalité : pendant le conflit, des Croates avaient massacré des Serbes, des Ukrainiens avaient tué des Polonais, des Hongrois avaient réprimé des Slovaques, et tout le monde ou presque avait persécuté les juifs. Il pouvait défendre les mauvaises convictions politiques : les fascistes comme les communistes ont été responsables d'innombrables atrocités d'un bout à l'autre du continent, et ont également été soumis à une répression brutale – ainsi d'ailleurs que tous ceux qui souscrivaient aux opinions comprises entre ces deux extrêmes.

La simple diversité des griefs qui existaient en 1945 suffit à démontrer non seulement l'universalité de cette guerre, mais aussi l'inadéquation de notre mode de pensée traditionnel pour qui veut la comprendre. Il ne suffit pas de dresser le tableau d'un simple conflit territorial entre l'Axe et les Alliés. Certaines des pires atrocités qui s'y commirent n'étaient nullement liées au territoire, mais bien plutôt aux questions de race et de nationalité. Les nazis n'attaquèrent pas l'Union soviétique simplement au nom du *Lebensraum* :

c'était aussi l'expression de leur besoin impérieux d'affirmer la supériorité de la « race » allemande sur les juifs, les Tsiganes et les Slaves ; les Soviétiques n'envahirent pas non plus la Pologne et les États baltes uniquement au nom du territoire : ils voulaient propager le communisme le plus à l'ouest possible. Certains des combats les plus féroces n'eurent pas lieu entre l'Axe et les Alliés, mais entre des populations locales qui saisirent l'opportunité d'une plus vaste conflagration pour se décharger de frustrations bien plus anciennes : les Oustachis croates combattirent au nom de la pureté ethnique ; les Slovaques, les Ukrainiens et les Lituaniens luttèrent pour leur libération nationale ; beaucoup de Grecs et de Yougoslaves se battirent pour l'abolition de la monarchie – ou pour sa restauration ; quantité d'Italiens se battirent pour se libérer des chaînes d'un féodalisme médiéval. La Deuxième Guerre mondiale ne fut donc pas seulement un conflit traditionnel à caractère territorial : ce fut simultanément une guerre raciale et une guerre idéologique, entrecroisée avec une demi-douzaine de guerres civiles qui se menèrent pour des raisons purement locales.

Comme les Allemands n'étaient qu'un ingrédient dans ce vaste brouet de conflits divers, leur défaite ne mit pas fin à la violence. En réalité, la vision traditionnelle selon laquelle la guerre s'est terminée quand l'Allemagne a capitulé en mai 1945 est complètement erronée : cette capitulation ne mit un terme qu'à un aspect de la lutte. Les autres conflits connexes autour de questions touchant à la « race », à la nationalité et à la politique continuèrent durant des semaines, des mois et parfois des années : des bandes d'Italiens lynchaient encore des fascistes à la fin des années 1940 ; des communistes et des nationalistes grecs, qui s'étaient d'abord combattus en tant qu'adversaires ou collaborateurs des Allemands, se battaient toujours entre eux en 1949 ; les mouvements de partisans ukrainiens et lituaniens, nés au plus fort de la guerre, étaient encore en lutte armée au milieu de l'année 1959. La Deuxième Guerre mondiale est comparable à la masse imposante d'un superpétrolier labourant les eaux de l'Europe : dotée d'une telle inertie que, en dépit des freins déployés dès le mois de mai 1945, sa course tumultueuse ne s'arrêta que plusieurs années après.

Cette haine requise par le chef de la milice bulgare dans l'histoire de Georgi Markov est très spécifique : c'était cette même haine que des propagandistes soviétiques comme Ilya Ehrenburg et Mikhail Sholokhov exigèrent durant le conflit, et que les commissaires politiques tâchèrent d'insuffler aux unités de l'armée évoluant en Europe orientale tout au long de cette période. Si l'étudiant qu'il terrorisait de la sorte avait eu la moindre intelligence de la théorie stalinienne – qui finirait par devenir un élément central du cursus de tout élève ou étudiant bulgare au cours des années qui allaient suivre –, il aurait su précisément qui étaient ses ennemis.

L'atmosphère de colère et de ressentiment qui se répandit dans toute l'Europe au lendemain des hostilités constituait l'environnement parfait pour fomenter la révolution : en dépit de son caractère violent et chaotique, les communistes ne percevaient pas cette atmosphère comme une malédiction, mais comme une opportunité. Avant 1939, il y avait toujours eu des tensions entre capitalistes et travailleurs, entre seigneurs et paysans, entre souverains et sujets – mais ces tensions demeuraient généralement locales et éphémères. La guerre, porteuse d'années de carnage et de privations, avait enflammé ces tensions au-delà de tout ce que les communistes d'avant guerre avaient pu imaginer. D'importantes couches de la population accusaient maintenant leur gouvernement de les avoir entraînées dans les abîmes de la guerre ; elles méprisaient les politiciens pour leurs faits de collaboration avec l'ennemi ; et, la majeure partie du continent se trouvant au bord de la famine, elles vouaient une haine sans faille à quiconque leur semblait jouir d'une aisance accrue au sortir du conflit. Si des travailleurs avaient été exploités avant la guerre, pendant la conflagration cette exploitation avait atteint les pires extrêmes : des millions d'individus avaient été réduits en esclavage, et des millions d'autres avaient été condamnés aux travaux forcés jusqu'à ce que mort s'ensuive. Il n'est guère surprenant qu'une fois la paix signée, tant de gens, d'un bout à l'autre du continent européen, se soient tournés vers le communisme : ce mouvement ne séduisait pas seulement en tant qu'alternative à la fois novatrice et radicale face à des politiciens discrédités, mais donnait aux gens l'occasion de se décharger de toute la colère et de tout le ressentiment qu'ils avaient accumulés pendant ces années terribles.

La haine fut la clef des succès du communisme en Europe, comme l'attestent clairement d'innombrables documents pressant les militants du parti de s'en faire les chantres. Le communisme ne se bornait pas à profiter de l'animosité envers les Allemands, les fascistes et les collaborateurs ; il se nourrissait aussi d'une répulsion inédite envers l'aristocratie et les classes moyennes, les propriétaires terriens et les koulaks. Plus tard, alors que le monde entrait peu à peu dans la guerre froide, ces passions se traduisirent sans difficulté en une autre répulsion, visant cette fois l'Amérique, le capitalisme et l'Ouest. Et, réciproquement, ceux-là abhorraient le communisme dans d'égales proportions.

Les communistes n'étaient pas les seuls à concevoir la violence et le chaos comme une opportunité : les nationalistes comprenaient eux aussi que les tensions allumées pendant la guerre pourraient servir à promouvoir un programme d'un autre ordre – dans leur cas, celui du nettoyage ethnique de leurs pays respectifs. Quantité de nations ont exploité cette nouvelle haine des Allemands pour expulser les anciennes communautés *volksdeutsch* qui avaient vécu dans toute l'Europe de l'Est depuis des siècles. La Pologne avait exploité la haine des Ukrainiens, en temps de guerre, pour lancer un plan d'expulsion et d'assimilation forcée. Les Slovaques, les Hongrois et les Roumains se lancèrent dans une série d'échanges de populations et des groupes antisémites exploitèrent cette atmosphère violente afin de chasser les derniers juifs du continent. Ces groupes ne visaient rien d'autre que la création d'une série d'États-nations « racialement purs » en Europe centrale et orientale. Les nationalistes n'atteignirent jamais leur objectif au lendemain de la guerre – parce que la communauté internationale le leur interdisait, mais aussi parce que les nécessités de la guerre froide prirent le pas sur tout le reste. Mais, à la fin de cette guerre froide, les anciennes tensions nationalistes ont refait surface ; des questions que beaucoup de gens croyaient éteintes depuis longtemps ont connu une soudaine résurrection, avec une passion telle que des événements vieux de cinquante ans semblaient dater d'hier.

L'exemple le plus frappant survint après la chute du communisme en Yougoslavie. La Confédération yougoslave était la plus vieille nation est-européenne à ne pas avoir mené de programme d'expulsions et de déportations à caractère ethnique au moment du retour à la paix. En conséquence, les Serbes, les Croates et les musulmans vivaient toujours au sein de communautés mélangées disséminées dans toute cette région – un fait qui devait avoir des conséquences désastreuses dès l'éclatement de la guerre civile au début des années 1990. Les fauteurs de troubles se servirent ainsi de la Deuxième Guerre mondiale et de ses retombées comme justification directe de leur action et ravivèrent nombre de vieux souvenirs de tensions ethniques datant de 1945 ; rejouant consciemment cette période, ils se livrèrent à des viols de masse, à des massacres de civils et à un nettoyage ethnique à grande échelle.

Depuis la chute du communisme, d'autres incidents moins dramatiques, mais non moins lourds de sens sont survenus dans de nombreuses régions d'Europe. En 2006, par exemple, une étudiante de Slovaquie, Hedviga Malinová, déclara à la police qu'elle avait été passée à tabac pour avoir parlé hongrois, sa langue maternelle. Le ministre slovaque de l'Intérieur l'accusa de mensonge, la police engagea contre elle des poursuites pour faux témoignage, et la relation malaisée entre la Slovaquie et la minorité hongroise parut soudain tout aussi vive qu'elle l'avait été en 1946[2]. De l'autre côté de la frontière, la Hongrie a connu un retour à la haine nationaliste similaire, mais encore plus insidieux : l'antisémitisme y est en hausse comme jamais depuis les années 1940. Dans une lettre au *Washington Post* début 2011, un pianiste hongrois couronné de prix divers, András Schiff, affirmait que son pays était balayé par une vague de « nationalisme réactionnaire » caractérisée par une haine croissante des Tsiganes et des juifs[3]. Comme si elle n'avait pas conscience de l'ironie de la situation, la presse hongroise de droite réagit aussitôt en prétendant que seuls les juifs étaient capables d'accuser la Hongrie de tels crimes. Zsolt Bayer écrivit par exemple dans le journal *Magyar Hírlap* : « Un excrément puant qui porte un nom dans le genre de Cohen, originaire de quelque part en Angleterre, écrit que la Hongrie "relâche des relents d'une puanteur nauséabonde". Cohen, et Cohn-Bendit, et Schiff [...] malheureusement, on ne les a pas tous enterrés jusqu'au cou dans la forêt d'Orgovány[4]. »

De tels sentiments démontrent que la récente recrudescence de l'antisémitisme dans toute l'Europe n'est pas seulement le produit de tensions relativement récentes au Moyen-Orient ; des formes traditionnelles de haine envers les juifs y sont aussi bel et bien vivaces. On pourrait en dire autant du réveil de l'animosité envers les Tsiganes depuis la chute du communisme, en particulier en République tchèque, en Pologne et en Hongrie. En Bulgarie, des émeutes ont éclaté, à l'automne 2011, après une série de manifestations racistes contre les Tsiganes[5].

Face à la résurgence de tels problèmes, on est tenté de considérer que les nationalistes des années 1940 avaient peut-être raison, après tout, de vouloir créer des États homogènes au plan ethnique ; s'il n'avait pas existé de minorités nationales dans des pays comme la Slovaquie ou la Hongrie, de telles difficultés n'auraient jamais surgi. Le problème, avec cette idée, hormis ses implications morales évidentes, c'est qu'un État ethniquement homogène est un objectif presque impossible à atteindre. Aussitôt après la guerre, c'est la Pologne qui s'en est le plus rapprochée, en expulsant ou en pourchassant ses populations allemandes, juives et ukrainiennes. Pourtant, même là-bas, il s'avéra impossible d'expulser tout le monde – en particulier la minorité ukrainienne, sans doute le groupe ethnique le plus enraciné dans la société polonaise. En fin de compte, les Polonais eurent recours à l'Opération Vistule, cette entreprise controversée d'assimilation forcée qui fragmenta les communautés ukrainiennes et les dispersa dans le nord et l'ouest du territoire. Ces mesures répressives furent considérées à l'époque comme un franc succès – et pourtant, aujourd'hui, il devient de plus en plus évident que cette entreprise d'assimilation n'a pas fonctionné : depuis les années 1990, les Łemkos et les Ukrainiens n'ont pas cessé d'affirmer de plus en plus ouvertement leurs droits en tant que communautés ethniques. Ils ont constitué des groupes d'influence politiques et des groupes de pression, en réclamant à maintes reprises la restitution des propriétés qui leur avaient été confisquées après les hostilités. Au lieu de résoudre le problème, l'Opération Vistule n'a fait que le garder en réserve pour le futur.

Même l'expulsion complète des minorités ethniques d'une nation ne s'est pas révélée une garantie contre de telles difficultés : l'expulsion des Allemands de nombreux pays dans les années 1940, surtout de Pologne et de Tchécoslovaquie, fut probablement le mouvement de déportation ethnique le plus exhaustif et le plus vaste de tous au cours de la période. Il suscita en Allemagne un ressentiment qui ne s'est jamais dissipé. Des années 1950 jusqu'aux années 1980, ces expulsés ont formé l'un des groupes de pression les plus puissants qui soient en République fédérale, l'un de ceux qui, selon les termes de Lucius Clay, « est d'essence réactionnaire et planifie manifestement son retour[6] ». Imitant l'exemple des Łemkos et des Ukrainiens en Pologne, ces groupes continuent d'exercer des pressions pour la restitution des terres et des propriétés qui leur ont été dérobées dès la cessation des hostilités. La perspective d'avoir à traiter les revendications de ces expulsés effraie la plupart des gouvernements est-européens : en 2009, par exemple, le président de la République tchèque, Václav Klaus, refusa de signer le traité de Lisbonne qui accordait de nouveaux pouvoirs à l'Union européenne, craignant que certaines de ses dispositions ne puissent permettre aux Allemands de faire valoir des revendications légales contre son pays. Le président Klaus retarda de plusieurs semaines la ratification du traité, jusqu'à ce que l'on accorde aux Tchèques une clause d'exemption des dispositions concernées. L'expulsion des Allemands n'a pas résolu le problème des minorités de Tchécoslovaquie tel qu'il se présentait à l'époque – elle s'est bornée à l'exporter.

On pourrait s'attendre à ce que le problème des expulsés s'estompe avec l'extinction progressive des anciennes générations, malheureusement il semble qu'il n'en soit rien : en Allemagne et ailleurs, les « expulsés » qui savent le mieux se faire entendre ne sont pas ceux qui ont directement pâti de ces expulsions, mais leurs enfants et leurs petits-enfants. Il suffit d'examiner ce qui s'est produit en Crimée pour comprendre en quoi les tensions nationalistes se transmettent aux générations suivantes. En 1944, les Tatars de Crimée furent déportés de leurs terres natales par Staline, qui décréta qu'il faudrait les disperser en Asie centrale soviétique pour les punir de leur collaboration avec les Allemands. Après l'éclatement de l'Union soviétique, en 1991, 250 000 Tatars décidèrent de retourner sur leurs terres natales de Crimée. Ils s'installèrent dans des logements abandonnés qu'ils rénovèrent. Ils créèrent des villages de peuplement, en toute illégalité, sur des terres inoccupées, et ne cessèrent de harceler les autorités ukrainiennes pour qu'elles les inscrivent comme résidents dûment enregistrés. Quand la police menaça de les expulser, ils protestèrent avec violence, et certains allèrent jusqu'à s'asperger d'essence et s'immoler par le feu. Le fait frappant, s'agissant de ces « rapatriés », c'est que la grande majorité d'entre eux n'étaient pas du tout des « rapatriés » au sens propre du terme : ils étaient tous nés et avaient été élevés en Asie centrale. Ils avaient renoncé à des existences relativement prospères et sûres pour s'installer sur une terre originelle qu'ils n'avaient encore jamais vue, et où ils n'étaient pas les bienvenus[7].

De l'importance des mythes nationaux

La passion qui pousse les individus puise sa source dans les histoires et les mythes auxquels ils ont été exposés, et qui se répètent inlassablement au sein de leurs communautés. Les Tatars se sont imprégnés des souffrances atroces de leur déportation, ils en ont pour ainsi dire été abreuvés avec le lait maternel, et ont répété ces histoires quotidiennement pendant plus de soixante ans ; dans leur esprit, la Crimée a fini par s'élever au rang d'une espèce de Terre promise. Selon les termes mêmes d'un Tatar, « pour le peuple soviétique, les années trente, quarante, cinquante appartiennent au passé. Pour les Tatars de Crimée, elles appartiennent au présent. [...] Elles sont une histoire vivante[8] ». De la même manière, les expulsés allemands se remémorent indéfiniment les horreurs de leur périple vers l'Ouest, tandis que les Ukrainiens évoquent la brutalité de l'Opération Vistule comme si elle datait d'hier. De telles histoires ne sont pas répétées avec une telle fréquence uniquement parce qu'elles ont eu lieu, mais parce qu'elles servent une intention : elles sont le ciment qui rattache ces groupes nationaux entre eux.

L'Ouest n'est pas immunisé contre une telle concrétion mythique : les Norvégiens, les Danois, les Hollandais, les Belges, les Français et les Italiens ont tous élaboré des récits autour des injustices dont ils ont souffert durant le conflit mondial et, en les répétant inlassablement, ils sont parvenus à se forger l'impression que chacun de ces peuples s'est plus ou moins uni contre les envahisseurs fascistes et nazis. Par conséquent, pendant des décennies, les réalités plus troubles d'une collaboration très répandue furent commodément escamotées ; les collaborateurs eux-mêmes ont aussi construit leurs propres mythes autour des injustices qu'ils ont subies après la Libération. Des récits d'une extrême violence contre des représentants innocents de la droite, répétés à une fréquence suffisante, donnent l'impression que tout le monde, dans ces pays-là, a souffert d'égale façon, quelles que soient les convictions politiques des uns et des autres.

Les vainqueurs ont leurs mythes, eux aussi. En Grande-Bretagne, la Deuxième Guerre mondiale est devenue une industrie nationale : des films, des dramatiques et des documentaires sur la guerre sont diffusés quotidiennement à la télévision, et les livres sur le sujet figurent souvent en bonne place dans les listes des meilleures ventes. La guerre est présente dans toutes les occasions nationales, qu'il s'agisse des slogans et des chansons des supporters de football pendant la Coupe du Monde ou du survol des Spitfire et des Lancaster lors des cérémonies officielles. Comme les Américains, les Britanniques repensent à ce conflit comme étant l'époque où la « grande génération » a sauvé le monde des maux du nazisme ; comme eux, ils préfèrent croire qu'ils ont réussi dans cette entreprise en comptant sur leurs propres forces. Par exemple, la mémoire populaire veut que les Anglais aient résisté seuls pendant la bataille d'Angleterre, en 1940-1941 ; on admet rarement que, parmi les pilotes de chasseurs qui défendirent les îles Britanniques, un sur cinq venait de Pologne, de Tchécoslovaquie, de Belgique, de France ou de différentes parties de l'Empire britannique.

Le problème de ces mythes si profonds et si précieux, c'est qu'ils finissent inévitablement par entrer en conflit avec les mythes non moins profonds et non moins précieux d'autrui : la vengeance d'un homme sera la justice d'un autre. Si les Allemands des Sudètes se rappellent leur expulsion des terres frontalières tchèques comme une période d'atrocités, les Tchèques la commémorent comme un moment où des injustices historiques ont enfin été réparées. Si certains Ukrainiens polonais applaudissent aux excuses concernant l'Opération Vistule qui paraissent dans la presse progressiste et de gauche, certains Polonais ukrainiens les perçoivent comme une trahison nationale. Et si les Britanniques voient dans le bombardier Lancaster un symbole de fierté, beaucoup d'Allemands n'en retiennent que le symbole d'une destruction aveugle.

Au lendemain du démembrement de l'ancienne Yougoslavie, un chroniqueur d'un journal serbe, *Vreme*, le formulait en ces termes :

> Vengeance ou pardon. Le souvenir ou l'oubli. Ces défis de l'après-guerre ne sont jamais relevés selon la justice divine : ils relèveront plus de la vengeance injuste et d'un pardon immérité. Déjà, les politiques de la remémoration et de l'oubli ne sont pas menées de manière à servir la paix et la stabilité. Les Serbes aimeraient précisément oublier ce que les Croates et les Bosniaques souhaiteraient se remémorer, et vice versa. Si, par hasard, l'un des camps se souvient du même événement, c'est un crime pour l'un et un acte héroïque pour l'autre[9].

Ces sentiments s'appliquent également, aux lendemains du second conflit mondial, à la plupart des nations de la moitié orientale de l'Europe.

L'autre écueil, avec cette constante répétition des mythes nationaux, c'est qu'ils finissent inévitablement par se mêler à des demi-vérités, et même à de complets mensonges, au point qu'il est souvent impossible de les dénouer les uns des autres. Ce qui est important pour les individus qui conservent des griefs, ce n'est pas le contenu factuel de ces récits, mais leur résonance émotionnelle : ainsi, la quasi-totalité des statistiques citées dans ce livre sont contestées par tel ou tel groupe national. Par exemple, les organisations d'expulsés allemands soutiennent que 2 millions d'Allemands furent massacrés lors de leur expulsion d'Europe orientale, alors qu'un rapide examen des statistiques officielles qu'ils prétendent citer montre qu'il s'agit là d'une grossière déformation des faits. Des mots comme « holocauste » et « génocide » sont colportés sans plus de réflexion sur leur sens réel, et des camps de prisonniers polonais comme Łambinowice et Świętochłowice sont catalogués comme des « camps de concentration », manière de laisser entendre que les centaines de personnes qui y sont mortes étaient en quelque sorte l'équivalent des millions qui disparurent dans les fours de Sobibor, Belzec et Treblinka.

Partout en Europe, des groupes nationaux rivaux ont pris l'habitude de promouvoir leurs propres statistiques et de dénigrer celles de leurs adversaires sans plus d'égards pour la réalité la plus probable. Ainsi, le chiffre généralement accepté de 60 000 à 90 000 Polonais tués par les nationalistes ukrainiens durant la guerre est souvent ignoré des « historiens » des deux camps : les Polonais le multiplient par cinq, et les Ukrainiens le divisent par cinq[10]. De la même manière, historiquement les Serbes ont toujours exagéré le nombre de leurs morts dus à la guerre d'environ 700 000 victimes, alors que les Croates exagèrent symétriquement le nombre de tués du fait de l'État yougoslave après la fin du conflit[11]. À l'Ouest, certaines factions politiques usent aussi volontiers de statistiques faussées : depuis des décennies, l'extrême droite française mentionne les 105 000 vichystes assassinés de sang-froid par la Résistance après les hostilités ; le chiffre communément accepté aujourd'hui se situe en réalité autour de quelques milliers[12]. Ces chiffres fantaisistes sont si répandus que même des historiens sérieux les répètent quelquefois, participant ainsi à leur propagation.

Si ces mythes et ces chiffres falsifiés entretiennent l'antagonisme entre des minorités nationales relativement modestes au plan politique, ils sont encore plus insidieux quand ils finissent par filtrer jusque dans les courants de l'opinion dominante. Depuis la fin du XXe siècle, l'ensemble du Vieux Continent a connu une dérive marquée à droite, des groupes extrêmes s'efforçant de gagner en influence comme jamais depuis la Deuxième Guerre mondiale. Ces groupes tentent de refouler la faute loin des nazis et des fascistes qui ont enclenché ce cycle d'atrocités et de contre-atrocités, pour la reporter sur leurs adversaires de gauche et d'extrême gauche. Or, quand l'extrême droite défend une vision bien spécifique de l'histoire, il nous faut observer autant de prudence que celle dont nous avons pris l'habitude d'user lorsque les communistes agissent de même.

Un exemple de cette manipulation de l'histoire à des fins politiques a eu lieu en Italie en 2005, quand des ministres du gouvernement annoncèrent une toute nouvelle journée nationale du Souvenir. Les événements qu'ils souhaitaient commémorer datent de 1945, quand des partisans yougoslaves envahirent les territoires frontaliers du nord-est de la Péninsule. Suite à une frénésie de nettoyage ethnique similaire à ce qui se produisait alors dans d'autres régions de Yougoslavie, des milliers de civils italiens furent massacrés ou précipités vivants au fond de gouffres naturels très profonds, nombreux dans cette région. Pour marquer le soixantième anniversaire de ces événements, et aussi l'anniversaire du traité qui attribua la pointe nord-est du pays à la Yougoslavie, les autorités prévoyaient d'organiser une série de cérémonies commémoratives. L'une de ces cérémonies eut lieu à Trieste, non loin de la frontière, qui avait été le théâtre de certaines des atrocités yougoslaves ; décision controversée, le ministre des Affaires étrangères italien, Gianfranco Fini, y participa : son parti – l'*Alleanza Nazionale* – était le successeur du mouvement néofasciste de l'après-guerre. Dans un discours prononcé en cette journée officielle du Souvenir, le président du Conseil, Silvio Berlusconi, déclara au pays : « Si nous nous retournons sur le XXe siècle, nous y voyons des pages d'histoire que nous préférerions oublier. Mais nous ne pouvons et ne devons pas oublier[13]. » En invoquant ainsi l'histoire, le gouvernement italien se montrait pourtant extrêmement sélectif dans ce qu'il choisissait de commémorer : des milliers d'Italiens furent effectivement massacrés par des partisans yougoslaves en 1945 – mais il suffisait de se reporter quatre ans plus tôt pour constater que ce n'étaient ni les Yougoslaves ni les communistes qui avaient engagé ce processus : c'étaient les fascistes italiens qui avaient envahi la Yougoslavie les premiers, avaient commis les premières atrocités et installé au pouvoir les Oustachis – l'un des régimes les plus révoltants de l'Europe en guerre.

En vérité, cette commémoration n'était nullement liée à l'« histoire », mais beaucoup à la politique : à une époque où l'Italie devenait de plus en plus sensible à l'immigration d'Europe orientale, il convenait aux nationalistes de peindre leurs voisins slaves sous les traits des méchants. Mais cela allait au-delà d'une simple tentative de diabolisation de l'étranger : l'événement, qui intervenait à peine une semaine après la commémoration internationale de la libération d'Auschwitz, était une tentative délibérée de fournir à l'Italie son propre holocauste intérieur. Les Italiens se projetaient dans la posture de la victime, et présentaient leurs proches voisins comme les auteurs de ces atrocités. Autre aspect non moins important, du point de vue de Gianfranco Fini, cette cérémonie modifiait l'accent que les Italiens mettent traditionnellement sur leur position de victimes des atrocités fascistes. Dans cette commémoration, les forces du mal n'émanaient pas de la droite, mais de la gauche ; c'était là un moyen subtil de repousser la responsabilité des événements de la guerre loin des prédécesseurs de Gianfranco Fini, les fascistes italiens[14].

Certains historiens ont suggéré que les haines et les rivalités entre les groupes politiques et nationaux européens existeront toujours, du moins tant que nous continuerons à commémorer les événements de la guerre et de ses lendemains. La cérémonie italienne de 2005 n'a certes rien fait pour promouvoir des relations amicales entre l'Italie et ses voisins du nord-est. Le fameux aphorisme de George Santayana – « ceux qui ne peuvent se souvenir de leur passé sont condamnés à le répéter » – doit être retourné ici : c'est parce que nous nous souvenons du passé que nous sommes condamnés à le répéter. La résurgence déprimante des haines nationales, ces deux dernières décennies, semblerait le laisser croire[15].

Toutefois, si je pensais véritablement que le souvenir est la cause de cette haine persistante, je n'aurais jamais écrit ce livre. Attiser les anciennes braises de la guerre, répéter les histoires qui sont justement la source de tant d'antagonismes, eût été d'une extrême irresponsabilité. Si l'on suit la logique de cet argument, il ne devrait plus du tout exister de livres relatifs à cette période, plus d'articles de journaux, de films ou de documentaires – la transmission de ces récits de génération en génération ne deviendrait rien de mieux que la répétition d'un cercle vicieux. La mémoire, et le souvenir proprement dit, deviennent un péché – la seule politique vertueuse serait celle d'un oubli délibéré. Mais le choix de l'oubli nous est interdit. Tout d'abord, des événements de l'ampleur de ceux décrits dans ce volume sont impossibles à oublier. Comme l'ont démontré les efforts divers déployés pendant la guerre froide par les communistes pour réprimer la mémoire culturelle, les tentatives d'oubli du passé conduisent purement et simplement à un surcroît de ressentiment, et en fin de compte à une déformation dangereuse des faits. Et les faits déformés sont plus dangereux que les faits réels. Mais nous ne devons oublier ni les uns ni les autres. Les événements qui ont façonné le monde qui nous entoure, et qui continuent de le façonner aujourd'hui, sont importants non seulement pour les historiens, mais pour tout un chacun : c'est notre mémoire du passé qui fait de nous ce que nous sommes non seulement en tant que peuples, mais aussi à un degré extrêmement personnel.

La période de l'immédiat après-guerre est l'une des plus importantes de notre histoire récente : si la Deuxième Guerre mondiale a détruit le Vieux Continent, ses lendemains ont été le chaos protéiforme à partir duquel la nouvelle Europe s'est constituée. Ce fut durant ces temps violents et vengeurs que nombre de nos espoirs, de nos aspirations, de nos préjugés et de nos ressentiments ont pris forme. Quiconque veut véritablement comprendre l'Europe telle qu'elle est aujourd'hui doit d'abord se forger une compréhension de ce qui s'est passé durant cette période de genèse cruciale. Il ne sert à rien d'esquiver les thèmes difficiles ou sensibles, car ils composent les pierres sur lesquelles s'est édifiée l'Europe moderne.

Ce n'est pas notre souvenir des péchés du passé qui suscite la haine, mais la manière dont nous nous les remémorons. Tous, nous avons systématiquement négligé la période de l'immédiat après-guerre, nous en avons falsifié et détourné la mémoire. La version de l'histoire que défendaient Berlusconi et Fini omet toute reconnaissance sincère des exactions de l'Italie ; la vision de l'histoire qu'ont les Tatars de Crimée passe sous silence la collaboration de leur peuple avec les nazis ; les expulsés allemands tentent de présenter l'histoire de leur souffrance comme l'équivalent de celle des juifs.

Ceux qui veulent exploiter la haine et le ressentiment à leur avantage tentent de biaiser l'équilibre véritable entre une version de l'histoire et l'autre. Ils sortent les événements de leur contexte ; ils font du jeu des responsabilités un jeu à sens unique ; et ils s'efforcent de nous convaincre que les problèmes historiques sont les problèmes d'aujourd'hui. Si nous voulons mettre un terme à ce cycle de la haine et de la violence, il nous faut précisément agir à l'opposé. Nous devons montrer en quoi des conceptions contradictoires de l'histoire peuvent coexister. Nous devons montrer en quoi les atrocités passées cadrent avec leur contexte historique, et en quoi leur responsabilité n'incombe pas qu'à une seule des parties, mais à tout un ensemble de parties. Nous devons nous efforcer sans relâche de découvrir la vérité, en particulier quand il s'agit de statistiques, et ensuite mener notre quête à son terme. Après tout, cela appartient à l'histoire, et nous ne devons pas la laisser empoisonner le présent.

Malgré de nombreux exemples effarants de l'instrumentalisation de l'histoire pour raviver de vieilles haines, il y a aussi des symboles d'espoir. Parmi les nombreux exemples que je pourrais citer, j'en choisirai un – celui de la relation entre l'Allemagne et la Pologne. Au lendemain du conflit, la haine entre Allemands et Polonais paraissait immuable et irréversible. Les Polonais abhorraient la nation qui avait ravagé leur pays, assassiné ses populations civiles par millions et créé un réseau de camps de concentration sur son territoire – sans doute le symbole du mal le plus puissant qui soit au XXe siècle ; à leur tour, les Allemands éprouvaient une grande amertume envers la brutalité « slave » qui avait entraîné le viol et le meurtre de millions de leurs civils, le pillage de leurs maisons et de leurs fermes en Poméranie, en Silésie et en Prusse-Orientale, ainsi que la perte de milliers de kilomètres carrés de territoire allemand donnés à la Pologne par la communauté internationale. Pourtant, en 1965, les évêques polonais firent à l'Allemagne une offre de réconciliation et de pardon. En 1970, un traité fut signé entre la Pologne et l'Allemagne de l'Ouest. Des millions de Polonais furent autorisés à rendre visite à leur proche voisin et à découvrir par eux-mêmes à quoi ressemblaient les Allemands ordinaires. Une commission germano-polonaise fut constituée pour procéder à la révision des manuels scolaires, afin de rectifier les statistiques inexactes et empêcher la manipulation délibérée de certains épisodes à des fins politiques. Les événements du passé n'étaient pas oubliés, mais replacés dans leur contexte. Aujourd'hui, en tant que nations, les Allemands et les Polonais se considèrent avec amitié. Les haines résiduelles tendent à demeurer confinées dans de petits groupes – les expulsés d'un côté, et les vieilles générations de Polonais de l'autre. Ces deux groupes s'éteignent lentement, ou perdent du terrain avec le passage du temps.

Pour la plupart des jeunes en Pologne et en Allemagne, les événements de la guerre et leurs retombées immédiates ne sont plus un problème. Les rivalités nationales peuvent parfois se réveiller le temps d'un match de football, mais les chants et les slogans des supporters allemands et polonais sont en général tout aussi sportifs que le match lui-même. Quant à la haine véritable – celle que réclamaient comme un devoir les commissaires politiques et les vétérans de la guerre –, elle est désormais considérée par la plupart des jeunes comme rien de plus que de l'histoire ancienne[16].

Notes

Introduction

1. Mémorandum de Dean Acheson à Harry Hopkins, 26 décembre 1944, FRUS, 1945, vol. 2, pp. 1059-1061. Adresse du pape Pie XII au Sacré Collège des cardinaux, *New York Times*, 3 juin 1945, p. 22.

2. « Europe : The New Dark Continent », *New York Times Magazine*, 18 mars 1945, p. 5.

PREMIÈRE PARTIE

L'HÉRITAGE DE LA GUERRE

1. Samuel Puterman, cité *in* Michał Grynberg (éd.), *Words to Outlive Us : Eyewitness Accounts from the Warsaw Ghetto*, Granta, Londres, 2003, p. 440.

2. Acheson, p. 231.

1. La destruction matérielle

1. Karl Baedeker, *Das Generalgouvernement : Reisehandbuch von Karl Baedeker*, Karl Baedeker, Leipzig, 1943, pp. 85-94.

2. Norman Davies, *Rising 44 : The Battle for Warsaw*, Pan, Londres, 2004, p. 556.

3. *Ibid.*, p. 666-667.

4. *Ibid.*, p. 439.

5. Ministry of Culture & Art and Ministry of Reconstruction of the Country, *Warsaw Accuses : Guide-book to the Exhibition Arranged by the Office of Reconstruction of the Capital together with the National Museum in Warsaw*, Muzeum Narodowe, Varsovie, 1945, pp. 19-24 ; et Norman Davies, *Histoire de la Pologne*, Fayard, Paris, 1986, p. 355.

6. Ministry of Culture & Art, *op. cit.*

7. John Vachon, *Poland 1946 : The Photographs and Letters of John Vachon*, éd. Ann Vachon, Smithsonian Institute Press, Washington et Londres, 1995, lettre du 10 janvier 1946, p. 5.

8. Hastings, *Armageddon.*

9. H. M. Govt, *Statistics*, p. 9 ; voir aussi PRO CAB 21/2110 et *Daily Express*, 29 novembre 1944.

10. John Ray, *The Second World War*, Cassell, Londres, 1999, pp. 95-96.

11. William I. Hitchcock, *Liberation : The Bitter Road to Freedom, Europe 1944-1945*, Faber, Londres, 2009, p. 44.

12. Eddy Florentin, *Quand les Alliés bombardaient la France 1940-1945*, Perrin, Paris, 1997, p. 430.

13. Lucien Gaillard, *Marseille sous l'Occupation*, Ouest-France, Rennes, 1982, p. 113.

14. Jean-Pierre Rioux, *La France de la Quatrième République 1944-1958*, Le Seuil, Paris, 1980.

15. Selon Ferenc Nagy, *The Struggle Behind the Iron Curtain*, trad. Stephen K. Swift, Macmillan, New York, 1948, p. 129.

16. Voir Judt, *Après-guerre : Une histoire de l'Europe depuis 1945*, p. 16 ; et Alexander Werth, *La Russie en guerre*, tome 2 : *De Stalingrad à Berlin*, Tallandier, Paris, 2011, p. 864.

17. Werth, p. 709.

18. Voir Yuri Kondufor (éd.), *A Short History of the Ukraine*, Naukova Dumka, Kiev, 1986, p. 239 ; et Bohdan Krawchenko, « Soviet Ukraine under Nazi Occupation, 1941-44 », *in* Yury Boshyk (éd.), *Ukraine during World War II*, University of Alberta, Edmonton, 1986, p. 15.

19. Valentin Berezhkov, cité *in* Anthony Beevor, *Stalingrad*, Le Livre de Poche, Paris, 2001, p. 418.

20. Werth, p. 837.

21. George F. Kennan, *Memoirs 1925-1950*, Little Brown, Boston et Toronto, 1967, p. 280-282.

22. Rapport de l'United States Strategic Bombing Survey, *Over-all Report (European War)*, 1945, p. 72. Tooze propose le chiffre de 3,8 millions, p. 672 ; et l'Office fédéral allemand des statistiques de Wiesbaden a calculé 3,37 millions – voir Hastings, *Bomber Command*, Pan, Londres, 1999, p. 352.

23. Rien qu'en Grande-Bretagne 202 000 maisons ont été endommagées de façon irrémédiable, soit un peu plus de 1,5 % du total : H.M. Govt, *Statistics*, pp. 31-32 ; voir aussi PRO CAB 21/2110.

24. Voir Hans Rumpf, *La Guerre des bombes*, Presses de la Cité, Paris, 1964, pp. 128-129. Le British Bombing Survey Unit évalue Berlin à 33 %, Hanovre à 60 %, Hambourg à 75 %, Duisbourg à 48 %, Dortmund à 54 %, Cologne à 61 % ; voir Webster et Frankland, vol. IV, pp. 484-486. Les services de l'United States Strategic Bombing Survey présentent quant à eux d'autres chiffres : en l'occurrence Hambourg à 61 % – voir Lowe, *Inferno*, Viking, Londres, 2007, p. 318.

25. Austin Robinson, *First Sight of Germany, May-June 1945*, Cantelupe Press, Cambridge, 1986, entrée de journal du lundi 28 mai 1945.

26. Philip J.C. Dark, « Look back this once : Prisoner of War in Germany in WWII », compte rendu dactylographié, IWM Docs, 94/7/1.

27. Herbert Conert, cité *in* Frederick Taylor, *Dresden*, New York, 2004, p. 396. Pour Dresde, paysage lunaire, voir Kurt Vonnegut, *Abattoir 5*, J'ai Lu, Paris, 1973.

28. Victor Klemperer, *Je veux témoigner jusqu'au bout. Journal 1942-1945*, entrée de journal du 22 mai 1945, p. 596.

29. Colonel R. G. Turner, IWM Docs, 05/22/1, lettre à sa mère, 11 juillet 1945.

30. Janet Flaner citée *in* W.G. Sebald, *De la destruction comme élément de l'histoire naturelle*, Actes Sud, Paris, 2004.

31. USSBS *Over-all Report (European Theatre)*, 1945, p. 95. Pour les populations d'avant guerre, voir Maddison, pp. 38-39.

32. Taras Hunczak, « Ukrainian-Jewish Relations during the Soviet and Nazi Occupations », *in* Boshyk (éd.),

p. 47 ; et Kondufor (éd.), p. 239. La population de la Hongrie avant guerre était de 9 227 000 habitants : voir Angus Maddison, *The World Economy : Historical Statistics*, OCDE, Paris, 2003, p. 96.

33. Arhur Bliss Lane, *J'ai vu la Pologne trahie*, SFELT, 1949, p. 26.

34. Werth, p. 815.

35. Anne O'Hare McCormick, « Europe's Five Black Years », *New York Times Magazine*, 3 septembre 1944, p. 42.

36. *Ibid.*, pp. 42-43.

37. Judt, p. 17. Les premières estimations du SHAEF (15 décembre 1944) se situent un peu au-dessous, à 202 000 hectares ; voir Coles et Weinberg (éd.), p. 826.

38. Berit Nøkelby, « Adjusting to Allied Victory », *in* Henrik S. Nissen (éd.), *Scandinavia During the Second World War*, trad. Thomas Munch-Petersen, University of Minnesota Press, Minneapolis, 1983, p. 315.

39. Mazower, *Dans la Grèce d'Hitler, 1941-1944*, Belles Lettres, Paris, 2002 ; Judt, p. 17 ; et Hitchcock, p. 228, propose une estimation supérieure de 1 700 villages.

40. Jozo Tomasevich, *War and Revolution in Yugoslavia : Occupation and Collaboration*, Stanford University Press, 2001, p. 715.

41. Judt, p. 17. En Ukraine, seuls 28 000 villages furent détruits : voir Krawchenko, p. 15.

42. Généralissime Staline, *War Speeches, Orders of the Day and Answers to Foreign Press Correspondents During the Great Patriotic War July 3rd, 1941-June 22nd, 1945*, Hutchinson, Londres, 1946, p. 7.

43. Cité par Andrew Gregorovich, « World War II in Ukraine » in *Forum : A Ukrainian Review*, n° 92, printemps 1997, disponible en ligne à l'adresse http://www.infoukes.com/history/ww2/page-26.html

44. Ordre au SS-Obergruppenführer Prützmann du 3 septembre 1943, cité par Dallin, p. 364.

45. Voir Susan Glanz, « Economic Platforms of the Various Political Parties in the Elections of 1945 », *in* Nándor Dreisziger (éd.), *Hungary in the Age of Total War (1938-1948)*, Columbia University Press, New York, 1998, pp. 170 et 186.

46. Judt, p. 17.

47. Tomasevich, p. 715.

48. Pour la Finlande et la Norvège, voir Nøkelby, p. 315 ; pour la Pologne, voir Jan Szafrański, « Poland's Losses in World War II », *in* Roman Nurowski (éd.), *1939-1945 War Losses in Poland*, Wydawnictwo Zachodnie, Poznan et Varsovie, 1960, pp. 68-69 ; pour la Hollande, la France et l'URSS, voir Judt, p. 17 ; pour la Grèce, voir Judt, p. 17 et Hitchcock, p. 228 ; pour l'Italie, voir les statistiques de l'UNRRA citées par Hitchcock, p. 234, et Vera Zamagni, « Italy : How to lose the war and win the peace », *in* Mark Harrison (éd.), *The Economics of World War Two*, Cambridge University Press, 1998, p. 212 ; pour la Yougoslavie, voir Tomasevich, p. 715 ; pour l'Ukraine, voir Kondufor, p. 239.

49. IWM Docs 94/7/1, Philip J.C. Dark, compte rendu dactylographié, « Look back this once : Prisoner of War in Germany in WWII », entrée du 19 avril 1945.

50. Primo Levi, *Si c'est un homme*, Robert Laffont, Paris, 2002, pp. 288-289.

51. *Ibid.*, p. 367.

2. L'ABSENCE

1. Hans Erich Nossack, *Der Untergang*, Ernst Kabel Verlag, Hambourg, 1981, p. 67.

2. *Ibid.*, p. 98.

3. *Ibid.*, p. 68. Keith Lowe, *Inferno*, *passim.*

4. Exploiter les statistiques pour évaluer les victimes de guerre est une affaire extrêmement ardue, rendue encore plus compliquée par l'absence de données convenables, les modifications territoriales, les problèmes touchant à ce qui constitue une « victime de guerre », d'immenses mouvements de population et ainsi de suite. Pour les facteurs de complication propres à chaque pays, voir Frumkin, *passim*.

5. Sur la base du territoire de la Pologne d'avant guerre : voir Gregory Frumkin, *Population Changes in Europe Since 1939*, Augustus M. Kelley Inc., New York, 1951, pp. 60 et 117. Pour une comparaison, voir Maddison, pp. 38 et 96.

6. Frumkin (p. 168) et R. Ernest Dupuy et Trevor N. Dupuy, *The Harper Encyclopedia of Military History*, 4e éd., HarperCollins, New York, 1993 (p. 1309), livrent des chiffres très divergents ; mais le Central Statistical Office du Royaume-Uni (pp. 13, 37 et 40) annonce 63 635 civils tués à cause de la guerre, et 234 475 au sein des forces armées – j'ai donc considéré ces chiffres comme étant les plus fiables. Alan S. Milward, *War, Economy and Society 1939-1945*, University of California Press, Berkeley et Los Angeles, 1979, annonce 611 596 morts, y compris ceux du Commonwealth – voir son ouvrage *War, Economy and Society*, p. 211.

7. France : Frumkin propose le chiffre de 600 000, comme Rioux, p. 18 ; mais Milward avance 497 000 morts dans *War, Economy and Society*, p. 211, qui, comme Rioux, mentionne le chiffre possible de 300 000 victimes de guerre indirectes (de malnutrition, etc.). Hollande : Frumkin propose 210 000 victimes, p. 168, tout comme le Centraal Bureau voor de Statistick, *Oorlogsverliezen 1940-1945 : Maandschrift van het Centraal Bureau voor de Statistiek*, Belinfante, La Haye, 1948, p. 749, et peut-être 70 000 victimes de guerre indirectes. Belgique : Frumkin propose 88 000 victimes, p. 168, et il estime que 27 000 d'entre elles étaient des juifs ; Martin Gilbert, *The Routledge Atlas of the Holocaust*, 4e éd., Routledge, 2009, Londres et New York, p. 231, annonce 24 387 juifs belges. Italie : Frumkin annonce 410 000 victimes, p. 103 ; mais les statistiques officielles du gouvernement italien attestent 159 957 victimes militaires et 149 496 victimes civiles, soit un total de 309 453 – voir Instituto Centrale Statistica, pp. 3-11.

8. Les estimations varient énormément selon les définitions retenues pour les frontières allemandes, la nationalité allemande, les dates retenues pour les victimes de guerre, les estimations pour les morts dans des camps de prisonniers soviétiques, etc. Frumkin propose le chiffre inexact de 4,2 millions de victimes allemandes (p. 83) ; Rüdiger Overmans, *Deutsche militärische Verluste im Zweiten Weltkrieg*, Oldenburg Wissenschaftsverlag, 2000, en annonce plus de 6 millions, dont 4 456 000 morts militaires – voir *Deutsch militärische Verluste*, pp. 333-336. Milward propose aussi 6 millions, *War, Economy and Society*, p. 211. Selon le rapport de l'USSBS *Over-all Report (European War)*, p. 95, 305 000 civils allemands ont été tués par les bombardements alliés ; mais le Statistisches Bundesamt, plus exhaustif, donnait en 1962 le chiffre de 570 000 – voir son *Wirtschaft und Statistik*, 1962, p. 139.

9. Frumkin annonce 160 000 morts, plus 140 000 victimes de la famine, pp. 89-91. Toutefois, le nombre de victimes de la famine était en réalité bien plus élevé : 250 000, selon une étude la Croix-Rouge ; voir Mazower, *Inside Hitler's Greece*, p. 41. Beaucoup d'historiens évaluent les décès causés par la famine autour de 350 000 : voir Hionidou, pp. 2 et 158. Maddison, p. 44,

estime la population grecque d'avant guerre à 7 156 000 habitants.

10. Frumkin annonce 430 000 victimes de guerre (p. 94) ; Susan Glanz livre une estimation comprise entre 420 000 et 450 000, p. 169. Maddison estime la population hongroise d'avant guerre à 9 227 000 habitants (p. 96).

11. Le chiffre le plus fiable est de 1 027 000 habitants : voir ces discussions *in* Tomasevich, pp. 718-750, et la Commission d'État croate, pp. 19-26. D'après Maddison, p. 96, la population de la Yougoslavie avant guerre était de 16 305 000 habitants.

12. Ce pourcentage est une estimation au jugé de Romuald Misiunas et Rein Taagepera, *The Baltic States : Years of Dependence 1940-1990*, Hurst & Co., Londres, 1993, p. 356.

13. Frumkin évalue les morts polonais à 5,8 millions, dont 3,2 millions de juifs (p. 122), mais les statistiques polonaises officielles de 1947 évaluent ce chiffre à 6 028 000 (qui comprend officieusement 2,9 millions de juifs), voir Biuro Odszkodowańjennych przy Prezydium Rady Ministrów, *Sprawozdanie w Przedmiocie strat i szkód wojennych Polski w latach 1939-1945*, Varsovie, 1947. Voir aussi Norman Davies, *Histoire de la Pologne*, p. 344 et Jan Szafrański, « Poland's Losses in World War II », *in* Roman Nurowski (éd.), p. 44. La population de la Pologne avant guerre était de 34,8 millions d'habitants – voir note 5.

14. Les estimations varient énormément : voir G.F. Krivosheev (éd.), *Soviet Casualties and Combat Losses in the Twentieth Century*, Greenhill, Londres, 1997, p. 83 ; et John Barber et Mark Harrison, *The Soviet Home Front, 1941-1945 : a Social and Economic History of the USSR in World War II*, Longman, Londres et New York, 1991, p. 206. Milward s'en tient à seulement 17 millions, *War, Economy and Society*, p. 211. Richard Overy, *Russia's War*, Allen Lane, Londres, 1997, p. 288, avance 25 millions, et relève que le chiffre officiel annoncé par Khrouchtchev en 1956 était de 20 millions, et celui par Gorbatchev en 1991 de 25 millions.

15. Serhy Yekelchyk, *Ukraine : Birth of a Modern Nation*, Oxford University Press, 2007, p. 151. Voir aussi Krawchenko, p. 15, qui annonce 6,8 millions de morts. Kondufor s'arrête à 5 millions, p. 222.

16. Alexander Statiev, *The Soviet Counterinsurgency in the Western Borderlands*, Cambridge University Press, New York, 2010, p. 64.

17. Edith Baneth, citée *in* Lyn Smith, *Forgotten Voices of the Holocaust*, Ebury Press, Londres, 2005, p. 318.

18. Roger Moorehouse, *Berlin at War : Life and Death in Hitler's Capital 1939-45*, Bodley Head, Londres, 2010, p. 183.

19. Victor Breitburg cité *in* Anon, *The Day War Ended : Voices and Memories from 1945*, Weidenfeld & Nicolson, Londres, 2005, p. 200.

20. Voir Saul Friedländer, *Les Années d'extermination : l'Allemagne nazie et les juifs 1939-1945*, Points Histoire, Paris, 2012, p. 219 pour un chiffre d'avant guerre inférieur ; et Timothy Snyder, *The Reconstruction of Nations : Poland, Ukraine, Lithuania, Belarus, 1569-1999*, Yale University Press, New Haven et Londres, 2003, pp. 74 et 86, pour un chiffre d'avant guerre supérieur, et pour le pourcentage de l'après-guerre. Voir aussi Fred Skolnik et Michael Berenbaum (éd.), *Encyclopædia Judaica*, Thomson Gale, Farmington Hills, MI, 2007, 22 vol., vol. 20, p. 531.

21. Skolnik et Berenbaum (éd.), vol. 20, pp. 670, 674.

22. *Ibid.*, vol. 14, p. 294.

23. Shmuel Spector, *Holocaust of Volhynian Jews*, trad. anglaise de Jerzy Michalowicz, Yad Vashem, Jérusalem, 1990, pp. 357-358.

24. Gilbert, *Atlas of the Holocaust*, p. 232. D'après les pièces produites à Nuremberg, ce chiffre était de 5,7 millions, quoique des estimations ultérieures le situent à 5 933 900 – voir Dawidowicz, pp. 479-480.

25. Alicia Adams, citée *in* Lyn Smith, p. 317. Ce chiffre qu'elle fournit est exagéré : sur 17 000 juifs au début de la guerre, seuls 400 subsistaient à l'époque de la libération soviétique. Voir Skolnik et Berenbaum (éd.), vol. VI, p. 24.

26. Cité par Antony Beevor et Luba Vinogradova, *Carnets de guerre : de Moscou à Berlin. 1941-1945, Vassili Grossman,* Calmann-Lévy, Paris, 2007 ; *A Writer at War : Vasily Grossman with the Red Army 1941-1945*, Pimlico, Londres, 2006, p. 251.

27. Cité par Beevor et Vinogradova, p. 253.

28. Témoignage de Celina Liberman *in* Anonyme, *The Day the War Ended*, p. 184.

29. Gilbert, *Atlas of the Holocaust*, p. 229. Lucy S. Dawidowicz, *La Guerre contre les juifs. 1939-1945*, Hachette, Paris, 1977, propose 3 millions de survivants, mais elle inclut 868 000 survivants juifs russes : voir p. 480.

30. Gilbert, *Atlas of the Holocaust*, p. 154 ; Dawidowicz, p. 446.

31. Steinberg, *passim*.

32. Gilbert, *Atlas of the Holocaust*, p. 140 ; Dawidowicz, pp. 464-465.

33. Gilbert, *Atlas of the Holocaust*, p. 230.

34. Dienke Hondius, *Return : Holocaust Survivors and Dutch Anti-Semitism*, trad. anglaise de David Colmer, Praeger, Westport, Connecticut, 2003, p. 97.

35. On a considérablement exagéré le nombre de Serbes tués pendant la guerre. Ce chiffre est sans doute le plus exact ; voir Tomasevich, pp. 727-728.

36. Entretien avec Zbigniew Ogrodzinski, 30 octobre 2007. La même chose s'est produite en Transnistrie ; voir Werth, pp. 814-815.

37. Major A. G. Moon, IWM Docs 06/126/1, mémoire dactylographié, p. 50.

38. Milward, *War, Economy and Society*, p. 215.

39. En décembre 1945, les minorités nationales ne représentaient que 10 % de la population de l'Europe orientale : voir Pearson, p. 229.

40. Farmer, *passim*.

41. Pour des statistiques sur Lidice, voir Anonyme, *Komu sluší omluva ?*, p. 70 ; et Sayer, pp. 231 et 369, note 45.

42. Entretien avec Miloslava Kalibová dans le documentaire de Charles Wheeler pour la BBC, « A Shadow Over Europe », 2002.

43. Entretien de Miloslava Kalibová avec Carmen T. Illichmann, « Lidice : Remembering the Women and Children », *UW-L Journal of Undergraduate Research*, VIII (2005).

44. A. de Saint-Exupéry, *Pilote de guerre*, Gallimard, Paris, 1942, Le Livre de Poche, 1965.

45. IWM Docs 06/126/1, Major A.G. Moon, mémoire dactylographié. À Berlin, il y avait presque deux femmes pour chaque homme : voir Norman Naimark, *The Russians in Germany*, Harvard University Press, Cambridge Mass., 1997, p. 127.

46. Voir Barber et Harrison, p. 207 ; également l'article de Mark Harrison, « The Soviet Union : the defeated Victor », *in* Harrison (dir.), p. 286 ; et Milward, *War, Economy and Society*, p. 212.

47. Voir Dorothy Macardle, *Children of Europe : A Study of the Children of Liberated Countries, their War-Time Experiences, their Reactions, and their Needs, with a Note on Germany*, Victor Gollancz, Londres, 1949, pp. 107, 202, 231. Voir aussi Thérèse Brosse, « L'enfance victime de la guerre. Problèmes d'éducation », *Revue de l'Unesco*, Paris, 1949, p. 29.

48. W. Byford-Jones, *Berlin Twilight*, Hutchinson, Londres, 1947, p. 52.

49. *Ibid.*, p. 55.

50. Macardle, p. 80. C'est un chiffre prudent : les données de l'Unesco de 1946 suggèrent 1,7 million ; voir Brosse, p. 30.

51. PRO FO 938/310.

52. Entretien avec l'auteur, 3 mars 2008.

53. Brosse, p. 29.

54. Entretien avec l'auteur, 3 mars 2008.

55. Selon des estimations de la Croix-Rouge en 1948 ; Brosse, p. 28.

56. Pour des chiffres officiels dans divers pays, voir Macardle, pp. 58, 80, 107, 156, 200, 206 et 287.

57. Voir par exemple Lucie Cluver et Frances Gardner, « The mental health of children orphaned by AIDS : a review of International and Southern African Research », *Journal of Child and Adolescent Mental Health*, 19 (1), 2007, pp. 1-17. Ce texte compare les orphelins du SIDA aux orphelins dus à d'autres causes (y compris la guerre) et aux non-orphelins.

3. Déplacement

1. Selon Adam Tooze, *The Wages of Destruction*, Penguin, Londres, 2007, p. 517, le nombre de travailleurs étrangers en Allemagne culmina à 7 907 000 individus à la fin 1944. Voir aussi IWM Docs 84/47/1, tableaux statistiques établis par Miss B. F. N. Lewis ; Mark Spoerer, *Zwangsarbeit unter dem Hakenkreuz*, Deutsche Verlags-Anstalt, Stuttgart, 2001, p. 222 ; Proudfoot, p. 159.

2. Pour le nombre d'évacués des bombardements, voir PRO WO 219/3549. Pour les réfugiés allemands fuyant l'Armée rouge, voir Tooze, p. 672. Voir aussi Beevor, *Berlin*, p. 48.

3. Pour les divers chiffres contradictoires relatifs aux prisonniers de guerre américains et britanniques, voir John Nichol et Tony Rennell, pp. 416-420.

4. Pour le nombre total de personnes déplacées dans toute l'Allemagne, Tooze avance 20 millions d'individus, p. 672. Pour des chiffres sur les divers groupes au sein de ce total, voir Spoerer, p. 212 ; Hitchcock, p. 250 ; Proudfoot, pp. 158-159 ; Marrus, pp. 299 et 326.

5. Malcolm J. Proudfoot, *European Refugees 1939-52*, Faber & Faber, Londres, 1957, p. 34.

6. IWM Docs 06/126/1, Derek L. Henry, mémoire dactylographié, p. 93.

7. Saul Padover, *Psychologist in Germany : The Story of an American Intelligence Officer*, Phoenix House, Londres, 1946, p. 273.

8. IWM Docs 02/28/1, Mrs E. Druhm, mémoire manuscrit.

9. IWM Docs 06/126/1, Major A. G. Moon, mémoire dactylographié, p. 58.

10. Entretien avec Andrzej C., 11 février 2008.

11. IWM Docs 02/28/1, Mrs E. Druhm, mémoire manuscrit.

12. Entretien avec Marilka Ossowska, 17 novembre 2007.

4. Famine

1. Pour l'Espagne, voir *New York Times Magazine*, 18 mars 1945, p. 51 ; pour la Suisse, voir Milward, *War, Economy and Society*, p. 255.

2. Voir Hionidou, en particulier le chapitre IV.

3. Violetta Hionidou, *Famine and Death in Occupied Greece, 1941-1944*,

Cambridge University Press, 2006, p. 162.

4. D'après la Croix-Rouge ; voir Mazower, *Inside Hitler's Greece*, p. 41. Pour des chiffres s'échelonnant de 100 000 à 450 000, voir Hionidou, pp. 2, 158.

5. Pour les réquisitions allemandes et les épreuves qui en résultèrent pour les Hollandais, voir Henri van der Zee, *The Hunger Winter : Occupied Holland 1944-45*, Jill Norman and Hobhouse, Londres, 1982, *passim* ; et le mémoire de Cornelia Fuykschot, *Hunger in Holland : Life During the Nazi Occupation*, Prometheus, New York, 1995, pp. 124-150.

6. Pour des rapports sur la Hollande, voir UK National Archives FO 371/39329, 20 mai 1944 ; et AIR 8/823, « Interview between the Prime Minister and Dr Gerbrandy, Prime Minister of the Netherlands », 5 octobre 1944. Pour des statistiques sur les ravitaillements d'urgence expédiés vers les Pays-Bas, par comparaison avec ceux expédiés en Belgique, voir WO 106/4419, et FO 371/49032. Voir aussi Hitchcock, p. 98-122.

7. NARA RG 331 SHAEF G-5, Entrée 47, boîte 27, Military Government Branch, Main HQ, First Canadian Army, *Weekly Report* n° 27, période du 13 au 19 mai 1945.

8. *The Times*, Londres, 7 mai 1945.

9. Pour la fourchette inférieure, voir Hitchcock, p. 122 ; pour la fourchette supérieure, voir Hirschfeld, p. 53.

10. Himmler à Seyss-Inquart, 7 janvier 1941, cité *in* Gerhard Hirschfeld, *Nazi Rule and Dutch Collaboration : The Netherlands Under German Occupation 1940-1945*, trad. anglaise Louise Willmot, Berg, Oxford, New York et Hambourg, 1988, p. 46.

11. Tooze, p. 264.

12. *Ibid.*, p. 539.

13. Chiffres de consommation calorique, Judt, p. 21, et Tooze, p. 361.

14. Lettre du 4 février 1945, *in* Mathilde Wolff-Mönckeberg, *On the Other Side : To my Children from Germany 1940-1945*, Peter Owen, Londres, 1979, p. 107.

15. Tooze, p. 419.

16. Pour les rations en Hollande libérée, voir UK National Archives WO 32/16168, message de Montgomery à Eisenhower. Pour les rations en Hollande occupée, voir G.C.E. Burger *et al.* (dir.), pp. 20-24. Pour Rotterdam, voir Hitchcock, p. 114.

17. Cité *in* Mazower, p. 33.

18. Tooze, p. 467.

19. *Ibid.*, p. 366.

20. *Ibid.*, pp. 479-80. Lors d'une réception, un week-end, juste avant l'opération Barberousse, Himmler confia à des collègues : « L'objectif de la campagne de Russie sera de décimer la population slave de 30 millions d'individus » ; voir Laurence Rees, *Auschwitz*, BBC Books, Londres, pp. 53-54.

21. Voir par exemple les principaux récits *in* Giorgio Geddes, *Nichivo*, Cassell, Londres, 2001, *passim.*

22. Kravchenko, p. 27.

23. Pour la fourchette inférieure, voir Spoerer, p. 72 ; pour la fourchette supérieure, voir Tooze, p. 482, qui avance que 600 000 victimes de plus furent exécutées. Voir aussi Herbert, p. 141.

24. David Glantz, *Leningrad : City Under Siege 1941-1944*, Grange Books, Rochester, 2005, p. 220.

25. UK National Archives, FO 1005/1631, *Reports on conditions in Germany*, 1945-1946.

26. *New York Times*, 9 septembre 1944 : « $100,000,000 in aid sent to Italians » ; *Daily Express*, Londres, 6 septembre 1944 : « Finished with war, Rome cries for bread » ; *New York Times*, 8 décembre 1944 : « Housewives riot on prices in Rome ».

27. Hitchcock, p. 234.

28. Voir Macardle, p. 206.

29. Témoignage de Ruth Irmgard *in* Ingeborg Jacobs, *Freiwild : Das Schicksal deutscher Frauen 1945*, Propyläen, Berlin, 2008, p. 72.

30. Témoignage d'un officier d'état-major de l'US Army in Douglas Botting, *In the Ruins of the Reich*, Methuen, Londres, 2005, p. 168 ; et Lewis, p. 61.

31. Macardle, p. 201.

32. IWM Docs, R. J. Hunting, mémoire dactylographié, 10519 P339, pp. 272-274.

33. Kathryn Hulme, cité par Hitchcock, p. 277.

5. Destruction morale

1. Lewis, pp. 25-26.
2. *Ibid.*, pp. 42-43, 56-57.
3. Blunt, p. 56.
4. Macardle, pp. 94 et 206.
5. Moorehead, p. 66.
6. Cité *in* Byford-Jones, p. 38.
7. Hionidou, chapitre IV.
8. Voir par exemple Tec, p. 91.
9. Anonyme, *A Woman in Berlin*, pp. 57-60.
10. Andrzej C., entretien avec l'auteur, 11 février 2008.
11. Risto Jaakkola et Henrik Tham, « Traditional Crime in Scandinavia during the Second World War », *in* Hannu Takala et Henrik Tham (éd.), pp. 38-51.
12. Fishman, p. 85.
13. Brosse, p. 80.
14. Zbigniew Ogrodzinski, entretien avec l'auteur, 30 octobre 2007 ; capitaine I.B. Mackay, IWM Doc. 94/8/1, mémoire dactylographié, p. 130.
15. Moorehead, p. 66.
16. Porch, p. 518.
17. Lewis, p. 100.
18. Botting, p. 183. Voir aussi PRO FO 1050/292, lettre de protagonistes antifascistes en Allemagne sur l'accroissement du brigandage, 31 janvier 1946 ; et FO 1050/323 pour les statistiques berlinoises en 1945.
19. Anonyme, *A Woman in Berlin*, pp. 209.
20. Andreas-Friedrich, entrée du 9 mai 1945, p. 20.
21. Polcz, p. 92.
22. Alik Ossowski, entretien avec l'auteur, 17 novembre 2007 ; Maria Bielicka, entretien avec l'auteur, 28 janvier 2008.
23. Maria Bielicka, entretien avec l'auteur, 28 janvier 2008.
24. Milward, *War, Economy and Society*, p. 282.
25. *Ibid.*, p. 283.
26. Cité *in* Mazower, *Inside Hitler's Greece*, pp. 60-61.
27. *The Great Decree*, n° 16/1945, paragraphe 10 : voir Frommer, p. 353.
28. Lettre du Lt.-gén. Sir Frederick Morgan au sous-secrétaire d'État au Foreign Office, 14 septembre 1946, IWM Docs 02/49/1.
29. Entretien avec Margaret Gore, IWM Sound, 9285, bobine 4.
30. Pavone, pp. 475-491.
31. Lettre du Lt.-gén. Sir Frederick Morgan au sous-secrétaire d'État au Foreign Office, 14 septembre 1946, IWM Docs 02/49/1.
32. Cité *in* Hitchcock, p. 252.
33. Selon le *New York Times*, 23 août 1944.
34. Dutton, pp. 114-122.
35. Des témoignages photographiques d'une telle mutilation existent dans les Archives du ministère italien des Affaires étrangères, Archivo Storico Diplomatico Jugoslavia (Croazia), AAPP B.138 (1943) – voir Steinberg, pp. 30 et 271.
36. Voir Hitchcock, p. 229.
37. Selon le témoin oculaire juif Yakov Groyanowski, cité *in* Friedländer, p. 318.

38. De Zayas, *Terrible Revenge*, p. 45.
39. Snyder, *Reconstruction*, p. 172.
40. Lotnik, p. 59.
41. Voir Konrad Kwiet, « Erziehung zum Mord : Zwei Beispiele zur Kontinuität der deutschen "Endlösung der Judenfrage" », *in* Grüttner *et al.* (dir.), p. 449.
42. Bourke, *Rape*, p. 359.
43. Polcz, p. 104.
44. Kopelev, p. 57.
45. Central Statistical Office, pp. 48-50. Voir aussi « Combating Crime », *The Times* (Londres), 23 juillet 1946, p. 5 ; et « A Problem Picture », *The Times* (Londres), 3 juin 1948, p. 5.
46. Bourke, p. 378.
47. Cité *in* Botting, pp. 35-36.
48. Werner, p. 88.
49. Voir Bosch, pp. 34, 52 ; et Willis, pp. 69-70 : la *perception* de l'étendue de ces viols du fait des troupes coloniales françaises était pire que la réalité.
50. Beevor et Vinogradova, p. 209.
51. Genia Demianova citée par Owen et Walters (dir.), p. 134.
52. Voir Naimark, *Russians*, p. 70.
53. Polcz, pp. 89, 90 et 105.
54. Témoignage de Marie Naumann cité *in* de Zayas, *Terrible Revenge*, pp. 54-65.
55. Voir le poème d'Alexandre Soljenitsyne « Nuits en Prusse orientale », 1977, s.l. « Prussian Nights », trad. Robert Conquest, Londres, Fontana, 1978, pp. 41, 51-53, 93-103 ; et les mémoires de Lev Kopelev, pp. 50-56. Voir aussi Beevor, *Berlin*, p. 29.
56. Beevor et Vinogradova, p. 327.
57. Hannelore Thiele, citée *in* Andreas-Friedrich, entrée du 6 mai 1945, p. 16.
58. Kardorff, p. 217.
59. Ost-Dok 2/14, p. 106, cité *in* de Zayas, *Terrible Revenge*, p. 45.
60. Judt, p. 20.
61. Johr, p. 54. Selon Botting, p. 92, à Berlin, 90 000 femmes réclamèrent une assistance médicale suite à un viol. Voir aussi Laurel Cohen-Pfister, « Rape, War and Outrage : Changing Perceptions on German Victimhood in the Period of Post-unification », *in* Cohen-Pfister et Wienroeder-Skinner (dir.), p. 316.
62. Naimark, *Russians*, pp. 79, 94-95.
63. Johr, p. 59.
64. Kenez, p. 44.
65. Lilley, pp. 11-12.
66. Klaus-Jörg Ruhl (dir.), p. 155. Pour la seule Allemagne de l'Ouest, les statistiques font état de 68 000 *« Besatzungskinder »*, dont 3 194 furent le résultat d'un viol ; voir les chiffres du Statistische Bundesamt cités *in* Ebba D. Drolshagen, « Germany's War Children », *in* Ericsson et Simonsen (éd.), p. 232. Selon *Die Welt* (17 août 1948), 2 millions d'avortements furent pratiqués tous les ans en Allemagne après la guerre ; voir Naimark, *Russians*, p. 123.
67. Pour des chiffres sur les immenses épidémies de maladies vénériennes dans toute l'Europe, voir Naimark, *Russians*, p. 98 ; War Office, *Statistical Report on the Health of the Army*, p. 264 ; United States Army, Office of the Surgeon General, vol. V, p. 257 ; et Andreas-Friedrich, entrée du 18 août 1945, p. 84.
68. Pour des exemples de la manière dont les femmes qui n'étaient pas violées restaient affectées par leur vie dans l'après-guerre, voir Marilka Ossowska, entretien avec l'auteur, 17 novembre 2007 ; Lena Berg, citée *in* Donat, p. 317 ; Yvette Levy, citée *in* Hitchcock, p. 307 ; Muriel Heath, IWM Docs 98/25/1, livret manuscrit.
69. Voir par exemple le témoignage de Ruth Irmgard, *in* Jacobs, p. 77.
70. Naimark, *Russians*, p. 125. En Angleterre et au pays de Galles, les taux de divorce triplèrent entre 1939 et 1945 ; voir Central Statistical Office, p. 54.

71. Kopelev, pp. 51, 55. Voir aussi Anonyme, *A Woman in Berlin*, p. 158 ; Naimark, p. 109

72. Respectivement, les propos de soldats soviétiques d'après Lena Berg, citée *in* Donat, p. 317 ; un tankiste soviétique cité *in* Kopelev, p. 51 ; et les paroles d'un interprète auprès du gouverneur militaire britannique à Schwerin, le major A.G. Moon, IWM Docs, O6/126/I, mémoire dactylographié, p. 56.

73. Beevor et Vinogradova (éd.), p. 327.

74. Kopelev, pp. 56-57.

75. Grassmann, p. 28 ; et MacDonogh, p. 100.

76. Byford-Jones, p. 53.

77. Central Statistical Office, p. 51.

78. United States Strategic Bombing Survey, vol. I, pp. 89-90. Voir aussi Beck, p. 220, note 111.

79. *Newsweek*, reportage d'un correspondant à Stockholm, 11 juin 1945, p. 56.

80. Borgersrud, p. 75

81. « I have looked into the souls of these Nazi boys – they are Black », *Daily Express*, 26 octobre 1944.

6. Espoir

1. Devise des *Temps modernes* de Jean-Paul Sartre ; voir Watson, p. 410.

2. Mayne, pp. 12-32.

3. Jens Müller, *Tre kom tilbake*, Gyldendal, Oslo, 1946 ; Oluf Olsen, *Contact*, Erik Qvist, Oslo, 1946, et *Vi kommer igjen*, Erik Qvist, Oslo, 1945 ; Knut Haukelid, *Det demrer en dag*, Nasjonalforlaget, Oslo, 1947 ; Max Manus, *Det blir alvor* : Steensballes Boghandels, Oslo, 1946.

4. Discours de Josip Brosz Tito, 9 mai 1945, reproduit en doc. 239 *in* Trgo (éd.), pp. 718-721.

5. Discours de Churchill, 13 mai 1945, cité *in* Cannadine (éd.), p. 258 ; discours de la Victoire, 8 mai 1945, cité sur www.winston-Churchill-leadership.com/speech-victory.html – dernière consultation le 12 juillet 2011.

6. Déclaration du nouveau gouvernement roumain, diffusée sur les ondes de Radio Romania, 23 août 1944 ; voir *FRUS*, 1944, vol IV, p. 191.

7. Discours lors d'une réunion de représentants du Parti communiste à Moscou, 6 novembre 1944, cité in *Stalin, War Speeches*, p. 110.

8. FitzGibbon, p. 63.

9. Mayne, p. 12.

10. À l'heure où j'écrivais ces lignes, la Croatie venait de recevoir le feu vert pour intégrer l'Union européenne, et on s'attendait à ce que la Serbie l'imite quelques mois plus tard.

11. Drakulić, p. 35 : « En d'autres termes, même pour la génération d'après guerre, ce conflit n'était nullement un carnage absurde et futile, mais au contraire une expérience héroïque et pleine de sens, au-delà de son million de victimes. Cette idée était difficile à oublier parce que toute notre éducation, cours, livres de textes ou d'histoire, discours, journaux, en étaient imprégnés, comme si l'histoire antérieure à 1941 n'existait plus qu'à peine. » Pour une discussion élargie sur ce thème, et la confirmation polonaise de la perception et du vécu de Drakulic, voir Jan Gross, « War as Revolution », *in* Norman Naimark et Leonid Gibianskii (dir.), pp. 17-40.

12. Milward, *War, Economy and Society*, pp. 284-286.

13. FitzGibbon, p. 63.

14. Edward R. Murrow, cité *in* Owen et Walters (dir.), p. 80.

15. Cité *in* Philip Morgan, p. 64.

16. Kovaly, p. 57.

17. István Bibo, cité *in* Kenez, p. 107.

18. Pelle, p. 151.

19. Gross, p. 40.

7. Paysage de chaos

1. Mémorandum de Dean Acheson à Harry Hopkins, 26 décembre 1944, *FRUS*, 1945, vol. 2, pp. 1059-1061.

2. *New York Times*, 3 juin 1945, p. 22. Voir aussi *Newsweek*, 11 juin 1945, p. 60.

DEUXIÈME PARTIE

VENGEANCE

1. Beevor et Vinogradova, *Carnets de guerre : de Moscou à Berlin. 1941-1945, Vassili Grossman*, Calmann-Lévy, Paris, 2007. *A Writer at War : Vasily Grossman with the Red Army 1941-1945*, Pimlico, Londres, 2006, p. 248.

8. La soif de sang

1. *Le Courrier de Genève*, 7 novembre 1944. Fisch conteste l'exactitude de ce reportage, ainsi que les affirmations de l'auteur selon lesquelles il aurait été un témoin oculaire, pp. 151-153.

2. Hermann Sommer, cité *in* Spieler (dir.), p. 148.

3. Voir Fisch, pp. 165-167, qui réfute les affirmations selon lesquelles tout cela se serait produit à Nemmersdorf, mais admet que cela se serait déroulé sans doute ailleurs en Prusse-Orientale.

4. Hermann Sommer, cité *in* Spieler (dir.), p. 147.

5. Kopelev, p. 37.

6. Cité *in* Ehrenburg et Grossman (dir.), p. 236.

7. Cité *ibid.*, p. 234.

8. Cité *ibid.*, p. 38.

9. Fisch, pp. 141-153 ; par exemple, il y eut probablement 26 morts dans le village, mais ce chiffre fut exagérément porté à plus de 60.

9. La libération des camps

1. Werth, pp. 889-890.

2. Cité par Hitchcock, p. 288. Voir aussi Werth, pp. 892-893 : Werth se rendit à Majdanek en 1944 et il y fut témoin de l'emploi de cendres humaines comme engrais.

3. Werth, p. 896.

4. *Ibid.*, p. 897.

5. Voir Arad, p. 368 ; et Werth, pp. 890-899.

6. *Pravda*, 11 et 12 août 1944, 16 septembre 1944. Voir aussi Rubenstein, p. 426, note 82 ; et Beevor et Vinogradova, p. 281

7. Werth, p. 895 et Rubenstein, p. 426, note 82.

8. Gilbert, *The Holocaust*, p. 711.

9. Vassili Grossman, « The Hell Called Treblinka », Ehrenburg et Grossman (dir.), pp. 399-429. Voir aussi Beevor et Vinogradova, pp. 280-306. Pour les chiffres, voir Burleigh, *The Third Reich*, p. 650. Le US Holocaust Memorial Museum situe ce chiffre entre 870 000 et 925 000 : voir la page de l'*Holocaust Encyclopedia* sur Treblinka sur le site http://www.ushmm.org/wlc/ article.php ?lang=en& ModuleId=10005193, dernière visite le 27 septembre 2011.

10. US Holocaust Memorial Museum, page de l'*Holocaust Encyclopedia* sur Auschwitz, http://www.ushmm.org/wlc/article.php ?lang=en&Modu-

leId=10005189, dernière visite le 27 septembre 2011.

11. Pour une comparaison féconde de l'Holocauste nazi avec le système du goulag soviétique, voir Dallas, pp. 456-468.

12. Voir par exemple Burleigh, *The Third Reich*, p. 752.

13. *Pravda*, 17 décembre 1944, cité *in* Rubenstein, p. 220.

14. *Pravda*, 27 octobre 1944, cité in *ibid.*, p. 426, note 82.

15. Discours d'Anthony Eden au Parlement, 17 déc. 1942, *Hansard*, Series 5, vol. 385, col. 2083.

16. PRO INF 1/251 Part 4 : « Plan to combat the apathetic attitude of "What have I got to lose even if Germany wins ?" », 25 juillet 1941.

17. Déclaration de Roosevelt à des journalistes, 24 mars 1944, cité *in* Beschloss, p. 59. Pour la réticence américaine devant la possibilité d'une extermination systématique, voir Abzug, pp. 5-19, et Marcuse, pp. 53-54.

18. Beschloss, p. 61.

19. Werth, p. 890.

20. *Ibid.*, p. 898.

21. Voir Abzug, pp. 3-4 ; et le témoignage du Dr Fritz Leo, PRO WO 309/1696.

22. Voir *New York Times*, 5 décembre 1944, et Abzug, pp. 5-10.

23. Eisenhower, p. 446.

24. Patton, pp. 293-294.

25. *Ibid.* ; voir aussi Abzug, 1985, p. 27.

26. Hackett (éd.), pp. 103, 112-115.

27. Cité *in* Abzug, p. 33.

28. Cité *in* Marcuse, p. 54.

29. *Ibid.*, pp. 54-55.

30. Abzug, p. 92. Voir aussi la description de Buchenwald par Percy Knauth in *Time*, 30 avril 1945.

31. Cité *in* Marcuse, pp. 51, 54.

32. Buechner écrivit plus tard un livre sur cet incident intitulé *The Hour of the Avenger*, Thunderbird Press, Metairie, Louisiane, 1986, qui a été critiqué pour sa déformation des faits et son exagération du nombre d'Allemands tués. Voir Jürgen Zarusky, « Die Erschießung gefangener SS-Leute bei der Befreiung des KZ Dachau », *in* Benz et Königseder (dir.), pp. 113-116, et Israel, pp. 175-178. Voir aussi www.scrapbookpages.com/Dachauscrapbook/Dachauliberation/BuechnerAccount.html – consulté le 13 sept. 2011.

33. Cité *in* Abzug, p. 94.

34. Sington, pp. 20-25, 37 ; et le Lt.-col. R.I.G. Taylor cité *in* Shephard, *After Daybreak*, p. 37.

35. Sington, pp. 49-50.

36. Lt.-col. M.V. Gonin, IWM Docs 85/38/1, compte rendu dactylographié, « The RAMC at Belsen Concentration Camp » (non daté, c. 1946), p. 5.

37. Témoignage de Wilhelm Emmerich, « Interim Report on the Collection of Evidence at Belsen-Bergen Camp », PRO WO 309/1696 ; le chiffre de 18 000 est fourni par Shephard, *After Daybreak*, p. 37.

38. Témoignages *in* « Interim Report on the Collection of Evidence at Belsen-Bergen Camp », PRO WO 309/1696.

39. *Ibid.*, p. 1.

40. Citation extraite de Shephard, *After Daybreak*, p. 55

41. Sergent-major artilleur Sanderson cité par le major A. J. Forrest, IWM Docs 91/13/1, mémoire dactylographié, ch. 17, pp. 5-6.

42. Derek L. Henry, IWM Docs, 06/126/1, mémoire dactylographié, p. 95.

43. Discours de Spottiswoode, extrait d'un film Movietone, cité *in* Shephard, *After Daybreak*, pp. 76-77.

44. Abzug, p. 93.

45. Israel Gutman cité *in* Gilbert, *The Day the War Ended*, p. 391.

46. Clay cité par Samuel Gringauz, « Our New German Policy », p. 510.

47. Ben Helfgott, entretien avec l'auteur, 19 mai 2008.

48. Chaskiel Rosenblum cité par Gilbert, *The Boys*, p. 252.

49. Entretien avec Pinkus Kurnedz, IWM Sound, 9737, bobine 3.

50. Entretien avec Szmulek Gontarz, IWM Sound, 10348, bobine 4.

51. Entretien avec Alfred « Freddy » Knoller, IWM Sound, 9092, bobine 12.

52. Cité *in* Gilbert, *The Boys*, p. 251.

53. *Ibid.*, p. 256.

54. Entretien avec Dessau, IWM Sound, 9236, bobine 4.

55. Entretien avec Kurt Klappholz, IWM Sound, 9425, bobine 23.

56. Entretien avec Peter Leo Frank, IWM Sound, 16690, bobine 4.

57. Entretien avec Alfred Huberman, IWM Sound, 18050, bobine 6.

58. Cohen, pp. 191-217 ; Sedlis cité p. 191 ; slogan cité p. 224. Voir aussi Mankowitz, pp. 236-238 ; et le récit plus à sensation d'Elkins, pp. 193-249, qui modifia les noms des personnes interrogées.

59. Selon le *New York Times* du 24 avril 1946, 2 238 prisonniers tombèrent malades, mais aucun ne mourut. D'autres auteurs avancent qu'il s'agissait là d'une fiction créée par des responsables américains souhaitant dissimuler leurs propres manquements en matière de sécurité. Voir Cohen, p. 212.

60. *Ibid.*, pp. 221-238.

61. Shlomo Frenkel, cité *in* Mankowitz, p. 239.

10. La vengeance contenue : les travailleurs forcés

1. Peter Novick, *The Holocaust and Collective Memory*, Bloomsbury, Londres, 2000, *passim*.

2. Hitchcock, pp. 245-246.

3. Abzug, p. 61.

4. Tooze, p. 517.

5. Beck, p. 164.

6. Kardorff, pp. 152-153.

7. Beck, p. 143.

8. Major R.C. Seddon, IWM Doc. 95/19/1, journal dactylographié, 6 et 12 avril 1945.

9. Major A.G. Moon, IWM Docs 06/126/1, mémoire dactylographié, p. 46.

10. Bottting, p. 282.

11. Voir par exemple le major A. J. Forrest, IWM Doc. 91/13/1, mémoire dactylographié, chap. 16, p. 4 ; et chap. 18, pp. 11-12.

12. Bernard Warach, officier de santé de l'UNRRA, cité *in* Wyman, p. 38.

13. Derek L. Henry, IWM Doc. 06/126/1, mémoire dactylographié, pp. 92-93.

14. Mrs M. Heath, officier de santé au centre de PD de Hanau, IWM Docs 98/25/1, journal manuscrit, 7 mai 1945.

15. David Campbell du 180e régiment du Génie, cité *in* Robert H. Abzug, p. 72.

16. Moorehead, pp. 241-242.

17. Ray Hunting, IWM Doc. P339, mémoire dactylographié, p. 368 ; Mosley, p. 72.

18. Major A. J. Forrest, IWM Docs 91/13/1, mémoire dactylographié, chap. 18, p. 7.

19. *Ibid.*, chap. 17, p. 6.

20. Mosley, p. 80.

21. *Ibid.*, p. 69.

22. *Ibid.*, pp. 69-70.

23. *Ibid.*, pp. 73, 80, 81.

24. Davidson, p. 54.

25. Ray Hunting, IWM Docs P339, mémoire dactylographié, pp. 378-379.

26. IWM Docs 06/126/1, major A. G. Moon, p. 34.

27. PRO FO 945/595, télégramme du général Montgomery au Foreign Office, 6 août 1945.

28. Coupure de journal non datée conservée par Katherine Morris : « Death warning to food rioters : U.S.

may invoke military law », IWM Docs, 91/27/1.

29. Major A. G. Moon, IWM Docs 06/126/1, mémoire dactylographié, p. 34.

30. Pour les types de camps de PD et les conditions de vie, voir Wyman, pp. 38-60. Pour conditions de vie à partir de 1946, voir Shephard, *The Long Road Home*, pp. 267-299.

31. TNA : PRO FO 371/47719, télégramme du conseiller politique du commandant en chef en Allemagne au Foreign Office, 11 août 1945.

32. TNA : PRO FO 1005/1631, « Report on life in Germany during October 1945 », p. 3 ; et Hitchcock, p. 279.

33. TNA : PRO FO 1032/1933, *JIC Report*, « Possible dangers to the occupying power during the coming winter », 29 novembre 1945.

34. Lettre du Lt.-gén. Frederick Morgan au Foreign Office, IWM Docs 02/49/1.

35. Voir par exemple Moorehead, p. 240 ; Douglas Botting, p. 46 ; Ruth Andreas Friedrich, p. 43.

36. Voir par exemple PRO FO 1005/1631, « Report on conditions in Germany during May 1946 ».

37. Major A.G. Moon, IWM Docs 06/126/1, mémoire dactylographié, p. 69.

38. Marta Korwin citée *in* Shephard, *The Long Road Home*, pp. 68-69.

39. Cité *in* Hitchcock, p. 252. Ces observations ont été corroborées par des personnels militaires : voir Coles et Weinberg, p. 858.

40. Wilson, p. 131.

41. Cité *in* Hitchcock, p. 332.

42. Shephard, *The Long Road Home*, p. 167 ; William I. Hitchcock, pp. 275-276.

43. Kay Hulme, cité *in* Shephard, *The Long Road Home*, p. 167.

44. Rapport de mission de l'UNRRA, selon Kay Hulme, cité *in* Hitchcock, p. 167.

45. Wyman, pp. 99-104.

46. *Ibid.*, pp. 117-121.

47. Kay Hulme, cité *in* Shephard, *The Long Road Home*, p. 166.

48. *Ibid.*, pp. 173, 204.

49. *Ibid.*, p. 143.

50. *Ibid.*, pp. 152-154. Voir aussi Acheson, p. 201, et Hitchcock, p. 216.

51. Récit d'Yvette Rubin relaté par Jean Newman, cité *in* Hitchcock, pp. 248-249.

52. Cité *ibid.*, p. 252.

11. Prisonniers de guerre allemands

1. Churchill, vol. V, pp. 330 ; Elliott Roosevelt, pp. 188-190.

2. Pour diverses lectures de cet épisode, voir par exemple Rees, pp. 229-232 ; Beschloss, pp. 26-28 ; Burleigh, *Moral Combat*, pp. 351-352 ; Sebag-Montefiori, *Staline*, pp. 415-416.

3. Beschloss, p. 179.

4. Werner Ratza, « Anzahl und Arbeitsleistungen der deutschen Kriegsgefangenen », *in* Maschke (dir.), vol. XV : *Zusammenfassung*, p. 208.

5. Voir Botting, p. 112 ; Eisenhower, p. 464 ; Rüdiger Overmans, « German Historiography », p. 143.

6. Tomasevich, p. 756.

7. Kurt W. Böhme, *in* Maschke (dir.), vol. X : *In amerikanischer Hand*, p. 11. Voir aussi Overmans, « German Historiography », pp. 143, 147, 155.

8. Kurt W. Böhme, *in* Maschke (dir.), vol. X : *In amerikanischer Hand*, p. 15.

9. Voir par exemple le mémo du général Lee au SHAEF, 2 juin 1945 in NARA, cité *in* Bacque, p. 51.

10. Voir par exemple Kurt W. Böhme, *in* Maschke (dir.), vol. X : *In amerikanischer Hand*, *passim* ; et Bischof et Ambrose (dir.), *passim.*

11. Journal anonyme d'un sergent allemand, 17 et 20 mai 1945, cité *in*

Kurt W. Böhme, *in* Maschke (dir.), vol. X : *In amerikanischer Hand*, pp. 309-313.

12. Kurt W. Böhme, in *ibid.*, p. 150.
13. *Ibid.*, p. 148.
14. *Ibid.*, pp. 151-152, 154.
15. Cité *in* Bacque, p. 40.
16. Kurt W. Böhme, *in* Maschke (dir.), vol. X : *In amerikanischer Hand*, pp. 152, 154.
17. Voir Bacque, *passim*, et Bischof & Ambrose (dir.), *passim*.
18. Werner Ratza, « Anzahl und Arbeitsleistungen der deutschen Kriegsgefangenen », *in* Maschke (dir.), vol. XV : *Zusammenfassung*, pp. 207, 224-226. Selon des archives paroissiales, 774 victimes d'autres camps plus petits moururent aussi : voir Kurt W. Böhme, *in* Maschke (dir.), vol. X : *In amerikanischer Hand*, pp. 204-205.
19. Voir par exemple Albert E. Cowdrey, « A Question of Numbers », *in* Bischof et Ambrose (dir.), p. 91 ; Overmans, « German Historiography », p. 169.
20. Werth, p. 413.
21. Cité *in* Service, p. 284. Voir aussi Werth, p. 417, qui cite ce poème un peu différemment.
22. Cité *in* de Zayas, *A Terrible Revenge*, p. 40. Pour d'autres évocations de ce passage, voir aussi Werth, p. 414, et Tolstoï, pp. 267-268.
23. *Krasnaïa Zvezda*, 13 août 1942, cité in Werth, p. 414.
24. De Zayas, *A Terrible Revenge*, p. 40.
25. Beevor, *Berlin*, p. 199.
26. *Défense de la France*, n° 44, 15 mars 1944.
27. Von Einsiedel, p. 168.
28. Voir par exemple von Einsiedel, p. 164 ; Beevor, *Stalingrad*, pp. 386, 408.
29. Rupić *et al.* (dir.), docs 10 et 60, pp. 60, 171 ; Kurt W. Böhme *in* Maschke (dir.), vol. I : *Jugoslawien*, pp. 104-134.
30. Istituto Centrale di Statistica, *Morti e Dispersi*, p. 10.
31. Giurescu, p. 157.
32. Schieder (dir.), vol. II, p. 46. Susan Glanz, p. 169, situe ce chiffre plus haut, à 850 000-900 000.
33. Toth, p. 5.
34. Schuetz, p. 21.
35. Voir par exemple Becker, pp. 73-74, et Toth, p. 7. Les prisonniers des partisans yougoslaves étaient aussi souvent privés d'eau : voir par exemple Kurt W. Böhme, *in* Maschke (dir.), vol. X : *In amerikanischer Hand*, pp. 218-219.
36. Beevor, *Stalingrad*, pp. 408-409 ; Hans Becker, pp. 77-81.
37. Becker, p. 87 ; Zoltan Toth, p. 48.
38. Toth, p. 48.
39. Becker, p. 184.
40. Von Einsiedel, p. 206.
41. Voir Bischof et Ambrose, *passim*.
42. Source : Werner Ratza, « Anzahl und Arbeitsleistungen der deutschen Kriegsgefangenen », *in* Maschke (dir.), vol. XV : *Zusammenfassung*, pp. 207, 224-226. Dans les années 1990, Rüdiger Overmans compara ces chiffres avec plusieurs autres séries de données disponibles, pour constater généralement qu'ils étaient exacts ; voir son « German Historiography », pp. 146-163.
43. *Ibid.*, p. 152.
44. *Ibid.*, p. 148.
45. Werner Ratza, « Anzahl und Arbeitsleistungen der deutschen Kriegsgefangenen », *in* Maschke (dir.), vol. XV : *Zusammenfassung*, pp. 194-195.
46. *Ibid.*, pp. 194-197.
47. Brian Loring Villa, « The Diplomatic and Political Context of the POW Camps Tragedy », *in* Bischof et Ambrose (dir.), pp. 67-68.
48. Roosevelt cité *in* Beschloss, p. 28.
49. Pour le document original, voir Morgenthau, pages préliminaires ; pour la discussion et l'accord, voir

Beschloss, pp. 125-231 ; Rees, *Behind Closed Doors*, pp. 302-308.

50. Comité international de la Croix-Rouge, vol. I, pp. 333-335.

12. La vengeance sans retenue : l'Europe orientale

1. Voir Gary B. Cohen, *The Politics of Ethnic Survival : Germans in Prague 1861-1914,* Princeton University Press, 1981, pp. 274-282.

2. Alors que de tels tourments étaient réservés d'ordinaires à des soldats et des SS, à l'occasion les civils étaient eux aussi traités de la même manière ; voir Staněk, *Verfolgung 1945*, p. 95.

3. Schieder (dir.), vol. IV : *Czechoslovakia*, pp. 390-391.

4. *Ibid.*, p. 57, et Staněk, *Verfolgung 1945*, p. 94.

5. Témoignage de « F.B. », doc. 24, *in* Schieder (dir.), vol. IV : *Czechoslovakia*, p. 366.

6. *Ibid.*, p. 49, et Staněk, *Verfolgung 1945*, pp. 89-90.

7. *Ibid.*, p. 97.

8. Kurt Schmidt cité dans le *Rapport 29 in* Schieder (dir.), vol. I : *Czechoslovakia*, p. 404 ; voir aussi, pour une comparaison, p. 59, et Staněk, *Verfolgung 1945*, pp. 94-95.

9. Pour les conditions dans les prisons, voir Staněk, *Retribuční*, pp. 36-38 ; pour les conditions dans les camps de travail, voir le même auteur, *Internierung und Zwangsarbeit*, pp. 111-132.

10. Kurt Schmidt cité dans le *Rapport 29 in* Schieder (dir.), vol. IV : *Czechoslovakia*, pp. 404-405.

11. Rapport n° 26 par « A.L. », cité in *ibid.*, p. 389.

12. Staněk, *Retribuční*, p. 39.

13. Staněk, *Verfolgung 1945*, p. 210 ; Kucera, p. 24 ; Naimark, *Fires of Hatred*, p. 118.

14. Voir Staněk, *Verfolgung 1945*, p. 174, et Pustejovsky, p. 561. Pour des récits à forte connotation émotionnelle de témoins oculaires, voir Pustejovsky, pp. 315, 338-339, et Schieder (dir.), vol. IV, pp. 68, 430.

15. Staněk, *Verfolgung 1945*, pp. 143-148.

16. *Ibid.*, pp. 148-149.

17. *Ibid.*, pp. 155-156.

18. Voir par exemple le discours de Beneš *in* Anonyme, *Komu sluší omluva*, p. 90.

19. Beneš, *Discours, 16 mai 1945*, p. 5.

20. Voir son pamphlet d'après guerre *My a Němci* (« Nous et les Allemands »), pp. 5 et 13, cité *in* Schieder, vol. IV : *Czechoslovakia*, pp. 66-67, note 13 ; et Staněk, *Odsun Němců*, p. 59.

21. Article in *Práce*, 14 juillet 1945, cité *in* Petr Benařík, « Retribuční soudnictví a český tisk », in *Vědecká Konference*, p. 23.

22. Staněk, *Odsun Němců*, p. 59.

23. Texte de loi reproduit en Annexe 19 *in* Schieder (éd.), vol. IV : *Czechoslovakia*, p. 276.

24. *Frankfurter Allgemeine Zeitung*, 4 avril 1988. Voir aussi Sayer, p. 243.

25. Voir par exemple le site Internet du Zentrum gegen Vertreibungen, www.z-gv.de/english/aktuelles/?id=56#sudeten, dernière consultation le 10 janvier 2010 ; Schieder (dir.), vol. IV : *Czechoslovakia*, p. 128 ; et MacDonogh, p. 159. Staněk s'attache à réfuter des chiffres aussi élevés, *Verfolgung 1945*, pp. 208-212.

26. Voir par exemple la description par Nováček de la déportation « volontaire » des Allemands de Brno, p. 31.

27. Staněk, *Verfolgung 1945*, p. 208-212.

28. Staněk, *Retribuční*, pp. 24-25. Le chiffre officiel pour les moins de qua-

torze ans était de 6 093, qui, selon Staněk, serait sous-estimé.

29. Maschke (dir.), vol. XV : *Zusammenfassung*, p. 197.

30. Comité international de la Croix-Rouge, vol. I, pp. 334, 336, 676 ; les prisonniers de guerre détenus par les autorités françaises et américaines étaient aussi forcés de nettoyer des champs de mines, tâche pour laquelle on n'utilisa jamais de civils. Voir aussi Staněk, *Retribuční*, pp. 28, 37.

31. Schieder, vol. IV : *Czechoslovakia*, p. 75, et Rapports de témoins oculaires n° 27 et 59 aux pp. 392 et 441.

32. *Ibid.*, pp. 75, 88, et le rapport de témoin oculaire du Dr Hermann Ebert, *Rapport 66*, p. 450.

33. *Ibid.*, *Rapport 24*, pp. 373-374.

34. Adler, p. 214.

35. *Rapport n° 193*, *in* Kaps, *Rapport n° 195*, p. 535.

36. Affiche reproduite depuis Anonyme, *Tragedy of a People : Racialism in Czecho-Slovakia,* American Friends of Democratic Sudetens, New York, 1946, p. 2.

37. Plus tard rebaptisé « camp de travail », mais l'éthique de l'endroit ne changea pas. Voir Dziurok (dir.), p. 17.

38. Gruschka, p. 42.

39. Témoignage de Jadwiga Sonsala, doc. 35 *in* Dziurok (dir.), p. 115 ; voir aussi le témoignage de Henryk Grus, doc. 38, p. 120.

40. Témoignage de Henryk Wowra, doc. 47 *in* Dziurok (dir.), p. 146.

41. Selon Gruschka, p. 47. Voir aussi Dziurok (dir.), p. 146.

42. Selon Edmund Kamiński, cité *in* Dziurok (dir.), p. 133.

43. Témoignage de Jadwiga Sonsala, doc. 35 *in* Dziurok (dir.), p. 115 ; Gruschka, pp. 48-49, 56.

44. Gruschka, pp. 55-56 ; et le témoignage de Nikodem Osmańczyk, doc. 39 *in* Dziurok (dir.), pp. 123-124.

45. Voir le témoignage de Henryk Grus, doc. 38, in *ibid.*, pp. 121-122 ; et Gruschka, p. 50.

46. Dziurok (dir.), p. 27 ; et témoignage de Józef Burda, doc. 42, p. 130-131.

47. Témoignage de Henryk Wowra, doc. 47 in *ibid.*, pp. 25-26.

48. Doc. 7, *Swiętochłowice, Rapport statistique*, 1er août 1945, in *ibid.*, pp. 46-47.

49. *Ibid.*, p. 21-25.

50. Doc. 6, in *ibid.*, p. 45.

51. Témoignage de Gerhard Gruschka, doc. 46, in *ibid.*, p. 144.

52. Gruschka, p. 59.

53. Déclaration de RWF Bashford, PRO FO 371/46990.

54. Témoignage de Günther Wollny, Archives fédérales allemandes Ost-Dok 2/236C/297, cité par Sack, pp. 109, 204.

55. Voir docs 9 et 10 *in* Dziurok (dir.), pp. 49-50.

56. Doc. 21, *ibid.*, p. 78 ; voir aussi p. 31.

57. Kaps, *Rapport n° 195*, pp. 537-538.

58. Sack, p. 67.

59. Kaps, *Rapport n° 192*, p. 532.

60. Selon « P.L. » de Lodz, *in* Schieder (dir.), vol. I : Oder-Neisse, rapport de témoin oculaire n° 268, pp. 270-278.

61. Témoignages de Christa-Helene Gause von Shirach et E. Zindler *in* Bundesarchiv, Ost-Dok 2/148/103 et Ost-Dok 2/64/18, cité par John Sack, p. 110.

62. Témoignage anonyme, cité *in* Esser, p. 40.

63. Témoignage anonyme, cité in *ibid.*, p. 41.

64. Témoignage anonyme, cité in *ibid.*, p. 42.

65. Témoignage anonyme, cité in *ibid.*, pp. 43-45.

66. Edmund Nowak, « Obóz Pracy w Łambinwicach (1945-1946) », *in* Nowak (dir.), pp. 277-278.

67. Témoignage anonyme, cité in *ibid.*, p. 38.

68. Témoignage anonyme, cité in *ibid.*, pp. 35, 37.

69. Témoignage anonyme, cité in *ibid.*, p. 46.
70. Témoignage anonyme, cité in *ibid.*, p. 40.
71. Témoignage anonyme, cité in *ibid.*, p. 39.
72. Témoignage anonyme, cité in *ibid.*, p. 33.
73. Nowak, p. 284.
74. Témoignage anonyme, cité in *ibid.*, p. 39.
75. Témoignage anonyme, cité in *ibid.*, p. 38, 44.
76. Esser, pp. 51-61.
77. Témoignage anonyme, cité in *ibid.*, p. 32 ; et le récit du communiste polonais cité in *ibid.*, p. 59.
78. *Ibid.*, p. 26 ; cf. son témoignage *in* Kaps, *Rapport 193*, p. 534, qui est identique, sauf pour les chiffres.
79. Selon l'un des procureurs, Frantiszek Lewandowski, cité dans le *Telegraph* de Londres, 3 décembre 2000.
80. Esser, pp. 60, 98.
81. Nowak, pp. 283-284 ; et Borodziej et Lemberg (dir.), vol. II, p. 379 ; et Esser, pp. 99-127.
82. Spiele (dir.), p. 40.
83. Borodziej et Lemberg (dir.), vol. I, p. 98. Aspect intéressant, ce document affirmait que le nombre pour Zgoda/Swiętochlowice se limitait à 30 morts, et Lamsdorf/Łambinowice n'y était même pas comptabilisé.
84. Voir par exemple l'entretien d'Ursula Haverbeck-Wetzel dans le documentaire de Charlie Russel pour la BBC, « The Last Nazis », épisode II, Minnow Films, 2009.
85. Ordre n° 19 du Département des Prisons et Camps du ministère pour la Sécurité publique : doc. 25 *in* Borodziej et Lemberg (dir.), vol. I, pp. 151-152.
86. Dziurok (dir.), pp. 93-100. Voir aussi http://www.ipn.gov.pl/portal.php?serwis=en&dzial=2&id=71&search=10599, consulté pour la dernière fois le 14 juillet 2010.

13. L'ennemi de l'intérieur

1. *Défense de la France* et le *Dagbladet* d'Oslo ; cité *in* Novick, p. 31 et Dahl, pp. 154-158.
2. TNA : PRO FO 371/38896, major D. Morton, « Conditions in France and Belgium », 3 oct. 1944. Voir aussi Conway, pp. 137-142.
3. Voute, p. 181.
4. TNA : PRO FO 371/48994, Sir H. Knatchbull-Hugessen à Churchill, 2 juillet 1945 ; voir aussi Bodson, pp. 144-145.
5. Philip Morgan, pp. 224-226.
6. Pelle, pp. 193-195.
7. Un rapport établi par un médecin au camp d'internement de Drancy, en périphérie de Paris, dresse la liste de 49 personnes violemment rouées de coups pendant un interrogatoire et qui souffraient de nombreux hématomes, de fractures du crâne et des os du visage, de brûlures à la plante des pieds et, dans un cas, de blessures provoquées par des chocs électriques prolongés au vagin et au rectum ; voir Philippe Bourdrel, pp. 109-115. Pour d'autres exemples, voir *ibid.*, pp. 509-510, 585-586 ; Fabienne Frayssinet, « Quatre saisons dans les geôles de la IVe République », *Écrits de Paris*, juillet 1949, pp. 114-125 ; Robert Aron, p. 572 ; Virgili, pp. 139-140.
8. *La Terre vivaroise*, 29 octobre 1944, cité *in* Bourdrel, pp. 31-317.
9. De Gaulle cité par Philippe Boegner *in* Beevor et Cooper, p. 63 ; et discours radiodiffusé du 14 août 1944, cité *in* Bourdrel, p. 346.
10. *Journal officiel*, Débats parlementaires, 27 décembre 1944, pp. 604-607, et 12 mars 1954, p. 831. Voir aussi Novick, p. 84, et la discussion des chiffres de Berlière, pp. 321-325.
11. Beevor et Cooper, pp. 111-112.

12. Judt, p. 65 ; Sonja van't Hof, « A Kaleidoscope of Victimhood – Belgian Experiences of World War II », *in* Withuis et Mooij (dir.), p. 57.

13. Pour la Belgique, voir Tony Judt, p. 44 ; pour la Tchécoslovaquie, voir Annexe 19 *in* Schieder, vol. IV : *Czechoslovakia*, p. 276 ; pour l'Italie, voir Alessandrini, p. 64.

14. Novick, p. 77.

15. TNA : PRO FO 371/49139, Duff Cooper à Antony Eden, 11 janvier 1945.

16. *Le Peuple*, 5 sept. 1944 : « Une proclamation des partis... »

17. Huyse, p. 161 ; Judt, p. 46 ; Rioux, p. 34, Derry, p. 405. Alors que la peine de mort était encore inscrite dans le Code criminel civil en Norvège en 1902, et au Danemark jusque dans les années 1930, il n'y avait plus eu d'exécutions dans aucun de ces deux pays depuis le XIXe siècle : voir Dahl, pp. 152-153, et Nøkelby, p. 319.

18. Voir les statistiques pour les homicides signalés *in* Dondi, pp. 97, 102.

19. PRO WO 106/3965A, mémo de Sir Noel Charles au Foreign Office, 11 mai 1945. Des études italiennes plus récentes avancent des chiffres de 1 322 pour Turin, et de 1 325 pour Milan ; voir Pansa, pp. 55, 117.

20. Cité *in* Philip Morgan, p. 218.

21. Témoignage de Benito Puiatti et Eraldo Franza, cité *in* Pavone, pp. 508 et 768, note 11 : « Gli Americani ci ha lasciato fare... ci vedevano, ce li laschiavano torturare un pó, poi ce li levavano. »

22. Judt, p. 42.

23. Pour des chiffres plus spécifiques, et une discussion sur la méthode pour les obtenir, voir Rioux, p. 32 ; Rousso, pp. 93-97, 119 ; Novick, pp. 202-208.

24. Pour des chiffres entre 12 000 et 15 000 meurtres après guerre, voir Pavone, p. 511, et Philip Morgan, p. 167. Pour des chiffres jusqu'à 20 000, voir Pansa, p. 371. Pour une discussion sur les chiffres, voir Pansa, pp. 365-372, et Philip Morgan, pp. 216-218.

25. *Ibid.*, p. 218.

26. Lettre de Battaglia au chef de la police de La Spezia, cité *in* Pavone, p. 509.

27. Philip Morgan, pp. 85, 205 ; Jonathan Dunnage, « Policing and Politics in the Southern Italian Community, 1943-1948 », *in* Dunnage (dir.), pp. 34-39 ; Hans Woller, pp. 90-91.

28. Pour un résumé de l'échec italien dans la réforme du système judiciaire, voir Achille Battaglia, *passim*, et Modona, pp. 48-58 ; voir aussi Claudio Pavone, « The General Problem of the Continuity of the State and the Legacy of Fascism », *in* Dunnage (dir.), p. 18.

29. Modona, pp. 53-54.

30. Gianpaolo Pansa, p. 369. Tony Judt, pp. 47-48, situe ce chiffre à guère plus de 50 exécutions.

31. Dondi, pp. 142-144 ; Pansa, pp. 316-326.

32. Témoignages de Valentino Bortoloso et Pierina Penezzato, interviewés par Sarah Morgan, pp. 154-155.

33. Rousso, p. 103.

34. Pour des pourcentages et des statistiques, voir *ibid.*, pp. 106-108. Pour des chiffres légèrement différents, voir Judt, p. 46, et Rioux, p. 34.

35. Conway, p. 134 ; Huyse, pp. 161-162.

36. *Ibid.*, pp. 134, 140, 148 ; et *ibid.*, pp. 161-162.

37. Voir par exemple la manifestation de 10 000 personnes et la grève générale qui suivit à Aalborg ; TNA-PRO FO 371/47307, ambassade de Grande-Bretagne à Copenhague au Foreign Office, 3 août 1945.

38. *Le Monde*, 13 janvier 1945 ; Farge, pp. 243-250 ; Novick, pp. 76-77.

39. Nøkelby, pp. 319-320 ; Derry, pp. 405-406 ; Judt, p. 45.

40. Macdonagh, pp. 359-361 ; Judt, p. 52.

41. Chiffres de population extraits de Maddison, pp. 38-39. Population des territoires tchèques (Bohême et Moravie) estimée par Maddison, p. 96 et données de recensement tchèques reproduites *in* Gyurgyík, pp. 38-39. D'autres données adaptées comme suit : Danemark et Norvège : Dahl, p. 148 ; Belgique et Hollande : Huyse, pp. 161 ; France : Rousso, pp. 108, 110, 119-120, comprend les 767 sentences de mort prononcées par des cours de justice et les 769 rendues par des tribunaux militaires. Italie : Judt, pp. 47-48, Pansa, p. 369 ; les chiffres des sanctions plus légères restent inconnus. Territoires tchèques : Benjamin Frommer, pp. 91, 220, 243. Autriche : Giles Macdonagh, pp. 359-361, et Judt, p. 52.

42. Frommer, p. 38 ; Huyse, pp. 165-166.

43. Judt, p. 51 ; Huyse, pp. 163, 166-168 ; Frommer, pp. 272-277.

44. Pour ces problèmes d'ordre légal et d'autres, voir Novick, p. 209 ; Huyse, pp. 159-169 ; Judt, pp. 44-45 ; Nøkelby, pp. 320-321.

45. TNA : PRO FO 371/48994, Sir H. Knatchbull-Hegessen à Churchill, 2 juillet 1945.

46. Luc Huyse, p. 163.

47. Voir l'essai majeur de Tony Judt, « The Past is Another Country : Myth and Memory in Postwar Europe », *in* Deák *et al.* (dir.), pp. 296, 298.

48. Macdonagh, pp. 348-357 ; Judt, pp. 53-61 ; Botting, pp. 315-353.

49. Judt, p. 61.

50. Voir par exemple Fabienne Frayssinet, « Quatre saisons dans les geôles de la IVᵉ République », *loc. cit.*, pp. 114-125 ; et le récit du viol et de la torture d'une femme âgée de quarante-trois ans à Villedieu-sur-Indre, in *La Gerbaude*, 1951, n° 2, cité par Aron, p. 572. À comparer avec les histoires plus dépassionnées issues d'enquêtes officielles dans l'Indre, au camp d'internement de La Chauvinerie à Poitiers et au camp de Drancy, en région parisienne : Virgili, pp. 178-179, et Bourdrel, pp. 109-115, 509-510.

51. Pour une discussion sur tous ces chiffres contradictoires, voir Rioux, p. 32 ; Rousso, pp. 93-97, 119 ; Novick, pp. 202-208.

52. Voir, par exemple, Mungone, p.x. Pour une discussion sur de tels chiffres, voir Pansa, pp. 365-372, et Philip Morgan, pp. 216-218.

53. *Ibid.*, pp. 166-167.

54. Voir note 24 ci-dessus.

55. Pansa, p.x.

56. Judt *in* Deák *et al.* (dir.), pp. 309-311, 314-315.

14. La vengeance contre les femmes et les enfants

1. Virgili, p. 222.

2. Cité in *ibid.*, p. 42.

3. Rapports de police concernant des personnes arrêtées et accusées de collaboration, internées au camp de Jayat, en Charente, Archives nationales, Paris, 72 AJ 108 (AVIII) ; Virgili, p. 26 ; Warring, « War, Cultural Loyalty and Gender », p. 46.

4. Kåre Olsen, « Under the Care of the Lebensborn », *in* Ericsson et Simonsen, p. 24.

5. Pour des statistiques sur les bébés nés de pères allemands, voir notes 36-40 ci-dessous.

6. Pour des études sur les attitudes des femmes danoises envers les Allemands, voir aussi Lulu Ann Hansen, « "Youth Off the Rails" : Teenage Girls and German Soldiers – A Case Study in Occupied Denmark, 1940-1945 », Herzog (dir.), p. 151. Voir aussi Warring, « War Cultural Loyalty and Gender », pp. 44-45.

7. Virgili, p. 302.

8. Cité in *ibid.*, p. 302.

9. Saint-Exupéry, p. 211-212.

10. Allocution à la BBC, 8 novembre 1942, citée *in* de Gaulle, *Mémoires*, vol. II, p. 393 ; discours de Noël au peuple français, 24 décembre 1943, p. 553 ; Discours devant l'Assemblée consultative, Alger, 18 mars 1944, p. 560 : la « France combattante », « le fier, le brave, le grand peuple français », les « moyens militaires dont la France dispose » et les « aptitudes guerrières de notre race ».

11. Discours devant l'Assemblée consultative, Alger, 18 mars 1944, cité *in* de Gaulle, *Mémoires*, vol. II, p. 562.

12. Voir Virgili, p. 111.

13. Derek L. Henry, récit dactylographié, IWM Docs 06/126/1, pp. 48 et 52 ; capitaine Michael Bendix, récit dactylographié, IWM Docs, 98/3/1, p. 30.

14. Major J.A.S. Neave, journal dactylographié, IWM Docs 98/23/1, entrée du 3 septembre 1944, p. 157.

15. Habitante de Bonnières-sur-Seine, citée par le major A. J. Forrest, 12 septembre 1944 ; voir IWM Docs 91/13/1, mémoire dactylographié, chapitre 10, p. 3.

16. Bohec, p. 186 : « Je reconnais que je n'eus pas assez de cran pour m'obstiner à monter en première ligne. »

17. Margaret Collins Weitz, pp. 149, 170.

18. Major A.T. Forrest, mémoire dactylographié, IWM Docs, 91/13/1, chap. 8, p. 11.

19. Lieutenant Richard Holborow, mémoire dactylographié, IWM Docs, O7/23/1, pp. 135-136.

20. *La Marseillaise*, 3 septembre 1944, cité *in* Virgili, p. 242.

21. Tract du Comité départemental de la Libération, Troyes, cité in *ibid.*, p. 243.

22. *Ibid.*, p. 240.

23. Warring, *Tyskerpiger*, pp. 156-173, et Diederichs, pp. 157-158.

24. Bunting, pp. 235, 258-259.

25. Chanson citée *in* Dondi, p. 126. On pourrait en donner une traduction plus littérale : « Et vous les jolies jeunes filles/qui sortiez avec des fascistes/vos jolies mèches/seront bientôt rasées. »

26. Novick, pp. 69, 78.

27. Rousso, p. 98. Selon Diederichs, la tonte eut lieu dans au moins un village hollandais, dans une tentative délibérée et cordonnée d'éviter un règlement de comptes général, p. 157.

28. Virgili affirme que cette prétendue canalisation de la violence n'est guère probante, mais il admet qu'elle put fournir un noyau d'unité collective ; pp. 118-119 et 205.

29. *Ibid.*, pp. 65, 94. Voir aussi de nombreux exemples chez Brossat, *passim.*

30. Voir par exemple les photographies *in* Warring, *Tyskerpiger*, p. 110-101, 161.

31. Virgili, p. 220.

32. Rousso, p. 98. Également évoqué sous cette version : « Mon cœur est à la France, mais mon corps est à moi », nécrologie d'Arletty, *Daily Telegraph*, 27 juillet 1992 ; et « Mon cœur est français, mais mon cul est international », selon Buisson, p. 9.

33. Virgili, p. 72.

34. Interview d'Anthony Eden dans *Le Chagrin et la Pitié*, film de Marcel Ophüls, deuxième partie, « Le Choix ».

35. Robert Brasillach, cité *in* Virgili, p. 239.

36. Warring, *Tyskerpiger*, p. 146.

37. Pour des chiffres supérieurs relatifs à la Hollande, voir Johr, p. 71 ; bien que Diederichs, p. 153, situe ce chiffre à seulement 16 000.

38. Pour des chiffres norvégiens, voir Olsen, *Schicksal Lebensborn*, p. 7. Olsen estime le chiffre véritable entre 10 000 et 12 000 ; toutefois, seuls 8 000 de ces enfants étaient officiellement inscrits par l'organisation des *Lebensborn* allemands pendant la guerre, et le

chiffre de 9 000 était le chiffre de référence utilisé par le Norwegian War Child Committee.

39. Johr propose une fourchette entre 85 000 et 100 000, p. 71. Le chiffre de 85 000 paraît provenir d'un document allemand daté du 15 octobre 1943 : des estimations plus tardives situent ce chiffre jusqu'à 200 000 – voir Buisson, pp. 116-117, et Roberts, p. 84.

40. Drohlshagen, p. 9.

41. Voir Diederichs, p. 157.

42. *Luftposten*, 19 mai 1945, cité et traduit *in* Ericsson et Ellingsen, p. 94.

43. Pour une description du travail de cette commission, voir Kåre Olsen, pp. 307-319.

44. Pour une description du programme de recherches de 2001 et ses découvertes, voir Ericcson et Ellingsen, pp. 93-111.

45. Kåre Olsen in Ericsson et Simonsen (dir.), p. 26.

46. Borgersrud, pp. 71-72.

47. *Ibid.* Il n'existe pas de chiffres exacts relatifs aux mariages entre Allemands et jeunes filles norvégiennes pendant la guerre, mais Kåre Olsen en estime le nombre autour de 3 000 : voir « Under the Care of the *Lebensborn* », *in* Ericsson et Simonsen, p. 26.

48. Borgersrud, p. 87.

49. Déclaration du médecin en 1990, cité *in* Kåre Olsen *in* Ericsson et Simonsen (dir.), p. 29.

50. Pour ces récits, et beaucoup d'autres anecdotes, voir Erisson et Ellingsen, pp. 93-111.

51. Drohlshagen, p. 101.

52. Borgersrud, p. 85.

53. Erisson et Ellingsen, p. 109.

54. *Ibid.*, pp. 105-106.

55. Ebba D. Drohlshagen, p. 96.

56. Arne Øland, « Silences, Public and Private », *in* Ericsson et Simonsen (dir.), p. 60.

57. *Ibid.*

58. Drohlshagen, p. 118.

59. *Ibid.*, p. 137.

15. Le but de la vengeance

1. Entretien avec Berek Obuchowski, IWM Sound, 9203, bobine 5.

2. Dr Zalman Grinberg, cité *in* Gilbert, *The Day the War Ended*, pp. 391-392.

3. Voir « Attacks on Jews soar since Lebanon », *The Times* (Londres), 2 septembre 2006 ; et « Antisemitic attacks hit record high following Lebanon war », *The Guardian* (Londres), 2 février 2007.

4. Laurel Cohen-Pfister, « Rape, War and Outrage : Changing Perceptions on German Victimhood in the Period of Post-Unification », *in* Cohen-Pfister et Wienroeder-Skinner (dir.), pp. 321-325.

Troisième partie
LE NETTOYAGE ETHNIQUE

1. Conseil de Staline à Gomułka sur la manière de débarrasser la Pologne des Allemands, cité *in* Naimark, *Fires of Hatred*, p. 109.

16. Les choix du temps de guerre

1. Burleigh, *Third Reich*, pp. 449-450.

17. La fuite des juifs

1. Roman Halter, lettre à Martin Gilbert in *The Boys*, pp. 266-268. Voir aussi IWM Sound, 17183, bobine 10.
2. Blom *et al.* (dir.), p. 337.
3. Lewkowicz, p. 260.
4. Hondius, p. 104.
5. Reportage dans *Neue Welt*, n° 1, cité *in* Samuel Gringauz, « Our New German Policy », p. 512.
6. Abba Kovner, cité *in* Bauer, p. 36 ; Samuel Gringauz, « Jewish Destiny », p. 504.
7. Primo Levi, p. 373.
8. Hondius, pp. 55, 77.
9. *Ibid.*, pp. 78-82.
10. *Ibid.*, p. 80.
11. Fabio Levi, p. 26.
12. Voir par exemple Beevor et Cooper, p. 172 ; Hitchcock, pp. 267-272 ; Rioux, pp. 13-16.
13. Hondius, pp. 76, 79-80, 93-95.
14. F.C. Brasz, « After the Second World War : From "Jewish Church" to Cultural Minority », *in* Blom *et al.* (dir.), p. 337.
15. Rita Koopman, Ab Caransa, Gerhard Durlacher et Mme Hoen cités *in* Hondius, p. 100.
16. Cité *in* Hondius, p. 100.
17. Hitchcock, pp. 271-272.
18. Article de journal cité *in* Pelle, pp. 228-229.
19. Témoignage d'Ethel Landerman cité *in* Shephard, *The Long Road Home*, p. 393.
20. Cité *in* Kenez, p. 158.
21. Hondius, pp. 77-78.
22. Myant, p. 103 ; Pelle, p. 151 ; Jean Ancel, « The Seizure of Jewish Property in Romania », *in* USHMM, *Confiscation of Jewish Property*, pp. 43-55.
23. Gross, p. 44.
24. Voir par exemple Kovaly, pp. 56-57 ; Dean, p. 357 ; Gross, pp. 39-51 ; Lewkowicz, p. 260 ; Gilbert, *The Boys*, pp. 268, 274.
25. Pour une analyse détaillée des événements de Kunmadaras, voir Pelle, pp. 151-168.
26. Interview d'Eszter Toth Kabai in *Haladás*, cité in Pelle, p. 161.
27. *Ibid.*, pp. 157-160.
28. *Ibid.*, p. 160.
29. Kenez, pp. 159-160 ; des historiens juifs affirment qu'il y eut trois morts et dix-huit blessés : voir Éva Vörös, « Kunmadaras Újabb adatok a pogrom történetéhez », *Múlt és jövő*, 1994, n° 4.
30. Pelle, pp. 161, 162.
31. *Ibid.*, p. 173.
32. Fabio Levi, pp. 28-29.
33. Gross, pp. 47-51.
34. Siklos, p. 1.
35. George Faludy, cité *in* Eby, p. 287.
36. En Hongrie, par exemple, en 1945 non seulement toutes les couches supérieures de la hiérarchie juive, mais environ 14 % de ses membres ordinaires le furent eux aussi, par comparaison avec 1 à 2 % de la population dans son ensemble. Voir Kenez, p. 156.
37. Pelle, p. 206.
38. *Ibid.*, p. 160.
39. Kenez, pp. 159-161 ; Pelle, pp. 212-230.
40. Lettre de Mór Reinhardt au président du Bureau juif hongrois, datée du 5 août 1946, cité in *ibid.*, pp. 166-167.
41. Entretien avec l'auteur, 19 mai 2008.
42. Gross, p. 35.
43. Bauer, p. 15 ; Gross, p. 36.
44. Gross, pp. 74-75.
45. *Ibid.*, p. 82.
46. La description suivante se fonde sur la compilation par Gross de preuves documentées de sources polonaises sur ce massacre, pp. 81-117.
47. Baruch Dorfman, cité *in* Gross, p. 89.

48. *Ibid.*, pp. 93, 113.

49. Bauer, p. 210 ; Gross, p. 138.

50. *Ibid.*, p. 98. Pour une vision plus favorable à l'action communiste de cette journée, voir Bauer, pp. 206-211. Pour une discussion sur les points de vue contradictoires quant aux responsabilités de ce pogrom, voir Kochavi, p. 175.

51. Gilbert, *The Boys*, p. 275.

52. *Ibid.*, p. 271.

53. Rapport de Joseph Levine à Moses Leavitt, 24 octobre 1945, cité *in* Hitchcock, p. 334.

54. Kochavi, pp. 173, 227-228 ; Gross, p. 218.

55. Kochavi, pp. 175, 187 ; Bauer, pp. 216-223 ; Shephard, *Long Road Home*, pp. 186-189, 235-236.

56. Bauer, pp. 211-212. D'autres auteurs présentent des chiffres différents, basés sur des critères différents, mais tous montrent la même tendance à une augmentation écrasante en juillet et août ; voir, par exemple, p. 43.

57. Gross, p. 43 ; Bauer, pp. 295, 298 ; Kochavi, p. 185.

58. Bauer, pp. 318-320. Pour des statistiques similaires basées sur des périodes de temps différentes, voir Prażmowska, p. 176, et Kochavi p. 227. Le tableau 35 de Proudfoot présente des chiffres un peu plus élevés, basés sur des statistiques d'immigration en Israël.

59. Shephard, *Long Road Home*, pp. 190-199 ; Bauer, p. 319.

60. *Ibid.*, pp. 319-321.

61. British Foreign Office à Washington, 5 octobre 1945, PRO FO 1049/81. Bevin cité *in* Shephard, *Long Road Home*, p. 191.

62. Walid Khalidi, cité in *ibid.*, p. 356.

18. Le nettoyage ethnique de l'Ukraine et de la Pologne

1. Témoin anonyme, cité *in* Dushnyck, pp. 15-16. Voir aussi Misiło (dir.), *Repatriacja czy deportacja ?*, vol. II, pp. 24, 31, 39, 43 ; et Snyder, *Reconstruction*, p. 194.

2. Témoin anonyme, cité *in* Dushnyck, pp. 16-17.

3. Témoignage du sous-lieutenant Bronislaw Kuzma cité in *ibid.*, p. 21.

4. Snyder, *Reconstruction*, p. 194. La liste de Dushnyck reprend 70 noms, mais certains d'entre eux ont survécu à leurs blessures : voir pp. 18, 19, 31-32.

5. Snyder, *Reconstruction*, pp. 182-187.

6. Voir par exemple *ibid.*, surtout pp. 177, 200. Gross formule la même remarque au sujet de l'antisémitisme d'après guerre, pp. 260-261.

7. Pour ces dissensions compliquées entre les partisans de Stepan Bandera (OUN-B) et les soutiens d'Andrii Melnyk (OUN-M), voir *ibid.*, pp. 164-168 ; Yekelchyk, pp. 127-128, 141-144.

8. Snyder, *Reconstruction*, pp. 158-162.

9. Témoignage de Jan Szkolniaki, AW II/2091.

10. Témoignage de Mirosław Ilnicki, AW II/3327.

11. Piotrowski, p. 89.

12. Témoignage de Mieczysława Woskresińska, AW II/2215/p.

13. Voir par exemple les témoignages in AW : II/36, II/594, II/737, II/953, II/1144, II/1146, II/2099, II/2110, II/2353, II/2352, II/2451, II/2650, II/2667. Pour des rapports allemands, soviétiques et polonais germaniques, voir Snyder, *Reconstruction*, pp. 169-170 et les notes de fin connexes.

14. Kliachkivskyi et Stelmashchuk, cités *in* Statiev, p. 86.

15. Voir par exemple les massacres d'Ukrainiens à Piskorowice,

Pawłokoma et Wierzchowiny perpétrés par des milices polonaises : Misiło (dir.), *Akcja « Wisła »*, p. 13 ; Piotrowski, p. 93 ; Statiev, p. 87.

16. Lotnik, pp. 65-66.

17. Témoignage de Bronislaw Kuzma, cité *in* Dushnyck, p. 21.

18. Snyder, *Reconstruction*, p. 194.

19. Statiev, pp. 87-88 ; Snyder, *Reconstruction*, p. 205. Voir aussi Wladisław et Ewa Siemaszko, vol. II, pp. 1038, 1056-1057 ; et Ewa Siemaszko, p. 94. Pour l'analyse d'autres estimations profondément divergentes, voir Piotrowski, pp. 90-91.

20. Voir par exemple Władysław et Ewa Siemaszko, et surtout l'introduction du professeur Ryszard Szawłowski, pp. 14-20, 1095-1102. Voir aussi la mise en cause de leurs chiffres par Tsaruk, pp. 15-26.

21. Rees, *Behind Closed Doors*, pp. 222, 236.

22. Lane, p. 66.

23. Rees, *Behind Closed Doors*, p. 236, et Lane, p. 55-88.

24. *Ibid.*, pp. 84-88.

25. Débat à la Chambre des communes, 1er mars 1945, *Hansard*, Séries 5, vol. 408, col. 1625.

26. Conquest, pp. 133-134.

27. Voir Uehling, surtout pp. 79-107.

28. Snyder, pp. 182-187.

29. Statiev, p. 182. Snyder, *Reconstruction*, p. 187. Yekelchyk, p. 147, propose un chiffre plus élevé à 810 415.

30. Témoignage de Maria Józefowska, AW II/1999.

31. Statiev, p. 182 ; Snyder, *Reconstruction*, p. 194 ; Yekelchyk, p. 147.

32. Témoignage de Henryk Jan Mielcarek, AW II/3332.

33. Statiev, p. 182. Voir aussi, par exemple, le témoignage oculaire d'Anna Klimasz et Rzalia Najduch, AW I/344.

34. Snyder, *Reconstruction*, p. 196 ; Miroszewski, p. 11.

35. Wacław Kossowski, cité *in* Snyder, *Reconstruction*, p. 196.

36. Misiło (dir.), *Akcja « Wisła »*, doc. 42 : Radkierwicz et Żymierski, mémo daté du 16 avril 1947 définissant une *« Special Action "East" »*, p. 93. Son objectif : « Rozwiąc ostatecznie problem ukraiński w Polsce. »

37. *Ibid.*, doc. 44, pp. 98-99 : Office of State Security, document daté du 17 avril 1947. Ses objectifs sont « Zniszczyć bandy UPA » et « Przeprowadzić w ścisłym współdziałaniu z Państwowym Urzędem Repatriacji ewakuację z tego rejonu wszystkich osób narodowości ukraińskiej na ziermie płn.-zachodnie, osiedlając je tam w możliwie najrzadszym rozproszeniu ». Ryszard Szawłowski nie toute forme de nettoyage ethnique concernant l'Opération Vistule : voir son introduction à Władysław et Ewa Siemaszko, pp. 15, 1096.

38. Rozalia Najduch, entretien, 1990, AW I/344 : « Bo chcieli, żebyśmy wszyzcy byli Polakami. »

39. Anna Klimasz et Rozalia Najduch, entretien, 1990, AW I/344.

40. Olga Zdanowicz, manuscrit, AW II/2280/p.

41. Anna Szewczyck, entretien avec Teodor Szewczyk et Mikołaj Sokacz, 1990, AW I/790.

42. Miroszewski, pp. 19-22.

43. Olga Zdanowicz, manuscrit, AW II/2280/p. Ceux que l'on envoyait à Jaworzno s'arrêtèrent aussi à Auschwitz : voir Miroszewski, p. 16.

44. Voir le témoignage d'un ancien fonctionnaire des services de rapatriement, Leon Dębowski, AW II/457.

45. Miroszewski, p. 17.

46. Entretien avec Anna Szewczyck, Teodor Szewczyk et Mikołaj Sokacz, AW I/790 : « sk... Ukraińcom nie będę płacił, tylko za jedzenie będą u mnie robić. »

47. Selon Anna Klimasz, AW I/344. Voir aussi le manuscrit dactylographié de Karolina Hrycaj, AW II/3404.

48. Pour une excellente analyse de la manière dont un concept de « foyer » idéalisé devint presque sacré aux yeux des personnes déplacées, voir Uehling, surtout le chapitre 7.

49. Olga Zdanowicz, manuscrit, AW II/2280/p

19. L'EXPULSION DES ALLEMANDS

1. Rees, *Behind Closed Doors*, p. 221.

2. Débat parlementaire, 23 février 1944, *Hansard*, Séries 5, vol. 397, col. 937.

3. Schieder (dir.), vol. I : *Oder-Neisse*, p. 62.

4. Rees, *Behind Closed Doors*, p. 338

5. Schieder (dir.), vol. I : *Oder-Neisse*, p. 62.

6. Lane, p. 185.

7. AP Szczecin, UWS, dossier réf. 939, « Sytuacja ludności niemieckiej na Pomorzu Zachodnim według sprawozdania sytułacyjnego pełnomocnika rządu RP na okręg Pomorze Zachodnie », article de juin 1945, pp. 13-15.

8. Centralne Archiwum Wojskove, Warsaw, IV/521/11/54, « Sprawozdanie liczbowe z akcji wysiedlania ludności niemieckiej za okres od 19 do 30 czerwca 1945 roku ».

9. Il en fut de même en Pologne : voir Prażmowska, p. 182.

10. Lane, p. 153.

11. *New York Times*, 13 novembre 1946, p. 26.

12. L'histoire suivante émane d'Anna Kientopf, copie certifiée le 15 août 1950, citée longuement *in* Schieder (dir.), vol. I : *Oder-Neisse*, doc. 291, pp. 289-295.

13. *Rapports* n°s 136 et 162 *in* Kaps (dir.), pp. 405, 478.

14. *Rapports* n°s 70, 71, 72 et 125 *in* Kaps (dir.), pp. 260-262, 379.

15. Doc. 27 et 30, *in* Białecki *et al.* (dir.), pp. 64-69, 71-74.

16. Voir doc, 217 *in* Schieder (dir.), vol. I : *Oder-Neisse*, p. 233.

17. Instructions du ministère des Territoires récupérés de la République de Pologne concernant la relocalisation des Allemands, 15 janvier 1946, reproduit comme doc. 27 *in* Białecki *et al.* (dir.), pp. 64-69. Voir aussi docs 21 et 30, pp. 57, 71-74.

18. Accord entre représentants britanniques et polonais du Combined Repatriation Executive, reproduit comme doc. 30 in *ibid.*, pp. 71-74.

19. Pour une sélection de ces communiqués de presse, voir de Zayas, *Nemesis*, pp. 107-114.

20. Voir, par exemple, docs 51 et 115 *in* Białecki *et al.* (dir.), pp. 114-116, 192-194. Voir aussi un article du *Manchester Guardian* cité *in* de Zayas, *Nemesis*, pp. 121-122.

21. Cité *in* Davies et Moorehouse, p. 422.

22. *Rapport 51*, in Kaps (dir.), pp. 234-235.

23. *Rapport 66*, in *ibid.*, p. 253.

24. *Rapport 2*, in *ibid.*, pp. 128, 130.

25. Byford-Jones, p. 50.

26. *FRUS*, 1945, vol.2, pp. 1291-1292.

27. *Ibid.*, pp. 1317-1319.

28. De Zayas, *Nemesis*, pp. 122-124.

29. Il n'existe pas de chiffres exacts pour les morts de réfugiés. Pour de vagues estimations par le gouvernement allemand, et des affirmations très exagérées, jusqu'à 2 millions de personnes, émanant de groupes d'expulsés, voir Spiele (dir.), pp. 53-54, et de Zayas, *Terrible Revenge*, p. 156.

30. Chiffres fédéraux allemands cité in *ibid.*, p. 156.

31. Naimark, *Russians*, pp. 148-149.

32. Archives d'État de Szczecin, UWS, Wydział Ogólny, sygn. 231, « Pismo do ob. płk Z. Bibrowskiego szefa Polskiej Misji Repatriacyjnej w Berlinie », p. 29 ; Accord entre représentants britanniques et polonais du

Combined Repatriation Executive, reproduit comme doc. 30 *in* Białecki *et al.* (dir.), p. 72.

33. Clay, pp. 314-315 ; Pieck cité *in* Naimark, *Russians*, p. 149.

34. Rapport de la Croix-Rouge cités *in* de Zayas, *Terrible Revenge*, pp. 131-132.

35. Clay, p. 315.

36. Franz Hamm, cité *in* de Zayas, *Terrible Revenge*, p. 136.

37. Cité *in* Naimark, *Russians*, p. 149.

38. *Ibid.*, p. 149.

39. Témoignage de Josef Resner, cité *in* de Zayas, *Terrible Revenge*, p. 141.

40. *Ibid.*, p. 142. Voir aussi Snyder, *Reconstruction*, p. 210.

41. Davies et Moorehouse, p. 447.

42. Cité *in* H. Schampera, « Ignorowani Ślązacy », *Res Publica*, 1990, n° 6, p. 9.

43. Beneš, *Discours 16 mai 1945*, pp. 5, 19.

44. Schieder (éd.), vol. III : *Romania*, p. 68.

45. Janics, p. 120.

46. *Ibid.*, pp. 133, 177. Pour des statistiques sur la minorité hongroise, voir les tableaux 1-3 *in* Gyurgyík, pp. 38-39.

47. *Čas*, 26 février 1946 ; *Obzory*, 11 octobre 1947 ; *Východoslovenská Pravda*, 3 novembre 1946 : cité *in* Janics, pp. 133, 152, 188.

48. *Ibid.*, p. 172.

49. Pour des points de vue divergents sur les échanges de populations hungaro-slovaques, voir Gyurgyík, p. 7, et Marko et Martinický, pp. 26-27. Tous deux fournissent des chiffres similaires.

50. Janics, pp. 136-139.

51. Pour des statistiques bulgares, voir Michael Marrus, p. 353 ; pour les Finnois de Karélie, voir Proudfoot, p. 41.

52. Pearson, p. 229.

20. L'Europe en microcosme : la Yougoslavie

1. Rapport du comité de district du Parti communiste croate à Nova Gradiška, 2 juin 1945, reproduit à Rupić *et al.* (dir.), doc. 52, p. 151.

2. Pavlowitch, pp. VII-XI. Je suis redevable à ce livre, et au *War and Revolution in Yugoslavia* de Tomasevich, qui compte parmi les récits les plus impartiaux de la guerre et de ses lendemains en Yougoslavie, toutes langues confondues.

3. *Ibid.*, p. IX.

4. Comme pour toutes les statistiques de ce type, le nombre des morts à Jasenovac a été fortement exagéré, pour des raisons politiques. Pour des chiffres crédibles, voir Žerjavić, pp. 20, 29-30 ; Pavlowitch, p. 34 ; Tomasevich, pp. 726-728. En 1997, à Belgrade, des chercheurs du musée des Victimes du génocide et du Bureau fédéral des statistiques ont dressé une liste de 78 163 individus dûment nommés qui périrent dans le camp de Jasenovac : voir Commission de l'État croate, p. 27.

5. Tomasevich, p. 753.

6. *Ibid.*, pp. 757-763, et Nicholas Bethell, pp. 118-122. Pour les estimations des Britanniques, voir PROWO 170/4465, WO 106/4022 X/L 03659 et FO 371/48918 R 8700/1728/92. Les estimations yougoslaves semblent s'accorder – voir la communication du 17 mai 1945 de Tito avec le Field Marshal Alexander *in* Rupić *et al* (dir.), doc. 31, p. 116.

7. Voir les télégrammes d'Alexander à l'AGWAR et l'AMSSO, 17 mai 1945, PRO FO 371/48918 R 8700/G ; et aux chefs d'état-major combiné, PRO WO 106/4022. Voir aussi Bethell, pp. 131-135, 147-155 ; Tomasevich, pp. 773-774 ; Pavolowitch, p. 264. Pour les récits des témoins des subterfuges britanniques, voir Nigel Nicol-

son, pp. 120-122 et les témoignages de A. Markotic et Hasan Selimovic *in* Prcela et Guldescu (dir.), docs XXIV et XXVII, pp. 279 et 292.

8. *Ibid.*, *passim.*

9. Voir les témoignages réunis par Kurt Böhme *in* Maschke (dir.), vol. I : *Jugoslawien*, *passim.*

10. Récit de M. Stankovic, Prcela et Guldescu (dir.), doc. XIV, p. 215.

11. Récit d'« Ivan P. » in *ibid.*, doc. XXXIV, p. 335.

12. Récit de « G. » *in* Prcela et Guldescu (éd.), Doc. LV, p. 417.

13. Récit de Hassan Selimovic in *ibid.*, doc XXVII, p. 294.

14. Récit de Branko Todorovic, 25 juin 1945, PRO FO 1020/2445.

15. Récit de Franjo Krakaj in *ibid.*, doc. XXII, pp. 265-266.

16. Récits de M. Stankovic, Zvonomir Skok et Ante Dragosevic in *ibid.*, docs. XIV, XXIII et XXVI ; pp. 213, 274 et 289.

17. Officier anonyme cité *in* Karapandzich, pp. 72-73.

18. Récit de « L.Z. » *in* Prcela et Guldescu (dir.), doc. XXXII, p. 325. Pour une confirmation de tout ce qui précède par des témoins allemands, voir Kurt W. Böhme *in* Maschke (dir.), vol. I : *Jugoslawien*, p. 108.

19. Voir Tomasevich, pp. 761, 765 ; Pavlowitch, p. 262.

20. Récit de « I.G.I. » *in* Prcela et Guldescu (dir.), doc. XLIV, p. 375.

21. Tomasevich, p. 774.

22. Récits de « I.G.I. » et « M.L. » *in* Prcela et Guldescu (dir.), docs. XLIV et XLVI, pp. 375 et 381.

23. Récit de Ignac Jansa, in *ibid.*, doc. XLV, pp. 377-379.

24. Rapport de Vladimir Zinger et d'autres, Karapandzich, pp. 91-113. Récits de « J.F. » et « S.F. » *in* Prcela et Guldescu (dir.), docs. XLII et XLIII, pp. 369-370.

25. Kurt W. Böhme *in* Maschke (dir.), vol. I : *Jugoslawien*, p. 108.

26. Récit de « K.L.V. » *in* Prcela et Guldescu (dir.), doc. XXXIX, p. 360.

27. Petacco, pp. 90-94.

28. Récit de « M.M. » *in* Prcela et Guldescu (dir.), doc. XXXVIII, p. 358.

29. Récit de Milan Zajec in *ibid.*, doc. XLVII, p. 385.

30. Voir par exemple Kurt Böhme *in* Maschke (dir.), vol. I : *Jugoslawien*, pp. 107-134 ; et Rupić *et al.* (dir.), doc. 87, p. 249.

31. Minutes de la première conférence du chef de l'OZNa pour la Croatie, juillet 1945, in *ibid.*, doc. 80, p. 236.

32. Mazower, *Balkans*, pp. 143–151.

33. Tomasevich, p. 765. 70 000 meurtres représentent environ 466 personnes pour 100 000, à comparer aux 22 meurtres commis en France, et entre 26 et 44 en Italie – voir chapitre 13. Werner Ratza donne le chiffre de 80 000 prisonniers de guerre, notamment des Allemands, mais aussi de civils yougoslaves, *in* « Anzahl und Arbeitsleistungen der deutsche Kriegsgefangenen », *in* Maschke (dir.), vol. XV : *Zusammenfassung*, pp. 207, 224-226.

34. Récit de Dusan Vukovic *in* Prcela et Guldescu (dir.), doc. LXVII, pp. 461-464.

35. Récits d'Ivan S. Skoro et Franjo Krakaj in *ibid.*, docs. XXI et XXII, pp. 258 et 268 ; et d'une infirmière de la Croix-Rouge citée par Kurt W. Böhme *in* Maschke (éd.), vol. I : *Jugoslawien*, p. 121.

36. Récit d'un procès d'après guerre par l'avocat Henri Rochat, cité *in* Marcel Ophüls, *Le Chagrin et la Pitié*, deuxième partie : « Le Choix ».

37. Bodsun, p. 145. Voir aussi le cahier photographique.

38. Rapport du ministre de l'Intérieur de la République fédérative de Croatie au Comité central du Parti communiste croate, 10 juillet 1945, *in* Rupić *et al.* (dir.), doc. 67, p. 188.

39. Entretien in *Encounter*, vol. LIII, n° 6, reproduit in Karapandzich, p. 170.

40. Tito cité *in* Djilas, *Wartime*, p. 449.

21. Tolérance à l'Ouest, intolérance à l'Est

1. Shepherd, *Long Road Home*, p. 158 ; Hitchcock, pp. 50-55.
2. *Ibid.*, pp. 92-97.
3. Snyder, *Reconstruction*, pp. 186-187 ; Janics, pp. 136-139.

QUATRIÈME PARTIE

LA GUERRE CIVILE

1. Eisenhower, p. 521.

22. Les guerres emboîtées

1. Entretien avec un ancien partisan, « G.V. », *in* Alessandrini, p. 68. Pour des circonstances similaires, voir Pavone, pp. 465-466.
2. Voir *ibid.*, *passim*, l'un des précurseurs de ce point de vue.
3. Voir par exemple le traitement des dirigeants trotskistes Joseph Pastor et Jacques Méker, *in* Bourdrel, pp. 216-227.
4. Voir Pike, p. 73.
5. Le fameux discours du président américain, dit de la « doctrine Truman », cité *in* Kennan, p. 320.

23. Violence politique en France et en Italie

1. Ginsborg, p. 89.
2. Ammendolia, pp. 22-28.
3. Ginsborg, p. 88.
4. Ce n'est qu'en Tchécoslovaquie que les communistes firent mieux lors d'élections libres, en recueillant 38 % des suffrages en 1946 ; voir Rioux, p. 110 ; Ginsborg, p. 82 ; Judt, pp. 79, 88 ; Hodgson, p. 212.
5. Judt, p. 88.
6. Émission de radio du parti politique, 4 juin 1945, citée *in* David Cannadine (dir.), pp. 271-277.
7. Lettre d'Alcide de Gasperi à Luigi Sturzo, avril 1946, *in* Maria-Romana de Gasperi (dir.), vol. II, p. 44 : « Io sono preoccupato, perché temo che la futura repubblica sbanderà troppo a sinistra. L'unità, il coraggio, l'organizzazione, i mezzi fanno dei comunisti un blocco che ha la forza del fascismo di prima maniera. »
8. Télégramme du Département d'État à l'ambassade de Rome, 16 mai 1945, cité *in* Ellwood, pp. 184-185.
9. Marx et Engels, p. 26.
10. Philip Morgan, p. 213 ; Dondi, pp. 175-176.
11. Thorez cité *in* Rioux, p. 55 ; Novick, pp. 74-75.
12. Cité *in* Dondi, p. 175.
13. Voir Novick, p. 76 ; et Bourdrel, pp. 679-684.
14. Bourdrel, pp. 486-489.
15. *Ibid.*, pp. 489-490.
16. Veyret, p. 194.
17. Rapport télégraphié, Kirk au Département d'État, 28 mai 1945, cité *in* Ellwood, p. 186.
18. Dondi, pp. 168, 176.
19. *Ibid.*, p. 157.
20. *L'Unità*, 24 février 1953 ; voir aussi Alessandrini, pp. 65-66 ; Philip Morgan, p. 211 ; Pansa, p. 258.

21. Bertaux, pp. 63-66 ; Bourdrel, p. 571.

22. Aron, p. 564.

23. *Ibid.*

24. *L'Aube*, 16 novembre 1950, cité *in* Boudrel, p. 543.

25. Voir, par exemple, le traitement réservé à différents prêtres de Toulouse et Perpignan, *in* Bourdrel, pp. 546-547, 559-560, 573.

26. Voir par exemple le meurtre du prêtre Umberto Pessina en Émilie-Romagne le 18 juin 1946, *in* Dondi, pp. 176-177.

27. Bertaux, pp. 22-24.

28. Bourdrel, pp. 523-524.

29. Dondi, pp. 168-169.

30. *Ibid.*, pp. 174-177.

31. Voir, par exemple, Storchi, et Crainz, *passim*. Voir aussi Piscitelli, pp. 169-170.

32. Bertaux, pp. 109-110.

33. Rapport du Renseignement américain via l'AFHQ Operations Division, cité *in* Ellwood, p. 187.

34. Jonathan Dunnage, « Policing and Politics in the Southern Italian Community, 1943-1948 », *in* Dunnage (dir.), pp. 34-40.

35. Sarah Morgan, pp. 148, 158.

36. *L'Umanità*, 29 mars 1947 ; ambassadeur Dunn au secrétaire d'État, 1er avril 1947, *FRUS*, 1947, vol. III, p. 878.

37. Rioux, pp. 123-125.

38. Ambassadeur Caffery au secrétaire d'État, 19 février 1947, *FRUS*, 1947, vol. III, p. 691.

39. Acheson, cité *in* Rioux, p. 113.

40. Ambassadeur Dunn au secrétaire d'État, 7 mai 1947 et 18 juin 1947, *FRUS*, 1947, vol. III, pp. 900, 924.

41. *FRUS*, 1948, vol. III, pp. 853-854.

42. Rioux, pp. 129-130.

43. Reportage dans le magazine *Time*, 26 juillet 1948, « Blood on the cobblestones ».

44. Alessandrini, p. 64 ; Dondi, p. 180.

45. Rapport du PWB, 5 juillet 1945, cité *in* Ellwood, p. 193.

46. Juan Carlos Martinez Oliva, « The Italian Stabilization of 1947: Domestic and International Factors », Institute of European Studies, University of California Berkeley, 14 mai 2007, pp. 18-30 sur http://escholarship.org/uc/item/7nq1c97h ; Rioux, p. 114.

47. Pietro Secchia, cité *in* Ellwood, p. 190.

48. Ginsborg, pp. 91-92.

49. *Ibid.*, p. 94.

50. *Ibid.*, p. 96.

51. Ammendolia, p. 39.

52. *Ibid.*, pp. 45-49.

24. La guerre civile grecque

1. Pour la conférence de Moscou, voir Dallas, pp. 285-294.

2. Mazower, *Inside Hitler's Greece*, pp. 140-142.

3. Michael S. Macrakis, « Russian Mission on the Mountains of Greece, Summer 1944 (A View from the Ranks) », *Journal of Contemporary History*, vol. 23, n° 3, pp. 387-408 ; et Mazower, *Inside Hitler's Greece*, pp. 296, 359-360.

4. Cité in *ibid.*, pp. 295-296.

5. PRO WO 204/8832, SACMED à Scobie, 15 novembre 1944. Voir aussi Churchill à Eden, 7 novembre 1944, PRO FO 371/43695 ; et Alexander, p. 66.

6. Mazower, *Inside Hitler's Greece*, p. 364 et 413, note 24.

7. Iatrides (dir.), *Ambassador MacVeagh Reports*, p. 660.

8. Cité *in* Mazower, *Inside Hitler's Greece*, p. 362.

9. *Ibid.*, p. 352.

10. PRO PREM 3 212/11, ordre de Churchill à Scobie, 5 décembre 1944 : voir Clogg (dir.), p. 187

11. PRO WO 170/4049, « Report on Visit to Greek Red Cross F.A.P., Platia Kastalia, Kypseli, 12 Dec. 1944 » ; rapport de l'ambassadeur Lincoln MacVeagh, 6 décembre 1944 *in* Iatrides (dir.), *Ambassador MacVeagh Reports*, p. 658.

12. Voir les nombreux rapports d'otages de l'ELAS *in* PRO FO 996/1. Voir aussi WO 204/8301, « Account of military and political events in Western Greece during the independent mission of 11 Ind Inf Bde GP », surtout l'appendice C.10 ; WO 204/9380, « Report by Captain WE Newton on a visit to Kokkenia on 12th January 1945 ».

13. Pour une traduction anglaise des Accords de Varkiza, voir Richter, pp. 561-564 ; et Woodhouse, pp. 308-310.

14. Voir Mazower, *Inside Hitler's Greece*, pp. 271, 279-284.

15. Woodhouse, p. 147.

16. *Ibid.*, pp. 84-86 ; Mazower, *Inside Hitler's Greece*, pp. 318, 325.

17. Voir Hagen Fleischer, « Contacts between German Occupation Authorities and the Major Greek Resistance Organizations », *in* Iatrides (dir.), *Greece in the 1940s*, pp. 54-56 ; et Mazower, *Inside Hitler's Greece*, pp. 142, 329-330.

18. Konstantinos G. Karsaros, membre de l'EAM, cité *in* Kalyvas, p. 171.

19. Mazower, *Inside Hitler's Greece*, p. 290.

20. *Ibid.*, pp. 318-320.

21. John Sakkas, « The Civil War in Evrytania », *in* Mazower (dir.), *After the War*, p. 194.

22. Kalyvas, pp. 161-162.

23. *Ibid.*, pp. 157, 159.

24. *Ibid.*, pp. 148, 163.

25. *Odigitis*, 8 février 1944, cité *in* Kalyvas, p. 157.

26. Kalyvas, pp. 153, 159.

27. *Ibid.*, p. 154.

28. Mazower, *Inside Hitler's Greece*, p. 327.

29. Kalyvas, p. 151.

30. PRO HS 5/698, « General Report », pp. 8-9.

31. Mazower, *Inside Hitler's Greece*, pp. 334-339.

32. PRO FO 188/438, « Summary of a Letter dated Athens 22nd November 1944 from Mr Justice Sandström, Chairman of the Greek Relief Commission to the Supervisory Board of the Swedish Red Cross ».

33. L'exemple de Douka est disséqué plus en détail par Kalyvas, pp. 171-175.

34. Mazower, *Inside Hitler's Greece*, p. 373.

35. Voir le rapport de F. Edson à Lincoln MacVeagh, 29 mars 1945, cité *in* Clogg (dir.), p. 192.

36. Voglis, p. 75.

37. Voir les rapports de Charles F. Edson à Lincoln MacVeagh, 29 mars et 4 juillet 1945, cités *in* Clogg (dir.), pp. 192, 196 ; et le rapport de Woodhouse cité *in* Richter, pp. 148-150.

38. Proclamation à la radio de la DSE (Armée démocratique de Grèce) au peuple grec, 24 décembre 1947, citée *in* Clogg (dir.), p. 205.

39. Voir le rapport de Charles F. Edson à Lincoln MacVeagh, 4 juillet 1945, cité in *ibid.*, pp. 195-196.

40. Voir l'introduction de Mark Mazower *in* Mazower (dir.), p. 11.

41. *Ibid.*, p. 7.

42. Eleni Haidia, « The Punishment of Collaborators in Northern Greece, 1945-1946 », in *ibid.*, p. 54.

43. Selon des estimations britanniques, 3 033 personnes furent exécutées suite à leur condamnation par des cours martiales entre 1946 et 1949, et 378 après leur condamnation par des tribunaux civils, soit un total de 3 411 ; voir FO 371/87668 RG10113/11, Athènes au Foreign Office, 6 avril 1950.

44. P. Papastratis, « The Purge of the Greek Civil Service on the Eve of the Civil War », *in* L. Baerentzen *et al.* (dir.), p. 46. Voir aussi Mark Mazower, « Three Forms of Political Justice, Greece 1944–1945 », *in* Mazower (dir.), pp. 37-38.

45. FO 371/87668 RG 10113/28. Voglis semble se tromper dans sa citation de ces chiffres, p. 75.

46. Mazower, *Inside Hitler's Greece*, p. 376.

47. *Ibid.*, p. 376.

48. Voir la déclaration de George F. Kennan au War College, 28 mars 1947, Kennan, pp. 318-320.

49. Truman, p. 129.

50. Discours de Marshall à Harvard, 5 juin 1947, cité in *ibid.*, p. 138. Voir aussi Rioux, p. 114.

51. Voir Milward, *Reconstruction*, pp. 5, 56-61.

52. Judt, p. 143. Pour des descriptions de l'agitation communiste en France et en Italie, voir Rioux, pp. 129-130 ; *Time Magazine*, 26 juillet 1948, « Blood on the cobblestones » ; *FRUS*, 1948, vol. III *(Western Europe)*, pp. 853-854.

25. L'oiseau dans son nid : le communisme en Roumanie

1. Cedric Salter, entretien avec le roi Michel de Roumanie, *Daily Express*, 23 novembre 1944. Pour une description plus détaillée du coup d'État du roi Michel, voir le *New York Times*, 27 août 1944 ; Deletant, pp. 45-60 ; Ionescu, pp. 83-84.

2. Déclaration du nouveau gouvernement roumain, 23 août 1944, *FRUS*, 1944, vol. IV, p. 191.

3. Deletant, pp. 36-37, 49.

4. Pour le texte complet de l'armistice roumain, voir TNA : PRO WO 201/1602.

5. Ionescu, p. 88 ; Hitchins, pp. 502-505.

6. Deletant, p. 59.

7. *Daily Express*, 21 novembre 1944.

8. *Ibid.* et TNA : PRO WWO 201/1602, recueil de rapports de l'OSS du Foreign Office au ministre résident, Le Caire, 16 septembre 1944.

9. Ionescu, p. 98 ; Deletant, p. 57.

10. *Ibid.*, p. 103 ; *ibid.*, p. 56-59.

11. *Ibid.*, pp. 59-60. Pour la version des événements par Penescu, voir les minutes de James Marjoribanks, Foreign Office, 2 décembre 1944, TNA : PRO FO 371/48547.

12. La trêve dura tout juste trois semaines : voir le rapport du chef du Renseignement polonais, en date du 1er février 1945, reproduit *in* Giurescu, doc. I, pp. 134-144.

13. Deletant, pp. 61-63 ; voir en particulier la citation du télégramme de Georgescu indiquant aux préfets régionaux de « ne pas exécuter les ordres [...] émanant du général Rădescu, qui a prouvé par son action dictatoriale qu'il était un ennemi de notre peuple ».

14. *Ibid.*, pp. 64-64.

15. Pour le texte du discours de Rădescu, voir Giurescu, doc. 4, pp. 174-175 ; voir aussi Judt, p. 135.

16. Tismaneanu, pp. 89-90.

17. Deletant, p. 72 : 2 851 agents du ministère de l'Intérieur furent versés dans la réserve, et 195 révoqués.

18. Comité national roumain, *Répression des droits de l'homme*, pp. 67-68.

19. *Ibid.*, p. 27 ; Winterton, p. 96.

20. Comité national roumain, *Répression des droits de l'homme*, p. 27, pp. 36-37.

21. Deletant, p. 68, n. 32, pp. 75-77.

22. Cité par le Comité national roumain, *Répression des droits de l'homme*, p. 40.

23. *New York Times*, 25 novembre 1946. Pour une brève description des

conditions de déroulement de ces élections, voir Hitchins, pp. 530-534.

24. Le nombre exact de sièges attribués dans le parlement de 1946 est contesté tant par les Roumains que par les historiens. Pour cette raison, je n'ai donné que le pourcentage de sièges, qui reste essentiellement le même, et non le nombre. Voir Hitchins, p. 534 ; Deletan, p. 78 ; Ionescu, p. 124 ; Betts, p. 13.

25. Deletant, p. 78. Tismaneanu, pp. 287-288, n. 10.

26. *Ibid.*, p. 91 ; Fischer-Galati, p. 99 ; E.D. Tappe, « Rumania », *in* Betts (dir.), p. 11.

27. Deletant, p. 79 ; *Le Figaro*, 18 mars 1948 ; Comité national roumain, p. 54.

28. Ionescu, pp. 133-136 ; Comité national roumain, pp. 77-81.

29. Deletant, p. 88 ; *Le Figaro*, 26/27 mars 1949 ; Comité national roumain, pp. 109-110 ; Tismaneanu, p. 91.

30. Pour des descriptions détaillées de la répression des trois confessions de l'Église catholique en Roumanie, voir Comité national roumain, *Persécution de la religion*, et Deletant, pp. 88-113.

31. Ionescu, pp. 161-170.

32. *Ibid.*, pp. 111-112 ; Tismaneanu, p. 108.

33. Comité national roumain, *Répression des droits de l'homme*, p. 90 ; Deletant, p. 87.

34. Ces affirmations, reprises dans *Scînteia* le 7 décembre 1961, doivent être traitées avec une certaine circonspection, car les chiffres furent utilisés comme une preuve visant à incriminer les anciens rivaux de Dej, Ana Pauker et Teohari Georgescu : voir Ionescu, p. 201. Un rapport de la Securitate datant de 1953 montre que, rien qu'en 1951 et en 1952, 34 783 paysans furent arrêtés ; voir Deletant, p. 140.

35. Ionescu, p. 335 ; Deletant, p. 141.

26. L'assujettissement de l'Europe de l'Est

1. Cité *in* Judt, p. 131.

2. Rákosi cité *in* Kenez, p. 224.

3. À la fin, de telles initiatives militaires n'étaient plus nécessaires ; voir Fowkes, p. 23.

4. Voir John Micgiel, « "Bandits and Reactionaries" : The Suppression of the Opposition in Poland, 1944-1946 », *in* Namark et Gibianskii, pp. 93-104.

5. Jan Gross, « War as Revolution », in *ibid.*, p. 31.

6. Nagy, pp. 160-164 ; Kenez, pp. 61-66, 102.

7. Nagy, p.x.

8. Igor Lukes, « The Czech Road to Communism », *in* Naimark et Gibianskii, p. 258. Cité *in* Upton, p. 258.

9. Cité in *ibid.*, p. 258.

10. Crampton, pp. 309-31.

11. Novick, p. 75, note 38.

12. Tismameanu, p. 87 ; Schöpflin, p. 65.

13. Kontler, p. 392. Schöpflin avance le chiffre de 2 000 adhérents du Parti communiste en novembre 1944, passant à 884 000 en mai 1948, p. 65.

14. Myant, pp. 106, 222. Schöpflin avance le chiffre de 40 000 adhérents du Parti communiste à la fin de la guerre, passant à 2,67 millions en octobre 1948, p. 65.

15. Myant, p. 204.

16. Pour la Roumanie, voir Comité national roumain, *Répression des droits de l'homme*, p. 28 ; Deletant, p. 58, note 10 ; Giurescu, pp. 34-35.

17. Myant, pp. 125-129.

18. Z. Vas, cité par Bela Zhilitski, « Postwar Hungary 1944-1946 », *in* Naimark et Gibianskii, p. 78.

19. La mort de Masaryk fut sans doute un suicide, mais des rumeurs persistantes d'acte criminel continuèrent de circuler ; voir Myant, p. 217 ; Judt, p. 139.

20. Fowkes, p. 28.

21. Crampton, p. 315 ; Tismameanu, p. 288 ; Davies, *God's*

Playground, p. 426 ; Myant, p. 225 ; Kontler, p. 409.

22. Molnár, p. 303. J'ai revu à la baisse l'estimation de ce dernier sur une population totale de 10 millions d'habitants, en accord avec Maddison, pp. 96-97.

23. Correspondance entre Dimitrov et Molotov, *in* Dimitrov, entrée de journal des 15-29 mars 1946, pp. 397-402.

24. Djilas, *Conversations with Stalin*, p. 105.

27. La résistance des « Frères de la Forêt »

1. Statiev, p. 106.

2. Cité par Laima Vincė, postface de Lukša.

3. Lionginas Butkevičius cité *in* Gaškaitė-Žemaitienė, p. 44.

4. Pour de nombreux exemples de batailles livrées par des partisans, voir Lukša, pp. 103-124. Une chronologie est disponible sur le site www.spauda.lt/voruta/kronika/ chronic1.htm

5. Pour des descriptions de la bataille de Kalniškės, voir Lukša, pp. 119-121 ; et www.patriotai.lt/straipsnis/2009-05-22/jonas-neifalta-lakunas-1910-1945, dernière consultation le 21 juillet 2011.

6. Pour les estimations les plus élevées, voir Misiunas et Taagepera, p. 86 ; pour les estimations les plus basses, voir Strods, p. 150, et Mart Laar, « The Armed Resistance Movement in Estonia from 1944 to 1956 », *in* Anušauskas (dir.), p. 217.

7. Beria, ciré *in* Starkauskas, p. 50.

8. Statiev, p. 247.

9. Témoignage d'Eleonora Labanauskienė dans la postface de Laima Vincė à Lukša, p. 375.

10. En juillet 1947, par exemple, le ministre responsable du MGB, la police secrète, Viktor Abakumov, citait la « directive » de Staline sur la torture à titre de justification de son emploi : voir Statiev, pp. 32-33, 247-249, 291-292.

11. *Ibid.*, pp. 107-108, 112-113.

12. Lukša, pp. 210-211, 226-230, 305, 331, 335.

13. Pour des exemples sur ce point, voir *ibid.*, pp. 203, 225, 228, 230, 240, 273 et surtout 335 ; V. Stanley Vardys et Judith B. Sedaitis, p. 84 ; Gaškaitė-Žemaitienė, p. 35 ; Statiev, p. 108.

14. Statiev, p. 289 ; Starkauskas, p. 51.

15. Témoignage du soldat Strekalov, cité *in* Starkauskas, pp. 50-51.

16. L'existence de tels groupes est confirmée par des sources occidentales et soviétiques : voir Misiunas et Taagepera, p. 91 ; Gaškaitė-Žemaitienė, p. 31.

17. *Ibid.*, p. 32 ; Statiev, p. 237.

18. Starkauskas, p. 60.

19. Laar, pp. 117-119.

20. Lukša, p. 124.

21. Misiunas et Taagepera, p. 86.

22. Lukša, pp. 101-103, 147.

23. Selon Alfred Käärmann, cité *in* Laar, pp. 183-184.

24. Tableau adapté d'après Statiev, p. 125.

25. Ilse Iher, cité *in* Laar, p. 98.

26. Note de Beria à Staline, citée *in* Statiev, p. 132.

27. *Ibid.*, pp. 132-134, 137-138 ; Misiunas et Taagepera, pp. 92-93.

28. Starkauskas, p. 58.

29. Statiev, pp. 101-102.

30. Gaškaitė-Žemaitienė, p. 37.

31. Strods, pp. 154-155.

32. Misiunas et Taagepera, pp. 99, 102-103.

33. Les mouvements de partisans des trois pays le savaient d'emblée ; voir par exemple le programme de Relvastatud Võitluse Liit, cité *in* Laar, p. 108.

34. Lukša, pp. 24-27.

35. Gaškaitė-Žemaitienė, pp. 38, 42. En se fondant sur des chiffres anté-

rieurs à 1989, Misiunas et Taagepera, plus optimistes, estiment à 5 000 les combattants encore actifs en 1950, p. 357.

36. Voir la postface de Laima Vincė à Lukša, pp. 385-388.

37. Le dernier chef de la Résistance, Adolfas Ramanauskas-Vanagas, fut capturé en 1956, et exécuté le 29 novembre 1957. Voir Gaškaitė-Žemaitienė, p. 44.

38. *Ibid.*, pp. 43-44.

39. Voir Laar, pp. 196-206.

40. Voir *Time*, 13 janvier 1975 : « Japan : The Last Last Soldier ? » ; et Ronald Fraser, *In Hiding : The Life of Manuel Cortes*, Allen Lane, Londres, 1972.

41. Pour l'argument selon lequel la Résistance n'aurait fait qu'aggraver la répression soviétique, voir la comparaison d'Alexander Statiev entre la Lituanie et la Biélorussie, pp. 117, 137-138.

42. Vardys et Dedaitis, p. 84.

43. Laar, *passim.*

44. Voir www.patriotai.lt/straipsnis/2009-05-22/jonas-neifalta-lakunas-1910-1945, dernière consultation le 21 juillet 2011.

28. Le miroir de la guerre froide

1. Tassoula Vervenioti, « Left-Wing Women between Politics and Family », *in* Mazower (dir.), pp. 109, 115.

2. Déclaration au peuple grec sur la radio de la DES (Armée démocratique de Grèce), 24 décembre 1947, cité *in* Clogg (dir.), p. 205 ; discours de Rădescu cité par Deletant, p. 67, et Giurescu, doc. 4, pp. 174-175.

3. Mao Zedong, 1er juillet 1949, cité *in* Conrad Brandt, Benjamin Schwartz et John K. Fairbank, *A Documentary History of Chinese Communism*, Allen & Unwin, Londres, 1952, pp. 453-454.

4. McCarthy, p. 168.

Conclusion

1. Markov, p. 16.

2. *The Economist*, 13 novembre 2010, p. 48.

3. *The Washington Post*, 1er janvier 2011 ; voir aussi István Deák, « Hungary : The Threat », *The New York Review of Books*, vol. LVIII, n° 7, pp. 35-37.

4. Cité par István Deák, « Hungary : The Threat », *The New York Review of Books*, 28 avril-11 mai 2011, vol. LVIII, n° 7, pp. 35-37. Orgovány fut le site d'un massacre en 1919, quand des officiers contre-révolutionnaires assassinèrent des suspects de communisme et des juifs non engagés politiquement ; Cohn-Bendit est un opposant de gauche au gouvernement hongrois.

5. *European Union Agency for Fundamental Rights, European Union Minorities and Discrimination Survey : Main Results Report*, European Union Agency for Fundamental Rights, 2009, pp. 9, 15, 167-170. Ce document est disponible sur le site http://fra.europa.eu/fraWebsite/attachments/eumidis_naubreoirt_conferenceedition_en_pdf, dernière consultation le 12 octobre 2011.

6. Clay, p. 315.

7. Uehling, pp. 8-9.

8. *Ibid.*, p. 10.

9. Cité par Jedlicki, p. 230.

10. Voir chapitre 18, note 21.

11. Žerjavić, *passim* ; Josip Jurčević, p. 6. Voir aussi Tomasevich, p. 761, et chapitre 12 ci-dessus.

12. Voir chapitre 13, note 50.

13. *Guardian*, 11 février 2005.

14. Philip Morgan, p. 231.

15. Jedlicki, p. 225.

16. *Ibid.*, p. 227.

Sources

Archives consultées

Imperial War Museum, Londres, Department of Documents (IWM Docs) et Sound Archives (IWM Sound)
US National Archives and Records Administration (NARA), Maryland, USA
United Nations Relief and Rehabilitation Administration (UNRRA) Archives, New York
United States Holocaust Memorial Museum, New York
UK National Archives (anciennement Public Record Office – PRO), Londres
Archives nationales, Paris
Archiwum Państwowe (AP, Archives d'État), Szczecin
Centralne Archiwum Wojskove (CAW, Archives militaires centrales), Varsovie
Archiwum Wschodnie, Ósrodek Karta (AWK, Archives de l'Est), Varsovie
Polski Ośrodek Społeczno Kulturalny (POSK), Londres
The Sikorski Institute, Londres
Bundesarchiv, Koblenz Zentrum gegen Vertreibungen, Berlin

Publications officielles

Biuro Odszkodowańjennych przy Prezydium Rady Ministrów, *Sprawozdanie w Przedmiocie strat i szkód wojennych Polski w latach 1939-1945,* Varsovie, 1947

G.C.E. Burger, J.C. Drummond et H.R. Stanstead (éd.), *Malnutrition and Starvation in Western Netherlands, September 1944-July 1945,* La Haye, Service général des imprimés, 1948

Central Statistical Office, *Statistical Digest of the War,* Londres, HMSO, 1951

Centraal Bureau voor de Statistiek, *Oorlogsverliezen 1940-1945 : Maandschrift van het Centraal Bureau voor de Statistiek,* La Haye, Belinfante, 1948

Croatian State Commission for Establishing Crimes of Occupying Forces and their Assistants, *Crimes in the Jasenovac Camp,* Banja Luka, Becjead, 2000

Foreign Relations of the United States disponible en ligne à l'adresse http://digicoll.library.wisc.edu/cgi-bin/FRUS/ Harry L. Coles et Albert K. Weinberg (éd.), *Civil Affairs : Soldiers Become Governors,* US Govt Printing Office, Washington DC, 1964

House of Commons, *Parliamentary Debates,* Londres, HMSO, 1942-1945

H.M. Government, *Statistics Relating to the War Effort of the United Kingdom,* Londres, HMSO, 1944

Instituto Centrale Statistica, *Morti E Dispersi Per Cause Belliche Negli Anni 1940-45,* Rome, Instituto Centrale Statistica, 1957

Comité international de la Croix-Rouge, *Rapport du Comité international de la Croix-Rouge sur ses activités pendant la Deuxième Guerre mondiale (1er septembre 1939-30 juin 1947),* vol. I : *Activités générales,* Genève, ICRC, 1948

Erich Maschke (éd.), *Zur Geschichte der deutsche Kriegsgefangenen des zweiten Weltkrieges,* Bielefeld, Ernst & Werner Gieseking, 1962-1974), 15 vol.

Angus Maddison, *The World Economy : Historical Statistics,* Paris, OCDE, 2003

Theodor Schieder (éd.), *Documents on the Expulsion of the Germans from Eastern-Central Europe,* Ministère fédéral des Expulsés, Réfugiés et Victimes de guerre, Bonn, 1958-1960, trad. G. H. de Sausmarez, 4 vol. [Documents sur l'expulsion des Allemands d'Europe centrale et orientale, vol. I.]

Généralissime Staline, *War Speeches, Orders of the Day and Answers to Foreign Press Correspondents during the Great Patriotic War, July 3rd 1941-June 22nd 1945,* Londres, Hutchinson, 1946

United States Army, Cabinet du ministre de la Santé (Office of the Surgeon General), *Preventative Medicine in World War II,* vol. V, *Communicable Diseases Transmitted through Contact or by Unknown Means,* Washington DC, US Government Printing Office, 1960

United States Strategic Bombing Survey, *Over-all Report (European War),* 1945

War Office, *Statistical Report on the Health of the Army, 1943-1945,* Londres, HMSO, 1948

Sir Charles Webster et Noble Frankland, *The Strategic Air Offensive Against Germany 1939-1945,* Londres, HMSO, 1961

Journaux et revues

Le Courrier de Genève
Daily Express (Londres)
Défense de la France
Écrits de Paris
Hansard (Londres)
Journal officiel
Le Monde
Múlt és jövő
New York Times
Newsweek
The New York Review of Books
Le Peuple
Res Publica
The Times (Londres)
Time Magazine

Films

Frank Launder & Sidney Gilliat, *Ceux de chez nous* (*Millions Like Us*), 1943

Marcel Ophüls, *Le Chagrin et la Pitié,* en deux parties, produit par les Laboratoires de Gennevilliers pour Télévision Rencontre, 1969

Charlie Russel, documentaire pour la BBC, « The Last Nazis », épisode II, Minnow Films, 2009
Charles Wheeler, documentaire pour la BBC, « A Shadow Over Europe », 2002

Livres et thèses

Guides de voyage

Karl Baedeker, *Das Generalgouvernement : Reisehandbuch von Karl Baedeker*, Leipzig, Karl Baedeker, 1943
Ministère de la Culture & des Arts et ministère de la Reconstruction du Pays, *Warsaw Accuses : Guide-book to the Exhibition Arranged by the Office of Reconstruction of the Capital together with the National Museum in Warsaw*, Varsovie, Muzeum Narodowe, 1945

Études historiques et universitaires

Robert H. Abzug, *Inside the Vicious Heart*, Oxford University Press, Oxford, 1987
Luca Alessandrini, « The Option of Violence – Partisan Activity in the Bologna Area 1945-1948 », *in* Jonathan Dunnage (éd.), *After the War : Violence, Justice, Continuity and Renewal in Italian Society*, Troubador, Market Harborough, 1999
G.M. Alexander, *The Prelude to the Truman Doctrine : British Policy in Greece, 1944-1947*, Clarendon Press, Oxford, 1982
Ilario Ammendolia, *Occupazione delle Terre in Calabria 1945-1949*, Gangemi, Rome, 1990
Anonyme, *Komu sluší omluva? Češi a sudetští Němci – dokumenty, fakta, svědectví*, Erika, Prague, 1992
Arvydas Anušauskas (éd.), *The Anti-Soviet Resistance in the Baltic States*, Centre de recherches de Lituanie sur le Génocide et la Résistance, Vilnius, 2000
Yitzhak Arad, *Belzec, Sobibor, Treblinka : The Operation Reinhard Deathcamps*, Indiana University Press, Bloomington, 1999
Robert Aron, *Histoire de l'épuration : De l'indulgence aux massacres, novembre 1942-septembre 1944*, Fayard, Paris, 1967
L. Baerentzen, J. Iatrides et O. Smith (éd.), *Studies in the History of the Greek Civil War, 1945-1949*, Copenhague, 1987
James Bacque, *Morts pour raisons diverses. Enquête sur le traitement des prisonniers de guerre allemands dans les camps américains et français à la fin de la Seconde Guerre mondiale*, Sand & Tchou, Paris, 1995
John Barber et Mark Harrison, *The Soviet Home Front, 1941-1945 : a Social and Economic History of the USSR in World War II*, Longman, Londres et New York, 1991
Achille Battaglia, *I guidici e la politica*, Laterza, Bari, 1962
Yehuda Bauer, *Flight and Rescue : Brichah*, Random House, New York, 1970
Earl R. Beck, *Under the Bombs*, University Press of Kentucky, Lexington, 1986
Antony Beevor, *La Chute de Berlin*, Le Livre de Poche, Paris, 2005
Antony Beevor, *Stalingrad*, Le Livre de Poche, Paris, 2001
Antony Beevor et Artemis Cooper, *Paris libéré, Paris retrouvé : 1944-1949*, Perrin, Paris, 2004

Antony Beevor et Luba Vinogradova, textes choisis et présentés par, *Carnets de guerre : de Moscou à Berlin. 1941-1945, Vassili Grossman,* Calmann-Lévy, Paris, 2007.
Wolfang Benz et Angelika Königseder (éd.), *Das Konzentrationslager Dachau,* Metropol, Berlin, 2008
Jean-Marc Berlière avec Laurent Chabrun, *Les Policiers français sous l'Occupation,* Perrin, Paris, 2001
Michael Beschloss, *The Conquerors : Roosevelt, Truman and the Destruction of Hitler's Germany, 1941-1945,* Simon & Schuster, New York, 2002
Nicholas Bethell, *Le Dernier Secret. 1945 : comment les Alliés livrèrent deux millions de Russes à Staline,* Le Seuil, Paris, 1975
R.R. Betts (éd.), *Central and South East Europe 1945-1948,* Royal Institute of International Affairs, Londres et New York, 1950
Günter Bischof et Stephen E. Ambrose (éd.), *Eisenhower and the German POWs : Facts against Falsehood,* Louisiana State University Press, Baton Rouge et Londres, 1992
J.C.H. Blom *et al.* (éd.), *The History of the Jews in the Netherlands,* trad. Arnold J. Pomeranz et Erica Pomeranz, Littman Library of Jewish Civilization, Oxford et Portland, Oregon, 2002
Lars Borgersrud, « Meant to Be Deported », *in* Kjersti Ericsson et Eva Simonsen (éd.), *Children of World War II,* Berg, Oxford et New York, 2005
Manfred Bosch, *Der Neubeginn : Aus deutscher Nachkriegszeit Südbade 1945-1950,* Südkurier, Constance, 1988
Yury Boshyk (éd.), *Ukraine during World War II : History and its Aftermath,* University of Alberta, Edmonton, 1986
Douglas Botting, *In the Ruins of the Reich,* Methuen, Londres, 2005
Thérèse Brosse, *L'Enfance victime de la guerre, une étude de la situation européenne,* Unesco, Paris, 1949
Patrick Buisson, *1940-1945, années érotiques : Vichy ou les infortunes de la vertu,* Albin Michel, Paris, 2009
Joanna Bourke, *Rape : A History from 1860 to the Present Day,* Virago, Londres, 2007
Philippe Bourdrel, *L'Épuration sauvage,* Perrin, Paris, 2002
Alain Brossat, *Les Tondues : Un carnaval moche,* Hachette/Pluriel, Paris, 1992
Madeleine Bunting, *The Model Occupation : The Channel Islands under German Rule, 1940-1945,* HarperCollins, Londres, 1995
Michael Burleigh, *Moral Combat : A History of World War II,* Harper Press, Londres, 2010
Michael Burleigh, *The Third Reich : A New History,* Pan, Londres, 2001
David Cannadine (éd.), *Blood Toil Tears and Sweat : Winston Churchill's Famous Speeches,* Cassell, Londres, 1989
Rich Cohen, *Les Vengeurs,* Denoël, Paris, 2002
Laurel Cohen-Pfister et Dagmar Wienroeder-Skinner (éd.), *Victims and Perpetrators : (Re)Presenting the Past in Post-Unification Culture,* Walter de Gruyter, Berlin et New York, 2006
Robert Conquest, *A History of Modern Russia from Nicholas II to Putin,* Penguin, Londres, 2003
Martin Conway, « Justice in Postwar Belgium : Popular Passions and Political Realities », *in* István Deák *et al* (éd.), *The Politics of Retribution in Europe,* Princeton University Press, 2000

Guido Crainz, *Padania : Il mondo dei braccianti dall'Ottocento all fuga dalle campagne,* Donzelli, Rome, 1994

R.J. Crampton, *Bulgaria,* Oxford University Press, Oxford, 2007

Hans Fredrik Dahl, « Dealing with the Past in Scandinavia », *in* Jon Elster (éd.), *Retribution and Reparation in the Transition to Democracy,* Cambridge University Press, New York, 2006

Gregor Dallas, *Poisoned Peace : 1945 – The War that Never Ended,* John Murray, Londres, 2006

Alexander Dallin, *German Rule in Russia 1941-1945 : A Study of Occupation Policies,* Macmillan Press, Londres et Basingstoke, 1981

Eugene Davidson, *The Death and Life of Germany : An Account of the American Occupation,* Jonathan Cape, Londres, 1959

Lucy S. Dawidowicz, *La Guerre contre les juifs,* Hachette, Paris, 1977

Norman Davies, *Rising '44 : The Battle for Warsaw,* Pan, Londres, 2004

Norman Davies, *God's Playground : A History of Poland,* Oxford University Press, 2005

Norman Davies et Roger Moorehouse, *Microcosm,* Pimlico, Londres, 2003

István Deák *et al.* (éd.), *The Politics of Retribution in Europe,* Princeton University Press, 2000

Martin Dean, *Robbing the Jews : The Confiscation of Jewish Property in the Holocaust, 1933-1945,* Cambridge University Press, New York, 2008

Dennis Deletant, *Communist Terror in Romania : Gheorghiu-Dej and the Police State, 1948-1965,* Hurst & Co., Londres, 1999

T.K. Derry, *A History of Modern Norway 1814-1972,* Clarendon Press, Oxford, 1973

Monika Diederichs, « Stigma and Silence : Dutch Women, German Soldiers and their Children », *in* Kjersti Ericsson et Eva Simonsen (éd.), *Children of World War II,* Berg, Oxford et New York, 2005

Mirco Dondi, *La lunga liberazione : Giustizia e violenza nel dopoguera italiano,* Riumiti, Rome, 2004

Slavenka Drakulić, *Balkan-Express : Chroniques de la Yougoslavie en Guerre,* Éditions Mentha, Paris, 1992

Nándor Dreisziger (éd.), *Hungary in the Age of Total War (1938-1948),* Columbia University Press, New York, 1998

Ebba D. Drohlshagen, *Wermachtskinder : Auf der Suche nach dem nie gekannten Vater,* Droemer, Munich, 2005

Jonathan Dunnage (éd.), *After the War : Violence, Justice, Continuity and Renewal in Italian Society,* Troubador, Market Harborough, 1999

R. Ernest Dupuy et Trevor N. Dupuy, *The Harper Encyclopedia of Military History,* 4e édition, HarperCollins, New York, 1993

Walter Dushnyck, *Death and Devastation on the Curzon Line : The Story of the Deportations from Ukraine,* Committee Against Mass Expulsion/Ukrainian Congress Committee of America, New York, 1948

Donald G. Dutton, *The Psychology of Genocide, Massacres, and Extreme Violence : Why « Normal » People Come to Commit Atrocities,* Praeger Security International, Londres et Westport, Connecticut, 2007

Cecil D. Eby, *Hungary at War : Civilians and Soldiers in World War II,* Pennsylvania State University Press, 1998

Michael Elkins, *Forged in Fury,* Ballantine Books, New York, 1971

David W. Ellwood, *Italy 1943-1945,* Leicester University Press, 1985

Jon Elster (éd.), *Retribution and Reparation in the Transition to Democracy,* Cambridge University Press, New York, 2006

Kjersti Ericsson et Dag Ellingsen, « Life Stories of Norwegian War Children », *in* Kjersti Ericsson et Eva Simonsen (éd.), *Children of World War II,* Berg, Oxford et New York, 2005

Kjersti Ericsson et Eva Simonsen (éd.), *Children of World War II,* Berg, Oxford et New York, 2005

Sarah Farmer, *Martyred Village,* University of California Press, Londres et Berkeley, 2000

Bernhard Fisch, *Nemmersdorf, Oktober 1944 : Was in Ostpreußen tätsachlich geschah,* Edition Ost, Berlin, 1997

Stephen Fischer-Galati, *Twentieth Century Romania,* Columbia University Press, New York, 2e éd., 1991

Sarah Fishman, *The Battle for Children : World War II, Youth Crime, and Juvenile Justice in Twentieth Century France,* Harvard University Press, Cambridge Mass., 2002

Eddy Florentin, *Quand les Alliés bombardaient la France 1940-1945,* Perrin, Paris, 1997

Ben Fowkes, *Eastern Europe 1945-1969 : From Stalinism to Stagnation,* Pearson Education, Harlow, 2000

Saul Friedländer, *Les Années d'extermination : L'Allemagne nazie et les Juifs (1939-1945),* Points Histoire, Paris, 2012

Gregory Frumkin, *Population Changes in Europe Since 1939,* Augustus M. Kelley Inc., New York, 1951

Lucien Gaillard, *Marseille sous l'Occupation,* Ouest-France, Rennes, 1982

Nijolė Gaškaitė-Žemaitienė, « The Partisan War in Lithuania from 1944 to 1953 », *in* Arvydas Anušauskas (éd.), *The Anti-Soviet Resistance in the Baltic States,* Centre de recherches sur le Génocide et la Résistance de Lituanie, Vilnius, 2000

Martin Gilbert, *The Boys : Triumph over Adversity,* Phoenix, Londres, 1997

Martin Gilbert, *The Day the War Ended,* HarperCollins, Londres, 1995

Martin Gilbert, *The Holocaust : The Fate of European Jewry 1932-1945,* Henry Holt, New York, 1985

Martin Gilbert, *The Routledge Atlas of the Holocaust,* Routledge, Londres et New York, 4e éd., 2009

Paul Ginsborg, « The Communist Party and the Agrarian Question in Southern Italy, 1943-1948 », *History Workshop Journal,* vol. 17, 1984

Dinu C. Giurescu, *Romania in the Second World War (1939-1945),* trad. Eugenia Elena Popescu, Columbia University Press, New York, 2000

Susan Glanz, « Economic Platforms of the Various Political Parties in the Elections of 1945 », *in* Nándor Dreisziger (éd.), *Hungary in the Age of Total War (1938-1948),* Columbia University Press, New York, 1998

David Glantz, *Leningrad : City Under Siege 1941-1944,* Grange Books, Rochester, 2005

Samuel Gringauz, « Jewish Destiny as the DP's See It : The Ideology of the Surviving Remnant », *Commentary (Journal of the American Jewish Committee),* vol. 4, n° 6, décembre 1947

Samuel Gringauz, « Our New German Policy and the DP's : Why Immediate Resettlement is Imperative », *Commentary,* vol. V, juin 1948

Jan T. Gross, *Fear : Anti-Semitism in Poland after Auschwitz,* Random House, New York, 2006

Michael Grüttner, Rüdiger Hachtmann et Heinz-Gerhard Haupt (éd.), *Geschichte und Emanzipation,* Campus Fachbuch, Francfort, 1999

László Gyurgyík, *Changes in the Demographic Settlement and Social Structure of the Hungarian Minority in Czechoslovakia between 1918-1998*, trad. anglaise de Jószef D. Lőrincz, Teleki László Foundation, Budapest, 1999

David A Hackett (éd.), *The Buchenwald Report,* Westview Press, Boulder, Colorado, 1995

Mark Harrison (éd.), *The Economics of World War Two,* Cambridge University Press, 1998

Max Hastings, *Armageddon,* Macmillan, Londres, 2004

Max Hastings, *Bomber Command,* Pan, Londres, 1999

Ulrich Herbert, *Hitler's Foreign Workers : Enforced Foreign Labor in Germany Under the Third Reich,* trad. anglaise de William Templer, Cambridge University Press, 1985

Dagmar Herzog (éd.), *Brutality and Desire : War and Sexuality in Europe's Twentieth Century,* Palgrave Macmillan, Basingstoke, 2009

Violetta Hionidou, *Famine and Death in Occupied Greece, 1941-1944,* Cambridge University Press, 2006

Gerhard Hirschfeld, *Nazi Rule and Dutch Collaboration : The Netherlands under German Occupation 1940-1945,* traduction anglaise de Louise Willmot, Berg, Oxford, New York et Hambourg, 1988

William I. Hitchcock, *Liberation : The Bitter Road to Freedom, Europe 1944-1945,* Faber, Londres, 2009

Keith Hitchins, *Rumania 1866-1947,* Oxford University Press, 1994

John H. Hodgson, *Communism in Finland : A History and Interpretation,* Princeton University Press, 1967

Dienke Hondius, *Return : Holocaust Survivors and Dutch Anti-Semitism,* traduction anglaise de David Colmer, Praeger, Westport, Connecticut, 2003

Luc Huyse, « The Criminal Justice System as a Political Actor in Regime Transitions : The Case of Belgium, 1944-50 », *in* István Deák *et al.* (éd.), *The Politics of Retribution in Europe,* Princeton University Press, 2000

John O Iatrides (éd.), *Greece in the 1940s : A Nation in Crisis,* University Press of New England, Hanovre et Londres, 1981

Ghita Ionescu, *Communism in Rumania, 1944-1962,* Oxford University Press, 1964

David L. Israel, *The Day the Thunderbird Cried,* Emek Press, Medford, Oregon, 2005

Kálman Janics, *Czechoslovak Policy and the Hungarian Minority, 1945-1948,* trad. anglaise de Stephen Borsody, Columbia University Press, New York, 1982

Jerzy Jedlicki, « Historical memory as a source of conflicts in Eastern Europe », *Communist and Post-Communist Studies,* vol. 32, n° 3, 1999

Barbara Johr, « Die Ereignisse in Zahlen » *in* Helke Sander et Barbara Johr (éd.), *Befreier un Befreite : Krieg, Vergewaltigungen, Kinder,* Fischer Taschenbuch, Francfort-sur-le-Main, 2006

Tony Judt, *Après-guerre : une histoire de l'Europe depuis 1945,* Fayard Pluriel, Paris, 2010

Josip Jurčević, *The Black Book of Communism in Croatia : The Crimes of Yugoslav Communists in Croatia in 1945,* Croatian Herald, Melbourne, 2006

Stathis N. Kalyvas, « Red Terror : Leftist Violence during the Occupation », *in* Mark Mazower (éd.), *After the War Was Over,* Princeton University Press, Princeton et Oxford, 2000

Peter Kenez, *Hungary from the Nazis to the Soviets : The Establishment of the Communist Regime in Hungary, 1944-1945,* Cambridge University Press, New York, 2009

Arieh J. Kochavi, *Post-Holocaust Politics,* University of North Carolina Press, Chapel Hill et Londres, 2001
Yuri Kondufor (éd.), *A Short History of the Ukraine*, Naukova Dumka, Kiev, 1986
László Kontler, *A History of Hungary,* Palgrave Macmillan, Basingstoke, 2002
Bohdan Krawchenko, « Soviet Ukraine under Nazi Occupation, 1941-1944 », *in* Yury Boshyk (éd.), *Ukraine during World War II,* University of Alberta, Edmonton, 1986
G.F. Krivosheev (éd.), *Soviet Casualties and Combat Losses in the Twentieth Century,* Greenhill, Londres, 1997
Jaroslav Kucera, *Odsunové ztráty sudetoněmeckého obyvatelstva,* Federalni Ministerstvo Zahranicnich Veci, Prague, 1992.
Mart Laar, *War in the Woods : Estonia's Struggle for Survival,* trad. Tiina Ets, The Compass Press, Washington DC, 1992.
Fabio Levi, « Italian Society and Jews after the Second World War : Between Silence and Reparation », *in* Jonathan Dunnage (éd.), *After the War,* Troubador, Market Harborough, 1999
Bea Lewkowicz, « "After the War We Were All Together" : Jewish Memories of Postwar Thessaloniki », *in* Mark Mazower (éd.), *After the War Was Over,* Princeton University Press, Princeton et Oxford, 2000.
J. Robert Lilley, *Taken by Force: Rape and American GIs during World War Two,* Palgrave Macmillan, Basingstoke, 2007
Keith Lowe, *Inferno,* Viking, Londres, 2007
Dorothy Macardle, *Children of Europe : A Study of the Children of Liberated Countries, their Wartime Experiences, their Reactions, and their Needs, with a Note on Germany,* Victor Gollancz, Londres, 1949
Giles MacDonogh, *After the Reich,* John Murray, Londres, 2007
Zeev W. Mankowitz, *Life between Memory and Hope : The Survivors of the Holocaust in Occupied Germany,* Cambridge University Press, 2002
Harold Marcuse, *Legacies of Dachau,* Cambridge University Press, 2001
Augustín Marko and Pavol Martinický, *Slovak-Magyar Relations : History and Present Day in Figures,* Slovak Society for Protection of Democracy and Humanity, Bratislava, 1995
Michael R. Marrus, *Les Exclus. Les réfugiés européens au XXe siècle,* Calmann-Lévy Histoire, Paris, 1994
Karl Marx et Friedrich Engels, *Le Manifeste du Parti communiste,* Garnier-Flammarion Philosophie, Paris, 1999
Mark Mazower (éd.), *After the War Was Over,* Princeton University Press, Princeton et Oxford, 2000
Mark Mazower, *The Balkans,* Weidenfeld & Nicolson, Londres, 2000
Mark Mazower, *Inside Hitler's Greece,* Yale University Press, New Haven et Londres, 1995
Joseph R. McCarthy, *America's Retreat from Victory : The Story of George Catlett Marshall,* The Devin-Adair Company, New York, 1951
Leo McKinstry, *Spitfire : Portrait of a Legend,* John Murray, Londres, 2007
Alan S. Milward, *The Reconstruction of Western Europe 1945-1951,* Methuen, Londres, 1984
Alan S. Milward, *War, Economy and Society 1939-1945,* University of California Press, Berkeley et Los Angeles, 1979
Kazimierz Miroszewski, *Centralny obóz pracy Jaworzno : Podobóz Ukraiński (1947-1949),* Śląsk, Katowice, 2001

Kazimierz Miroszewski, *Centralny obóz pracy Jaworzno : Podobóz Ukraiński (1947-1949)*, Śląsk, Katowice, 2001

Romuald Misiunas et Rein Taagepera, *The Baltic States : Years of Dependence 1940-1990*, Hurst & Co., Londres, 1993

Guido Neppi Modona, « Postwar Trials against Fascist Collaborationists and Partisans : the Piedmont Experience », *in* Jonathan Dunnage (éd.), *After the War : Violence, Justice, Continuity and Renewal in Italian Society*, Troubador, Market Harborough, 1999

Miklós Molnár, *A Concise History of Hungary*, Cambridge University Press, 1996

Roger Moorehouse, *Berlin at War: Life and Death in Hitler's Capital 1939-1945*, Bodley Head, Londres, 2010

Philip Morgan, *The Fall of Mussolini*, Oxford University Press, 2008

Sarah Morgan, « The Schio Killings : a case study of partisan violence in post-War Italy », *Modern Italy*, vol. V, n° 2

Henry Morgenthau Jr, *Germany is Our Problem*, Harper and Bros., New York et Londres, 1945

Martin Myant, *Socialism and Democracy in Czechoslovakia, 1945-1948*, Cambridge University Press, 1981

Norman Naimark, *Fires of Hatred*, Harvard University Press, Cambridge Mass., 2002

Norman Naimark, *The Russians in Germany*, Harvard University Press, Cambridge Mass., 1997

Norman Naimark et Leonid Gibianskii (éd.), *The Establishment of the Communist Regimes in Eastern Europe, 1944-1949*, Westview Press, Boulder, Colorado, 1997

John Nichol et Tony Rennell, *The Last Escape : The Untold Story of Allied Prisoners of War in Germany 1944-1945*, Viking, Londres, 2002

Berit Nøkelby, « Adjusting to Allied Victory », *in* Henrik S. Nissen (éd.), *Scandinavia During the Second World War*, trad. Thomas Munch-Petersen, University of Minnesota Press, Minneapolis, 1983

Henrik S. Nissen (éd.), *Scandinavia During the Second World War*, trad. Thomas Munch-Petersen, University of Minnesota Press, Minneapolis, 1983

Silvestr Nováček, *Drang nach Westen: Vystěhování Němcůz Brna a odsun z jihomoravského pohraničí*, Orego, République tchèque [sans mention de ville], 1996

Peter Novick, *The Resistance versus Vichy*, Chatto & Windus, Londres, 1968

Edmund Nowak (éd.), *Obozy w Lamsdorf/Łambinowicach (1870-1946)*, Centralne Muzeum Jeńców Wojennych w Łambinowicach-Opolu, Opole, 2006

Roman Nurowski (éd.), *1939-1945 War Losses in Poland*, Wydawnictwo Zachodnie, Poznan et Varsovie, 1960

Kåre Olsen, *Schicksal Lebensborn : Die Kinder der Schande un ihre Mütter*, trad. Ebba D. Drohlshage, Knaur, Munich, 2004

Rüdiger Overmans, *Deutsche militärische Verluste im Zweiten Weltkrieg*, Oldenbourg Wissenschaftsverlag, 2000

Rüdiger Overmans, « German Historiography, the War Losses, and the Prisoners of War », *in* Günter Bischof et Stephen E. Ambrose (éd.), *Eisenhower and the German POWs : Facts Against Falsehood*, Louisiana State University Press, Baton Rouge et Londres, 1992

Richard Overy, *Russia's War*, Allen Lane, Londres, 1997

Giampaolo Pansa, *Il Sangue dei vinti*, Sperling, Milan, 2005

Stevan K. Pavlowitch, *Hitler's New Disorder: The Second World War in Yugoslavia*, Hurst & Co., Londres, 2008

Claudio Pavone, *Una Guerra civile : Saggio storico sulla moralità nella Resistenza*, Universali Bollati Boringhieri, Turin, 2006
Raymond Pearson, *National Minorities in Eastern Europe 1848-1945*, Macmillan, Londres, 1983
János Pelle, *Az utolsó vérvádak*, Pelikán, Budapest, 1995
Arrigo Petacco, *A Tragedy Revealed : The Story of Italians from Istria, Dalmatia and Venezia-Giulia, 1943-1956*, trad. Konrad Eisenbichler, University of Toronto Press, 2005
David Wingeate Pike, *Jours de gloire, Jours de honte*, Société d'édition d'enseignement supérieur, Paris, 1984
Tadeusz Piotrowski, *Vengeance of the Swallows*, Macfarland, Jefferson, NC, 1995
Enzo Piscitelli, *Da Parri a De Gasperi : Storia del dopoguerra 1945-1948*, Feltrinelli, Milan, 1975
Douglas Porch, *Hitler's Mediterranean Gamble*, Weidenfeld & Nicolson, Londres, 2004
Anita Prażmowska, *Civil War in Poland 1942-1948*, Palgrave Macmillan, Basingstoke, 2004
Malcolm J. Proudfoot, *European Refugees 1939-52,* Faber & Faber, Londres, 1957
John Ray, *The Second World War*, Cassell, Londres, 1999
Laurence Rees, *Auschwitz*, BBC Books, Londres, 2005
Laurence Rees, *World War Two Behind Closed Doors*, BBC Books, Londres, 2008
Heinz Richter, *British Intervention in Greece : From Varkiza to Civil War*, Merlin Press, Londres, 1985
Jean-Pierre Rioux, *La Quatrième République, 1944-1958,* Points Seuil, Paris, 1980
Andrew Roberts, *The Storm of War*, Allen Lane, Londres, 2009
Henry Rousso, « The Purge in France », *in* Jon Elster (éd.), *Retribution and Reparation in the Transition to Democracy*, Cambridge University Press, New York, 2006
Joshua Rubenstein, *Tangled Loyalties : The Life and Times of Ilya Ehrenburg*, I.B. Tauris, Londres et New York, 1996
Rumanian National Committee, *Suppression of Human Rights in Rumania*, The Rumanian National Committee, Washington, 1949
Hans Rumpf, *The Bombing of Germany*, trad. Edward Fitzgerald, White Lion, Londres, 1975
John Sack, *An Eye for an Eye : The Untold Story of Jewish Revenge Against Germans in 1945,* Basic Books, New York, 1993
Helke Sander et Barbara Johr (éd.), *Befreier un Befreite : Krieg, Vergewaltigungen, Kinder,* Fischer Taschenbuch, Francfort-sur-le-Main, 2006
Derek Sayer, *The Coasts of Bohemia : A Czech History*, Princeton University Press, 1998
George Schöpflin, *Politics in Eastern Europe,* Oxford et Blackwell, Cambridge, Mass., 1993
Simon Sebag-Montefiori, *Stalin : The Court of the Red Tsar,* Weidenfeld & Nicolson, Londres, 2003
W.G. Sebald, *On the Natural History of Destruction*, Londres, 2004
Robert Service, *A History of Modern Russia*, Penguin, Londres, 2003
Ben Shephard, *After Daybreak,* Pimlico, Londres, 2005
Ben Shephard, *The Long Road Home : The Aftermath of the Second World War*, Bodley Head, Londres, 2010

Wladisław et Ewa Siemaszko, *Ludobójstwo dokonane przez nacjonalistów ukraińskich na ludności polskiej Wołynia 1939-1945*, Wydawn. von Borowiecky, Varsovie, 2000

Ewa Siemaszko, « Bilans Zbrodni », *Biuletyn Instytutu Pamięci Narodowej*, n° 7-8, juillet-août 2010

Pierre L. Siklos, *War Finance, Reconstruction, Hyperinflation and Stablization in Hungary, 1938-1948*, Macmillan, Basingstoke, 1991

Fred Skolnik et Michael Berenbaum (éd.), *Encyclopædia Judaica*, 22 vol., Thomson Gale, Farmington Hills, MI, 2007

Timothy Snyder, *The Reconstruction of Nations : Poland, Ukraine, Lithuania, Belarus, 1569-1999*, Yale University Press, New Haven et Londres, 2003

Shmuel Spector, *Holocaust of Volhynian Jews*, trad. Jerzy Michalowicz, Yad Vashem, Jérusalem, 1990

Mark Spoerer, *Zwangsarbeit unter dem Hakenkreuz*, Deutsche Verlags-Anstalt, Stuttgart, 2001

Tomáš Staněk, *Internierung und Zwangsarbeit : Das Lagersystem in den böhmischen Ländern 1945-1948*, R. Oldenbourg, Munich, 2007

Tomáš Staněk, *Odsun Němců z Čekoslovenska 1945-1947*, Academia/Naše Vojsko, Prague, 1991

Tomáš Staněk, *Retribuční vězni v českých zemích 1945-1955*, Slezský ústav Slezského Zemského Muzea, Opava, 2002

Tomáš Staněk, *Verfolgung 1945 : Die Stellung der Deutschen in Böhmen, Mähren und Schlesien*, Böhlau Verlag, Vienne, Cologne et Weimar, 2002

Juozas Starkauskas, « The NKVD-MVD-MGB Army », *in* Arvydas Anušauskas (éd.), *The Anti-Soviet Resistance in the Baltic States*, Centre de recherches sur le Génocide et la Résistance en Lituanie, Vilnius, 2000

Alexander Statiev, *The Soviet Counterinsurgency in the Western Borderlands*, Cambridge University Press, New York, 2010

Jonathan Steinberg, *All or Nothing : The Axis and the Holocaust, 1941-1943*, Routledge, Londres et New York, 1990

Massimo Storchi, *Uscire dalla guerra: ordine pubblico e forze politiche, Modena 1945-1946*, Angeli, Milan, 1995

Heinrihs Strods, « The Latvian Partisan War between 1944 and 1956 », *in* Arvydas Anušauskas (éd.), *The Anti-Soviet Resistance in the Baltic States*, Centre de recherches sur le Génocide et la Résistance en Lituanie, Vilnius, 2000

Hannu Takala and Henrik Tham, *Crime and Control in Scandinavia during the Second World War*, Norwegian University Press, Oslo, 1989

Frederick Taylor, *Dresden*, New York, 2004

Nechama Tec, *Defiance : The True Story of the Bielski Partisans*, Oxford University Press, 2008

Vladimir Tismaneanu, *Stalinism for All Seasons*, University of California Press, Berkeley, 2003

Nikolaï Tolstoï, *Stalin's Secret War*, Holt, Reinhart et Winston, New York, 1981

Jozo Tomasevich, *War and Revolution in Yugoslavia : Occupation and Collaboration*, Stanford University Press, 2001

Adam Tooze, *The Wages of Destruction*, Penguin, Londres, 2007

Iaroslav Tsaruk, *Trahediia volyns'kykh sil, 1943-1944 rr.*, I. Krypiakevych Institute of Ukrainian Studies, Lviv, 2003

Greta Lynn Uehling, *Beyond Memory: The Crimean Tatars' Deportation and Return*, Palgrave Macmillan, Londres et New York, 2004

United States Holocaust Memorial Museum, *The Confiscation of Jewish Property in Europe 1933-1945 : Symposium Proceedings*, USHMM Center for Advanced Holocaust Studies, New York, 2003

A.F. Upton, *The Communist Parties of Scandinavia and Finland*, Weidenfeld & Nicolson, Londres, 1973

Henri van der Zee, *The Hunger Winter : Occupied Holland 1944-1945*, Jill Norman and Hobhouse, Londres, 1982

V. Stanley Vardys et Judith B. Sedaitis, *Lithuania : The Rebel Nation*, Westview Press, Boulder, Colorado, 1997

Patrick Veyret, *Lyon 1939-1949: De la collaboration industrielle à l'épuration économique*, La Taillanderie, Châtillon-sur-Chalaronne, 2008

Fabrice Virgili, *La Fance « virile ». Des femmes tondues à la Libération*, « Petite Bibliothèque Payot », Payot Rivages, Paris, 2000, 2004

Vědecká Konference « Národní podoby antisemitismu », *Retribuce v ČSR a národní podoby antisemitismu*, Institute of Contemporary History, Prague, 2002

Polymeris Voglis, « Between Negation and Self-Negation : Political Prisoners in Greece, 1945-1950 », *in* Mark Mazower (éd.), *After the War Was Over*, Princeton University Press, Princeton et Oxford, 2000

Margaret Collins Weitz, *Sisters in the Resistance : How Women Fought to Free France, 1940-1945*, John Wiley & Sons, New York, 1995

Anette Warring, *Tyskerpiger – under besættelse og retsopgør*, Gyldendal, Copenhague, 1994

Anette Warring, « War, Cultural Loyalty and Gender », *in* Kjersti Ericsson et Eva Simonsen (éd.), *Children of World War II*, Berg, Oxford et New York, 2005

Peter Watson, *A Terrible Beauty*, Phoenix, Londres, 2001

Hermann Werner, *Tübingen 1945*, Konrad Theiss Verlag, Stuttgart, 1986

Alexander Werth, *Russia at War*, Barrie & Rockliffe, Londres, 1964

F. Roy Willis, *The French in Germany 1945-1949*, Stanford University Press, 1962

Kevin Wilson, *Bomber Boys*, Weidenfeld & Nicolson, Londres, 2005

Paul Winterton, *Report on Russia*, The Cresset Press, Londres, 1945

Jolande Withuis et Annet Mooij (éd.), *The Politics of War Trauma : The Aftermath of World War II in Eleven European Countries*, Askant, Amsterdam, 2010

Hans Woller, *Die Abrechnung mit dem Faschismus in Italien, 1943 bis 1948*, Oldenbourg, Munich, 1996

Mark Wyman, *DPs : Europe's Displaced Persons, 1945-1951*, Cornell University Press, Ithaca et Londres, 1998

Serhy Yekelchyk, *Ukraine : Birth of a Modern Nation*, Oxford University Press, 2007

Alfred-Maurice de Zayas, *A Terrible Revenge : The Ethnic Cleansing of the East European Germans*, 2e éd., Palgrave Macmillan, New York, 2006

Alfred de Zayas, *Nemesis at Potsdam*, Routledge & Kegan Paul, Londres, 1977

Vladimir Žerjavić, *Yugoslavian Manipulations with the Number of Second World War Victims*, Croatian Information Centre, Zagreb, 1993

Collections de documents

Anonyme, *Komu sluší omluva : Češi a sudetští němci (Dokumenti, fakta, svědectví)*

Edvard Beneš, *Speech delivered by President E. Beneš on the Old Town Square, Prague, on his Return to Czechoslovakia, May 16th 1945*, Orbis, Prague, 1945, Erika, Prague, 1992

Tadeusz Białecki *et al.* (éd.), *Źródła do dziejów Pomorza Zachodniego: Niemcy na Pomorzu Zachodnim w latach 1945-1950*, Szczecin University, 2004

Włodzimierz Borodziej et Hans Lemberg (éd.), *Die Deutschen östlich von Oder und Neiße 1945-1950 : Dokumente aus polnischen Archiven*, 4 vol., Herder Institut, Marburg, 2003-2004

David Cannadine (éd.), *Blood Toil Tears and Sweat : Winston Churchill's Famous Speeches*, Cassell, Londres, 1989

Richard Clogg (éd.), *Greece 1940-1949 : Occupation, Resistance, Civil War: A Documentary History*, Palgrave Macmillan, Basingstoke, 2002

Adam Dziurok (éd.), *Obóz Pracy w Świętochłowicach w 1945 roku*, Instytut Pamięci Narodowej, Varsovie, 2003

Eugeniusz Misiło (éd.), *Repatriacja czy deportacja ? : przesiedlenie Ukraińców z Polski do USSR 1944-1946*, Archiwum Ukraińkie, Varsovie, 1996-1999

Eugeniusz Misiło (éd.), *Akcja « Wisła »*, Archiwum Ukraińskie, Varsovie, 1993

Otfrid Pustejovsky, *Die Konferenz von Potsdam und das Massaker von Aussig am 31 Juli 1945*, Herbig, Munich, 2001

Mate Rupić *et al.* (éd.), *Partizanska i komunistička represija i zločni u Hrvatskoj 1944-1946 : Dokumenti*, Slavonski, Hrvatski Institut za Povijest, Brod, 2005

Silke Spieler (éd.), *Vertreibung und Vertreibungsverbrechen 1945-1948 : Bericht des Bundesarchivs vom 28 mai 1974, Archivalien und ausgewählte Erlebnisberichte*, Bundesarchiv Koblenz & Kulturstiftung der Deutschen Vertriebenen, Bonn, 1989

Lt.-gén. Fabijan Trgo (éd.), *The National Liberation War and Revolution in Yugoslavia : Selected Documents*, trad. Anđelija Vujović, Karin Radovanović et Madge Tomašević, Military History Institute of the Yugoslav People's Army, Belgrade, 1982

Mémoires, reportages, témoignages oculaires, journaux et lettres

Dean Acheson, *Present at the Creation : My Years at the State Department*, Norton, New York, 1969

Hans Guenther Adler, *Theresienstadt 1941-1945 : das Antlitz einer Zwangsgemeinschaft – Geschichte, Soziologie, Psychologie*, Mohr, Tübingen, 1955

Ruth Andreas-Friedrich, *Battleground Berlin : Diaries 1945-1948*, trad. Anna Boerresen, Parangon House, New York, 1990

Anonyme, *The Day War Ended : Voices and Memories from 1945*, Weidenfeld & Nicolson, Londres, 2005

Anonyme, *A Woman in Berlin*, Virago, Londres, 2006

Hans Becker, *Devil on my Shoulder*, trad. Kennedy McWhirter et Jeremy Potter, Four Square Books, Londres, 1958

Pierre Bertaux, *Libération de Toulouse et de sa région*, Hachette, Paris, 1973

Roscoe C. Blunt, *Foot Soldier : A Combat Infantryman's War in Europe*, Da Capo Press, Cambridge Mass., 2002

Herman Bodson, *Agent for the Resistance*, Texas A&M University Press, College Station, 1994

Jeanne Bohec, *La Plastiqueuse à bicyclette*, Mercure de France, Paris, 1975

W. Byford-Jones, *Berlin Twilight*, Hutchinson, Londres, 1947

Winston Churchill, *The Second World War*, 6 vol., Cassell, Londres, 1948-1954

Lucius D. Clay, *Decision in Germany*, Heinemann, Londres, 1950

Maria-Romana de Gasperi (éd.), *De Gasperi scrive : Corrispondenza con capi di stato, cardinali, uomini politici, giornalisti, diplomatici*, Morecelliana, Brescia, 1974

Charles de Gaulle, *Mémoires de guerre*, vol. II : *L'Unité 1942-1944*, Paris, Plon, 1956

Georgi Dimitrov, *The Diary of Georgi Dimitrov 1933-1949*, trad. Jane T. Hedges, Timothy D. Sergay et Irina Faion, Yale University Press, New Haven et Londres, 2003
Milovan Djilas, *Conversations with Stalin*, trad. Michael B. Petrovich, Rupert Hart-Davis, Londres, 1962
Milovan Djilas, *Wartime*, Harcourt Brace Jovanovich, New York et Londres, 1977
Alexander Donat, *The Holocaust Kingdom : A Memoir*, Secker & Warburg, Londres, 1965
Ilya Ehrenburg et Vassili Grossman (éd.), *Le Livre noir, Textes et témoignages*, Hébraïca, Actes Sud, Paris, 1999.
Comte Heinrich von Einsiedel, *The Shadow of Stalingrad : Being the Diary of a Temptation*, Alan Wingate, Londres, 1953
Dwight D. Eisenhower, *Croisade en Europe : Mémoires sur la Deuxième Guerre mondiale*, traduit de l'anglais par Paule de Beaumont, avec les conseils techniques du lt.-col. Goussault, Robert Laffont, Paris, 1949.
Heinz Esser, *Die Hölle von Lamsdorf : Dokumentation über ein polnisches Vernichtungslager*, Landsmannschaft der Oberschlesier e.V., Bonn, 1969
Yves Farge, *Rebelles, soldats et citoyens*, Grasset, Paris, 1946
Theodora FitzGibbon, *With Love*, Century, Londres, 1982
Ruth Andreas Friedrich, *Battleground Berlin*, Parangon House, New York, 1990
Benjamin Frommer, *National Cleansing : Retribution Against Nazi Collaborators in Postwar Czechoslovakia*, Cambridge University Press, 2005
Cornelia Fuykschot, *Hunger in Holland : Life During the Nazi Occupation*, Prometheus, New York, 1995
Giorgio Geddes, *Nichivo*, Cassell, Londres, 2001
Ilse Grassmann, *Ausgebombt : Ein Hausfrauen-Kriegstagebuch*, Haymarket Media, Hambourg, 2003
Gerhard Gruschka, *Zgoda : Ein Ort des Schreckens*, Ars Una, Neureid, 1996
Knut Haukelid, *Det demrer en dag*, Nasjonalforlaget, Oslo, 1947
John O. Iatrides (éd.), *Ambassador MacVeagh Reports : Greece 1933-1947*, Princeton University Press, 1980
Ingeborg Jacobs, *Freiwild : Das Schicksal deutscher Frauen 1945*, Propyläen, Berlin, 2008
Johannes Kaps, *The Tragedie of Silesia 1945-46*, Christ Unterwegs, Munich, 1952
Boriwoje M. Karapandzich, *The Bloodiest Yugoslav Spring, 1945 : Tito's Katyns and Gulags*, Hearthstone, New York, 1980
Ursula von Kardorff, *Le Carrousel de la peur (Journal d'une Berlinoise, 1942-1945)*, Grasset, Paris, 1964
George F. Kennan, *Memoirs 1925-1950*, Little Brown, Boston et Toronto, 1967
Victor Klemperer, *Journal*, 2 tomes : *Mes soldats de papier 1933-1941 ; Je veux témoigner jusqu'au bout 1942-1945*, Le Seuil, Paris, 2000
Lev Kopelev, *No Jail for Thought*, trad. et éd. Anthony Austin, Secker & Warburg, Londres, 1977
Heda Margolis Kovaly, *Prague Farewell*, trad. Franci Epstein et Helen Epstein, Gollancz, Londres, 1988
Arthur Bliss Lane, *I Saw Poland Betrayed : An American Ambassador Reports to the American People*, The Bobbs-Merrill Company, New York & Indianapolis, 1948
Primo Levi, *Si c'est un homme*, Pocket, Paris, 1998
Norman Lewis, *Naples '44*, Collins, Londres, 1978
Waldemar Lotnik, *Nine Lives*, Serif, Londres, 1999

Juozas Lukša, *Forest Brothers : The Account of an anti-Soviet Lithuanian Freedom Fighter 1944-1948*, trad. Laima Vincė, Central European University Press, Budapest et New York, 2009
Max Manus, *Det blir alvor*, Steensballes Boghandels, Oslo, 1946
Georgi Markov, *The Truth that Killed*, trad. Liliana Brisby, Weidenfeld & Nicolson, Londres, 1983
Alan Moorehead, *Eclipse*, Granta, Londres, 2000
Leonard O. Mosley, *Report from Germany*, Gollancz, Londres, 1945
G. Mungone, *Operazione rossa*, Tipografia Gori di Tognana, Padoue, 1959
Jens Muller, *Tre kom tilbake*, Gyldendal, Oslo, 1946
Ferenc Nagy, *The Struggle Behind the Iron Curtain*, trad. Stephen K. Swift, Macmillan, New York, 1948
Nigel Nicolson, *Long Life*, Weidenfeld & Nicolson, Londres, 1997
Hans Erich Nossack, *Der Untergang*, Ernst Kabel Verlag, Hambourg, 1981
James Owen et Guy Walters (éd.), *The Voice of War*, Viking, Londres, 2004
Oluf Olsen, *Contact*, Erik Qvist, Oslo, 1946
Oluf Olsen, *Vi kommer igjen*, Erik Qvist, Oslo, 1945
Saul Padover, *Psychologist in Germany : The Story of an American Intelligence Officer*, Phoenix House, Londres, 1946
George S. Patten, *War as I Knew It*, Houghton Mifflin, Boston, 1947
Alaine Polcz, *One Woman in the War*, Central European University Press, Budapest et New York, 2002
John Prcela and Stanko Guldescu (éd.), *Operation Slaughterhouse: Eyewitness Accounts of Postwar Massacres in Yugoslavia*, Dorrance & Company, Philadelphie, 1970
Austin Robinson, *First Sight of Germany, May-June 1945*, Cantelupe Press, Cambridge, 1986
Elliott Roosevelt, *As He Saw It*, Duell, Sloan and Pearce, New York, 1946
Klaus-Jörg Ruhl (éd.), *Unsere verlorenen Jahre : Frauenalltag in Kriegs- und Nachkriegszeit 1939-1949, in Berichten, Dokumenten und Bilden*, Luchterhand, Darmstadt, 1985
Antoine de Saint-Exupéry, *Pilote de guerre*, Livre de Poche, Paris, 1964
A.D. Hans Schuetz, *Davai, Davai! : Memoir of a German Prisoner of World War II in the Soviet Union*, McFarland & Co., Jefferson N.C. et Londres, 1997
Derrick Sington, *Belsen Uncovered*, Duckworth, Londres, 1946
Lyn Smith, *Forgotten Voices of the Holocaust*, Ebury Press, Londres, 2005
Zoltan Toth, *Prisoner of the Soviet Union*, trad. anglaise de George Unwin, The Gresham Press, Woking, 1978
Harry S. Truman, *Mémoires*, vol. 2 : *Années d'épreuves et d'espérance. L'affaire de Corée 1950-1952*, Librairie Plon, Paris, 1955
John Vachon, *Poland 1946 : The Photographs and Letters of John Vachon*, éd. Ann Vachon, Smithsonian Institute Press, Washington et Londres, 1995
Peter Voute, *Only a Free Man : War Memoirs of Two Dutch Doctors (1940-1945)*, The Lightning Tree, Santa Fe (NM), 1982
Francesca Wilson, *Aftermath : France, Germany, Austria, Yugoslavia, 1945 and 1946*, Penguin, Londres, 1947
Mathilde Wolff-Mönckeberg, *On the Other Side : To My Children from Germany 1940-1945*, Peter Owen, Londres, 1979
C.M. Woodhouse, *Apple of Discord*, Hutchinson, Londres, 1948

Index

Remerciements

Les recherches nécessaires à ce livre ont été une tâche monumentale, et n'auraient jamais pu être accomplies sans l'aide importante de nombre d'individus et d'institutions d'un bout à l'autre de l'Europe. Je suis profondément reconnaissant envers le K. Blundell Trust, pour la bourse généreuse qu'il m'a accordée afin de payer une partie importante de ces recherches. Je suis particulièrement redevable à Joanna Pyłat, Barbara Herchenreder, Kasia Piekarska, Irena Kolar et Anna Pleban pour leur aide dans la collecte et la traduction de documents polonais et ukrainiens, et pour m'avoir mis en relations avec de nombreux témoins directs polonais de la guerre. Je n'aurais jamais pu comprendre les complexités des sources tchèques et slovaques sans l'assistance de Michaela Anderlova, Martina Horackova et Dasha Connolly ; et Alexandra Sherley a été pour moi une bénédiction quand il a fallu traduire des documents du croate. Les efforts que j'ai déployés pour me plonger dans les matériaux sources italiens, français et allemands m'ont été grandement facilités par Jennie Condell, John Connolly et mes sœurs Natalie et Sarah, toutes deux polyglottes. Ma belle-mère, Zsuzsi Messing, a aussi travaillé inlassablement à la traduction de très longs passages d'ouvrages et documents hongrois.

Les équipes de plusieurs dizaines d'institutions en Europe et aux États-Unis se sont montrées tout aussi efficaces, mais je dois une mention spéciale à la British Library, dont les exceptionnelles collections en langue étrangère sont sans égales. Je suis aussi profondément reconnaissant envers le professeur Richard Butterwick et le professeur Bojan Aleksov, de la faculté d'études est-européennes et slaves de l'University College de Londres, pour m'avoir présenté quelques-uns des chercheurs cités plus haut ; et envers Peter Hart, de l'Imperial War Museum, qui a su partager ses connaissances, de façon tout à fait désintéressée, aux tout premiers stades de ma recherche.

Je voudrais tout particulièrement remercier tous ceux qui ont accepté d'être interviewés au sujet des épreuves douloureuses qu'ils ont vécues, et notamment Ben Helfgott, Andrzej C. (qui souhaite rester anonyme),

Barbara Paleolog, Stefa Baczkowska, Hanka Piotrowska, Maria Bielicka, Marilka et Alik Ossowski, et Zbigniew Ogrodzinski. C'est leur apport qui a insufflé de la vie dans une recherche d'archives qui était alors plus sèche.

Comme toujours, j'éprouve une grande gratitude envers mes agents littéraires, tous trois si brillants, Simon Trewin et Ariella Feiner chez United Agents, et Dan Mandel chez Sanford J. Greenburger Associates. Ils excellent dans tous les domaines où je suis le plus incompétent.

Je dois aussi remercier mon éditeur, non moins brillant, Eleo Gordon, sans l'aide duquel ce livre aurait été deux fois plus long et deux fois moins intéressant. Mais je dois aussi des remerciements aux héros anonymes de Penguin, dont les compétences en matière de vente, de marketing, de publicité, de conception graphique et de production sont si essentielles à tous les livres. Une mention spéciale doit aussi aller à l'équipe des droits étrangers de Penguin, qui a presque à elle seule réussi à assurer la viabilité commerciale de ce volume.

Enfin, comme dans tant d'autres domaines de mon existence, mes plus vifs remerciements doivent s'adresser à mon épouse, Liza, pour son aide, sa patience, son amour et son soutien en toutes choses tout au long des années qu'il m'a fallu pour écrire ce livre. Sans elle, c'eût été impossible.

Table

TROISIÈME PARTIE

LE NETTOYAGE ETHNIQUE

QUATRIÈME PARTIE

LA GUERRE CIVILE

CARTES

Composition et mise en page

NORD COMPO
multimédia

Cet ouvrage
a été achevé d'imprimer sur Roto-Page
par l'Imprimerie Floch à Mayenne
en février 2013

Édition exclusivement réservée
aux adhérents du Club,
Le Grand Livre du Mois

Dépôt légal : février 2013
N° d'impression : 84225-1
Imprimé en France